国家社会科学基金重大项目
近代中外条约关系通史（14ZDB045）

湖南师范大学中国史一流学科资助

主　编　李育民

近代中外条约关系通史

第 1 卷

近代中外条约关系概论

李育民　著

中 华 书 局

图书在版编目（CIP）数据

近代中外条约关系通史/李育民主编. —北京：中华书局，
2022.12
ISBN 978-7-101-15919-6

Ⅰ.近…　Ⅱ.李…　Ⅲ.中外关系-不平等条约-国际关系史
-近代　Ⅳ.D829.15

中国版本图书馆 CIP 数据核字（2022）第 186130 号

书　名	近代中外条约关系通史（全7卷）	
主　编	李育民	
著　者	李育民　曹　英　李传斌　尹新华	
	李　斌　刘利民　侯中军	
责任编辑	欧阳红　吴冰清　杜艳茹	
封面设计	周　玉	
责任印制	管　斌	
出版发行	中华书局	
	（北京市丰台区太平桥西里38号　100073）	
	http://www.zhbc.com.cn	
	E-mail:zhbc@zhbc.com.cn	
印　刷	三河市宏达印刷有限公司	
版　次	2022 年 12 月第 1 版	
	2022 年 12 月第 1 次印刷	
规　格	开本/710×1000 毫米　1/16	
	印张 239½　插页 14　字数 4000 千字	
印　数	1-900 册	
国际书号	ISBN 978-7-101-15919-6	
定　价	990.00 元	

目　录

导言

第一章　条约、条约关系的概念辨析与理论意义 / 1

第一节　条约和"准条约"概念界定 / 1

第二节　不平等条约概念 / 21

第三节　条约制度、条约体系和条约关系的概念和范畴 / 35

第四节　相关概念辨析的理论意义 / 55

第二章　强权与"公理"交织的国际秩序模式 / 60

第一节　国际法与条约关系 / 60

第二节　战争与条约关系 / 76

第三节　外交与条约关系 / 85

第四节　条约关系构筑的国际秩序 / 99

第三章　中外条约关系的基本形态 / 122

第一节　条约名称 / 123

第二节　条约缔结程序 / 133

第三节　条约效力和条约施行 / 141

第四节　条约内容的类别区分 / 151

第五节　其他分类与"准条约"的各种类别 / 168

第四章　近代中外条约关系的特殊性质 / 180

第一节　强权政治下的被动关系 / 180

第二节　不平等为主导的畸形关系 / 193

第三节　多国参与且各具特色的复杂关系 / 212

第四节　各种因素影响下的变动关系 / 230

第五章 朝贡关系与条约关系的主要区别 / 241

第一节 虚幻的"天下共主"与失平的"平等主权" / 242

第二节 "守在四夷"的自卫架构与谋求权益的"进取"之道 / 250

第三节 "不治""字小"的王道德行与"刺刀""大炮"的霸道法则 / 259

第四节 "最关国体"的仪礼尊大与"准统治权"的主权损害 / 269

第六章 近代中外条约关系的发展脉络 / 280

第一节 条约关系的酝酿与建立 / 280

第二节 条约关系的发展与巩固强化 / 301

第三节 条约关系的转折与改善 / 319

第四节 从不平等到基本平等的转换 / 342

第七章 条约关系与近代中国社会 / 360

第一节 中外关系格局的变化 / 360

第二节 蒙受侵害的主要源头 / 370

第三节 近代转型的"不自觉工具" / 385

第四节 近代人物命运的牵联因素 / 399

第八章 近代中外条约关系研究的学术史回顾 / 419

第一节 晚清民国时期现实需要中的初探 / 419

第二节 新中国成立初期的起步与局限 / 448

第三节 改革开放之后专题研究的兴起和发展 / 454

第四节 整体研究框架和体系的基本成形及其趋向 / 467

第九章 构建近代中外条约关系研究的话语体系 / 480

第一节 清刷殖民话语与驳正强权逻辑 / 481

第二节 坚持民族立场与维护国家主权 / 490

第三节　阐扬共同价值与挖掘传统精华 / 495

第四节　吸收先进文明与趋应时代潮流 / 502

第十章　总体构设与研究方法 / 515

第一节　研究目标与基本思路 / 515

第二节　相互关联的三个范畴及其研究问题和内容 / 519

第三节　通、专、全、广的编写原则与通史框架 / 527

第四节　唯物史观指导下的多学科多层次研究方法 / 531

结语 / 543

主要参考文献 / 548

导　言

自鸦片战争之后，中国的对外关系由独立自主转向被动受压，被纳入到以条约关系为形态的国际秩序，由此引致一系列前所未有的变化。贯通于整个中国近代的中外条约关系，是这一历史时期的基本问题，构成一个完整的史学研究领域。作为总论，本卷旨在从宏观和整体上作一综合性论述，揭示近代中外条约关系通史的概貌及其研究方案，包括基本概念和相关理论、外在形式和内在内容，发展脉络及影响，以及研究综述及其构想等问题。

关于基本概念和相关理论，前者包括条约关系及与其相关的概念，后者则涉及基于国际法等相关理论所构成的国际秩序模式。在近代中国，条约关系是一个新的历史现象，也是这一时期具有标志性的概念，对中国社会产生了根本性的影响。如何认识近代中国的这一基本问题，涉及法学、外交学等相关学科相关概念，具有较强的理论性。本卷涉及的基本概念和研究范畴，包括条约和"准条约"、平等条约和不平等条约等，以及条约制度、条约体系和条约关系等。这些概念和范畴是研究近代中外条约关系的基础，属于该学科领域基本理论的主要内容，其中既有耳熟能详的传统话题，又有新的思考和探析。除了对基本概念的辨析之外，还着重探讨了各个不同的研究范畴，尤其是条约关系这一新近提出的研究领域。由条约关系构筑的国际秩序模式，不仅是国际法及相关规则的反映，且与战争和外交相关联。本卷从理论上详细讨论，尤其着重剖析了传统国际法对条约关系的影响，又从战争和外交的层面考察彼此间相互依存的关系。在此基础上，结合各国际体系演变的史实，对近代中外条约关系所体现或代表的国际秩序予以阐述，揭示其反映特定时代的本质，以及强权与"公理"交织的显著特点。所揭示的问题，不仅对中外条约研究本身有着借鉴意义，且对历史学其他学科领域的研究，亦可提供一些启示。

外在形式和内在内容，是条约关系中密不可分的两个不同层面，也可说是一体两面的统一整体。从哲学观点而言，任何事物和现象都有内容和形式，前者表明事物本质和内在要素，后者则是把前者各因素连在一起的外在结构和表现。近代中外条约关系同样如此，在晚清和民国主要历史时期，其形式和内容均有不同体现。其内容本身最直接地体现了它的实质，但也反映在外观形式上，如果仅仅关注其内容而忽略形式，便难以有完整的认识和了解。然而，以往学术界大量研究条约内容，而对其形式有所忽略。本卷从各个角度对其外在形式作探索性考察，同时又充分揭示了条约关系的内容属性。对条约关系与中国传统的朝贡关系的主要区别，也从比较的角度作论析，以冀更深入地揭示它的实质和特点。

在近代一百余年中，中外条约关系经历了独特的发展历程，并在中国社会产生了重要影响。在这一发展历程中，条约关系与中国近代历史和对外关系的进程大体对应，但亦有着体现本身特征的演化路径。一方面，条约关系从萌芽产生，到形成发展，再到内在性质的转化，可说是各个时期发生重大事件的结果，同时又受到国际形势和国际关系格局改变的直接影响，其中包括传统国际法逐渐转向现代国际法。另一方面，作为具有法律性质的中外关系，条约关系的具体内容既是特定时期中外不同诉求的结果，又体现了中外间权利义务关系的变化。在发展过程中，条约关系逐渐取代了传统的朝贡关系，中国转向了单一的国际秩序。这一西方列强主导的，以强权政治为内核的国际秩序，带来了某些近代文明，因此它在形成和发展变化的同时，又对中国社会产生了重大影响。本卷简要概述近代中外条约关系的发展脉络、重要变化和内容，勾勒整个历程的主要阶段，包括晚清与民国的不同时段。在此基础上，又从各个层面，对其在近代中国社会中的作用和影响作剖析。

中外条约关系是近代中国的核心问题之一，具有重要的历史地位，其研究意义不言而喻。自晚清起便引起了社会各界的高度重视，新中国成立后，这一研究领域取得了显著成果。晚清和民国时期，伴随着中外条约关系的形成和变化，更出于改变这一不平等关系的现实需要，除了外交界和政府官员之外，知识界也进行了学术层面的探讨。新中国建立，尤其是改革开放后，中外条约研究领域取得更显著的成绩和长足的发展，出现了欣欣向荣的景象。中共十一届三中全会之后，中外条约研究出现了新格局，在20世纪八九十年代，继专题性学术研究广泛兴起和多视角展开局面形成之后，又进入一个新的发展时期。进入21世纪，呈加速度推进的势头，研究内容愈益完整，研究视野和思路趋于宽阔，研究理论和体系更加清晰和多样化，实证研究与规范性研究更紧密地结合起来,研究框架也越来越趋于系统化。多学科的参与和融合,进而给该研究领域增添了活力,积蓄了进一步发展的潜势。显然,这一领域的研究体系和格局基本成型,正在走向成熟,逐渐产生了新的思考和趋向,并在此基础上凝结为一个具有概括性和规范性的领域或范畴,即条约关系的研究取向。

通过对近代中外条约研究的学术史回顾,可以看到,条约关系研究领域的提出并付诸实施,并撰述一部尚付阙如的通史,正是这一发展趋向的水到渠成和势在必然。这是一个具有重要意义的研究工程,需要构建这一工程的话语体系,确立这一体系中的基本思想和理念,在此基础上作必要的总体规划。近代中外条约关系是一个充斥西方强权政治,同时又包含中国国家权益;既涉及中国传统中的精华和糟粕,又蕴含反动的殖民思想和具有积极意义的近代文明。在中西交混和新旧杂糅之中,侵略与自卫,公理与强权,传统与近代,先进与落后,文明与野蛮等矛盾并存相伴,无疑使得这一研究领域对于构建中国话语体系具有不同寻常的典型意义。而确立民族立场和国家利益,清除殖民强权,阐发时代精神和传统精华,并与体现人类正义的共同价值和国际规则等融为一体,是贯注其中的内核,只有树立这些基本理念,中国话语才能真正建立起来。为此,对近代中外条约关系通史的撰写作了总体构想,在明确研究目标与基本思路的基础上,分析了相互关联的三个范畴,并根据主要研究问题和内容,确定了通、专、全、广的编写原则与通史框架。同时,采取唯物史观指导下的多学科多层次研究方法,其中尤为注重马克思主义史学理论与中外条约研究的关联,遵循历史学的实证研究,并与规范性研究结合起来,根据本研究领域的特点,借鉴各相关学科的理论和方法。

根据以上思考,本卷设立十章,分别论述了条约、条约关系的概念辨析与理论意义,强权与"公理"交织的国际秩序模式,中外条约关系的基本形态,近代中外条约关系的特殊性质,朝贡关系与条约关系的主要区别,近代中外条约关系的发展脉络,条约关系与近代中国社会,近代中外条约关系研究的学术史回顾,构建近代中外条约关系研究的话语体系,以及近代中外条约关系通史撰写的总体构想与研究方法,旨在提纲挈领,对贯注通史全书的理论概念、形态内涵、脉络影响,以及既往研究和构架方法等,作一概括性综览。

第一章　条约、条约关系的概念辨析与理论意义

作为近代中国所特有的国际秩序模式，条约关系完全不同于传统对外关系，其形成与国际法尤其是传统国际法密切相关，涉及与此相关的各种基本概念和研究范畴，诸如条约、不平等条约、"准条约"、条约制度、条约体系，以及条约关系本身，等等。这些概念和范畴，是有关条约关系理论的主要内容，是认识这一关系的前提，本身具有重要的理论意义。依据国际法等学科的相关理论，阐释其内涵并作出界定或定义，以及在中国的应用和演化，有助于在了解一般的或正常的条约关系的基础上，进而对近代中外条约关系这一特有模式进行深入剖析，从而深刻把握其实质和特点。

第一节　条约和"准条约"概念界定

在近代中外条约关系中，条约是一个基本元素，"准条约"则是与其密切相关的附属和补充。两者的地位轻重虽然不同，但均是这一关系中不可或

缺的元素，其概念界定，是我们首先需要考察的。

一、 国外关于条约概念的界定

随着国际形势和国际法的发展，国外尤其是西方学者对于条约的概念的看法，有一个变化过程。其中涉及条约主体这一重心问题，自国际法产生以来，很长时间一直认为只有主权国家才是具有缔约资格的国际法主体。1929年，美国学者威尔逊在《条约与国际关系》指出，"条约是两个或两个以上的国家签订的合同，签字的国家愿意遵守"。条约与普遍合同一样，"要两国各有利益。若一国觉得无利益或两国均觉得无利益，则发生问题，必须修改"。条约不能单方面为之，"倘若一方觉得没有利益而有害，不能由单方面取消"。① 随后，西方具有权威地位的《奥本海国际法》指出："两个以上之国家，因利害关系而订立契约者，是之谓国际条约。"各国之互订条约，尚远在近代国际法发生以前，当时条约并非根据国际法，"不为国际法所根据，然莫不视为神圣不可侵犯，有拘束双方之能力，则宗教与道德观念之效"。世界大战爆发之时，综计各国所订条约，盖不下八千余件，其中虽有若干条约，因此次大战而废止，然新增之条约，则几无日无之。条约为一种契约，不可与关系条约而实非条约之文书相混，如节略（Memoire）、提议书（Roposal）、谈话录（Note Verbal），及议定书（Protocol）等。节略是一种外交通知，"备载某种事件之提要者也"。提议书属公文书之一种，"内载向他国之要约者也"。谈话录是一种未经签署之文书，"备载谈话之结果或事实之真相者也"。议定书者为会议或事实之正式报告，"由双方署名其上者也"。②

其后随着国际形势的变化，国际组织也被认为是国际法主体，具有缔约能力。《奥本海国际法》修订后的第八版在条约的定义中规定："国际条约是国家间或国家组成的组织间订立的在缔约各方之间创设法律权利和义务的契

---

① ［美］威尔逊著，鲍明铃口译：《条约与国际关系》，《北大日刊》第 2187 期，1929 年。
② ［德］奥本海著，岑德彰译：《奥本海国际法·平时》（六），商务印书馆，1936 年，第 545—546 页。

约性协定。"①同时，该著认为，条约既然是一种契约，就不应该和各种虽与条约有关但其本身不是条约的文件混为一谈，如备忘录、建议、普遍照会或会议记录等。其最新的第九版指出："条约主要是国家之间的书面协议，早在近代意义的国际法存在之前就在国际关系中占有重要的地位。"在注释中重申上述定义，并指出，"这个定义基本上并不脱离国际习惯法"。该著认为："虽然协定必须是书面形式以便归于公约范围之内，但这并不影响口头协定的法律效力。"该版主要以1969年《维也纳条约法公约》讨论条约的定义，但并未限于该《公约》的界定，仍将国际组织作为条约的主体。指出：虽然1969年《维也纳条约法公约》没有涉及国家与国际组织之间或国际组织之间订立的国际协定，"这并不影响这种协定的法律效力，也不影响公约所载的任何规则适用于它们；它们应在公约之外依据国际法受这些规则的支配。"可以认为，国家之间的法律在细节上作必要修改后，可"适用于国际组织所订立的或国际组织之间订立的协定"。实际上，1986年公布的条约法公约，除了因国际组织的特征而作了必要的修正之外，其所涉及的条约亦适用于1969年《公约》"规定的同样规则"。②也就是说，国际组织所签条约，与国家所签条约所适用的规则，没有什么区别。

前苏联国际法学界关于条约的定义，与上述定义类似，但强调其作为国际法规则的一面。苏联科学院法律研究所编《国际法》认为，"条约是两国或数国之间关于确定、变更或终止它们的相互权利和义务的一种明确表示出来的协议"。③格·伊·童金著《国际法理论问题》，指出：作为"建立国际法规范的方法"的国家间条约，"是国家之间关于承认某个规则为国际法规范、改变或取消现行国际法规范的明白表示的协议"。可见，国际法的条约规范是用特殊形式，"即国家间条约的形式表现的协议的结果"。④ Ф. И. 科热夫尼科夫主编的《国际法》，则如下定义："国际条约是两国或数国或者其

---

① [英]劳特派特修订，王铁崖、陈体强译：《奥本海国际法》上卷，第2分册，商务印书馆，1972年，第310页。

② [英]詹宁斯、瓦茨修订，王铁崖等译：《奥本海国际法》第1卷，第2分册，中国大百科全书出版社，1998年，第625—627、636—637页。

③ 苏联科学院法律研究所编、国际关系学院翻译组等译：《国际法》，世界知识出版社，1959年，第248页。

④ [苏]格·伊·童金著，刘慧珊等译：《国际法理论问题》，世界知识出版社，1965年，第55页。

他国际法主体间关于确立、执行、变更或终止其相互间的权利和义务的一种明确表示的协议。""国际条约是国际法主体之间建立合作关系的一种典型的、最普遍的法律形式,并能规范各主体间各种各样的关系。"同时又强调,"国际条约应该符合国际法各项基本原则,其中包括平等和不干涉原则";条约是缔约各国自愿表达同意之结果,"由缔约一方用武力或武力威胁强加于他国的国际条约是无效的"。关于国际条约的主体,首先是国家,但目前在国际事务中,国际组织起着越来越大的作用,它们也缔结国际条约,"并成为条约的当事一方"。另外,"为摆脱殖民统治而进行斗争的各民族也可以缔结国际条约,并且是国际条约的主体"。① 不过,这类组织缔结国际条约的权限范围,受到一定的限制。

其他国家关于条约的定义或简或详,并从某种特定的角度予以强调。如英国国际法学家斯塔克认为,按照《维也纳条约法公约》第二条采用的条约定义:"条约是两个以上国家缔结据以确立或寻求确立他们之间以国际法为准绳的相互关系的协议。"只要能证明相关国家间已达成协议,不论采取何种形式或方法,"任何一种含有承诺性的文书或文件或口头交换承诺,都可以构成条约"。也就是说,条约不局限于书面协议,还可由口头协议所构成。在他看来,"条约"一词是国际法最普通的用语,既可以包括国际组织相互之间的协议,又可以包括国际组织为一方,以一个国家或几个国家为另一方的双方之间的协议。② 奥地利学者阿·菲德罗斯等著《国际法》则从法律允许的范围界定条约概念:国际法上的条约,"只是在其具有法律上许可的内容的条件下才在法律上有拘束力",因此,这一"许可的'约因'",是"国际法上的条约有效的一个重要的条件"。③ 即符合国际法的条约,才是有效的条约。

亚洲国家如印度、日本、韩国等国,均对此有所探讨,提出不同看法。印度国际法学家兴戈兰尼著《现代国际法》,认为条约是主权国家间的协议,但最近获得国际人格的一些国际组织也具有缔约资格。他说,关于缔约主

---

① [苏] Ф. И. 科热夫尼科夫主编,刘莎等译:《国际法》,商务印书馆,1985 年,第 110 页。
② [英] 斯塔克著,赵维田译:《国际法导论》,法律出版社,1984 年,第 342—343 页。
③ [奥] 阿·菲德罗斯等著,李浩培译:《国际法》上,商务印书馆,1981 年,第 211 页。

体，"只有主权国家能够缔结条约"，殖民地、委任地或联邦成员不能缔结条约。事实上，"缔约能力是国家主权的一项属性"。通常只有国家才能够缔结条约，但是，"一些国际组织最近获得了国际人格，因此它们也享有缔约资格"。根据效力的不同，他将条约分为国际条约、一般条约、多边条约和双边条约。国际条约"是指那些对国际社会所有国家都有拘束力的条约"，但"几乎不存在这种对一切国家都有拘束力的条约"，即使有些条约如《保护战时受害者日内瓦四公约》（1949 年）和《维也纳外交关系公约》（1961 年），"被认为近似于国际公约"。一般条约则"对大多数国家有拘束力"，如《维也纳领事关系公约》（1963 年）和《维也纳条约法公约》（1969 年）等，"可认为是一般条约"。多边条约"对一些国家有拘束力"，而双边条约"仅拘束缔约两国"。他认为，国际条约和一般条约"组成协定国际法的一部分，它们本身即构成国际法"，而多边和双边条约"却不能构成协定国际法"，它们"最多不过是能够产生国际习惯法的国家实践的证据"。[①] 显然，兴戈兰尼的看法别具一格，在坚持主权国家是缔约主体的同时，又看到了国际组织具有缔约能力的趋势。

日、韩学者则较为明确地肯定了国际组织作为国际法主体的资格。日本国际法学会编《国际法辞典》所下定义简明扼要：条约是"国际法主体间的协议（国际协议）的名称"。所谓国际法的主体，是指国家、交战团体或国际组织，"它们之间所达成的国际协议就是条约"。同时，该辞典又引述 1969 年《维也纳条约法公约》规定，指出，条约是"国家间所缔结而以国际法为准之国际书面协定"。并认为，国际协议通常都是书面协议，"但不形成文书而作为条约成立的事例也并不是没有"，如 1933 年关于东格陵兰案。另外，国际协议通常以单一文书构成，但因确定条约的实施细节，或对条约中的某些条款进行解释等，需要另附换文或会议纪要，"因此也有由几个文书形成的条约"。[②] 韩国学者柳炳华著《国际法》，综合 1969 年《维也纳条约法公约》第二条第一项和 1986 年《国家和国际组织间或国际组织间的维也纳条

　　① ［印］兴戈兰尼著，陈宝林、张错、杨伟民译：《现代国际法》，重庆出版社，1987 年，第 192—194 页。
　　② ［日］日本国际法学会编，外交学院国际法教研室总校订：《国际法辞典》，世界知识出版社，1985 年，第 388 页。

约法公约》第二条第一项，对条约作了如下定义："条约是指不论其名称如何，不论是否以一项文书或多项相关文书构成，必须对国际法主体产生法律拘束力缔结受国际法调整的国际书面协议。"具体内涵有二，其一，条约是国际协议；其二，条约是国际法主体之间的协议。[1] 这一定义包含两个维也纳条约法公约的规定，内容较为完整。

由上可见，国外关于条约的界定，简单地说，便是国际法主体之间的协议。而具有缔约资格的国际法主体，其范围则除了国家之外，还扩展到国际组织。此外，还涉及条约形式，以及条约的各个具体要素，诸如符合国际法、并非胁迫谈判代表，以及经过相关程序等。中国自晚清时期开始，便在了解和认识西方的国际法之后，充分吸收这些理论，对条约作出相应的界定。

二、 晚清民国时期的条约概念

在晚清，清政府和社会各界便从不同的角度论及条约内涵，至清末已较为完整地把握了西方国家关于条约的概念。其中，胡汉民对构成条约的要素作了详细具体的阐释，包括五项条件：一是"国际法上之主体"，即国家；二是"代表者"，即签约者须具有该国中央政府所赋予的缔约资格；三是"意思之自由合致"，即条约的订立须取得缔约国的自愿和同意；四是"目的之适法可能"，即缔约目的，包括条约规定的权利义务，须符合国际法和相关规则；五是"批准"，即交涉谈判代表签约后，还须获得国内相关机构或国家元首的批准。他认为，具备此五项条件，条约遂为有效条约，"为国际上发生各国权利义务之一原因"。[2] 由此，胡汉民根据某些国际法学者的理论，认为国家的权利义务可以分为两类。一是"以国际法为基础，如国家领土权、独立权、平等权"，这是"基本权"，而他国"对之有不妨害其权利之义务"。二是"以条约为基础，如最惠国条款、领事裁判权等非国际法上本有之权利"，根据条约规定，自他国而取得之，是"获得权"，而当中者之一

---

① ［韩］柳炳华著，朴国哲、朴永姬译：《国际法》（上），中国政法大学出版社，1997年，第67页。
② 汉民：《排外与国际法》（续第9号），《民报》第10号，1906年12月20日。

方"则有对之为履行之义务"。关于条约的效力，胡汉民指出，条约规定的特别权利，"使义务国之国家基本权亦受其制限"，"以其当事者国家之自由合意所规定"。因此，"获得权"比"基本权"优先，"而条约之不可侵，为国际法之原则"。权利国"得强制义务国而使之履行"，国内之变动，政府之更革，"于条约之义务无影响"。条约既定，一方"不能以自国之不利益为理由，而免其义务"，这是所有条约的"当然之效力"。至国际法规何以拘束各国？"此则与一切法之起源为同一之问题"。要之，"以条约为有拘束当事国之效力，与国家由遵守国际法规，以生尊重条约之义务，则于学说先例俱无疑问者也"。① 胡汉民对条约概念作了较为完整的阐述，反映这个时期已有了较为明确的认识。

同属民族资产阶级代表的立宪派也有着大体相似的认识。1910 年，《外交报》载文认为："条约之性质，国家间之意思合致，而以文字表示之。""国与国之间遂皆有遵守此条约之义务，而不得不受其拘束。"关于条约性质的要素，该文更归纳为六点：第一主权，第二合意，第三代表者，第四批准，第五适法，第六适法之目的物存在。此六点与胡汉民所说大同小异，其内涵和基本要素大体一致，只是某些表述有所不同。如所谓主权，"无主权即非国家，自不能与他国订约，此最易明者"，实际上指的是国际法主体国家。至于"合意"、"代表者"、"批准"等，与胡汉民所论相同，而最后两条，即"适法"与"适法之目的物"，则是其第五条的分述。②

上述对条约概念的界定，是从其一般性质而论，文章还进而将其与中国与列强所订条约进行比较，分析是否符合这些要素，就第一项"主权"言之，便名不符实，如《英藏条约》第九款规定，"西藏允定以下五端，非英政府先行照允，不能举办。而其所谓五端者，则土地、财产等之所有权也"。该文指出：西藏既为我国属地，订约主权在我，该约显然有悖主权要素。再如第二项"合意"，"其要素，在于意思之自由，与其合致"。而中国历来约文，"非教权即利权，非让地即让利，所谓最惠者，徒为群起均沾之矢的"。

① 汉民：《排外与国际法》（续第 9 号），《民报》第 10 号，1906 年 12 月 20 日。
② 王倬：《中国与各国订结条约性质上之解释》，《外交报》第 274 期，1910 年 5 月 3 日。

以言自由，"则不自由莫甚于此"；以言合致，"则强颜忍辱，而又不能自表其异见者，又莫甚于此"。从最惠国条款来看，"中国于各国，其处处荆棘，久为上下所婴心，究之最惠云云，非毫无制限者"。如因战事而割让，"势不能举全国壤境，寸寸裂之也"；而且，"片面的最惠条约，惟文明国对于未开化国有之"。揆之国际互益主义，"则我既与以最惠，彼必有以相偿。往者片面的最惠条约，或出于情见势绌，遂有此无代价之赠与耳"。鉴于这一现实，该文认为一般的条约概念难以说明晚清时期的中外条约，"订约之要素，安能谓其仅系于此"。① 这一比较分析，没有机械搬用西方的定义，而是结合中国实际进行探讨，反映该时期对条约的认识已达到相当的深度。

民国时期，随着废约运动的兴起，对国际法和条约问题的探讨更兴起热潮，条约概念仍为学界所重视。周鲠生1929年出版《国际法大纲》，指出，"条约是说两个或两个以上的国家关于某项相互关系事宜之协定"，"条约是国家与国家间之契约"。根据这一定义，他指出，条约不可与那些非国家相互间之协定，即所谓"准条约"（quasi-traités）混同。只有国家能为条约之主体，非主权国于此常受制限。联邦国各邦在原则上不许有缔约权，各国有不同规定。如美国宪法，禁止各州擅与他州或外国缔约。瑞士宪法则允许各州相互间或与外国缔结关于经济利益或国境警察事情之条约。德国宪法，包括帝国和共和时期，均允许各邦于特定的事件与外国结约。不同的是，共和时期的宪法要求取得联邦同意。此外，即使是完全主权国家，缔约权亦有受制限，如永久中立国不能缔结攻守同盟条约。关于条约分类，周鲠生认为，可从不同角度进行分类。从目的上，可分为政治的与非政治两大类；从内容事件上，可分为和约、商约、同盟条约、保障条约、仲裁条约、引渡条约等类；从性质上，可分为造法条约（law-making treaties）与非造法条约两类；从效果上，可分为过渡的条约（transitory or dispositive treaties）与非过渡的条约两类。关于条约成立的基本条件，周鲠生归纳为三项：一是具有缔约资格，即缔约者必须是主权国家。二是自由同意，凡"威逼"缔约代表个人而签订的条约"自始即无效"；

① 王倬：《中国与各国订结条约性质上之解释》，《外交报》第274期，1910年5月3日。

但如果一国战败或受外国势力威迫而签约，此约"在法律上仍是有效的"。这是国际法上的条约与私法上的契约的不同。三是目的合法，即"缔约之目的必须不违反国际法之规则"。例如缔约"分占公海"，或"许船舶在公海上为海盗行为"等，是为无效的条约。因为根据国际法，公海不许私有，船舶之海盗行为应禁止。此外，周鲠生论及条约效力等问题时指出，在殖民时代，"一国缔结之条约不仅于本土有效力，并且适用于殖民地、属地，如果在契约上未有明文为相反的意思之声明"。①

其他相关学者亦作了探讨，其观点大体类似。如杨熙时 1931 年著《国际条约之解剖》，谓："条约是国际契约之一，为表现自由意志结合之物。由两国或数国互相设定权利义务，或变更之，或消灭之，其内容不可违反国际法。"条约在古代已经发生，形成了国际法的重要来源与引证，到了近代，其协商与缔结，"更成为外交上的要务"。他进而对商约作了剖析，认为商约的目的，"在确定缔约国彼此的商业关系"。然由于一方缔约国处于强势地位，这种关系"往往发生不平等的现象"。就最惠国条款而言，弱小的缔约国家，"不特难获互惠互换的结果，而成为强大的缔约国家的独惠，且由此引起其他国家亦沿最惠待遇而分掠利益不已"。如 1858 年的中法商约，是极为不平等的独惠的条约。中国与他国所订有关航务的商约，大都是独惠于人。关税方面的商约也是如此，甚至 1930 年的中日商约，中国所受关税方面的侵略与损失甚大。②

吴昆吾著《条约论》，对条约的定义稍有不同："条约者，两国家或多数国家，或国际法上之法人，为解决政治经济或其他问题，以文字表示其同意之办法。"其性质有四：其一，条约是两国家或多数国家，或"国际法上之法人"所缔结。只要是"国际法上之法人"的政治实体，即使并非国家，也可缔结条约，如沙尔河政府委员会（即萨尔河地区自治政府，属国联代管）于 1921 年与德国签订《议定书》。其二，条约"为解决某种问题"而设。其三，条约"以文字表示"而成立。此外，还有"口头要约而有条约之性质

---

① 周鲠生：《国际法大纲》，商务印书馆，1932 年，第 87—89 页，第 166—169 页。
② 杨熙时：《国际条约之解剖》，《社会科学运动》第 64 期，《中央日报》副刊，1931 年 5 月 25 日，第 179 号。

者"，如 1697 年俄帝大彼得与布郎登堡选举侯腓力特列第三会晤于碧罗，彼此约定事项。其四，条约乃"同意"之办法，若未经缔约国签字批准，即认为未经该国同意，对于该国不生效力。[①] 该定义提出条约"为解决某种问题"而设，可说增添了条约的具体内容，为此提供了具有积极意义的思路。

随后，崔书琴著《国际法》对条约的内容作了更为明确的界定："缔约权是一国缔结条约的权利"，"条约是二个或二个以上的国家，为厘定关系或规定权利义务，依据法律而缔结的协定"。条约具有四个特点：第一，条约是一种协定；第二，条约的主体是二个或二个以上的国家；第三，条约的目的是成立或修正缔约国间的关系，规定缔约国的权利与义务，或规定解决共同问题的办法；第四，条约的缔结必须依据法律，即在程序与实质上，必须合乎国际法，并"不与各缔约国的宪法相背"。[②] 这一定义较为全面，明确揭示了条约的内容是规定缔约国的权利义务关系，这无疑是一个重要进步。

三、 新中国建立后法学界和史学界关于条约的界定

中华人民共和国建立，尤其是改革开放之后，随着学术研究日益受到重视并走向繁荣，出版了大量相关著作，法学界和史学界均对条约概念作了相应的阐释。

从法学界来看，大量涌现的国际法著作无不阐析了条约这个概念。周鲠生在 1976 年出版的《国际法》中指出："条约是国家间关于它们的相互权利和义务关系的书面形式的协议。"具有以下几项特征：其一，"条约是国家与国家间的协议"，国家与私人（个人和法人）间的协议，无论其性质和内容如何重要，不算是条约。其二，"条约是书面形式的协议"，口头协议不算是条约，过去欧洲帝王虽然有过口头订条约的例子来，但"这决不符合现代的实践，而且事实上也为国际公约所否定或排除了的"。其三，"条约是关于国家间权利义务关系的协议"，而权利义务关系为协议的内

---

① 吴昆吾：《条约论》，商务印书馆，1933 年，第 4—6 页。
② 崔书琴：《国际法》上册，商务印书馆，1947 年，第 203 页。

容，"是条约的一个实质上的特征"。一般地说，"条约的内容都涉及国家间的权利义务关系"，即使规定国家行为规则的条约，也"创造国家的权利和义务"。①

20 世纪 80 年代出版了大量国际法著作，亦作了类似的定义。如王铁崖主编的《国际法》根据 1969 年《维也纳条约法公约》，提出："条约是国家及其他国际法主体间所缔结而以国际法为准并确定其相互关系中的权利和义务的一种国际书面协议，也是国际法主体间相互交往的一种最普遍的法律形式。"其基本特征有四：其一，条约的主体只能是当代国际法所承认的国际法主体，主要是国家，此外还包括"为民族独立进行斗争并已组成自己政治组织的被压迫民族"与"在一定条件下也是国际法的主体"的国际组织。其二，条约应以国际法为准，亦即必须符合国际法，这是条约合法性的根本标志。其三，条约规定了国家及其他国际法主体在某一问题或某些问题上的权利和义务关系，"无论国家间缔结的双边条约或所谓造法性的多边条约，总是涉及到国家及其他国际法主体间的权利和义务关系"。其四，条约主要是书面形式的协议，如果不采取书面形式，"那是不利于条约的履行，不利于国际交往，也不利于国际关系的发展的"。②李浩培著《条约法概论》，是新中国第一部条约法专著，该著对条约作了全面系统的论述。该著将条约定义为："条约是至少两个国际法主体意在原则上按照国际法产生、改变或废止相互间权利义务的意思表示的一致。"具有四个要素：一是条约的主体"必须是国际法主体"；二是条约的当事者"必须至少有两个"；三是当事者"必须有一致的意思表示"；四是必须"在原则上按照国际法"产生、改变或废止相互的权利义务。③

这几部权威性著作所作条约定义表述详略不同，但内涵大体一致，尤其是均肯定条约的内容是规定相互间权利义务关系。其中王铁崖主编的《国际法》，有关条约的定义内容较为完整，特征的归纳也较为全面，因此为八九

① 周鲠生：《国际法》下册，商务印书馆，1976 年，第 591—592 页。
② 王铁崖主编：《国际法》，法律出版社，1981 年第 319—321 页。
③ 李浩培：《条约法概论》，法律出版社，1987 年，第 1—2 页。

十年代出版的各种国际法著作所借鉴。①

1995 年出版的王铁崖主编《国际法》，对前述条约的定义和特征作了少许调整，由此又出现了新的分歧。该著指出："条约是两个或两个以上国际法主体依据国际法确定其相互间权利和义务的一致的意思表示。"按照这个定义，条约具有以下四个方面特征：一是条约的主体，即"条约的缔约方，必须是国家或其他国际法主体"；二是"条约必须符合国际法"；三是条约的内容，"规定的是缔约方之间在国际法上的权利和义务关系"；四是"缔约方必须有一致的意思表示"。与他 1981 年的定义比较，去掉了书面形式，增加了"一致的意思表示"。该著对调整作了解释，说："条约通常以书面形式缔结，因为书面形式是规定缔约方权利义务最常见、最清楚和最可靠的方式。"但根据《维也纳条约法公约》，"书面形式以外的协议，以口头形式达成的协议，即口头条约，并没有被排除在'条约'概念之外"。根据国际法院的相关判例和《联合国宪章》的规定，"就条约的概念而言，书面形式并不是条约成立的不可缺少的要素，而可以有口头条约"。②

1998 年出版的万鄂湘等著《国际条约法》，则持不同意见，仍持前述四特征意见，认为国际条约的定义可作如下表述："国际条约是国际法主体间缔结而以国际法为准，旨在确立其相互间权利与义务关系的国际书面协议。"该著坚持"条约须以书面形式作成"，认为，"在日趋复杂的国际交往过程中，条约的内容如果用文字表述，以书面形式出现，不仅有助于缔约国清楚而准确地表达自己的缔约意图，规定相互间的权利与义务关系，而且有利于国际条约保管机关检验条约内容的合法性，监督条约的确实履行，更有利于条约的顺利执行"。口头协定在国际实践中虽有实例，但在现代国际交往中是不现实的，对国际关系的正常发展不会起到进步作用。③

这一分歧在国际法学界也产生了一定的影响，随后出版的国际法著作吸

---

① 如高树异主编《国际法》（吉林大学出版社，1985 年，第 233 页）、周仁主编《国际法》（中国政法大学出版社，1988 年，第 250—251 页）、白桂梅等编著《国际法》（北京大学出版社，1988 年，第 276—277 页）、陈致中编著《国际法教程》（中山大学出版社，1989 年，第 322、324 页）、王献枢主编《国际法》（中国政法大学出版社，1994 年，第 339—340 页）、王庆海主编《国际法》（吉林大学出版社，1999 年，第 259 页），等等。

② 王铁崖主编：《国际法》，法律出版社，1995 年，第 401—402 页。

③ 万鄂湘、石磊、杨成铭、邓洪武：《国际条约法》，武汉大学出版社，1998 年，第 1—6 页。

取两种意见，提出五特点说。如徐乃斌主编《国际法学》谓：条约是"国际法主体依据现代国际法而在合意的基础上所签订的，为彼此之间确定权利义务关系的一种国际书面协议"。具有下列基本特征：其一，条约的当事者限于国际法主体；其二，条约的缔结必须符合国际法；其三，条约为当事者确定权利和义务关系；其四，条约通常是一种书面协议；其五，条约是缔约各方彼此合意的结果。[①] 这里所说定义和特征，既认可书面协议，又含有彼此合意的内容。

以上法学界有关条约定义和特征的意见，主要是从法律的层面进行分析，史学界主张在这一基础上结合历史实际进行具体考察。因此，在涉及条约概念的实际研究中，学界又因对问题的不同理解和认识，又存在各种歧义，大体上以下有三种看法。

第一种意见根据国际法的相关定义，认为，"条约是国家之间所缔结的以国际法为准则的国际书面协定，而国际法本身又是国家交往中形成的有拘束力的原则、规则和规章制度"。[②] 并指出，条约是国家间或国家组成的组织间订立的在缔约各方之间创设法律权利和义务的契约性协定。[③] "条约是国家间关于它们的相互权利和义务关系的书面协议，是一种法律形式。"近代国际法产生之后，条约成为国际法的一项重要制度。"正式条约是由具有缔约资格的国家代表订立的，重要者还须经过必要的批准程序"。[④] 另有研究者在有关研究中，从国际法的相关原则出发，认为条约是国家之间相互交往中常见的法律形式。[⑤] 有的论者进而阐明条约与其他文件的区别：按照 1969 年《维也纳条约法公约》对条约所下的定义，条约是"国家间所缔结并受国际法支配之国际书面协定，不论其载于一项单独文书或两项以上相互有关之文书内，亦不论其特定之名称为何"。中国"与外国企业、公司等"订立的是章程，这种章程"不属于国际条约范围之内"。条约与章程的性质不同，地

---

①　徐乃斌主编：《国际法学》，中国政法大学出版社，2013 年，第 325—326 页。

②　熊志勇：《关于清末不平等条约的评述》，《外交评论·外交学院学报》1985 年第 2 期。

③　张振鹍：《论不平等条约——兼析〈中外旧约章汇编〉》，《近代史研究》1993 年第 2 期。

④　李育民：《近代中国的条约制度》，湖南师范大学出版社，1995 年，第 6、8 页。

⑤　张建华：《孙中山与不平等条约概念》，《北京大学学报》2002 年第 2 期。

位不同，相互间的分野是严格的。这是当今国际社会的共识。"照这个规定，构成条约的首要条件或基本前提就在于必须是'国家间'缔结的书面协定。这是条约的本质，也是国际法确定的识别条约的基本准则"。依据这个国际法公认的标准，近代史上中国与外国企业、公司订立的章程、合同，虽然也是一种书面协定，但缔结双方中只有中国一方是国家，另一方（外国企业、公司）既不是国家，更不是国际组织，也不是国际法主体，它们不符合国际法公认的条约标准，所以不属条约的范围。日本在 1915 年向中国政府提出的"二十一条"，是条约、章程以外的文件，"从历史渊源上看，可以说'二十一条'是《民四条约》的缘起，而《民四条约》是'二十一条'要求的结局；'二十一条'是《民四条约》的初稿，而《民四条约》是'二十一条'的定案"。使用"二十一条条约"这样的说法，"大多是用词不严谨，实际上指的还是《民四条约》"。①

这种意见主张按照法学界的相关定义作出解析，但实际上又存在着与这些定义不相符合的情况。例如，有关辞书按照国际法解释条约，认为"条约是国际条约的简称。条约是国家及其他国际法主体之间根据国际法所缔结的规定其相互关系中的权利和义务的一种书面协议"，"必须符合国际法"，"必须是一种书面形式"。② 但所编词条则包括了各种约章，既包含国家之间签订的条约，又有国家组织与非国家组织签订的合同、章程等。

第二种意见则未根据相关国际法的定义进行分析，而是自行确定条约的范围。如提出，"中国政府（包括地方政府以及官办企业）同外国政府（以及受政府支持的企业）签订的条约（包括协定、议定书、合约、合同、契约、大纲、章程、专条、照会、换文、清章、函件等等）"。③ 这一概括显然过于宽泛，其缔约者无疑超出了国际法主体，有关协定也并非国际法意义上的条约。与此类似，有的条约选编也将"国与国之间关于重大问题的权利与

---

① 张振鹍：《"二十一条"不是条约——评〈中国近代不平等条约选编与介绍〉》，《近代史研究》1999 年第 3 期；张振鹍：《再说"二十一条"不是条约——答郑则民先生》，《近代史研究》2000 年第 1 期。

② 朱寰、王恒伟主编：《中国对外条约辞典 1689—1949》"前言"，吉林教育出版社，1994 年，第 58—60 页。

③ 高放：《近现代中国不平等条约导论》，李济琛、陈加林主编：《国耻录——旧中国与列强不平等条约编释》，四川人民出版社，1997 年，第 5 页。

义务的书面约定称为协定、协议、换文、条约，而关于某项或某一问题如某一工程项目、公司、厂矿、某批货物等的相互权益与义务的约定称为合同、协定、章程、互换照会等"通称条约。① 有研究者则以《辞海》《中国大百科全书》等著作中与国际法中条约定义相近的解释，以及条约编纂类书籍和某些论著（新出版的中国近代史、中国革命史、中华民国史、爱国主义教育读物以至中国对外条约辞典等）的论说，也持这一看法，提出"广义"条约的概念，并照这一解释编选不平等条约读物。有的学者以《维也纳条约法公约》关于"以国际法为准"的定义界定条约，但在论述条约问题时，却将王铁崖《中外旧约章汇编》所收录的所有1182个文件视为条约。

有研究者还将这种广义的概念推及某些中外之间交涉性质的书面文件，如认为日本提出的"二十一条"属于条约。早在80年代初，有研究者在论文中将其视为条约，谓："中国人民掀起了一个声势浩大的废除二十一条不平等条约、收回旅大运动。"② 有研究者明确提出，"二十一条"是一个"独立的条约"，其理由有："根据广义条约的规定，'二十一条'经过中日双方的外交换文后，便形成条约"；"'二十一条'是以日中两国缔约的形式提出的"；北京政府接受了最后通牒，"表明中日双方达成了一个秘密的总协议，也就成了一个基础性的条约"，等等。又以历史资料论证《英德借款详细章程》《龙州至镇南关铁路合同》《合办东省铁路公司合同章程》等，也属于条约。因为，具体签署代表是双方政府指定或授权的，"按广义条约的规定，这毫无疑义就是条约"。③

第三种意见也以国际法有关定义为依据，但不赞成在分析近代中外条约时，简单引用国际法中条约概念，应根据具体的实际情况。研究者认为：根据国际法，条约应该包含三个要素：一、条约的主体必须是国际法主体，即主权国家或国际组织，且当事者至少必须两个；二、条约的客体是依据国际法创设缔约国之间的权力与义务关系；三、条约应该是书面协议。主张对各

---

① 牛创平、牛冀青编著：《近代中外条约选析》前言，中国法制出版社，1998年，第1页。
② 左域封：《一九二三年收回旅大运动简论》，《辽宁师范学院学报》1982年第1期。
③ 郑则民：《关于不平等条约的若干问题——与张振鹍先生商榷》，《近代史研究》2000年第1期；参见梁为楫、郑则民主编：《中国近代不平等条约选编与介绍》，中国广播电视出版社，1993年。

个约章做具体分析，搞清国际法上构成条约主体的要素。如宫慕久虽然只是上海道台，但由于他是清政府任命办理夷务的特派人员，从而具有了办理外交事务的资格，他所签订的《上海租地章程》自然是代表清政府与英国缔结的条约。"封疆大臣在某种程度上都有一定的对外交往权限，这种权限是得到清政府最高当局允许的。地方大员事后必须向清政府如实汇报，如果能够得到批准，那么他们签订的条约就完全符合国际法"。事实上，由于边疆省份与中央政府交流上的滞后与不便，封疆大吏在处理外务时拥有很大的自主权，这种自主权是得到了中央政府授权的。关于章程和合同，有些"是清政府或政府部门与外国的公使或领事共同议定的，这类章程就某一具体事件规定了清政府与外国政府或部门之间的权利或义务关系，并且双方表示认同，因此可以把它们划归到条约里面"。有些有帝国主义国家或明或暗的支持，而且一般还有外交上的声明，所以不能将其归入"非条约"。例如1861年中英《长江各口通商暂订章程》，由江西承宣布政使与英国参赞订立，"属于低级官员缔结的条约，而且该章程事后得到了清政府的批准，因此它无疑具有条约的性质"。① 对具体情况作具体分析，无疑是必要的，但在这一过程中，又往往脱离国际法的定义而出现偏差，对相关文件的法律属性作出误判。

以上说明，尽管国际法对条约概念有明确的定义，但在具体研究中仍有不同认知。这一现象既反映了准确把握其内涵的重要性，又呈现出近代中外条约的复杂性，需要根据具体情况进行研判，才能得出准确的结论。有论者说，有些条约的性质并不是一目了然，"必须进行深入细密的研究、分辨，才能做出科学的判断"。只有"按照客观的统一的标准"，"逐一审查、解析"，划清界限，"而后才可能计出不平等条约总数"。② 显然，理清和把握中国近代大量约章的内涵，首先必须确定统一的客观标准，而国际法有关条约的定义则提供了基本准绳。

综合法学界的相关条约定义，结合中国近代史的实际，可以确定：条约是国际法主体以国际法为准签订的，确定相互权利义务关系的书面协

---

① 侯中军：《不平等条约研究的若干理论问题之——条约概念与近代中国的实践》，《人文杂志》2006年第6期；侯中军：《近代中国不平等条约及其评判标准的探讨》，《历史研究》2009年第1期。

② 张振鹍：《论不平等条约——兼析〈中外旧约章汇编〉》，《近代史研究》1993年第2期。

议。其要素主要包括：条约的当事者是国际法主体；条约的缔结必须符合国际法；条约的内容为当事者确定权利和义务关系；条约通常是一种书面协议。这一定义界定了近代中外条约的内涵属性，是我们判断各个具体条约的主要依据，而某些对其性质不能一目了然的特殊文件，则需要进一步研究和辨析。需要说明的是，关于条约定义中的书面形式问题，法学界存在两种不同意见，这里采取了肯定的意见。这是因为，尽管在国际实践中存在着口头条约，但在近代中国并不存在这种情况，不会影响我们对相关史实的判析。

四、 关于"准条约"概念

在近代中外条约关系中，还有一个相关的重要概念和现象，即"准条约"问题。条约和"准条约"是两个既有联系又有区别的概念，是中外条约研究中的基本问题之一。王铁崖编辑《中外旧约章汇编》，曾说明所收录文件除了条约和协定之外，还包括"不属于国际条约范围之内"的各种章程、合同等，因而称为"旧约章"。① "准条约"是国际法学者提出来的一个概念，它不属于条约，但亦有着消极或积极的法律意义。这类契约在近代非常多，其中不少与正式条约有着密切关系，且在列强强权政治和中国贫弱的背景下，又具有特殊的内涵。研究中外条约，这是一个不可忽略的问题，但长期以来，研究者主要关注的是正式条约，对这一问题注意不够。

严格地说，"准条约不是条约，但是类似于条约"，因此国际法学者"为它创立这个新名称"。② 早在 1929 年周鲠生著《国际法大纲》初版中指出：条约不可与那些非国家相互间之协定，即所谓"准条约"（quasi-traités）混同。③ 其后，学术界对此作了更进一步的探讨，认为："准条约"不是国际法上的条约，"因为缔约各方没有产生国际法上相互权利义务的意思"，因此对于缔约各方，"它不是法律"。但是，"它并非没有法律意义"，"这些意义可以是消极的，也可以是积极的"。其积极意义在于，"对于准条约，恰如对于

---

① 王铁崖编：《中外旧约章汇编》第 1 册 "编辑说明"，生活·读书·新知三联书店，1957 年。
② 李浩培：《条约、非条约和准条约》，《李浩培文选》，法律出版社，2000 年，第 565 页。
③ 见周鲠生：《国际法大纲》，第 163 页。

条约，应当善意履行和解释"。因此"准条约"的缔约各方，"不能把准条约作为废纸那样来行动，以侵害他方的利益"。所以在此意义上，"条约和准条约的法律意义是同一的"，"一方违反这种规定时，他方有权对它进行外交交涉，提议抗议或表示谴责"。当然，与正式条约比较，"准条约"的法律性质要弱些。而条约制度存在已久，"条约明确规定当事各方的法律上权利义务，必须善意履行，违约即构成国际不法行为，引起包括报仇在内的各种制裁"。条约在当事各方之间即是法律，"而且是'硬法'"。而"硬法"有助于国际关系的稳定和国际秩序的维持，是国际社会不可缺少的上层建筑。特别是，"在首要考虑是稳定和巩固国际关系的场合，必须使用条约。例如，两国间疆界的确定非用条约不可"。"准条约"的发生还是比较晚近的事情，由于在概念上、内容上和作用上，"准条约"都和条约很相类似，因此应当把它正名为"准条约"。① 不过，"准条约"不是"硬法"，若未遵守不会引起如同违约那样严重的后果。

"准条约"有各种形式，主要有二：一是国家同外国的私法人订立的契约，二是政府间订立的"没有产生国际法上相互权利义务"的协定。② 近代中国的"准条约"，主要体现为前者，一般附着于条约关系之中，其性质和地位又因条约关系主体的不同而有差异。

19世纪90年代以来，这一重要问题引起了近代史学界的注意，已有研究者提出了这一概念，并做了初步探讨。有学者在分析条约制度体系时，对这些合同、章程作了探讨，并借鉴国际法学者的意见，指出："正式条约之外的各种合同、章程、协定等，有的是地方官与外国领事所订，有的是中央政府或地方政府与外国公司所订。这些合同、章程的内容多属投资、借款之类；虽不是正式的国际条约，但对中国仍有约束力。有的国际法学者把国家同外国私法人订立的契约称为'准条约'。"其中有些是根

---

① 李浩培：《条约、非条约和准条约》，《李浩培文选》，第574—577页。
② "有些国际法学者认为这种契约可以称为'准条约'，因为这种契约是国家同外国的私法人在法律上平等的基础上订立的，按照契约的条款，它不得由作为缔约一方的国家单方废止，从而类似于条约"（菲德罗斯和西马：《普遍国际法》，1976年德文版，第351页，见李浩培：《条约法概论》，第13页）；李浩培：《条约、非条约和准条约》，《李浩培文选》，第574页；周鲠生：《国际法大纲》，第163页。

据条约权利订立的，"应列入条约制度体系之内"。这些章程、合同不是正式条约，但均是中外间订立的协议，从这一角度，两者"可归为一类"。在论述外人在华投资制度时，对晚清时期此类"准条约"的内容作了具体分析。认为，外国直接投资的方式，从表面上看，控制这些铁路的是各外国公司，但实际上，从资本到人事机构，真正的操纵者是各国政府。从总体来看，"这些控制中国路、矿权益的合同、章程，多是与外国公司或外商所订，本不具有国际条约的性质，但列强却把它们当作国际协议看待"。① 也就是说，这些合同、章程保护外商的特权，有如正式条约的效力。这种投资与两个主权国家之间，在主权平等、公平互利的前提下的经济合作截然不同，如一位美国学者所言，这是一种"对中国人的主权和权力永远不加重视，对中国的利益永远不加考虑"的"超经济的投资"②。中国是一个资金匮乏的落后国家，引进外资对于促进经济发展是非常重要的。由"准条约"而规定的外国在华投资，对于中国引进西方的先进科学技术和先进的管理方式、刺激中国近代工业的发展等等方面，起过一定的积极作用。但是，"在中国处于半殖民地国际地位的历史背景下，由于这一投资制度不可避免地具有殖民主义掠夺性质，因而又对中国民族资本主义的发展、对中国的国民经济产生极为不利的影响。在这一制度下，中国不能根据国家目标确定国民经济发展的优先次序，不能按自己的需要引进外资，控制其投资方向。对于各国投资，亦不能实行统一管理"。③

　　进入 21 世纪，又有学者关注这一问题，对前述第一种形式的"准条约"作了较详细的探讨，并剖析了其中的不平等性质问题。论者认为："准条约"具有条约的特征，即缔结一方属于国际法主体或具有缔结条约的资格；但"准条约"又不是真正的条约，因为其缔结的另一方不是国际法主体，不具有缔结条约的资格。""准条约"同条约的最大的区别，不在于文件的内容，而在于缔结者身份的不同。条约的缔结者必须是国际法主体，主要是指主权国家或政府间的国际组织，而在"准条约"的缔结双方，往往有一方不是主

① ［美］威罗贝著，王绍坊译：《外人在华特权和利益》，生活・读书・新知三联书店，1957 年，第 600 页。
② ［美］欧弗莱区著，郭家麟译：《列强对华财政控制》，上海人民出版社，1960 年，第 175 页。
③ 李育民：《近代中国的条约制度》，第 9、381、411、414—415 页。

权国家或国际组织。事实上，"准条约"往往是主权国家与非国际法主体之间达成协议的产物。纵览近代中国的对外约章，"准条约问题可以分为两类"，一是"旧中国国家与外国公司和银行订立的具有国家背景的章程、合同"；二是"旧中国国家与没有国家背景的公司或银行订立的合同章程"。并认为，对旧中国政府来讲，这些章程与合同虽不具有条约的形式，但在当时特定的历史背景下，它们"同正式的条约没有区别，都对中国政府构成条约义务"。并提出，根据研究的需要，又可以把这些章程与合同分为两个大类，"一是属于准条约的章程与合同；二是不属于准条约的章程与合同"。论者作了个案剖析，说明此类章程、合同的性质，以及中国政府所采取的态度。如认为，"满铁不是一个单独的国际法主体，也不是日本政府的代表，因此满铁同中国政府或别的国际组织签订的章程或合同并非必然是条约"。但"对旧中国政府来讲，这些章程和合同在重要性以及能否单方废止方面同正式条约没有区别，中国政府一直把其作为'条约义务'来遵守"。论者还认为，"并不是所有的公司或银行均无立约行为，事实是，如果某公司或银行被国家指定为政府代表之机关，并签订其代理权限内的文件，那么这类文件无疑应该具有条约的性质"。关于这些合同和章程是否平等，论者认为可以用是否武力威胁，以及是否对中国国家主权形成侵犯，从而形成对中国的不平等作出判断。①

可以认为，在近代中国，"准条约"是国家同外国私法人订立的契约，其要素包括：当事者一方是国际法主体，另一方是外国私法人；其内容主要属于投资、借款之类的合同、章程；这些契约虽不是正式的国际条约，不具有如同国际法上相互权利义务的"硬法"性质，但对中国仍有约束力。"准条约"通常是一种书面协议。需要看到，在近代中外条约关系中，"准条约"虽非"硬法"，但作为条约的附属和补充，从另一个方面揭示了这一关系的性质和内涵，有着不可忽视的重要性。

---

① 侯中军：《近代中国不平等条约研究中的准条约问题》，《史学月刊》2009 年第 2 期。

第二节 不平等条约概念

不平等条约是一个耳熟能详的名词，也是近代中外条约关系中的一个核心概念，体现了这一关系的本质。晚清时期，中国社会在蒙受不平等条约祸害的现实中，对此有较深入的认识，并明确提出了这一概念，民国时期又进行了讨论。新中国建立后，尤其是改革开放之后，对这一概念又有较广泛的探讨，提出了各种意见。从国际法的视角和中国近代的实际来看，不平等条约既是一个法律概念，又兼具政治性质，这一双重性质正反映了近代中外条约关系的基本特性。

一、 不平等条约概念的提出及其认识

晚清时期，最先明确提出"不平等条约"概念的，是晚清时期的资产阶级改良派。需要指出，清政府官员虽未明确提出这一概念，但对其不平等性质有相当程度的认识，如李鸿章认为，中外条约不符国际法，"所定条款吃亏过巨，往往有出地球公法之外者"。[①] 曾纪泽直言，中国所订条约"未能平允"，"中间有伤自主之体统"。[②] 王之春说，所订条约"词虽甚公而法甚不公"，[③] 条款看似公正，实际上却隐含着不平等性质。驻美公使张荫棠表示，"向来吾国与列强订结条约，又多在于兵败之后，近于城下之盟"；"海关税权之沦失，领事裁判权之施行，损害独立之权，为有国者所大耻"。[④] 陆征祥也说，荷兰在其殖民地"以不平等对待华人"。[⑤] 诸如此类，不一而足。可

[①] 《妥筹球案折》，光绪六年十月初九日，顾廷龙、戴逸主编：《李鸿章全集》第 9 册，安徽教育出版社，2008 年，第 198 页。

[②] 曾纪泽：《中国先睡后醒论》，光绪十二年，《中国近代政治思想史参考资料》上，中国人民大学中共党史系等编印，1981 年，第 285 页。

[③] 《国朝柔远记》，赵春晨、曾主陶、岑生平校点：《王之春集》第 1 册，岳麓书社，2010 年，第 463 页。

[④] 《使美张荫棠奏敬陈外交事宜并请开缺简授贤能折》，宣统三年九月初四日，王彦威、王亮辑编，李育民、刘利民、李传斌、伍成泉点校整理：《清季外交史料》第 9 册，湖南师范大学出版社，2015 年，第 4575 页。

[⑤] 《催订领约与和外部问答情形并译呈末次来函由》，宣统元年十一月十六日，台北"中研院"近代史研究所档案馆藏外务部档案，档号：021400804028。

见，政府官员在相当程度上认识到这一实质。不过，认识还存在局限，不仅缺乏整体观念，且未将其与国家主权完全联系起来。

甲午战后，在瓜分狂潮的民族危机中，戊戌维新派对中外条约更有深切的认识。又经八国联军之役，改良派的认识更加深刻，进而运用国际法做了些理论分析，明确提出了"不平等条约"这一概念。1906 年 1 月 25 日《新民丛报》载文："领事裁判权者，实不平等条约之结果也。"① 1906 年 8 月，梁启超在文中说："我国与诸国所结条约，皆不平等条约也，与日本改正条约前之情形正同。"他根据国际惯例和外交通例剖析："凡两独立国缔结条约，其双方之权利义务必平等，苟有一方不平等者，必其一方已失独立之资格"，② 其所定条约为不平等条约，而不是平等条约。严复将《南京条约》《天津条约》等称为不平等的"城下之盟"。③《外交报》等报刊载文阐析不平等条约的内涵，指出，片务条约（即片面条约）产生于不平等之关系，"此方负义务，彼方享权利，即不平等之条约"。④ 将条约性质分为两类："平等条约及不平等条约，片务条约及双务条约。"依据国际法判断条约性质的六大要素，即"主权"、"合意"、"代表者"、"批准"、"适法"、"适法之目的物存在"，该文认为，合乎这些要素的中外条约非常少，不过数者而已，因此其性质可归于"不平等条约及片务条约两范围之中"。⑤ 论者指出："我国向因国际之片面条约，拘束国力，甚至处处受条约之阨，不能自由为主权中之法律行为。"⑥ 或者说，中外条约"屈中以伸外者"。⑦ "不少缺点，他日必须更正"。⑧ 如在条约中，中国"无不以最惠国待人，而人并不以最惠国待我"。⑨

与立宪派同属民族资产阶级政治代表的革命派，也对中外条约的不平等

---

① 希白：《上海领事裁判及会审制度》，《新民丛报》第 73 号，光绪三十二年一月。

② 饮冰：《中日改约问题与最惠国待遇》，《新民丛报》第 85 号，光绪三十二年六月。

③ 严复：《论南昌教案》，1906 年，张枬、王忍之编：《辛亥革命前十年间时论选集》第 2 卷，上册，生活·读书·新知三联书店，1978 年，第 162 页。

④ 邵义：《论改订通商条约与中国前途之关系》，《外交报》第 223 期，光绪三十四年九月十五日。

⑤ 王倬：《中国与各国订结条约性质上之解释》，《外交报》第 274 期，宣统二年三月二十五日。

⑥ 王倬：《条约消灭与更新研究》，《外交报》第 291 期，宣统二年九月十五日。

⑦ 《论华官不可自弃缉捕之权》，《外交报》第 98 期，光绪三十年正月五日。

⑧ 《日本法政大学速成科第一次讲谈会笔记》，《时报》，1905 年 10 月 7 日。

⑨ 《呜呼无后盾之条约》，《时报》，1908 年 3 月 19 日。

性质有着深刻的认识。几乎与此同时，他们也提出"不平等条约"这一概念，并对其进一步深入分析。革命派运用国际法理论，指出列强通过条约"制限"中国主权的"不平等之事实"，更深刻地揭示了中外关系中这一基本问题的现象和本质。1906 年 7 月，《民报》第 6 号发表汪精卫撰《驳革命可以召瓜分说》一文，谓："满洲政府外交之丑劣，与各国结种种不平等之条约，宣筹撤改者，则固新政府之责任。"① 明确"不平等之条约"，这是革命派第一次提出这一概念。而这一概念的提出，与孙中山亦有关系。据胡汉民回忆，"尔时列强间瓜分中国之声不绝，保皇立宪派人常挟此以为恫喝，谓革命即召瓜分，其言足以惑众。先生乃口授精卫为文驳之，题为《革命不致召瓜分说》"。② 翌年，孙中山在演说中也明确提出"不平等条约"概念："列强凭藉不平等条约，得在中国内地设立工场，利用贱价的工值与原料，以牟取厚利；外国银行在中国因藉赔款与外债的关系，所得担保收入的管理权，如关税、盐税等，一国的经济权，可以任人操纵。"③ 从这段话可以看出，孙中山所说的不平等条约，其内涵正是列强在华享有的种种条约特权，而通过这些特权，中国的经济权为人所操纵。

尤其是，对晚清时期中外条约的不平等性质，革命派作了国际法的理论分析。如胡汉民在《民报》发表长文，运用国际法理论从各个角度对中外条约做了深入探讨。国际法的国家主权原则，涉及领土主权、独立权、平等权、管辖权等方面，在阐述内涵的基础上，胡汉民对中外条约损害中国主权，具有不平等内涵的实质作了分析。他指出，由于"割让"条约，中国不能保持其领土主权。势力范围和租借地特权制度，实际上"举高权管辖权以予人，纯然为领域主权之问题"。④ 当缔约之日，权利许与之时，"领土主权已受他人限制"。⑤ 中国的独立主权"由于条约而被制限"，如领事裁判权及辛丑和约各款等，在彼为有权利，在我为负义务，"非若彼以一方意思而干

---

① 精卫：《驳革命可以召瓜分说》，《民报》第 6 号，1906 年 7 月 25 日。
② 《胡汉民自传》，《近代史资料》1981 年第 2 期。
③ 《在槟榔屿对侨胞的演说》，1907 年，陈旭麓、郝盛潮主编，王耿雄等编：《孙中山集外集》，上海人民出版社，1990 年，第 43 页。
④ 汉民：《排外与国际法》（续），《民报》第 6 号，1906 年 7 月 25 日。
⑤ 汉民：《排外与国际法》（续），《民报》第 7 号，1906 年 9 月 5 日。

涉者，直横躏我之国权而已"。① 关于平等权，在国际政治实践的现实中，
"以强大临于弱小，其国之势力、位置既不相当，则其条约难望平等"。② 也
就是说，各国交往，"未尝不视国力之强弱以为进退，而相与结不对等之
约"。③ 关于管辖权，中国受到条约的种种限制，"无事不受其掣肘"。④ 如任
外人为税官，妨害了"国家行政权之自由"。再如关税，"不能自由，犹曰以
通商之关系，故从于协定也"。又与各国结约，"则司法受制限而不能与领土
同其范围"。司法权对于国家主权极为重要，根据国际法原则，此为"属地
主权"，今则因条约受到"制限"，国家谈不上具有独立主权。⑤ 关于自卫权，
《辛丑条约》订立后，"对外主权益被侵削"，如不准将军火与专为制造军火
各种物资运入中国境内，将大沽炮台及京师至海通之各炮台一律削平，中国
发展自己的自保权丧失自由。⑥ 由上可见，胡汉民从国际法的角度，对近代
中外条约与国家主权的关系作了分析，深入揭示了这一不平等的实质。

除胡汉民外，其他革命党人如孙中山、宋教仁等，都对不平等条约损害
中国主权的性质作了剖析。孙中山指出，领事裁判权、内河航行权、铁路敷
设权等，"既可以限制我国的司法，又可以管理我国的交通"。中国"总是受
各国人的束缚，做了英国、法国、美国、俄国和日本那些强国的奴隶"。⑦ 宋
教仁指出，我国与各国所订条约，"大抵皆为偏务的而非双务的"。⑧ 他说，
"领事裁判权，为一方的不平等"，我国受此之祸"亦甚"，"朝野上下，莫不
引为奇耻"。自通商以来，"不但不能保维裁判权，实益损失主权极多"。他
特别分析了"实随领事裁判权而发生"的会审制度，列出五项"失平等者"，

---

① 汉民：《排外与国际法》（续），《民报》第 8 号，1906 年 10 月 8 日。
② 汉民：《排外与国际法》（续），《民报》第 10 号，1906 年 12 月 20 日。
③ 汉民：《排外与国际法》（续），《民报》第 8 号，1906 年 10 月 8 日。
④ 宋教仁：《东亚最近二十年时局论》，1911 年 2 月 8 日—3 月 27 日，陈旭麓主编：《宋教仁集》上册，中华
书局，1981 年，第 142 页。
⑤ 汉民：《排外与国际法》（续），《民报》第 8 号，1906 年 10 月 8 日。
⑥ 汉民：《排外与国际法》（续），《民报》第 8 号，1906 年 10 月 8 日。
⑦ 孙中山：《在槟榔屿对侨胞的演说》，1907 年，陈旭麓、郝盛潮主编，王耿雄等编：《孙中山集外集》，上
海人民出版社，1990 年，第 43—44 页。
⑧ 宋教仁：《讨俄横议》，1911 年 3 月 21 日，陈旭麓主编：《宋教仁集》上册，中华书局，1981 年，第 194
页。

提出，"凡沿海各埠所行之一切不平等制度，皆宜废绝"。①

　　民国时期，国际法学者在揭露不平等条约种种祸害的同时，又进一步探讨了这一概念的精确定义，提出了不同意见。第一种意见主张两个标准，即违背国际法和片面的，认为：不平等条约"乃是国际条约之包含有些条文，造成种种法律关系，超越一般国际法所许范围之外，片面的侵害或限制对方缔约国的主权的。中国对外所订的不平等条约，皆可以此标准来判别"。"若是那种关系是双方的，那末，虽然超越国际法范围之外，仍然称为平等"。"反过来说，国际间的条约，对于一国主权有所限制，如其在国际法所许范围以内，则虽是片面的，亦不视为不平等。"② 还有其他研究者持类似意见。③ 这一意见提出了多种标准，即超越国际法、片面的侵害、限制主权等。

　　第二种意见只赞成一个标准，即条约规定的义务是片面限制一方，认为："超越国际法范围"一词，其性质及范围，颇难确定，如关税条约，虽具有片面性，似不能谓为超越国际法范围。其他如仲裁条约，虽限制国家之宣战权，似亦不能谓为超越国际法范围。论者提出，"凡条约只规定片面义务者，即为不平等条约"。④ 这一意见主张根据条约规定的权利义务是否片面，作为判断不平等属性的依据，尤为注重这一问题的核心。

　　第三种意见，主张以是否片面作为标准，但又认为不能一概而论，某些承担片面义务的条约不能称为不平等条约。论者指出："凡条约中规定缔约国一方享有片面特权与片面义务并非为一般国家所应享有或担负者，即为不平等条约。"同时又提出，媾和条约规定割地赔款，虽然战败国承担片面义务，但不能称之为不平等条约，因为"割地赔款，一经执行其义务即随之终

　　① 宋教仁：《二百年来之俄患篇》，1911年2月20日—3月4日，陈旭麓主编：《宋教仁集》上册，中华书局，1981年，第171—178页。

　　② 周鲠生：《不平等条约十讲》，太平洋书店，1929年，第10—12页。

　　③ 王纪元：《不平等条约史》，亚细亚书局，1935年，第4页。

　　④ 吴昆吾：《不平等条约概论》，商务印书馆，1933年，第1—2页。相类似的意见认为："凡条约的订立，为一方单尽义务与一方专享权利，有失国际上互惠互尊的原则和对等对待的地位；甚至权利国藉此条约妨害义务国之主权或侵夺义务国之领土者，此等条约，谓之不平等条约。"（叶祖灏：《废除不平等条约》，独立出版社，1944年，第18页。）

了"。① 显然，该意见一方面主张以片面与否作为标准，另一方面又不赞成将一次性交割的片面权益列入不平等范畴。

此外，有关不平等条约的其他相关问题，也作了相应的探讨。例如，关于不平等条约的效力，也提出两种不同主张。一种认为，强迫缔约国订立的条约是有效的，而强迫谈判代表订立的条约则是无效的。② 另一种意见认为，区分这二者毫无道理，而且通常情况下，对缔约国的强迫和对谈判代表的强迫是相伴而生的。③ 以上说明，自清末以来，中国社会对不平等条约的性质有了清晰的认识，并明确提出了这一概念，但如何科学界定这一概念，仍缺乏深入的探讨。

二、 新中国学术界对近代不平等条约的探讨

中华人民共和国建立伊始，史学界便从史实上对近代中外不平等条约作了探讨，尤其是揭示其侵害中国权益的性质及危害。改革开放后，随着学术研究的广泛开展，在继续剖析其性质和危害的同时，又对不平等条约概念作了探讨，提出了种种不同看法。主要有：

第一种看法，主要着眼于侵损中国权益的实际危害。如有研究者认为，列强通过条约从中国攫取侵略权益，因此具有不平等的性质。一千多个不平等条约"都在不同程度上从中国攫取了侵略权益，具有不平等的性质"。④ 后来有学者充实了这一观点，认为"应该列入不平等条约的标准只有一个，即条约的内容侵犯了、损害了我国主权和国家民族的具体权益。按照这个标准，符合这个标准，凡是中国政府（包括地方政府以及官办企业）同外国政府（以及受政府支持的企业）签订的条约（包括协定、议定书、合约、合同、契约、大纲、章程、专条、照会、换文、清章、函件等等）都应列入不

---

① 王宠惠：《废除不平等条约之回顾与前瞻》，《经济汇报》第 7 卷第 1、2 期（废除不平等条约纪念专号），1943 年 1 月 16 日。

② 周鲠生：《不平等条约十讲》，第 5 页。

③ 柳克述：《不平等条约概论》，泰东图书局，1926 年，第 77—78 页。

④ 梁为楫、郑则民主编：《中国近代不平等条约选编与介绍》前言，第 9 页。

平等条约"。①

第二种看法，主要强调以国际法为依据，"条约必须符合国际法。违反国际法的平等原则，如用武力或其他手段胁迫签订的条约，尽管形式上叫条约，但不是真正意义的条约，是不平等的无效的条约"。中国近代的不平等条约，从内容来看，"双方承担的权利、义务不对等，甚至中国承担全部义务，而不享有一点权利"。从签约手段看，"是帝国主义用武力胁迫签订的"。②

第三种看法，侧重于缔约双方处于不平等的地位。持这一看法的论者较多，也以国际法的平等原则为依据。如 50 年代有研究者认为，"不平等条约的意义就是规定两国或两国以上的不平等关系的契约，这种不平等关系表现在一方享有超越的权利，一方负担特殊的义务"。③ 或认为："缔约一方出于强迫而另一方出于被迫，条约内容为一方所强加而另一方不能反映其自由意志，其中的规定只使一方得利而对另一方有害或有损，相互间的权利、义务不对等，一方独得某种或某些权利或得到较多权利而不承担或少承担义务，另一方只承担或多承担义务而不能享受相应的权利，这就使缔约双方处于不平等的地位，这样的条约就是不平等条约。""条约中创设的法律权利和义务在缔约各方之间如对等，就是平等条约；不对等，则为不平等条约。"不能将所有约章都划归不平等条约。④ 且说：平等与否，核心是缔约各方之间的权利和义务是否对等。"条约作为国家间的书面协议，要在缔约各方之间创设法律权利和义务，其中所规定的各方之间的权利和义务基本对等的，是平等条约；所规定的权利和义务不对等，一方片面地享受权利，他方片面地承担义务，就是不平等条约。应该用这个标准来审视每一个条约是平等的还是不平等的。"⑤ 或谓："外国对华不平等条约之所以不平等，就在于里面规定

---

① 高放：《近现代中国不平等条约导论》，李济琛、陈加林主编：《国耻录——旧中国与列强不平等条约编释》，第 5 页。
② 朱寰、王恒伟主编：《中国对外条约辞典 1689—1949》"前言"，第 58—60 页。
③ 徐绪典：《近百年来不平等条约的侵略性质及其对中国社会的破坏作用》，《山东大学学报》1957 年第 2 期。
④ 张振鹍：《论不平等条约——兼析〈中外旧约章汇编〉》，《近代史研究》1993 年第 2 期。
⑤ 张振鹍：《再说"二十一条"不是条约——答郑则民先生》，《近代史研究》2000 年第 1 期。

外国单方面享有利益、利权或特权。"① 或认为，"不平等条约是缔约国双方站在不平等地位，规定不平等的权利义务关系，缔约一方片面地享受权利，另一方片面地承担义务，借以掠夺利益，勒索特权，破坏主权和领土完整，压迫和奴役人民，推行侵略扩张政策。"② 另有研究者强调主权平等与否，认为：国际法上所讲的平等，是指国家之间的平等，即国家主权平等。既然国家主权平等，那么国家之间签订的条约就应该是平等条约。③

其中，有的研究者强调暴力胁迫，认为：不平等条约制度的主要特色是武力和不平等。条约是武力所迫订的或是在武力威胁下所订立的，目的在于为外国人及国家勒索权利和特权，公然侵犯中国的主权和独立，而完全否定了平等的概念。④ 或认为，近代中国的不平等条约，基本上是单方面给予列强种种特权。⑤ "不平等条约是国家间在不平等地位基础上订立的彼此权利、义务不对等的契约性协定。在中国，不平等条约大多是外国侵略者直接用武力相逼或以武力相威胁签订的，有的则是在这一基础上以政治讹诈、经济施压等形式签订的"。⑥ 或指出："所谓'不平等条约'，是一种在武力或武力威胁的基础上强加于别国的权利与义务关系不平等的条约。"⑦ 或认为不平等条约，是处于不平等地位的缔约者之间的协约。首先，在缔约程序上，缔约一方实施诈欺，或通过武力的使用，或以武力相威胁，迫使缔约另一方签约，而被迫一方并非出于自愿。其次，在条约内容上，缔约双方之间的权利和义务不对等，一方独享权利而不承担义务或少承担义务；另一方则只尽义务而不享受相应的权利或少享有权利。⑧ 不平等条约主要是一国以武力或武力威胁等非法手段迫使他国缔结的权利义务不平等的条约。这类条约由于在缔结

---

① 张振鹍：《〈中国和拉丁美洲关系简史〉有关"立约建交"若干问题的商榷》，《世界历史》1992 年第 5 期。
② 朱奇武：《中国国际法的理论与实践》，法律出版社，1998 年，第 370 页。
③ 张建华：《孙中山与不平等条约概念》，《北京大学学报》2002 年第 2 期。
④ 《中国与国际法——历史与当代》，《王铁崖文选》，中国政法大学出版社，2003 年，第 255 页。
⑤ 李育民：《近代中国的条约制度》，第 8 页。
⑥ 全国人大常委会办公厅研究室编写：《中国近代不平等条约汇要》"前言"，中国民主法制出版社，1996 年，第 1 页。
⑦ 杨和平：《20 世纪中美关系与国际法》，巴蜀书社，2002 年，第 45 页。
⑧ 程道德：《试述近代中国不平等条约体系的形成与扩展》，《中外法学》1994 年第 3 期。

时就违反了国际法，因此是无效的。①

　　第四种看法在前两种看法的基础上，强调其法学意义和动态特征，认为："国际法对不平等的阐释是我们界定中国近代史上不平等条约的基本法律依据"，评判不平等条约的原则，"一是缔结程序是否平等；二是条约内容是否损害了中国的主权"，其中后者是"条约形式和实质上平等与否的主要根据"。强调的不平等是法学意义的不平等，不是政治意义上的，也不是经济利益上的，"条约的平等本来就是条文上的平等"；并认为，"'不平等'在近代中国不是一个静态的概念，而是一个动态的标准，一个随着中国自身认识的变化而不断丰富的过程"。②

　　第五种看法将国际法准则与条约实践结合起来，认为：不是以国际法为准，与相互尊重主权和领土完整、互不侵犯、互不干涉、互惠互利、和平共处等准则相悖的条约，便是"不平等条约"。判定"不平等"性质的根据是：一、强加性；二、屈辱性；三、非互利性；四、单方约束性；五、控制性。③

　　上述几种看法，可以大体分为三类。第一类即第一种看法，着眼于侵损中国权益的实际危害；第二类包括第二、第三、第四种看法，是大多数研究者的意见，主张以国际法作为评判的准则；第三类即第五种看法，实际上是将两者结合起来作为评判的根据。

　　由于对条约和不平等条约的理解存在歧异，相应地对近代中外不平等条约的数量也有了不同看法，大体上有三种意见。一种意见一般是将王铁崖《中外旧约章汇编》收录的所有中外约章视为不平等条约，但表述有所不同，笼统地谓之"一千数百个"、④　"一千多个"、⑤　"一千一百多个"、⑥　"近千

---

　　①　江国春：《论国际法与国际条约（续完）》，《真理的追求》2000 年第 11 期。

　　②　侯中军：《不平等概念与近代中国的不平等条约》，《中国社会科学院研究生院学报》2006 年第 2 期；侯中军：《近代中国不平等条约及其评判标准的探讨》，《历史研究》2009 年第 1 期。

　　③　郭卫东：《不平等条约与近代中国》，第 1、21—22 页。

　　④　何瑜、华立：《国耻备忘录：中国近代史上的不平等条约》"序"，北京教育出版社，1995 年。

　　⑤　胡绳：《以史为鉴爱我中华》，《人民日报》1991 年 8 月 29 日；梁为楫、郑则民主编：《中国近代不平等条约选编与介绍》"前言"；阎中恒、詹开逊著：《近代中国不平等条约概述 1840—1949》"引言"，江西人民出版社，1985 年。

　　⑥　徐惟诚：《学习百年史增强民族凝聚力》，《人民日报》1991 年 8 月 29 日。

个"。① 或谓:"从 1840 年鸦片战争到 1949 年中华人民共和国成立的 110 年间,大大小小的帝国主义国家先后发动了数百次侵华战争和侵华事变,强迫中国签订了 1100 多个不平等条约。"② 或统计从 1842 年《南京条约》至 1919年 6 月共 77 年中签订的不平等条约,"多达七百二十八"个③。第二种意见区分为不同情况,但没有统计准确的数字。有的研究者认为,王铁崖《中外旧约章汇编》中有不属于条约的章程、合同,以及不应归于不平等条约范畴的条约、协定等,应将其减去,其余的大体上就是不平等条约,"其总数大约有三四百个","很难据此而精确地定出不平等条约的数目",只有按照统一标准逐一审查、解析,才可能统计出准确的数字。④ 有的人提出,将《汇编》所收录 1182 件减去 1840 年前所订中俄条约,近代共签订 1175 个条约,"其中绝大多数都毫无平等可言"。⑤ 有的则认为,在 1182 个约章中,"基于平等基础上的条约只占极少数,它们中的绝大多数均为不平等条约","总数当在一千个以上"。⑥ 第三种意见通过对王铁崖《中外旧约章汇编》所收录约章逐一分析,提出一个确切数字,认为:"中国近代总共订立有 736 个条约,其中不平等条约 343 个,占条约总数的 47%。"⑦ 或认为,从 1840 年至 1949年,中国同 21 个国家签订了 343 个不平等条约。⑧

此外,关于与中国签订不平等条约的国家,也有不同看法,二十多个国家、23 个、21 个等说法。以上说明,近代中外不平等条约的定性,是一个较复杂的问题,既涉及到国际法律,又与实际的国际政治相关,需要对其作一综合的探析。

三、 不平等条约概念的内涵及其界定

以上所述,主要是史学界的意见,其中多与历史实际结合,从损害中国

---

① 鲁生琳、李柏禄等编著:《旧中国不平等条约史话》"引言",西安交通大学出版社,1992 年。
② 王彦峰:《中国共产党与国家主权》,《中共党史研究》2004 年第 3 期。
③ 隗瀛涛、蒋晓丽:《巨人身上的镣铐》前言,四川人民出版社,1985 年,第 1 页。
④ 张振鹍:《论不平等条约——兼析〈中外旧约章汇编〉》,《近代史研究》1993 年第 2 期。
⑤ 程安东:《荣而思辱,自强不息——代序》,鲁生琳、李柏禄等编著:《旧中国不平等条约史话》。
⑥ 郭卫东:《不平等条约与近代中国》,高等教育出版社,1993 年,第 17—18 页。
⑦ 侯中军:《近代中国不平等条约及其评判标准的探讨》,《历史研究》2009 年第 1 期。
⑧ 张明祖:《中国废除不平等条约的艰辛历程》,《时代文学》2007 年第 3 期。

主权和利益的角度进行解析。作为国际法范畴的一个基本概念，同时又是国际政治实践中的重要现象，对不平等条约这一概念的界定，无疑需要进行法律的和政治的综合考量。

首先需要剖析的，不平等条约是否是一个法律概念。某些西方学者认为不平等条约不是法律概念，而是一个含混不清的政治概念。这是一种偏见，是为了维护传统国际法时代不平等条约的地位。实际上，自从这一概念提出以来，"它就被纳入国际法的研究范围之内"。① 在国际法学界，国际法鼻祖格老秀斯较早使用了这一概念，他说，"建立在作为自然法补充的义务基础上的条约要么是平等的，要么就是不平等的"。"双方都能获得同等利益的就是平等条约"，反之就是不平等条约。"其中一方在尊严上处于劣势"，最好被称作"命令"、"指示"而不是条约。这种不平等性的出现，"可能随着主权的减弱而减弱"，附加在"不平等条约上的责任，有短期的和永久的两种情况"。短期责任，"指的是一定数量金钱的支付，某些防御工事的拆除，国家领土的割让，船只的让与或者人质的提交等情况"。而长期责任，"指的是一国向另一国纳贡或臣服"。不平等条约"不仅存在于征服者和被征服者之间，还存在于强国之间，存在于互不敌对的国家之间"。他将这种不平等条约，即"一方承担的义务多于另一方的条约"，称为"可憎的条约"。②

显然，格老秀斯已经指出不平等条约的法律性质，即缔约国承担不对等的义务。从这一概念的词源来看，也体现了这一含义。不平等条约的英文表述是"unequal treaty"，源于拉丁文"unda pacta"，意为"一项只有一方为某事或给某物而另一方无相应义务的协议"。这一看法在国际法学界较为普遍，如德国国际法学家普芬道夫认为："不平等条约是两个缔约国承诺的事情不平等或一方被迫给予另一方的条约。"18世纪瑞士著名国际法学家瓦特尔亦说："不平等性表现在劣势方的不平等条约，是指那些给劣势方强加更为广泛的义务或更巨大的负担或迫使它接受压迫性的或不能同意的条件的条约，这些条约同时始终是不平等的联盟。"在当代亦有同样的看法，1957年亚非

① 朱文奇、李强主编：《国际条约法》，中国人民大学出版社，2008年，第25页。
② ［荷］格老秀斯著，何勤华等译：《战争与和平法》，上海人民出版社，2005年，第159—160、167页。

法学家大会将不平等条约定义为："不平等条约是在当事国之间确立极不平等义务的条约。"前苏联科学院将不平等条约界定为："当事国在不平等的基础上缔结的条约，或称'与狮子合伙的协约'。"①

在法学界，有关国际法和条约法专著对不平等条约概念做了较详细的论析。如王铁崖指出，国际法学界有一共同的看法，"至少有两个要素构成不平等条约这个概念的主要特征：一个是不平等条约含有不平等和非互惠性质的内容；另一个是不平等条约是使用武力或武力威胁所强加的"。②万鄂湘等著《国际条约法》介绍周鲠生在《不平等条约十讲》所下的定义，指出：不平等条约是"帝国主义、殖民主义国家强加别国的"，"掠夺性的，强制性的，根本不合法的，没有继续存在的任何道义的或法律的根据，因而受害的缔约一方完全有权主张废除和取消"。③同时又指出，西方国家和学者大多认为不平等条约是个非常有争议的、含混不清的概念，有的认为它只是一个政治概念而非法律概念。该著认为，这种观点"在传统国际法上也许是有一定依据的"。因为，在第一次世界大战以前，"传统国际法认为战争是合法的制度，结束战争的和约的合法性当然地不会受到置疑"。然而，这种弱肉强食的野蛮国际法在第一次世界大战后遭到了非难，至第二次世界大战结束，"《纽伦堡宪章》认定侵略战争是一种国际犯罪"。"《联合国宪章》最终以法律形式确立了禁止在国际关系，包括条约关系中使用威胁或武力的原则"。该著认为，不平等条约具有种种特征，一是当事国"在缔结条约时地位不平等，双方或各方之间没有表达自己真实意图的机会"；二是内容上"特别是有关义务的规定完全是弱肉强食的结果，存在极大的片面性，并对一方国家主权造成侵害"；三是产生方式，"一般都是通过强迫的方式缔结的"，尤其是武力或威胁，"不是双方自由和真实意思表示的结果"；四是"不仅违反了国家主权平等原则，而且违反了现代国际法上有关禁止使用武力或威胁的原则"。④

---

① 万鄂湘、石磊、杨成铭、邓洪武：《国际条约法》，第 304—305 页。
② 《中国与国际法——历史和当代》，《王铁崖文选》，第 315 页。
③ 万鄂湘、石磊、杨成铭、邓洪武：《国际条约法》，第 305 页。
④ 万鄂湘、石磊、杨成铭、邓洪武：《国际条约法》，第 305—307 页。

又如朱文奇、李强主编《国际条约法》也认为："不平等条约是一类特殊的条约，主要表现它所创设的权利和义务严重失衡"，"是缔约一方违背另一方的意愿而与之缔结的权利义务严重不对等的条约。"该著肯定周鲠生提出的判断标准，即：第一，片面的侵害或限制对方缔约国的主权；第二，不符合一般国际法的原则，主要是指国家主权平等原则。而且，这两个条件缺一不可。举例来说，"条约规定如果不是片面的，那么即使同一般的国际法原则有所背离，也未必是不平等的"。例如一般所谓的治外法权，即领事裁判权是不符合国际法的，在 1871 年，中国和日本曾经签订条约，互相承认双方在对方国家领土上的领事裁判权，那么这个条约就不属于不平等条约。他认为，各类不平等条约具有两个特征，一是"意思表示不自由"，二是"条约内容所涉及的双方权利和义务严重失衡"。根据这两个特征判断，如果缔约一方可以自由表达其意志，在不违背国际法的前提下自愿负担较重的义务，"即使相互间权利和义务不对等，也不构成不平等条约"。因此，可以认为，"不平等条约就是缔约一方违背另一方的意愿而与之缔结的权利义务严重不对等的条约"。[①]

该著还结合现代条约法对不平等条约的效力作了分析，认为：按照现代条约法的观点，一个条约的生效必须具备以下几个条件：具备缔约能力、同意的自由和符合强行法。根据 1969 年《维也纳条约法公约》的规定，不平等条约是没有法律效力的，但事实上很多不平等条约都生效并得到了履行。所以，分析不平等条约，也应当结合当时的环境。联系历史，可以确定不平等条约有如下特性：一是可废除性，"即被不平等条约压迫的国家可以随时提出废除条约。这是国家真实意图的表现，国际法自然予以认可"。二是免责性，"即被不平等条约压迫的国家可以单方面废除条约，而不产生国家责任。这是受压迫国家的救济手段，以弥补自身遭受的损害，是国际法赋予的当然权利，自然不会产生对另一方的责任问题"。三是原则上不具有继承性，即"新政府没有义务继承前政府签订的不平等条约"，包括有关国家疆界问题的非人身条约。从实践来看，新政府大多都会废除前政府签订的各类不平

---

① 朱文奇、李强主编：《国际条约法》，第 25—27 页。

等条约，某些历史遗留问题则通过谈判签订新的条约予以解决，如我国的香港、澳门问题。四是可修改性，即"不平等条约经过修改，使得双方权利义务平衡后，仍可继续有效，当然，这也相当于订立了一个新的条约"。五是原则上不具有溯及力，即此前"已经履行的部分不再产生恢复原状、赔偿、补偿等效果"。事实上，按照现代国际法的观点，"这些条约从订立一开始就是没有法律效力的，应当存在上述的救济手段。但从国际实践来看，这种情况基本不存在，也很难实现"。①

由上可见，不平等条约概念是一个非常复杂的问题，需要从各种不同情况综合考察。这是一个具有法律性质，同时也具有政治性质的概念，由此构建的法律关系，亦因其内容的差异而可区分为不同类别。在西方列强看来，新建立的近代中外条约关系，是中国与它们"在平等的基础上建立法律、政治和经济关系"。② 实际上恰巧相反，其所构建的不平等权利义务的法律关系，完全背离了国际法的主权原则，是这一新关系中最基本的属性。在这一关系中，中国片面承担了大量国际义务，却不能享有相应的权利，各国列强则单方面攫取种种特权而无须承担相应的义务。条约关系中这一不平等的主体内容与列强侵略紧密相联，使中国领土完整和独立地位受到严重侵害而沦为半殖民地国家，使中国不能享有一个主权国家所应具备的基本权利，在政治、经济、文化等方面受到严重束缚。从实践来看，中外条约尤其是不平等条约的缔结，存在各种不同的情况。这些条约既有共同的特点，又在产生途径、表现方式和具体内容等方面呈现出种种差异，需要从法理与史实的结合上进行全面考察。

综合学术界较为普遍的意见，并结合近代中国的历史实际，一般可以认为，近代中外不平等条约是处于不同法律地位的当事国，其中一方违反国家主权平等原则，另一方并非自愿订立的权利义务严重不平衡的条约。在各个要素中，其核心是条约规定双方的权利义务不对等，其中一方承担了较多的义务，而没有或者较少享有相应的权利。造成这一结果的前提，多是因为双

---

① 朱文奇、李强主编：《国际条约法》，第26—27页。
② ［美］菲利浦·约瑟夫著，胡滨译：《列强对华外交》，商务印书馆，1959年，第3页。

方法律地位的不平等，而根源是由于国家地位的不平等。国家地位的不平等，尤体现为西方列强与贫弱中国的非正常关系，不平等条约又因此具有了暴力胁迫的强权政治的因素。由此体现为权利义务不平等的法律概念，又具有政治的意蕴。中外条约关系中的不平等，正是以此种法律上和政治上的内涵而构建起来的。需要说明，就中国近代而言，这一不平等条约概念的定义界定，其所含有的各种要素，只是一般的总体概括，某些特殊情况并不包括在内。其中，条约规定双方的权利义务不平等，是最核心或最基本的要素，其他要素或有或无，则因各种情况而异。以上界定，大体上揭示了中外不平等条约的基本性质和主要特征。

第三节　条约制度、条约体系和条约关系的概念和范畴

中国近代与各国签订了大量形形色色的条约，如何将这些条约的内涵或性质整合起来，并深入认识由此形成的新的中外关系，学术界也进行了有意义的探讨，提出了条约制度、条约体系和条约关系等研究范畴，构建了中外条约研究的基本理论框架。

一、 以不平等条约为重心的条约制度和条约体系概念

关于条约制度，先是由国外学者费正清等提出，国内学者至迟从 20 世纪 90 年代初开始借鉴这一概念解析不平等条约，[①] 对其内容实质、内涵、范围、影响，以及与国际法的关系等作系统的探讨。关于这一概念的内涵，研究者均认为是不平等条约或条约特权，但具体分析时又有不同看法。

第一种意见，从国际法和制度的角度，认为它是列强对中国实行"准统治权"的制度，是中国政治、社会制度的组成部分，是半殖民地制度的主干。有研究者从国际法与制度的角度，从宏观和微观的结合上整体研究，认

---

① 李育民撰《近代中国的"条约制度"论略》（参加 1990 年举行的"近代中国与世界"国际学术讨论会），首先对此作了专题探讨；周武撰《鸦片战争前后中国社会变迁散论》（《史林》1990 年第 4 期），也用这一概念探讨鸦片战争之后中国社会的变化，其后各种论著也运用这一概念探讨近代中外不平等条约。

为：条约是国际法中的重要制度，这种理应反映国家之间正常、平等的相互关系的制度，在近代却成了束缚中国主权的一串绳套。中国被纳入资本主义国家的"世界国家秩序"，主要表现为条约制度的建立。从《南京条约》开始，西方列强胁迫中国订立了大量不平等条约，打破了朝贡关系或华夷秩序，在中外关系上形成了一种新的模式，即条约制度。它是列强通过不平等条约对中国行使"准统治权"的特权制度。在用侵略战争损害中国独立、平等主权的基础上建立起来的条约制度，其内容明显地、大量地体现为在相当程度上取代中国的管辖权，并发展为限制中国的自保权。通过条约制度，中国形式上仍是一个独立国家，但他的一部分主权已通过条约制度被列强所行使，并与中国国家体制结为一体，这正是中国近代半殖民地半封建制度的内涵之一。从广义的角度来看，其实体并不仅仅限于中外间所订立的正式条约，而是一个以条约为主干的体系，主要包括中国政府与各国政府签订的正式条约和正式条约之外的各种合同、章程、协定等；以及中国政府为履行条约规定及办理相关事务而颁行的谕旨、法令、章程等，外国方面根据条约特权在华建立的机构的实行的各种制度。①

有的研究者注意到这一制度对中国的"管束"性质。有论者在论及条约制度下的社会变化时认为："条约的网络编成所谓条约制度：外国人通过条约'合法'地剥夺榨取、管束控制中国，驱使中国社会脱出常轨，改道变形。"② 或认为，"众多的不平等条约以及它们实施的效果，构成了中国近代史上的'条约制度'。条约制度使中国历史的发展改道变形，对中国历史意义极其重大，至今尚没有一本能够不提及条约制度而叙述中国近代史的书著"。③ 或谓："第二次鸦片战争后签订的《天津条约》和《北京条约》，不仅扩大了列强的特权，而且彻底摧垮了天朝体制，使列强特权成为中国统治权力的组成部分和支配力量。至此，一个不平等的条约制度基本形成了。"④ 或

① 李育民：《近代中国的"条约制度"论略》，1990 年"近代中国与世界"国际学术讨论会论文；又载《湖南师范大学学报》1992 年第 6 期；李育民：《近代中国的条约制度》，第 1、6—10 页。
② 陈旭麓：《近代中国社会的新陈代谢》，上海人民出版社，1992 年，第 60 页。
③ 王涛：《中国近代法律的变迁 1689—1911》，法律出版社，1995 年，第 77—78 页。
④ 章开沅等主编：《中国近代民族资产阶级研究 1860—1919》，华中师范大学出版社，2000 年，第 50 页。

指出，"一系列不平等条约，中国成百万平等公里的领土被鲸吞，中国的更多主权被侵夺，侵略者攫取了大量的特权和利益，被名之曰'条约权利'，或'条约制度'"。① 或认为，"外国列强侵略中国，十分注重利用条约的拘束力来建立和维护它们在中国的特权地位，由此而形成了它们对中国实行半殖民地统治的不平等条约制度"。②

第二种意见，主要将条约制度等同于条约特权制度。条约制度几乎与中国近代相始终，"是外国资本主义侵略中国的工具，为外国资本主义在中国的商业扩张提供了'法制的'保障"。③"不平等条约制度的主要特色是武力和不平等"，"有时称领事裁判权制度，因为后者象征着前者，是外国攫取的最重要的特权"；"不平等条约制度也可以被认为是条约口岸制度"。④ 或认为，"'条约制度'涉及政治、经济以及其他许多特权"。"除了上述几方面以外，西方列强在中国攫取的特权还有很多，如领事裁判权、贩卖鸦片合法化和掠卖华工合法化以及自由传教，等等，从而在中国形成了一个完整的'条约制度'。而实际上，'条约制度'的所有这些内容和规定都是对一个独立国家的主权的严重破坏"。⑤

不少研究者运用这一概念，评析不平等条约及其特权，或谓"不平等条约制度的建立"，⑥ 或直接称为条约制度，认为晚清与帝国列强签订了大大小小不计其数的条约。中国与外部世界关系的体制，由朝贡制度转变为条约制度。⑦ 或在论述不平等条约特权时运用这一概念，如"条约制度下的传教士"，⑧"条约制度与传教权利"，⑨"条约制度和租界割据"，⑩ "条约制度下的特权"。⑪ 或谓，列强通过各条约享受的"侵略特权"，"就是西方学者所谓

---

① 杨遵道、叶凤美编著：《清政权半殖民地化研究》，高等教育出版社，1993年，第84页。
② 张建华：《孙中山与不平等条约概念》，《北京大学学报》2002年第2期。
③ 周武：《鸦片战争前后中国社会变迁散论》，《史林》1990年第4期。
④ 《中国与国际法——历史与当代》，《王铁崖文选》，第255—259页。
⑤ 杨德才：《中国经济史新论：1840—1949》，经济科学出版社，2004年，第43、48页。
⑥ 王立诚：《中国近代外交制度史》，甘肃人民出版社，1991年，第35页。
⑦ 王中江：《近代中国思维方式演变的趋势》，四川人民出版社，2008年，第104页。
⑧ 李燕编著：《买办文化》，中国经济出版社，1995年，第125页。
⑨ 顾卫民：《基督教与近代中国社会》，上海人民出版社，1996年，第120页。
⑩ 樊卫国：《激活与生长：上海现代经济兴起之若干分析1870—1941》，上海人民出版社，2002年，第83页。
⑪ 马敏、朱英等：《中国经济通史》第8卷下册，湖南人民出版社，2002年，第193页。

'条约制度'",① 或从这一角度论及"不平等条约制度的形成"。② 此外，不少研究者从其他角度论及这一概念，或从整体观察清政府应对某一特权，如探析"清政府在条约制度下对基督教的各种应对策略"，③ "条约制度与上海道契的产生"，④ 等等。或论析这一制度下的外国在华势力的发展，如"条约制度庇护下西方教会的发展"，⑤ "条约制度下的洋商"，⑥ "条约制度下的传教形势"，⑦ 等等。或分析其对中国近代社会的影响，如"条约制度的形成及其对中外经济关系的影响"⑧ 等。

关于条约制度的内容范围，也有不同意见。

第一种看法，着眼于"准统治权"，认为它是一个以条约为主干的体系，主要包括中国政府与各国政府签订的正式条约，正式条约之外的各种合同、章程、协定等（即"准条约"），以及中国政府为履行条约规定及办理相关事务，而颁行的谕旨、法令、章程等，外国方面根据条约特权在华建立的机构实行的各种制度；其具体内容限于"列强通过强迫手段所攫取的，有正式条约为依据，限制中国主权，体现中外政治、经济、文化等方面的不平等关系，具有普遍性，且对中国社会和国计民生有重大影响"，"构成对中国全境社会性质的改变"的内容。包括领事裁判权、通商口岸和租借，协定关税、外籍税务司、最惠国待遇、沿海及内河航行、宗教和教育、租借地和势力范围、驻军和使馆区、路矿及工业投资，以及鸦片贸易、苦力贸易和自由雇募等特权制度，涉及政治、经济、文化等方面。⑨ 有研究者认为："在条约制度下，列强取得了领事裁判权、居住租地权（后扩大为租界制度）、进驻军舰和军队权、自由传教和设立教堂、学校权等一系列政治与文化特权。"另外还取得了一系列旨在保障其从中国攫取经济权益的特权，主要包括协定关税

① 陈争平、兰日旭编著：《中国近现代经济史教程》，清华大学出版社，2009年，第14页。
② 陈争平、龙登高：《中国近代经济史教程》，清华大学出版社，2002年，第17页。
③ 杨大春：《晚清政府基督教政策初探》，金城出版社，2004年，第75页。
④ 夏扬：《上海道契：法制变迁的另一种表现》，北京大学出版社，2006年，第9页。
⑤ 李世众：《晚清士绅与地方政治 以温州为中心的考察》，上海人民出版社，2006年，第202页。
⑥ 王垂芳：《洋商史 上海 1843—1956》，上海社会科学院出版社，2007年，第3页。
⑦ 夏泉：《明清基督教会教育与粤港澳社会》，广东人民出版社，2007年，第247页。
⑧ 陈争平、兰日旭编著：《中国近现代经济史教程》，第12页。
⑨ 李育民：《近代中国的条约制度》，第8—10页。

权、条约口岸、内河和边境通商权、海关行政管理权，等等。①

第二种看法，将列强从不平等条约中获得的所有权益，均纳入其中，包括割地、赔款等，如认为《南京条约》的内容涉及割地、赔款、五口通商、关税协定、领事裁判、租地造屋、传教自由等，已经象征了整个条约制度的基本内容。② 或认为，领土被鲸吞，更多主权被侵夺，侵略者攫取了大量的特权和利益，被名之曰"条约权利"，或"条约制度"。③ 或谓，"条约制度以中外间不平等条约为基础"。④ 或认为，"条约制度下的特权"，"这些条约内容非常广泛，除了割地赔款等直接的抢劫外，更重要的是外国侵略者由此获得了他们在中国所要获得的许多政治的、军事的、经济的特权"。其中与经济发展关系最为密切的有："割占香港"、"沿海和内地通商口岸的贸易权"、"协定关税和海关行政管理权"、"沿海和内河的航行权"。⑤

第三种看法，则将列强所有在华特权，包括条约内和条约外，均归之为条约特权。有研究者认为，不平等条约制度的范围是很广的，这个制度给予了许多的特殊权利和特权。包括领事裁判权制度、片面最惠国待遇、国家的不自主关税、租界、租借地、内河航行、驻扎军队权、客邮的设立、纸币发行权、管理海关、设立教育机构、警察、监狱权、铁路、采矿和电信让予权，等等。⑥ 条约制度"把列强从中国攫取的权益以条约的形式固定下来，成为中国的义务，也为列强进一步攫取中国更多利益提供了前提"。⑦ 还有与此相类似的看法。⑧

关于条约制度与国际法的关系，也有不同的看法。一种意见认为，"近代中国的条约制度是国际法发展过程中出现的逆流的产物，是传统的国际法

① 章开沅等主编：《中国近代民族资产阶级研究 1860—1919》，第 50—52 页。
② 陈旭麓：《近代中国社会的新陈代谢》，第 60 页。
③ 杨遵道、叶凤美编著：《清政权半殖民地化研究》，第 84 页。
④ 张浩：《郭嵩焘曾纪泽外交思想之比较》，《清史研究》1998 年第 3 期。
⑤ 马敏、朱英等：《中国经济通史》第 8 卷下册，第 193—201 页。
⑥ 《中国与国际法——历史与当代》，《王铁崖文选》，第 256—257 页。
⑦ 张效民：《晚清政府的条约外交》，《历史档案》2006 年第 1 期。
⑧ 如认为，"除了上文中论述的签约方式以外，不平等条约的以下各方面内容也都已经被现代国际法理论或实在法证明不符合人类理性：外人在中国的领事裁判权制度、片面的最惠国待遇、国家的不自主关税、租界、租借地、内河航行、驻扎军队权、客邮的设立、外国人在中国的纸币发行权、管理海关、警察、监狱权，等等。"王涛：《中国近代法律的变迁 1689—1911》，第 78 页。

中反动的理论和规则的体现"。列强依据和运用这些理论和规则，"确立起对中国行使'准统治权'的条约制度，或者用这些理论和规则为其辩护"。"中国处于国际社会之外，不是完全的国际法主体，不能适用国际法的主权原则"；"主权是可以分割的，通过中国的'让与'，列强可以行使中国的主权"，以及所谓国际标准，等等。这些理论和规则与国际法中的进步原则大相径庭，反映了这个时期的国际法是以欧洲为中心的，即以资本主义列强为中心；反映了国际法领域扩展到东方时，是与殖民掠夺相伴而行的。① 或谓："在国际法中，条约制度是国家之间建立平等、正常相互关系的重要制度。近代中国的条约制度却是列强强加给中国的，是西方列强侵略中国的产物。"② 或谓："清政府对外交往所适用的不是近代国际法原则和规则，而是不平等条约制度。所谓不平等条约制度是指鸦片战争之后，从《南京条约》开始，西方列强胁迫中国订立了大量双方权利义务不平等的条约，打破了华夷秩序，在中外关系上形成的一种新的制度。不平等条约制度的建立，标志着中国被迫纳入资本主义国家的'世界国家秩序'。"③

另一种意见认为，条约制度是不平等条约构成的，但又提出这一制度符合近代国际法。论者指出，这些条约属于近代范畴，具有"有效性"，因为近代国际法学，"对于战胜国迫使战败国订立条约时所施用的胁迫效果是置之不问的"。同时，论者也认为："条约内容与签订的方法在近代被认为合法，因此条约制度以其成百上千次的实践证明着近代国际法某些不合理因素的合理性，它使国际法的发展更长时间地留滞于近代阶段。"近代条约制度使西方列强获得了巨大的、多方面的特权和利益，"这样便形成了一个既得利益集团，他们是国际法发展的抵抗力量"。除了签约方式以外，不平等条约中的领事裁判权、最惠国待遇、不自主关税、租界等内容，"已经被现代国际法理论或实在法证明不符合人类理性"。④ 与此相类似，有研究

---

① 李育民：《近代中国的条约制度论略》，1990 年"近代中国与世界"国际学术讨论会论文；又载《湖南师范大学学报》1992 年第 6 期；李育民：《近代中国的条约制度》，第 442—447 页。

② 章开沅等主编：《中国近代民族资产阶级研究 1860—1919》，第 49 页。

③ 杨泽伟：《近代国际法输入中国及其影响》，《法学研究》1999 年第 3 期。

④ 王涛：《中国近代法律的变迁 1689—1911》，第 77—78 页。

者认为在领土问题上，"在殖民主义势力主宰世界的时代，传统的国际法承认割让为取得领土的一种方式"，而在现代国际法中，割让"已不再具有任何合法性"。①

关于条约制度的影响，研究者均肯定它对中国主权的损害，以及在政治、经济、文化等方面造成的恶果，但又从不同角度剖析了它所产生的积极影响。或认为："条约制度对中国近代社会有着重大而又复杂的影响，它不仅是中国半殖民地制度的主要标志，并与封建制度结合在一起，而且还促使中国社会产生具有近代性质的变化，从而使中国出现了一种混合性结构。这一结构在某种意义上又对条约制度产生反作用，成为它的制约因素。"从国家机构尤其是外交体制来看，出现了具有近代性质的变化，清末的某些具有资产阶级性质的制度改革，与条约制度有着密切的关系，是在条约制度的刺激下进行的。"中国社会所出现的近代化，有着多种因素，但条约制度的影响和刺激，无疑是其中的一个重要因素。"这些近代性质的制度的出现，在一定程度上促进了中国社会的发展。总之，"条约制度对近代中国的影响具有双重性，一方面在保存旧制度的前提下促使它趋于半殖民地化，另一方面又刺激它产生近代性质的变化"。② 或从社会经济分析其促进现代化的作用，谓："'条约制度'对中国此后社会经济的发展无疑产生了重大影响……实际上，虽然这些'条约制度'于中国而言在某种程度上确实起到了'现代化促进者'角色的作用，但这并不是强加'条约制度'给中国的那些入侵者的初衷，只能说这只不过是'条约制度'的一个副产品而已。"③

另外，有研究者从国际法的角度阐述了它的积极作用，认为西方人带来的国际法，是近代文明的产物，相对于古代东方国际法来说它是先进的，因此又具有"积极意义"。它"不仅使东方国家接受了某些国际法制度，而且创造了一种条件，为近代国际法在东方的发展和延续准备了基本的前提"。"条约制度打破了中国的禁锢状态，使中国对西方国际法的抗拒失去了往日的效力，中国与西方人有了扩大相互往来的可能"。"它使'平等'这个近代

① 熊志勇：《关于清末不平等条约的评述》，《外交评论·外交学院学报》1985 年第 2 期。
② 李育民：《近代中国的条约制度》，第 448—453 页。
③ 杨德才：《中国经济史新论：1840—1949》，第 48 页。

国际法的最主要原则在中西交往中建立起来",“把中国引向了一条走向近代国际法的道路；努力成为国际上平等的国家的一个"。“它使一系列的近代外交制度在中国建立起来",“最终摧毁了作为古代中国国际法旧秩序之象征的朝贡制度",“在一定程度上标志着中国的庞大法系——中华法系的瓦解"。①

与此相关，有研究者使用“条约体系"这一概念，对不平等条约作总体解析。一种看法将“大大小小的不平等条约视为一个体系",认为：条约不仅仅只是一种简单的外交契约，“它已经成为外国资本帝国主义干预控制中国的最重要的手段之一",这些条约渗透到中国的政治、经济、军事、外交、司法、文化等等各方各面，从而形成一种庞大体系，即不平等条约体系。“由《南京条约》签订所引出的中美《望厦条约》和中法《黄埔条约》，构成了近代中国不平等条约体系的基本框架"。这一体系具有“相当的庞大"、“暴力的产物"、“涉及面广泛"、“一国对多国"、“环环相扣"等五个特征。“不平等"是这一体系的性质，有着强加性、屈辱性、非互利性、单方约束性和控制性。②

另一种看法将条约体系视为各种特权制度的总称，认为：条约体系“是指中国近代史上一系列不平等条约所确立的列强在华各种特权制度的总称"。这个体系的法律依据，“是以1842年签订的《南京条约》、1858和1860年签订的《天津条约》和《北京条约》、1895年签订的《马关条约》到1901年签订的《辛丑条约》为代表的一批不平等条约"。这个体系的内涵，“是以领事裁判权制度、片面的协定关税制度、片面的最惠国条款、租界和租借地制度、势力范围、外国军队驻扎权、内河航权以及割地赔款等一系列特权制度"。其中，“领事裁判权是列强在华攫取各种权利和特权的政治、法律基础，是构成不平等条约体系的中枢，支撑着这个庞大的体系，并使其不断运转与扩展"。这个体系的本质特征，就是帝国主义列强凭借着各种不平等条约的庞大网络，在中国施行各种特权制度，使半封建半殖民地的中国处于依

---

① 王涛：《中国近代法律的变迁1689—1911》，第78—80页。
② 郭卫东：《不平等条约与近代中国》，第7、16—22页；又见郭卫东：《转折：以早期中英关系和〈南京条约〉为考察中心》，河北人民出版社，2003年，第706—725页。

附于列强的附庸国地位。①

关于条约体系的这两种看法在表述上稍有不同，或视为不平等条约的总和，或视为条约特权制度的总和，但其内涵则是一致的。"条约体系"与"条约制度"不仅在实际运用上均是指不平等条约，而且两者概念语词在源头上亦有着同一性。从词义和内涵来看，这两个概念译自同一个英文名词"treaty system"。根据《牛津高阶英汉双解词典》的解释，"system"有"体系"和"制度"之意。费正清著《美国与中国》第 6 章第 4 节"The Treaty System"，最早译为"条约制度"，② 之后又被译为"条约体系"。③ 费正清编《剑桥中国晚清史》上卷第 5 章"The creation of the treaty system"，则译为"条约制度的形成"。④ 从内涵来看，两者均着眼于中外条约损害中国主权的不平等性质。"条约制度"概念更确切地体现了这一内涵所具有的特征，因此为研究者广泛采用，倾向条约体系概念的论者亦从制度的角度解析不平等条约，认为不平等条约之于近代中国，数量众多，涉及面广，曾无孔不入地渗透进中国社会机体的各个方面；从而形成一种特殊的体系和畸形的制度。⑤ 协定关税、领事裁判、最惠国待遇、外人外舰在华特权，"构成了近代中国不平等条约制度最重要的原则"。⑥ 而《南京条约》的每一条款几乎就关涉到以前中国旧有传统制度的一项改变，关涉到以后一项不平等条约制度在中国的滥觞，这些条约制度在中国短的存在了数十年，长的存在了一百余年才完全撤废。⑦ 有的研究者则将两个概念混为一谈，在论述近代中国不平等条约体系的形成与发展时，谓："近代中国的外交是在西方资本主义列强强加于中国的不平等条约制度的基础上进行的，不平等条约制度严格限制了中国的主权"，《南京条约》"标志着条约制度的产生"。⑧

① 程道德：《试述近代中国不平等条约体系的形成与扩展》，《中外法学》1994 年第 3 期。

② ［美］费正清著，孙瑞芹、陈泽宪译：《美国与中国》，商务印书馆 1971 年版，第 119 页。

③ ［美］费正清著，张理京译：《美国与中国》第四版，商务印书馆 1987 年版，第 118 页。

④ ［美］费正清编，中国社科院历史研究所编译室译：《剑桥中国晚清史 1800—1911 年》上卷，中国社会科学出版社，1985 年，第 229 页。

⑤ 郭卫东：《不平等条约与近代中国》，第 1 页。

⑥ 郭卫东：《鸦片战争后期中英善后交涉》，《社会科学研究》1996 年第 4 期。

⑦ 郭卫东：《转折：以早期中英关系和〈南京条约〉为考察中心》前言，河北人民出版社，2003 年。

⑧ 苏全有主编：《近代中国专题研究》下，线装书局，2008 年，第 1112 页。

在中外条约研究的历程中，"条约制度"和"条约关系"范畴的提出，无疑进一步扩展了不平等条约的研究，深化了对这一重要问题的认识。但是，它们所涉及的问题，仍具有传统研究范畴的特点，主要限于不平等条约领域。而作为近代中国的一个基本问题，中外条约对中国社会影响深远，涉及范围极为广泛，需要从更为宏阔的视野进行更深入的研究。

二、 条约关系概念的提出及其内涵

随着中外条约研究的拓展和深化，在"条约制度"和"条约体系"尤其是前者研究的基础上，学术界又提出了"条约关系"的概念和研究范畴。在中外条约研究领域，这是一个新的全方位的研究范畴，其内涵和范围较前更为广泛。

国内学术界最初提出这一概念，是基于不平等条约的思考。在对不平等条约的研究中，有学者指出，鸦片战争之后，中外之间出现了历史性的转变，"这种转变从一开始就是不正常的，它表现为一种不平等条约的条约关系。它将战争带给中国的屈辱用近代条约的形式加以固定化、法典化"。表面上看，"它具备了近代国际法的各项要素和细节要求。实际上，它违反了近代国际法的本质要求——签约国双方或各方的平等关系"。所以，鸦片战争之后在中国出现的条约关系，"是近代国际条约史上的典型悖例，它表面上打着遵行'万国公法'的旗号，实际上是对国际法基本准则的粗暴践踏"。论者认为，1842 至 1860 年间的中外关系，仍不能说是近代意义的外交关系，因为"中国仍然没有正式的外交代表常驻国外，也没有任何常设的外交机构，甚至没有专门的外交人员。这一时期的中外关系主要是建立在条约关系上，而不是建立外交关系上"。一个最突出的表现，就是外国来华公使始终未能进入中国的首都。《北京条约》签订之后，中国才开始创建具有近代意义的外交制度，它包括使领互派，使馆互设，中国政府级外交部门的设立，逐步采取符合国际规范的外交礼仪，以及例行常规的外事活动等等。"朝贡关系——条约关系——外交关系，标志着中国的外交渐次进入近代的范畴"。论者指出，"强调从条约关系向外交的递嬗，不是要否认条约在近代外交中扮演的极其重要的角色"。实际上，"条约关系始终是中国近代对外关系的一个重要基础，中国近代法权上的不平等性质，很大程度上是通过不平等条约来规范的，中国近代外交制度的建立和深化，也很大程度上是不平等条约的产物"。[①]

正是在不平等条约研究的基础上，学术界产生了新的思考，从更广的视角探寻条约关系研究所具有的重要意义，提出了与既往研究不同的研究范畴。除了揭示这一关系的不平等性质之外，还对其内容作了辩证的分析：条约是国际法的重要制度，条约关系是近代国际关系的主要形式。鸦片战争之后，条约关系"一方面从形式上给中国带来了近代国际关系的新模式，另一方面在内容上又使中国的主权受到侵害，蒙受着不平等的耻辱"。论者注重分析中外关系的根本变化给中国带来的深刻影响，尤对清政府应对和接受这一关系的历程。长期以来，"清政府的对外理念停留于传统的羁縻之道，仍用这一理念来应对条约关系，处理各种新的外交问题"。作为处理对外关系的准则，"羁縻之道包含着传统驭夷思维的种种内涵，长时期导引、影响清政府的外交内政"。清政府正经历了"从传统的羁縻之道到认真应对和接受条约关系的过程"，这个过程"反映了清政府对外观念及其政策的演化，反映了中国如何面对这一严酷的机遇，在阵痛中剥离传统的对外关系体制，接受近代国际关系模式的一段艰难曲折，充满屈辱的历程"。[②] 从条约关系的视野，论者扩展了对中外条约领域的研究，突破以往局囿于条约本身，尤其是主要关注其不平等性，而忽略了其他方面的弱点，有助于更深入地揭示近代历史的这一基本问题。持这一意见的研究者，根据国际法等相关理论，对这一概念作了探讨；并结合史实，或对中日条约关系，或对晚清时期的中英条约关系，或对整个近代的条约关系等，作了系统论述。[③]

---

① 郭卫东：《不平等条约与近代中国》，第5—6、93—98页；郭卫东：《转折：以早期中英关系和〈南京条约〉为考察中心》，第708页注1。

② 李育民：《论清政府的信守条约方针及其变化》，《近代史研究》2004年第2期；《清政府应对条约关系的羁縻之道及其衰微》，载王建朗、栾景河主编：《近代中国、东亚与世界》下卷，社会科学文献出版社，2008年；《从"暂事羁縻"到"考究条约"》，《大观》第2期，法律出版社，2010年。

③ 见李育民：《近代中日条约关系简论——兼论中国民众对中日条约的态度及其影响》，《近代湖南与近代中国》（第1辑），湖南师范大学出版社，2006年；胡门祥著《晚清中英条约关系研究》、李育民著《近代中外条约关系刍论》，"中外条约与近代中国研究丛书"中二种。

条约关系概念及其所界定的研究范畴，体现了近代中外条约研究的新趋向，是全面研究这一领域的需要。简单地说，所谓条约关系，是国际法主体之间以条约这一法律形式表现出来的一种国际关系。条约具有法律性质，为中外国际法学者所共认。西方学者认为，"由于缔结了契约或条约，缔约各方就能依法律对其相互关系加以调整"。条约"具有造法的职能"，"任何条约的主要职能都是创造法律"。① 我国学者也认为："它是国际交涉重要的法律形式，同时也构成现代国际法的主要渊源。"随着近代欧洲国际法的成长，"条约成为国际法公认的一个制度，被赋予法律的拘束力"。② 或者说不论"契约性条约还是立法性条约，都为缔约各方创立法律"。③ 不仅"条约在当事各方之间即是法律，而且是'硬法'"。④

条约的法律性质，决定了条约关系是一种法律关系，属于广义国际关系的一部分。国际关系有广义和狭义之分，广义国际关系是指主权国家之间的一切互动关系，包括政治、经济、文化、外交、军事、法律等方面的关系。狭义国际关系，仅指主权国家、政府间的官方政治外交关系，即国际政治关系。⑤ 条约关系属于国际法律关系，与狭义国际关系有别，在国际范围内，"条约必须用作几乎每种法律行为或交往的手段"。⑥ 在国际法上，条约也占有特别重要的地位，作为"硬法"，"有助于国际关系的稳定和国际秩序的维持，是国际社会不可缺少的上层建筑"。⑦ 它"可以调整各种国际关系，但不能概括整个国际关系"。⑧ 也就是说，它与各种国际关系的各个方面都有联系，但不能完全代替它们。

条约的缔结意味着条约关系的开始。据研究，《维也纳条约法公约》中的"缔结"，采用了"conclusion"一词。这表明，条约的缔结意味着就缔结此条约的谈判结束，而条约关系始于条约生效之日。英文"treaty"源于法

---

① ［美］凯尔森著，王铁崖译：《国际法原理》，华夏出版社，1989年，第267、268页。
② 周鲠生：《国际法》下册，第590页。
③ 李浩培：《国际法的概念和渊源》，贵州人民出版社，1994年，第67页。
④ 李浩培：《条约、非条约和准条约》，《李浩培文选》，第575页。
⑤ 李广民、欧斌主编：《国际法》，清华大学出版社，2006年，第1页。
⑥ ［英］斯塔克著，赵维田译：《国际法导论》，第343页。
⑦ 李浩培：《条约、非条约和准条约》，《李浩培文选》，第575页。
⑧ 慕亚平等：《当代国际法论》，法律出版社，1998年，第102页。

文"traiter"，意即"谈判"。从词义上说，古英语"treaty"与法文"traiter"确有联系，而且，法文这一词至今还是这一含义。这说明，条约缔结与谈判结束是一个意思，所以采用"conclusion"。这并不指条约关系的结束，恰恰是条约的开端。当然，真正的条约关系始于条约生效之日。①

作为以法律形式表现出来的国际关系，条约关系是一种高度规范性的关系，具有特有的质的规定性。具体而言，包括这一关系的形式和依据、主体与客体、基本内容、特殊的强制性和可变性等，这些质的规定性，体现了条约关系的内涵及特质。简言之，条约关系是法律范畴的国际关系。具体而言，条约是国家间所缔结并受国际法支配的国际书面协定，条约关系是国家以条约为形式和根据，以权利、义务为内容，具有特殊强制性、差异性和可变性的法律范畴的国际关系。其具体内涵和特征，包括以下几方面。

其一，条约关系构成的基本要素是条约，条约是条约关系产生和存在的前提和依据。有关国际条约的定义，至今没有一个公认为权威性的界说，中外国际法学者仍各执己见，难成定论。② 据《维也纳条约法公约》，条约是指"国家间所缔结而以国际法为准之国际书面协定"。有学者认为：条约是国家之间以及国家与国际组织之间以国际法为准则而确立相互权利与义务关系的书面协议。③ 前引条约法专家李浩培也有相关界定。与此相似的定义也有不少。④ 不论何种定义，作为国际法律关系，构成条约关系的基本要素是各种形式的条约，离开条约，条约关系也无以存在。国际关系的调整，可以通过各种途径和规范进行，诸如外交、政治、法律、军事、文化等途径，以及相应的各种国际规范，如国际法律、国际道德等。与法律关系不同，道德关系建立在国际道德准则和国际道义基础之上，在国际社会中，"各国以人类社会约定俗成的道德原则为基础，开展国际交往，参与国际事务，便形成了包罗万象的国际道德关系。违背国际道德关系，会受到国际舆论的谴责"。⑤ 条

---

① 张乃根：《国际法原理》，中国政法大学出版社，2002年，第185页。
② 万鄂湘、石磊、杨成铭、邓洪武：《国际条约法》，第1页。
③ 朱奇武：《中国国际法的理论与实践》，第364页。
④ 如万鄂湘等认为，"国际条约是国际法主体间缔结而以国际法为准，旨在确立其相互间权利与义务关系的国际书面协议"。见万鄂湘、石磊、杨成铭、邓洪武：《国际条约法》，第3页。
⑤ 王圣诵主编：《国际关系学》，中国法制出版社，2003年，第110页。

约关系则是通过各种途径，以国际法律规范进行调整所形成的国际关系。不论从形式和实质来看，条约是这一关系的基本要素。这就是说，条约是条约关系存在，包括其产生形成和发展演变的依据。在涉及这一关系的处理和相关事务中，均必须根据条约规定，条约是这一关系的基础。

其二，条约关系以国际法承认的国际法主体为主体，以涉及缔约方利益的义务为客体。关于条约主体，存在不同说法。一种看法认为，国家是国际法的主体，并且是唯一的主体。就国际事实而言，"只有国家是享受国际权利和负担国际义务的人格者"，"是对外关系行为的全部负责者"，而"国际法就完全是国家之间的法律"。至于如联合国等国际组织，是根据主权国家间的协定而组成的，它本身不具有主权，并不能体现一个国际法主体资格所具有的全部功能，因此"不能说是一个国际法主体"。① 从条约关系来看，主要涉及国家之间的关系，其主体更非国家莫属。1969 年《维也纳条约法公约》不仅将条约定义为国家间所缔结的协定，且规定，"本公约适用于国家间之条约"。② 在一般国际法著作中亦肯定，"条约是国家间进行合作的一种典型的、最普遍的法律形式。条约的主体是国家"。③ 其他还有各种说法，或认为，条约主体除国家之外，还有国际组织以及正在为民族独立解放斗争而组成的政治实体。④ 或认为，条约的主体包括主权国家、非完全主权国家、国家组织（即政府间国际组织）和其他国际法主体。⑤ 而"具有缔约能力的国际法主体，最重要的是主权国家和国际组织"。⑥ 或认为，"条约的主体主要是国家和国际组织"。⑦

关于国际组织缔结条约的现象，在 19 世纪中期便已出现，如 1875 年国际计量局与法国政府缔结的协议。到 20 世纪，国际联盟成立之后，有所增

---

① 周鲠生：《国际法》上册，商务印书馆，1976 年，第 59—69 页。

② 《维也纳条约法公约》，1969 年 5 月 23 日，国际问题研究所编译：《国际条约集（1969—1971）》，第 43 页。

③ 苏联科学法律研究所编，国际关系学院翻译组、北京大学国际法教研室译：《国际法》，世界知识出版社，1959 年，第 248 页。

④ 万鄂湘、石磊、杨成铭、邓洪武：《国际条约法》，第 3—4 页。

⑤ 李浩培：《条约法概论》，第 2—13 页。

⑥ 李浩培：《国际法的概念与渊源》，贵州人民出版社，1994 年，第 55 页。

⑦ 朱奇武：《中国国际法的理论与实践》，第 364 页。

多。至第二次世界大战后联合国成立，国际组织缔结条约的数量剧增。国际组织的国际法主体及其具有缔约权的地位，也在国际社会得到确认，1986 年《维也纳条约法公约》对此作了规定。但需要指出，国际组织的缔约地位和缔约能力有着很大局限，与国家不可相提并论。国家具有缔约能力是国家享有主权的一种表现形式，"因此，国家缔约能力的法律依据就是国家作为国际法基本主体所固有的'天然'主权"。而国际组织本身是派生人格者，"其缔约能力当然不能像国家那样具有客观固有的性质"。两者的缔约能力亦因此有着极大差异。国家所具有的缔约能力是完全的，几乎不受限制；而国际组织由于只具有不完全的派生的国际人格，"缔约能力主要来自于组织章程明示或隐含的授权"，所缔结的条约在内容上有所限制，"一般只涉及与其职能有关的特定事项或限于特定领域，远不及国际缔结条约的内容广泛"。① 由于这些"天然"的局限，正是有的学者未将其作为条约的主体的原因所在。

从时间和空间来看，在近代中外条约关系中，国际组织的缔约地位及其缔约实践，与国家比较是天差地别。在时间上，国际组织作为国际人格者缔结条约，主要是在第二次世界大战后成为普遍现象，而此时已是中国近代的尾声。在空间上，不论是晚清还是民国时期的中国，与之缔结条约的国际法主体主要为主权国家。晚清时期，其他主体与中外条约关系没有多少关联，如国际组织不是近代国际法而是现代国际法主体。② 民国末期，中国虽有少许与国际组织所订的条约，但其内容对国家地位影响甚微。显然，国际组织与中国所订条约，在整个中外条约关系中无关轻重，其影响和地位几乎可以忽略不计。近代中国实践中或事实中所涉及的缔约主体，无疑是有着无限缔约能力的国际法主体国家，其作为本通史的主要研究对象也是自然而然的。

作为条约关系上的主体，即相关的缔约国，有相对普遍性和特定性的区分，其拘束力的范围亦存在差异。作为国际法律，条约调整的关系是相关的缔约国家。条约关系主体的数量，分为相对普遍性和特定性两大类，前者主要指国际公约，后者主要指相关国家所订双边或多边等形式的特定条约。这

---

① 万鄂湘、石磊、杨成铭、邓洪武：《国际条约法》，第 98 页。
② 邵沙平、余敏友主编：《国际法问题专论》，武汉大学出版社，2002 年，第 93 页。

些作为国际法律的条约，其拘束力不具广泛普遍性，只能对相关缔约国发生效力。其中，国际公约参与的国家较多，其拘束力具有相对普遍性，而特定条约仅限制在相关缔约国家的范围。其他未缔约国的第三国，既不享条约所赋予的权利，也不承担条约所规定的义务。

关于条约关系的客体，有各种说法。或指条约关系国所承担的义务，认为"条约的客体总是一种或一种以上的义务，不论是涉及所有缔约国的义务，还是只是片面涉及其中一国的义务"，也可以是一种有关任何国家利益的事项的义务。① 或认为，国际条约的客体"只能是合法而又可以执行的事项"。② 还有学者从国际贸易条约的角度提出，其客体"可以是在各国的对外贸易关系中容许的东西"。③ 或认为条约之客体，"其所结条约之目的，并其目的物也"。④ 相似的说法谓：条约客体之要素有二，"一曰目的物之存在，二曰目的物之同一"。所谓目的物存在，指的是"实有其物"。⑤ 或认为，条约客体"指物质的或非物质的财富，作为或不作为"。⑥ 还有一种说法认为，条约的客体，"是创设缔约国之间的权利和义务关系"。⑦ 上述各种说法中，将条约客体视为条约关系国所承担的义务，在理论和实践上似更适合条约这一国际法领域的法律关系。

从哲学上讲，客体是主体之外的客观事物，而对于国际条约而言，客体则是主体所要解决的具体事项。法理学著作一般认为，"法律关系客体是指法律关系主体之间权利和义务所指向的对象"。⑧ 所言对象，实际是指主体所要解决的事项，或主体缔约的"目的物"。所言义务，则更反映了条约属国际法范畴的性质，"就国际法而言，主要是设定义务可能更为符合国际法实践及意旨"。⑨ 正是义务在条约关系中所具有的这一地位，即使认为条约客体

---

① ［英］劳特派特修订，王铁崖、陈体强译：《奥本海国际法》上卷，第 2 分册，第 320 页。
② ［苏］Ф. И. 科热夫尼科夫主编，刘莎等译：《国际法》，商务印书馆，1985 年，第 110 页。
③ ［苏］利索符斯基著，刘振江译：《国际经济关系的法律调整》，法律出版社，1988 年，第 120 页。
④ 窦田来编，顾葆光校订：《国际条约要义》，中华书局，1914 年，第 14 页。
⑤ 叶开琼编：《法政丛编》上册《平时国际公法》，湖北法政编辑社，1905 年，第 147 页。
⑥ 苏联外交部外交学院编、徐光智等译：《国际法辞典》，新华出版社，1989 年，第 129 页。
⑦ 朱奇武：《中国国际法的理论与实践》，第 365 页。
⑧ 张文显主编：《法理学》，高等教育出版社，2003 年，第 138 页。
⑨ 朱炜、王吉文主编：《国际法》，厦门大学出版社，2013 年，第 151 页。

是"缔约各方所创设的权利与义务关系"的学者，亦以义务为中心对客体作出解释："缔约各方承担一定的行为或不行为的义务"，"以及对缔约一方违反条约规定的行为表示反对或采取相应措施的权利"。① 这里所说的权利，显然是指对不履行条约义务的行为所采取行动的权利。在法理学上，法律关系客体又称为"权利客体"。② 这一观点是我国学术界现在的通说，两者"属于同一概念"。③ 所谓权利客体，指的便是法律义务，有学者指出，"权利客体，乃义务主体"。④ 在条约法上，条约失效的认定也取决于义务的存在与否，"一旦有关义务或事项执行完毕，条约即告失效"。⑤ 或者说，"所有条约，其义务涉及某一标的者，于该标的消灭时，这些条约即应失效"。⑥ 或者说，"条约既已履行完毕，这个作用丧失，因而条约也就终止"。⑦ 这里所说"条约既已履行"，是指条约义务已经履行。美洲 21 个国家所签订的《关于条约的公约》第十四条规定，"当规定的义务已完成时"，"条约停止生效"。⑧ 在条约解释的实践中，亦以义务而不是权利作为条约的客体，如欧洲法院在解释《罗马条约》时指出："客体不仅仅只是由缔约国之间的双边义务所构成——还包括那些隶属于缔约国的国民们。"⑨

综上所述，在条约关系中，其客体并非权利，将"客体"这一哲学用语界定为更直观的"义务"，更体现了条约属于国际法范畴的特点。义务是实现权利的基本环节，与条约的目的及其"执行的事项"，与缔约国的利益直接相关，应是合法的并需要获得实在的保障。如果一个国家订立含有义务的条约，"在法律上既属根本无效，缔约一方因对方不履行义务而要求赔偿的

① 上海社会科学院法学研究所国际法研究室编：《国际法讲义》第 3 分册，上海社会科学院法学研究所国际法研究室 1981 年印，第 7 章第 1 页。
② 李伟民主编：《法学辞海》第 2 册，蓝天出版社，1998 年，第 976 页。
③ 高健：《法律关系客体及其作用》，山东友谊出版社，2009 年，第 60 页。
④ 李肇伟：《法理学》，台北 1980 年版，第 250 页。转引自方新军：《权利客体论：历史和逻辑的双重视角》，中国政法大学出版社，2012 年，第 88 页。
⑤ 周鲠生：《国际法》下册，第 668—669 页。
⑥ ［英］劳特派特修订，王铁崖、陈体强译：《奥本海国际法》上卷，第 2 分册，第 358 页。
⑦ 李浩培：《条约法概论》，第 527 页。
⑧ 《关于条约的公约》，1928 年 2 月 20 日，世界知识出版社编：《国际条约集（1924—1933）》，世界知识出版社，1961 年，第 351 页。
⑨ ［瑞典］宾德瑞特著，李佳译：《为何是基础规范——凯尔森学说的内涵》，知识产权出版社，2016 年，第 233 页。

权利也无从产生"。国际法禁止的义务，包括不道德的义务和不合法的义务，即"与普遍承认的国际法原则冲突的义务"，均"不能成为条约的客体"。① 作为条约关系的客体，条约义务及其内涵体现了它的客观属性，同时又是条约权利的直接对象。其范围，涉及政治、经济、科学技术、文化、法律及其他问题。② 从国家所具有的缔约权而言，"极其多种多样的国家间的关系都可以作为条约的内容"，但是"只有合法和可以执行的事情才可以作为条约的客体"。条约所规定和处理的关系，包括和平时期和战争时期。③

其三，条约关系的基本内容，是国际法律意义上的权利义务关系。条约关系中的权利义务，属于国际关系中的权利义务，而且赋有国际法律意义。它既与国际关系中的其他权利义务不同，又与国内法意义上的权利义务关系存在差异。在国际关系中，既有依据国际法律形成的权利和义务，又有按照国际道德规范所要求的权利和义务，条约关系中的权利义务属于前者。在法律关系中，存在国际法和国内法之别，条约关系所体现的法律关系属于前者，即相关国家的权利义务关系。条约是"国际法律规范调整国际社会的结果"，而"一旦某种国际关系受到国际法规范的调整，这种国际关系就具有了权利和义务的形式"。④ 条约所规定的权利义务，是条约关系中的最基本的内涵。所谓条约权利，是指条约主体依据条约规定享有的包括某种行为在内的某种利益。条约义务，是条约主体依据条约规定为保障对方享有的权益而承担的责任或约束。一般来说，缔约双方的权利与义务应遵循均衡原则，大体对等，但在实践中却出现了性质各异的条约关系。由于条约属于国际法律范畴，条约关系中权利义务的性质，又制约于当时的国际法发展程度及其规范。因此，不同的历史时期，条约关系中的权利义务，具有不同的性质。

作为国际法律关系，条约关系的权利义务内容，是这一关系内涵的体现。条约如契约一样，是缔约各方意在确立相互义务和权利的一种法律相互行为。西方国际法学者凯尔森说："契约或条约制造了契约或条约所有意创

---

① ［英］劳特派特修订，王铁崖、陈体强译：《奥本海国际法》上卷，第 2 分册，第 322—323 页。
② 苏联外交部外交学院编，徐光智等译：《国际法辞典》，第 129 页。
③ 苏联科学法律研究所编，国际关系学院翻译组、北京大学国际法教研室译：《国际法》，第 248 页。
④ 慕亚平、周建海、吴慧：《当代国际法论》，第 101、103 页。

造的缔约各方的义务和权利。"① 条约最主要的作用，"在于创立或改变国际间之权利义务关系，一切国际间之行为，均应以条约之规定为其准则"。② 任何条约，"其内容表现于缔约一方或几方所负担的法律上的义务，另一方面表现于缔约他方所享有相应的法律上的权利"。这些权利和义务规定于条约，实际上就是规定缔约各方"必须遵守的法律规则"。③

其四，条约关系的强制性规范具有特殊性，作为国际法律性质的条约关系所具有的法律强制性，与一个国家内部建立的法律关系不同。国际法与国内法的最重要的区别在于："国际法是比较分散的强迫性秩序，而国内法则是比较集中的强迫性秩序。"④ 一个国家的国内法，均要通过某种方式立法，制定法律，并设立法庭、警察、军队等强制机关。国内法制定之后，具有约束所有公民的普遍性，且由这些暴力机构实施国家强制力予以保障。凡是违法或发生各种纠纷，由这些国家强制机构根据相关法律予以处罚或处理。作为国际法律的条约，其强制性规范及其实施则与此相异。实际上，国际上并无真正的立法，一个条约"只能为缔约国自己立法，而不能为非缔约国立法；条约对第三国一般是没有法律效果的"。⑤ 德国著名法学家耶利内克所著《国际条约的法律性质》，从条约的角度研究了国际法的基础，认为，"国际条约的强制性不是来自于法律，它们在法律中找不到任何根据"。⑥ 显然，条约关系的强制性，不是通过国家的立法机关和公共暴力机关。这是一种特殊的强制力，其实施很大程度上取决于国家的地位和实力。这在传统国际法时代尤为显著。那个时期，国际关系中奉行的是强权政治，列强国家往往用暴力强迫弱小国家接受和履行不平等的条约义务。在古代，"国际法的强制力主要来自受国际不法行为侵害的国家自身，能不能捍卫自己的国际法权利不受侵犯，关键在于国家有没有实力"。到近代，"这种情况没有得到根本的改变，国际政治的基本特征仍然是强权政治，弱小国家的人民受到殖民主义的

---

① ［美］凯尔森著，王铁崖译：《国际法原理》，第 266—268 页。
② 涂允檀：《条约与中国外交》，《外交季刊》第 2 卷，第 2 期，1942 年 12 月 25 日。
③ 李浩培：《国际法的概念和渊源》，第 67 页。
④ ［美］凯尔森著，王铁崖译：《国际法原理》，第 334 页。
⑤ 李浩培：《条约法概论》，第 35 页。
⑥ ［法］莱昂·狄骥著，郑戈等译：《公法的变迁·法律与国家》，辽海出版社，1999 年，第 386 页。

侵略和奴役"。① 国际法权与国际强权是一对矛盾，国际强权不仅垄断国际法律，且常常干预和制约国际法权，"这对矛盾的对立关系影响着不同时期的国际关系"。② 无疑，也包括条约关系。

其五，条约关系具有差异性和可变性，不同的条约关系，因时而发生变化。所谓差异性，是指一个国家与各个国家建立不同条约关系的复杂状态，主要体现为各相关条约关系主体的权利义务的不同。一个主权国家，在构建与各国的条约关系中，可以实行差别对待，给予不同的权利义务。所谓可变性，是指已经形成的条约关系由于种种因素而发生各类性质的变化，主要是缔约各方权利义务关系的改变。根据国际法，"条约可以经过缔约各方的同意修改"，③ 此外，条约还可以中止和废除。也就是说，条约关系并非一成不变。变化的原因和因素是多方面的，或因条约关系的主体，即缔约国一方实力和国际地位的增强，由此要求改变原有条约关系中的权利义务；或因国际形势发生变化，缔约各方均产生变更条约关系，重新调整权利义务的要求。变化的性质和类别，或发生条约关系平等性质的根本性改变，或作程度不等的修改和调整。改变条约关系的手段亦有参差，或以暴力强迫，或通过和平协商。一般来说，在传统国际法时代，弱国与各强国的条约关系差异不大，变化亦多不正常，其主要因素则源于列强的强权政治。

以上从一般意义上对条约关系概念作了阐述，揭示其基本属性和内涵，以及在国际关系中的地位和特性。作为条约关系中的一种类型，近代中外条约关系亦具有上述属性和内涵，这些是把握其基本含义的基础认识。需要指出的是，这一西方列强强加给中国的国际秩序，除了概念和形式上存在同一性外，其实质性内容又不能与主权国家之间正常的条约关系一概而论。

---

① 张景恩：《国际法与战争》，国防大学出版社，1999 年，第 206—207 页。
② 蔡拓等：《国际关系学》，南开大学出版社，2005 年，第 356 页。
③ 周鲠生：《国际法》下册，第 676 页。

第四节　相关概念辨析的理论意义

中外条约是中外关系史以及中国近现代史的一个基本问题，各个领域的重大事件，莫不与它有着直接和间接的关联。有关的概念和理论，则是这一领域研究的重要基础。在相当长时间，由于有先入之见，将所有条约视为不平等条约。改革开放以来，中外条约领域越来越为学术界所重，专题性研究全面展开，成绩显著，作为一个有着相对独立性的学科分支也愈益成熟。在发展过程中，由于构建解析条约、阐释论点框架，以及拓展范围和深化认识的需要，概念和理论问题也逐渐引起了研究者的重视。从中外条约研究的整体来看，这一问题成了该领域进一步突破的枢要，具有全局的意义，有必要对已有研究进行梳理和总结。

中外条约相关概念和理论研究中的主要问题，主要包括不平等条约、条约和"准条约"，以及条约制度、条约体系和条约关系等。其中既有耳熟能详的传统话题，又有新研究范畴的思考和探析。这些概念或范畴，提出和构建了中外条约研究的主要理念和框架，属于该学科领域基本理论的主要内容。

就条约本身而言，对于中外关系或国际关系的理论和实践，均具有重要意义和地位。英国国际法学者安托尼·奥斯特著《现代条约法与实践》说：在当代国际交往与合作中，各国也是越来越多地直接利用条约这一法律形式，"来确定彼此间的国际法权利和义务关系"。可以说，目前大量国际事务的发生及处理，"都必须借助于一个经常是很具体的双边和多边条约织成的国际法网络，方可有效完成"。[①] 关于条约在国际法上的作用功能，有学者指出：条约在国际法上有各种作用与不同的表现形式，"它可以成为国际组织产生并正常运作的宪章，也可以是成立并指导国际法院运作的法源和规则系列，还可以是将世界上许多国家共同接受并遵守的国家行为准则分门别类地列入的各种法律性文件"。即使在最小范围的法律功能上，它还能为两个国

---

① ［英］安托尼·奥斯特著，江国青译：《现代条约法与实践》，中国人民大学出版社，2005年，第146页。

家就某个具体的双边问题的妥善解决，"提供一致的合意性规则"。正因它有如此之多的法律功能，因而"构成了国际法的重要渊源，且为国际法的'成文法'"。① 显然，条约作为条约关系最基本的要素，在这一关系中居于核心和首要地位，其所具有的理论意义无疑不言而喻。

条约关系是国际社会的客观存在，也是中国历史出现转折的反映。晚清时期，中国开始步入国际社会，在列强的强权政治下不可避免地形成了这一关系。中外关系由此出现了根本性变化，这既是与传统朝贡关系不同的新的国际秩序模式，又是中国近代社会性质变化的主要体现。作为国际关系中的一个重要范畴，学术界已开始关注这一领域，但对其相关的理论和概念，尚缺乏必要的探讨。条约关系有特定的含意，与国际法、外交关系，以及战争关系等均有着密切的关联，且在近代中国尤其是晚清时期有着特殊的性质，诸如此类，均属该研究领域的基本理论问题。同时，马克思主义史学理论，如唯物史观、民族殖民地理论、国际法和国际关系学说、共同价值思想、世界交往理论等，与近代中外条约关系研究有着密切关系，有着重要的指导意义。

中外条约关系形成于晚清时期，是西方列强用武力强加的，对中国是一种新的国际秩序模式。这一以条约为基本介体构建的关系，在近代成为国家间关系的主要方式，中国传统的朝贡关系与之截然有别。因此，条约关系的释义、内涵和特质，属于近代国际关系理论的组成部分。对此系统梳理和阐析，有助于揭示这一为学术界所忽略的概念，且是认识晚清中外条约关系的前提。探讨这些概念和相关理论，是国际法学中理论的重要组成部分，更是近代中外关系乃至中国近代史研究中不可或缺的领域。从前者来看，在国际法学中，这些概念中不少缺乏共识，需要进一步探讨。从后者来看，近代中国作为半殖民地半封建社会，其体现半殖民地性质的社会制度和社会形态尚未充分探讨。

近代中外条约关系是一个矛盾的复合体，其内在属性的主体是不平等的，充斥着不平等的权利义务关系；但同时又包含着平等的内容，其次要部

① 朱炜主编：《国际法学》，厦门大学出版社，2013 年，第 146 页。

分是体现中国权益的某些平等条约和平等条款；这是一种畸形的新关系，背离了国际法的主权原则，中国不能享有一个主权国家所应具备的基本权利，在各方面受到严重束缚；同时，西方列强又将近代国际交往的方式带了进来，在一定程度上体现了近代交往的对等规则，反映了中国方面的要求和利益，包含着某些平等的内容；由于这一关系与国际关系和外交关系又存在密切的联系，又由于中国近代的特殊性，使得条约关系又具有宽泛的外延；条约关系涉及整个近代各方面的基本问题，因此不能仅仅局限于法律关系的层面，需要从广义上作多视角的剖析；条约关系从萌芽产生到形成发展，从不平等到平等，是一个复杂的过程，经历了国内外形势的重大变化，以及中华民族和各届政府的奋斗努力，等等。诸如此类的复杂面相，涉及深层次的法学理论，需要从国际法的角度作出理论阐释。而且，由于其所具有的多面性，各种错谬或糊涂认识和观点也随之而生（如认为，不平等条约对中国意味着繁荣、不平等条约始于甲午战争等），对此进行全面深入梳理和解析，不仅需要从学术上客观、完整地阐释近代中外条约关系，充分揭示其性质和影响，更要求在理论上作出充分的论析。上述概念的探讨，不仅有助于推进国际法学的发展，而且在理论上可以丰富和完善半殖民地半封建社会形态的新认识，辨识各种错谬的理念和认识。近代中外条约关系涉及历史诸多理论问题，如殖民主义与民族主义、殖民主义与现代化、侵略与反侵略、强权与公理、传统与近代等的关系问题，等等。通过借助上述概念和理论的全面深入研究，在学术上将从新的角度解析近代中国社会的这些重要问题，形成一系列新的理论观点。

对构建中国话语体系而言，通过概念和理论的探讨，有助于清除西方殖民主义话语影响，阐发科学的共同价值观，创立体现并阐发中国学术价值的新研究体系。国内条约研究，只是中外关系研究中的一个分支，长期以来未能形成独立的研究体系。在近代，西方列强用暴力在华建立对中国实施"准统治权"的条约关系，并由此在学术上产生了具有殖民性质的话语体系，以及形成与之相关的各种观点或模式。这一话语体系，不仅在西方世界占据主导，且对中国学术界产生重要影响。要构建条约关系研究的话语体系，须从基本概念和理念入手，梳理其本义，阐发真正体现世界各国利益、更具科学性的共同价值观，由此奠立相应的理论依据。其中需要对国际法从传统到现代的变化及其差异，作出必要的理论阐释，并对其后果影响进行分析。这一话语体系不同于既有条约研究的思路结构，需要通过扎实的理论基础，才能破除西方殖民主义话语体系的种种谬误，创建更为成熟和完善的理论形态。这不仅要构建该领域的独立研究形态，更需要贯注着理性批判精神，以梳理和清除该领域中殖民主义的观念意识，辨别各形各色的变相论调。诸如此类，均涉及中外条约的相关概念和范畴等基本理论问题，需要进行必要的探讨。

在研究方法和分析工具上，根据历史唯物主义和辩证唯物主义，探寻人文科学研究的新路径，将实证研究与规范性研究紧密结合起来。实证研究是历史学的基础和传统，也是本课题放在首位的研究方法。同时，条约属于国际法范畴，当从历史的视角探讨具体的中外条约问题时，又不能忽视这一特性。法律具有较强的规范性，作为国际法律形式的条约更是如此，要求研究者掌握这些规范，对历史现象进行准确的描述。本课题在解析和阐释条约的相关概念和理论问题时，注重运用国际法的相关理论和知识，进行规范性研究。这一理论探讨，又体现了多学科融合。上述论题还与中国古代史、世界史，以及外交学、国际关系、国际政治等学科密切相关，具有综合性特点。通过对上述问题进行深入的理论透视，可发挥多学科综合的优势，强化学科融合和交叉，避免以往孤立研究的弊端。

除上述所列之外，还涉及不平等条约史和废约史的基本构架，以及与之相关的其他问题，在解析和阐释条约的相关概念和理论问题时，须运用国际法的相关理论和知识。如关于"二十一条"是否是条约的讨论，反映了史学界存在一种忽视必要的规范性界定的趋向。对相关界定的规范的忽视，在近现代史研究的其他领域同样存在，这无疑是一种具有共性的普遍性倾向。

就条约和中外关系研究而言，这种结合尤为必要。著名国际法专家王铁崖先生曾提出，"研究国际法应与国际关系史相结合，特别是中外关系史；而研究国际关系，特别是中外关系史，应该有国际法的知识"；主张从国际法史的角度，研究列强在华条约特权。① 无疑，在中外条约研究中，需要发挥多学科综合的优势，加强学科融合，尤其是与国际法学的融合。另一方面，这种规范性研究又不是机械的划线，历史现象是复杂的，往往存在似是而非、非驴非马的情况，用现成的规范又难以做出确切的解释。近代各种条约类型，以及属于"准条约"的章程、合同等，种类多样，内容繁杂，需要进行全面清理，做出必要的判断。中国近代是一个过渡的时代，条约关系取代了传统的对外体制，更增加了问题的复杂性。因此，当遇到此类问题时，还需要进行深入细致的剖析，在把握基本规范的前提下，做出符合历史客观实际的合理解析。已有研究者作了这样的尝试，不管是否客观准确，这无疑是一种可取的思路，是不可或缺的工作。限于篇幅，诸如此类的问题，不一一枚举，展开评析。无疑，将实证研究和规范性研究紧密结合起来，既要遵循基本的规范，又要克服按图索骥的本本主义；同时，鉴于该领域的重要性，又需要进一步拓展和深化研究。而这些均需要在加强相关概念和理论研究的基础上，才有可能取得新的进展和突破。

总之，相关概念的理论辨析，在这一领域研究中具有重要意义。通过这一探讨，既可从中发现既往研究的不足和局限，又能为此后的进一步研究，尤其是为中外条约关系这一新领域的研究，提供最基础的理论准备。这一课题的探讨，既具有全局意义，又有助于在具体的微观个案研究中深化认识。

---

① 王铁崖：《序》，程道德主编：《近代中国外交与国际法》，现代出版社，1993 年。

第二章 强权与"公理"交织的国际秩序模式

在近代，条约关系在内容和形式上均不同于传统对外关系，是西方列强用强力手段建立的国际秩序模式。其理论依据是含有反动规则的传统国际法，其运作方式体现了西方国家对东方国家的强权政治。国际法、外交、战争与条约关系有紧密的关联，它们相互之间的关系，呈现出强权与"公理"交织的国际秩序的特征。

第一节 国际法与条约关系

条约是国际法中的重要制度，由条约形成的国家间关系则是这一制度的体现和扩展。同时，国际法又须通过吸纳和聚合条约而形成一个法律体系，两者之间存在着互相依存、互为前提的关系。可以说，条约及条约关系是国际法的重要组成部分，而国际法又以条约为源流。条约调整相关国家之间的关系，其本身亦需要相应的国际法规则，规范条约的缔结、生效、实施、解释终止等问题。探讨两者的相互关系，是完整把握条约关系的前提，尤其是认识近代中外条约关系特殊性质的钥匙。

一、 条约是国际法的渊源之一

条约及条约关系在国际法中有着重要地位，国际法专家李浩培从条约法的角度论述两者的关系，认为："条约法是国际法的一部分，其作用在于规定国际法主体之间的条约关系。"在国际法中之所以有条约法这一分支，是由于条约关系的存在。"条约法之所以存在，是由于国际间有条约关系存在"。而国际间之所以有条约关系存在，"是由于国家虽然是主权的、独立的，然而却不能孤立存在，而必须互相往来，并发生政治、经济、文化等种种关系"。在发生这种关系时，"各国自然会通过协议作出一些规定，以便共同遵守，使发生这些关系的目的能顺利达到"，这样就产生了国际条约。一旦产生条约，"就需要一些法律规则来决定，条约是否有效地缔结并发生了效力，发生了哪些效力，以及在条约规定有疑义时应当怎样解释，在什么条件下条约可以暂停施行、终止或宣告无效，等等。"解决这些问题的法律规则的总和就是条约法"。[①]

在国家关系的发展过程中，条约的重要性愈益为人们所认识。"国家与国家之关系，无条约则不明确。国际关系，譬如人身，条约乃其骨干，其地位之重要，无俟烦言"。[②] 各国关系，只有通过条约的具体规定，才能明确其内容。在国际法产生的欧洲，非常注重条约的地位。在古代欧洲，如格老秀斯、布汾多夫、康德等学者，"其论国际法也，谓由自然法而生。自然法乃应人类之需要，自然而成者也，条约不过自然法之表现而已"。近代学者，则认为条约就是国际法。此种看法有些偏颇，不少学者难以赞同。国际惯例与条约，共为构成国际法之要素，但论其成分，"条约居最大部分"。[③] 不仅在古代和近代，到了现代，条约在国际法中的地位亦最为重要。"国家作为现代国际法的重要主体，在国际合作与斗争中，通常就是以条约作为法律工

---

① 李浩培：《条约法概论》，第 46 页。
② 吴昆吾：《条约论》，第 1 页。
③ 吴昆吾：《条约论》，第 1—2 页。

具来实现自己的目的的"。因此，条约在现代国际法上享有特别重要的地位，并已成为国际法学科的重点研究对象。[1]

显然，条约不仅规范国家之间的关系，还由此成为国际法的渊源。这一地位，已为国际法学者所认同。虽然条约与契约，不容相混，但一般认为"条约之在国家，犹契约之在个人"。在欧洲诸国，更视条约重于法律，均认为条约在法律之上，不仅"条约得为法律之渊源"，甚至"条约之上，别无所谓法律"；国家之权利义务，虽不尽由条约而生，"条约实国家间权利义务之最大渊源耳"。[2]

是否所有条约均为国际法的渊源，在此问题上有不同意见。在20世纪末德国法学家特里佩尔著有《国际法与国内法》，认为"一个法律行为的或者一种交易的条约"，"不是造法性的"，所以"不是国际法的渊源"。另外一种条约叫"立法性或造法性条约"，才是国际法渊源。他认为，前一类条约不是立法条约，"一桩事情履行以后，条约就完了"，"没有立什么法律"。立法性条约，"一般不是孤立地规定一桩行为，而是规定一般性的规则"。例如二国订立的商务航行条约要实行许多年，规定的事项也很多。此类条约规定的条文相当多，但都是一般性的，不是只实行一次，可实行许多次。他认为，"这种立法性的条约或者叫作造法性的条约"，"是国际法的渊源"；"造法性条约中最重要的是多边条约"。特里佩尔的见解，未得到国际法学界的认同，多数人认为，任何条约不论什么条约都是造法性的或者立法性的条约，任何条约都是国际法渊源。为什么？因为"任何条约都规定当事国之间的权利和义务。不问这些条约是双边还是多边的，也不问这些条约是契约性的或者立法性的"。一切条约对于当事国而言都有法律效力，"当事国不履行条约，就构成违约，违反条约是一种国际不法行为，就要负国际责任。所以一切条约不论契约性条约、立法性条约、双边条约或者多边条约对于当事国而言都是法律，因此都是造法性条约"。因此，在三个国际法渊源（即条约、国际习惯和文明国家一般所承认的法律原则）中，"条约是一个很重要的国

---

① 万鄂湘、石磊、杨成铭、邓洪武：《国际条约法》，第1页。

② 吴昆吾：《条约论》，第2—3页。

际法渊源"。① 条约作为国家间典型的、最普遍的法律形式，成为"国际法的主要渊源，这一点在联合国宪章上已得到确证"。②

二、 国际法关于条约关系的相关规则

在条约成为国际法渊源的同时，国际法又为条约确立了基本准则。关于条约关系的规则，在传统国际法时代主要是依据习惯法，直到第二次世界大战之后，1949 年就决定起草条约法，到 1969 年通过《维也纳条约法公约》，由此改变了习惯法不明确的状况。此前，条约法还都是习惯法，国际习惯法有个缺点，就是不很明确。第二次世界大战以后，有许多新兴的独立国家，对于过去的国际法也包括条约法是有怀疑的，因为过去的国际法都是欧洲的所谓强国发展起来的。这些国家原来都是帝国主义国家，帝国主义国家所制定的有些规则，对于新兴的国家、新独立的国家、第三世界国家是不利的，所以他们要怀疑。③ 例如，关于条约的保留问题，传统的国际法规则是，"一个缔约国的保留，必须得到所有其他缔约国明示或默示同意，才能成立"。④ 其后，《维也纳条约法公约》作了修改，规定可以采取多种方法。一是反对这个保留，但可表示愿意"同这个国家发生条约关系"。二是反对保留的国家可以提出，"同提出保留的国家不发生条约关系"。三是反对这个保留，但只是在这个条文上同提出保留的国家不发生条约关系，"而其他条文还是同它成立条约关系"。这样就灵活多了，保留既然容易得多了，条约的缔结也就容易得多了。⑤

关于条约及条约关系，国际法作了相关规定，形成了一个重要分支，即条约法。在国际交往过程中，"各国不可能没有它们共同接受和遵守的一些行为规则，以规定它们相互间必然会发生的种种关系"。国家之间所实行的这些行为规则的主要来源，一部分是国际习惯，另一部分是条约。条约是规

---

① 李浩培：《条约法》，法学教材编辑部，1983 年油印本，第 9—12、16 页。
② 苏联科学法律研究所编，国际关系学院翻译组、北京大学国际法教研室译：《国际法》，第 248、249 页。
③ 李浩培：《条约法》，第 18 页。
④ 李浩培：《条约中的保留问题》，《中国社会科学》1980 年第 5 期。
⑤ 李浩培：《条约法》，第 22—23 页。

定行为规则的必不可少的法律工具，在当事国之间即是法律，"而规定条约的缔结程序及其在实施和终止中所发生的种种问题的法律，即是条约法"。①条约法对条约关系的建立及相关问题，形成了具体的规范，这里不赘，仅就国际法尤其是传统国际法有关条约关系实施运作的相关规则作剖析。这些规范与中外条约关系有着直接关联，导致了这一关系的不平等性质，反映了传统国际法的种种局限。

一是关于实施强迫与条约成立问题。按照传统国际法，对国家实施强迫和对国家代表实施强迫不同，"前者对条约的成立和有效并无影响"。第一次世界大战以前，根据国际法规则，强迫订立的条约具有效力。当时的国际法认为战争是合法的制度，并且认为，如果对国家的强迫使条约无效，那么和约将不能成立，从而战争将须继续到一方被消灭为止。如果没有以武力或战争威胁对一个国家进行强迫的压力，"该国不会同意缔约时，这种强迫在道义或政治上虽可引起谴责，但却不可能是对条约的拘束力提出异议的法律根据"。如果对这类条约作无效的解释，那么其不可避免的结果将是以下两种情形，或者战败国一方完全投降，或者双方的力量互相消耗净尽。这正是传统国际法中的野蛮规则，毫无国际道义，充分证明帝国主义的侵略本性，"只可能是强者欺凌弱者、大鱼吞掉小鱼的规则"。这个规则，在两次世界大战之间，虽遭受非难发生动摇，但未被废除。②

在订约是否遵循自愿原则问题上，国际法与国内法存在差异。"依据一般国际法，国家缔结条约的权力在原则上是无限度的。各国有权对任何事项订立条约"。在传统国际法时代，国内法的最重要原则之一是，"订立契约，必须是双方自愿的。非常的武力威胁或使用武力所强加的契约是无效的或可废止的"。但是，"这项原则并未被公认是一项适用于条约的实在国际法规则。在最重要的条约之中有和约，而和约照例是战胜国对战败国的武力威胁或使用武力所强加的。但是和约并不是因此就被认为是无效的或可废止的"。在这方面，"一般国际法似乎具有原始法律的性质，它不承认这样一项原则，

---

① 李浩培：《条约法概论》"序"，第1页。
② 李浩培：《条约法概论》，第274—276页。

即意志表示如果是被强制的，就没有法律效果；因而由于对缔约一方施加强迫而产生的条约是根本无效的"。甚至在罗马法上，"由于勒索而产生的法律相互行为也不是根本无效的，而只是可废止的"。承认武力威胁或使用武力订立的国际协定有效，即战争合法性及其与条约关系等问题，后文将详细论及，这里不赘。

二是关于不平等条约的效力问题。前已论及，关于不平等条约的含义，多赞成将片面的权利义务作为不平等的标准。可以认为，不平等条约的核心内涵是条约规定双方的权利义务不对等，其中一方承担了较多的义务，而没有或者较少享有相应的权利。1957 年亚非法学家大会定义称："不平等条约是在当事国之间确立极不平等义务的条约。"[1]

在传统国际法时代，不平等条约这一概念提出以来，就被纳入国际法的研究范围。[2] 不平等条约多系战争或武力威胁的结果，结束战争的和约的合法性，也"不会受到质疑"。[3] 从格老秀斯开始，传统国际法对不平等条约的法律效力持肯定观点，根据"誓约保证的信义之神圣性"，"无论和约订立了何种条款，务当绝对遵守"。[4] 也就是说，包括不平等条约在内的任何和约，均具有法律效力。

但是，按照现代国际法，不平等条约是无效的，因为不平等条约是"掠夺性的、强制性的、根本不合法的，没有继续存在的任何道义的或法律的根据，因而受害的缔约一方完全有权主张废除或径行取消"。[5] 根据《联合国宪章》和《维也纳条约法公约》，"条约系违反联合国宪章所含国际法原则以威胁或使用武力而获缔结者无效"。[6] 这些条约中的很大一部分是在缔约国一方对地方或其代表施加强迫下缔结的，按照《维也纳条约法公约》第五十二条，"绝对无效"。或者"是在违反国家主权平等原则下缔结的，其目的在于强国对弱国进

---

① 万鄂湘、石磊、杨成铭、邓洪武：《国际条约法》，第 305 页。
② 朱文奇、李强主编：《国际条约法》，第 25 页。
③ 万鄂湘、石磊、杨成铭、邓洪武：《国际条约法》，第 306 页。
④ ［荷］格老秀斯著，何勤华等译：《战争与和平法》，第 499 页。
⑤ 周鲠生：《国际法》下册，第 673 页。
⑥ 《维也纳条约法公约》，1969 年 5 月 23 日，国际问题研究所编译：《国际条约集（1969—1971）》，第 62 页。参见周鲠生：《国际法》下册，第 673 页；李浩培：《条约法概论》，第 304 页。

行控制、奴役或剥削"。而国家主权平等原则是一般国际法的强行法,按照该公约第五十二条和第六十四条,"违反强行法的条约也是绝对无效的"。①

三是关于信守条约原则。信守条约原则可以上溯到远古,是一个"久经确立并得到公认的国际法原则",在今天的国际社会仍被奉行。该原则又称为"条约神圣原则"(sanctity of treaties, inviolability of treaties),是指"一个合法缔结的条约,在其有效期间内,当事国有依约善意履行的义务"。即"诚实地和正直地履行条约,从而要求不仅按照条约的文字,而且也按照条约的精神履行条约,要求不仅不以任何行为破坏条约的宗旨和目的,而且予以不折不扣的履行"。作为国际法的一个基本原则,条约必须信守,其拘束力是国际习惯法所赋与。不论在国内法还是国际法上,习惯"都是公认的法律渊源之一"。条约当事国须承担相应的义务,假使不履行条约,"就是违反条约,在国际法上叫作国际的不法行为,英文叫 international delinquency,因此要负国际责任(international responsibility)"。所谓国际责任,或者叫赔偿损失,是指"对方受损失的国家可以报复"。

但是,条约必须信守原则不是绝对的,"信守"的前提,"必须是这个条约是法律上有效的条约",包括方式和意思表示没有瑕疵,以及条约所规定的义务必须是平等互利的。此外,还有情势变更和国家自保权等方面的限制。② 显然,对此原则的限制体现了公正的观念,在国际关系史上,违反条约的原因,多"由于条约不是平等互利的","没有任何道义的基础","是强者对弱者施加压迫、侮辱、掠夺和奴役的结果"。然而,这一公正观念并未得到贯彻,当发生违约事件时,国际社会均会做出强烈反应,"或者重申条约必须信守的原则,或者予以谴责或采取武力制裁"。③ 1871 年 1 月,奥、英、法、德、意、俄、土七个 1856 年《巴黎条约》签署国,在伦敦会议上以议定书的形式宣告:"任何国家,非经以友好协商一致的方法取得缔约各方的同意,不得解除其条约义务,或改变条约的规定,这是国际法的一个重

---

① 李浩培:《条约法概论》,第 304 页。
② 参阅克吉:《条约必须遵守》,载斯特鲁普:《国际法辞典》第 2 册,1961 年德文第 2 版,第 710 页以后。见李浩培:《条约法概论》,第 330—331 页。
③ 李浩培:《条约法概论》,第 347、335 页。

要原则。"① 信守条约体现了人类社会交往的诚信原则,亦为现代国际法所肯定,如《维也纳条约法公约》规定:"条约必须遵守","凡有效之条约对其各当事国有拘束力,必须由各该国善意履行"。② 从根本上说,信守条约应建立在平等互利的基础之上,但在充斥强权政治的传统国际法时代,公道正义的观念没有得到贯彻,这一原则成了维护所有条约的保障。近代,在列强的武力压迫之下,中国更受到该原则的严格制约,为中外不平等条约关系提供了所谓法理依据。

四是与此相关的"情势变迁条款"问题。情势变迁条款,是指条约由于重大情势变迁的影响而终止效力,此与条约必须信守原则是相对立的。在废约运动中,有中国学者指出,该条款"于私法上渊源甚古"。"其在国际公法上,自十九世纪中叶以来,在学说上,在事例上,已成为一大原则"。尽管多数学者主张双方同意,事实上,单方废约而得到对方默认的也不少。③ 西方学者认为,事实上很难证明条款"是实在国际法的一部分";前述奥、英等七国宣告"不得解除其条约义务",正是"对情势变迁条款的公开否定"。其时,俄国试图单方解除不在黑海设置舰队的条约义务,上述七个缔约国在伦敦召开会议上作了上述声明。该条款被否定,更进而确认了条约必须信守原则。一些国家曾以情势变迁来为其不遵守条约义务作辩解,被认为是违反国际法的行为,而不能"作为一项实在国际法规则的证据"。到现在为止,"还没有一个国际法庭毫无保留地肯定这项规则的存在"。④ 事实上,为了维护条约特权,西方列强仍然坚持信守条约原则,对情势变迁持否定立场。

以上各项规则和相关问题或原则,反映了殖民主义时代的强权政治和传统国际法的弊端,于弱小国家极为不利。此时期的国际法,体现了西方国家的利益,是以西方为中心形成发展起来的。"国际法规则首先是为保护外国人而设立的,即居住在本国之外的个人,应享有国内法给予该国公

---

① 梁淑英主编:《国际公法》,中国政法大学出版社,2003 年,第 321 页。
② 《维也纳条约法公约》,1969 年 5 月 23 日,国际问题研究所编译:《国际条约集(1969—1971)》,第 53 页。
③ 吴昆吾:《条约论》,第 168 页。
④ [美]凯尔森著,王铁崖译:《国际法原理》,第 301 页。

民的同等待遇。"① 具有强权性质的种种规则，正适应了保护来华的殖民主义外国人的需要。

此外，条约关系与国际法亦存在种种关联。如条约关系与国际私法还有重要联系，成为国际公法与国际私法相连的锁钥。由于国际交往的发展，"国际私法之原则，已渐有以条约定之者，将来逐渐发达，或有脱离国际内法之境域，而入于国际法境域之一日"。条约属于公法范畴，以条约规定私法事项，既将国际私法纳入了公法的交往方式，又体现了条约的中介连通作用。由于条约的这一作用，"国际私法所处理之法律关系，既为涉外之私法关系，则有时能引起国际法之问题。又国际私法之问题，与国际法之问题，同时发生，亦为常有之事"。各国间往往因国际私法之问题，订立条约。例如，"海牙会议之关于国际私法之诸条约，皆可为国际私法之渊源"。② 由于条约系国际之间的契约行为，各国因此"常以期国际私法之统一，互订国际条约"，《海牙条约》即为例证。③ 但是，订立私法的条约与纯粹公法范畴的条约不同，即"条约虽可为法律之渊源，然不能即视条约为法律"。若国家订约之后，"不用适法之方式，公布于国内，则无法律之效力，人民亦无遵从之义务"。何况国际私法为国内法，与国际法不同，因此"条约仅能为国际私法之渊源，而不能即谓之为国际私法"。④

条约的这一性质，反映了国际公法与国际私法的关联。从两者的关系而言，公法的基础实际上是私法。如劳特派特说："构成国际公法的各种法律关系的内容通常都是按照或者类比某种私法观念加以塑造的"，"私法几乎影响了国际法中和平法的每一个分支"。⑤ 甚至有学者认为，所谓的国际公法，"实际上属于私法性质"，"甚至比国内私法还要私"。⑥ 事实上，私法上的契约观念对国际法上的条约制度有着重要影响，劳特派特即指出："对于其所

---

① ［希腊］尼古拉斯·波利蒂斯著，原江译：《国际法的新趋势》，云南人民出版社，2004 年，第 37 页。
② 唐纪翔：《中国国际私法论》，商务印书馆，1934 年，第 21、25 页。
③ 卢峻：《国际私法之理论与实际》，中华书局，1937 年，第 70 页。
④ 唐纪翔：《中国国际私法论》，第 25 页。
⑤ H. LauterPacht, *International Law*: The Collected Papers, 1975, Vol. 2, pp. 173-174, 180; Vol. 3, p. 59. 转引自张文彬：《论私法对国际法的影响》，法律出版社，2001 年，第 40—41 页。
⑥ 周子亚主编：《国际公法》，知识出版社，1981 年，第 77 页。

规范的形式、效力、终止而言，条约的法律特征，那些对缔约国生效的条约之间的互相矛盾，诈欺、错误与胁迫对条约的影响，宪法限制缔约权的意义，给予第三国利益的条约，情势不变条款，条约的解释规则"，都可以类比于私法上的契约。① 因此，在国际法中存在一种倾向，即"将条约观念牢固地建立在从私法中发展而来的合意之债的坚实基础之上"。②

这种关联并非根本原因，对晚清时期的中国而言，通过条约沟通国际公法与国际私法，是由于中国丧失了主权地位。本来应由国内法调整属于国际私法范畴的涉外民事问题，被纳入属于国际公法的条约范畴，这是涉外司法中极不正常的现象。这一现象的出现，一方面反映被强行纳入条约关系的中国，缺乏与之适应的法律体制。另一方面，这种纳入是在外国强权的压力下实施的，更显示了中外条约关系的畸形状态，以及中国主权遭受侵害的实质。在中国古代，"无所谓国际，更无所谓国际法，而遑论其为公为私"。海通之后，五口通商，"不啻国内有国，法外行法"，"法权问题，一日尚未解决，中国实无施行国际私法之可能性"。③ 因为国际私法之产生，必须具备三个条件，即国内外之交往、国际间之平等、独立自主之法权。而中国自海通以来，此三个条件"仅有其一"。④

传统国际法的局限和弊端，其核心在于不承认中国等东方国家享有同等权利。西方国际法学者提出了基本权利差异说，认为，"平等和主权并不是国家在其进入国际共同体时所拥有的权利"。只是在一般国际法"对所有国家设定了同样的义务并给予同样的权利的情形下，国家在法律上才是平等的"。也就是说，如果国际法没有设定给予同样的权利，那就谈不上平等。另外，即使根据一般国际法，"沿海国家具有内陆国家所没有的义务和权利"。因此，在他们看来，"各国在法律上不平等是与对国家间关系的法律调

---

① H. Lauterpacht, *International Law*: The Collected Papers, 1975, Vol. 2. p. 180. Also, Chapter Ⅳ: Private Law Analogies in Application to Treaties, Private Law Sources and Analogies of International Law, 1927. 转引自张文彬:《论私法对国际法的影响》，第 162 页。
② 张文彬:《论私法对国际法的影响》，第 196—197 页。
③ 《王正廷序》，民国十九年八月，于能模:《国际私法大纲》，商务印书馆，1931 年，第 1—2 页。
④ 《张我华序》，民国十九年四月，于能模:《国际私法大纲》，第 4 页。

整不相抵触的"。① 根据这些说辞，中国等东方国家不能享有平等权利，合理合法。近代，西方列强便将中国等东方国家排斥于国际社会之外，按照这一理论，自然不能与它们一样享有平等权利。《奥本海国际法》声称："国际法作为以国际大家庭成员的共同同意为根据的国家之间的法律，当然不包括任何关于与国际大家庭以外的国家交往和对它们的待遇的规则。显然，这种交往和待遇是应该由基督教道德原则加以规定的。"如美国对于印第安人的关系，仅"在某些方面曾适用国际法规则"。②

不论是欧美国家，还是在其他各洲的第三世界国家，许多国际法学者都认为，传统国际法是殖民主义、帝国主义时代的遗产，长期是以"欧洲中心主义"为指导思想的。英国学者阿库斯特指出："大约到 1880 年，欧洲人已经征服了大多数非欧洲国家……因而国际法律体系便变成了白种人的俱乐部，非欧洲国家只有证明自己是'文明化了'的国家，才能被挑选进入这个俱乐部。"③ 美国亨金教授承认，近代国际法"反映着它们（指欧洲国家）的基督教、资本主义和帝国主义的利益"。德国学者罗德尔亦谓，"古典的"国际法是"欧洲统治世界的国际法，欧洲殖民主义的国际法"。第三世界国家的学者尖锐地揭露了这些弊端，沙特阿拉伯代表舒凯里说，"国际法是一些国家、一些帝国所造成的"，这样的国际法应当终止，"不能允许它继续存在"。印度阿南教授指出，传统国际法实际上成了"欧洲列强的地区法律"。尼日利亚法官埃利为斯表示，自从格老秀斯以来，特别是《威斯特伐利亚条约》（1648 年）以来，"国际法在性质上和在适用上，主要是欧洲的"。④

在历史上，国际法曾经被称为"欧洲国际法"或"欧洲公法"。也就是说，传统国际法并不是普世的，而是适应西方资本主义世界的需要，为其利益服务的法律。除了上述规则之外，在内容上又"产生一些反动的原则、规

---

① [美] 凯尔森著，王铁崖译：《国际法原理》，第 130 页。
② [英] 劳特派特修订，王铁崖、陈体强译：《奥本海国际法》上卷，第 1 分册，商务印书馆，1971 年，第 34 页。
③ [英] M. 阿库斯特著，汪瑄等译：《现代国际法概论》，中国社会科学出版社，1981 年，第 14—15 页。
④ 转引自王铁崖：《第三世界与国际法》，中国国际法学会编：《中国国际法年刊》，中国对外翻译出版公司，1982 年，第 15—16、19 页。

则和制度",如领事裁判权、势力范围、租界、租借地制度,等等。① 晚清中外条约关系便是传统国际法时代的产物,受规则所制约,体现了这一关系不平等的本质特征。韩国当代学者金容九指出:到 19 世纪,"欧洲公法"只是"将欧洲的世界性扩张加以合理化的法律工具",是具有其动机、目的的"帝国主义的法律"。② 直到第一次世界大战和十月革命之后,传统国际法开始转向现代国际法,至第二次世界大战结束,完成了这一转变过程。现代国际法在制度和规范等方面,尽管"还根本不是统一的",但却改变了"欧洲公法"的狭隘性,"成了真正全世界的国际法,因而也是全人类的、普遍的国际法"。③ 在国际法从传统到现代的转变中,晚清以来的中外条约关系也逐渐从不平等趋向平等。

三、 西方国家用武力强行与中国"交往"的国际法分析

中外条约关系涉及国际法上的交往权问题,作为不同于传统的征服者,以英国为首的西方国家一方面使用暴力强行与中国建立新的条约关系,另一方面又为这一行径作所谓"道义"和理论上的辩解。

其中,最基本的问题是,中国是否有权利拒绝与外国通商。1836 年 2 月,《中国丛报》的一篇文章强调,中国人没有权利拒绝外人到他们的国家来,"一个文明的国家,和其他的国家同为天之所覆,地之所载,如同一的上帝所创造,为一样的自然法则所指导,它能闭关自守,和其他国家的人民断绝一切友好交往吗?"常识、理性和国际公法,"都号召起来反对这样不近人情、违背天然的行径"。文章声言,他们并不想去干涉中国的内政,但也断不能容许中国政府违反他们的意志,"把种种任意专断的限制强加于"中外贸易。④ 一份向英政府提出的关于中英关系的意见书,指出:各国的自然

---

① 王铁崖主编:《国际法》,第 37 页。
② [韩]金容九著,权赫秀译:《世界观冲突的国际政治学:东洋之礼与西洋公法》,中国社会科学出版社,2013 年,第 18、23 页。
③ [苏]Д. И. 费尔德曼、Ю. Я. 巴斯金,黄道秀等译:《国际法史》,法律出版社,1992 年,第 147、185 页;参见王铁崖主编:《国际法》,第 39 页。
④ A Correspondent, Treaty with the Chinese, a great desideratum; probability of forming one, with remarks concerning the measures by which the object may be gained. *The Chinese Repository*,Vol. IV. No. 10. 译文参见广东省文史研究馆译:《鸦片战争史料选译》,中华书局,1983 年,第 50—51 页。

资源是人类的共同财产，各国人民均有资格通过商品交易获得这些资源。如果任何一个国家的政府像中国政府那样，与世界的共同利益和邻邦的要求，甚至与自己的臣民的愿望作对，那么其他国家就不能给这个政府以"什么照顾和容忍"。这样的政府，"就必须把它作为人类公认的悖逆看待"。拒绝交易，便是与人类公理背道而驰，这"不但会把中国从国际的团体中排除出去，而且也剥夺了他们要求国际法保护的权利"。因此，"就有必要迫使它放弃对人类普遍利益这么敌视的立场"。如果中国政府借口我们提出的条款，与他们的古代风俗相违背而予以抗拒，那么，实际上就是实行"反方向的方针"，是背离国际法的。① 显然，在他们看来，订立通商条约，给予他们在中国自由通商的权利，是国际法所要求的。

这里所提到的通商及交往权，属于邦交权范畴，涉及国家的基本权利。国际法学界对此亦存在不同意见，或认为国家的基本权利包括平等、尊严、独立、属地和属人优越权，以及交往权、自保权和管辖权；或认为国家唯一的基本权利是生存权，其他权利都只是从它派生的；或以条约的尊重、独立和平等三者为最重要的基本权利；或主张自保、独立、平等、尊重、交往五项基本权利。一些重要法学团体的看法较为严谨，如 1919 年国际法律学会的决议主张生存权、独立权和平等权三项基本权利；1949 年联合国大会提出的国家权利义务宣言草案，则列举独立权、领土管辖权、平等权、自卫权四项权利。② 均未将交往权列入其中。

从各种解释来看，通商权和交往权并未公认为是国家的一项基本权利，因此也不是国际法的一项原则。国际法学家奥本海即指出："在法律上，这种交往的基本权利是不存在的。一切所谓从交往的权利所产生的后果，并不是一个权利所产生的后果，而不过是下述事实所产生的后果，即各国之间的交往是国际法的一个条件，没有这个条件，国际法就不会存在，也不可能存在。"③ 不少国际法著作认定，邦交权的行使"必须双方同意，因为一国不能

---

① Relations of Great Britain with China, *The Chinese Repository*，Vol. V. No. 3. 译文参见广东省文史研究馆译：《鸦片战争史料选译》，第 55、56 页。
② 周鲠生：《国际法》上册，第 171—172 页。
③ ［英］劳特派特修订，王铁崖、陈体强译：《奥本海国际法》上卷，第 1 分册，第 241 页。

强迫他国与它通商往来、交换使节、或缔结条约"。① 法国国际法学家福希叶指出，18 世纪的法学家便认为，"国家同别国通商的权利义务是不完全的，国家有不可否认的权利拒绝同别国通商"。②

除了通商与交往并非是公认的国际法原则之外，国际法又肯定一个国家具有独立权和平等权，而强迫一个国家服从另一个国家的意志，与这一准则是不相符的。然而，汲汲于用武力与清帝国建立条约关系的英帝国，却将国际法并未认定的权利视为最基本的依据。从这一依据出发，他们又从各个角度对用战争手段强订条约的行为进行辩解，以撇清背离国际法的干系。

一是认为必须用武力强制中国遵守相互交往国际法规则。广州西人媒体较早提出这一主张，认为应按文明国家间的相互交往权规则要求中国，有必要通过武力予以强制，"以从中国政府那里取得关于对外贸易的安全承诺或特许权"。③

二是认为中国要享受欧洲国际公法的权利，就必须接受欧洲的通商原则。伦敦东印度与中国协会致函巴麦尊，提出：东印度公司的垄断被解除以来，对华贸易已遭受困难，应当采取办法，将未来的商业关系，置于较为稳定的基础之上。在他们看来，"除非以欧洲的原则为两国新关系的基础，这个希望不易实现"。而中国要享受欧洲国际公法的权利，那么"也应该承认欧洲国家间通商关系的原则"。大多数欧洲国家"都准许外侨居住，如果他们遵守法律，即予以保护"；而中国"以优越种族自居，卑视英人"，以为外侨居住中国，是格外施恩，不准外侨与中国人自由往来，"只片面地要求外侨遵守中国法律，但并不予以相互的利益。对于外侨的商业以及社会家庭的活动，都横加干涉，极为专制"。因此"为了明确的公正的目的，而施以武力，可以有很大的成绩"。④

三是认为中国不懂或违背国际法，西方国家可以不受国际法的束缚而使

①　崔书琴：《国际法》上册，第 61 页。

②　见周鲠生：《国际法》上册，第 174 页。

③　"War with China"，*Chinese Courier and Canton Gazette*，September 8，1831. 转引自吴义雄：《鸦片战争前在华西人对华战争舆论的形成》，《近代史研究》2009 年第 2 期。

④　《伦敦东印度与中国协会致巴麦尊子爵》（1839 年 11 月 2 日），杨家骆主编：《鸦片战争文献汇编》第 2 册，台北鼎文书局，1973 年，第 648—649 页。

用战争手段。还在 1831 年，《中国信使报》便载文指责中国违背国际法，要用战争教训它，迫使它订立条约。① 律劳卑也指出，清政府"在思想上极为愚蠢而且在道德上极为堕落，梦想他们自己是世界上唯一的民族，完全不了解国际法的原理和实践，所以该政府不能够由文明国家按照它们中间所公认的和实行的那些规则加以处理或对待"。② 《中国丛报》刊出一篇文章，更用漫骂的口吻指责清帝国缺乏道义："懦怯和傲慢是中国政府的两个显著特点。他们的行径，像一头乡村的恶狗"，只有无可奈何时"才宽厚待人和与人亲善"。"中国既抛弃国际公法，难道我们却要受国际公法的制约吗？对这样的政府待之以礼，他们就会当作这是你的懦弱；向他们的官吏横眉怒目，你就博得他们的优惠"。③ 这是当时一种较为普遍的主张，如林塞也说，外国人应服从和遵守所在国家的法律和规则，但"这是以与一个文明国家交往为前提"，因为它的法规给予外国人"生命和财产以合理的保护"。而在中国则不是，它的法规野蛮，又拒绝让步，因此在这里需要的是使用武力。④

由于使用武力与国际法的公理相枘凿，因此，那些战争宣传者们往往在大肆鼓动的同时，又声称自己不赞成战争，提出所谓"中间路线"。律劳卑声明："我是最爱好和平的人，不以战争为乐事，既不愿得到战利品，也不想要分取一元钱；因为我相信，只要采取威严的态度而且有力量执行所提出的威胁，就是我们为逼签一项条约所需要的全部手段。"⑤ 《中国丛报》在评论一篇这样的文章时，指出：我们不能确知该文作者说的是什么意见，因为"他说，他反对使用武力时，却又说'炮口的交锋'"。该文在提出"这个条约必须是在刺刀尖下，依照我们的命令写下来"之后，又声称："我们憎恶战争；我们反对损人利己的政策；我们也不为违背公理和国际法律的人作辩

---

① "Treaties with China", Chinese Courier and Canton Gazette, November 17, 1831.

② 《律劳卑勋爵致格雷伯爵函》（1834 年 8 月 21 日），胡滨译：《英国档案有关鸦片战争资料选译》上册，中华书局，1993 年，第 22—23 页。

③ A Correspondent, Treaty with the Chinese, a great desideratum; probability of forming one, with remarks concerning the measures by which the object may be gained. The Chinese Repository, Vol. Ⅳ. No. 10. 译文参见广东省文史研究馆编：《鸦片战争史料选译》，第 51 页。

④ H. Hamilton Lindsay, Letter to the Right Honorable Viscount Palmerston, on British Relations with China, London: Saunders and Otley, Conduit Street, 1836, pp. 6-7.

⑤ 《律劳卑勋爵致巴麦尊子爵函》（1834 年 8 月 14 日），胡滨译：《英国档案有关鸦片战争资料选译》上册，第 18 页。

护"，"过去一切调和办法既全无成效，那就让我们今后采用一条中间路线，即对中国政府加于我们的压迫和凌辱，予以坚决的抗拒。"① 诸如此类，尚有不少。这是一种矛盾现象，反映出这些以国际法相标榜的"文明"征服者，因背离国际法独立主权原则的矛盾心态。

总之，以上各种怪论，旨在为发动一场违背国际法原则的战争寻找法理依据。尽管这些依据牵强附会，似是而非，却给了他们所谓维护"正义"和"公道"的借口。这个时期，他们力图辩解的，主要是为取得以通商、交往为核心的权利而诉诸武力的合理性。鸦片战争之后，在不断完善和要求新的条约特权过程中，这些"文明人"继续在国际法上做文章。那些违背国际法，强行通过暴力取得的条约特权，又被视为国际法的准则。如此一来，鸦片战争前他们对国际法的解析，便堂而皇之成了国际法的内容。不少诸如此类的传统国际法的规则，都是在先有了事实之后才形成的，这是国际法尚未真正成为全世界共同法规的时代现象。美驻华公使劳文罗斯认为，"公道不能被赞扬得太过"，"我心里觉得明晰的一件事就是优越者不能进入一种后退的路程去适应低劣者；如果他们之间有任何关系存在的话，这些关系必须基于像较强者可能愿意采取的那种公允条件而存在。任何文明国家要舍弃它自己对公道的解释而去接受中国的解释，那确然倒是一个奇怪的政策了"。② 他赤裸裸地说："中国与其他文明国家根本不是相等的国家，并且在优越者对待低劣者的关系上，必须是用武力来使这个国家开放。"③

但同时，他们又害怕中国知悉国际法中有关国家主权平等的进步原则，法国代办在国际法介绍到中国后，便气急败坏地说："谁使中国人了解到我们欧洲国际法？杀死他，绞死他，他将给我们制造无穷麻烦。"④ 事实上，西方也有不少主持正义和公道的人士并不赞成上述论调。鸦片战争前，就有一

---

① A Correspondent, Treaty with the Chinese, a great desideratum; probability of forming one, with remarks concerning the measures by which the object may be gained. *The Chinese Repository*, Vol. Ⅳ. No. 10. 译文参见广东省文史研究馆译:《鸦片战争史料选译》，第 52、48—49 页。

② 《劳文罗斯对于美英商人所递公函的答复》，1869 年 7 月 17 日，[美] 马士著，张汇文等译:《中华帝国对外关系史》第 2 卷，商务印书馆，1963 年，第 479 页。

③ [英] 伯尔考维茨著，江载华等译:《中国通与英国外交部》，商务印书馆，1959 年，第 81 页。

④ 王铁崖主编:《国际法》，第 18 页。

些人士指责这种充斥血腥味道的强权之举。认为不能把中国排斥在国际法之外："难道中国因为拒绝与外国人进行商业交往，就要被排斥在国际法的范围之外吗？"[1] 或认为，"我们无权干涉中国的法律"，"正义和公理都不许我们为了一点商业上的利益而去杀人流血"。[2] 这些意见并非主流，没有主导英国政府的决策，但却是国际法向进步方向发展历程中的积极因素。

第二节　战争与条约关系

作为国际关系中的条约关系，在国际事务中又与其他各种关系相关联。在各种关联中，战争和外交尤为重要。战争和外交作为对外关系的主要内容，不仅与条约关系的产生和发展直接相关，而且体现了条约关系的性质及特征。

一、　战争与条约关系的关联

探讨战争与条约关系的关联，首先须了解战争行为的法律意义。战争是政治的继续，国家间的战争属于国际政治的范畴，而条约关系体现的正是国际政治。国家之间的战争，其追求的权利和利益，需要通过改变国际法律关系来实现。从这个意义上讲，"战争作为一种政治活动，是具有法律意义的行为"。从国际法来看，可将战争分为三类。第一类，"以摧毁现存的国际法体系为目的的战争"。此类战争要改变整个国际法体系，属于世界范围的战争。第二类，"改变交战国之间现存国际法律关系为目的的战争"。这类战争没有涉及整个国际法体系的变动，一般只改变局部的两国或数国之间国际法律关系。相对于世界战争，它们属于范围有限的局部战争。第三类，"显示交战国国际法立场的战争"。此类战争的目的尤为有限，甚至仅是为了显示

---

[1]　"Free Trade with China", *The Canton Register*，July 1, 1834. 转引自吴义雄文。

[2]　见 A Correspondent, Treaty with the Chinese, a great desideratum; probability of forming one, with remarks concerning the measures by which the object may be gained. *The Chinese Repository*, Vol. Ⅳ. No. 10. 译文参见广东省文史研究馆译:《鸦片战争史料选译》，第 48 页。

坚持的立场，如因领土归属的立场而发生的战争冲突。[①] 显然，作为国际法律的条约，与体现国际政治的国家间战争有着密切的联系，这种联系体现在两者的相互关系上。

一方面，作为改变国际法律关系的重要工具，战争可直接影响战争双方的条约关系。从战争的直接后果看，"战争中取得的军事成果越大，战后签署的条约中战胜国的利益越能够得到体现。法律成果对军事成果而言，起的是加强或削弱的作用"。国际法学者一般均认为，战争对于条约是有影响的，主要在于"是废止条约或暂停条约的效力"。一般主张"所影响的只是一部分的条约，而不是一切条约"。或者说，"若干条约受战争影响，另外若干条约不受战争影响"。然而，由于"缺少一个普通运用的标准，缺少一个能够决定任何条约是否受战争影响的标准"，很难明确具体地说明哪些条约受到影响。[②]

多数国际法学者对此看法较为接近——举出。

至于战争对建立新的条约关系产生何种影响，一般来说，"战争本身并不能变更，也从来没有变更，作为一套调整各国间和平关系的客观规范的一般国际法"。只有战后条约才能产生这样的效果，即使是发生战争，还要在战后通过条约的方式，才能改变国际法律。当然，这是由于战争，"特别是由于结合战争的和约，交战国之间的法律关系，即其主观权利和义务，可能发生变更"。但是，"变更只是在原有的一般国际法规范的基础上发生的"，而不是超出这一规范之外。和约"通常是战胜国强加于战败国的"，其"导致的现状变更"，"可能符合现时的"实力情况，但"很难符合正义的观念，即使正义只不过被理解为一种保障持久和平的秩序"。"即使战争的确有变更客观国际法的作用，而不只是变更各交战国的主观权利和义务"。[③] 也就是说，战争可以在现有的国际法规范之下改变交战国之间的条约关系，确立新的权利义务。这是战胜国强加于战败国的，仅反映了两者的实力，难以符合

---

① 张景恩：《国际法与战争》，第 27—29 页。
② 王铁崖：《战争与条约》，中国文化服务社，1944 年，第 67—68 页。
③ 〔美〕凯尔森著，王铁崖译：《国际法原理》，第 32—33 页。

国际正义。

另一方面，国际法和条约又对战争有着制约作用。近代国际法产生之后，国际法及其条约对战争的影响是十分深刻的，战争"并不是一种没有法律的状态"。尽管在传统国际法的大背景之下，作为一种合法的形式，战争权没有明确的法律限制，但仍有一定的制约。例如，战争爆发前，要受到平时国际法的规范；战争爆发后，受战时国际法的约束。发动战争需要按照国际惯例进行，例如经过宣战等程序。在战争进行过程中，需要遵循战争规则的有关条约，尤其是战争公约。战争结束时，又要修复被战争破坏的和平时期的国际法律关系，或者在大规模的战争之后，重建新的国际法体系。值得注意的是，"战争的发生要突破和平时期的国际法律关系"。① 例如，违反条约可以制裁和报复，是指"给予每个国家在其利益范围被另一个国家侵犯时采取具有报复，即具有对另一国家利益范围加以有限度干预的性质的强制行动的法律权力"。由此，"国际法就使这些侵犯行为成为国际不法行为"。②

在传统国际法时代，国际法和条约对战争的限制作用极为有限，缺乏明确的规范。关于战争法律地位的理论探讨，学者们有两种相反的意见：一种是对战争进行谴责，另一种是毫无保留地对战争大加颂扬。此外，还可以支持一种介于中间的肯定，认为在某些情况下，战争是一种必要的坏事。或认为，战争是一种高于法律的现象。或认为，战争是一种处于法律范围之外的现象。法国和西班牙有关学说，曾提出"正义战争"理论，表面看来很符合逻辑的。反对意见认为，既然战争是必要的，那么战争就是正义的。③

长期以来，国际法对战争缺乏制约，直到 1919 年，诉诸战争在国际法上仍是一个合法程序。只是从国际联盟盟约开始，"实在法才趋向于禁止诉诸武力"。④ 甚至到 1922 年，美国著名国际法学家海德仍肯定，国家永远有权力使用武力，而且直接诉诸战争，从其他国家取得政治或其他利益。"在

---

① 张景恩：《国际法与战争》，第 29—31 页。
② ［美］凯尔森著，王铁崖译：《国际法原理》，第 20—21 页。
③ ［法］夏尔·卢梭著，张凝、辜勤华等译：《武装冲突法》，中国对外翻译出版公司，1987 年，第 11—14 页。
④ ［法］夏尔·卢梭著，张凝、辜勤华等译：《武装冲突法》，第 405 页。

这个限度内，国际法就拒绝了正义战争与非正义战争之间的区别。战争在法律上是国家的一种自然职能，而且是国家的不受控制主权的一种特权"。① 显然，战争具有合法性的说法成了主流，在他们看来，战争是执行法律的工具。"在没有一个执行法律的国际机关的情形下，战争是实现基于国际法的或自称基于国际法的权利主张和一种自助手段"。这种观念产生了巨大的法律和道义权威，即使诉诸战争是为了增加权力与领土，"有关国家总是把战争说成是为了保卫法律权利而进行的"。这种战争的概念，使得正义与非正义战争的区别，"明显地被拒绝了"，战争"被认为是一种法律所许可用以攻击和改变国家现有权利的工具，而不问所要造成的改变的客观是非如何"。②

尽管西方列强发动的战争属侵略性质，例如英法百年战争（1337—1453）起于英国企图并吞法国领土，英法七年战争（1756—1763）缘于路易十四兼并西班牙及莱茵河以西土地，以及中日甲午之战，等等。质言之，"无侵略，即无战争，一切战争必带有侵略性与反侵略性"。然而，在传统国际法时代，甚至走向现代国际法之后相当长时间，没有给侵略战争作明确的定义。1939 年，有学者提出："侵略一词之实质定义，为首先暴力行为；法律含义，为不顾约定从事武力。"③ 这充分说明，在传统国际法时代，国际法及条约对战争没有什么约束力。与之相反，缺乏国际规则的战争，却可以改变国家之间的条约关系，由此改变相互间的权利义务。这正体现了传统国际法的局限，尤其是反映了其强权政治色彩，以及尚未摆脱西方资本主义国家的狭隘与局限。

战争与条约关系密切联系，不仅在世界历史上，在近代中国亦如此。在古代，条约与国际间发生战争后恢复和平关系有关，此从"pactus"和"pactum"（条约）的语源可以概见。这两个词系由拉丁动词 paciscere 的过去分词 pactus 派生而来，paciscere 的意思是达成一致、缔结契约或条约，其字根 pac 源于 pax。"pax 是指两个交战国缔结或达成一个协定的行为或事

---

① ［英］劳特派特修订，王铁崖、陈体强译：《奥本海国际法》下卷，第 1 分册，商务印书馆，1972 年，第 129—130 页。

② ［英］劳特派特修订，王铁崖、陈体强译：《奥本海国际法》下卷，第 1 分册，第 129 页。

③ 朱建民：《侵略问题之国际法的研究》，商务印书馆，1940 年，第 368—369 页。

实，因此这个词也取得了和平条约、和平的女神的意义"。① 可见，剖析条约关系与战争两者之间的关联，是认识和把握条约关系，尤其是中外条约关系的关键之一。

二、 战争与近代中外条约关系的建立与演变

近代时期，通过一系列侵华战争，列强在中国建立了不平等的条约关系，并使其巩固和强化。随着国内外形势的变化，在国际战争的背景下，不平等条约关系又发生了重要变化，最终得以废除。与传统的征服战争不同，近代中外战争是在资本主义文明出现之后发生的，其方式和目的体现了该时代的种种特点，并涉及两种不同国际秩序的冲突和转换。

当西方列强试图在华建立条约关系时，被清政府所拒绝，战争于是成为不可避免的手段和途径。经过一段时间酝酿，列强发动了两次鸦片战争，迫使中国接受列强强加的新国际秩序。为达到目的，西方侵略者甚至不惜编造种种理由和借口，例如，第一次鸦片战争前夕英国声称，"因对于中国官宪所施于英国旅居中国臣民的损害和所加于英国国主的亵渎，要向皇帝要求赔补和昭雪"。一个更为荒唐、极为霸道的理由是：由于中国与英国相距遥远，而所关系的问题"性质紧要"，所以英国政府不能静候中国政府答复，"为维护英国国主的尊荣与威严"，必须采取措施，以免延误。② 这些借口和理由都站不住脚，甚至荒诞不经。英国议会辩论时，托利党人格兰斯顿一针见血地指出："我不知道而且也没有读到过，在起因上还有比这场战争更加不义的战争。"③ 这一理性的呼声对于强权霸道的殖民帝国并不起作用，英国议会以271 票对 262 票的微弱多数通过军事行动的议决，发动鸦片战争，并最终达到了与中国建立条约关系的目的。

在第二次鸦片战争之前，英国政府便已决定对华用兵，积极备战，并纠

---

① 李浩培：《条约法概论》，第 36—37 页。

② 《巴麦尊子爵致中国皇帝钦命宰相书（自译）》，1840 年 2 月 20 日，［美］马士著，张汇文等译：《中华帝国对外关系史》第 1 卷"附录 1"，商务印书馆，1963 年，第 697—703 页。

③ ［美］费正清编，中国社会科学院历史研究所编译室译：《剑桥中国晚清史》上卷，中国社会科学出版社，1985 年，第 209 页。

集法、美联手行动。① 英国虚构了一个莫须有的"亚罗号"事件作理由，苏格兰律政司也直言不讳："为了取得如斯庞大的利益，尽管战争借口是那么站不住脚，这场战争是非打不可的。"② 英国全权专使额尔金也坦言，所谓"亚罗号"问题，"是一件丑事"，除了"牵涉在内的少数人"之外，"所有的人都抱这样的看法"。③ 正是编造诸如此类的"丑事"，英法联军发动战争，迫使清政府签订《天津条约》《北京条约》，中外条约关系也由此基本形成。

"鸦片战争也仅仅是一系列战争罪孽的开始而已。在此过程中，法国人也加入了英国人的队伍，接着是俄国人，然后是日本人，直到现在，几乎文明世界的每一个民族都在'中央帝国'攫取自己的合法权益，总能看见被砍下的中国人的头颅，而天文数字的战争赔款在不断地流失，无助的巨人的领土则一片片地被蚕食"。④战争和暴力成为中外条约关系的前提，和平达成的协定甚至被视为不正常而被否定，如 1869 年中英《新定条约》签字之后未获英国政府批准。其缘由之一便是没有经过武力胁迫，"我们不论怎样的假装，但我们在中国的地位是由于武力造成的——明显的、实质的力量；任何改进或保持那种地位的明智政策，其结果仍必须依靠某些形式——隐蔽的或显露的——的武力为定"。⑤战争、暴力与中外条约关系的关系，正体现其本质特征，如其评论家所说，"强权即公理那个悲痛的格言，必须严厉地在中国予以实施"。⑥

中外条约关系形成之后，西方列强又通过更大规模的战争转嫁其不断深化的危机。中日甲午战争和八国联军之役，则巩固强化了这一条约关系。此时期，资本主义发展到帝国主义阶段，除了经济上由商品输出转向资本输出

---

① 黄宇和：《帝国主义新析——第二次鸦片战争探索》，《近代史研究》1997 年第 4 期。

② The lord advocate, 27 February 1857, Hansard, 3d series, Vol. 144, col. 1517. 转引自黄宇和：《帝国主义新析——第二次鸦片战争探索》，《近代史研究》1997 年第 4 期。

③ 华龙德：《函札和日记》，第 209 页；[美] 马士著，张汇文等译：《中华帝国对外关系史》第 1 卷，第 492 页。

④ 保罗·柯玛斯基：《中国的战争和传教活动》，路遥主编：《义和团运动文献资料汇编·德译文卷》，山东大学出版社，2012 年，第 226 页。

⑤ 密其：《阿礼国旅华记》，第 2 卷，第 221 页；[美] 马士著，张汇文等译：《中华帝国对外关系史》第 2 卷，第 240 页。

⑥ 高第：《中国对外关系史》，第 1 卷，第 390 页；[美] 马士著，张汇文等译：《中华帝国对外关系史》第 2 卷，第 284 页。

之外，政治上开始了夺取殖民地的大高潮，"当世界上其他地方已经瓜分完毕的时候，争夺这些半附属国的斗争也就必然特别尖锐起来"。[1] 日本作为新崛起的资本主义国家，当羽翼丰满便投入分割世界的争夺，对外发动侵略战争，改变自己在国际上的地位。在这一背景下，日本通过甲午战争，强迫清政府订立《马关条约》，割取中国领土和在华设厂等，改变了中日间平等关系。

值得指出，这个时期列强发起的战争，都注重标榜国际法。其时仍处于传统国际法时代，对外发动战争是合法的，各国列强因此一方面有恃无恐，另一方面又以国际法指责中国，并在战后强行勒索有悖国际法的条约特权。如日本天皇宣战诏书声称：在不违反国际公法的前提下，"各本权能，尽一切之手段"，"努力以达国家之目的"。[2] 西方列强为八国联军侵华战争开脱：中国"致罹穷凶极恶之罪，实为史册所未见，事殊悖万国公法，并与仁义教化之道均相抵牾"。[3] 各国一再强调，中国"违犯了国际法和人道的原则"。[4] 其首要任务"在于以正义与有节制的原则镇压违反国际法、人道原则及文明准则的犯罪行为"。[5] 当时，清政府攻打使馆和杀害外交官的荒诞行为，给了列强一个绝佳的借口，作为滔天大罪指责中国。[6] 各国声称，"任何国家对国际法的最严重的侵犯，就是攻击各国使节"。[7] "联军有必要进行登陆，并开往北京"。[8] 列强之所以拿国际法做文章，不仅是为发动战争寻找借口，而且

---

① 列宁：《帝国主义是资本主义的最高阶段》，1916 年 1—6 月，中共中央马恩列斯著作编译局编译：《列宁全集》第 27 卷，人民出版社，1990 年，第 289、383、391、395、401、408 页。

② 《日本天皇宣战诏书》，明治二十七年八月一日，王芸生：《六十年来中国与日本》第 2 卷，生活·读书·新知三联书店，1980 年，第 83 页。

③ 《送给中国全权大臣的照会草稿》，1900 年 12 月 22 日，胡滨译：《英国蓝皮书有关义和团运动资料选译》，中华书局，1980 年，第 431 页。

④ 《萨道义爵士致兰士敦侯爵函》，1901 年 2 月 6 日，胡滨译：《英国蓝皮书有关义和团运动资料选译》，第 455 页。

⑤ 《各国代表致中国全权大臣照会》，1901 年 5 月 17 日，天津社会科学院历史研究所编，刘心显、刘海岩译：《1901 年美国对华外交档案——有关义和团运动暨辛丑条约谈判的文件》，齐鲁书社，1984 年，第 275 页。

⑥ 《中国及其对外贸易》，1900 年 9 月，[英] 赫德著，叶凤美译：《这些从秦国来——中国问题论集》，天津古籍出版社，2005 年，第 41 页。

⑦ 《怀特赫德先生致索尔兹伯理侯爵电》，1900 年 7 月 18 日，胡滨译：《英国蓝皮书有关义和团运动资料选译》，第 136 页。

⑧ 《萨道义爵士致索尔兹伯理侯爵函》，1900 年 11 月 8 日，胡滨译：《英国蓝皮书有关义和团运动资料选译》，第 398 页。

还是为恢复并强化不平等的条约关系寻找依据。

八国联军之役是一次前所未有的侵华战争，对条约关系的影响也具有显著的特点。从形式上看，战后和约《辛丑条约》是 12 个国家签订的多边条约，即以中国为一方，以整个资本主义世界 11 个国家为一方的双边条约。这是一种与以往不同的新形式，是列强集体对华战争的结果。从性质上来看，这场战争的对手数量之多，不可避免地导致其不对等的片面性达到空前严重的程度。整个资本主义世界集体对华进行战争，其结果是集不平等之大成，《辛丑条约》背离对等原则可说是登峰造极。关于双方的权利义务，该约则完全偏向一方；中方承担苛刻的义务而无丝毫权利，列强各国则享有种种权利而无须承诺点滴义务。总之，这一场与既往有着显著区别的集体对华战争，对中外条约关系的影响也是非同寻常的，体现了列强的整体利益和共同诉求。

战争对中外条约关系的影响，更体现在从不平等到平等的基本转变之中。如果说，中外不平等条约的产生形成和巩固强化，是列强通过对华战争完成的；那么，从不平等到平等的转变，则是在与此不同的另一类战争即两次世界大战中实现的。两次世界大战是世界规模的国际战争，此前在侵华问题上立场一致的列强分裂为不同的集团，中国为了自己的利益也参与其中。在这一背景下，出现了各种有利条件，从而促成了这一重大变化。两次世界大战是这一过程的两个节点，它们的性质虽存在差异，但均引起人类社会对世界和平的思考，推动了国际关系和国际法的新发展，也由此使得中外条约关系趋向平等。

第一次世界大战是一次帝国主义战争，但启动了改变中外条约关系的历史进程，其影响主要体现在两方面。一是中国通过参战打开了缺口，因协约国的承诺激起了解除不平等条约关系的愿望和勇气，并采取了实际行动。协约国为引诱中国参战，承诺战后提高中国的地位，并在某种程度上接受中国的条件。[①] 尤其是，北京政府向德、奥宣战，宣布废除该两国与华所有条约。

---

① 《法京陆专使电》，1919 年 1 月 24 日，中国社科院近代史研究所《近代史资料》编辑室主编，天津市历史博物馆编辑：《秘笈录存》，中国社会科学出版社，1984 年，第 72 页；顾维钧回忆说："协约国的公使们曾多方诱使中国参战，他们许诺，如果中国参战，他们保证中国会取得大国的地位。"中国社会科学院近代史研究所译：《顾维钧回忆录》第 1 分册，中华书局，1983 年，第 155 页；［美］波赖著、曹道明译：《最近中国外交关系》，正中书局，1935 年，第 32—33 页。

二是战争产生了有助于改变不平等关系的直接和间接的积极因素，其影响在战后充分体现出来。这些影响包括传统国际法开始向现代国际法发展，民族自决的提出，国际联盟及盟约的产生，尤其是苏俄宣布废弃在华条约特权等，促使了中国的民族觉醒，中国社会真正开启了改变不平等条约关系的进程，包括民众运动和政府交涉。

这一进程，又因日本发动"九一八"事变而中断。之后的转变是通过第二次世界大战实现的。二战是人类历史上最大规模的战争，中国作为遭受日本侵略的国家，一直站在反法西斯的行列中。在战争中，法西斯势力摧毁了国际关系的基本准则，引起西方国家对国际正义的重新思考，在战争中对此作了新的阐发，由此为近代中外条约关系的基本废弃提供了理论依据。《大西洋宪章》提出："各民族中的主权和自治权有横遭剥夺者，两国俱欲设法予以恢复"。"一切国家，不论大小，胜败，对于为了它们的经济繁荣所必需的世界贸易及原料的取得俱享受平等待遇。"[①] 太平洋战争爆发后，中国政府于次日便向日、德、意三国宣战，宣布所有涉及中日、中德、中意间的一切条约、协定、合同，"一律废止"。[②] 1943 年 1 月 11 日，中美、中英分别在华盛顿和重庆签订《关于取消美国在华治外法权及处理有关问题之条约》《关于取消英国在华治外法权及其有关特权条约》。

由上可见，就战争与中外条约关系的影响来看，战争既是将中国套上不平等条约绳索并不断巩固强化的基本手段，又是中华民族摆脱其束缚的历史机缘和重要途径。

另一方面，中外条约对近代战争亦有重要影响，主要体现在：一、条约对战争的某种限制作用。中国政府自清末开始加入涉及战争的相关国际公约，如《和平解决国际争端公约》《陆战法规和习惯公约》《关于 1864 年 8 月 22 日日内瓦公约原则适用于海战的公约》，等等。[③] 这些公约虽未否定并不能取消战争，但有助于规范战争行为，通过公断手段预防军事冲突，等

---

① 《大西洋宪章》，1941 年 8 月 14 日，《国际条约集（1934—1944）》，世界知识出版社，1961 年，第 337—338 页。

② 陈志奇辑编：《中华民国外交史料汇编》（十），台北渤海堂文化事业有限公司，1996 年，第 4848 页。

③ 薛典曾、郭子雄编：《中国参加之国际公约汇编》，商务印书馆，1937 年，第 29 页。

等。总理衙门奏称：和解公断一条，"大抵以保全和局、预弭兵端为本旨"。①
二、某些条约对于战争又起了推波助澜的作用。如 1885 年签订的中日《天津会议专条》，规定中日两国同时从朝鲜撤军，"将来朝鲜国若有变乱重大事件，中、日两国或一国要派兵，应先互行文知照"。② 由此实现了中日两国在朝鲜的权力平等。后来日本利用了这一规定侵入朝鲜，发动了甲午战争。其他条约，亦直接或间接引发列强对华战争，如中美《望厦条约》规定 12 年后可以修约，英、法等国因要求修约未遂，于是发动了第二次鸦片战争。英国首相巴麦尊说："采取和平手段向中国政府提出修改《南京条约》以便为英国取得新的更大的权益遭到严拒后，他还有什么办法？"③

总之，中外条约关系与战争的种种关联，充分反映了列强的强权政治，说明了这一关系的本质。

第三节 外交与条约关系

条约关系的产生形成，又离不开相关国家之间的外交活动。条约关系是外交的产物，两者存在区别，有着密不可分的直接关联。因此，梳理外交与条约关系的异同及相互联系，是相当重要的环节。

一、 外交与条约关系的相互关联

要弄清两者的关系，先要了解外交是什么。国内学者的看法有如下，例如：外交"是各国根据其对外政策，为了达到一定的目的而进行的谈判、交涉等对外活动"。④ 从国际法的角度看，"外交可界定为是国家为了实现其

---

① 《总署奏保和会章内公断一条遵旨再行妥议折》，光绪二十五年十一月初五日，王彦威、王亮辑编，李育民等点校整理：《清季外交史料》第 6 册，第 2718 页。

② 中日《天津会议专条》，光绪十一年三月初四日，王铁崖编：《中外旧约章汇编》第 1 册，生活·读书·新知三联书店，1957 年，第 465 页。

③ Palmerston, 3 March 1857, Hansard, 3d series, Vol. 144, col. 1828. 转引自黄宇和：《帝国主义新析——第二次鸦片战争探索》，《近代史研究》1997 年第 4 期。

④ 黄嘉华：《国际法与外交》，法学教材编辑部，1983 年油印本，第 10 页。

对外政策，通过互相在对方首都设立使馆，派遣或者接受特别使团，领导人访问，参加联合国等国际组织，参加政府性国际会议，用谈判、通讯和缔结条约的方法，处理其国际关系的活动"。关于外交关系，认为广义上"主要是指国与国之间为了实现各自的对外政策，通过互设常驻外交代表机构和通过参加国际组织等各种形式的外交活动进行交往所形成的关系"。通常所说的外交关系，"则是指国家互相在对方首都设立使馆并通过它们进行交往的关系"。外交和对外政策很大程度上属于国际政治范畴，但与外交活动有关的事项，如外交关系的建立、外交特权和豁免、使馆及其人员对驻在国的义务等，"则在国际法特别是外交关系法调整之列"。① 或者说，外交关系主要指国家及其他国际法主体之间通过互访、谈判、出席会议和缔结条约等方面，以及互设常驻代表机关而形成的全面交往关系。② 有的学者不赞成将外交定义为一种活动，从法律角度看，"外交涉及的是调整关于国家对外机关及其活动的法律制度，而不是'活动'本身"。外交是一种国家行为，"指的是一个国家通过其驻外使节管理对外事务"，这些管理所构成的关系就是外交关系。③

国外学者亦有各种说法，例如，"外交二字之定义，可一言以蔽之，曰处理国与国相关系之事之术也"。④ 或谓："指以和平方式处理国与国之间的事务。"或谓："外交是指对外关系的一种科学，它以君主所颁发的证书或书面文件为根据。"作为国家的对外关系或对外事务的科学，外交更确切的意义上是谈判的科学或艺术。外交的范围，包括各国已建立的关系中所产生的全部利益，它的目的在于保障各国的安全、安宁和尊严。其直接目的，"至少应当是维持和平和各国间的和谐"。⑤ 有的则从不同层面进行分析，或认为，外交这一概念，含有"学与术"两个方面的意思。所谓"学"，即具有国际政治法律相互利益历来习惯与重要条约之知识。所谓

---

① 邵津主编：《国际法》，北京大学出版社，2000 年，第 253 页。

② 慕亚平、周建海、吴慧：《当代国际法论》，第 433 页。

③ 张乃根：《国际法原理》，第 165、163 页。

④ [日] 长冈春一著，钱承锯译：《外交通义》，日本东京译书汇编社，1902 年，第 1 页。

⑤ [英] 萨道义著，中国人民外交学会编译室译：《外交实践指南》，世界知识出版社，1959 年，第 25—26 页。

"术"，即应付国际事件，办理交涉之手段。[①] 作为"以智谋处理独立国家往来事务"外交，含有两种条件，一是应用智谋，二是独立国家往来之事务。前者属于外交术，后者属于外交关系。[②] 或认为，外交有三种意义，一是"国家代表及交涉的学及术"，二是"国家代表之机关的全部"，三是"外交官的行事或职务"。[③]

英国外交学家尼科松建议采用牛津英文字典中的定义，即："是大使和特使用来调整和处理国际关系的方法；是外交官的业务或技术。"他认为这是一个虽然广泛但却是很精确的定义，希望"一方面能避免跌进外交政策的沙坑，另一方面也不致陷入国际法的泥沼"。[④] 也就是说，要将外交与对外政策和国际法加以区别。周鲠生认为，这一定义既适用于外交学，也可适用于国际法，因为国际法和国际惯例有关外交关系公认的规则，如1961年《维也纳外交关系公约》的内容所表现的，"包括的外交谈判、外交使节和外交业务等类事项"。根据这一定义，周鲠生认为："作为国际法规律的对象，外交关系就是国与国间进行国际交往，运用谈判、会议和订约的方法，以及互设常驻代表机构形成的关系。"[⑤] 应该说，该定义较为确切地表达了外交的内涵，其他学者也采用了类似的定义。[⑥]

外交和对外政策，很大程度上属于国际政治范畴，即属于狭义国际关系范畴。对一个国家而言，条约关系和外交关系均属于该国对外关系的范畴。国家的对外关系涉及多方面的事务，包括政治、经济、文化等，其中外交是对外关系的一个特殊方面，而条约关系则是对外关系的法律关系，也具有极其重要的地位。

可见，条约关系是国际法主体之间的法律关系，它体现的是相关主体由

---

① 参看傅希勒：《国际公法》第3篇，第28页。见廖德珍：《外交学概论》，上海大东书局，1930年，第2页。

② 廖德珍：《外交学概论》，第2页。

③ 常书林：《外交 ABC》，世界书局，1928年，第2页。

④ ［英］哈罗德·尼科松著，眺伟译：《外交学》，世界知识出版社，1957年，第23—24页。

⑤ 周鲠生：《国际法》下册，第505—506页。

⑥ 例如："外交关系在广义上主要是指国与国之间为了实现各自的对外政策，通过互设常驻外交代表机构和通过参加国际组织等各种形式的外交活动进行交往所形成的关系。通常所称的外交关系则是指国家互相在对方首都设立使馆并通过它们进行交往的关系。"见邵津主编：《国际法》，第253页。

条约所确定的权利、义务等，而国际关系和外交关系的立足点主要是政治和行政的视角。正是在这个意义上，尼科松强调外交的"行政"方面，而不是它的"立法"方面。① 作为法律规范的条约，恰恰体现的是"立法"即法律方面，这正反映了彼此不同的特点。较之外交关系，这种法律关系还具有相当的稳定性，《维也纳条约法公约》规定："条约当事国间断绝外交或领事关系不影响彼此间由条约确定之法律关系。"② 相对而言，作为法律规范的条约关系，在某种意义上是静态的，而国际关系和外交关系则具有动态性质。国际关系"是各行为体不断相互作用的运动过程"。③ 外交关系也是如此，"无论是永久性，还是非永久性的外交关系，这种国际人格者之间的交往是相对动态的过程"。④ 这种动态性，很大程度上体现为交往过程中的"活动"性质，也反映了它较条约关系具有更为活跃的变动性。

显然，条约关系与外交既有区别，又有着密切的关联。

一方面，国际法的形成和条约的产生，均须通过外交。在古代，国际交往关系不是经常性的，没有常设外交机关，没有形成一套国际法完整的体系。到资本主义时期，国际关系发展起来，外交也成为经常性的更加密切的，而且有常设机构予以保证的外交关系。国际法在此基础上产生，并因此发展较快。国际法是在外交实践中形成的，其中一个显著的例子，便是17世纪的威斯特伐利亚会议。这是一次外交会议，是"影响国际法形成和发展的突出的标志"。通过维也纳会议，确定了外交使节的等级，以及国际河流自由航行的原则等，"这在国际法上是个发展"。⑤ 这些会议均是通过订立相关条约确立这些国际法规则的，也是条约关系的体现，不过这是一种多边条约，其内容成为国际法的原则。此外，其他大量双边条约，均须通过对外交涉，即使在战争之后的城下之盟，也要经过谈判。从这个意义讲，

---

① ［英］哈罗德·尼科松著，眺伟译：《外交学》，第24页。
② 《维也纳条约法公约》，1969年5月23日，见国际问题研究所编译：《国际条约集（1969—1971）》，第67页。
③ 张季良主编：《国际关系学概论》，世界知识出版社，1989年，第8页。
④ 张乃根：《国际法原理》，第162页。
⑤ 黄嘉华：《国际法与外交》，第7—9页。

"一切条约，为外交活动的成果"。[①] 再者，从外交的基本目的来看，国家之间经过交涉，相互确定权利义务，维持正常的邦交，均须订立各种条约，"所谓讲信修睦，是即外交之目的"。[②] 从历史上看，条约的产生，均要通过外交方式，即通过谈判签字，批准交换，然后实施执行。从上述可以说，外交是条约之母。

另一方面，条约订立之后，又为外交制订各种规范，并成为各国交涉的依据。例如，有条约关系的国家，其外交行动以及外交态度，不能违背所定的契约；"确立国际关系，使国际形成不同的外交壁垒"，以及"树立国际间法律秩序"。[③] 条约既为规定两国以上国家彼此间相互关系之一种准则，其在外交行政中地位之重要可想而知。因此，各国外交部门均设有条约司之类的机构，一个国家的外交部门和外交家，也必须依据条约从事对外活动，这是其基本态度和准则。具体来说，主要有三。其一，条约确定外交关系及其方式和规范。在近代国际社会，国家之间的外交关系一般是通过条约确立的，并通过多边条约和公约确定外交关系的规范。从前者来看，在近代国际法形成后，以双边条约方式建立两国间的外交关系成为通例。从后者来看，各国订立条约和国际公约，逐渐确立了外交关系的共同规范。自 1648 年《威斯特伐利亚条约》在欧洲确立常驻代表机关制度开始，其后从 1815 年的《关于外交代表等级的章程》和 1928 年美洲国家的《关于外交官的公约》，再到1961 年的《维也纳外交关系公约》等，反映了近代外交制度及其规范形成的历程。其二，条约是一切外交行动的依据。条约是国际法的重要制度，是近代外交的最基本的要素，一个国家的一切外交行动"应以条约为依归"。[④] 其外交部门和外交人员，在处理所涉任何国际事务，包括政治、经济、军事、文化等，不论是双边关系还是多边关系，须以本国签订的相关条约和公约为依凭，这是近代国际社会的准则。其三，条约为维护或攫取国家权益提供外交保障。外交最重要的功能是维护国家权益，从西方列强对东方国家的关系

①　陈钟浩：《外交本质论》，商务印书馆，1944 年，第 47 页。
②　廖德珍：《外交学概论》，第 3 页。
③　陈钟浩：《外交本质论》，第 48 页。
④　陈钟浩：《外交本质论》，第 52 页。

而言，则是从对方攫取种种特权。

总而言之，条约关系与外交关系不可分离，通过外交交涉建立的条约关系，又制约和影响外交关系的发展。后者往往通过前者进行调整而受到它的制约，如外交关系的建立、外交特权和豁免、使馆及其人员对驻在国的义务等，均在"国际法特别是外交关系法调整之列"。[①] 其具体实施则由当事国所订条约所确定，如《维也纳外交关系公约》规定："国与国间外交关系及常设使馆之建立，以协议为之。"[②] 前者又受到后者的各种影响，不少与之相关的问题又可归属其范畴之内。如前者的形成和变化，以及为维护或改变这一关系而进行的交涉，无疑属于外交范畴，同时又与国际关系的格局和变化有关。

二、 近代中国的条约外交及其变化

在近代，中外条约关系的建立、发展及其转变，战争往往是前提，甚至是根本性的要素，但随后的外交程序亦不可或缺。作为一种法律关系，条约关系最终要在战后通过外交程序结束战争并订立协议，以确定中外间的权利义务。外交是条约关系中的一个基本环节，一方面通过外交程序签订相关条约，另一方面相关条约又制订了各种外交规范作为交涉的规则。

从前者来看，条约是在双方交涉之后确定的，其过程和内容反映了签约国的主要诉求及其地位。在不同时期，由于形势和背景的变化，中外交涉也呈现出不同的性质和特点。可大体分为晚清和民国前后两个时期，在前一时期，中外交涉的主要内容是列强运用各种手段攫取特权；在后一时期，这一走向发生变化，转为中国要求改变不平等关系，而列强则由坚决维护到逐渐放弃。

晚清时期的中外交涉中，列强为达目的往往不择手段，或凭借强大的军事实力挟战胜之威，或在非战争状态时以武力相胁迫，甚或采取造假欺瞒手段，以胁迫或蒙骗中国做出让步。此外，一些西方小国则借助大国之力，在

---

① 邵津主编：《国际法》，第 253 页。

② 《维也纳外交关系公约》，1961 年 4 月 18 日，《国际条约集（1960—1962）》，商务印书馆，1975 年，第 305 页。

与中国的交涉中轻松获取权益。第一次鸦片战争之时，英国政府一开始便制定外交方针，即以武力占领和威胁作为根本手段。巴麦尊致函海军部，提出占领和封锁各地，如果中国政府屈服，签订了满意的协定，"经皇帝予以诏准"，"就可立即解除"，"放回所扣私人的船只与货物"。条约签订之后，中国政府的那些船只与货物，要留作抵押，直到英方要求的赔偿"有一部分业已交付的时候为止"。占领中国领土的英军，在"一切条款全都充分实现以前"，不得撤离。如果谈判被中国政府拒绝或者破裂，就要"采取最有效的办法"，进行更加活跃的"敌对行动"。① 可见，所谓交涉谈判，实际上就是强盗的抢劫和勒索。第二次鸦片战争时期，英国专使额尔金形象地说，《天津条约》等是"用手枪抵在咽喉上逼勒而成的"。②

所谓交涉，实际上完全听由列强摆布，《马关条约》和《辛丑条约》交涉，则完全没有清政府置喙的余地。《马关条约》的交涉过程，较为复杂，起初清军屡屡败北，战场由海上转到内地，战局急转直下，清政府不断向日求和。日本也打算通过和谈勒索更大利益，"媾和谈判的时机早晚必会成熟"。1895 年 1 月 14 日，清政府委派户部侍郎张荫桓、湖南巡抚邵友濂为全权大臣，赴日求和。日本政府觉得迫使清政府无条件投降的时机还不成熟，借口张、邵未"授予确实全权"，拒绝承认二人的和谈资格，并通过伍廷芳向清政府指名要恭亲王或李鸿章充当全权代表。在攻陷刘公岛，北洋水师全军覆灭的当天，即 2 月 17 日，日本经由美国公使给清政府发出照会，提出必须以割地、赔款为议和条件。清政府害怕战争继续下去，决心不惜代价求和，任命直隶总督兼北洋大臣李鸿章为全权代表，并授以"商让土地之权"。③3 月 19 日，李鸿章以美国前任国务卿科士达为顾问，率一百多名随员抵达日本马关，与日本首相伊藤博文、外务大臣陆奥宗光进行谈判。李鸿章提出议和之前先行停战，日方则以占领天津等地在内的四项苛刻条件，迫使

---

① 《巴麦尊致海军部》，1840 年 2 月 20 日，严中平辑译：《英国鸦片贩子策划鸦片战争的幕后活动》，载《近代史资料》1958 年第 4 期。

② ［美］马士著，张汇文等译：《中华帝国对外关系史》第 1 卷，第 602 页。

③ 《预筹赴东议约情形折》，光绪二十一年二月初六日，顾廷龙、戴逸主编：《李鸿章全集》第 16 册，安徽教育出版社，2008 年，第 30 页。

李鸿章撤回这一要求。在第三轮谈判中，伊藤博文透露割让台湾岛之条款，李鸿章以英国将会干涉为辞提出异议。伊藤轻蔑地说："岂止台湾而已！不论贵国版图内之何地，我倘欲割取之，何国能出面拒绝？"[①] 后因李鸿章遭一位日本人枪击，日本政府担心在国际上处于不利地位，同意先行休战。随后在谈判桌上，日本继续威胁和讹诈，提出苛刻的议和条款，并要求在三至四天内答复。李鸿章"争得一分有一分之益"，尽可能地减少损失。日本提出最后修正案，强硬地表示，"但有允不允两句话而已"。[②] 在最后一轮谈判时，李鸿章仍作继续努力，要求削减赔款，"甚至最后竟向伊藤全权哀求"。日本外相陆奥宗光说："此种举动，如从他的地位来说，不无失态。"[③] 但这一失态也未换来日本的怜悯，李鸿章在蒙受种种凌辱之后，最终奉清廷旨意，签订了空前丧权辱国的《马关条约》。日本的强权霸道和蛮横无理，对李鸿章是一个极大的刺激，"誓终身不复履日地"。[④] 其后《辛丑条约》的交涉，就中外之间而言较为简单，根本谈不上是谈判。因为从《议和大纲》的提出到《辛丑条约》的签订，清政府无丝毫话语权，仅仅是同意和签字画押而已。而列强之间矛盾冲突的协调一致，倒成了该约交涉的主要症结所在，尤其是惩凶和赔款两个问题。

另外，还有不少条约虽然是通过外交交涉订立，但也是以战争恐吓和武力威胁为基础。如中美《望厦条约》签订之前，美国专使顾盛率四艘军舰抵达中国，以"强大的海军作后盾"，"迫使中国人相信和美国签订条约，是必要的"。[⑤] 中法《黄埔条约》的签订，同样运用了这一手段，在交涉中，法国使团恐吓说："我们不是不熟悉去北京的路，并且我们知道你们有不少多余的土地，我们也知道你们同意俄国人待在你们国土上。到时候，我们完全可

---

① 《会见要录》，1895年3月24日，日本外务省编：《日本外交文书》卷28，第2册，日本国际连合协会，1953年，第398页。

② "第四次谈判"，光绪二十一年三月十六日，王芸生编著：《六十年来中国与日本》第2卷，第278页。

③ ［日］陆奥宗光著，伊舍石译：《蹇蹇录》，第153页。

④ 李孟符（岳瑞）：《春冰室野乘》，世界书局，1923年，第77页。

⑤ ［美］杜勒斯：《中美关系》，转引自卿汝楫：《美国侵华史》第1卷，生活·读书·新知三联书店，1952年，第61页。

以用另外一种比今天更严肃的口气同你们交涉。"① 除了强权暴力之外，列强还利用中方不懂外国语言的弱点，采取极不光彩的欺诈手段，如后面论及的中法《北京条约》第六款，法方翻译私自在中文本上加上"任法国传教士在各省租买田地，建造自便"一句。

在包括战后和建交在内的两种类型的商约交涉中，虽然列强也施以武力胁迫，但体现了相互协商的外交之道。如果说，前面所述主要体现了列强单方面的强权霸道，那么在此类交涉中，则不同程度地具有了双方的性质，或多或少认可中国的谈判地位。一方面，随着条约观念的进步，清政府在谈判中愈加主动积极地维护自己的权益；另一方面，列强也会适当考虑中国的权益，在享受各种特权的同时承担某些义务。庚子之后，清政府与英、美、日等国修订通商行船续约，虽出自列强的胁迫，然在具体交涉中，中方并非完全听人摆布，也通过修约在某种程度上维护了自己的权益。

以上是条约外交中的主要方面，除外还有一种双方基本平等的交涉类型，即在平等地位的基础上通过真正的相互协商，达成意思的一致，如 1871 年《中日修好条规》和 1899 年《中朝通商条约：海关税则》等。这两种条约，虽然并非正常的平等交涉，如前者并非日本所愿，后者则是在日本控制朝鲜的背景之下订立的，但交涉双方的地位是平等的，并未采取武力威胁等手段。这无疑是正常的条约外交，但在晚清时期并不多见。此外，还有一种以宗藩关系为基础的条约外交，即清政府将宗藩关系转化为条约关系，其实质是中国对彼方的不平等，如 1882 年《中朝商民水陆贸易章程》。严格地说，此类交涉不属于近代性质的外交，是传统朝贡关系的变种。

晚清时期的条约外交，尽管也有互相协商的交涉，但总的来看，西方列强以战争恐吓或武力威胁为内涵的强权政治居于主导和主体。这是这一时期的中外条约关系的基本趋向，外交实际上没有多大的空间，其主要功能多是认可由其造成的事实而已。如美国学者所言，事实上，1842 年《南京条约》以来，战争便在持续的酝酿之中，成为不可避免的趋势，即使中外双方运用

---

① 加略利：《法国使华团外交活动日记》，1844 年 10 月 16 日。转引自 [法] 卫青心著，黄庆华译：《法国对华传教政策》上卷，中国社会科学出版社，1991 年，第 374 页。

"聪明的外交术"，也无法"消弭"。①

民国时期的条约外交，转入了与晚清时期不同的方向。从第一次世界大战开始，在这场史无前例的国际战争的历史条件下，不平等的屈辱外交逐渐为解除屈辱的修约外交所取代。北京政府在巴黎和会上正式提出全面取消不平等条约，正式开启了这一具有重要意义的外交历程，条约关系也开始发生由量到质的深刻变化。

北京政府时期的条约外交，是这一变化的转折和过渡。中国朝野均强烈要求改变不平等关系，各国列强也表示愿意与中国进行修约交涉，但并不愿轻易放弃在华权益。五四运动爆发后，威尔逊对陆征祥、顾维钧说："我以为将来联合会中协助中国之计，应先将各国对于中国所有不平等之权利，如领事裁判权及势力范围等，设法取消。"② 20 年代，英国提出《英国变更对华政策建议案》，声明"情愿将修改条约问题及其他尚悬未决之问题"，但又希望"中国对于凡文明国家皆所固有尊重条约神圣之首要义务"。③ 国内舆论认为，"英国对华政策确已根本大变，而不平等条约之改正，今已有具体之表示"。④ 其他国家的态度大体类似。由于西方列强所持这种勉强心态的矛盾立场，中外间的条约交涉十分曲折而艰难。总体来看，修改不平等特权的条约外交主要有四种类型：一是废除了中德、中奥之间的不平等条约，二是苏俄主动放弃在华不平等的条约特权，三是以平等和互相尊重主权为原则与无约国建立平等关系，四是与部分条约期满的国家交涉恢复中国的平等地位。

上述四类中，前三类较为简单，复杂难办的是第四类的条约交涉。交涉对象多是西方列强，它们虽有条件有限度地同意放弃条约特权，但并非心甘情愿，因此千方百计予以阻难。最为典型的是中比交涉。当中比条约第六个 10 年届满，中国提出应按相互平等与尊重领土主权的原则，"重行修改"。⑤ 比方予以反对，表示仅比利时"有提议修改此约之权"，⑥ 主张在新约订立之

---

① ［美］马士著，张汇文等译：《中华帝国对外关系史》第 1 卷，第 492 页。

② 王芸生编著：《六十年来中国与日本》第 7 卷，生活·读书·新知三联书店，1981 年，第 340—341 页。

③ 《英国变更对华政策建议案全文》，《东方杂志》，第 24 卷，第 3 号。

④ 《英国提案之解剖》，《大公报》1926 年 12 月 28 日。

⑤ 《外交总长胡致比使照会》，1926 年 4 月 16 日，《国闻周报》第 3 卷，第 44 期。

⑥ 《比华使致外交总长蔡照会》，1926 年 8 月 4 日，《国闻周报》第 3 卷，第 44 期。

前，旧约"仍旧维持"。① 在反复交涉未果的情况下，北京政府单方面宣布废止中比条约，发布宣言：根据国联盟约第十九条规定，不平等条约"得随时加以修正"，已确认为"通常权利"，因此，"两缔约国得以通知方法终止该条约之权，自更当予以承认"。② 中比条约废止后，除比国政府反对，英国等国指责中国的废约不合法，声称"行将援助比国"。③ 这一外交事件说明，列强虽作了一定的姿态，但仍坚持维护在华条约特权，中国通过正常的外交交涉难以改变不平等的地位。在中国民族主义的浪潮中，尤在大革命的背景下，北京政府和南方革命政府进行了收回部分租界等条约特权的交涉，取得一些成效。其后的南京政府继续推进这一交涉，通过与各条约国的艰难谈判，收回了关税主权和其他特权，并在法权交涉中取得进展。

"九一八"事变的爆发中断了条约交涉，至太平洋战争爆发，出现了新的转机。由于国际形势发生新变化，美、英等国改变立场态度，希望在战时放弃不平等条约特权。国民政府也决定向美、英交涉，并希望由美国率先提出，然后国民政府由最高层启动废约外交，表明中方意愿。1942 年 10 月 4 日，蒋介石接见美国总统罗斯福的代表威尔基时说：中国对英、苏二国的信任，"实已丧失无余"，"中国人民视美国为诚意愿使各民族取得平等地位之惟一国家"，而"中国今日尚未能取得国际上平等之地位，故深盼美国民众能了解中国，欲其援助被压迫民族争取平等，应先自使其本身获得平等地位始"。④ 第二天，军事委员会侍从室第二处主任陈布雷受命撰拟新闻稿，提出："希望盟邦尤其是美国对这个问题考虑一下，中国对于这一次大战，既然是担负着同等的义务，负荷同样的责任，为鼓励士气与国民精神，似乎应使其没有一些卑抑之感才好。"希望"能百尺竿头，更进一步，发挥其一贯对中国友善的精神，作一件转移世界视听，彰明盟国道义权威的大事"。当时，美国单独率先声明，放弃对华条约中的不平等条款，"可以根本打击敌

---

① 《比华使面交外交部备忘录》，1926 年 9 月 29 日，《国闻周报》第 3 卷，第 44 期。
② 《中比条约交涉终止宣言》，《顺天时报》1926 年 11 月 7 日。
③ 《中比交涉中之国外空气》，《顺天时报》1926 年 11 月 8 日。
④ 中国国民党中央委员会党史委员会编，秦孝仪主编：《中华民国重要史料初编——对日抗战时期》第三编《战时外交》（一），台湾中央文物供应社，1981 年，第 759—760 页。

寇和汉奸们在中国战区和东亚占领地造谣欺骗的宣传，可以更加鼓舞吾中国军民艰苦作战的勇气"。此举不仅于美国绝对无害，而且"可以使正义发扬，中美交情格外增进"。① 接着，国内舆论也表达了这一愿望，《大公报》发表社评："希望美国首先宣布放弃对华不平等条约！这是正义，这是公道！"② 时在美国商洽军援的外交部部长宋子文，向美政府直接提出此问题。随后，美、英按照约定，于 10 月 10 日发表声明，宣布放弃在华治外法权的决定。

此后，中国与美、英进行了废弃旧约，重订新约的具体交涉。在谈判中，中方试图获得真正的平等，"重订平等合作之新约"。③ 美方对中方各种意见均在修正稿中作了改动和调整，反映出美国缺乏对华真正平等，以及全面废弃不平等条约的意识和打算。英国对华不平等的意识则更为明显，坚持保留某些条约特权，谈判更费周折。英国还极力坚持沿海贸易与内河航行权、"经营商业"的国民待遇、购置不动产等，态度强硬；并拒绝将九龙租借地归还中国。中方最终做出退让。1943 年 1 月 11 日，中美、中英分别签订《关于取消美国在华治外法权及处理有关问题之条约》《关于取消英国在华治外法权及其有关特权条约》。通过这两个条约，英、美放弃了在华主要条约特权，基本上以平等的原则与中国调整了条约关系。尽管列强仍保有一些特权，但领事裁判权等主要特权的废弃，标志着中外不平等条约关系的基本结束。

中美、中英关于平等新约的交涉，是近代中国条约外交中最重要的一环，基本上结束了自《南京条约》以来的不平等关系，其重要价值不言而喻。中外条约关系从不平等走向基本平等的重大转折，是通过外交方式实现的，无疑反映了这一方式的重要地位。同时，这一重大事件，既揭橥了中外条约关系的变化，又折射了中国外交处于弱国的附庸地位。中外不平等条约基本被废弃之后，中国被提升为"四强"之一，然而中国外交仍未获得相应地位。其后，美、苏、英背着中国进行交易的雅尔塔密约，以及由此而来的1945 年中苏系列条约和 1946 年《中美商约》的交涉，再次体现了中国外交

① 陈志奇辑编：《中华民国外交史料汇编》（十一），第 5439 页。
② 《希望美国首先放弃对华不平等条约》，《大公报》1942 年 10 月 6 日社评。
③ 秦孝仪主编：《中华民国重要史料初编——对日抗战时期》第三编《战时外交》（三），第 714 页。

的这一地位。例如，关于外蒙古独立与否，应属于中国的内政。从沙俄开始，便一直在策划和煽动外蒙古独立，在谈判中，苏方毫不掩饰地要挟中国做出退让。斯大林直接表示："非要把外蒙古拿过来不可。"[①] 又如在中东铁路和旅顺、大连问题上，苏联要求承继帝俄时代的条约特权，在谈判过程中，美方也不断施压迫使中方接受，以履行雅尔塔密约。中美商约谈判时，争执较大的问题主要有三：一是外国公司的法律地位，二是国民待遇问题，三是最惠国条款问题。前两个问题完全是中方做出让步，迁就美方的要求。最惠国条款问题，美方坚持无条件无限制，中方始终表示反对，但又表示可以在实践中贯彻无条件最惠国待遇，美方才最后同意中方的意见。[②] 这些都说明，在大国的强权政治之下，中国外交缺乏独立自主的地位，由此对条约关系产生了直接的影响。

无疑，外交对条约关系有着直接的关联，反过来，条约关系对外交也产生了重要影响。通过一系列相关的条约规定，在外交中逐渐产生了新的规范和体制，推进了对外交往的扩大和完善。伴随国内外形势的变化，中外之间的外交地位也随之改变。关于外交规范和制度，主要是通过条约改变了传统国际秩序，代之以相互对等的近代模式。如《南京条约》规定："议定英国住中国之总管大员，与大清大臣无论京内、京外者，有文书来往，用照会字样；英国属员，用申陈字样；大臣批复用札行字样；两国属员往来，必当平行照会。若两国商贾上达官宪，不在议内，仍用禀明字样为著。"[③] 经过第二次鸦片战争，又在《天津条约》中规定了常驻公使制度，中外之间由此建立了近代外交关系。此外还规定了外交礼仪、领事制度，以及司法互助等制度。以上制度，加上商贸和人员来往等规定，又扩大对外交往。

关于中外之间的外交地位，在条约中也有体现，主要趋势是由彼尊此卑转向彼此对等。在相当长时间，西方列强与华条约中规定的具体内容，限制了中国在外交上的自主地位。如《南京条约》规定：英商应纳进口、出口货

---

① 《关于1945年与斯大林谈判的回忆》，1956年，曾景忠、梁之彦选编：《蒋经国自述》，团结出版社，2005年，第111—112页。
② 见任东来：《试论一九四六年〈中美友好通商航海条约〉》，《中共党史研究》1989年第4期。
③ 中英《江宁条约》，王铁崖编：《中外旧约章汇编》第1册，第32页。

税、饷费等，"均宜秉公议定则例"。① 中美《望厦条约》规定：中国日后若要变更税则，"须与合众国领事等官议允"。②《黄埔条约》规定："其税银将来并不得加增，亦不得有别项规费"。③ 至《辛丑条约》对中国内政外交的种种限制，更是达到了登峰造极的地步。晚清时期也有少许条约，规定彼此对等的外交地位，但在整体条约体系中微不足道。第一次世界大战之后，一些新订条约取消了不对等的规定，中外间具有了平等的外交地位。至中美平等新约签订，在序言中规定：两国"为欲重视两国人间素来之友好关系，并以平等与主权国家之资格，表示共同志愿，使彼此所承认规定人类关系之高尚原则得以发扬光大，决定订立条约"。④ 尽管在实践中和事实上，中国并未真正获得平等自主的外交地位，但这些条约规定提供了法律依据，具有重要意义。

以上可见，条约关系与战争和外交的关联，体现了这一法律性质的国际关系的地位和特征。战争和外交是国际社会中最基本的两种交往方式，条约可说是它们的结果和新的起点，三者环环相扣，因果相循。在三者关系中，条约居于中心地位，战争和外交最终要通过缔结条约实现预期目的。其中，战争是达到目的最直接最有效的手段，因此成为最关键的环节。作为解决国际冲突"合法的"极端形式，战争成了西方列强发动不义战争的法律"权利"。相形之下，外交只是一种辅助手段，但却是必不可少的一道程序。战争之后，须通过外交谈判，才能最终完成条约的订立。总之，先以战争或武力威胁，再继以外交谈判，最后订约，成了晚清中外条约关系建立或调整的三部曲。这是传统国际法规则下的三部曲，而贯注整个过程永不变调的主旋律，则是以暴力为支柱的强权政治。

纵观近代中外条约关系的产生发展，与外交和战争有着不解之缘，是传统国际法时代国际关系的规律及其特征的典型反映，说明资本主义就是战

---

① 中英《江宁条约》，王铁崖编：《中外旧约章汇编》第 1 册，第 32 页。
② 中美《望厦条约》，王铁崖编：《中外旧约章汇编》第 1 册，第 51 页。
③ 中法《黄埔条约》，王铁崖编：《中外旧约章汇编》第 1 册，第 58—59 页。
④ 《关于取消美国在华治外法权及处理有关问题之条约》《关于取消英国在华治外法权及其有关特权条约》，1943 年 1 月 11 日，王铁崖编：《中外旧约章汇编》第 3 册，第 1256—1262、1263—1272 页。

争，而以暴力为内核的强权政治则是这个时代的常态。这种不义战争和强权政治背离人类正义，与国际法中的主权平等原则构成难以协调的悖论。随着国际形势的发展和国际法的进步，国际社会不断做出努力，限制乃至否定战争权利。尤其是第一次世界大战之后，战争权利逐渐在法律上被否定。1927年4月6日，法国外交部部长阿里斯蒂德·白里安在美国参战十周年纪念日时，第一次提出了"把战争置于法律保护之外"。随后根据白里安和美国国务卿凯洛格的建议，1928年8月27日，美、法等15个国家在巴黎签署了《非战公约》（即《白里安—凯洛格公约》）。此后，诉诸战争不再是各签字国的法律权利，这标志着国际法的一个根本改变，成为国际法体系的基石之一。① 尽管《非战公约》有着种种缺点，但国际法在战争权利问题上的进步，推动了各国外交和国际关系的发展，对中国摆脱不平等条约关系的束缚，产生了积极的影响。

第四节　条约关系构筑的国际秩序

鸦片战争后建立的近代中外条约关系，取代了传统的朝贡体系，是一种新的国际秩序模式。这一模式挟带着腥风血雨，从根本上改变了中国的国家地位，以一种前所未有的屈辱方式将中华民族拉入世界大舞台。中国历史上的这一重大转折，导因于国际形势的新格局，尤其是西方国家主导的国际秩序。国际秩序是指某些国家基于实力为追求某种目标建立的一套行为规范和运行保障机制，其他国家或自愿或被迫遵行而形成的国际格局和态势。② 经过威斯特伐利亚体系、维也纳体系、凡尔赛体系和雅尔塔体系，西方国家逐渐构筑了压迫东方国家的国际秩序，近代中外条约关系的变化正是这一国际秩序的体现。

---

① ［英］劳特派特修订，王铁崖、陈体强译：《奥本海国际法》下卷，第1分册，第143—144页。

② 参见李世安：《从国际体系的视角再论雅尔塔体系》，《世界历史》2007年第4期；张立华、朱以青主编：《当代世界经济与政治》，山东大学出版社，2008年，第69页；门洪华：《东亚秩序论——地区变动、力量博弈与中国战略》，上海人民出版社，2015年，第22—23页，等等。

一、 国际秩序的演变及其法律形态

从近代第一个国际秩序模式威斯特伐利亚体系来看，《威斯特伐利亚和约》开启了条约关系与国际秩序融为一体的基本范例。为结束战争，双方于1641 年 12 月 25 日决定，1643 年 7 月 11 日在威斯特伐利亚的蒙斯特和奥斯纳布吕克两个城镇"召集各全权大使举行会议"，开始和谈。经过五年的谈判，双方最终于 1648 年 10 月达成协议，签订《威斯特伐利亚和约》。《和约》由《蒙斯特条约》（即《威斯特伐利亚条约——神圣罗马皇帝和法兰西国王以及他们各自的同盟者之间的和平条约》）和《奥斯纳布吕克条约》（即《威斯特伐利亚条约——神圣罗马皇帝和瑞典女王以及他们各自的同盟者之间的和平条约》）两个条约构成。前者由序言和 128 个条款组成，后者共 17 个条款。《和约》一般是上述两个条约的总称，但从广义上讲，还包括双方在此前后缔结的协定，如 1659 年 11 月由法国和西班牙国王签订的《比利牛斯条约》。该约"对战后建立的新欧洲秩序具有重大影响"。[1] 尤其是，《比利牛斯条约》是"在承认和反对《威斯特伐利亚和约》上较量的总结"，西班牙彻底失败，"不得不承认《威斯特伐利亚和约》的条款"。[2]

总之，《威斯特伐利亚和约》"以条约形式确立了从罗马教皇、神圣罗马皇帝这些中世纪权威下得到解放的欧洲国际秩序"。[3] 其后的国际体系和国际秩序，也无不是通过条约建立起来的。《威斯特伐利亚和约》建立的是近代第一个国际秩序，接着而来的是维也纳国际秩序，同样由相关条约所构成。

维也纳国际秩序是在欧洲各国联盟反拿破仑战争后建立的，由一系列条约所构成，其核心是奥地利、西班牙、法国、英国、普鲁士、俄国、瑞典（和挪威）等国，于 1815 年 6 月 9 日签订的《维也纳会议最后议定书》。1814 年 5 月 30 日后的两个月，上述战胜拿破仑的各国君主聚集在奥地利王国首都维也纳，就各国疆土和关系等问题进行了几个月的谈判，最后达成共

---

[1] 黄德明：《论威斯特伐利亚和约对国际法的影响》，《江汉论坛》2000 年第 6 期。

[2] 王绳祖主编：《国际关系史》第 1 卷（1648—1814），第 104 页。

[3] ［日］斋藤孝：《西欧国际体系的形成》，［日］山本吉宣主编，王志安译：《国际政治理论》，上海三联书店，1993 年，第 19 页。

121 条款的协议。除了这一核心条约之外，还包括该约之前和之后订立的一批条约。如 1814 年 5 月 30 日在巴黎签订的《法国、奥地利、俄国、英国和普鲁士和平条约》，共 33 条款，此外还有《附加条款》《另立秘密条款》《附加秘密条款》等。其中第 32 条规定："本次战争参加各方应在两个月内派遣全权代表到维也纳，以便在全体大会中决定本条约条款所必须补充的各项安排。"① 根据这一条款，各国在维也纳经过谈判订立了《维也纳会议最后议定书》。还有 1815 年 3 月 19 日，法国、奥地利、俄国、英国和普鲁士等国订立了《关于外交代表等级的章程》。《维也纳会议最后议定书》之后订立的重要条约，有 1815 年 9 月 14 日—26 日在巴黎订立的《奥地利皇帝、全俄罗斯皇帝和普鲁士国王之间神圣同盟条约》、1815 年 11 月 20 日巴黎订立的《第二次巴黎条约》、1815 年 11 月 20 日在巴黎订立的《关于承认和保证瑞士永久中立及其领土不受侵犯的宣言》。其中《第二次巴黎条约》，包括《大不列颠、奥地利、普鲁士及俄国和法国之间的最后条约》和《补充条款》《大不列颠、奥地利、普鲁士及俄国和法国之间关于法国向联盟国偿付赔款的专约》，以及《大不列颠、奥地利、普鲁士及俄国和法国之间关于联盟国军队在法国的军事占领线的专约》和《补充条款》等。

以上只是这一体系中的主要条约，此外还有其他诸多条约，《维也纳会议最后议定书》在"关于附在本总条约后的各项条约和个别文件的认可"的第 118 条将与之相关的条约逐一列出，有如下：1815 年 5 月 3 日订立的《俄国和奥地利条约》、5 月 3 日订立的《俄国和普鲁士条约》、5 月 3 日订立的《奥地利、普鲁士和俄国关于克拉科夫的附加条约》、5 月 18 日订立的《普鲁士和萨克森之间的条约》、5 月 18 日订立的《萨克森国王关于舍恩堡王室权利的宣言》、5 月 29 日订立的《普鲁士和汉诺威条约》、6 月 1 日订立的《普鲁士和萨克森—魏玛大公专约》、5 月 31 日订立的《普鲁士和拿骚公爵和亲王之间的专约》、6 月 8 日订立的《关于德意志联邦宪法的文件》、5 月 31 日订立的《尼德兰国王和普鲁士、英国、奥地利及俄国之间的条约》、3 月 20

----

① 《法国、奥地利、俄国、英国和普鲁士和平条约》，1814 年 5 月 30 日，世界知识出版社编：《国际条约集（1648—1871）》，第 268 页。

日订立的《列强关于瑞士邦联问题的宣言》和 5 月 27 日《议会的加入文件》、3 月 29 日订立的《关于撒丁国王给日内瓦州的割让的议定书》、5 月 20 日订立的《撒丁国王、奥地利、英国、俄国、普鲁士和法国之间的条约》，以及《作为热那亚各邦与撒丁国王陛下所属各邦合并之基础的条件》、2 月 8 日订立的《关于取缔贩卖黑奴的宣言》《关于河流自由航行的规章》《关于外交人员位次的规则》，等等。《议定书》注明："上述各文件应被视为本会议协议的组成部分，它们完全具有同样的效力和约束力，如同逐字逐句写入本总条约中。"① 上述条约是一个庞大的体系，构筑了一个较为完整和成熟的国际秩序，众多双边和多边条约不仅确定了欧洲的政治版图，而且还规定了国际交往和条约关系的相关制度。

　　一百余年后，维也纳国际体系被凡尔赛—华盛顿国际体系所取代，这一新的国际秩序同样是由一系列条约构建。这一国际体系是在第一次世界大战结束后建立的，1918 年 10 月—11 月，协约国与德国及其盟国保加利亚、土耳其、奥匈等分别签订停战协定。接着，1919 年 1 月 18 日协约国在巴黎法国外交部会议厅召开和会，6 月 28 日在凡尔赛宫举行和约签字仪式，签订了《协约及参战各国对德和约》（即凡尔赛条约）、《国际联盟盟约》《美利坚合众国、比利时、英国及法国与德国关于莱因河流域军事占领的协定》等条约。凡尔赛条约分为 14 部，共 440 条，其中《国际联盟盟约》作为该约第一部，共 26 条。此外，与凡尔赛对德和约同一体系的和约还有 9 月 10 日订立的《协约及参战各国对奥地利和约》（圣日耳曼条约），分为 14 部，共 381 条；另有议定书、声明书、特别声明书、签字议定书等。11 月 27 日订立的《协约及参战各国对保加利亚和约》（纳伊条约），分为 13 部，共 296 条。1920 年 6 月 4 日订立的《协约及参战各国对匈牙利和约》（特里阿农条约），分为 14 部，共 364 条，另有议定书，声明书等。以上三约与凡尔赛条约相似，第一部均为《国际联盟盟约》。此外，1920 年 8 月 10 日，协约国在巴黎近郊色佛尔与奥斯曼帝国签订了对土耳其的和约，由于条件过于苛刻，以凯

---

① 《维也纳会议最后议定书》，1815 年 6 月 9 日，世界知识出版社编：《国际条约集（1648—1871）》，第 329—330 页。

末尔为首的土耳其民族主义者成立的大国民议会不予承认，条约未生效。1922 年，土耳其在对希腊的战争取得决定性胜利后，协约国同意废除《色佛尔条约》，并重新展开和谈。1923 年 7 月 24 日双方订立了《协约及参战各国对土耳其和约》（洛桑条约），该约分为 5 部，共 143 条。

1921 年 11 月 12 日—1922 年 2 月 6 日，在美国的主导下，召开华盛顿会议，英、美、法、日、意、荷、葡、比和中国等九个国家参加。华盛顿会议实质上是巴黎和会的延续，其目的在解决凡尔赛和约未能解决的帝国主义间关于海军力量的对比，以及在远东、特别是中国方面的矛盾。会议通过了一系列条约和决议，条约主要有：美、英、法、日四国于 1921 年 12 月 13 日订立的《关于太平洋区域岛屿属地和领地的条约》，《关于太平洋区域岛屿属地和领地条约的声明》，以及 1922 年 2 月 6 日订立的《关于太平洋区域岛屿属地和领地的条约的补充条约》。2 月 6 日订立的《美英法意日五国关于限制海军军备条约》（即《五国条约》），共 3 章 24 条，附有《1922 年 2 月 6 日华盛顿限制海军军备条约批准书交存记录》。2 月 6 日美、比、英、中国、法、意、日、荷、葡九国订立的《九国关于中国事件应适用各原则及政策之条约》（即《九国公约》），条约 9 条，于 1925 年 8 月生效后，挪威、瑞典、丹麦三国于同年加入。同天又订立《九国间关于中国关税税则之条约》10 条。此外还有 13 项决议案，其中直接有关中国的有 10 项，这些条约"把旧中国的半殖民地面貌刻划得非常清楚"。[①]

凡尔赛—华盛顿国际体系所构筑的国际秩序很快被打破，第二次世界大战爆发催生了新的国际秩序，这就是由同盟国建立的雅尔塔体系。所谓雅尔塔体系，是指"以雅尔塔会议的决议为中心"，包括二战中"盟国召开的所有重要会议发表的宣言、公开或秘密达成的一切协定"，以及对战败国的一系列和约。[②] 这些宣言、协定等国际文件，具有条约性质，是确立二战后国际关系和国际秩序的基本依据。

雅尔塔会议之前的国际会议和国际文件，为新的国际体系奠立了重要基

---

① 《关于华盛顿会议的条约文件》"编者注"，1921 年 11 月 12 日—1922 年 2 月 6 日，世界知识出版社编：《国际条约集（1917—1923）》，第 735 页。

② 李世安：《从国际体系的视角再论雅尔塔体系》，《世界历史》2007 年第 4 期。

础，除了《大西洋宪章》对新的国际秩序提出基本思想之外，还有莫斯科会议、开罗会议、德黑兰会议等及其相关文件，作进一步阐述和规划。在苏联卫国战争节节胜利的形势下，经苏联的倡议，苏、美、英三大盟国于 1943 年 10 月 19 日至 30 日在莫斯科举行了第一次三国外交会议。会议发布了五个文件，包括《苏美英三国外长会议公报》《中苏美英四国关于普遍安全的宣言》《苏美英三国关于意大利的宣言》《苏美英三国关于奥地利的宣言》《苏美英三国关于德国暴行的宣言》。其中《中苏美英四国关于普遍安全的宣言》，由苏美英三国外长和中国驻苏联大使傅秉常签署。随后，11 月 22 日至 26 日，美国的罗斯福、英国的丘吉尔、中国的蒋介石在开罗举行会议，结束后发表《中美英三国开罗宣言》。紧接着，1943 年 11 月 28 日至 12 月 1 日，斯大林、罗斯福和丘吉尔在德黑兰举行了三大盟国的第一次首脑会议，发布《苏美英三国德黑兰宣言》《苏美英三国关于伊朗的宣言》《苏美英三国德黑兰总协定》等文件。翌年，又发布《美英苏三国政府关于四个轴心卫星国家的宣言》。中、美、英、苏四国为战后世界和平提出具体构想，8 月 21 日至 10 月 7 日在华盛顿近郊的顿巴敦橡树园分两阶段举行会议，会后提出《关于建立普遍性国际组织的建议案》。

1945 年法西斯集团走向最后崩溃，对于盟国来说，除了军事计划之外，"政治上商定处置战后德国问题的基本原则，解决欧洲和世界一系列政治问题以维持和平"，成为"迫切需要解决的问题"。[①] 为此，苏、美、英三国首脑于 1945 年 2 月 4 日至 2 月 11 日在克里米亚半岛的雅尔塔举行国际会议，订立了《苏美英三国关于日本的协定》（雅尔塔协定），会后发布了《苏英美三国克里米亚（雅尔塔）会议公报》。1945 年 6 月 26 日，由中、法、苏、英、美等发起国，在美国旧金山签订《联合国宪章》。接着，1945 年 7 月 17 日至 8 月 2 日，苏、美、英三国首脑在柏林西南波茨坦附近的西席林霍夫，举行第三次也是最后一次会晤，即"波茨坦会议"。三国首脑签订并发布了《中美英三国促令日本投降之波茨坦公告》《苏英美三国柏林（波茨坦）会议议定书》。日本投降后，根据上述协定，三国外长于 12 月 16 日至 26 日在莫

---

① 王绳祖主编：《国际关系史》第 6 卷（1939—1945），第 330 页。

斯科举行会议，并发布《苏美英三外长莫斯科会议公报》。此外，盟国还与德、意、日等所有轴心国签订和约。除了军事、政治的安排之外，还在经济上作了布局。1944 年 7 月 1 日至 22 日，44 个国家的代表共 730 人，在美国新罕布什尔州布雷顿森林举行国际货币金融会议，讨论建立战后国际货币体系，会议通过了《联合国家货币金融会议最后决议书》以及两个附件，随后相关国家签订了《国际货币基金协定》《国际复兴开发银行协定》，合称为"布雷顿森林协定"。1947 年 10 月 30 日，23 个国家在日内瓦签订了《关税和贸易总协定》，"以谋削减关税及其他贸易壁垒，并谋取消国际商业上之差等待遇"，借以促成各国"在贸易及经济事业方面彼此关系之发展"。[①]

从上述威斯特伐利亚体系、维也纳体系、凡尔赛—华盛顿体系和雅尔塔体系来看，赖以维系的行为规范和运行保障机制而形成国际秩序的基本要素，正是一系列具有条约性质的国际文件。在某种意义上，由此在特定历史条件下建立的条约关系构筑了特定的国际秩序，呈现出变动演化的轨迹，这无疑是近代国际关系的内涵和特点。近代中外条约关系作为世界国际秩序的一部分，其性质内涵及其形成演变，也反映了这一特点和历程。

二、 国际秩序中的"公理"与强权规则

威斯特伐利亚和会及其签订的和约，确立了近代第一个国际体系和国际秩序，是国际关系史上的一个划时代事件。作为第一个国际体系，它开启了近代国际关系的基本准则，由此为新的国际秩序奠立了基础。其内容包括国家主权概念、国际法原理和势力均衡政策等准则，成为支撑威斯特伐利亚秩序的三大基石。[②] 其中尤为重要的，便是破除神权统治体制的国家主权论，提出国家主权原则，这是近代国家的核心要素，也是近代国际关系最基本的标志和基石。诸如此类的规定，将法国政治思想家让·布丹在 1577 年的

---

① 《关税和贸易总协定》，1947 年 10 月 30 日，世界知识出版社编：《国际条约集（1945—1947）》，第 538—582 页。

② G. L. 舒曼：《国际政治：西方国家体制与世界共同体》（New York: McGraw Hill, 1958），第 66 页。转引自［日］斋藤孝：《西欧国际体系的形成》，载［日］山本吉宣主编，王志安译：《国际政治理论》，上海三联书店，1993 年，第 14 页。

《论共和国》中提出的国家主权观念，以及荷兰法学家雨果·格老秀斯在1625 年的《战争与和平法》中论述国际法的主权原则，在实践中转为实际运用的实体法。

除了主权原则，和约还提出了其他国际关系的准则，如开创了以国际会议形式解决国际争端和结束国际战争的先例，创立了条约必须遵守的条例，确立常驻外交代表机关的制度。① 和约第 123 条规定："参加协议的所有各方应有义务保卫和保护本和约的每一项条款不受任何人的侵犯，不论其信奉何宗教；如果发生任一规定被违反事，受害者首先应告诫违反者不要采取敌对行动，并将案件提交一个友好人士组成的组织或采取通常的司法程序。"② 要求遵守条约成为国际法中的一条重要原则。这一国际秩序的核心便是主权原则。美国学者米勒《全球秩序》认为：新的国际秩序是由《威斯特伐利亚和约》奠定和开启的，这一新的秩序有四大支柱，即民族国家的主权平等、世界政治中的自由主义、分权世界中的势力均衡、大国之间的协调，而主权平等则是其中最重要的原则。③

主权原则在国际关系中的实施，产生了近代国家，由此也奠立了近代国际关系和国际秩序，具有进步意义。恩格斯说："日益明显日益自觉地建立民族国家的趋向，是中世纪进步最重要的杠杆之一。"④ 其他相关准则，也对建立和平稳定的国际关系和国际秩序，起了重要的积极作用。国家主权的确立，创造了国际政治，"这是一个非常重要的政治变化"。⑤ 它是国际法漫长发展过程中的一块重要里程碑，"不仅标志着一个实际的国际社会的存在，而且标志着一种对国际行为产生直接约束力的国际法的存在"；⑥ 并开启了通过国际会议及其条约和平解决国际争端的外交方式，并试图以均势来建立基

---

① 王绳祖主编：《国际关系史》第 1 卷（1648—1814），第 61—63 页。

② 《威斯特伐利亚条约——神圣罗马皇帝和法兰西国王以及他们各自的同盟者之间的和平条约》，1648 年 10 月 24 日，世界知识出版社编：《国际条约集（1648—1871）》，第 31 页。

③ Lynin H. Miller, *Global Order : Values and Power in International Politics*，Westview Press, 1998. 转引自潘忠岐：《世界秩序的历史沿革及其对当代的启示》，《国际政治研究》2002 年第 3 期。

④ 《论封建制度的瓦解和民族国家的产生》，1884 年，中共中央马克思恩格斯列宁斯大林著作编译局编译：《马克思恩格斯全集》第 21 卷，人民出版社，1965 年，第 452 页。

⑤ 赵汀阳：《从国家、国际到世界：三种政治的问题变化》，《哲学研究》2009 年第 1 期。

⑥ 梁西：《论国际法的发展》，《武汉大学学报》1990 年第 5 期。

督教国家之间的和平与稳定。

但是，即使是近代国家的主权原则，也因对其作偏离正义的理解而走向极端，甚至成为强权政治的依据，从而导致对公平和国际秩序的破坏。随着国家主权观念的提出和实践，自然产生了"国家至上"论，这一主张认为，为促进国家福祉，用任何手段均是合法的。《威斯特伐利亚和约》之后的一百年间，"国家至上原则逐渐成为欧洲外交的指导方针"。①

这一方针也助长了强权政治，在欧洲文明中，主权国家意味着，"欧洲的每一单个国家不承认有哪一个国家在它之上；它也不承认任何道义准则"。② 而且，威斯特伐利亚体系中的各项准则只适应欧洲和基督教国家，对于其他国家，这种"国家至上"原则便体现为侵略性质的强权政治，实行的则是各种形式的殖民制度。德国政治哲学家、法理理论家卡尔·施密特认为："现代国际法的所有问题都源自欧洲人对全球实行'规治'（nomos）的过程，也就是说，一切都围绕着对地球空间的拓展和征服而发生。"③ 有论者所指出，在威斯特伐利亚制度的框架下，"国际法在相当大程度上包容甚至支持了欧洲权力的殖民扩张，使殖民征服变得合理合法"。④ 国家至上原则与强权政治二者相辅相成，成为侵略和压迫弱小国家的依据和借口。黎塞留在所著《政治证言》中说："就国事而言，有权力者便有权利，弱者仅能勉力顺应强者之意见"，而"这个准则在向外拓展的世纪被奉行不渝"。⑤ 17 世纪以后，英国等国采取的重商主义的国策，"同殖民地统治、贸易垄断以及伴随同殖民地之间日益增长的航运而建立的制海权等结合起来"。⑥ 这些"构成了国家实力的基本要素"，主权观念和国家至上论的必然结果，西方列强争夺殖民地的战争便成为合法。因此，国家主权观念的确立及其实施，在相当长的时期，是西方殖民主义者实施强权政治的依据。正如西方学者认为，

① ［美］亨利·基辛格著，顾淑馨、林添贵译：《大外交》，海南出版社，1998 年，第 39、45—46 页。

② ［英］A. J. P. 泰勒、沈苏儒译：《争夺欧洲霸权的斗争》，商务印书馆，1987 年，第 1 页。

③ 见 Carl Schmitt, *The nomos of the Earth*, Translated and annotated by G. L. Ulmen (Candor, NY: Telos Press Publishing, 2006), p. 70, 转引自刘禾主编：《世界秩序与文明等级》，生活·读书·新知三联书店，2016 年，第 52 页。

④ 李强：《全球化、主权国家与世界政治秩序》，《战略与管理》2001 年第 2 期。

⑤ ［美］亨利·基辛格著，顾淑馨、林添贵译：《大外交》，第 46 页。

⑥ ［美］S. F. 比米斯著，叶笃义译：《美国外交史》第 1 分册，商务印书馆，1985 年，第 8 页。

《和约》"暗含的各种国际关系原则，尤其是主权原则，在解决当代国家间文化、宗教和生活方式差异问题上，并没有发挥作用，甚至是加剧了问题的严重性"。① 这样，实际上形成了"以欧洲为代表的'国家团体'为一方，以大批欧洲以外的落后国家与地区为另一方的世界秩序"。②

反拿破仑战争之后建立的维也纳体系，是一个较为成熟并相当成功的国际秩序，在国际关系史上具有重要地位。而且，从维也纳体系开始，以欧洲为主导的国际秩序具有了畸形的世界性质，中国也被强行纳入其中。这一新的国际秩序主要由反法联盟的七个盟国，即英、俄、奥、普、瑞（典）、西、葡所构建，以前四国为核心。作为封建王朝的复辟势力，筹划这一国际秩序的政治家们"承袭 18 世纪王朝外交的伎俩，把均势原则、正统主义和补偿原则看作国际关系的原则"。③ 在这一体系之内，几乎包括欧洲所有的主权国家，它们之间形成了新的格局，并在此基础上分割世界其他弱小国家的利益。主权意识和观念更为明确，国家至上和国家利益等理念进一步强化，而道德原则"丧失了它们在国际共同价值观念和国际规范中的地位"。④

这一国际秩序进一步强化了内外两个层次，对内即处理欧洲内部几大强国的原则，对外即对待世界范围内各弱小国家的原则。先是英、俄、奥、普四国，后来法国获得平等国际地位，欧洲由四大国控制发展为五大国控制，形成为五强均势体制。为了解决大国之间的矛盾，大国进行政治交易，又定期开会，商讨有关共同利益的问题，签订秘密条约，维护彼此的利益，此即所谓欧洲大国的协调。⑤ 这一大国合作协调制度，有助于欧洲的稳定。

对待欧洲与基督教国家之外的弱小国家，则实行强权政治。如在维也纳会议上，大国按照均势原则重新划分欧洲版图，为了解决领土纷争的矛盾，俄、英、普、奥等国公然宰割和瓜分弱小国家，实行所谓"补偿"原则，调节领土利益得失。参加会议的摩尔达维亚君主卡拉亚的代表根茨说："建立

---

① 转引自任东波：《历史与理论的张力：反思"威斯特伐利亚"》，《史学集刊》2019 年第 4 期。

② 李强：《全球化、主权国家与世界政治秩序》，《战略与管理》2001 年第 2 期。

③ 王绳祖主编：《国际关系史》第 2 卷（1814—1871），第 15 页。

④ 时殷弘：《现代国际社会共同价值观念——从基督教国际社会到当代国际社会》，《国际论坛》2000 年第 1 期。

⑤ 王绳祖主编：《国际关系史》第 2 卷（1814—1871），第 21 页。

在公平的势力划分基础之上的持久和平"之类冠冕堂皇的词句，都是用来"安定人心"并"造成一种庄严和宏伟的气氛"，会议的真正目的，"是要在战胜国之间瓜分从战败国那儿得来的赃物"。① 恩格斯指出，各国在维也纳"分配赃物和奖金"，"民族被买进和卖出，被分割和合并"。② 他揭露说，"维也纳会议在 1815 年瓜分了并卖掉了欧洲"。参加会议的君主和外交家们更加"无耻地践踏了这种民族意识。最小的王朝比最大的民族还受重视。德国和意大利又被分割为各个小邦，波兰第四次被瓜分，匈牙利仍然被奴役。甚至不能说，这样对待这些民族是不公道的"。③

　　在欧洲之外的其他地区，尤其是亚非拉，则进行大规模的殖民扩张。马克思指出："跟踵而来的是欧洲各国以地球为战场而进行的商业战争。这场战争以尼德兰脱离西班牙开始，在英国的反雅各宾战争中具有巨大的规模，并且在对中国的鸦片战争中继续进行下去。"④ 显然，维也纳国际秩序并未局囿于欧洲，而是扩展至全世界。毋庸置疑，这是一种野蛮的对外扩张。这种扩张，体现了维也纳国际秩序的另一性质，即与殖民主义紧密相联的种族主义。1815 年，奥、俄、普三国订立《神圣同盟条约》，宣称："无论在缔约各国之间，或在它们的臣民之间，唯一有效的原则将是相互服务的原则，以不可磨灭的善意，互相表示激励互爱的原则，人人自认为是同一基督教民族成员的原则，而三位同盟君主自视他们只是由上帝委派来统治同一家庭的三系：奥地利、普鲁士和俄罗斯；因此，他们承认他们自己和他们的人民都是基督教民族的组成部分，整个基督教民族除了他——上帝、救世主耶稣基督，最高的圣子，生命的语言，没有别的君主，实质上权力归于他，一切财富：爱情、科学和无穷的智慧都源出他。因而，三国君主陛下最恳切地告诫他们的人民，只有从良知中诞生的和平才是持久的，只有在按救世主教导于

---

① ［英］阿尔杰农·塞西尔著，复旦大学《梅特涅》翻译小组译：《梅特涅》，上海人民出版社，1974 年，第 153—154 页。

② 《德国状况·给"北极星报"编辑的第二封信》，1845 年 10 月，中共中央马克思恩格斯列宁斯大林著作编译局编译：《马克思恩格斯全集》第 2 卷，人民出版社，1956 年，第 641 页。

③ 《暴力在历史中的作用》，1887 年 12 月底—1888 年 3 月，中共中央马克思恩格斯列宁斯大林著作编译局编译：《马克思恩格斯全集》第 21 卷，人民出版社，1965 年，第 463 页。

④ 《资本论》第 1 卷，中共中央马克思恩格斯列宁斯大林著作编译局译：《马克思恩格斯全集》第 23 卷，人民出版社，1972 年，第 819 页。

世人的原则中及励行义务中日渐自强才可享受持久和平。"毫不遮掩地表明仅将基督教人种视为同类，以共同信仰的上帝和救世主耶稣基督作为所有一切的源头，并视此为"神圣同盟"的"神圣原则"。① 可见，维也纳国际秩序的产生，加强了西方世界本已具有的种族主义理念。随着资本主义的兴起，这一理念在殖民侵略行径中达到极致。马克思引用威廉·豪伊特的话说："所谓的基督教人种在世界各地对他们所能奴役的一切民族所采取的野蛮和残酷的暴行，是世界历史上任何时期，任何野蛮愚昧和残暴无耻的人种都无法比拟的。"②

除了主权国家体系恢复和大国合作协调制度之外，维也纳国际秩序还提出并实施了新的准则，如订立《关于外交代表等级的章程》，将外交代表分为三个等级，即大使、教宗特使或教廷大使为一级；公使或向君主派遣的其他代表为一级；向外交部长派遣的代办为一级。并规定，"各国对接待各级外交代表应规定统一的方式"，"各国宫廷间的血统或姻亲关系不赋予他们的外交代表以任何位次"。③ 这一等级条例由奥、西、法、英、葡、普、俄、瑞（典）等八国签订，"在后来的长时间里一直作为国际法规而成为外交惯例"，从而"结束了十八世纪外交实践在地位高下问题上经常发生的无止无休的争吵和冲突"。④《维也纳会议最后议定书》规定各国均有选择条约文字语言的权利。⑤《议定书》最后签字时，各国均以国名第一个字母决定先后顺序，这成为此后国际社会遵循的惯例与准则。此外，维也纳会议还创立了国际河流总原则、划分边界的总原则和具体规定。⑥ 上述这些规定，对于完善条约关系的法律程序具有重要意义。基辛格说："自从维也纳会议之后，外交政策

---

① 《奥地利皇帝、全俄罗斯皇帝和普鲁士国王之间神圣同盟条约》，世界知识出版社编：《国际条约集（1648—1871）》，第 331—332 页。

② 《资本论》第 1 卷，中共中央马克思恩格斯列宁斯大林著作编译局译：《马克思恩格斯全集》第 23 卷，第820 页。

③ 《关于外交代表等级的章程》，1815 年 3 月 19 日，世界知识出版社编：《国际条约集（1648—1871）》，第278—279 页。

④ ［苏］В.П.波将金等编，史源译：《外交史》第 1 卷，下册，生活·读书·新知三联书店，1979 年，第635 页。

⑤ 《维也纳会议最后议定书》，1815 年 6 月 9 日，世界知识出版社编：《国际条约集（1648—1871）》，第330 页。

⑥ 席俊：《拿破仑帝国崩溃后的欧洲国际关系——浅析维也纳体系》，《科学咨询》2011 年第 12 期。

就把各国牵连起来，因而产生'国际关系'一词。"①

维也纳体系构建的国际秩序，含有一些积极因素。基辛格评论说："国际体制能持续最久而未发生重大战争者，当推维也纳和会后所建立的国际秩序。它结合了法统与均势、共同价值和均势外交。共同价值局限各国要求的范围，均势则限制住她们坚持要求的能力。"② 但是，该体系在本质上是西方列强维护国家私利的国际秩序，其内部的利益冲突和争夺霸权的尖锐矛盾是无法消除的，尤其是其在世界范围内奉行的强权政治，更加剧了国际社会的动乱。在资本主义发展的推动下，世界上的弱小国家卷入灾祸之中，中国也正是这个时期被纳入了不平等条约关系的国际秩序。

由于欧洲资本主义列强矛盾白热化，引发第一次世界大战从而终结了维也纳体系，产生了凡尔赛—华盛顿体系的国际秩序。该体系由凡尔赛和约和华盛顿会议及相关条约所构成，前者构筑了基本框架，后者则是对前者的补充。

由于十月革命与苏维埃国家外交政策和民族政策的影响，欧洲革命运动和民族独立运动的推动，以及战胜国和战败国之间的矛盾、斗争等因素，凡尔赛—华盛顿国际秩序中，有着一些具有积极意义的规则和设想。例如，威尔逊建议"在集体安全的基础上建立和平"，认为，"世界安全所需要的不是维护国家利益，而是把和平当作一个法律概念来加以维护"。而为判定和平是否确已遭到破坏，"需要一个国际机构"，这便是他提出的"国际联盟"。③有的学者指出，作为人类历史上第一个超国家的行为体，"国际联盟的建立具有积极意义，使大国间的制衡有了一个载体"，其设计"较维也纳体系要先进"。④ 此外，"公开外交的提出使秘密外交黯然失色"，"民族自决原则在一些问题上被提了出来并得到应用，确认了欧洲新兴国家的独立，历史上在欧洲第一次划定了相对合理的边界"。如波兰、捷克斯洛伐克等新兴国家的

---

① ［美］亨利·基辛格著，顾淑馨、林添贵译：《大外交》，第 747—748 页。
② ［美］亨利·基辛格著，顾淑馨、林添贵译：《大外交》，第 751—752 页。
③ ［美］亨利·基辛格著，顾淑馨、林添贵译：《大外交》，第 199 页。
④ 转引自李世安：《从国际体系的视角再论雅尔塔体系》，《世界历史》2007 年第 4 期。

出现，"改变了过去几百年来总是小国并入大国的进程，是历史的一大进步"。① 在短暂的凡尔赛—华盛顿体系中，曾提出在法律上否定战争权利，为此后确立国际关系中一项重要规则打下了基础。

但从根本上讲，凡尔赛—华盛顿体系构建的国际秩序，具有帝国主义的实质，是新的历史时期国际社会尖锐复杂的各种矛盾发展的结果。这是一个维护战胜国利益，重新分割世界，维护殖民制度，典型反映帝国主义强权政治和贪婪本质，同时又呈现新的国际分野，具有过渡时代特征的国际秩序。这个时期，黎塞留倡议的"国家至上"论仍然盛行不衰，"国家至上"作为行为准则，各列强为加强本国的安全，无不致力于领土的扩张。出席凡尔赛议和的各国政治家们，"个个都强调国家利益"。威尔逊提出的民族自决原则，在实行时"无法像十四点原则中所说的那样简单明了"。② 实际上，为了达到自己的目的，可以不择手段。美国为了实现主宰世界的目的，"公开外交、民族自决这些冠冕堂皇的原则都可拿来进行交易；同意把居住着 20 万日耳曼人的南蒂罗尔从奥地利分割出来给意大利；赞成日本蛮不讲理地把山东攫为己有"。即使是具有积极意义的国际联盟设想，亦含有不可告人的背后阴谋，"实质上却是反对社会主义苏维埃国家的联盟"。威尔逊把布尔什维克革命看作"违反世界范围广泛经济和政治利益的动乱"，"不建立国际联盟欧洲就可能被革命吞没"。因此，他把国际联盟作为凡尔赛体系的支柱，幻想依靠这一国际组织"最终战胜列宁"。再如，"《四国条约》是会外大国秘密外交的产物，充分表现了帝国主义大国的实力外交"。③

巴黎和会及其所订和约，不论是对于战败国还是世界其他弱小民族和国家，典型地体现资本主义列强弱肉强食、唯利是图的本质。它带有浓重的复仇色彩，是战胜国把战败国踩在脚下的和约，同时又是一个掠夺和重新瓜分世界的和约。从对德国的剥夺来看，根据《凡尔赛和约》，德国疆域缩小14.3%，可耕地减少 14.6%，铁矿减少 74.5%，煤矿减少 26%，商船由

---

① 王绳祖主编：《国际关系史》第 4 卷（1917—1929），世界知识出版社，1995 年，第 85、91、94 页。

② ［美］亨利·基辛格著，顾淑馨、林添贵译：《大外交》，第 47、49、223、215 页。

③ 王绳祖主编：《国际关系史》第 4 卷（1917—1929），第 91、93、116 页。

750 万吨减少到 50 万吨。总之，"协约国的赔偿要求更是对德国极尽搜刮之能事，大大超出了德国的国力，为保障支付赔款的种种措施还使德国丧失了大量主权"。[①] 列宁指出，他们"洗劫了和肢解了德、奥两国"，"夺走了这两个国家的全部生活资料，使儿童挨饿，甚至饿死"。可以说，"这不是和约，而是手执钢刀的强盗逼迫无以自卫的受难者接受的条件"。按照凡尔赛条约，不仅"德国的一切殖民地都被它的这些敌手夺去了"，而且"土耳其、波斯和中国都沦为奴隶"。[②] 凡尔赛条约只有美国一国在战争中是完全获利的，它从负债累累一跃而为各国的债主。日本没有卷入欧美冲突，却攫取了亚洲大陆的许多地方。不但殖民地、战败国陷于附属地位，就是在每个战胜国里，矛盾也尖锐化了。如凯恩斯所得出的结论："欧洲和整个世界正随着凡尔赛和约的签订而走向破产"，"现在世界上只剩下英美两个独立自主的国家"，世界资本主义经济的结构"正在全面瓦解"。占全世界 70% 的十二亿五千万人口及地区遭受掠夺、奴役、贫困、饥饿和屈居附属地位的事实，也用法律形式固定下来了，这在世界历史上是第一次。[③]

凡尔赛—华盛顿国际秩序又是一个重要转折，即国际关系的中心由欧洲开始转向美国。通过这一国际秩序，美国深度卷入世界霸权之争，并逐渐处于主导地位。在巴黎和会上，美国便表现出这一远超其他列强的野心，"企图通过威尔逊的'新外交'，特别是建立国际联盟达到其主宰世界的目的"。[④] 然而，由于美国国内的孤立主义抬头，国会拒绝参加国际联盟，也未批准凡尔赛和约，但这并未使它放弃追求世界霸主之路。在争霸世界的斗争中，远东及太平洋地区成为主要地区，而中国"为远东问题之中心点"。[⑤] 美国在巴黎和会之后，又策划华盛顿会议，将其"门户开放"政策国际化。先是通过 1920 年 10 月 15 日订立的《新四国银行团协定》，以实现 1909 年提出的将列

[①] 王绳祖主编：《国际关系史》第 4 卷（1917—1929），第 91—92 页。

[②] 《在莫斯科省的县、乡、村执行委员会主席会议上的讲话》，1920 年 10 月 15 日，中共中央马克思恩格斯列宁斯大林著作编译局编译：《列宁全集》第 39 卷，人民出版社，1986 年，第 352 页。

[③] 《关于国际形势和共产国际基本任务的报告》，1920 年 7 月 19 日，中共中央马克思恩格斯列宁斯大林著作编译局编译：《列宁全集》第 39 卷，第 207—209、212—213 页。

[④] 王绳祖主编：《国际关系史》第 4 卷（1918—1929），第 93 页。

[⑤] 《顾维钧来电》，1921 年 7 月 16 日，王建朗主编：《中华民国时期外交文献汇编 1911—1949》第 2 卷上册，中华书局，2015 年，第 287 页。

强在华势力中立化或国际化的设想。又于 1921 年 12 月 13 日与英、法、日签订了《关于太平洋区域岛屿属地和领地的条约》（即《四国条约》），达到拆散英日同盟的战略目的。随后在华盛顿会议签订了限制海军军备的《五国条约》，调整了美、英、日三国的关系，"暂时缓和了海军军备竞赛"；并签订《九国公约》，实现了在华"门户开放"政策国际化等外交目标，由此形成了华盛顿体系。这一体系弥补了凡尔赛体系的不足，解决了新产生的帝国主义矛盾和远东及太平洋地区的固有纷争，形成了以美国为主导的国际秩序。这是美国外交的重大胜利，通过华盛顿体系，美国加强了凡尔赛体系和国际联盟，扩大了国际影响，密切了与欧洲战胜国特别是与英国的关系，增大了在资本主义世界中的经济和政治比重，为其谋求世界霸权创造了有利的外部条件。①

这个帝国主义色彩极浓的国际秩序，又具有与社会主义对抗，维护殖民制度的性质。其所实行的委任统治，尽管不同于兼并领土和瓜分殖民地，但实质上没有本质区别，"是一种在国联名义伪装下的殖民主义"。② 巴黎和会与华盛顿会议均未邀请苏俄，无疑表明这是一个反对社会主义国家的体系。华盛顿体系与凡尔赛体系相辅相成，构建了一个帝国主义的国际秩序，"不仅是各国资产阶级专政的一个国际支柱，也是反对殖民地半殖民地民族解放运动的一个国际支柱"。③

总之，凡尔赛—华盛顿体系没有建立列强所标榜的安定、和平与秩序，相反由于各种矛盾不断激化，使其成了历史最为短命的一个国际秩序。它是一个缺乏大国均势格局，不完善的国际秩序，美国退出《凡尔赛条约》，苏联受到排斥，后来日本、德国等先后退出国联；这些都说明，国联为少数大国尤其是英、法所操纵，"并不是进行大国合作的有效机构"。④ 战败国不用说，战胜国除英国外，"几乎没有哪一个国家对巴黎和会签订的和约和它所建立的秩序完全满意"。新秩序带来种种问题，未能使得第一次世界大战成

① 王绳祖主编：《国际关系史》第 4 卷 (1918—1929)，第 107、114—116、120、142 页。
② 李铁城：《联合国宪章与国联盟约的历史比较》，《世界历史》1992 年第 5 期。
③ 王绳祖主编：《国际关系史》第 4 卷 (1918—1929)，第 142—143 页。
④ 转引自李世安：《从国际体系的视角再论雅尔塔体系》，《世界历史》2007 年第 4 期。

为"结束战争的战争",而是孕育新的冲突的起点。[①] 基辛格分析认为,这一国际秩序所设计的方案,最后得到的是反效果,"他们想削减德国的实力,却反而增强了德国的地缘政治地位"。甚至,"德国在凡尔赛和约后的地位比战前更大大有利于主宰欧洲","它注定会变得空前的强大"。和约的监督执行,又建立在两个相互抵消的基本概念上,或太过广泛,或太过狭隘,"均告失败"。[②] 列宁从全世界民族解放运动的角度评论说:凡尔赛条约是强盗和掠夺者的条约,"高利贷者的和约,刽子手的和约,屠夫的和约";"靠凡尔赛和约来维系的整个国际体系、国际秩序是建立在火山上的"。[③]

第二次世界大战爆发,凡尔赛—华盛顿体系破产,新的国际秩序雅尔塔体系应运而生。这一酝酿产生并形成于大战期间的国际体系,吸收了此前各种国际秩序,尤其是凡尔赛—华盛顿体系的经验教训,旨在实现战后持久和平。雅尔塔体系建立了缓解矛盾冲突以维持和平的一套规则和制度,相较于以往各种国际秩序,似更合理完善,也更有成效。这个时期的国际秩序从西方基督教国家向世界范围扩展,国家主权平等原则的适用不再是它们的特权,也扩大到世界上所有国家,西方与非西方国家"两种制度的界限从法理上消失了"。《联合国宪章》明确规定各会员国主权平等的原则,在主权观念发展的历史上是一个重要的里程碑。

作为维护世界和平的国际体系,雅尔塔体系除了建立战时军事、政治合作体制,以保证反法西斯战争的胜利之外,最为重要的是设计了战后维持和平与稳定的国际秩序。其中尤值得称道的是,承继凡尔赛—华盛顿体系中集体安全理念,将国联进一步发展为全球性的联合国组织,确立了维护和平的各种规则,并在这一构想中建立大国合作、协同一致的规则和制度。就世界范围的和平与稳定而言,联合国的建立具有重大意义,开启了人类历史上的新阶段,反映了"对战后国际秩序的构想"。[④] 自创立以来,联合国一直是

① 王绳祖主编:《国际关系史》第 4 卷 (1918—1929),第 94 页。
② [美] 亨利·基辛格著,顾淑馨、林添贵译:《大外交》,第 220、222 页。
③ 《在莫斯科省的县、乡、村执行委员会主席会议上的讲话》,1920 年 10 月 15 日,中共中央马克思恩格斯列宁斯大林著作编译局译:《列宁全集》第 39 卷,第 352 页。
④ [英] 亚当·罗伯茨、[新西兰] 本尼迪克特·金斯伯里主编,吴志成等译:《全球治理:分裂世界中的联合国》,中央编译出版社,2010 年,第 6 页。

"国际关系实践中的一项核心制度"，其主导下的国际体系在历史上堪称独一无二。如"世界由名义上平等的主权国家构成"，"几乎所有的国家都是一个世界性组织的成员，都同意《联合国宪章》中的一系列原则"，"存着一个发挥作用的全球性组织，它有能力作出重大决策，尤其是安全领域"，"这些在人类历史上都尚属首次"。在东西方仍处于敌对的状态中，"联合国成为世界上第一个真正的普遍性国家间组织"，帮助"建立了包括人权在内的广泛事务上的国际准则"，"确立了被证明有助于解决许多冲突的维和和外交服务"。①

《联合国宪章》发展了《非战公约》，明确废弃了战争和诉诸武力的权利。其宗旨第一条规定："维持国际和平及安全；并为此目的：采取有效集体办法，以防止且消除对于和平之威胁，制止侵略行为或其他和平之破坏；并以和平方法且依正义及国际法之原则，调整或解决足以破坏和平之国际争端或情势。"并订立具体原则："各会员国应以和平方法解决其国际争端"；"各会员国在其国际关系上不得使用威胁或武力，或以与联合国宗旨不符之任何其他方法，侵害任何会员国或国家之领土完整或政治独立"。此外，还规定了尊重人民平等权利及自决原则，各会员国主权平等之原则。② 宣布："所有国家的人民都有不可剥夺的权利来取得完全的自由、行使主权和保持国家领土完整"，"庄严地宣布需要迅速和无条件地结束一切形式和表现的殖民主义"；③ "所有国家均应致力于各种形式与表现之种族歧视及殖民地主义之彻底消除"。④ 这些规定使否定战争、民族自决，以及反殖民主义等成为国际法原则，体现了这一国际秩序的进步。同时，与国联是一个以欧洲列强为中心，并与帝国主义强权政治相结合的国际组织不同，联合国则是一个有着广泛性和普遍性的共同体。实现了"以欧洲为中心的世界体系向一种真正的

---

① ［英］亚当·罗伯茨、［新西兰］本尼迪克特·金斯伯里主编，吴志成等译：《全球治理：分裂世界中的联合国》，第 1—5 页。

② 《联合国宪章》，1945 年 6 月 26 日，世界知识出版社编：《国际条约集（1945—1947）》，第 36—37 页。

③ 《给予殖民地国家和人民独立宣言》，1960 年 12 月 14 日，王铁崖、田如萱编：《国际法资料选编》，法律出版社，1982 年，第 11 页。

④ 《关于内政不容干涉及其独立与主权之保护宣言》，1965 年 12 月 21 日，王铁崖、田如萱编：《国际法资料选编》，第 15 页。

全球性体系平稳过渡，这种过渡以一种有条不紊而又比较平和的方式发生，使最小、最无足轻重的成员国也感到他们是世界整体的一部分"。①

在运作方式上，联合国实行民主协商，体现了国际关系中的宽容妥协精神，并建立了大国合作协调一致，且相互制约的体制。宪章的制订起草反映了各会员国的意愿，如美国总统杜鲁门在《联合国宪章》签字仪式上说："这个宪章不是任何或大或小的一国或数国的产物。它是互相妥协、宽大容忍他人的看法和利益的结晶。"② 安理会的表决程序和制度，实行五个常任理事国的"一致决策"，即它们具有否决权的制度。常任理事国中有苏联和中国，在相当程度上体现其地位和利益，削弱了过去欧美列强控制和操纵国际社会的局限，从而在相当程度上保障了世界和平。尤其是中国，从一个蒙受不平等条约侵害的贫弱国家，上升到具有重要话语权的世界大国。除此之外，联合国还注重社会经济，将此与世界和平紧密相联。杜鲁门指出："经济的竞争和社会上的不公平是如何深深地播下战争的种子。宪章承认这个事实，因为它同时规定了经济和社会的合作。它规定这种合作是全部宪章核心的一部分。"③

综上所述，这一国际秩序确立后，帝国主义列强难以无视人类社会的公平正义，在推行强权政治的同时又不得不打着冠冕堂皇的招牌。如杜鲁门声称："在这次战争中出现了目前的兵精器利、随时可以应战的强大军事国家。但是它们没有统治世界的权利。而我们这些强国的本分倒是负起领导世界走向和平的责任。"又说："世界列强应当以身作则，领导走向国际正义的道路。正义的原则是这个宪章的基石。"④ 这一方面体现了美国谋求领导世界的霸权心理，另一方面又反映了国际公平正义已成为历史和世界的潮流，任何势力也不可公然违背和阻挡。同时，联合国的这一重大作用和影响，反映了国际法和国际社会越来越具有全世界的性质，以欧洲或欧美为中心的国际关

---

① 麦考尔·霍沃德：《联合国及国际安全》，见《联合国——分裂的世界》，伦敦牛津大学出版社，1990年，第45页，转引自李铁城：《联合国宪章与国联盟约的历史比较》，《世界历史》1992年第5期。
② ［美］哈里·杜鲁门著，李石译：《杜鲁门回忆录》第1卷（决定性的一年1945），世界知识出版社，1964年，第202页。
③ ［美］哈里·杜鲁门著，李石译：《杜鲁门回忆录》第1卷（决定性的一年1945），第204页。
④ ［美］哈里·杜鲁门著，李石译：《杜鲁门回忆录》第1卷（决定性的一年1945），第204页。

系格局正走向没落。

尽管雅尔塔体系对于创造和维系世界和平起了重要作用，但是这一体系并未构建一个真正公平公正的国际秩序，真正实现人类社会"天下为公"和"天下大同"。二战之后的长时间里，新的国际秩序仍充斥着旧时代的强权政治，普遍性和平等性被具有霸权性质的两极对峙所取代。从一开始，雅尔塔体系的设计并非出于对所有国家普遍性平等的考量，而是以大国实力为基础作出战后的安排。起初，雅尔塔体系试图建立四极作支撑的国际格局，由美、英、中、苏作为国际警察来维持国际秩序。但中国缺乏实力，更兼内战，无力充任亚洲警察的使命，于是又提出美、英、苏三大国主宰世界格局的构想。然而，英国也因不断衰落而难以履行国际警察职责，于是最终形成了美、苏两极世界，国际社会仍被撕裂而未实现协调一致的整合。[①] 二战末期，作为国际政治舞台上的两支重要力量，美、苏两个大国实际上已经开始主导世界秩序的重建，雅尔塔会议的主题便是"美苏两国在欧洲和亚洲重新划分势力范围"。[②] 罗斯福把中国北方划给斯大林作为势力范围，"来鼓励他参加一个将使得势力范围不具意义的世界新秩序"。基辛格认为，波茨坦会议的实际结果，"就是欧洲开始划分为东、西两大势力范围"。[③] 在这一过程中，最有实力的国家尤其是美国起了主导作用，而且很快由其为首的帝国主义挑起了以"铁幕"为辞的两大阵营的冷战。这样，"大国一致维护和平变成为大国对立妨碍和平，美、苏对抗安理会难于正常工作"，以致"共同安全的设想长时间变为一种幻想"。[④]

在历史上的国际秩序中，国家实力与强权政治不可分割，与霸权战争亦相关联。在雅尔塔体系中，某些实力大国仍然承继了强权政治的恶劣传统，无视弱小国家的主权平等。美、苏、英在雅尔塔秘密协议中，将中国作为交易的筹码，正反映了这一与《联合国宪章》相悖的事实。美国把中国列入四

---

① 李世安：《从国际体系的视角再论雅尔塔体系》，《世界历史》2007 年第 4 期；潘忠岐：《世界秩序的历史沿革及其对当代的启示》，《国际政治研究》2002 年第 3 期。

② 潘忠岐：《世界秩序的历史沿革及其对当代的启示》，《国际政治研究》2002 年第 3 期。

③ [美] 亨利·基辛格著，顾淑馨、林添贵译：《大外交》，第 370、390 页。

④ 李铁城：《联合国宪章与国联盟约的历史比较》，《世界历史》1992 年第 5 期。

强，"部分是出于礼貌，部分是在其全球布局中也需要有个亚洲伙伴"，而中国实际上"没有实力执行罗斯福分派给它的任务"。① 即使是相关的制度安排，各大国尤其美国也是为了自己的利益，如安理会常任理事国的否定权。国务卿赫尔直言不讳地说："对于美国来说，拒绝否决权是不明智的。我们不应忘记，根据世界形势和公众舆论，否决权主要是为了美国的利益。"② 杜鲁门也说："没有这样的否决权任何协议将不能被参议院通过。"再如托管制度，如一战后的委任统治一样，"并未能够改变殖民主义的实质。它们还是与其他类型的殖民统治一样，体现的是一种剥削与被剥削的关系"。③

从西方国家建立的世界秩序来看，其所奉行的"国家至上"和强权政治成了其中的核心要素，势必走向霸权之争。作为霸权之争的第一、第二次世界大战，其核心问题"都在于对国际体系的统治"。按照西方国家的逻辑，"霸权战争在历史上一直是世界政治体系变革的基本机制"。④ 第二次世界大战结束前，"罗斯福和杜鲁门似乎已居于照美国模式整建全球的地位"。在历史上，美国长久奉行门罗主义，然而自参与第一次世界大战以来，"美国就回避界定国家利益为何"。⑤ 这是因为，美国的所谓"国家利益"，已不是一般的意义，而具有了全球范围的霸权主义内涵。此外，美国不仅在政治、军事上要取得霸权地位，而且还深入到社会经济领域，由它主导的《布雷顿森林协定》及其实行的"双挂钩"，确立了美元在战后国际货币体系中的中心地位。⑥ 总之，二战后形成的国际秩序，至少在理论上将全世界所有国家以平等地位纳入其中，体现了时代的巨大进步。但是，这一国际秩序仍未克服历史的惯性，充斥着强权和霸权的色彩，尤其是产生了如美国这样极为霸道的超级大国，使得国际社会仍然处于不安定甚至动荡的状态，其公然声称"美国优先"、"美国第一"等，尤典型反映了这一理念和逻辑。

---

① ［美］亨利·基辛格著，顾淑馨、林添贵译：《大外交》，第375页。

② 《科德尔·赫尔回忆录》（*The Memoirs of Cordell Hull*）第2卷，纽约1948年版，第1662页。转引自李铁城：《联合国宪章与国联盟约的历史比较》，《世界历史》1992年第5期。

③ 高岱：《论殖民主义体系的形成与构成》，《北京大学学报》1999年第1期。

④ ［美］罗伯特·吉尔平著，宋新宁、杜建平译：《世界政治中的战争与变革》，上海人民出版社，2019年，第152、154、156、161页。

⑤ ［美］亨利·基辛格著，顾淑馨、林添贵译：《大外交》，第746、753页。

⑥ 王绳祖主编：《国际关系史》第7卷（1945—1949），第49页。

三、 中外条约关系与世界国际秩序的关联

对中国而言，与传统的朝贡关系不同，条约关系是一种受制于西方列强的全新的国与国之间的关系。其产生变化反映了威斯特伐利亚、维也纳、凡尔赛—华盛顿、雅尔塔等四大体系的嬗递，可以说是其衍生体或附着于它的子体系或次秩序。

威斯特伐利亚体系产生之后，与中国没有直接的关联，但它确定的国家主权准则奠立的国际社会和国际法的基础，对中国产生了重要影响。此时期，中国处于朝贡体系之中，与西方世界尚无真正的国际关系。但是，威斯特伐利亚体系将世界引向主权国家时代，国际关系的无政府状态由此"达到了顶峰"[1]。严格地说，"殖民主义制度和殖民主义体系都是资本主义历史阶段的产物"，[2] 在资本利益的驱动下，欧洲列强走向大规模的对外殖民扩张，压迫亚非拉国家。

维也纳体系的建立，既是欧洲国家之间关系格局的重要调整，又是它们在全球范围强化殖民统治的起点，从而在世界范围确立了西方对东方的统治。英国殖民主义史研究专家菲尔德豪斯认为，1815 年开始了殖民主义史的第二阶段，进入新殖民帝国时期，殖民统治突破区域性而发展为全球性，并呈多样性发展趋势。到 1878 年时，殖民地面积已达世界土地面积的 67%。到 20 世纪 30 年代末，完全没有遭受殖民统治的非欧洲国家已经寥寥无几。"只有阿拉伯的部分地区，波斯、阿富汗、蒙古、西藏、中国、暹罗和日本这几个国家和地区，还未处在有形的欧洲人政府的直接统治之下"。[3]

正是这一时期，中国遭遇西方侵略而沦为半殖民地，被西方列强强行纳入条约关系的国际秩序。通过一系列不平等条约，西方殖民者构建了控制和奴役中国的完整体系，取代了传统的朝贡体系。之后的凡尔赛—华盛顿体系和雅尔塔体系，直接对中国的地位作出安排，由此呈现出两者关系的紧密和

---

① 郑永年：《大格局：中国崛起应该超越情感和意识形态》，东方出版社，2014 年，第 8 页。

② 高岱、郑家馨：《殖民主义史》总论卷，北京大学出版社，2003 年，第 188 页。

③ D. K. Fieldhouse, *The Colonial Empires*, London 1982, p. 373. 转引自高岱、郑家馨：《殖民主义史总论卷》，第 160 页。

变迁。凡尔赛—华盛顿体系的前后两个阶段，均与中国有着密切关联，中国作为战胜国和缔约国，在这一体系的条约中作了安排；前者如对各国和约，涉及中国的权利和义务；后者如《九国公约》等，有关于中国问题的专约。其后的雅尔塔体系，包括密约在内的相关条约，既体现了中国权益，又将中国作为交易的筹码被出卖。这些说明，通过条约关系的法律规范，中国直接进入并作为新的国际秩序的重要部分。

同时，国际秩序的变化，也反映到条约关系之中。如前所述，凡尔赛—华盛顿国际秩序中，列强对华实施"准统治权"的基本性质开始有所松动。雅尔塔体系中，中外条约关系正是这一新建国际秩序的真实写照，一方面基本废弃了不平等关系，中国的国家地位名义上也抬升到四强之一；另一方面又蒙受了新的不平等，其"大国"地位有名无实，且被该体系中实力强大的主要国家所欺蒙。

以上说明，近代中外条约关系的实质与演化，与国际秩序的性质及其递嬗密切相关，两者的相互关联，既揭示了近代中外关系的本质特点，又反映了近代国际关系的演变历程。总之，与世界国际秩序相同，近代中国的国际秩序也是由一系列条约构建的，并由此体现为近代中外条约关系。

第三章　中外条约关系的基本形态

从哲学的观点看，自然界和社会中的任何事物和现象，都有自己的内容和形式。近代中外条约关系也以一定的形式存在，与其内容即内在本质构成一个整体。从总体来看，条约形式不是孤立的，而是相对于条约内容而存在的一个概念。① 可以说，条约内容是指缔约国为达成缔约目的而对某些事项的权利、义务所作的具体要求和约定，体现了条约的内在要素和本质属性。条约形式则是为实现这些约定而在各方面搭建的相应架构和载体，呈现了条约的外观形态和辅助规范。这一外观构架涉及多个层面，其中条约的名称、缔结程序，以及条约效力和施行方式、类别区分等基本形态，在其整体构架中尤为重要。

---

① 迄今为止，国际法及条约法尚未对条约形式作出明确界定，1969 年订立的《维也纳条约法公约》，对此持开放态度（见国际问题研究所编译《国际条约集（1969—1971）》）。秦晓程《中华人民共和国缔结条约的形式研究》（北京大学 2003 年博士论文）对条约形式作了探索性研究，认为条约内容是"条约中对具体事项和彼此行为的约定或要求"，条约形式则是"从各个具体条约中所抽出的，独立于条约具体内容的，作为承载条约内容的外壳或载体所共有的外在特征的集合"。如作者所言，这一探索性研究，"刚刚起步，一切仍在摸索中"；尚无力对条约形式的范围划分作一完整全面的"理论上的结论"，其所作研究可以说是"部分的"而非全部，不能涵盖所有对条约"形式"的认识（见该文第 2、7、9 页）。

第一节　条约名称

与条约产生有着直接联系的外观形态，是条约名称和条约缔结程序。首先需要探讨的是条约名称，这是最直观的条约形式，也是最先呈现条约内容的外观形态。它与其他外观形态一样，也同样是近代中外条约关系的重要组成部分，反映了这一关系的内容性质。

条约名称虽然不影响条约内容的法律性质，但并非无关紧要。一般来说，"条约的名称不是随意决定的，而是根据其重要性、适用范围和制定程序等方面的不同特点而采用适当的名称"。[①] 在某种程度上，条约名称体现了条约的地位，"可以反映出条约的精神和缔约方的意图"。[②] 晚清时期，还体现对这一新的中外关系模式的认识和观念。该时期中外条约的名称名目繁多，大体可分为以下几种类型。

第一类称为条约或和约。此类条约最为重要，在整个条约关系中居于首位。其实不少条约的中文本没有名称，其名称的确定有一个过程，如《南京条约》英文本名称为《Treaty of Nanking, 1842》，中文本原无名称。当时多称为"和约"，耆英奏报订约情形称："该夷前请入城，共订和约，以示不疑"。"连日集议各条，撰就和约，绎出汉文，呈递前来。"[③] 后来加上地名，或称"江宁原定和约"、"江宁城下之盟"、"江宁所定万年和约"。后又逐渐形成较为固定的名称，为"白门条约"、"江宁和约"、"江宁条约"等。又如中英《天津条约》，原来亦无名称，当时称为"天津续约"或"天津条约"，随着条约关系的发展，后者成了一个通用的名称。

其他以条约作名称的，如1860年中英《续增条约》（即《北京条约》）、1858年《爱珲城和约》、1864年《勘分西北界约记》、1881年中俄《改订条

<hr/>

① 刘高龙：《国际公法学》，社会科学文献出版社，2014年，第49—50页。
② 饶戈平主编：《国际法》，北京大学出版社，1999年，第310页。
③ 《钦差大臣耆英等奏报和约已定钤用关防并将和约抄缮呈览折》，道光二十二年七月二十六日，见中国第一历史档案馆编：《鸦片战争档案史料》六，天津古籍出版社，1992年，第157—158页。

约》、1898 年中俄《会订条约》（即《旅大租地条约》），1880 年中德《续修条约》、1895 年中日《讲和条约》（即《马关条约》）等。

此外，还有以通商为主旨的条约，如 1874 年中秘《通商条约》、1881 年中巴《和好通商条约》，以及 1896 年中日《通商行船条约》、1899 年中墨《通商条约》等。此类条约，有的本无名称，其名称是在前言中体现的，如 1887 年中葡《和好通商条约》前言谓，"兹欲订立通商和好条约"；1902 年中英《续议通商行船条约》前言谓，特派"钦差办理商约大臣"，"将通商行船各条约"，"改修商定"。① 1903 年中美《通商行船续订条约》前言与中英商约作了类似表述，且吕海寰等奏报中亦将其称为"通商行船条约"。②

民国时期以条约作名称的条约较多，分为以下几类。一是内容较为宏观和全面的条约。如中国分别于 1915、1918、1919、1926、1929 年与智利、瑞士、玻利维亚、芬兰、希腊等国订立的《通好条约》。或称为《友好条约》，此类条约较多，尤其是在 20 世纪 40 年代。其中中国与波斯《友好条约》订于 1920 年，其他各国均在"九一八"事变之后。全面抗战爆发之前有土耳其和拉脱维亚两国，抗战胜利前有利比里亚、爱沙尼亚、多米尼加、伊拉克、古巴、巴西、阿富汗、哥斯达黎加、墨西哥等国，其后到 1949 年 4 月有厄瓜多尔、暹罗、沙特阿拉伯、阿根廷、菲律宾、意大利等国。上述国家中，有不少是第一次与中国订约，属于建交条约。或以通商为中心内容，但名目有所不同。有中国与比利时、意大利、丹麦、葡萄牙、西班牙、捷克斯洛伐克等国于 1928 至 1930 年间先后订立的《友好通商条约》；与奥地利、苏联于 1925 年、1939 年分别订立的《通商条约》；与波兰和美国于 1929 年、1946 年分别订立的《友好通商航海条约》。另外，还有苏联与中国订立的《友好同盟条约》。其名目和内容与前面各类有所不同。

二是废除不平等特权的条约。除了中美和中英 1943 年 1 月 11 日订立的《关于取消美国在华治外法权及处理有关问题之条约》《关于取消英国在华治

---

① 陈帼培主编：《中外旧约章大全》第 1 分卷，第 978、1073、1155、1485 页。

② 《吕海寰袁世凯张之洞伍廷芳盛宣怀奏美国商约定议遵旨画押折》附《谨将中美议定通商行船条约开单恭呈御览》，光绪二十九年十一月十六日，王彦威、王亮辑编，李育民等点校整理：《清季外交史料》第 7 册，第 3301 页。

外法权及其有关特权条约》之外，还有比利时和卢森堡、挪威、加拿大、瑞典、荷兰、法国等国订立的类似条约。

三是就某事情订立的专项条约。如 1914 年中美《解纷免战条约》，1922 年中日《解决山东悬案条约》，1937 年中苏《不侵犯条约》。经济方面，如关税问题，除了 1928 年中美《整理中美两国关税关系之条约》，同年中国又先后与德国、挪威、荷兰、英国、瑞典、法国等订立的《关税条约》。还有 1922 年华盛顿会议上订立的《九国间关于中国关税税则之条约》，此外如 1939 年中苏《关于使用一亿五千万美元贷款之条约》，等等。

另外，民国时期还有"协约"、"专约"、"合约"、"补约"等名目。"协约"类如 1921 年《中德协约》，其他如中国与葡萄牙、荷属印尼、英国、美国、加拿大于 1917 年至 1922 年间所订《互寄汇票协约》或《互换汇票协约》。专约如 1915 年中荷《公断专约》、中法 1930 年《规定越南及中国边省关系专约》和 1945 年《交收广州湾租借地专约》、中国与巴西 1946 年《文化专约》等。合约如中美 1946 年《剩余物资购买合约》，以及 1947 年《售购战时建造船舶合约》。补约如中美 1920 年《修改通商进口税则补约》。

第二类称为章程。此类条约，多为通商或与经济事务有关的协定。最早有中英《五口通商章程：海关税则》（原名为《议定广州、福州、厦门、宁波、上海五港通商章程》），清政府官员又称为"通商输税章程"。[①]中美《望厦条约》和中法《黄埔条约》，订约时也被称为章程。前者如耆英议定该约后奏报朝廷时，便称为"通商章程"。后者耆英虽在奏折中谓之"贸易条约"，但作为附件的条约全文，名称即为"贸易章程"，该两约后来才逐渐称为条约。其他如 1851 年中俄《伊犁塔尔巴哈台通商章程》，未经交换批准的 1860 年中葡条约（中文本称《西洋国议定通商章程条款》），1871 年中日《通商章程》，1882 年中朝《商民水陆贸易章程》，1869、1881 年中俄《改订陆路通商章程》，1886 年中法《越南边界通商章程》，1908 年中英《修订藏印通商章程》。其中有的与原来名称有些差异，但都称为通商章程。有的商

约未标明名称，但在条文中作了说明。如 1862、1869 年中俄商约前言均说明，彼此"酌定"或"拟定""陆路通商章程"；① 1864 年中西条约前言谓，"立定切实至当章程"。②其他与经济商务有关的，如 1904 年中英《保工章程》，1907 年中日《会订大连海关试办章程》、中俄《北满洲税关章程》，1910 年中俄《松花江行船章程》。此外还有根据正式条约商议的租地和其他事项的章程，但缺乏严格的条约要素。

民国时期以"章程"命名的条约，如中俄 1915 年《关于按照一千九百十五年三月四日协定退还关税之章程》、中法 1916 年《直接互寄五基罗至十基罗包裹章程》、中英 1917 年《直接互寄包裹章程》《九龙分关章程》，以及各国 1926 年《收回上海会审公廨暂行章程》等。

第三类将"条约"与"章程"混为一体。主要出现在晚清时期，如 1858 年中英《通商章程善后条约》，英文本名称为 "Agreement Containing Rules of Trade, Made in Pursuance of Article XXVI of the Treaty of 26th June 1858"，意为"根据 1858 年 6 月 26 日条约第 26 款所定含有贸易规则的协定"。中文本称为《通商章程善后条约》，将"协定"译为"章程"，并与"条约"内涵融为一体。其他如 1860 年中法《天津条约》，原名为《和约章程》。再如 1865 年中比《通商条约》原名为"比国通商条约税则章程"，以及 1880 年中德《续修条约善后章程》，等等。有的条约中文本未标名称，但在前言中作了说明，如 1863 年中丹条约前言谓，"拟定和约通商章程"，1866 年中意条约亦作了类似表述。③

第四类称为"条规"、"条款"、"附款"、"专条"、"专章"、"条件"、"文凭"、"议决案"、"合同"、"文件"、"办法"、"协议"、"议定书"，等等。

晚清时期的条约名称，有"条规"、"条款"、"附款"、"专条"、"专章"、"条件"、"文凭"等。如 1860 年中俄《北京条约》，原名为《照依前换和约拟定条款》。1876 年中英《烟台条约》，原称为《会议条款》或《滇案条款》。

---

① The Inspector General of Customs, China, *Treaties, Conventions, Etc. between China and Foreign Powers*. Vol. 1, Published by Order of the Inspector General of Customs, Shanghai: 1917. 2nd Edition. p. 127、152.
② 陈帼培主编：《中外旧约章大全》第 1 分卷，第 626 页。
③ 陈帼培主编：《中外旧约章大全》第 1 分卷，第 658、1022、576、707 页。

其他如 1871 年中日《修好条规》、1874 年中秘《会议专条》、1890 年中英《新订烟台条约续增专条》、1894 年中英《续议滇缅界、商务条款》、1896 年中日《公立文凭》、1897 年中英《续议缅甸条约附款》，1898 年中英《展拓香港界址专条》和《订租威海卫专条》、中刚《天津专章》、1911 年中英《禁烟条件》等。这些条约除了中日《修好条规》属建交条约外，其他均系涉及具体事项，包括商务和界务等。

民国时期的条约名称，还有"议决案"、"合同"、"文件"、"办法"、"条件"、"协议"、"议定书"，等等。"议决案"主要是相关各国于 1922 年在华盛顿会议讨论通过的文件，具有条约性质，有《华盛顿会议关于在中国之外国邮局议决案》《华盛顿会议关于在中国之外国军队议决案》《华盛顿会议关于统一中国铁路议决案并附中国声明书》《华盛顿会议关于裁减中国军队议决案》《华盛顿会议关于在中国无线电台议决案并附声明书》《华盛顿会议关于远东问题审议局之议决案》《华盛顿会议各国连同中国在内赞同关于中东铁路之议决案》等。称为"合同"的条约主要有，中葡 1930 年《报务合同》，中日 1934 年《无线电报务合同》、1935 年《无线电话务合同》，中德 1937 年《报务合同》等。民国时期的条约还有其他名称，称为"文件"的，如中俄 1913 年俄国《声明文件》；称为"条件"的，如中葡 1917 年《邮资条件》。称为"议定案"的，如中国与苏俄 1920 年《伊宁会议定案》。称为"协议"的，如中国与苏俄 1921 年《关于俄罗斯苏维埃联邦社会主义共和国红军开入中华民国国境以剿灭阿尔泰区白匪部队之协议》。称为"议定书"的，如中法 1935 年《关于订立甲乙两种附表之议定书》、中美 1948 年《友好通商航海条约互换批准议定书》等。

第五类为换文，即照会形式的条约。此类条约没有明确的名称，通过互换照会，形成双方认同的法律文件。晚清时期如"法国教堂入内地买地照会"，即"总理衙门致法国公使函"，法国方面称为"柏德美协定"，"其内容是法国公使柏德美与总理衙门所商定"。[1] 其他如"义国教士护照来往照会"、

---

① 中法《法国教堂入内地买地照会》附注，同治四年正月二十五日，王铁崖编：《中外旧约章汇编》第 1 册，第 227 页。

"法国教堂入内地买地来往照会"、"海南岛不割让照会"、"扬子江沿岸不割让来往照会"、"越南邻省不割让来往照会"、"滇越路及广州湾等事来往照会"、"北京以北建造铁路来往照会",等等。①

民国时期有大量换文,各种问题均采取这一形式订立条约。如建立邦交,有中苏1924年《建立邦交之换文》、1932年《恢复邦交之换文》。关于放弃在华领事裁判权,有中墨1929年《关于墨国放弃领事裁判权换文》,以及在中美、中英平等新约订立之后,其他国家以换文形式订立此类条约。如中瑞1946年《关于瑞士放弃在华领事裁判权及其有关特权换文》,同年中丹,1947年中葡也有类似换文。关于外交官员的关税豁免,1930年中德、中英、中美,1936年中日分别订立《外交官领事官用品相互免税办法换文》之类的条约。其他国家亦交换此类照会,此外还有专就某种物品免税办法,如中法1929年《领事官所用汽车相互免税办法换文》。关于通商贸易等经济事项,有中日1919年《关于延边往来运货减税之换文》,中美1926年《承认中国商标法之换文》,中丹1929年《关于中、丹友好通商条约第一条解释之换文》,中埃1930年、中加1946年《暂行通商办法换文》,以及中意1949年《关于贸易关系之换文》。关于战争和军事方面,如以节略形式的换文,有中日1921年《关于取消中日军事协定之节略》,中德1924年《解决中德战事赔偿及债务问题换文》,中法1946年《关于中国驻越北军队由法国军队接防之换文》,中意1947年《为解决由战争所引起之损害赔偿问题换文》,中美1947年《关于美国武装部队驻扎中国领土之换文》。关于特别问题的处理,如中日1917年《郑家屯事件换文》,1918年《关于处理山东省各问题换文》;又如中美1943年《关于处理在华美军人员刑事案件换文》,中英1948年《关于成立中国海关与香港政府间关务协定之换文》,中美1948年《关于占领或控制下之西德及的港地区通商适用最惠国待遇换文》,等等。

第六类是以"协定"命名的条约,主要出现在民国时期,可分为以下几类。一是军事方面。有中日1918年《陆军共同防敌军事协定》《海军共

---

① 见王铁崖编:《中外旧约章汇编》第1册,第535、612、697、731、743、744、908页。

同防敌军事协定》，1919 年《关于陆军共同防敌军事协定战争终了之协定》，以及 1932 年《上海停战及日方撤军协定》、1933 年《塘沽停战协定》、1935 年《何梅协定》。二是援助性质的协定，有中英 1929 年《海军援助协定》、1944 年《租借协定》，以及中苏 1938 年《关于使用五千万美元贷款之协定》，中美 1942 年《五亿美元借款协定》《抵抗侵略互助协定》、1946 年《处置租借法案物资协定》《关于美国驻华军事顾问团之协定》、1947 年《关于美利坚合众国救济援助中国人民之协定》《为使用依照一九四六年八月三十日"剩余战时财产出售协定"第六条（一）节第（一）项所规定资金之协定》、1948 年《关于经济援助之协定》。三是涉及条约特权的收回及调整。有中墨 1921 年《暂行修改中墨一千八百九十九年条约之协定》，中日 1922 年《山东悬案细目协定》《山东悬案铁路细目协定》、1930 年《关税协定》，中英 1927 年《收回汉口英租界之协定》《收回九江英租界之协定》、1930 年《交收威海卫专约及协定》，中比 1929 年《关于比国交还天津比国租界协定》，中法 1931 年《关于上海法租界内设置中国法院之协定》、1946 年《关于中越关系之协定》，以及各国 1930 年《关于上海公共租界内中国法院之协定》。此外还有中苏 1924 年《解决悬案大纲协定》《暂行管理中东铁路协定》、1945 年《关于大连之协定》《关于旅顺口之协定》《关于中国长春铁路之协定》。四是经济方面。有中英 1941 年《平准基金协定》《平准基金补充协定》、1948 年《金融协定》（本协定应由中国中央银行及香港政府共同商定日期实行），中美 1941 年《平准基金协定》《平准基金补充协定》，中加 1946 年《财政协定》、1947 年《财政附协定》，中葡 1948 年《金融协定》《关务协定》。五是航空方面。有中苏 1939 年《组设哈密阿拉木图间定期飞航协定》、1949 年《延长合办中苏航空公司（"哈阿"线）协定》，中美 1946 年《空中运输协定》，中英 1947 年《空中运输协定》，中荷 1947 年《空中运输协定》。六是邮政方面。有中日 1922 年《互换邮件协定》《互换保险信函及箱匣协定》《互换汇票协定》《互换邮政包裹协定》《南满铁路附属地邮政协定》、1934 年《关内外通邮协定》，中马 1924 和 1935 年《互换汇票协定》、1936 年《互换包裹协定》，中菲 1924 年《互换包裹协定》，中国与南洋群岛 1924 年《互换包裹协定》《互换汇票协定》，中英 1925 年《直接互换代收货价包裹协定》，中锡 1932 年《邮政互换包裹协定及施行详细规则》，中印 1934 年《互换汇票协定》，中苏 1936 年《互换包裹协定》。七是国际组织与中国订立的协定。有 1945 年《中华民国国民政府、联合国救济善后总署基本协定》，1947 年《关于准许日本渔轮在中国、朝鲜、琉球外公海捕鱼办法》《处理剩余救济物资协定》（行政院与联合国救济善后总署），1948 年《联合国国际儿童急救金会与中华民国政府协定》《关于棉花加工及棉织品分配之附协定》。

此外，还有其他方面的协定，如中日 1919 年《山东铁道运盐及取缔之协定》，中法 1936 年《中国沿边三省与法国越南有无线电通信制度协定草案》，中英 1942 年《关于中国海员协定》等。另外，以上各种协定中，有的还有多个名称。如 1942 年中美《抵抗侵略互助协定》，原称为"中美两国政府关于适用 1941 年 3 月 11 日美国国会案所认可及规定之互相援助以执行抵抗侵略战争之原则之协定"，又简称为"中美互助协定"或"租借协定"，英文本又简称为"租借主体协定"。又如 1947 年中美《为使用依照一九四六年八月三十日"剩余战时财产出售协定"第六条（一）节第（一）项所规定资金之协定》，又称"美国在华教育基金协定"和"中美文化协定"。

另外还有临时协定之类，晚清时期如 1895 年中日《停战条款》，民国时期如 1922 年中国与苏俄《黑龙江航行地方临时协议》《黑龙江航行临时协议细则》。

关于国际公约的名称，晚清和民国时期多种多样，有同有异。

晚清时期，中国开始加入国际公约，其中多为公约和条约，如 1894 年加入的《国际海关税则出版联盟公约》，1904 年加入的《红十字公约》和《推广 1864 年日来弗原议行之于水战公约》，以及 1904 年加入的《和解公断条约》，1909 年加入的《战争开始条约》《和解国际纷争条约》《日来弗红十字约推行于海战条约》《战时海军轰击条约》《陆战时中立国及其人民之权利义务条约》《海战时中立国之权利义务条约》。有的称为声明文件，如 1904

年加入的《禁用升空气球暨同样新器掷放炸弹及易炸之物声明文件》和《禁用专放迷闷毒气之弹声明文件》，等等。还有的称为章程，如 1896 年加入的《航海避碰章程》。又有称为合同的，如 1906 年加入的《罗马万国农业会合同》。① 此类条约与其他双边条约不同，加入与否，中国具有自主权。另外，《辛丑条约》属多边条约，包括中国在内共有 12 个国家签字，订约时称为"公约"，中文本名称即为"公约十二条"。② 签约前后，清政府均称该约为"公约"，李鸿章签约后奏报朝廷的条约清单，亦称为"公约十二条"。其后才通称为"辛丑和约"。

民国时期，随着国际交往的扩大，中国加入的国际公约，名称更为繁杂，除了主要称为公约的之外，其他还有条约、盟约、规约、附约，以及宣言、规章、章程、葳事文件、协定或总协定、议定书。民国政府加入以"公约"为名称的，有 1914 年的《各国禁烟公约》，1915 年的《陆战法规和惯例公约》，1919 年的《国际航空公约》，1925 年的《国际交换公牍科学文艺出版品公约》《禁止淫刊公约》《国际铁路运输公约》，1927 年的《监察军械子弹及其他军用品国际贸易公约》，1929 年的《非战公约》《防止伪造货币国际公约》《国际无线电报公约》，1930 年的《制定最低工资确定办法公约》，1933 年的《国际海上人命安全公约》，1934 年的《国籍法公约》，1935 年的《国际救济协会公约》《战时俘虏待遇公约》《国际邮政公约》《国际电信公约》。加入各种称为"约"的公约，如 1919 年的《国际联盟盟约》，1920 年的《国际航空公约附约》，1921 年的《国际裁判常设法庭规约》，1925 年的《斯壁嵋浦条约》（即《斯瓦尔巴条约》）。称为"规章"和"章程"的，如 1921 年的《国际借道规章》《国际航路规章》，1935 年的《关于各种航海信号之章程》等。称为"宣言"的，如 1921 年的《承认内陆国船旗宣言》，1927 年的《关于夷福尼地域宣言》，1942 年的《联合国家宣言》，1945 年的《联合国宪章》等。称为葳事文件的，如 1925 年的《税关则例及其他相类则例

---

① 《晚清中国参加之国际公约一览表》，载尹新华：《晚清中国与国际公约》，湖南人民出版社，2011 年，第 256—257 页。

② The Inspector General of Customs, China, *Treaties, Conventions, Etc. between China and Foreign Powers*. Vol. 1, Published by Order of the Inspector General of Customs, Shanghai: 1917. 2nd Edition. p. 303.

之国际会议之藏事文件》《禁止淫刊会议藏事文件》，1927 年的《监察国际军械子弹及各项军用品贸易会议藏事文件》，1929 年的《防止伪造货币国际公约藏事文件》等。称为"议定书"的，如 1921 年的《国际裁判常设法庭规约议定书》，1927 年的《关于禁用毒气或类似毒品及微菌方法作战议定书》。称为"协定"或"总协定"的，如 1933 年的《国际白银协定》，1935 年的《国际邮政汇兑协定》《国际邮政保险信函及箱匣协定》《国际邮政包裹协定》《航海信号协定》，1947 年的《关税与贸易总协定》。此外还有公约的附件、细则、规则、节略、附录等，如 1930 年的《修正国际裁判常设法庭规约议定书七款附国际裁判常设法庭规约修正文》，1933 年的《国际海上人命安全公约附件》，1934 年的《银问题契约节略》，1935 年的《国际电信公约附属电报规则》《国际邮政公约施行细则》《国际邮政旅行支票之附录》等。

以上所述条约名称，涉及条约的产生形态，反映了中外条约关系的某些特点。晚清时期，条约名称经历了由杂乱逐渐走向规范的过程，折射了清政府条约观念的变化。不少条约没有名称，说明清政府对这一新的关系尚未适应，更谈不上具备相应的理论规范知识。以"章程"为条约名称，甚至将具有建交性质的条约也称为通商章程，显然有欠切当，说明清政府条约意识不很清晰。其后这一概念逐渐明晰，建交性质的条约不再称为章程。从缔结程序来看，条约内容体现了强权色彩和不平等内涵。再如有些属正常程序的批准环节，经谈判签署之后，中方无不及时批准，列强却可凭借强权翻云覆雨，如 1869 年中英《新定条约》及 1876 年中英《烟台条约》。毋庸讳言，其中还含有作为国际惯例的近代规则，如条约名称的差异反映了条约的不同类别及地位。民国时期，条约名称趋向规范，也较为具体明确。如全面宏观性条约，如建交为目的的友好条约和通商条约有所区别，还有具体涉及政治军事、社会文化，以及各类经济事项的条约。另外，即使采用相同概念的条约，其具体名称本身亦反映了时代的变化，即条约关系从不平等向基本平等转折的过程。如从条约这一概念来看，《关于取消美国在华治外法权及处理有关问题之条约》等，便体现了这一点，其他还有"换文"等也是如此。此时期，出现了不少采用如"协定"概念作名称的条约，反映了民国时期对外交往的扩展，以及国际关系的调整，尤其是国际格局的变动。

第二节　条约缔结程序

条约缔结程序是"条约有效性的形式条件"，[①] 与条约名称同属最先呈现条约内容的外观形态，也是近代中外条约关系的重要组成部分。作为体现有效性的形式条件，条约缔结程序通过有形和无形的交涉环节，确定条约的创建，进一步反映了条约内容的性质及其特点。

关于缔结程序，分为两种情况，一是程序繁复的条约，二是程序简单的条约。前者主要分为两个阶段，可称为两阶段的缔约程序。第一阶段"自缔约谈判起直至通常以签署表示的条约约文的认证止"，第二阶段"是通常以批准表示的缔约国受该约拘束的同意"。后者只以一个阶段完成，条约签署后，条约即对其所代表的国家发生拘束力，无须经过批准这个环节。因此，两种程序的主要区别，在于前者有批准的手续，而后者没有。[②] 程序繁复的条约，一般均经过谈判、起草、签字、批准等环节，谈判、起草均系交涉环节。在晚清，除了体现相互性质的平等条约，这些环节基本上是列强居于主导地位。值得注意的是，条约缔结的最后一个环节，即缔约国同意接受条约的拘束，近代中外条约对此有明文规定，主要有签署和批准两种方式。

先看批准方式。这种方式是指条约签署之后，由国家最高权力机关予以批准，并相互交换。中英《南京条约》载："以上各条均关议和要约，应候大臣等分别奏明大清大皇帝、大英君主各用朱、亲笔批准后，即速行相交，俾两国分执一册，以昭信守"。"两国相离遥远，不得一旦而到，是以另缮二册，先由大清钦差便宜行事大臣等、大英钦奉全权公使大臣各为君上定事，盖用关防印信，各执一册为据，俾即日按照和约开载之条，施行妥办无碍矣。"[③] 即在批准之前，便按约施行。该约经批准后，又于翌年 6 月 26 日在

---

① 周鲠生：《国际法》下册，第 616 页。
② 李浩培：《条约法概论》，第 64 页。
③ 中英《江宁条约》，道光二十二年七月二十四日，王铁崖编：《中外旧约章汇编》第 1 册，第 32 页。

香港交换批准。中英《五口通商附粘善后通商条款》由于英方迫切希望即刻实施，作了两次交换的规定，"由钦差大臣、公使大臣盖印划押，先将二册互换，照依施行"，然后"由两国大臣将二册一面具奏"，"将来奉到君主亲笔准行，寄回香港，再由公使大臣委员送至广东交黄臬台（指黄恩彤），转送钦差大使查照，俾两国永远遵守，以敦万年和好之谊"。①

中美《望厦条约》较《南京条约》更为规范，中方仍由皇帝批准，美方是共和制国家，则由总统根据国会议定再批准。此外，该约明确了批准互换的时间，"限以十八个月即将两国君上批准之条约互换"。与《南京条约》不同，该约未规定换约之前先行实施，而仅规定先由双方盖印画押，以昭信守。② 随后在规定期限内，于 1845 年 12 月 31 日在广州交换批准。中法《黄埔条约》的批准主体与交换时间，以及文字表述更为简洁之外，其规定与《望厦条约》相似。法方亦由该国大皇帝钦定，交换时间约计一年。后于 1845 年 8 月 25 日在澳门交换批准。③

第二次鸦片战争期间，最先订立的中俄《天津条约》，规定两国君主裁定之后，一年之内两国在北京交换，"由二国钦差大臣手书画押，钤用印信"。该约于 1858 年 6 月 23 日在天津交换批准。中美《天津条约》则较《望厦条约》简单，批准时间缩短为一年之内，后于 1859 年 8 月 16 日在直隶北塘交换批准。中英《天津条约》也较为简单，两国御笔批准，以一年为期，彼此各派大臣于北京会晤，互相交付，双方先盖用关防。中法《天津条约》规定则较为具体："两国大臣画押用印，奏上大皇帝。自画押用印之日起，约计限以一年"，两国君主"钦定批准，即在京师交互存照"。④ 清末订立的中英《续议通商行船条约》规定先行画押盖印，待两国御笔批准，然后一年限内在中国京城互换。中美《通商行船续订条约》则规定，画押后，须

---

① 中英《五口通商附粘善后通商条款》，道光二十三年八月十五日，王铁崖编：《中外旧约章汇编》第 1 册，第 39 页。

② 中美《五口贸易章程：海关税则》，道光二十四年五月十八日，王铁崖编：《中外旧约章汇编》第 1 册，第 56—57 页。

③ 中法《五口贸易章程：海关税则》，道光二十四年九月十三日，王铁崖编：《中外旧约章汇编》第 1 册，第 64—65 页。

④ 王铁崖编：《中外旧约章汇编》第 1 册，第 88—89、95、103、112 页。

按照中美两国之制度，待御笔批准，一年限内在美京华盛顿互换。① 这些条约签订后，一般都在规定时间内批准及交换。

除此之外，有的条约未另作批准要求，如中日《通商章程：海关税则》、中英《烟台条约》、中俄《北京条约》。清政府与藩属国所订条约，因将对方置于附从地位，亦无双方批准的要求。如中朝《商民水陆贸易章程》规定："此次所定贸易章程，姑从简约。两国官民，均须就已载者一体恪遵以后，有须增损之处，应随时由北洋大臣与朝鲜国王咨商妥善，请旨定夺施行。"② 此外，《中俄密约》亦无批准条款。有的条约虽有批准规定，但无具体时间要求。如中德《胶澳租界条约》、中俄《旅大租地条约》、中英《订租威海卫专条》、中西《会订古巴华工条款》、中英《续议滇缅界、商务条款》等。

需要指出，晚清中外条约的缔结，多以武力胁迫为前提，这一强权性质亦体现在批准互换条款之中。如中日《马关条约》第十一款规定，本约奉两国皇帝批准之后，"定于光绪二十一年四月十四日，即明治二十八年五月初八日，在烟台互换"。③签约与换约的时间间距仅 20 天，这在中外条约史上是前所未有的，体现了日本急不可耐的心态。随后订立的中日《通商行船条约》第二十九款规定，经两国皇帝批准后，迅速互换，至迟不过三个月。④亦打破了一年时间的常规。此外，中日《会议东三省事宜正约》第三款亦规定，条约由签字盖印之时起即当施行，经两国皇帝御笔批准后，由盖印之日起两个月以内，应"从速将批准约本在北京互换"。⑤ 中日《通商行船续约》第十三款规定，经两国皇帝批准后，在北京迅速互换，互换日期至迟不过六个月。⑥ 中日间条约批准互换的时间如此急迫，典型地反映了强权政治之下中外条约关系中清政府的地位。

民国时期，较为重要尤其是政治性的条约都会对条约批准有明确规定。

①　王铁崖编：《中外旧约章汇编》第 2 册，生活·读书·新知三联书店，1959 年，第 110、188 页。

②　中朝《商民水陆贸易章程》，光绪八年八月二十日，王铁崖编：《中外旧约章汇编》第 1 册，第 407 页。

③　中日《马关新约》，光绪二十一年三月二十三日，王铁崖编：《中外旧约章汇编》第 1 册，第 617 页。

④　中日《通商行船条约》，光绪二十二年六月十一日，王铁崖编：《中外旧约章汇编》第 1 册，第 667 页。

⑤　中日《会议东三省事宜正约》，光绪三十一年十一月二十六日，王铁崖编：《中外旧约章汇编》第 2 册，第 339 页。

⑥　中日《通商行船续约》，光绪二十九年八月十八日，王铁崖编：《中外旧约章汇编》第 2 册，第 195 页。

如 1914 年中美《解纷免战条约》规定："本条约应由中华民国大总统批准之，及美利坚合众国大总统依上议院之建议及同意后批准之。"① 其他如1915 年中智《通好条约》、1915 年中荷《公断专约》、1918 年中瑞《通好条约》、1920 年中波《友好条约》、1920 年中美《修改通商进口税则补约》等亦如此。个别条约则以"盖印"体现这一程序，如 1915 年中日《关于南满洲及东部内蒙古之条约》，规定由盖印之日起即生效力，并很快于 1915 年 6月 8 日在东京交换批准。

一般规定按照本国法律，而批准之后或互换，或通知后发生效力。前者如 1922 年中日《解决山东悬案条约》规定，"自互换批准文件日发生效力"。② 其他如 1926 年中芬《通好条约》、1928 年中葡《友好通商条约》，③中国与比利时所订类似条约，作了相同的规定。再如 1944 年中阿（阿富汗）《友好条约》规定自互换批准书之日起发生效力。④ 这个时期与哥斯达黎加、墨西哥、厄瓜多尔、暹罗、沙特阿拉伯、阿根廷、菲律宾、意大利等国签订的《友好条约》，均同样。40 年代的一批重要条约，都是采取这一方式。如1943 年中美《关于取消美国在华治外法权及处理有关问题之条约》规定自互换批准书之日起发生效力。⑤ 英国和随后荷兰、挪威、法国、比利时、加拿大等国所订类似条约，亦同。瑞典、丹麦则从彼此通知已批准之日起发生效力。1945 年中苏《友好同盟条约》规定条约批准后立即生效。⑥ 1946 年中美《友好通商航海条约》亦规定自互换批准书之日起发生效力。⑦ 有的条约无"批准"这一用词，政府认可以表达其意即可，如 1918 年中日《陆军共同防敌军事协定》规定："经各自本国政府之承认时，发生效力。"⑧ 随后签订的《海军共同防敌军事协定》也如此。

---

① 《解纷免战条约》，1914 年 9 月 15 日，王铁崖编：《中外旧约章汇编》第 2 册，第 1071 页。
② 《解决山东悬案条约》，1922 年 2 月 4 日，王铁崖编：《中外旧约章汇编》第 3 册，第 212 页。
③ 王铁崖编：《中外旧约章汇编》第 3 册，第 605、656 页。
④ 《友好条约》，1944 年 3 月 2 日，王铁崖编：《中外旧约章汇编》第 3 册，第 1289 页。
⑤ 中美《关于取消美国在华治外法权及处理有关问题之条约》，1943 年 1 月 11 日，王铁崖编：《中外旧约章汇编》第 3 册，第 1258 页。
⑥ 《友好同盟条约》，1945 年 8 月 14 日，王铁崖编：《中外旧约章汇编》第 3 册，第 1328 页。
⑦ 《友好通商航海条约》，1946 年 11 月 4 日，王铁崖编：《中外旧约章汇编》第 3 册，第 1449 页。
⑧ 中日《陆军共同防敌军事协定》，1918 年 5 月 16 日，王铁崖编：《中外旧约章汇编》第 2 册，第 1367 页。

这一类的条约中，有不少并非批准互换之后立即生效，而是有限定长短不一的时间。如 1925 年中奥《通商条约》规定互换批准文书三个月后发生效力。[①] 1929 年中波《友好通商航海条约》规定批准后第三十日起发生效力。[②] 类似的还有 1930 年中捷《友好通商条约》规定互换批准后第十五日起发生效力。[③] 1934 年中土《友好条约》规定互换后第十五日起发生效力。[④] 1942 年中伊《友好条约》规定互换批准书起十五日后发生效力。[⑤] 1943 年中巴《友好条约》规定自互换批准之日满一个月后发生效力。[⑥]

后者是指有的条约未作互换要求，仅规定互相通知即可。如 1921 年《中德协约》规定，两国政府彼此互相知照业经批准之日起即发生效力。[⑦] 1928 年中英《关税条约》规定互相通知批准之日起发生效力。[⑧] 中德《关税条约》规定两国政府互相通知批准之日起发生效力。[⑨] 挪威、瑞典、荷兰所签订《关税条约》，均类似。其他如意大利、丹麦、西班牙所订《友好通商条约》，也未要求互换，仅规定互相通知批准之日起发生效力。

除了以上主要类别之外，还有其他特殊的形式。例如，具有公约性质的条约，《九国公约》规定，各缔约国"依各该国宪法上之手续批准后，从速将批准文件交存华盛顿，并自全部交到华盛顿之日起，发生效力"。[⑩] 有的条约则对限定时间之后批准的效力作了规定，如 1928 年中美《整理中美两国关税关系之条约》规定，如 1929 年 1 月 1 日前批准，则于是日发生效力，否则按批准之日起四个月后发生效力。[⑪] 有的条约虽有批准要求，但同时又承认在此之前可以暂时有效，如 1917 年中葡《邮资条件》规定，先于签字

---

① 《通商条约》，1925 年 10 月 19 日，王铁崖编：《中外旧约章汇编》第 3 册，第 573 页。
② 《友好通商航海条约》，1929 年 9 月 18 日，王铁崖编：《中外旧约章汇编》第 3 册，第 723 页。
③ 《友好通商条约》，1930 年 2 月 12 日，王铁崖编：《中外旧约章汇编》第 3 册，第 769 页。
④ 《友好条约》，1934 年 4 月 4 日，王铁崖编：《中外旧约章汇编》第 3 册，第 859 页。
⑤ 《友好条约》，1942 年 3 月 16 日，王铁崖编：《中外旧约章汇编》第 3 册，第 1241 页。
⑥ 《友好条约》，1943 年 8 月 20 日，王铁崖编：《中外旧约章汇编》第 3 册，第 1277 页。
⑦ 《中德协约》，1921 年 5 月 20 日，王铁崖编：《中外旧约章汇编》第 3 册，第 168 页。
⑧ 《关税条约》，1928 年 12 月 20 日，王铁崖编：《中外旧约章汇编》第 3 册，第 662 页。
⑨ 《关税条约》，1928 年 8 月 17 日，王铁崖编：《中外旧约章汇编》第 3 册，第 630 页。
⑩ 《九国间关于中国事件应适用各原则及政策之条约》，1922 年 2 月 6 日，王铁崖编：《中外旧约章汇编》第 3 册，第 220 页。
⑪ 中美《整理中美两国关税关系之条约》，1928 年 7 月 25 日，王铁崖编：《中外旧约章汇编》第 3 册，第 629 页。

日起暂且施行，并批准后历年继续有效。① 与此相似，1946 年中法《关于中越关系之协定》规定自签字之日起暂时生效，但仍应尽快予以批准。② 有的条约，其生效则以另一个条约的批准为取舍，如 1945 年中苏《关于中苏此次共同对日作战苏联军队进入中国东三省后苏联军总司令与中国行政当局关系之协定》规定条约批准时立即发生效力。③

再看签署方式。这种方式只需签署，不要经过批准程序。如咸丰年间订立的中俄《伊犁塔尔巴哈台通商章程》，仅规定，中方钤用伊犁将军印信，俄方用使臣图记；再咨送中方理藩院和俄方萨那特衙门，互相钤用印信，彼此交换各收存一份。④《辛丑条约》则是以最后通牒的方式强迫清政府接受，更无批准互换的规定。此外，互相交换照会达成的协定，即换文（又称为换函），亦不需要经过批准程序。

以上基本上属于双边条约，《辛丑条约》虽是多边条约，但实际上是一个特殊的双边条约。除此之外，清末加入的国际公约，也基本上采取了签署和批准的方式。如清政府加入第一次海牙保和会公约和第二次海牙保和会公约都是先行画押，后奏旨批准。⑤ 另还有以照允方式接受公约，如1896 年，总理衙门照会英国，同意加入《航海避碰章程》，表示"无不乐从"，"如期开办"。⑥

民国时期也有不少条约签字后即生效。如 1915 年《中俄蒙协约》、1919年中日《山东铁道运盐及取缔之协定》、1920 年中俄《伊宁会议定案》、1924年中苏《解决悬案大纲协定》、1932 年中日《上海停战及日方撤军协定》、1938 年中苏《关于使用五千万美元贷款之协定》、1945 年《中华民国国民政

---

① 中葡《邮资条件》，1917 年 10 月 1 日，王铁崖编：《中外旧约章汇编》第 2 册，第 1294 页。

② 《关于中越关系之协定》，1946 年 2 月 28 日，王铁崖编：《中外旧约章汇编》第 3 册，第 1369 页。

③ 《关于中苏此次共同对日作战苏联军队进入中国东三省后苏联军总司令与中国行政当局关系之协定》，1945 年 8 月 14 日，王铁崖编：《中外旧约章汇编》第 3 册，第 1340 页。

④ 中俄《伊犁塔尔巴哈台通商章程》，咸丰元年七月初十日，王铁崖编：《中外旧约章汇编》第 1 册，第79—80 页。

⑤ 《第一次海牙保和会公约》《第二次海牙保和会公约》，薛典曾、郭子雄编：《中国参加之国际公约汇编》，第 1、29 页。

⑥ 《总署致英国公使窦纳乐照会：行船免碰章程中国先饬洋式兵商船试办由》，光绪二十二年十一月十六日，台北"中研院"近史所档案馆藏清总理衙门档案，档号：01—13—019—02—018。

府、联合国救济善后总署基本协定》、1948 年《联合国国际儿童急救金会与中华民国政府协定》、1948 年中美《关于经济援助之协定》。一些邮政协定与此类似，如 1917 年中英《直接互寄包裹章程》、1922 年中日《互换邮件协定》。

有的条约未要求批准互换，而是规定了生效的具体开始时间，如 1930 年中日《关税协定》规定自签订之日后第十日起发生效力。[①] 更多的是一些电信类和邮政条约。如 1916 年中美《互寄包裹章程》规定，自 1916 年 8 月 1 日起实行有效，不需批准[②]。其他马来亚、菲律宾等国所订条约作了类似规定。电信类如 1934 年中日《无线电报务合同》规定自 1934 年 5 月 8 日起发生效力。[③] 1935 年中日《无线电话务合同》规定自 1936 年 2 月 15 日起发生效力。[④] 1937 年中德《报务合同》规定自 1937 年 6 月 1 日开始发生效力。[⑤]

关于国际公约的缔结程序，与一般条约大致相同。作为开放性多边条约，一般经过创始缔约国订立后，其他国家可以自由加入。某些国际公约可以选择性加入，即可接受其中部分内容，而拒绝某些条款。在近代，中国参加的国际公约，多是后来加入的，涉及的程序主要是签字和批准。在国家的正式代表签字后，经过最高国务机关批准，然后送交相关国际机构保存，完成加入程序。如补充《推广 1864 年日来弗原议行之于水战条约》的《病院船条约》规定，各国全权代表须签字画押，加入国应将加入条约的备文，知照荷兰国政府，并由该国转告与议各国。若愿意退出该约，"须备文咨照和兰国政府，并由该政府立即转告所有缔约各国后一年之外方生效力"。该约订于海牙，正约存储于荷兰国政府，副本则转交缔约各国。[⑥] 民国时期的国际公约，对于相关形式的规定更为详实。如关于公约的缔结和加入，《国际救济协会公约》规定，凡国际联合会会员国或参加日内瓦会议之非会员国，

---

① 中日《关税协定》，1930 年 5 月 6 日，王铁崖编：《中外旧约章汇编》第 3 册，第 799 页。
② 中美《互寄包裹章程》，1916 年 5 月 29 日，王铁崖编：《中外旧约章汇编》第 2 册，第 1208 页。
③ 中日《无线电报务合同》，1934 年 5 月 8 日，王铁崖编：《中外旧约章汇编》第 3 册，第 965 页。
④ 中日《无线电话务合同》，1935 年 10 月 22 日，王铁崖编：《中外旧约章汇编》第 3 册，第 1023 页。
⑤ 中德《报务合同》，1937 年 5 月 25 日，王铁崖编：《中外旧约章汇编》第 3 册，第 1089 页。
⑥ 《病院船条约》，1904 年 12 月 21 日，薛典曾、郭子雄编：《中国参加之国际公约汇编》，第 334 页。

都可以加入公约，"此项加入应以通知书送交国际联合会秘书长以备存案，秘书长并应即将此备案加入之事通知签约国或加入国"。此外，加入国际公约进退自由，若认为该公约对本国不利，可以经过一定程序完全退出。若要退出该协会和公约，"得以先一年之通知书送交国际联合会秘书长"，秘书长"接到前项退出通知书一年后，本公约之各项规定即不适用于该退出国之领域内"。秘书长"应将接到之退出通知书知照该协会所有会员国"。①

晚清和民国时期加入的国际公约，所涉国家机构不同，但均须通过这一程序。其批准机构，在晚清为皇帝用宝，民国时期则程序较为繁杂。如《国际救济协会公约》的加入，先是国际救济协会 1933 年在日内瓦正式成立，然后通知中国，邀请加入，外交部即函达内政部核转，呈请行政院核办。经行政院会议决议通过，转呈中央政治会议核定，确定加入原则。又经立法院会议决议通过，由国民政府明令批准加入，并将批准文件送交国联秘书厅登记，最后完成加入程序。② 中国还参加了一些国际会议的讨论，在一定程度上参与了公约的制订。如《病院船条约》，清政府应邀派胡惟德为代表，与各国议定该公约，签字画押，并于次年 5 月 24 日批准。③ 民国时期，随着形势的变化和国际法的发展，中国的国际地位有相应变化，其主动性也不断提高，成为一些国际公约的创始缔约国。如 1919 年《国际联盟盟约》、1945 年的《联合国宪章》等。

以上所述条约缔结程序，也属条约的产生形态，同样反映了中外条约关系的一些特点。晚清时期，缔结程序充斥着条约内容中所体现的强权色彩和不平等内涵，在条约产生时已彰明较著，下节将论及，这里不赘。民国时期，缔结程序的基本环节与晚清大体相同，但武力威胁和强权政治的色彩，在条约创建中的作用大为减弱。其具体规范，也更为正规，尤其是明确规定按照本国法律，或据根本法，或据宪法程序予以批准。有的条约还具体指明两缔约国的不同方式，如"由中国国民政府依照中国宪法批准

---

① 《国际救济协会公约》，1927 年 7 月 12 日，薛典曾、郭子雄编：《中国参加之国际公约汇编》，第 347 页。
② 《国际救济协会公约》，1927 年 7 月 12 日，薛典曾、郭子雄编：《中国参加之国际公约汇编》，第 345 页。
③ 《病院船条约》，1904 年 12 月 21 日，薛典曾、郭子雄编：《中国参加之国际公约汇编》，第 333 页。

之，并由美国总统得美国参议院之协赞、允许而批准之"；① "由两国政府各依其宪法程序予以批准，在瑞典方面并应经其议会之同意"；② 等等。大多条约除了签字之外，还明确规定盖印，如两全权代表"签字、盖印，以昭信守"。③ 此外，民国时期，条约关系从不平等向基本平等转折，条约缔结程序也反映了这一变化。

第三节　条约效力和条约施行

条约效力和条约施行，是涉及条约实施的外观形态，与条约实质内容，即缔约双方权利、义务的履行或兑现有着直接联系，在更深的层面反映了条约的内涵属性。这一外在形态，涉及条约有效的基本要素、条约在空间和时间的适用、条约解释和修订、条约终止，等等。这里不作全面探讨，仅就晚清时期较为突出的几个问题作一剖析。

一是条约的效力要素。在传统国际法时代，对国家实施强迫成立的条约不影响其效力。④ 晚清时期，中外条约多是在这一规则下取得效力的，方式主要有四。一是通过战争强迫订约。这是占主导地位的方式。战争既是晚清中外条约关系形成的源头，又是这一关系不断发展的推动器。从《南京条约》到《天津条约》《北京条约》，再从《马关条约》到《辛丑条约》，条约关系的产生、形成及其完善，其基本框架均是列强通过侵略战争构建的。二是通过武力恐吓胁迫订约。如前面提到的中美《望厦条约》和中法《黄埔条约》，在交涉过程中，遭到两国的威胁。此类情况，与以战争胁迫订约具有同样的性质，虽然不是直接诉诸武力，但却是以战争作基础。三是战争胁迫下的相互协商。这种情况一般出现在战后的商约交涉，如庚子之役之后与

---

① 中美《公断条约》，1930 年 6 月 27 日，王铁崖编：《中外旧约章汇编》第 3 册，第 818 页。

② 中瑞《关于取消瑞典在华治外法权及其有关特权条约》，1945 年 4 月 15 日，王铁崖编：《中外旧约章汇编》第 3 册，第 1309 页。

③ 中葡《友好通商条约》，1928 年 12 月 19 日，王铁崖编：《中外旧约章汇编》第 3 册，第 656 页。

④ 李浩培：《条约法概论》，第 274 页。

英、美、日等国修订通商行船续约。此类条约，其大背景是八国联军之役，修订商约则出自列强的胁迫，但在具体交涉中，相关问题双方有协商，并非完全听人摆布。这种情况反映了清政府观念上的进步，即将条约视为体现双方权益的法律文书，而不是如同以往"怀柔远人"的单方面之举。因此，即使列强挟战胜之威，中方交涉大臣仍据理相争，修约谈判因而具有相互协商的性质。中方也因此通过修约在某种程度上维护了自己的权益。四是条约中的某些条款，在欺诈手段之后再施以高压而订立的。例如，中法订立《北京条约》时，法国迫使清政府将1846年上谕中关于归还教产以及对"滥行查拿"教徒的地方官员予以处分的内容规定于该约第六款，法国翻译又偷偷在条约的中文本上加上"任法国传教士在各省租买田地，建造自便"一句①。按照中法《天津条约》，"所有议定各款，或有两国文词辨论之处，总以法文作为正义"。② 所加句子在法文本上是没有的，因此没有法律效力。但清政府中无人懂法文，对此全然不知。1865年，法国公使柏德美又向清政府施压，迫使总理衙门以照会形式确认这一特权，达成所谓"柏德美协定"。③

除了强迫之外，这个时期的中外条约还有一种方式，即经过相互协商，缔约双方达成意思的一致。如前面提到的1871年中日《修好条规》、1899年中韩《通商条约：海关税则》等，是在两国平等协商之后订立的。此类情况体现了正常的条约关系，但却不多见。此外，还有以宗藩关系为基础的订约。此系清政府将宗藩关系转化为条约关系，如1882年中朝《商民水陆贸易章程》。

二是关于条约适用。晚清时期中外条约的适用范围，具有几个特点。其一，关于时间范围，除了租借地条约之外，一般未作限定。其二，关于空间范围，作了严格的限制，如规定通商口岸的地点、外人所享权利的范围等。其三，关于对缔约国的约束，有不同规定。前两个特点，限于篇幅不赘，这里着重剖析第三个特点。某些条约强调对中方的约束，尤其是第二次鸦片战

---

① 中法《续增条约》，咸丰十年九月十二日，王铁崖编：《中外旧约章汇编》第1册，第147页。
② 中法《天津条约》，咸丰八年五月十七日，王铁崖编：《中外旧约章汇编》第1册，第105页。
③ 中法《法国教堂入内地买地照会》，同治四年正月二十五日，王铁崖编：《中外旧约章汇编》第1册，第227页。

争后订立的条约。中法《天津条约》规定："交互之后，中国即将本和约章程行文内外各宪，遍行周知。"① 中英《北京条约》规定：条约在京互换之日，"大清大皇帝允于即日降谕京外各省督抚大吏，将此原约及续约各条发抄给阅，并令刊刻悬布通衢，咸使知悉"。② 中德《通商条约》除了盖印画押之外，还规定批准互换后，"中国即将所议章程行文内外各省大吏按照办理"。③ 这些条款仅要求中方行文内外各宪，反映中外条约只是单方面地给予对方权利。也有部分条约对双方作了要求，而非对中国的单方面约束。如中美《天津条约》第三款规定："条约各款必使两国军民人等尽得闻知，俾可遵守。"④ 中俄《北京条约》规定，两国互换和约后，"各将此和约原文晓谕各处应办事件地方"。⑤ 中日两国订立的《修好条规》亦规定：两国批准互换后，"即刊刻通行各处，使彼此官民咸知遵守"。⑥

三是关于履约担保。这是列强保障条约特权的重要条件和方式，具有单向的特点。在传统国际法中，"如占领一座炮台或整个省份，作为保证条约履行的手段，是在一国依据条约应支付大笔款项时常被使用的。现在这种占领在和约规定偿付战争赔款的情形下或为了其他原因常被使用"。⑦ 列强从一开始便采用了这一手段，中英《南京条约》第十二款规定清政府交纳保证金，英军才退出江宁、京口等地。见前述，不赘。中英《天津条约》特设专条，规定广东督抚筹措英国商人及军队各损失的 200 万两白银，军队才能将广州交给清政府。⑧ 中英《北京条约》第九款规定清政府将赔款 800 万两白银交清，英军才能撤退。⑨中日《马关条约》第八款更明确规定："中国为保明认真实行约内所订条款，听允日本军队暂行占守山东省威海卫。又于中国将本约所订第一、第二两次赔款交清，通商行船约章亦经批准互换之后，中

---

① 中法《天津条约》，咸丰八年五月十七日，王铁崖编：《中外旧约章汇编》第 1 册，第 112 页。

② 中英《续增条约》，咸丰十年九月十一日，王铁崖编：《中外旧约章汇编》第 1 册，第 146 页。

③ 中德《通商条约》，咸丰十一年七月二十八日，王铁崖编：《中外旧约章汇编》第 1 册，第 170 页。

④ 中美《天津条约》，咸丰八年五月初八日，王铁崖编：《中外旧约章汇编》第 1 册，第 90 页。

⑤ 中俄《北京续增条约》，咸丰十年十月初二日，王铁崖编：《中外旧约章汇编》第 1 册，第 153—154 页。

⑥ 中日《修好条规》，同治十年七月二十九日，王铁崖编：《中外旧约章汇编》第 1 册，第 319 页。

⑦ ［英］劳特派特修订，王铁崖、陈体强译：《奥本海国际法》上卷，第 2 分册，第 349 页。

⑧ 中英《天津条约》，咸丰八年五月十六日，王铁崖编：《中外旧约章汇编》第 1 册，第 103 页。

⑨ 中英《续增条约》，咸丰十年九月十一日，王铁崖编：《中外旧约章汇编》第 1 册，第 146 页。

国政府与日本政府确定周全妥善办法，将通商口岸关税作为剩款并息之抵押。日本可允撤回军队。倘中国政府不即确定抵押办法，则未经交清末次赔款之前，日本应不允撤回军队。但通商行船约章未经批准互换以前，虽交清赔款，日本仍不撤回军队。"①其后订立中日《通商行船条约》之时，又特地为此换文，确认按照《马关条约》办理，要求日方履约撤军。谓："今第一、第二两次赔款业经如期交清，通商行船条约已经本大臣与贵大臣逐款议定，于六月十一日署名盖印，订期至迟不逾三个月在北京互换。一俟此次通商行船条约互换后，中国政府自可与日本政府妥商剩款及息如何交收，以便撤回驻威海军队。"②《辛丑条约》亦以中国"足适诸国之意妥办"，"愿将一千九百年夏间变乱所生之局势完结"为条件，"诸国亦照允随行"。即在中国承诺兑现其全部要求之后，各国军队才能从直隶撤出。③

民国时期，条约效力和条约施行与晚清有所不同。从条约效力要素来看，随着对战争的否定，暴力胁迫因素在逐渐降低，但强权政治仍未消失，中外条约仍然受到这方面的压力。第一次世界大战战后议和，中国不能享受战胜国的待遇，相关和约不能反映中国的要求和利益。此时期，强权政治下的胁迫仍不同程度有所体现。如中英平等新约、"雅尔塔密约"框架下中苏条约，以及二战后中美商约的签订等，均反映了这一情况。另外，经过相互协商达成意思一致的订约方式，更为普遍，并形成为趋向。其中较为典型的，如1924年中苏《解决悬案大纲协定》的签订，苏方承诺放弃帝俄时代的条约特权。又如1937年中苏《不侵犯条约》第一条郑重声明，"两方斥责以战争为解决国际纠纷之方法，并否认在两国相互关系间以战争为施行国家政策之工具，并依照此项诺言，两方约定不得单独或联合其他一国或多数国对于彼此为任何侵略"。④从条约适用来看，与晚清时期比较亦有重要变化。关于时间限定，如1925年中奥《通商条约》规定有效时间为10年，1939年中苏《通商条约》为3年，1946年中美《友好通商航海条约》为5年。其他

---

① 中日《马关新约》，光绪二十一年三月二十三日，王铁崖编：《中外旧约章汇编》第 1 册，第 616—617 页。
② 《张大臣致日本公使照会》，光绪二十二年六月十一日，王铁崖编：《中外旧约章汇编》第 1 册，第 668 页。
③ 《辛丑各国和约》，光绪二十七年七月二十五日，王铁崖编：《中外旧约章汇编》第 1 册，第 1008 页。
④ 《不侵犯条约》，1937 年 8 月 21 日，王铁崖编：《中外旧约章汇编》第 3 册，第 1105 页。

类别的条约则各有不同，如 1945 年中苏《友好同盟条约》，有效期间为 30 年；与此相关的《关于大连之协定》《关于旅顺口之协定》，亦同。1915 年中荷《公断专约》则规定 10 年。上述条约规定，若无缔约方提出废止，则继续有效。还有专为某特定事务订立的条约，其时间效力是有条件的，如 1918 年中日《陆军共同防敌军事协定》规定中、日两国对于德、奥敌国战争结束时，即失去效力。[①]

四是关于条约修订。这是指条约有效期内改变其规定的行为，可以说是条约关系的动态形式。条约缔结之后，不可能永恒不变，须根据情况的变化而作出必要的修订。从第一批中外条约始，便出现了修约条款并逐渐完善，趋向国际惯例。作出修约规定的第一个条约，是中美《望厦条约》，该约载："和约一经议定，两国各宜遵守，不得轻有更改；至各口情形不一，所有贸易及海面各款恐不无稍有变通之处，应俟十二年后，两国派员公平酌办。"[②] 根据这一规定，双方均有权提出修改。中法《黄埔条约》则规定，日后法方"若有应行更易章程条款之处，当就互换章程年月，核计满十二年之数，方可与中国再行筹议"。[③] 这里规定 12 年之后可以修改变通，但仅反映法方的修约权利。

第二次鸦片战争之后订立的条约，修约规定趋向规范化。中俄、中美《天津条约》无修改条款，中英《天津条约》第二十七款规定 10 年之后可以修约。[④] 此后，其他条约的修约条款大多亦是这些内容。如中德《通商条约》、中意《通商条约》、中奥《通商条约》、中日《通商章程：海关税则》、中秘《通商条约》、中巴《和好通商条约》、中法《越南边界通商章程》、中葡《和好通商条约》、中日《通商行船条约》、中墨《通商条约》等。清末所订商约，亦作类似规定。如中英《续议通商行船条约》、中美《通商行船续订条约》。中日《通商行船续约》无专门的修约条款，但第九款规定："两国现存各条约及两国

---

① 中日《陆军共同防敌军事协定》，1918 年 5 月 16 日，王铁崖编：《中外旧约章汇编》第 2 册，第 1367 页。

② 中美《五口贸易章程：海关税则》，道光二十四年五月十八日，王铁崖编：《中外旧约章汇编》第 1 册，第 56 页。

③ 中法《五口贸易章程：海关税则》，道光二十四年九月十三日，王铁崖编：《中外旧约章汇编》第 1 册，第 64 页。

④ 中英《天津条约》，咸丰八年五月十六日，王铁崖编：《中外旧约章汇编》第 1 册，第 99 页。

约定事项未经因立本条约更改或废除者，仍旧照行不违。"① 根据这一规定，有关修约规定的中日《通商行船条约》第二十六款仍然有效。

从以上条款来看，较为普遍的规定，是双方享有同等的修约权，以10年为期，期满之前6个月内先行知照。此外，还有些特殊的规定，如中法《天津条约》第四十款，该约仍承袭《黄埔条约》，仅规定法方的修约权，且以12年为期。② 中比《通商条约》与此相类似，第四十六款规定："日后比国若于现议章程条款内有欲行变通之处，应俟自章程互换之日起至满十年为止，先期六个月备文知照中国如何酌量更改，方可再行筹议。若未曾先期声明，则章程仍照此次议定办理，复俟十年，再行更改。"③ 另外，《中俄密约》作为军事同盟条约，在修约年限上与商约不同，其第六款规定："此约由第四款合同批准举行之日算起照办，以十五年为限，届期六个月以前，由两国再行商办展限。"④ 中英《藏印条款》续款第二款亦规定："自此次条约议定之日起，于五年后如查其中有应行变通更改之处，必须于六个月之前声明，以便两国各派员议办。"⑤

另外，某些专项条约有特殊的规定，虽肯定双方的修约权，但在修约期限和预行知照的时间等方面存在差异。如在华招收华工，未作修约期限的限定，但预先知照的时间却较一般商约更长。如中西《会订古巴华工条款》未规定修约期限，但却要求至少在一年之前预先知照。⑥ 或因有关规定属试办性质，修约期限较短，甚至可以不作严格限制，且无须预先知照。如中英《续议滇缅界、商务条款》第十九条规定："交换批准条约六年后，或中国愿行修改，或英国愿行修改，均可商议。"⑦

关于条约修订和条约解释，民国时期的中外条约较晚清有新的变化。关

---

① 中日《通商行船续约》，光绪二十九年八月十八日，王铁崖编：《中外旧约章汇编》第2册，第194页。

② 中法《天津条约》，咸丰八年五月十七日，王铁崖编：《中外旧约章汇编》第1册，第112页。

③ 中比《通商条约》，同治四年九月十四日，王铁崖编：《中外旧约章汇编》第1册，第237页。

④ 中俄《御敌互相援助条约》，光绪二十二年四月二十二日，王铁崖编：《中外旧约章汇编》第1册，第651页。

⑤ 中英《藏印条款》，光绪十九年十月二十八日，王铁崖编：《中外旧约章汇编》第1册，第568页。

⑥ 中西《会订古巴华工条款》，光绪三年十月十三日，王铁崖编：《中外旧约章汇编》第1册，第356页。

⑦ 中英《续议滇缅界、商务条款》，光绪二十年正月二十四日，王铁崖编：《中外旧约章汇编》第1册，第580页。

于修约条款，有如下变化。其一，条约修订的条款，总体上规范对等，没有出现如晚清时期片面权利的规定。其二，通商条约大多没有修约条款。如1925年中奥《通商条约》，1929年中波《友好通商航海条约》，1939年中苏《通商条约》，以及1946年中美《友好通商航海条约》，均无修约条款。以上几个条约，中波条约无期限规定，中奥商约10年期限，其他商约或三年或五年。只有三年期限的1930年中捷《友好通商条约》有修约条款。其三，有修约条款的条约，主要是邮政通信，以及中国与国际组织所订条约两大类。关于邮政通信，如1922年中日《互换邮件协定》、1937年中德《报务合同》、1945年《中华民国国民政府、联合国救济善后总署基本协定》、1947年中国与驻东京盟军总部所订《关于准许日本渔轮在中国、朝鲜、琉球外公海捕鱼办法》等。此外，还有一些涉及包括收回条约特权，调整条约关系的条约，立有修约条款。如1926年中国与各国所订《收回上海会审公廨暂行章程》规定，第一次3年期满时，"得于期满前六个月通知提议修正"。[①]1930年中法《规定越南及中国边省关系专约》规定，本约以5年为期，"期满前六个月，两缔约国之任何一方，得通知对方将本专约修改或废止之"。[②]

　　总体来看，修约条款存在于两类条约之中，一是商约，包括综合性条约中的通商事务，二是军事同盟条约，以前者为主体，后者只是个案。战争和约如《南京条约》《马关条约》《辛丑条约》等，均无修约规定。中英《天津条约》，其修约规定限于通商条约。除少许条约外，这些修约规定均给予清政府与彼同等的修约权。此类条款，虽符合国际惯例，并给中国以修约的条约依据，但由于列强的强权政治，清政府并不能享有实际的权益。

　　五是关于条约解释。这是确定条约权利实施的重要前提，涉及多个层面，其中以何国文字为凭尤反映其内在属性。条约关系建立之初，多规定以对方文字为凭，如中英《天津条约》第五十款规定："遇有文词辩论之处，总以英文作为正义。"[③]中法《天津条约》第三款规定："有两国文词辩论之

---

① 《收回上海会审公廨暂行章程》，1926年8月31日，王铁崖编：《中外旧约章汇编》第3册，第593页。
② 中法《规定越南及中国边省关系专约》，1930年5月16日，王铁崖编：《中外旧约章汇编》第3册，第808页。
③ 中英《天津条约》，咸丰八年五月十六日，王铁崖编：《中外旧约章汇编》第1册，第102页。

处，总以法文做为正义。"① 仅中俄《天津条约》规定："今将两国和书用俄罗斯并清、汉字体抄写，专以清文为主。由二国钦差大臣手书花押，钤用印信，换交可也。所议条款俱照中国清文办理。"② 经过第二次鸦片战争，清政府开始注重以本国文字作为解释条约的依据。1861年，德使艾林波来华订约，提出所有条约及将来照会，均以德国文字为凭。奕䜣令总理衙门大臣崇纶等"驳改"，以中国文字为凭。艾林波坚执不允，后经法国人美里登调处，议定另以法文"作为质证"。③ 中德所订条约规定："用中国文字并德意志字样合写，两国公同较对无讹"。"倘日后中国与布国有辩论之处，即以法文稿本为证。"④ 1863年中荷《天津条约》第十四款规定"若遇有文辞辩论之处，各以本国文字为正"，⑤ 未另以第三国文字作为质证。1864年中西《和好贸易条约》第五十一款，1865年中比《通商条约》第八款，1866年中意《通商条约》第五十款，1869年中奥《通商条约》第七款，均作了同样规定。1887年中秘《通商条约》第十七款，1887年中葡《和好通商条约》第五十三款，还规定可兼看英文，或以英文解明疑点。1899年中墨《通商条约》第十八款，则规定如有不符，以英文为主。1903年中日《通商行船续约》第十二款，规定如汉文与日文有参差不符，以英文为准。

在此问题上，除了英、美、法等国之外，清政府基本上取得了平等权利。迄至清末，1903年中美《通商行船续订条约》第十七款，仍规定"以英文作为正义"。英、美、法是三个与中国条约关系最为密切的大国，以该三国文字作为解释条约的依据，对中国损害极大。如通商口岸的范围问题，由于解释条约以它们的文字为准，以致历次交涉毫无效果。⑥ 其后，清政府一方面注意坚持平等权利，一方面又注意遵循国际惯例。如与荷兰议订领事条约，外部奏称："画押约本专用法文，缘汉文、和文彼此均有未谐之处，如

① 中法《天津条约》，咸丰八年五月十七日，王铁崖：《中外旧约章汇编》第1册，第105页。

② 中俄《天津条约》，咸丰八年五月初三日，王铁崖：《中外旧约章汇编》第1册，第88—89页。

③ 《恭亲王等奏》，咸丰十一年七月甲辰，贾桢等纂修：《筹办夷务始末·同治朝》卷1，故宫博物院用抄本影印，1930年，第2页。

④ 中德《通商条约》，咸丰十一年七月二十八日，王铁崖：《中外旧约章汇编》第1册，第165页。

⑤ 中荷《天津条约》，同治二年八月二十四日，王铁崖编：《中外旧约章汇编》第1册，第212页。

⑥ 《鄂督瑞澂咨外部美孚行在宜昌城内售卖货物与约不符请照复美使饬办该文》，宣统三年七月十三日，王彦威、王亮辑编，李育民等点校整理：《清季外交史料》第9册，第4550页。

有辩论仍须以第三国文字为准"。"该约内文字之间业经饬员详慎查核，与所译汉文符合。"①

关于条约解释，民国时期一般都以第三国文字作准。以英文为准的如 1915 年中智《通好条约》、1922 年中日《互换邮件协定》、1925 年中奥《通商条约》、1939 年中苏《通商条约》、1945 年中瑞《关于取消瑞典在华治外法权及其有关特权条约》。以法文为准的如 1915 年《中俄蒙协约》、1919 年中玻《通好条约》、1921 年《中德协约》。

另一种方式是给予双方文字以同等地位。如 1938 年中苏《关于使用五千万美元贷款之协定》、1939 年中苏《关于使用一亿五千万美元贷款之条约》、1945 年中苏《友好同盟条约》《关于大连之协定》《关于旅顺口之协定》、1949 年中苏《延长合办中苏航空公司（"哈阿"线）协定》、1943 年中比《关于废除在华治外法权及处理相关事件条约》、1948 年《联合国国际儿童急救金会与中华民国政府协定》。

值得注意的是，英、美、法等国与中国所订条约，则先后由以己国文字为准转为对等规定。中英条约，如 1917 年《九龙分关章程》、1928 年《关税条约》规定以英文意义为准。中美条约，如 1920 年《修改通商进口税则补约》、1928 年《整理中美两国关税关系之条约》规定以英文为准。中法条约，如 1928 年《关税条约》规定以法文为准。从 1930 年开始，中美、中英、中法条约的这一不对等方式发生变化。1930 年中美《公断条约》，1943 年中美《关于取消美国在华治外法权及处理有关问题之条约》，1943 年中英《关于取消英国在华治外法权及其有关特权条约》，1945 年中法《交收广州湾租借地专约》，1946 年中法《关于法国放弃在华治外法权及其有关特权条约》和《关于中越关系之协定》，1946 年中美《友好通商航海条约》、中美《空中运输协定》，1947 年中英《空中运输协定》，1948 年中美《关于经济援助之协定》，均规定双方文字有同等效力。

此外，有的条约还规定其他方式。如 1921 年中俄《黑龙江官府远东政

---

① 《外部奏中和领约以法文为主片》，宣统三年四月初三日，王彦威、王亮辑编，李育民等点校整理：《清季外交史料》第 9 册，第 4484 页。

府开通边界章程》规定如条文有争议，"应参考双方条文为适中之意义解释"。① 1939 年中苏《通商条约》除了作准文字之外还规定，对条约解释或实行时如意见相歧，将该问题提交调解委员会。该调解委员会"将其建议陈送于两缔约国"；并规定，该调解委员会以 6 人组成，两缔约国政府各派 3 人。② 1930 年中国与各国订立的多边条约《关于上海公共租界内中国法院之协定》也规定，高等法院分院院长或签字于本协定之外国主管官员，对于本协定之解释与其适用如发生意见不同时，"将其不同之意见送交该常川代表等共同设法调解"。③

关于国际公约的效力与施行，与一般条约既有相同之处，又存在较大的差异。相同之处主要在于公约内容对相关国家具有约束力，即加入国家既享有权利，同时又须承担相应的义务。作为开放性条约，国际公约与一般条约存在较大区别。作为以自愿为基础的国际公约，没有暴力要素，也无履约担保。根据具体情况有相应约定，如《国际救济协会公约》规定："至少十二国以上之批准或加入，而其摊认股款共达六百股时，发生效力。"关于条约适用范围，一般是缔约国领土内，但国际公约的规定越来越明确具体。如该公约规定，各国须明确适用范围，缔约国可声明"承认本公约对于其所属一切或任何殖民地、保护国、宗主权所及地，或委任统治地，不负任何义务"。各缔约国亦可随时声明"停止适用"这些地域，秘书长"接到该项声明一年后，本公约对于所声明之地域即停止适用"。④《国际联盟盟约》规定：盟约修正，"经行政院全体及联盟大会代表多数之批准，即生效力"；成员有自由不承认盟约修正案，"但因此即不复为联盟会员国"。⑤《联合国宪章》则规定：修正案"经大会会员国三分之二表决并由联合国会员国三分之二，包括安全理事会全体常任理事国，各依其宪法程序批准后，对于联合国所有会员

---

① 中俄《黑龙江官府远东政府开通边界章程》，1921 年 3 月 7 日，王铁崖编：《中外旧约章汇编》第 3 册，第 158 页。

② 《通商条约》，1939 年 6 月 16 日，王铁崖编：《中外旧约章汇编》第 3 册，第 1143 页。

③ 《关于上海公共租界内中国法院之协定》，1930 年 2 月 17 日，王铁崖编：《中外旧约章汇编》第 3 册，第 772 页。

④ 《国际救济协会公约》，1927 年 7 月 12 日，薛典曾、郭子雄编：《中国参加之国际公约汇编》，第 347、348 页。

⑤ 《国际联盟盟约》，1919 年 6 月 28 日，世界知识出版社编：《国际条约集（1917—1923）》，第 276 页。

国发生效力"。① 关于条约解释，除了规定以英文及法文为准之外，另还明确了争端解决机制。②

以上所述条约效力要素、条约适用、履约担保、条约修订、条约解释等外观形态，既深刻地反映了近代中外条约的本质属性，又揭示了条约关系从不平等到基本平等的转换。晚清时期，以强权暴力为基础的效力要素，条约适用强调对中方的约束，单向的履约担保，片面的修约权利，战争和约基本上没有修约规定，条约解释无视中方文字的效力等，无不体现了条约内容的不平等性质。以条约文字为例，一般来说，"不同文的两国所订条约应用何国文字缮成，由它们自己商定"。③ 在晚清时期，中国在"商定"过程中的意见得不到尊重，鸦片战争之时，英国外相巴麦尊即要求懿律和义律，坚持英文的表达方式，为了防止将来产生任何疑问，正式解释条约可能引起的所有问题必须以英文本为准。④ 强行将英文作为"正义"。民国时期，随着形势的发展，从条约解释而言，美、英等国放弃曾强硬坚持的片面特权，开始接受双方对等的形式。这一改变，经历了从最初的个案到普遍性的发展。另外，民国时期中外条约的效力要素的变化，是新的国际国内形势的必然，顺应了条约关系新的趋向。综观上述各种方式呈现的条约外观形态，无疑呈现了良莠混杂的畸形状态，既反映了近代中外条约关系以不平等为主体的内涵属性，又揭示了这一内涵的衰落走势，同时暴露了传统国际法的明显弊端，指示着现代国际法时代的来临。

第四节　条约内容的类别区分

从世界缔约史来看，"在一个条约中，条约国可以成立种种的条约关

---

① 《联合国宪章》，1945 年 6 月 26 日，世界知识出版社编：《国际条约集（1945—1947）》，第 59 页。
② 《国际救济协会公约》，1927 年 7 月 12 日，薛典曾、郭子雄编：《中国参加之国际公约汇编》，第 347 页。
③ 崔书琴：《国际法》上册，第 213 页。
④ 《巴麦尊子爵致女王陛下驻华的两位全权大臣、尊敬的海军少将懿律和皇家海军上校义律函》，1840 年 2 月 20 日，见胡滨译：《英国档案有关鸦片战争的资料选译》下册，中华书局，1993 年，第 536 页。

系","条约的规定是可以分离的"。① 也就是说,同一个条约可以规定不同事项的内容,以政治为主体的条约中有着经济方面的内容,而商务条约又有着政治方面的条款。严格地说,在近代尤其是晚清时期,主体条约没有单一的类别,多是各类内容混在一起。大体上分为政治、社会经济、文化几大类别。

一、 政治类条约

政治类条约,按照国际法学者的分类,包括非战公约、媾和条约、同盟条约、友好条约、供给条约、保证条约、互不侵犯条约、公断条约、保护条约、暂时中立条约、中立地条约、领土割让条约、领土交换条约、领土买卖条约、租借地条约、永占条约、划定势力范围条约、国际地役条约、划界条约、设领条约、领事裁判权条约、法权条约、判决执行条约、引渡条约、诉讼求助条约、居住游历条约、兵役条约等 27 类。② 或认为,政治条约包括同盟,保证或安全,仲裁、和解、与司法解决,不侵略及侵略定义,友好、合作、谅解、中立,和约等类别。③ 就范围而言,可归纳为六大类,即国际公约、战争暨同盟条约、外交关系条约(包括友好、设领)、边界及领土条约、司法条约、外国人法律地位暨待遇条约等。这六大类别,或有专约,或体现在综合条约之中,兹分别论述。

战争暨军事条约,内容较广,晚清时期主要有停战协定、媾和条约,以及军事同盟条约等类别。媾和条约和停战协定都是结束战争的书面文件。停战协定并非媾和条约,不是结束战争的条约,系"战争行动根据协议暂时停止"。停战协定分为全面和局部两种,全面停战是停止各交战国各处的战争行动,"表现为战争终止的前兆";局部停战则"只是在各交战方某些部队之间,以及在有限的范围内停止战争行动"。停战协定具有军事和政治的双重意义,"按其规定来说它是军事性的,而按其目的来说则是政治性的"。④

---

① 《战争与领事裁判权条约》,《王铁崖文选》,第547页。
② 吴昆吾:《条约论》,第96—115页。
③ 崔书琴:《国际法》上册,第233页。
④ [法]夏尔·卢梭著,张凝、辜勤华等译:《武装冲突法》,第139—140页。

停战协定，主要有 1885 年中法《停战条件》，以及 1895 年中日《停战条款》。前者是在中国处于有利条件下订立的，后者则是清军溃败而乞和的情况下签订的。

媾和条约，是指为结束战争而签订的条约，此类条约揭开了新的中外关系，在整个条约关系中具有最重要的地位。中英《南京条约》，便是结束鸦片战争而缔结的第一个媾和条约。第二次鸦片战争两个阶段分别订立中英、中法《天津条约》暨《北京条约》，结束中法战争订立的中法《越南条款》，甲午战争后订立中日《马关条约》，八国联军侵华后订立《辛丑条约》。中法《越南条款》的订立，中国是不败而败，不能认为是在中国战败的情况下签订的。上述其他条约是因清政府战败与各国所订，均系城下之盟。中英《南京条约》的签订，是"在英舰队的炮口和英军即将攻取南京的威胁下强加于中国的"。中英《天津条约》签订之前，额尔金提出了"最具有威胁性形式的最后通牒"。[①]

晚清时期的媾和条约虽然不多，但却是构建晚清时期中外条约关系的关键元素。这些条约，奠立了整个不平等条约体系的基础，列强由此获得了攫取在华特权的法律保障。《南京条约》签订后，通过暴力或以此为基础的恐吓手段，英国一次又一次地将不平等条约强加给中国，为英国的工商业打开"出路"。[②] 在英国的带动和示范下，其他西方列强纷纷效尤，中国订约史上便充满了暴力和恐吓。

这些媾和条约，内容不仅仅是结束战争，更重要的是攫取在华条约特权。因此，此时期的媾和条约，并非只是解决战争本身的问题，还涉及战争之外的其他事项。可将这类条约分为两大类别。一是确立战后关系的基本原则，再订以相关条约规定在华条约特权，如中英《南京条约》、中日《马关条约》、《辛丑条约》等。此类条约规定了双方的基本关系，在此基础上又另订立具体商约。如中英《通商章程善后条约：海关税则》《五口通商附粘善后通商条款》，中日《通商行船条约》，以及《辛丑条约》订立后清政府又与

① ［美］马士著，张汇文等译：《中华帝国对外关系史》第 1 卷，第 335、337、602 页注 3。
② ［英］伯尔考维茨著，江载华等译：《中国通与英国外交部》，第 3 页。

英、美、日等国商订通商行船续约。二是确立战后关系的基本原则，同时又规定了具体的条约特权，如中英、中法《天津条约》。该两约既有结束战争的条款，又包括英、法等国所要求的新特权，具体涉及经济贸易问题。在上述两大类别中，还包含领土割让的条款内容。如中英《南京条约》和《北京条约》分别将香港、九龙司割让给英国，《马关条约》将台湾、澎湖列岛、辽东半岛等割给日本。

上述是媾和条约的主体部分，此外还有与之相关的附属条约。例如，1846年中英《英军退还舟山条约》，1858年中法《和约章程补遗》，1895年中日《辽南条约》等。具军事性质的条约还有1885年中日《天津会议专条》，1905年中德《胶高撤兵善后条款》，以及1908年与各国所订《改订枪弹进口新章》等。其中《辽南条约》是在俄、法、德三国干涉之后将辽东半岛退还给中国而订立的条约，是对《马关条约》的特殊修订，亦可视为它的附属条约。另外，有的条约又具商约性质，如《改订枪弹进口新章》系驻北京各国外交团提出，作为修改1902年8月29日的"续修增改各国通商进口税则善后章程"第三款的规定。①

民国时期的政治类条约，主要有六类。关于战争暨军事条约，其中媾和条约主要是两次世界大战中，中国参与签订的和约，这里不赘。其他条约亦多与两次世界大战有关。中日间条约多与第一次世界大战和侵华战争相关，如1918年《陆军共同防敌军事协定》《海军共同防敌军事协定》，1919年《关于陆军共同防敌军事协定战争终了之协定》《关于海军共同防敌军事协定战争终了之协定》，1921年《关于取消中日军事协定之节略》《关于取消中日军事协定之换文》，1922年《关于胶济铁路沿线之撤兵协定》等。其后又有1932年《上海停战及日方撤军协定》，1933年《塘沽停战协定》，1935年《何梅协定》等。其他国家与中国所订条约，亦多与第二次世界大战相关，且多为军事协助条约。中英间如1929年《海军援助协定》，1929年《关于中英海军援助协定追加条款之换文》，1944年《租借协定》等。中美间如1942

---

① 《改订枪弹进口新章》"附注"，光绪三十四年五月二十四日，王铁崖编：《中外旧约章汇编》第2册，第514页。

年《抵抗侵略互助协定》，1946 年《处置租借法案物资协定》和《关于美国驻华军事顾问团之协定》，1947 年中美《关于美国武装部队驻扎中国领土之换文》，1948 年《关于驻华美军由行动所引起之赔偿问题之换文》，等等。另有 1944 年中加《关于加拿大依照一九四三年加拿大战争拨款（联合国互助）法案以加拿大战争供应品供给中国所适用之原则之协定》，中意 1947 年《为解决由战争所引起之损害赔偿问题换文》，等等。

　　外交关系条约，主要包括中外之间建立交往关系所订条约和设领条约。鸦片战争之后，中外之间订立条约，建立了一种新的关系，虽不是完整意义上的近代外交关系，但却有别于传统对外关系，可称为初始的近代外交关系。第二次鸦片战争之后，在此基础上建立了较为完整的外交关系。这些条约是中国与各国新关系的开端，具有重要意义，可纳入外交关系条约。晚清时期，条约名称各异，可分为媾和条约和非媾和条约两类。媾和条约如《南京条约》《天津条约》等，具有建立外交关系的性质，前已论及，不赘。其他非媾和性质的外交关系条约，大体上可分为两类。一是确立两国外交关系的基本原则，又另订商约具体规定两国通商关系。如 1858 年中美和中俄《天津条约》、1861 年中德《通商条约》、1863 年中丹《天津条约》、1865 年中比《通商条约》、1866 年中意《通商条约》、1869 年中奥《通商条约》、1871 年中日《修好条规》等。此类条约，除中日《修好条规》之外，均属不平等条约。二是将建交与通商融为一体，在确立两国基本外交关系的同时，又具体规定两国通商关系。例如，1844 年中美《望厦条约》和中法《黄埔条约》、1863 年中荷《天津条约》、1864 年中西《和好贸易条约》、1874 年中秘《通商条约》、1881 年中巴《和好通商条约》、1887 年中葡《和好通商条约》、1898 年中刚《天津专章》、1899 年中墨《通商条约》，等等。

　　另外，一些条约还涉及外交往来和礼仪方面的规定。第一次鸦片战争后订立的条约，建立的只是简单的和单方面的外交关系，有关中外往来的规定，是有来无往。条约中仅有列强在中国通商口岸设领，而无中国在对方设领的规定。第二次鸦片战争之后各约，规定了相互往来的外交关系，即可互派公使。设领一般规定于建交条约中，有的通过通商条约和换文达成设领协议，如 1886、1887 年中法《越南边界通商章程》和《续议商务专条来往照会》。设领专约仅有 1911 年中荷《和兰领地殖民地领事条约》，中荷两国在"通商行船条约之外特订专约，确定在和兰国领地、殖民地中国领事官之权利、义务、职权、特权、特典及豁免利益"。[①] 此约的订立，颇费周折，反映了清政府对外观念的变化。由于荷兰东印度属地华商众多，自光绪十七年（1891）以来，清政府向荷政府提出设领，均被拒绝，至宣统元年（1909）始订条约。由于荷兰的殖民地政策不许他国设领，经过艰难谈判，得允开议订约。交涉中，中方屡次抗争，坚持"所定条例皆和兰对于各国领事之普通规则"。但荷方坚持另立附则一条："本约不得以所称和兰臣民之人视为中国臣民，且该附则应归入本约一切办法，与本约均同。"中方不予承认，为此双方反复辩论，清外务部召回驻荷公使陆征祥，荷方才允许"将附则改为公文，可不归入领约"。又经十余次商议，双方才达成协议，互换备文。[②]

民国时期的外交关系条约有较大变化，涉及的国家更多。有中俄和中苏间 1915 年《中俄蒙协约》、1924 年《建立邦交之换文》和《解决悬案大纲协定》、1932 年《恢复邦交之换文》、1937 年《不侵犯条约》、1945 年《友好同盟条约》，等等。此外还有 1915 年中日《关于山东之条约》、1922 年中日《解决山东悬案条约》、1921 年中德《中德协约》、1946 年中法《关于中越关系之协定》，等等。另还有一批与中国建立或调整外交关系的条约，从 1915 年到 1949 年，有智利、瑞士、玻利维亚、芬兰、波斯、土耳其、拉脱维亚、利比里亚、爱沙尼亚、多米尼加、伊拉克、古巴、巴西、阿富汗、哥斯达黎加、墨西哥、厄瓜多尔、暹罗、沙特阿拉伯、阿根廷、菲律宾、意大利等国与中国订立《通好条约》或《友好条约》。尤其是，自 1943 年中美《关于取消美国在华治外法权及处理有关问题之条约》和中英《关于取消英国在华治外法权及其有关特权条约》订立后，调整与华不平等条约关系之后，又有比利时、挪威、加拿大、瑞典、荷兰、法国、瑞士、丹麦、葡萄牙等国订立类

---

① 中和《和兰领地殖民地领事条约》，宣统三年四月初十日，王铁崖编：《中外旧约章汇编》第 2 册，第 715 页。

② 《外部奏中和领约磋议已定请派大员画押折》，宣统三年四月初三日，王彦威、王亮辑编，李育民等点校整理：《清季外交史料》第 9 册，第 4482—4483 页。

似条约。

　　司法类条约，晚清时期可分为四类。其一，限制中国司法主权的领事裁判权条约。这是列强在华攫取的条约特权，一般规定于两国关系的相关条约中。或规定于通商条约，或规定于媾和条约，或规定于建交条约。此类条款始于中英《虎门条约》，其后与中国建立条约关系的国家，均订有类似条款。这些条款，基本上属于单方面给予对方特权的片面条款，但也存在某些例外和特殊条款。一是相互平等的领事裁判权条款，如中日《修好条款》。二是地域性单方面领事裁判权条款，如《藏尼条约》规定尼泊尔在西藏享有此特权。三是 1898 年中刚《天津专章》，刚果在中国获得领事裁判权等特权。该国号称"自由邦"，实际上并非一个主权独立的国家，而是比利时殖民地的一种特殊形式。① 其二，在相互协商基础上订立的公断条约。所谓公断条约，即国际仲裁条约，是缔约双方订立条约，同意将两国之间的争端交与国际裁判机构仲裁。1908 年中美《公断条约》，是近代中国第一个公断条约。该约规定："两立约国遇有争端，关于法律意义或条约解释，为外交法不能议结者，应付西历一千八百九十九年七月二十九号公约设立之海牙常川公断院判结，惟须无碍彼此国脉所系之利权、或自主权、或名誉、又不干涉第三国利权者，方可照办。"② 该约在操作上虽有诸多难行之处，但仍有着重要意义。如外务部奏称："美国与我国睦谊素敦，前既首先邀我议订此约，兹卒克底于成，将来如与他国订立，亦可援引办理。"③《美国国际法杂志》当时发表编辑部评论文章："美国不仅维持了中国领土完整及商业机会均等的原则，而且还与中国缔结了一项公断条约，从而承认了中国的平等地位，并且答应给予中国与其他国家同等的待遇。"尽管有理由将与"治外法权"的权利及特权相关的争端排除在公断实施范围之外，但实际上，在《中美公断条约》

---

　　① 该国的成立，是列强瓜分非洲的结果。在 1884—1885 年的柏林会议上，列强各国承认刚果自由邦，并指定比利时国王利奥波德二世为自由邦的元首，随后比国政府通过决议予以批准。从法律地位而言，此时的刚果自由邦只是利奥波德的私人财产，到 1908 年由比利时"接管"，正式成为该国的殖民地。[法] 罗贝尔·科纳万著，史陵山译：《刚果（金）历史》上册，商务印书馆，1974 年，第 211—215 页。

　　② 中美《公断条约》，光绪三十四年九月十四日，王铁崖编：《中外旧约章汇编》第 2 册，第 539 页。

　　③《外部奏中美订立公断专约请派员画押折》，光绪三十四年八月十六日，王彦威、王亮辑编，李育民等点校整理：《清季外交史料》第 8 册，第 3843 页。

中，并没有专门把这些权利及特权排除在外，中国被当作国际大家庭中的平等一员来对待的。[①] 翌年，中国与巴西订立了内容相似的《公断条约》。其三，司法互助条约。如 1843 年中英《五口通商附粘善后条款》、1894 年中英《续议滇缅界、商务条款》、1899 年中韩《通商条约：海关税则》等。或者双方商定专门章程，如 1896 年中法《边界会巡章程》、1909 年中法《中越交界禁匪章程》。其中后者系单方面性质，实际上是清政府要求法方查禁革命党人。这些章程根据相关条约，制定了处理办法。其四，结案条约。处理涉外案件与相关国家订立的条约，如中英 1876 年为处理"马嘉理案"（又称"滇案"）签订的《烟台条约》。该约本专为处理"滇案"而签订，但英方乘机勒索新的特权，内容超过该案范围，涉及外交往来、领事裁判权，以及通商事务等。

民国时期的司法类条约，有以下几类。一是涉及领事裁判权的条约。如1917 年中美《天津中美会审章程》，1918 年与瑞士签订的《通好条约》，亦给予对方这一特权，这是中国最后一个给予领事裁判权的条约。有取消这一特权的条约，如 1929 年中墨《关于墨国放弃领事裁判权换文》、1931 年中挪《关于在华领事裁判权之换文》。前述中美、中英等国 1943 年及其之后所订调整外交关系的平等新约，亦含有取消这一特权的内容。还有涉及修废领事裁判权交涉过程中的条约，如 1921 年《华盛顿会议关于在中国之领事裁判权议决案》、1926 年各国《收回上海会审公廨暂行章程》、1931 年中法《关于上海法租界内设置中国法院之协定》等。有涉及外人司法管辖方面的条约，如 1930 年《关于上海公共租界内中国法院之协定》和中波《关于彼此对于侨民适用法令章程案之换文》、1933 年中法《关于上海法租界内中国法院民事诉讼程序之换文》、1943 年中美《关于处理在华美军人员刑事案件换文》、1945 年中英《关于驻在彼此领土内之军队人员管辖权问题换文》等。二是解决争执问题办法或公断条约，如 1914 年中美《解纷免战条约》、1915年中荷《公断专约》、1930 年中美《公断条约》等。三是司法互助条约，如

---

① Editorial Comment, "Arbitration Treaty with China", *The American Journal of International Law*, Vol. 3, No. 1 Jan., 1909, pp. 166-168. 转引自尹新华：《晚清中国与国际公约》，第 174—175 页。

1922 年中日《关于司法官厅互相协助办法来往照会》等。另还有涉及中国法律的条约，如 1926 年中美《承认中国商标法之换文》。

关于领土及边界条约，指涉及领土及领土主权的相关条约，晚清时期可分为二类。一是限制中国领土主权的租界、租借地、势力范围、使馆区等有关约款。其中租界条约，最初没有专约，是在相关建交条约和商约之中立有租地建屋的条款。然后各地方官与外国领事订有租地章程，如中法《天津紫竹林法国租地条款》、各国《上海洋泾浜北首租界章程》、中美《上海新定虹口租界章程》、中俄《汉口俄租界地条约》、中日《苏州日本租界章程》。至于外国管理租界的条约依据，仅中日《公立文凭》作了规定，其他各国多是援用最惠国条款享有这一特权。租借地和势力范围，均订有专约。租借地条约，如中德《胶澳租界条约》、中俄《旅大租地条约》、中法《滇越路及广州湾等事来往照会》、中英《展拓香港界址专条》和《订租威海卫专条》。势力范围专约，一般是由清政府通过照会向某国承诺不割让某地给其他国家。二是边界条约，主要涉及边界的划分。此类条约中俄间最多，其他还有中国与法、英、日等国的殖民地接壤而订立的边界条约。中俄间如咸丰时期订立的《爱珲城和约》《北京续增条约》《勘分东界约记》；同治时期订立的《勘分西北界约记》《科布多界约》《乌里雅苏台界约》《塔尔巴哈台界约》；光绪时期订立《伊犁界约》《喀什噶尔界约》《科塔界约》《科布多新界牌博记》《塔尔巴哈台北段牌博记》《塔尔巴哈台西南界约》《续勘喀什噶尔界约》《珲春东界约》《收回巴尔鲁克山文约》《勘修塔城中俄交界处所牌博文据》，以及宣统时期订立的《满洲里界约》等。中法之间的边界条约主要是光绪时期订立的《桂越边界勘界节录》《勘界办法节录》《滇越边界勘界节录》《粤越边界勘界节录》《续议界务专条》《广东越南第一图界约》《广东越南第二图界约》《桂越界约》《续议界务专条附章》《滇越界约》《会勘移立越南界碑事记》等。中英边界条约亦主要是光绪时期订立的，如《续议滇缅界、商务条款》《续议缅甸条约附款》《滇缅边界北段第一段勘定界线累石清单》《滇缅边界北段第三段勘定界线累石清单》等。中日边界条约主要有 1909 年订立的中日《图们江中韩界务条款》等。这些边界条约可分为三类，即划界、勘界、立界。其中立界属技术性的树立界碑，而划界和勘界，则涉及领土疆界的划分。通过这些边界条约，中国的广大领土被各国所割占，其中尤以俄国为著。除此之外，因边界划分产生的边民归属问题，亦订约作出规定，如 1884 年中俄《塔城哈萨克归附条约》、1894 年中俄《收山未尽事宜续立文约》。此类边界条约形式上经过双方谈判交涉，与结束战争的媾和条约不同，但其中有些却是在施以武力恐吓，或乘人之危进行要挟的情况下订立的，其性质与强行割占类似，如《爱珲城和约》。

民国时期的边界与领土方面的条约不多，主要有 1915 年中法《边界禁匪章程》和中俄《霍尔果斯河划界文据》，1921 年中俄《黑龙江官府远东政府开通边界章程》，1930 年中法《规定越南及中国边省关系专约》，以及 1935 年中英《关于设立滇缅南段勘界委员会之换文》、1941 年中英《滇缅南段界务换文》（附共同开发炉房矿产换文）等。

行政主权方面，主要涉及海关行政，晚清时期除了在综合类条约中有基本规定之外，另还有其他相关条约。如 1898 年中英《英人担任海关总税务司照会》，系总理衙门与英国公使之间的照会。英国要求海关总税务司仍由英人担任，总理衙门表示同意。[①] 1907 年中日《会订大连海关试办章程》、中俄《北满洲税关章程》、中俄《北满洲税关章程第二条末段讲解照会》，1899 中德《青岛设关征税办法》等，均涉及海关行政主权。民国时期也有税务和海关管理方面的条约，如 1912 年各国《管理税收联合委员会办法》、1915 年中日《恢复青岛海关协定》、1917 年中英《九龙分关章程》、1948 年中葡《关务协定》，等等。

二、 经济和社会类条约

关于经济和社会类条约，按照国际法学者的分类，除了相关的国际公约和国际联合会盟约之外，还包括：通商条约（低率关税制和高率关税制）、渔业条约、万国博览会公约、航行公约（航海条约、内河行船条

---

① 中英《英人担任海关总税务司照会》，光绪二十四年正月二十日、二十三日，王铁崖编：《中外旧约章汇编》第 1 册，第 732 页。

约）、汽车公约、文书交换公约、防止葡萄虫公约、保护劳工条约、求助外人公约、军火及酒精输入非洲公约、检查军火及战用品贸易公约、鸦片吗啡高根公约、禁止淫亵出版物公约、防止漏税专约等 14 类。[①] 或认为，经济类条约包括通商、航海、关税等，金融货币，保护特许、专卖、版权、与商标，邮政、航海、航空、电政、铁路、运输等，农业及其他实业的各种条约。社会类条约包括劳工、卫生、贩卖妇孺与奴隶、禁止贩酒、禁烟、禁止淫刊等各种条约。[②]

晚清时期的经济类条约，主要有综合类商约、关税条约、内河行船条约、鸦片条约、邮政条约、操作规程等类别。综合类商约占有主导地位，几乎与每个国家订有此类条约，内容亦较为全面广泛。例如，中英条约有 1843年《五口通商附粘善后条款》《五口通商章程：海关税则》、1858 年《通商章程善后条约：海关税则》、1885 年《烟台条约续增专条》、1890 年《新订烟台条约续增专条》、1908 年《修订藏印通商章程》、1902 年《续议通商行船条约》；中法条约有 1844 年《五口贸易章程：海关税则》、1858 年《通商章程善后条约：海关税则》、1886 年《越南边界通商章程》、1887 年《续议商务专条》、1895 年《续议商务专条附章》、1897 年《商务专条及铁路合同等事照会》；中美条约有 1844 年《五口贸易章程：海关税则》、1858 年《通商章程善后条约：海关税则》《赔偿美商民损失专约》、1903 年《通商行船续订条约》；中俄条约有 1851 年《伊犁塔尔巴哈台通商章程》、1859 年《黑龙江通商条规》、1862 年《陆路通商章程：续增税则》《陆路章程详细办法》、1869 年《改订陆路通商章程》、1881 年《改订陆路通商章程》、1883 年《议定俄属商人贸易地址条约》、1910 年《松花江行船章程》等；中日条约有1871 年《通商章程：海关税则》、1896 年《通商行船条约》、1903 年《通商行船续约》等；中德条约有 1861 年《通商条约》《通商章程善后条约：海关税则》、1868 年《漏报捏报罚办声明》、1880 年《续修条约》《续修条约善后章程》、1881 年《德商船厂修船免税新章》等。其他国家，如 1847 年中瑞挪

《通商章程：海关税则》、1863 年中丹《通商章程：海关税则》、1864 年中西《和好贸易条约》、1865 年中比《通商条约》和《通商章程：海关税则》、1866 年中意《通商条约》和《通商章程：海关税则》、1869 年中奥《通商条约》、中奥《通商章程：海关税则》、1874 年中秘《通商条约》、1881 年中巴《和好通商条约》、1899 年中墨《通商条约》、1908 年中瑞挪《通商条约》、1909 年中瑞挪《增加条款》、1909 年中秘《中秘条约证明书》，等等。这些条约中，对通商的具体内容，包括权利义务以及缉私等，均有规定。

经济类条约中的其他类别，多系某具体事项。关税条约，除了综合类商约中所含《海关税则》之外，还订立了涉及具体事项的相关条约，如 1843 年中英《过境税声明》、1865 年中法《更定法国商船完纳船钞章程》等。内河行船条约，除了综合类商约中规定内河航行的条款之外，还有专约，如 1910 年中俄《松花江行船章程》。鸦片条约，包括禁止贸易与允许贸易两类。前者如 1880 年中美《续约附款》第二款规定："中国与美国彼此商定，中国商民不准贩运洋药入美国通商口岸，美国商民亦不准贩运洋药入中国通商口岸，并由此口运往彼口，亦不准作一切买卖洋药之贸易。"[1] 后者如 1886 年中英《香港鸦片贸易协定》，允许香港从事鸦片贸易，并规定相关办法。[2] 操作规程类条约，指某项权益或某项章程的具体实施细则，如 1864 年中俄《陆路俄商三联单章程》、1873 年中西《吨数章程》、1906 年中俄《俄商借道伊塔运茶出口章程》；邮政类如 1904 年中英、1905 年中德《互寄邮件暂行章程》，等等。

民国时期经济类条约涉及较广，除商约和关税条约之外，还有金融财政和部门经济方面的条约。关于商约，如 1925 年中奥《通商条约》，1928 年中比、中意、中丹、中葡、中西《友好通商条约》，1929 年中波《友好通商航海条约》，1930 年中捷《友好通商条约》和中埃《暂行通商办法修正案》，以及 1939 年中苏《通商条约》，1946 年中加《通商暂行办法换文》，1946 年中美《友好通商航海条约》，1949 年中意《关于贸易关系之换文》，等等。关于

---

[1] 中美《续约附款》，光绪六年十月十五日，王铁崖编：《中外旧约章汇编》第 1 册，第 380 页。
[2] 中英《香港鸦片贸易协定》，光绪十二年八月十四日，王铁崖编：《中外旧约章汇编》第 1 册，第 487—488 页。

关税条约，如1915年中俄《关于中俄陆路通商章程第十四条所载免税物表之协定》和《关于按照一千九百十五年三月四日协定退还关税之章程》，1918年中外各国《修改各国通商进口税则：善后章程》，1920年中美《修改通商进口税则补约》，1922年《九国间关于中国关税税则之条约》和各国《改订通商进口税则》，1928年《整理中美两国关税关系之条约》，以及中德、中挪、中荷、中瑞、中法《关税条约》，1930年中日《关税协定》，等等。另还有外交官免税豁免方面的条约，如1929年中法《领事官所用汽车相互免税办法换文》、1930年中英《关于外交官及领事官用品免税办法换文》、1930年中美《外交官领事官等用品相互免税办法换文》、1934年中波《关于外交官用品相互免税办法之换文》，等等。

关于金融财政类条约，如1924年中德《解决德华银行事务换文》，1939年中英《设立中国国币平准汇兑基金合同》和中苏《关于使用一亿五千万美元贷款之条约》，1941年中美《平准基金协定》和中英《平准基金协定》，1942年中美《五亿美元借款协定》，1946年中加《财政协定》，1948年中葡《金融协定》，中美《关于美国实施援华法案之换文》，中英《金融协定》，等等。

此外还有具体的部门经济，如电信业，有1913年中俄《伊尔克斯唐中俄接线条款》和中日《日本水线登岸合同》，1916年中俄蒙《自治外蒙古电线合同》，1922年《华盛顿会议关于在中国无线电台议决案并附声明书》，1924年中英《关于废止中缅电线报接合同之换文》，1936年中法《中国沿边三省与法国越南有无线电通信制度协定草案》，1937年中德《报务合同》，等等。还有工程方面的约章，如1912年各国《办理浚浦局暂行章程》、1914年各国《修浚辽河海口等处工程局章程》、1918年各国《修浚闽江组织法及其章程》，等等。

社会类条约中劳工条约及条款，除综合类条约如中英、中法《北京条约》订有相关条款之外，还订有不少专约。晚清时期主要有劳工条约和禁烟条约，如1873年中西《古巴华工条款》、1874年中秘《会议专条》、1877年中西《会订古巴华工条款》、1880年中美《续修条约》、1894年中美《限禁来美华工保护寓美华人条约》、1901 年中法《招工合同》、1904 年中英《保工章程》、1909 年中秘《废除苦例证明书》、1911 年中墨《赔偿华侨损失证明书》，等等。此外还有禁烟条约，如 1907 年中英《禁烟节录及来往照会》和 1911 年《禁烟条件》等。民国时期的社会类条约，主要涉及劳工和侨民权益等方面，如 1913 年中英《英属北波罗州招殖华民条款》、1918 年中日《中国不受外侨取缔规则限制来往照会》、1924 年中德《结束放还中国扣留之德侨私人财产换文》、1941 年中秘《关于华侨旧客回秘之换文》、1942 年中英《关于中国海员协定》、1947 年中意《关于处理在华义国若干官产及义侨产业换文》，等等。

三、 文化类条约及条款

晚清时期的文化类条约及条款，主要有在华设立学校和传教两类。该两类事项在综合类条约，包括建交和通商条约中均立有条款。专约则主要是传教事项，基本上是以照会形式补充条约规定的缺漏。一是在内地置地建堂，如 1865 年中法《法国教堂入内地买地照会》，1886 年中法《议定移让北堂在西什库改建合同》，1895 年中法《法国教堂入内地买地来往照会》。二是涉及保教权问题，如 1888 年中德《德国教士护照来往照会》，规定在山东地方，德国传教士"如有禀称受害、索赔等事，均由德国钦差公署照会贵王大臣，方可办理"。山东各处"只有德天主教传教之局，天主教士前往以上言明之处请领护照者，应由德国官发给"；"以上指明各处德传教局如有上禀毛病中，无论系该传教堂或德传教人之私事，均由德国官办理。如有他国教士在该处出有申禀各事，则言明其事应归该教士之本国官办理"。[①] 同年中意《义国教士护照来往照会》，亦商定：陕西、山西、河南、湖北四省，意国天主教传教之人，"如有禀称受害、请赔等事，均由义国钦差公署照会贵王大臣，方可办理"。[②]

---

① 中德《德国教士护照来往照会》，光绪十四年十月二十三日、十一月二十日，王铁崖编：《中外旧约章汇编》第 1 册，第 537—538 页。

② 中意《义国教士护照来往照会》，光绪十四年十月二十三日、十一月二十日，王铁崖编：《中外旧约章汇编》第 1 册，第 539—540 页。

文化教育类条约，民国时期的文化专约仍然不多，主要以教育为主体。如 1936 中荷《关于派遣中国学者及学生留学荷属东印之换文》，1946年中巴《文化专约》。此外，有些条约是为了处理某些财务问题，但其结果和内容则为文化教育，亦可视为这一类条约。如 1947 年中美《为使用依照一九四六年八月三十日"剩余战时财产出售协定"第六条（一）节第（一）项所规定资金之协定》，其旨在于"借教育方面之接触，作知识与技能之更大交换"。因其内容属于文化教育，因此该约又称为"美国在华教育基金协定"，或"中美文化协定"。[①] 与此相似，更多的是处理剩余庚子赔款的条约。有的均用于文化教育，如 1924 年中美《第二次退还庚子赔款换文》规定，将庚子赔款余数退还中国，用于发展中国教育及其他文化事业。[②]再如 1924 年中日《关于以庚子赔款办理对华文化事业之协议》，也规定："庚子赔款项下之资金主用于为中国人所办之文化事业。"[③] 与此相关的，还有 1925 年中日《关于以庚子赔款举办对华文化事业之来往照会》。有的则将文化教育作为其中的一部分，如 1925 年中比《关于庚款来往照会》规定余款用于中、比教育、慈善、公共实业以及公益工程。[④] 与此相同的，还有1925 年中意《关于庚款来往照会》。有的则规定数额或比例，1930 中英《解决中英庚款换文》规定："由该款现存之总数内，拨出 265，000 镑及 200，000 镑，分别赠与香港大学为教育中国学生之用，及在伦敦之各大学中国委员会为增进中英间文化关系之用。"[⑤] 再如 1933 年中荷《解决中和庚款换文》规定，以 35% 供作文化用途。[⑥]

四、　近代中国加入的国际公约

近代中国加入普遍性条约即国际公约，范围较广，涉及政治军事、经济

---

① 中美《为使用依照一九四六年八月三十日"剩余战时财产出售协定"第六条（一）节第（一）项所规定资金之协定》，1947 年 11 月 10 日，王铁崖编：《中外旧约章汇编》第 3 册，第 1545、1550 页。

② 中美《第二次退还庚子赔款换文》，1924 年 6 月 14 日，王铁崖编：《中外旧约章汇编》第 3 册，第 456 页。

③ 中日《关于以庚子赔款办理对华文化事业之协议》，1924 年 2 月 6 日，王铁崖编：《中外旧约章汇编》第 3 册，第 402 页。

④ 中比《关于庚款来往照会》，1925 年 9 月 5 日，王铁崖编：《中外旧约章汇编》第 3 册，第 549 页。

⑤ 中英《解决中英庚款换文》，1930 年 9 月 22 日，王铁崖编：《中外旧约章汇编》第 3 册，第 836 页。

⑥ 中荷《解决中和庚款换文》，1933 年 4 月 4 日，王铁崖编：《中外旧约章汇编》第 3 册，第 919 页。

社会，以及文化等各种类别。晚清时期，较为注重与中国利害攸关的政治、军事事项，尤其是约束战争行为的公约，其他经济、社会、文化类别的公约则不多。这一特点，即反映了传统国际法时代国际公约本身的结构，又体现了中国最紧迫的诉求与经济文化发展的程度和水平。从国际公约本身的结构来看，国际关系中的冲突和战争，是那个时代的中心问题，因此成为各国关注的重点。对中国而言，自鸦片战争以来，屡遭战争之害，注重有关战争的公约，无疑是维护自身安全必然的首要选择。19 世纪中期以来，国际公约有很大的发展，"各国互订条约办理国际行政"，为此时期的重大事件。① 各国订立的国际公约，其内容不仅限制和规范国际冲突和战争，亦有不少文化和经济等领域的行政技术事务。②但清政府很少涉及。除了其中有些与中国的社会经济文化发展不相契合，或对中国不利之外，也反映清政府尚未完全摆脱传统对外观念，其融入国际社会或与国际社会的接合程度仍有局限。

民国时期，随着世界观念的加强和国际交往的扩大，加入国际公约呈井喷态势。晚清时期参与的国际公约仅 21 个，进入民国后大大增加，北京政府时期参与的国际公约达 39 个。南京政府时期更多，在前十年至少有 45 个。③ 这个时期加入的国际公约，涉及类别广泛，除了政治军事类仍为主导之外，经济社会类和文化类亦受到极大的重视。就政治军事类来看，民国时期先后加入了《陆战法规和惯例公约》《国际联盟盟约》《国际裁判常设法庭规约》《监察军械子弹及其他军用品国际贸易公约》《非战公约》《联合国家宣言》《联合国宪章》等，以适应国际秩序的转变。在经济、社会和文化方面，民国时期更是弥补了晚清时期的缺失，加入此类国际公约，其中包括国际社会在晚清时期创立而被清政府所忽略的。此类国际公约涉及经济、社会和文化的各个领域，如前面提到的《国际航空公约》《国际交换公牍科学文艺出版品公约》《禁止淫刊公约》《防止伪造货币国际公约》《国际无线电报公约》《国际邮政公约》《国际电信公约》《国际白银协定》《国际海上人命安全公约附件》《关税与贸易总协定》等。尤其值得注意的是，国际公约中不

---

① ［德］奥本海著，岑德彰译：《奥本海国际法·平时》（一），第 72 页。

② 尹新华：《晚清中国与国际公约》，湖南人民出版社，2011 年。

③ 《附录二：旧中国参加的国际公约一览表》，载程道德：《近代中国外交与国际法》，第 349—352 页。

少关涉慈善、人权和劳工权利等，如 1926 年的《废除奴隶制及奴隶贩卖之国际公约》，1930 年的《制订最低工资确定办法公约》，1934 年的《农业工人的集会结社权公约》《工业企业中实行每周休息公约》《本国工人与外国工人关于事故赔偿的同等待遇公约》，1935 年的《国际救济协会公约》《船舶装卸工人伤害防护公约》，等等。

民国时期加入国际公约的增多，较晚清是一个进步，反映了内外形势的变化和思想观念的进一步国际化，以及对平等条约关系的诉求，等等。

近代中外条约的特点，从内容类别来看，范围较广，重在政治、经济。晚清时期，尤其体现了条约关系初始阶段的特点，反映了鸦片战争之后中外关系形成和发展的规律。在条约关系的整体构架中，结束战争的媾和条约奠立了它赖以存在的基础。此外，政治类条约较多，媾和条约成为最基本的元素，反映了这一关系是列强用强权手段建立的。此外，在各项条约中，政治、经济事项混杂，反映了条约关系初始阶段的状态，缺乏精细的划分。而经济类条约占有相当比重，说明列强重在攫取经济权益，且通过政治类条约予以保障。相比较而言，社会、文化类条约较少，一方面说明中外关系及交往的程度及其局限，另一方面又反映社会观念及文化意识的接合更为艰难。民国时期的条约类别虽然大体相似，但有新的变化。如政治类条约中，媾和条约是与两次世界大战相联系的，其军事战争方面，虽有停战协定之类的条约，但没有如同晚清时期孤立地与某国的战争。而且，还出现了抵抗侵略的互助条约和援助条约。其外交关系方面，与中国建交的国家也与日俱增，说明国际交往不断扩展。边界领土方面的条约少于晚清时期，说明边境领土纠纷的减少和相对稳定。这些都反映了民国时期的国际关系和国际环境的变化。司法方面，领事裁判权条约的变化反映了这一特权的衰退，而结案条约的空缺则说明盲目排外的消减。经济方面，更多国家与中国建立航海通商条约，金融财政类条约尤其是货款援华，以及具体经济部门事项条约的出现，反映了这一领域的变化。文化教育方面，新产生了将赔款转为其发展基金的条约，说明这一事业愈益受到重视。诸如此类，体现了民国时期的条约关系从不平等转向基本平等的趋势。同时，政治、经济、文化教育等各类条约的一些内容，呈现了中国所遭遇的外来侵略和深刻危机，以及不平等条约关系伸展至各个领域。

第五节　其他分类与"准条约"的各种类别

根据不同的标准，近代中外条约还可作其他方面的分类，这些分类从另一角度反映了条约关系的概貌及其变化和特点。另外，晚清时期清政府开始加入国际公约，也有各种类别。同时，伴随着条约关系的形成而产生的"准条约"，虽非正式条约，却有着条约的某些性质，亦是这一关系的重要组成部分，其呈现出来的各种类别也反映了它所具有的特征。

一、　近代中外条约的其他分类

条约的分类是国际法学界常用的一种方法，在国际法理论上，条约有多种不同的分类法。学者们根据不同标准，提出了各种分类法。例如按条约内容，分为"契约性条约"（traité-contrat）和"立法性条约"（traité-loi）；或分为政治条约、商务条约、同盟条约、文化协定等。按缔约方的数目，分为双边条约（bilateral treaty）、有限性多边条约（plurilateral treaty）和一般性多边条约（general multilateral treaty）；按缔结条约的程序，分为缔结程序繁复的条约和缔结程序简单的条约。[①] 有的就重要性进行分类，分为同盟条约、担保和保护条约、中立条约、商务条约等类别。[②] 有的学者按照条约的参加国数把条约分为双边（bilateral）条约、多边（plurilateral）条约和国际公约（general multilateral convention）三类。又从法律性质着眼，分为造法条约（traités-lois）和契约性条约（traités-contrats）。或从效果着眼，分为过渡性的（transitory or dispositive）和非过渡性的两类。[③] 还有的学者将各种方案结合起来，分为国际法渊源之条约、政治性质之条约、保护社会及经济

---

① 李浩培：《条约法概论》，第 33、35、36 页。
② ［英］劳特派特修订，王铁崖、陈体强译：《奥本海国际法》上卷，第 2 分册，第 369、372、375、376 页。
③ 周鲠生：《国际法》下册，第 596—597 页。

利益之条约、交战国之条约等几大类，并详细列举了各类别的具体分目。① 还有一种简单分类，从条约之实质将条约分为政治与经济两类。② 有学者提出更完整的分类标准，认为"有依缔约国的数目者，有依所负义务的方面者，有依义务轻重的差别者，有依条约的目的者，有依约定事项的性质者，有依时间的久暂者，有依条约的法律性质者"。③ 下面即依据这些分类标准，对近代中外条约作一综合的多视角剖析。其中"约定事项的性质"，即前述条约内容，已从政治、经济、社会、文化等类别作了论述，以下主要剖析其他类别。

按照缔约国的数目，既有双边条约，又有多边条约，还有普遍性条约，即国际公约。总体来看，近代中外条约，以双边条约为主体，多系中国与某国所订条约。这一双边条约为主体的状况，反映了条约关系初期阶段的特点。经八国联军侵华之后，产生了新的多边条约，即《辛丑条约》。民国时期，多边条约又出现了新的形式，即通过会议并作为会议决议案的方式。如华盛顿会议产生了一系列作为决议案的多边条约。

按照缔约国所负义务，可以分为平等条约和不平等条约。国际法学者作了更细微的分类，一是从承担义务是否片面，分为单边条约（unilateral treaty）和双边条约（bilateral treaty），或多边或集体条约（multilateral treaty 或 collective treaty）；二是按照义务轻重的差别，分为平等条约与不平等条约。例如同盟条约，较强的缔约国负较重或较轻的义务，即为一种不平等条约。中国以前与列强所订的条约，都含不平等条款，所以也通称为不平等条约。④ 严格地说，这两个层次均系平等或不平等条约，只是程度不同而已。晚清中外条约以后者为主体，最为典型的片面条约是《辛丑条约》，中国只承担义务而无权利。民国时期同样也有平等与不平等两类条约，但其趋向却与之大不相同。在晚清，不平等条约从产生形成到发展强化，列强享有各种特权从无到有，由少到多，逐渐趋于顶点。民国时期与此相反，以巴黎

---

① 吴昆吾：《条约论》，第 93、96、117、150 页。
② ［日］长冈春一著，钱承铦译：《外交通义》，第 213 页。
③ 崔书琴：《国际法》上册，第 232 页。
④ 崔书琴：《国际法》上册，第 232—233 页。

和会召开的 1919 年为起点，不平等条约及其特权不断走向衰微。

还有一部分不平等条约，并非所有条款均损害了中国的主权，而是程度不等地规定了对方的义务。例如中俄《御敌互相援助条约》（即《中俄密约》）第一款规定：日本国如侵占俄国亚洲东方土地，或中国与朝鲜土地，"两国约明，应将所有水、陆各军，届时所能调遣者，尽行派出，互相援助，至军火、粮食，亦尽力互相接济"。第二款规定："中、俄两国既经协力御敌，非由两国公商，一国不能独自与敌议立和约。"① 按照这些规定，俄国也承担了"援助"中国，以及不能"独自与敌议立和约"的义务。但两国承担的义务不对等，中国较俄国多，如中国允许俄国在黑龙江、吉林造铁路达海参崴，可见这是一个不平等条约。这种含有平等与不平等两重性质的条约，在民国时期同样存在。即使是 1943 年的中美、中英平等新约，亦包含了不平等的内容。例如，英方拒绝废止《展拓香港界址专条》，拒绝将九龙租借地归还中国。② 蒋介石认为，由于九龙问题未解决，中英条约对中国来说是一次失败。③ 这反映英国仍然坚持不平等条约的殖民意识。另外，因某些特权的放弃而给予其他条约权利，或转换为另一种形式。如《中美新约》第四条、《中英新约》第五条规定，为免除美、英在中国领土内"现有关于不动产之权利发生任何问题，尤为免除各条约及协定之各条款因本约第一条规定废止而可能发生之问题起见，上述现有之权利不得取消作废，并不得以任何理由加以追究"；"持有之不动产永租契或其他证据，如欲另行换发新所有权状时，中国官厅当不征收任何费用"。④ 也就是说，"旧有之财产权仍然有效，旧有之永租权换为所有权而继续享有"。⑤

按照条约的目的，分为一般条约与特别条约，前者如通商、航海、保障、割让、中立与关税同盟等条约是，后者如教廷条约、领事专约、引渡专

---

① 中俄《御敌互相援助条约》，光绪二十二年四月二十二日，王铁崖编：《中外旧约章汇编》第 1 册，第 650 页。

② 陶文钊、杨奎松、王建朗：《抗日战争时期中国对外关系》，中共党史出版社，1995 年，第 359、360 页。

③ 中国社会科学院近代史研究所译：《顾维钧回忆录》第 5 分册，第 180 页。

④ 《关于取消美国在华治外法权及处理有关问题之条约》《关于取消英国在华治外法权及其有关特权条约》，1943 年 1 月 11 日，王铁崖编：《中外旧约章汇编》第 3 册，第 1257 页。

⑤ 龚宗儒：《不平等条约废除后外人土地权问题之检讨》，《新中华》第 4 卷，第 4 期。

约，以及各种交通公约。这种分类不够科学严密，因此有的国际法学者认为
并不足取。① 但如果从一般的综合类条约与某些特殊事项的专约而言，此种
分类与实际相符，尤其是晚清时期的中外条约。综合类条约，如各种建交条
约和通商条约等；各种事项的专约，如有关租借地、势力范围、传教，以及
领事等方面的条约和换文。

　　按照时间的久暂，分为一时条约（executory treaty）与永久条约（exe-
cuted treaty）。一时条约规定的是"规律行为的规则"，或者"某种场合必予
履行的义务"，如通商、航海、同盟、保障、引渡，以及各种立法条约。永
久条约规定的是对事物的处置办法，又名"处分条约（dispositive treaty）"，
如划界、割让、交换领土和租借地条约。② 有的西方学者从条约的效果着眼，
分为过渡性的和非过渡性的两类，认为：前者"旨在建立事物的恒久状态，
一次履行条约的效果即告完成"，如承认国家、割让领土等；后者"不以建
立事物的恒久状态为目的，而由缔约各方经常承担权利义务，则是必须继续
履行的"，如通商条约、同盟条约、和平友好互不侵犯条约等。③ 如果运用这
一概念区分不同类别，可以从内容上将近代中外条约分为"一般规则"和
"个别规则"。前者即中国所属领土上持续实施的规则，包括各种特权制度，
如各类建交条约、通商条约和专约中的条款，赋予彼方的领事裁判权、协
定片面税则、内河航行等。后者即某种权益的交割性规定，包括割地、赔
款等通过战争或武力威胁所获得的条约权益。如《南京条约》规定割让香
港、赔款 2100 万元；《马关条约》规定割让台湾和辽东半岛，赔款 2 亿两
白银，后来经"三国干涉还辽"，另增加 3000 万两，等等。"个别规则"
的条约主要体现在晚清时期，至民国时期未再将上述条约权益交割给他
国。相反，战败国如德国应交还给中国的条约权益，由于中国的弱国地位
而未能及时得以兑现。

　　按照条约的法律性质，分为契约条约（contractual treaty）和立法条约
（legislative treaty）。"契约条约多为少数国家订立含有交易性质的条约，如

---

① 崔书琴：《国际法》上册，第 233 页。
② 崔书琴：《国际法》上册，第 233 页。
③ 周鲠生：《国际法》下册，第 596—597 页。

通商、航海、割让、交换领土的条约是。立法条约规定的是国际行为的规则，如国联盟约、海牙公约及国际劳工公约是"。[①] 这里将国际盟约和公法视为立法性条约。另有一些国际法学者持不同看法，如德国国际法学者特里派尔认为，契约性条约"只是在于解决当前的一个具体问题，而不在于为将来制定共同行为规则"，如割让领土。"一旦领土让渡行为完成，该条约的目的也已完成，从而他认为该条约不能构成当事国双方此后行为的准则，因而该条约不是国际法的渊源"。立法性条约则"有着创立此后相互间必须遵守的行为规则的共同目的，即创立法律的目的"。[②] 两相比较，前说更为客观合理。如果作此分类，包括晚清和民国时期的近代中外条约多系"契约性条约"，规定了相关缔约国的行为规范。而如果将通商条约等作为"立法性条约"，不啻是将其中尤其是晚清时期大量确立的不平等条约特权视为"国际法渊源"，显然是不合理的。

二、 近代中国参加的国际公约类别

按照缔约国的数目，近代参加的国际公约无疑属于普遍性条约，即对所有国家开放的多边条约。按照缔约国所负义务，加入与否出于自愿，每一个国家均享有并遵守其所规定的权利义务，应属于平等条约。不过，这种平等性质并非是绝对的，因各国地位的不同又存在差异。按照条约的目的，这些国际公约亦有范围较广的一般条约，以及针对某些具体事项的特别条约。按照时间的久暂，它们不属于处理交割性事项的一时条约，而属于长时间实施的永久条约。按照条约的法律性质，它们具有普遍性，"显然构成国际法的渊源"，[③] 无疑属于立法条约。

晚清时期是中外条约关系的初始阶段，其特点：一是平等条约微乎其微，多边条约与国际公约数量不多，体现了早期条约关系的基本趋向与局限；不平等是晚清中外条约关系的主体，平等仅是凤毛麟角。另外，多边条约的欠缺，以及未普遍参与体现平等自主性质的国际公约，说明清政府与国

---

① 崔书琴：《国际法》上册，第 234 页。
② ［德］特里派尔：《论国际法与国家法》，1899 年，李浩培：《国际法的概念和渊源》，第 66 页。
③ ［德］特里派尔：《论国际法与国家法》，1899 年，李浩培：《国际法的概念和渊源》，第 66 页。

际社会结合的程度较低。二是条约类别混杂，综合类条约较多，政治、经济事项混淆，反映了早期条约关系的一个重要特点，西方列强不是用纯粹的经济方式处理与中国的经济关系，而是施以暴力，以政治手段保障经济利益。通商、贸易等经济类条约掺入政治类条款，反映了这一状况。三是"永久性"条约和一时性条约的混杂，反映了中外条约关系不断恶化的趋向，揭示了列强各国与华条约关系的特点。需要指出，赔款、割地之类的条款，是列强强加给中国的，并非具有真正的"永久性"法律性质。同时，日、俄等国对中国的领土野心和对财富的贪婪索求，亦由此呈现出来。上述特点揭示了晚清时期中外条约关系的总体性质，条约关系是以不平等为主体。

民国时期，以 1919 年巴黎和会召开为起点，中外不平等条约关系走向衰落，该时期条约关系的特点是：一是平等性条约逐渐增多，不仅新建条约关系的国家以主权平等为基础和前提，而且不平等关系一步步转化。二是政治、经济事项混淆的条约逐渐减少，旧约修改中的强权政治色彩也在弱化。同时，经济和文化类专项性条约，愈益成为条约关系中的重要内容。三是永久性的割地、赔款条约未再出现，而中国参与更具立法性质的国际公约不断增多。四是基本平等的条约中，仍包含不平等内容。传统国际法时代的强权政治并未消失，仍然残留在国际交往的实践中。

三、"准条约"的主要类别

"准条约"虽不属于正式条约，但在条约关系中具有重要地位。这些"准条约"，数量庞大，主要涉及经济事项，可大略分为如下类别。

一是国家借款和地方政府借款合同。晚清时期，前者如 1895 年总理衙门与汇丰银行所订《汇丰银行一千万两借款合同》和《汇丰银行英金三百万镑借款合同》、1896 年总理衙门与英德银行所订《英德两国借款草合同》和《英德借款详细章程》、1897 年盛宣怀代表清政府与英国呼利詹悟生公司所订《议定借款草约》、1898 年总理衙门与英德银行所订《英德续借款合同》、1908 年邮传部与英法汇丰汇理银行所订《英法汇丰汇理银行借款合同》、1910 年清政府与美国四大银行所订《美国借款草合同》等。后者如 1911 年湖北地方政府与各国银行所订《湖北省七厘银借款合同》、广东地方政府与三国银行所订《广东省七厘银借款合同》等。民国时期，政府向外国私法人借款也不少，如 1912 年与华比银行所订《一千九百十二年中国政府五厘息金镑借款合同》、与英国克利司浦公司所订《五厘金镑借款合同》，1913 年与五国银行团所订《善后借款垫款合同》，1916 年与美国利益坚顺公司《六厘金币库券合同》，1917 年与日本银行团所订《日币一千万元垫款合同》，1918 年与日本银行团所订《日币一千万元第二次垫款合同》，1919 年与美国大陆商业托辣斯银行所订《大陆商业储蓄托辣斯银行借款合同》，1923 年与华比银行所订《华比银行一百七十万元借款合同》等。

二是铁路借款合同。晚清时期，如 1897 年与比利时公司所订《芦汉铁路借款合同》，1898 年与美国公司所订《粤汉铁路借款合同》、与比利时公司所订《芦汉铁路比国借款续订详细合同》，1903 年与比利时公司所订《汴洛铁路借款合同》，1905 年与美国公司所订《收回粤汉铁路美国合兴公司售让合同》，1908 年与比利时公司所订《芦保铁路造本利息合同》、与英国公司所订《沪杭甬铁路借款合同》和《了结京奉路借款拨项合同》，1909 年与德华等银行所订《湖北湖南两省境内粤汉铁路鄂境川汉铁路借款草合同》、与英美公司所订《锦爱铁路借款草合同》和《锦爱铁路包工草合同》，1910 年与美国四大银行所订《锦爱铁路借款草合同》，1911 年与各国银行所订《粤汉川汉铁路借款合同》等。此外还有地方政府所订合同，如东北地方政府 1907 年与英国公司所订《新民府至法库门铁路工程草合同》等。民国时期，如民国政府 1913 年与法比铁路公司所订《同成铁路借款合同》、与伦敦华中铁路有限公司所订《浦信铁路借款合同》，1914 年与中法实业银行所订《钦渝铁路五厘息金借款合同》、与英国宝林公司所订《沙兴铁路借款合同》，1915 年与日本正金银行所订《四郑铁路借款合同》，1916 年与俄亚银行所订《滨黑铁路借款合同》、与美国裕中公司所订《裕中公司承造铁路合同》，1917 年与南满洲铁道株式会社所订《吉长铁路借款合同》，1918 年与日本兴业银行所订《吉会铁路借款预备合同》，1920 年与比荷公司所订《陇海比荷借款合同》，1920 年与福公司所订《清孟枝路借款合同》，1929 年与英国银公司所订《沪宁铁路购车垫款合同》，1936 年与中英银公司所订《中华民国二十五年中国政府完成沪杭甬铁路六厘金镑借款合同》，以及 1934 年民国中央政府和江西省政府及中国银行与德国公司所订《玉山南昌铁路合同》，等等。

三是电信合同。此类合同较多，晚清时期，如 1881 年中国电报总局与丹麦大北公司所订《中国与外洋彼此收递电报办法合同》，1883 年中国电报总局与英国大东公司所订《上海至香港电报办法合同》、与英国大东公司所订《九龙香港陆路接线合同》、与丹麦大北公司所订《收售上海吴淞旱线合同》，1884 年与英国大东公司所订《福州电线合同》，1896 年与英国大东公司所订《允借川石山南台旱线来往函》，1897 年与丹麦大北公司所订《电报合同》，1902 年与英国大东公司所订《北京大沽借线合同》，等等。民国时期，有民国政府 1913 年与英丹大东、大北公司所订《水线续款》，1918 年与日本三井洋行所订《无线电台借款正合同》、与英国马可尼亚公司所订《马可尼无线电话借款合同》、与中日实业公司所订《扩充电话借款合同》，1919年与英国马可尼亚公司所订《合办中华无线电公司垫款合同》，1921 年与美国合众公司所订《无线电台协定》，1928 年与美国无线电合组公司订《无线电报务合同》、与德国柏林海陆无线电交通公司所订《无线电报务合同》，1929 年与菲律宾无线电公司《无线电报务合同》、与法国无线电公司所订《无线电报务合同》，1932 年与英国伦敦帝国国际交通有限公司所订《无线电报务合同》，1936 年与法国无线电公司所订《报务合同》、与罗马无线电公司所订《无线电报务合同》，1937 年与美商电话电报公司所订《无线电通话合同》、与美国无线电交通公司所订《无线电通话合同》，1941 年与菲律宾环球无线电公司所订《无线电通报报务合同》，1947 年与美国电话电报公司所订《直达无线电通话合同》、与美国马凯无线电报公司所订《报务合同》，等等。此外还有技术协助合同。

四是矿务合同。如 1898 年清政府与英国汇丰银行所订《南票矿务合同》，1901 年与俄国东省铁路公司所订《改订吉林开采煤斤合同》和次年《黑龙江开挖煤斤合同》，1902 年与英法公司所订《云南隆兴公司承办七属矿务章程》、与德国礼和洋行所订《江西萍乡煤矿商借礼和洋款合同》，1908 年与德国公司所订《井陉煤矿合同》等。民国时期有 1915 年河南省与福公司所订《合办福中公司合同》，以及民国政府 1917 年与美孚公司所订《中国政府拨还美孚公司经付中美合办勘矿用款合同》，1918 年与中华汇业银行所订《吉黑两省金矿及森林借款合同》等。

五是订购武器、军需等合同。如 1911 年清政府与美国公司所订《某种海军建筑合同》、与日本公司所订《兵器代金支付延期契约》等。民国时期，如民国政府 1912 年与日商大仓洋行所订《兵器代金支付第二次延期契约》；1913 年与奥地利瑞记洋行所订《一百二十万英镑订购军舰合同》和《二百万英镑订购军舰合同》，以及与比利时商人汉斯·赫尔费德所订《军事债票借款合同》，与比利时安特卫普保款银行所订《军事债票借款部分发售合同》；1918 年与日本泰平公司所订《第二次军械借款合同》，与日本朝鲜银行、兴业银行、台湾银行所订《参战借款合同》；等等。

除以上，民国时期还有其他类别的"准条约"。有飞机航空类，如民国政府 1920 年与英国费克斯公司所订《第二次飞机借款合同》、与美国克萩士飞机公司所订《克萩士飞机借款合同》，1930 年与美国飞运公司所订《合办中国航空公司合同》。另外，民国政府特设中国航空公司，1929 年与美国航空发展公司所订《航空邮务合同》《创办经营航空学校、工厂及运输合同》等。有实业类，如民国政府与法国银行 1913 年所订《中法实业银行章程》《实业五厘金币借款合同》《实业五厘金币借款附合同》，1914 年所订《实业五厘金币借款合同附件》等。有水利事业，如民国政府 1914 年与美国红十字会所订《导淮借款草议》、1916 年与美国广益公司所订《导淮改良运河七厘金币借款合同》、1917 年所订《整理运河七厘金币借款合同》、1920 年所订《办理运河初步测量续借美金十万元合同》，以及 1916 年山东省政府与美国广益公司所订《山东南运河七厘金币借款合同》、1917 年北京政府与日本银行所订《京畿水灾救济借款合同》，等等。其他还有城市海港建设、石油开采、防疫赈灾等方面，如民国政府 1912 年与比利时公司所订《比京电车铁路公司合同条件简章》，1914 年与美国美孚石油公司所订《美孚推广事业合同》、与上海萨穆尔公司所订《汉口修建借款合同》，

1918 年与汇丰银行等所订《防疫借款函约》，1921 年与汇丰银行等所订《赈灾借款合同》、与中法实业银行所订《北京电车合同》，1930 年与荷兰治港公司所订《建筑葫芦岛海港合同》。

这些都是条约关系的重要补充形式，既给列强增添了新的不平等权益，又有某些平等内容，扩展了中国社会的近代化范围。其一，列强攫取在华特权，以"准条约"补充了正式条约的不足。例如，在华兴办电信事业，中外条约没有规定，并非正式的条约权利。早在 19 世纪 60 年代，各国即要求在华兴办电信事业。1863 年，英驻华公使卜鲁斯提出设立电线。1864 年，英驻上海领事巴夏礼再提出要求。清政府以"条约所未载之事，即为不准行之事"，予以拒绝。[①] 通过"准条约"权益的获得，列强进一步将新的不平等推及这些领域，从而形成新的特权。其二，"准条约"的内容主要限于经济范畴，尤以路、矿和电信为著，反映了自由资本主义转向垄断资本主义之后，列强对华经济侵略政策的变化。资本输出是帝国主义的特点之一，在这一新的时期，列强对华经济侵略由商品输出转向资本输出。除了《马关条约》攫取在华设厂的特权之外，列强尤注重路矿权益，这些"准条约"正反映了这一变化。其三，各种类别的"准条约"，从形式而言，并非必定具有不平等性质。对此进行具体分析，可以发现，除了损害中国主权的规定之外，还有些平等的内容。同时，"准条约"中的各事项，基本上属于不同于传统时代的近代范畴，如铁路、电信、采矿等，其实施将有助于推动或刺激中国走向近代化和国际化。其四，"准条约"所涉事项，应由国内法进行规范、调整，其涉外内容亦属国际私法范畴，与"硬法"性质的公法不同。这一方面说明其在条约关系中居于次要地位，另一方面这些"准条约"的修废较正式条约容易些。清末收回利权运动中，废弃了一部分路矿合同，通过经济补偿收回了相关权益，也说明了这一点。民国时期，"准条约"范围进一步扩大，增加了航空、水利，以及城市建设、石油开采、防疫赈灾等。这些反映了人类科技文明的发展，以及中国与世界交往的扩大，既给列强进一步拓展在华权

---

① 交通部铁道部交通史编纂委员会编：《交通史·电政编》第 3 集，第 5 章，交通部总务司，1936 年，第 1 页。

益提供了新的途径，又为中国社会经济的发展增添了某种机缘。

近代中外条约的外在基本形态是服务于内容的，从另一面展示了条约内容的基本性质和内在属性。同时，这一外在的基本形态还呈现了近代中外关系的各种面相，反映了这一关系的实质和演变。在一定意义上，形式与内容同样重要。黑格尔说："两者都同等重要，因为没有无形式的内容，正如没有无形式的质料一样。"① 探讨中外条约的外观基本形态，对于全面了解此时期的中外关系，是不可或缺的环节。

在中外条约关系的发展历程中，晚清和民国两个时期，具有各自不同的特点。在晚清时期，一方面在所谓"法律"名义之下，西方列强建构了对中国行使"准统治权"的合法体系。这些形式规范是西方列强用强暴手段攫取中国权益的法律形态。各种条约名称为这一保障提供了一个外壳，通过各种程序和相互联系的基本要素，又构筑了保障其在华特权利益的外在机制。此时期，中外不正常关系不断恶化，各国对华条约关系的差异和特点，尤其是一些国家变本加厉的劣行，亦由此显现出来。作为晚清中外条约关系的外观形式，无不折射了西方列强的强权本质。另一方面，这一方式又是新的"文明"的一种体现，将中国引入了国际交往的近代模式。通过条约关系的建立，中国被强迫接受了在国际法名义下的交往规则。也就是说，条约关系中部分内容的平等性质，在形式上亦有相应的体现。另外，条约关系的形态作为一种法律方式，也体现了国际关系中的法治趋向，这是人类社会进入近代的重要特点。

作为初始阶段，晚清中外条约关系除了前面分析的两重性质之外，还有一些共性特征。从形式而言，条约关系显得杂乱，不够规范完善，同时又逐步在改进。如正式条约以"章程"为名者，源于清政府视对外关系为通商关系的观念，其后随着这一观念的变化和其他原因，条约名称趋于规范。这反映了清政府自主意识和权利意识的增强。

作为转变阶段，民国时期的中外条约关系，从不平等向基本平等转折。随着形势的发展，以及传统国际法转向现代国际法，此时期中外条约

---

① ［德］黑格尔著，贺麟译：《小逻辑》，商务印书馆，1980 年，第 279 页。

关系基本形态，出现了具有积极意义的变化，但仍然存留着旧时代的强权政治因素和不平等内容，这些都是这一关系逐渐从不平等转向基本平等在形式上的反映。

总之，中外条约的外在形式或基本形态，是条约关系整体不可或缺的部分，其重要性不言而喻。它不仅从外观上展示了条约关系的内在属性，彰显了它与正常国际关系相抵牾的畸形状态；同时还呈现了中外条约关系不同时期和阶段的特点，折射了中国社会条约观念的变化，以及中国融入国际社会，或与国际社会的接合程度，并反映了列强各国对华政策的差别及其变化。由此，又在某种程度上反映了整个近代中外关系的概貌，包括它的变化及其规律。

第四章 近代中外条约关系的特殊性质

在国际交往的历史上，自国际法产生之后，各国之间的权利、义务多是通过条约做出规范，条约关系是近代国际关系的重要形式。作为国际关系中的一个重要范畴，近代中外条约关系与主权国家之间正常的关系不同。这一关系产生于传统国际法时代，其特殊性质主要体现为强权政治下的被动关系、不平等为主导的畸形关系、多国参与且各具特色的复杂关系、各种因素影响下的可变关系，等等。这些特殊性质，因西方殖民强权造成，又体现了近代的要素，是一种将强权政治与近代交往形式融于一体的畸形关系。

第一节 强权政治下的被动关系

近代中外条约关系是建立在西方强权政治基础之上的，这一性质决定了中国被迫接受的特点，也由此形成了一种胁迫或制约之下的被动关系。这一关系始于晚清，终于民国，贯穿于整个近代中国。由于形势变化和各种因素不同，这种被动关系在晚清和民国时期程度不等，且呈现出不同的形式。

一、　暴力胁迫下被动接受条约关系

据国际法的主权原则，条约的签订是自愿的，但晚清时期西方列强最先是通过战争和暴力迫使清政府签约的，开启了对华关系强权政治的先河。

《南京条约》等条约，其结果是"终于建立了外交关系"，"解决了产生这些条约的种种冲突或争议"，并由此建立了不同于传统体制的条约关系。从这些条约中，"产生了其他许多具有特殊性质的问题"，即"造成了列强的既得利益，并且成为列强对华关系的基础"。[①] 也就是说，虽然新的条约好像是在平等主权国家之间签订的，但实际上是很不平等的，因为这违背中国的意愿，"只能听任西方的商业和随之而来的文化入侵"。[②] 经过第二次鸦片战争，在强权政治的强迫下，这一关系基本形成。西方学者亦肯定，1842 年—1860 年期间由不平等条约所建立的法律关系，清朝直到英法联军占领北京以后，才肯承认新的秩序。"从朝贡关系转变到条约关系这一过程，经历了1840 年前在广州达 30 年之久的摩擦，以及其后 20 年的贸易、谈判和武力压制"。[③] 其后，条约关系的发展，均与战争或武力威胁有关。

接受不平等条约的清政府，经历了从"势"至"理"，从"被其迫胁"到"向不公平"的认知过程。先是感受到这种"势"的压迫，鸦片战争时期耆英向清政府报告："寇势方张，据我要害，四肢之患，渐成腹心之疾，若不藉此转机，速为招抚，该夷豕突狼奔，何所不至？"[④] 其时，政府官员已从列强暴力手段的直观中，深刻体验到这一迫不得已的被动关系。第二次鸦片战争强迫订约，列强由此采用胁迫手段攫取了更多的条约特权，中国在条约关系中的被动受压更为显著。据李鸿章奏称："从前中国与英法两国立约，

---

① ［英］菲利浦·约瑟夫著，胡滨译：《列强对华外交（1894—1900）》，第 5 页。
② ［美］费正清著，张理京译：《美国与中国》第 4 版，世界知识出版社，1999 年，第 153 页。
③ ［美］费正清著，张理京译：《美国与中国》第 4 版，第 151、153 页。
④ 《耆英等奏详陈议和情形折》，道光二十二年七月壬申，齐思和等整理：《筹办夷务始末·道光朝》（五），第 2305 页。

皆先兵戎而后玉帛，被其迫胁兼受蒙蔽。"① 或者认为是受欺蒙，粤督张树声等称，与各国"所定条款皆由欺诳挟制而成，盖多非理所有，而束缚于势者"。② 王之春从国际法的角度谈及这一胁迫性质，认为列强采用武力、欺骗等手段迫使中国签约，违背公法。他说："所定条款受损实多，往往有出乎地球公法之外者。"③ 曾纪泽则指出，"和约系中国勉强设立"，④ 并非自愿。

其他官员也揭示了这一性质。驻美等国公使崔国因从揭穿列强所谓和好的假面具说明这一性质："立约均言'和好'，其实中国仍守'柔远'之经，各国全无'和好'之实也。"⑤ 他明确地说："东西各国与亚洲立约，向不公平。"⑥ 可见，从一开始，中外条约关系便是强迫性质的，至清末仍然如此。驻美公使张荫棠表示："向来吾国与列强订结条约又多在于兵败之后，近于城下之盟。"⑦

这种胁迫之下的被动关系，又体现在各具体条约中，如《马关条约》不仅推翻了以中方为主导的《修好条规》，且无理地劫取中国的各种权益，意在吞噬中国，"非仅割占数地而已"。⑧ 张之洞形容说，日方勒索条约特权，"如猛虎在门"；而中国遭受的损害，"如人受重伤，气血大损"，"如鸩酒止渴，毒在脏腑"。⑨ 其后三国干涉还辽，也并非是中国主动争取，而是列强之间矛盾所致。

《辛丑条约》尤其体现了这种胁迫的被动关系。该约关系列强的整体利

---

① 《直督李鸿章奏日本议结琉球案牵涉改约暂宜缓允折》，光绪六年十月初九日，王彦威、王亮辑编，李育民等点校整理：《清季外交史料》第 2 册，第 461 页。

② 《粤督张树声等奏球案不必急议日约未便牵连折》，光绪六年十一月二十五日，王彦威、王亮辑编，李育民等点校整理：《清季外交史料》第 2 册，第 473 页。

③ 《慎约议》，《国朝柔远记》，赵春晨、曾主陶、岑生平校点：《王之春集》，岳麓书社，2010 年，第 463 页。

④ 曾纪泽：《中国先睡后醒论》，光绪十二年，《中国近代政治思想史参考资料》上，中国人民大学中共党史系等编印，1981 年，第 285 页。

⑤ 刘发清、胡贯中点校：《出使美日秘日记》，光绪十九年三月二十八日，黄山书社，1988 年，第 598 页。

⑥ 《使美崔国因奏使任满谨陈办理使事各节折》，光绪十九年九月初四日，王彦威、王亮辑编，李育民等点校整理：《清季外交史料》第 4 册，第 1793 页。

⑦ 《使美张荫棠奏敬陈外交事宜并请开缺简授贤能折》，宣统三年九月初四日，王彦威、王亮辑编，李育民等点校整理：《清季外交史料》第 9 册，第 4575 页。

⑧ 《查明周馥参款折》，光绪三十一年八月二十九日，赵德馨编：《张之洞全集》（四），武汉出版社，2008 年，第 236 页。

⑨ 《呼请修备储才折》，光绪二十一年闰五月二十七日，苑书义等主编：《张之洞全集》第 2 册，河北人民出版社，1998 年，第 989 页。

益，从一开始它们协商一致，共同压迫中国接受。尤其是，这种协调一致此先在条约特权中便体现，即"一体均沾"的最惠国条款，该特权一方面加强了列强对华的胁迫力度，另一方面又使得中国在条约关系中的被动地位更具普遍性。即"一国所得，诸国安坐而享之，一国所求，各国群起而助之"。① 通过"一体均沾"，列强将单个国家的胁迫转为集体的勒索，其效力更大，其范围更广。《辛丑条约》将其扩展为对华协调一致的统一行动。倡导统一行动的美国政府很清楚："一份联合照会总要比若干份分别照会更加有效。"② 各国在此问题上达成了一致意见，如关于惩凶问题出现分歧，他们便"谋求一项中间条款"，以"采取共同行动"。③ 为保障共同利益，列强提出，在缔订一项集体协定之前，中国不应同任何一国签订任何协定。④ 这一原则为列强协同一致胁迫中国接受要求，维系巩固和强化其主导的条约关系，提供了充分的保障。由于列强达成一致，在谈判交涉中，清政府只能被动接受单方面提出的条件。李鸿章奏称，送来和议总纲十二款，"不容改易一字"，对中方提出的"应商之处"，各国置若罔闻，"且时以派兵西行，多方恫喝"。这些都说明，《辛丑条约》是中国在条约关系中居于被动地位的典型反映。

综观《辛丑条约》和附件，不难发现，除了由列强设定相关条款之外，还强化了清政府对强加的国际义务的承诺和责任。附件内容多为清帝上谕，实际上是对列强要求的一系列承诺，这也成了《辛丑条约》的一部分。附件共有 19 个，第一件是光绪二十六年十一月初六日（1900 年 12 月 27 日）的谕旨："所奏十二条大纲，应即照允。"⑤ 其他涉及惩凶、赔款、使馆区界址、禁军火输入、严禁反帝、保护洋人、觐见礼节各件，均以上谕方式履行对列强的承诺。上谕是清政府具有最高法律效力的官方文书，属于国内法，将其与国际法范畴的条约融为一体，是条约关系中的一种重要形式。《辛丑条约》

① 《国朝柔远记》，赵春晨、曾主陶、岑生平校点：《王之春集》，第 462 页。

② 《康格致海函》，1900 年 11 月 26 日，天津社会科学院历史研究所编，刘心显、刘海岩译：《1901 年美国对华外交档案——有关义和团运动暨辛丑条约谈判的文件》，第 57 页。

③ 《萨道义爵士致兰士敦侯爵函》，1901 年 2 月 6 日，胡滨译：《英国蓝皮书有关义和团运动资料选译》，第 459 页。

④ 《兰士敦侯爵致萨道义爵士函》，1901 年 3 月 1 日，胡滨译：《英国蓝皮书有关义和团运动资料选译》，第 441 页。

⑤ 《辛丑各国和约》，光绪二十七年七月二十五日，王铁崖编：《中外旧约章汇编》第 1 册，第 1008 页。

这一特殊性质的多边条约，加上清政府的最高承诺，正是中国在条约关系中被动地位真实而又完整的写照。张之洞看到《议和大纲》之后，痛切指出：撤毁大沽及直隶沿海炮台、禁军火进京、京沽沿途驻兵等三款，将使中国"有自主之名，而无自主之实"；从此北京"永受洋兵挟制"，"无论最小之国，随时随事任便恫吓，无论何事，中国永不能自主"。[①] 由此"条款日增，主权全失"，"朝廷亦不能久"。[②]

列强的武力胁迫和勒索，也是中国社会的普遍认识。如谭嗣同看到，在这一被动关系中，中国的利权、兵权、制造之权，乃至于用人行政之权，"一以授之以敌"，"一网而俱尽"。[③] 杨度揭露《辛丑条约》是"亡国之新法"，即先亡其政、教、财，"然后亡其国"；列强通过挟制中国的条约实施所谓"保全主义"，实际上是"无形之瓜分"。[④] 革命党人戴季陶也指出，中外一切条约，都是中国居于被动地位的屈辱条约，中国对于列强绝无利益可言，且"无论何种外交政策，皆无从行使"。[⑤]

二、 废约运动中的被动地位

巴黎和会之后，中国掀起了废约反帝运动，中外条约关系出现了新的变化。在这个时期，中国的国际地位没有根本改变，西方列强的强权政治本质依然如故，这就注定中外条约关系的整体状况不会有大的变化。其时，不平等条约及其特权遭到中国社会的全面反对，直至抗战时期被基本废弃。但是，即使废约过程中体现了中华民族要求恢复国家主权的主动精神，所做努力虽然取得重要成效，但就条约关系整体而言，也未能彻底改变被动地位。

在 20 世纪 20 年代的废约运动中，西方列强仍然坚持在中外条约关系中

---

① 《致华盛顿伍钦差、俄京杨钦差》，光绪二十六年十一月初四日，赵德馨编：《张之洞全集》（十），第236 页。

② 《致江宁刘制台、安庆王抚台、济南袁抚台、上海盛京堂》，光绪二十六年十一月初十日，赵德馨编：《张之洞全集》（十），第241 页。

③ 《报贝元征》，光绪二十一年七月，蔡尚思、方行编：《谭嗣同全集》上，中华书局，1981 年，第 196 页。

④ 杨度：《欢送湖南赴日留学生宴会上的演说》，刘晴波主编，《杨度集》，湖南人民出版社，1986 年，第91 页。

⑤ 《国民政治论》，1913 年 2 月 10 日，唐文权、桑兵编：《戴季陶集（1909—1920）》，华中师范大学出版社，1990 年，第 635 页。

的主导者地位，将中国置于被动者的附从地位。它们大多无视中国的废约要求，后在中国民族主义的压力下作了些许让步和调整，但并未从根本上改变条约关系的基本格局。例如，中国在巴黎和会首次提出修废不平等条约的要求，但被各国列强所否定，中国政府拒绝签字正是在条约关系中被动受制地位的反映。陆征祥等言："弱国交涉，始争终让，几成惯例。此次若再隐忍签字，我国前途将更无外交之可言。"① 在签字仪式之后，中国代表团发表宣言，指出："中国全权为维持国家体面计，百方勉力，终被拒绝，此对于国家及国民之义务不得不遵循也"，"对于解决山东问题，已不予中国以公道"。② 当时，主宰巴黎和会的是美、英、法、日、意等几个国家，尤其是前三个国家，中国能否实现自己的愿望，取决于它们的态度。这些国家为了自己的利益，为了它们之间的协调，最终将中国作了牺牲品。其时，从国际条件来看，中国要实现自己的目标，关键在于得到美国的支持。但是，美国出于它的总体外交战略，"从来没有考虑与中国的民族主义合作来解决中国问题的可能性"。③ 作为战胜国阵营中的中国，注定沦入如同战败国相似的命运，不仅不能解脱不平等条约的束缚，而且收回战败国所攫取的权利也被剥夺。

其实，美、英、法等国在巴黎和会上之所以认可日本的要求，还由于中外条约关系是建立在挟制约束中国的基础之上。主要列强国家，在历史上无不用武力或威胁手段从中国攫取条约特权，帝国主义国家在历史上共同劫掠中国，它们之间存在着一根共同利益的纽带，美国最终"默认了日本在山东的法律地位"。④ 这说明，日本的蛮横是各国列强的写照。中国在巴黎和会的失败，也决定于中国在条约关系中受列强共同挟制的被动地位。在巴黎和会上，列强根本没有考虑中国废除不平等条约的要求，颜惠庆在中国代表团尚

① 《法京陆专使电》，1919 年 6 月 28 日，中国社科院近代史研究所《近代史资料》编辑室主编，天津市历史博物馆编辑：《秘笈录存》，第 223 页。
② 王芸生编著：《六十年来中国与日本》第 7 卷，第 352—353 页。
③ Zhang Yongjin：*China in the International System，1918—1920，the Middle Kingdom at the Periphery* Macmillan Academic And Professional Ltd，1991，p. 121.
④ ［美］J. H. Latane 著，王造时译：《美国外交政策史》，商务印书馆，1936 年，第 850 页。

未向和会提出希望条件之前，便断定"列强难以接受"。①

在华盛顿会议，中国的废约要求同样遭到失败，列强仅用一些空洞的许诺来糊弄、敷衍。美国学者威罗贝说，华盛顿会议虽然考虑中国问题不少，但其目的在于调整太平洋及远东的格局，以消除国际冲突，中国问题纳入会议，纯属偶然。② 这说明，中国只是作为一个问题和筹码，而不是平等参与解决国际事务的主权国家。列强更不愿改变中国在条约关系中的被动地位，甚至有意限制中国提出议案的权利，以避免在华特权遭到削弱。开会之初，并无提案须于 24 小时以前通知主席之规定，待中国提出十大纲以后，便定出这一规则，于是"中国提案更不自由"。③当然，即使提案自由，而相信"领事裁判权、关税各问题更易迎刃而解"，④ 也只是一个天真的愿望。因此，尽管会议通过了一些维护中国领土和行政完整，取消势力范围的决议，但却不溯及以往，实际上是对既存条约特权的保障。⑤ 尤其是，会议自始至终由列强操纵，中国犹如俎上肉任人宰割，并不能掌握自己的命运。如学者所言："九国条约、关税条约及十种决议，个个都拿空名或虚利来敷衍中国的面子，而隐藏以外国将来活动的互助了解为唯一目标。特别利益，租借地及其他种种非法的设施，不但没有废掉，而且经有势力的国家默认，变为合法的永占！"⑥ 华盛顿会议貌似给了中国一些小仁小惠，"但实质上欲使帝国主义者的殖民制度和它们强加于中国的不平等条约取得进一步的保障"。⑦ 可见，华盛顿会议虽对中国问题多少"同情地、谅解地处理过"，对中国的废约希望也"肇其端倪"，⑧ 但并未改变中国的条约地位。

---

① 上海市档案馆译：《颜惠庆日记》第 1 卷，中国档案出版社，1996 年，第 831—832 页。

② 李绍盛：《华盛顿会议之中国问题》，台湾：水牛出版社，1973 年，第 220 页。

③ 罗家伦：《我对于中国在华盛顿会议之观察》，1921 年 12 月 31 日，陈志奇辑编：《中华民国外交史料汇编》（三），第 1256 页。

④ 《驻和王公使电》，1921 年 9 月 14 日，中国社科院近代史研究所《近代史资料》编辑室主编，天津市历史博物馆编辑：《秘笈录存》，第 340 页。

⑤ 美国务卿许士所提门户开放案中，起初有一条规定将现存条款予以审议，以符合此原则，遭到日本的强烈反对，认为此案不能有追溯既往之效力。法国则袒护日本，英国也提出异议，最后将此条删除。

⑥ 周守一著：《华盛顿会议小史》，李绍盛：《华盛顿会议之中国问题》，第 219—220 页。

⑦ 叶遐庵述，俞诚之录：《太平洋会议与梁士诒》，陈志奇辑编：《中华民国外交史料汇编》（三），第 1333 页。

⑧ ［美］波赖著，曹明道译：《最近中国外交关系》，第 194—195 页。

随后的关税会议，由各国列强来决定中国的关税自主，国内舆论认为，从国际法的眼光观察，其结果"恐将使中国国际地位一落千丈"。因为，"欲求关税自主，则非脱离条约之束缚不可。欲离条约之束缚，则非先打破华会条约，中止关税特别会议之进行不可"。[①] 或指出：这样的会议，"无异自加不平等条约之束缚"。[②] 关税会议后来也是半途而废，中国未能达到自己的目标。随之而来的法权会议，中国也遭到全面失败，未能实现撤废领事裁判权的目标。究其原因，是由于列强并无撤销治外法权的诚意。会议建议书中中国提出放弃治外法权的种种条件和方法，其实给列强留下了极大的回旋空间，为其继续无限期地享有这一特权提供依据。例如，建议提出放弃治外法权的原则性条件，是"此项建议实行至相当程度"。当时舆论评论说，"此类用语，似有涵义，却无实质，规定与不规定等"。[③] 再如，司法机关是否受到外力干涉，"各国始终以此为把持领判权之盾"。[④] 诸如此类，说明在中外条约关系中列强仍然处于主导地位，中国尚难以改变这一状况。

中国兴起民族主义浪潮后，各国列强不得不表示愿意修改不平等条约，但实际上予以反对和阻挠。如北京政府单方面宣布废除中比条约，列强纷纷指责中国，表示"行将援助比国"。[⑤] 伦敦媒体提议列强对华实行海军大示威，以"消灭华人一切爱国运动"，并与比国合作进行国际干涉，"以外交抵制中国"。[⑥] 列强之所以竭力反对中国废约，是担心中国选择海军力量弱小的比利时作为废约运动第一个牺牲品，"将来即可成为先例"，[⑦] 而"欧人在华权利行将不能保守"。[⑧] 从北京政府来看，毅然废除中比条约，虽然体现了主动精神，但亦包含了无奈的被动因素。一方面，这一主动行为是在强权政治下的被迫之举，是比利时蛮横无理，拒绝修约所激成。另一方面，北京实行国别交涉的方针，单方面废约只是针对比利时这样的小国，而不敢对强国采

① 旨微：《外交问题与内政》，《益世报》，1925年9月26日。
② 《唐绍仪发表反对关税会议通电》，《顺天时报》1925年10月7日。
③ 渊泉：《评法权会议报告书》，《晨报》1926年11月29日社论。
④ 渊泉：《评法权会议报告书》，《晨报》1926年11月29日社论。
⑤ 《中比交涉中之国外空气》，《顺天时报》1926年11月8日。
⑥ 《比约失效事件英报竟主张干涉中国》，《晨报》1926年11月12日。
⑦ 《对于中比修约之各国舆论》，《顺天时报》1926年11月11日。
⑧ 记者：《政府宣布中比条约失效之经过》，《国闻周报》第3卷，第44期。

取类似立场。如对日本就小心翼翼，更是不敢轻言废约。列强的态度和北京政府的立场，说明当中国主动改变这一关系时，在客观和主观上均受到限制，这也反映了中国在条约关系中的实际地位。

南京政府时期，中外条约关系出现新的变化，其时，南京政府实行修约方针，外交部部长王正廷主张采取谈判协商的外交方式废弃条约特权。他认为，一方面取消不平等条约，另一方面与各国通好，要"一步一步的作去"。① 他形象比喻："于铁拳之外，罩上一层皮"，采用"有弹性的外交方式与各国进行修订。"② 这一修约方针既体现了积极改变不平等条约关系的主动意识，同时又含有不得罪列强的软弱被动因素，不可避免地要作出一些让步。

"九一八"事变之前，南京政府积极推行修约外交，与各国订立了一批新约，取得了一些进展，但并未完全改变受制的被动地位。新订条约在一些问题上较前还有所倒退。顾维钧就对中比新约感到吃惊，认为南京政府采取了妥协的政策和行动，接受了北京政府"一贯反对的内容"，"使比利时摆脱了原来的困难处境"。③ 中德新约也明显有倒退，把德国人的权利提高，"和英国侨民平等了"。另外，其他各条约，多以对方国家文字为正本，依旧继续从前不平等条约的精神。至于中国收回关税主权及取消领事裁判权，实际上是空头支票。条约所载平等互惠的原则，处处为条约的附件所拘束。这一类的原则，因此简直成了一种空话。许多地方还不及 1903 年中美《续议通商行船条约》。④ 而且，新订条约事实上需要同时取得所有国家的认可，以致"法权永难收回"。⑤但是，新订条约也并非全无成绩，如各国列强作出承诺，为废弃条约特权打下一定的基础。这些体现了中国在条约关系中主动地位的加强，但是，新约的种种局限和问题，也反映了南京国民政府实行退让的妥协态度，说明中国远未摆脱受制的被动地位。如

① 《王正廷谈外交》，《国闻周报》第 6 卷，第 28 期。
② 楼桐孙：《新约平议》，《东方杂志》第 26 卷，第 1 号。
③ 顾维钧：《顾维钧回忆录》第 1 分册，第 358—360 页。
④ 曾友豪：《从国际法学的观点批评中外新约》，《东方杂志》第 26 卷，第 14 号。
⑤ 《对于中比中义新约之非难评》，《顺天时报》1928 年 12 月 5 日。

舆论所言，修约外交过于软弱，"不能收革命政府外交之实效，以符十余年来国人废除不平等条约之期望"；① "即变相的屈服于帝国主义"。② 中国共产党人批评说，南京政府的修约方针，与段祺瑞政府"外崇国信"时代之请求帝国主义修改不平等条约，"没有两样"。③ 修约"实际上是以更具体实际的利益换取某种不重要的修改"，把不平等条约"更加延长数十百年"。④ 是"妥协帝国主义的政纲"。⑤

领事裁判权是不平等条约的核心，当南京政府要求列强放弃时，遭到共同反对。美国表示，中国尚未达到容许放弃治外法权的程度。⑥ 英国认为，撤废领事裁判权对中英双方都是有害的和危险的，并与各国共同对付中国可能采取的单方面废弃领事裁判权的行动。⑦《泰晤士报》发表社论，反对废除领事裁判权，声言："吾人在主义上虽允中国之要求，而在事实上则暂难允即实行。"⑧ 1929 年 12 月 28 日，南京政府作出实施这一计划的姿态，发出废除领事裁判权的特令，宣告自 1930 年 1 月 1 日起，废除各国在华领事裁判权。各国均表示反对，极力阻止。当天，法国外交总长普立恩表示："法国不承认完全取消领判权权利，因与 1858 年之条约相违反。"⑨ 法国向列强建议采取坚决的态度，迫使中国政府放弃或"实际上并不实行"。英国也主张各国提出严重警告，"阻止中国给予西方这样一个既成事实"。⑩ 并表示，仅同意中国将此"作为逐渐废除领事裁判权办法的开始之日"。⑪ 由于列强共

① 朱偰：《一九二八年国民政府修改不平等条约之成绩与批评》，《东方杂志》第 26 卷，第 2 号。

② 郑公弼：《废约与修约》"周序"，励志书局，1929 年，第 4—5 页。

③《中国共产党告全国民众书》，1928 年 11 月 5 日，中央档案馆编：《中共中央文件选集》第 4 册，中共中央党校出版社，1989 年，第 683 页。

④《中央通告第六十一号》，1928 年 8 月 1 日，中央档案馆编：《中共中央文件选集》第 4 册，第 545 页。

⑤《中央通告第三十四号》，1929 年 4 月 10 日，中央档案馆编：《中共中央文件选集》第 5 册，第 111 页。

⑥ Wesley R. Fishel. *The End of Extraterritoriality in China*. Berkeley & Los Angeles：University of California Press，1952，pp. 153-156.

⑦ Great Britain, Foreign Office, *F. O. Confidential Print*，228/4061，No. 623，Lanpon's Note（Aug. 14，1929）；Ibid.，No. 202，F. O. to Minister（14 May. 1929）. 转引自李恩涵：《北伐前后的"革命外交"》，台北"中研院"近代史研究所，1993 年，第 175 页。

⑧《可代表英政府意向之英报评撤废治外法权》，《顺天时报》1929 年 5 月 22 日。

⑨《法国不承认完全取消领判权权利》，《顺天时报》1929 年 12 月 30 日。

⑩ Wesley R. Fishel. *The End of Extraterritoriality in China*. Berkeley & Los Angeles：University of California Press，1952，p. 170.

⑪ ［美］波赖著，曹明道译：《最近中国外交关系》，第 294 页；《中英法权问题之谈判》，《大公报》1930 年 1 月 11 日。

同反对，12月30日外交部发表宣言解释：废除领事裁判权的特令，"实系一种步骤，用以去除每易发生误会之原因，并增进中外人民之关系者"。① 随后，南京政府于1931年5月4日发表宣言，宣告交涉停顿，公布《管辖在华外国人实施条例》。但这些只是做给国人看的一纸具文，当时舆论即感到"满腔苦痛，羞愧悲哀"，这只是"以掩耳盗铃之方式，聊以自娱"。② "实际上领判权之行使如故也，中国之不能禁止彼等行使亦如故也"，中国过去所受不平等条约之耻辱，只关于条约之本身，"今则倍之"。"其条约仍在，而对废除不理，中国之被轻视也"。③ 显然，中国方面的主动和努力，并未改变在条约关系中遭到忽视的被动地位。由国民会议第五次大会通过了《废除不平等条约宣言》，反映了"八十年来蕴蓄抑制之民气"，④对各国列强是一个极大的触动。此后，废弃领事裁判权虽未完全实现，但交涉取得重要进展。然而，"九一八"事变打断了这一进程，美、英等国搁置了与中国政府的法权谈判。

三、 中国仍未摆脱受制于强权国家的被动地位

太平洋战争爆发后，事情出现转机，美、英出于战略需要，同意放弃在华条约特权，分别与中国签订《关于取消美国在华治外法权及处理有关问题之条约》《关于取消英国在华治外法权及其有关特权条约》。虽然中外不平等条约由此得以基本废弃，中外条约关系出现了重大变化，但这一变局并非是平行的，中国仍未彻底摆脱受制于强权国家的被动地位。

这一转机的出现，虽与中国在反法西斯战争的地位不无关联，但却在相当程度上是服从于欧美列强的"先欧后亚"战略需要，且以它们为主导。罗斯福说："假如没有中国，假如中国被打垮了，你想一想有多少个师团的日本兵可以因此调到其他方面来作战？他们可以马上打下澳洲，打下印度——

---

① 陈志奇辑编：《中华民国外交史料汇编》（六），第2519页。
② 《外交现状之感言》，《大公报》1931年5月6日。
③ 《外交现状之感言》，《大公报》1931年5月6日。
④ 《废除不平等条约宣言发表》，《大公报》1931年5月15日。

他们可以毫不费力地把这些地方打下来。他们并且可以一直冲向中东。"① 珍珠港事件以后，美、英两国希望中国坚持抗战，不投降，不同日本媾和，因此提出了终止在华治外法权，同时缔结新约，把中国法院根据中国法律审理各国籍公民的权利交还中国。此外，由于日本的侵略，美、英在华的条约权利实际上荡然无存，所以才做空头人情，声明撤废。在这一背景下，蒋介石得知美、英自动放弃治外法权，表示"深为感动"，衷诚致谢。② 而且，整个交涉过程也是由美、英主导，开始在九龙问题上持强硬态度的蒋介石，也不得不改变立场。他在日记中写道："九龙交还问题英坚不愿在新约内同时解决，余暂忍之。此实为对英政策与技术一大改变也。"也由于九龙问题，原定于 1943 年元旦订约的计划也就推迟了 10 天，蒋介石"平生遗憾，更知外交被动之苦"。③ 以上种种，反映了英国仍然坚持殖民意识，国民政府缺乏独立自主的外交精神。

即使是被誉之为"平等"的新约，中国也并未实现全部收回国家主权的目标，仍有不平等的因素。战后中美签订的新商约，又以实际上的、事实上的不平等代替了条约字面上的不平等。关于这一点，下一节详述，这里不赘。

1945 年 2 月，美、英、苏三国首脑在克里米亚的雅尔塔举行会议，为了各自的目的，私下交易，订立了牺牲中国权益的协议。罗斯福提出要苏联向日本开战，斯大林则提出损害中国主权的条件，"三大国首脑同意，苏联的这些要求应在战败日本后毫无条件地予以满足"。④ 斯大林翻译别列日科夫称："雅尔塔决议的实质在于考虑了各方的利益。克里米亚会议完全能成为

① ［美］伊利奥·罗斯福著，李嘉译：《罗斯福见闻秘录》，新群出版社，1947 年，第 49 页。

② 中国国民党中央委员会党史委员会编，秦孝仪主编：《中华民国重要史料初编——对日抗战时期》第三编《战时外交》（三），第 713—714 页；751—752 页。

③ 陈志奇辑编：《中华民国外交史料汇编》（十二），第 5601 页。

④ 《三大国关于远东问题的协定》（1945 年 2 月 11 日），［苏］萨纳柯耶夫、崔布列夫斯基编，北京外国语学院俄语专业、德语专业 1971 届工农兵学员译：《德黑兰、雅尔塔、波茨坦会议文件集》，生活·读书·新知三联书店，1978 年，第 258 页；参见［苏］N·A·基里林主编，邢书纲等译：《国际关系和苏联对外政策史》（1917—1945），中国社会科学出版社，1990 年，第 390 页。

国际舞台上平等关系的范例。"① 所谓"各方的利益"和"平等关系",实际上就是美、英、苏三国的利益交换关系,中国则是这几个强国相互交易的筹码。之后,美国不断施压,迫使中方接受苏联的要求,以履行雅尔塔密约。在签订中苏《友好同盟条约》的交涉过程中,美驻苏大使哈里曼指责蒋介石拒绝给予苏联更多的权利和优惠,要求中方"更慷慨一些"。在威逼利诱之下,中方代表宋子文"作出较现实的让步以达成协定"。② 该约并非中苏之间的事,美国也因雅尔塔协定而介入,因为这符合美国的"对华基本政策"和"国家利益"。③ 显然,通过中苏《友好同盟条约》,中国获得一些益处,但却是以牺牲宝贵的主权为代价的。1946 年 11 月 4 日,美国与中国签订了《友好通商航海条约》,该约被对方视为双方对等的条约。实际上,从谈判全过程来看,中方一直处于不对等的被动地位。又兼国民政府出于巴结美国和反共的需要,明知条约对中国不利,但也予以接受。谈判伊始,美方代表即居高临下定下基调,要以美国方案作为谈判的基础。谈判中,中国在美国的压力之下作出种种让步,争执较大的问题,或完全迁就美方,或承诺在实际中贯彻美方要求。

上述说明,即使是不平等条约被基本废弃,被戴上"四强"桂冠的中国也未在条约关系中取得对等,更不要说主导地位。列强各国仍继承了强权政治的恶劣传统,且号称社会主义国家的苏联也未放弃传统政治。中国仍如同既往,继续被各国束缚,未能摆脱受压迫的命运,这些同样反映了中国在条约关系中受制的被动地位,折射了中国在世界上的国家地位。鸦片战争之后,中国的国际地位每况愈下,以至一落千丈,即使成为两次世界大战的战胜国,这一地位也未真正改变,在列强看来中国仍然是一个可以随意摆弄的贫弱大国。

---

① [苏] B. M. 别列日科夫著,周梦黑等译:《我是斯大林的译员——外交史的篇章》,上海译文出版社,1991 年,第 575 页。

② 《驻苏大使哈里曼致杜鲁门总统和国务卿电》(1945 年 7 月 9 日),吴景平译:《关于宋子文斯大林莫斯科会谈美国外交档案选译》(中),《民国档案》,1991 年第 3 期。

③ 《驻苏大使哈里曼致国务卿备忘录》(1945 年 7 月 28 日),吴景平译:《关于宋子文斯大林莫斯科会谈美国外交档案选译》(下),《民国档案》,1991 年第 4 期。

第二节　不平等为主导的畸形关系

强权政治之下的近代中外条约关系，是胁迫或制约之下的被动关系，不是国家之间的正常关系，不可避免地形成为一种畸形关系。所谓畸形关系，是指违背以主权原则为中心的国际法和国际关系准则，尽管其中包含着近代平等的内容，但却以不平等为内核为主导。在这一畸形关系中，平等与不平等，理论与实际，文明与野蛮，近代与传统等交织在一起，呈现出深刻的矛盾和冲突。

一、　以不平等为内核和主导的畸形关系

新建立的不平等条约关系，可分为两大类别：一是由常规性特权制度，即在中国领土上持续实施的行为规则形成的法律关系。二是由交割性的条约权益形成的法律关系，与经常性的行为规则不同，系一次性或总括性的交付行为。区分为两大类别，主要是借助了国际法对条约的分类。李浩培提出，凡是条约从某种意义上说都是立法性的，如果要把条约从内容上加以分类，"那么就应区别各种不同的立法性条约，而不是区别立法性条约和其他条约"，主张分为"一般规则和个别规则"的立法性条约。[①]前者即在中国所属领土上持续实施的规则；后者属某种权益的交割性规定，即将中国的某种物质财富性的权益交割或交付给他国。这两种规则或制度，形成了两类法律关系，即持续性法律关系和交割性法律关系。其中，不平等关系作为主体内容，由各种特权所构成，确立了各种严重损害中国主权的规则。在这一不平等的关系中，中国承担国际义务，列强则通过种种条约特权对中国行使"准统治权"，在相当程度上取代了中国的管辖权。

条约中"一般规则"，即常规性规则所形成的持续性法律关系，包括政

---

① 李浩培：《国际法的概念和渊源》，第 339 页。

治、经济、文化等方面，其不平等的内容是整个条约关系中的主体，主要有以下方面。

政治上，体现在司法主权、领土主权和行政主权等方面。司法主权方面，由于列强各国获得领事裁判权，中国不能对订约国在华侨民行使属地管辖权。顾盛谓："欧美各国形成了一个国家的家庭，由于文化和宗教的共同性，由于条约以及由于国际法，使它们联结在一起。"按照欧美国家奉行的国际法，"每一外国人居住或暂留在任何基督教国家内，都应服从该国家的法律，倘在该国范围内犯罪被控，应顺从该国地方官的审判。这里，公使或领事不能保护他的国人"。顾盛将这种有利于欧美人的规则视为国际法原则："当时中国那样一个国家是没有资格主张一般的属地主权原则，以保持其对国境内外人的管辖权的。"① 正是基于这种无视国际法的强权逻辑，列强通过不平等条约将领事裁判权强加给中国，中外间形成了一种畸形的司法关系。根据条约规定，享有此权国家的领事或官员，按照本国法律对本国侨民行使司法管辖权。1843 年 7 月签订的中英《五口通商章程》最早规定："其英人如何科罪，由英国议定章程、法律发给管事官照办。"② 1844 年 7 月订立的中美《望厦条约》，在此基础又加以扩大，并使得领事裁判权具有了完整的意义，成为这一特权在中国起源的一个重要环节。第二次鸦片战争之后，列强在华领事裁判权更为巩固，不仅这一特权本身的内容愈益扩充，而且各国相率效尤，都从中国取得这一特权。

领事裁判权的核心地位，使其成为其他条约特权的基础。赫德谓："治外法权是包含在一系列条约中的中心思想。"这一特权的原则，构成每一个条约的基础，贯穿于每一个条约的条款中，是造成一切损害的根源。从外国立场来看，这一原则"被各条约国视为对华条约中最重要、最有价值"，而且"也是最为根本的一点"。只要放弃治外法权，"关系立刻就会

---

① ［美］威罗贝著，王绍坊译：《外人在华特权和利益》，第 343 页。
② 中英《五口通商章程：海关税则》，道光二十三年八月十五日，王铁崖编：《中外旧约章汇编》第 1 册，生活·读书·新知三联书店，1957 年，第 42 页。

改变过来，积怨就会消除，友好善意就会随之而来"。[①] 他承认这也是"一种无价的特权"，[②] "是最本质的一项条约中的条款"。[③] 也就是说，这一特权是外国列强向中国实行政治、经济、文化侵略，行使其他特权的重要保障。丹麦驻华公使欧哀深曾把领事裁判权、租界与协定关税，列为破坏中国主权完整的三大魔鬼。[④]

除了司法主权，中国的领土主权和行政主权，以及自保权亦受到严重限制。这些"使中国的国权受妨害，行政不能统一"，[⑤] 意即国家主权受到侵害而支离破碎。这主要包括以下几种情况。

第一种情况，列强在中国的某些区域直接行使行政管辖权，如租界、租借地、使馆区、铁路附属地等。租界是由通商口岸发展而来的一种特殊制度，这是列强在某些通商口岸的外人居留、贸易区域中，起初通过非法手段，继而由不平等条约确定下来，侵夺中国的行政权和司法权，并建立独立于中国政权体系之外的行政管理机关，形成"国中之国"的特殊制度。租界特权是在形成之后才取得条约依据的。最初所订条约中并无由外人自己管理其居住区域的规定，只是确定由清政府的地方官与外国领事商议划分居住区域。1864年，英国公使致各国领事说："租界地与英国政府，并不容许其管辖该地，该地仍属于中国之主权。于该地之英国侨民所能施行之管辖范围，只与其他未租界之口岸之侨民等。盖英国政府所得施行之权力，系由于中国政府所订条约中来，初不以租界地面稍受影响。"[⑥] 由于中国的积弱不振，租界制度才在没有条约依据的情况下长期施行，清政府亦予以"默认"。最早在正式条约中肯定租界行政权的，是甲午战后的1896年10月19日，总理衙门大臣荣禄、敬信、张荫桓与日本全权大臣林董签订的《公立文

---

① ［英］赫德：《中国与世界》，1900 年 11 月，［英］赫德著，叶凤美译：《这些从秦国来——中国问题论集》，第 87、92 页。

② ［英］赫德：《中国、改革和列强》，1901 年 2 月，［英］赫德著，叶凤美译：《这些从秦国来——中国问题论集》，第 124 页。

③ ［英］赫德：《义和团，1900》，1900 年 12 月，［英］赫德著，叶凤美译：《这些从秦国来——中国问题论集》，第 104 页。

④ 孙晓楼、赵颐年：《领事裁判权问题》，商务印书馆，1937 年，第 43 页。

⑤ 周鲠生：《不平等条约十讲》，第 38 页。

⑥ 赵炳坤：《中国外事警察》，商务印书馆，1937 年，第 37 页。

凭》。该约第一款规定："添设通商口岸，专为日本商民妥定租界，其管理道路及稽查地面之权，专属该国领事。"① 其后日本与各口岸地方官所订租界章程，作了更为详细、明确的规定。日本既开条约允许之先例，其他各国依最惠国条款，也要求取得同等待遇，于是"各国租界内行政权之取得，而成为条约上之权利"。②

租借地是列强通过条约从中国"租借"某部分领土，于一定期限内行使属地管辖权，以作为在华侵略基地的特权。通过条约，俄国攫取旅大，德国攫取胶州湾，法国攫取广州湾，英国则攫取了威海卫和九龙。

租借地对中国主权的限制，比租界更为严厉，各租借国把租借地视为自己的领土，在这里建立政府机构，驻扎军队，设置警察，征收税饷，经营各种事业，实行殖民统治。

使馆区是列强通过条约迫使中国在北京划一地段作为使馆区域，在此行使统治权的特权。按照国际法，外交代表享有"馆舍豁免权"，③ 即使馆馆舍不可侵犯，但使馆所在的整个区域豁免的特权，已不为国际法所认可。这一特权是通过《辛丑条约》攫取的，规定："各使馆境界，以为专与住用之处，并独由使馆管理，中国民人，概不准在界内居住，亦可自行防守。"④ 使馆区便成为一个极为特殊的区域，其对中国领土的剥夺和限制更为苛严，不啻如同一个各国共管的袖珍小国。

铁路附属地，即所谓"特殊势力圈"，这是俄、日两国在铁路附属地区建立行政管理机构，对铁路沿线的中外居民进行行政管辖的特权。

第二种情况，是列强在中国某些区域派驻军事力量，限制中国的自保权，包括外国军舰在中国某些领水驻泊游弋，外国陆军驻扎中国某些区域，以及禁止中国在某些地域设防等。1843 年中英《五口通商附粘善后条款》最早规定："凡通商五港口，必有英国官船一只在彼湾泊。"通过这一规定，英国获得了在中国派驻军舰的条约特权。紧接着，美、法和瑞挪也相继有同样

---

① 中日《公立文凭》，光绪二十二年九月十三日，王铁崖编：《中外旧约章汇编》第 1 册，第 686 页。
② 林东海：《外事警察与国际关系》，商务印书馆，1937 年，第 102 页。
③ ［英］劳特派特修订，王铁崖、陈体强译：《奥本海国际法》上卷，第 2 分册，第 248 页。
④ 《辛丑各国和约》，光绪二十七年七月二十五日，王铁崖编：《中外旧约章汇编》第 1 册，第 1006 页。

的特权。第二次鸦片战争之后，这一特权有了进一步的发展，不仅所有有约国"一体均沾"，而且还从沿海扩展至内河。外国陆军"合法"进驻中国领土，最早是通过租借条约。《辛丑条约》规定："中国国家应允，由诸国分应主办，会同酌定数处，留兵驻守，以保京师至海通道无断绝之虞。"① 由此，列强获得了在京师、内地屯兵的条约特权。并禁止中国军队在列强驻军沿线驻扎和设置防御工事，禁止中国在天津设防，等等。

第三种情况，是在中国某些部门行使行政管辖权，如与协定关税相关的海关行政。《南京条约》取消公行制度后，与此相关的海关制度发生变化，在中英条约中规定了领事担保制。1854 年 6 月，上海海关监督吴健彰与英、美、法三国领事签订了改组上海海关的协定，建立了外籍税务监督制，上海海关行政由此为外国列强控制。在第二次鸦片战争中，中英于 1858 年签订《通商章程善后条约》，规定：海关事务"各口划一办理"，"任凭总理大臣邀请英人帮办税务"。② 外国人管理中国海关，由此取得了条约依据，其他各国也相继取得这一特权。两江总督何桂清在执行这一条约时，任用英人李泰国为总税务司，又发展了这一制度。这样，外人控制上海海关行政的制度扩展到全国所有海关，中国的海关行政权由此被列强所侵夺，海关成了一个典型的半殖民地机构。日人高柳松一郎说："中国海关在国法上虽为中国政府行政机关之一，然与他种行政机关较，则性质不同"，它"构成一种国际的官厅"。③ 这是列强行使条约权利的最重要的机构，④ 典型地体现了列强对行使"准统治权"的半殖民地性质。

第四种情况，是在某些区域限制中国的行政管辖权，即势力范围。势力范围是列强各国通过条约，取得在中国领土某范围内经济事项的优先权和独占地位的特权。这种优先权和独占地位，限制了中国独立自主发展某项事业

---

① 《辛丑各国和约》，光绪二十七年七月二十五日，王铁崖编：《中外旧约章汇编》第 1 册，第 1006—1007 页。

② 中英《通商章程善后条约：海关税则》，咸丰八年十月初三日，王铁崖编：《中外旧约章汇编》第 1 册，第 118 页。

③ ［日］高柳松一郎著，李达译：《中国关税制度论》第 3 编，台北文海出版社影印本，1985 年，第 4 页。

④ ［美］费正清：《中国沿海的贸易和外交（1842—1854）》第 1 卷，第 462 页。转引自上海市资料丛刊：《上海公共租界史稿》，上海人民出版社，1980 年，第 615 页。

的经济主权。这一特权,除经济性质之外,还具有政治的性质。通过这一特权,相关列强国家独占中国某些区域的权益,而排除他国染指。势力范围与租借地特权是紧密相连的,是列强瓜分中国浪潮中的重要组成部分及前奏,即"划定势力范围者,瓜分之准备也"。① 这一特权对中国主权的损害,以及列强采取的强权政治手段,由此藉以维持均势而形成的政治格局、瓜分态势及其发展趋势,无疑具有"半政治的意义或附带的政治意义"。②

经济方面,主要包括片面协定关税、沿海和内河航行、在华设厂及路矿投资、片面最惠国待遇等条约特权。由于列强享有这些条约权利,中国不能掌控自己的各项经济事务,严重影响了国民经济的发展。

片面协定关税是列强剥夺中国关税自主权的条约特权,中国单方面受协定税则的约束,只能履行义务,不能享受相应的权利;而各国则可以享受权利,不必尽相应的义务。《南京条约》规定:英商"应纳进口、出口货税、饷费,均宜秉公议定则例"。③ 所谓"秉公议定则例",确立了由中英双方协议订立税率的基本原则,标志着侵夺中国关税自主权的开始。翌年,中英双方议定进出口货物税则和船钞标准,签订了《五口通商附粘善后条款》和《五口通商章程:海关税则》。1844 年 7 月签订的中美《望厦条约》又规定,"倘中国日后欲将税例变更,须与合众国领事等官议允"。④ 中国的关税主权受到更严厉的限制。第二次鸦片战争之后,通过《天津条约》等一系列条约,协定关税制度的原则和体系基本确立,中国全面地置于协定关税制度的约束之下。这一畸形的关税关系,使中国减少了巨大的关税收入,蒙受了严重的经济损失,而且中国经济失去了保护的有效手段,"中国民族工业从未有机会成长起来"。⑤

沿海和内河航行,是指各国在中国沿海和内河从事航运的特权。沿海和内河是国家领土的一部分,根据国际法,沿海国可以禁止外国船舶从事沿海

---

① 吴昆吾:《不平等条约概论》,第 42 页。
② [美]威罗贝著,王绍坊译:《外人在华特权和利益》,第 81 页。
③ 王铁崖编:《中外旧章汇编》第 1 册,生活·读书·新知三联书店,1957 年,第 32 页。
④ 王铁崖编:《中外旧章汇编》第 1 册,第 52 页。
⑤ 郑友揆:《中国的对外贸易和工业发展》,上海社会科学出版社,1984 年,第 14 页。

岸的航行和贸易，同时也没有"规定给予外国以要求准许其公私船舶在国内河流上航行的权利"。① 中美《望厦条约》最早对外国船只在沿海转销洋货有了明确规定。中丹《天津条约》，明确地把外国船载运中国土货的沿岸贸易予以合法化，使之成为一项重要的条约权利。内河航行权，最早是中英《天津条约》的规定，即长江一带各口，英国商船都可通商。除长江外，列强还攫取了其他河流的航行权，在后来的瓜分狂潮中，列强又攫取了内港，即非通商口岸内地的航行权。由沿海到长江，再到内港，中国的领水完全对外开放，航权丧失殆尽。

在华设厂及路矿投资，是列强通过条约强迫清政府给予的特权，不同于主权国家之间正常的经济来往。外人在华投资涉及国家经济主权，根据国际法，"每个国家有权按其法律和规章并依据其国家目标和优先次序，对在其国家管辖范围内的外国投资加以管理和行使权利，任何国家不得被迫对国外投资给予优惠待遇"。② 尤其是属于自然资源的矿产，系国家永久主权的范畴，外国人民不准承办本国矿务，日本甚至"不准外国人附股"。③ 在近代中国，外国对华投资，脱离了中国政府和中国法律的管辖，具有特殊的性质。其资本来源，并不完全来自投资国，相当一部分出自中国本身。显然，这是强权政治下的投资，与今日的吸收外资不可同日而语。这不仅是一种资本剥削制度，而且是一种资本掠夺制度，更是一种殖民主义制度。④

片面最惠国待遇，即与中国订约国家可以享有中国给予第三国的特惠，而中国却不能享有这种权利。也就是说，中国只有给予对方最惠国待遇的义务，而不能享有最惠国待遇的相应权利。1843年的中英《五口通商附粘善后条款》，最早对此作了规定，随后其他各国取得这一特权。这一片面最惠国待遇制度，是一个西方列强损害中国利益、均沾中国权益的专利制度，尤体现了权利义务关系的不平等。最惠国条款是整个不平等条约体系中的重要环

---

① ［英］劳特派特修订，王铁崖、陈体强译：《奥本海国际法》上卷，第2分册，第30、11页。
② 姚梅镇主编：《国际经济法概论》，武汉大学出版社，1989年，第31—32页。
③ 《进呈拟订矿务章程折》，光绪三十一年十一月二十八日，苑书义等主编：《张之洞全集》第3册，第1686页。
④ 许涤新、吴承明主编：《中国资本主义发展史》第2卷，人民出版社，1990年，第754、756页。

节，"中国丧失经济利益之最大，又最无限制者，亦未有过于此束缚者"。[①]

　　文化教育方面，列强各国违背国际法，用条约迫使中国接受它们的相关特权，损害了中国的文化主权，主要包括传教和教育特权。传教权方面，列强先是通过《望厦条约》和《黄埔条约》，迫使清政府放弃禁教政策，并取得了洋人的习教权。接着又迫使道光颁发谕旨，取得了华人的习教权和在通商口岸的传教权。第二次鸦片战争中，俄、美、英、法四国所订《天津条约》，又攫取了在内地的传教权。其中中法《天津条约》规定，外国传教士到内地传教，"地方官务必厚待保护"。[②] 教育权的攫取，最早规定于《黄埔条约》，第二次鸦片战争之后进一步扩大。用条约的形式强迫中国允许别国在自己国家传教，是违背国际法的。一位法国律师指出："国际公法承认，一个国家永远不能要求另一个国家同意在其国内给予任何一个教会——比如本国教会——好处和特惠；它无权要求另一个国家接受传播这种或那种信仰的传教士。"[③] 传教属于国内法之一部分，条约属于国际公法之一部分，在近代却"以应规定于国内法之事而羼入国际公法"。[④] 通过条约强使中国允许西方教会在华传教并予以保护的义务，"无异是割让了各国照例保留作为己有的那些国内立法方面的主权"。[⑤] 而且，各国支持传教士来华，主要目的在于从精神领域控制中国，超出了宗教信仰领域。宗教成了列强的侵略工具，在清帝国内部"是一种离心力量"。[⑥] 在华教育特权，其目的也在于从精神领域控制中国，以"基督教主义教育中国青年"，[⑦] 将中国造成一基督教民族。

　　上述各种特权制度，是近代中外不平等条约关系中的常规性规则或制度的主要方面，此外列强各国还享有其他种种特权。

---

　　① 刘彦：《被侵害之中国》，太平洋书店，1928年，第94页。
　　② 中法《天津条约》咸丰八年五月十七日，王铁崖：《中外旧约章汇编》第1册，第107页。
　　③ [法]卫青心，黄庆华译：《法国对华传教政策》上卷，第215页。
　　④ 《关于传教条约之研究》（录丁未十一月十三日黔报），《东方杂志》第5卷，第2期，光绪三十四年二月二十五日。
　　⑤ [美]泰勒·丹涅特著，姚曾廙译：《美国人在东亚——19世纪美国对中国、日本和朝鲜政策的批判的研究》，商务印书馆，1959年，第477页。
　　⑥ [美]泰勒·丹涅特著，姚曾廙译：《美国人在东亚——19世纪美国对中国、日本和朝鲜政策的批判的研究》，第478页。
　　⑦ 舒新城编：《中国近代教育史资料》下册，人民教育出版社，1961年，第1102页。

由"个别规则"构成的交割性法律关系，主要包括割地、赔款的相关条约和条款。列强通过相关条约，或改变与中国的边界关系，或勒索巨额赔偿，严重损害了中国领土主权和经济权益。与中国所属领土上实施的"一般规则"不同，它所体现的法律关系，是将中国的某种物质财富性的权益交割或交付给该当事国。领土的交割，一般都是一次性，而赔款的交付则有所不同，或一次性，或数次甚至数十次交付。不论多少次交割或交付，其性质是相同的，即所有权属于中国。在近代中国，通过条约体现的这种法律关系，为数不少，都属于不平等的。

关于边界关系的改变，列强或是通过战争，在战后和约中强迫割地，如中英《南京条约》和《北京条约》，中日《马关条约》；或趁火打劫，用武力胁迫中国订约割地，如《瑷珲条约》和中俄《北京条约》。英国是第一个割占中国领土的国家，通过《南京条约》割去香港，通过《北京条约》割去九龙司。各国割占中国领土，其目的有所不同，英国是为了通商的需要。割占中国领土最多的两个国家——俄国与日本，则以攫取土地为目的。俄国通过《瑷珲条约》《北京条约》《勘分西北界约记》等约，割去外兴安岭以南、黑龙江以北 60 多万平方公里、乌苏里江以东地区 40 多万平方公里，以及西北 44 万多平方公里的中国领土。日本则通过《马关条约》割去台湾全岛和所有附属岛屿，以及澎湖列岛。除了这些大的变动之外，各国列强还通过边界谈判，订立了侵割中国土地的其他不平等条约。

赔款的种类五花八门，除战争赔款之外，其他还有教案赔款、商务赔款、伤害受损赔款，另还有中国收回路矿所付的赎款等。战争赔款数额大，是近代中国赔款中的主体部分，《南京条约》《北京条约》《马关条约》《辛丑条约》等，均有赔款规定。尤其是《马关条约》和《辛丑条约》，前者为二亿两军费，又另增加三千万赎辽费作为"酬报"；后者为四亿五千万两，用作"各国、各会、各人及中国人民之赔偿"。[①] 据研究，近代中国战争赔款实际支付总值为银元 13.75 亿元（折库平银为 10.45 亿两、折海关

---

① 《辛丑各国和约》，光绪二十七年七月二十五日，王铁崖编：《中外旧约章汇编》第 1 册，第 1005 页。

银则为 8.83 亿两)。[①] 这些赔款的确定，没有任何规则，赔款的数量、条件和形式，完全由战胜国随意决定，反映了传统国际法时代国际关系中的强权性质。而且，赔款的"惩罚性因素很强，和领土割让一样，显示了战胜国的特权立场"。[②] 近代中国的赔款，任由列强勒索，从另一个角度也反映了中国所处的不平等地位。

总之，以上两大类条约和条款，是中外条约关系中的主体，其所体现的不平等性质，正是这一畸形关系的主体和内核。这些条约和条款从法律上确立了中外间不平等的权利和义务，从根本上改变了中外关系和中国的社会性质，并使得中国的政治、经济、文化等发生了深刻的变化。此外，中外之间还订立了不少"准条约"，通过"准条约"，列强攫取了中国的不少权益，主要是经济方面的权益，如路矿利权等。这些"准条约"，虽然不是正式条约，但并非没有法律意义。由于列强的强权政治和中国的贫弱地位，这种"硬性"的法律意义更为突出，从另一个层面构成了中外之间不平等的经济关系。

二、 居于次要地位的平等条约与平等条款

伴随着强权暴力而来的，还有资本主义的新事物。因此，在中外条约关系中，也有居于次要地位的平等属性，其内容包括平等条约与平等条款。在这一新的关系中，一定程度上反映了中国的要求，并非所有条款都是规定列强的片面特权。又如马克思所说，西方资产阶级"按照自己的面貌为自己创造出一个世界"，[③] 将不平等的条约关系强加给中国的同时，西方列强又将近代的国际交往方式带了进来，体现了近代交往的对等规则。这些对等规则属于"一般规则"或常规性规则，体现了持续性的法律关系。

首先值得关注的，是晚清时期的整体性平等条约，包括综合性条约和具

---

①　王年咏：《近代中国的战争赔款总值》，《历史研究》1994 年第 5 期。
②　日本国际法学会编，外交学院国际法教研室总校订：《国际法辞典》，世界知识出版社，1985 年，第 868 页。
③　《共产党宣言》，1948 年 2 月，中共中央马克思恩格斯列宁斯大林著作编译局编译：《马克思恩格斯选集》第 1 卷，人民出版社，1995 年，第 276 页。

体事项条约两大类别。其中综合性条约具有建交性质，构建了缔约国相互间的基本关系，确立了它们的法律地位。晚清时期，主要有两种情况。一是1871 年订立、1873 年交换批准的中日《修好条规》及其《通商章程：海关税则》。该约是晚清时期第一个完整的平等条约，不仅规定了相互平等的权利义务，而且体现了中国的主导地位，反映了清政府试图建立新的平等的条约关系的冀望。二是清政府于 1899 年与朝鲜订立的平等条约，这是在新的国际形势下，中国与朝鲜的关系，以及朝鲜的国家地位发生变化的情况下出现的。日本通过甲午战争和《马关条约》，解除了中朝之间的朝贡关系，中国承认朝鲜独立自主。清政府最后决定"按照公法"遣使订约，与朝鲜订立《通商条约：海关税则》，建立近代性质的条约关系。从条约内容来看，对两国的权利义务作了对等规定，包括建立外交关系和通商关系，以及互相给予领事裁判权等。该约又与传统的朝贡关系不同，打破了中国居于宗主国的优越地位，以中国为中心的传统关系被完全废弃。这两个条约产生的缘由各异，但均具有同样的平等性质。需要指出的是，两个条约均与"脱亚入欧"、效法西方列强的日本有关，其中的平等内涵因此也缺乏稳固的基础，不能也不可能持久延续。前者通过甲午战争被废弃，后者所谓平等关系，实际上是畸形的不正常的，只是日本兼并朝鲜的一个过渡和前奏。日本 1910 年把朝鲜全部并入日本，朝鲜国不复存在，中朝间形式上的平等条约关系也就随之终止。这两个平等条约的最终破灭，是中国遭受强权暴力的压迫，被不平等条约所束缚的必然结局。

作为整体性平等条约，除了综合性的建交条约之外，还有其他类项。清政府加入的国际公约，如《和平解决国际争端公约》《陆战法规和习惯公约》《关于 1864 年 8 月 22 日日内瓦公约原则适用于海战的公约》等。这些国际公约，从权利的享有到义务的承担等方面来看，具有平等的性质。中国参与国际公约，可以说是在整体不平等地位的基础上，以一种不同于以往的新方式，与国际社会建立某种意义的平等条约关系。加入此类公约，促使西方各国在某种程度改变对中国的看法，承认中国的国际地位。此外，还有其他具体事项的条约，如中英《保工章程》《中德人民互相嫁娶归夫治管辖章程》、中美和中巴《公断条约》等,或肯定中国权益,或作对等规定,其体现的权利义务关系并非不平等。

此外,在各类不平等条约中,还有各种具有平等性质的条款。其中某些条款,或者在赋予对方权利的同时又规定了相应的义务,或者对双方某项权利作了对等规定。从前者来看,在与各国签订的条约中均有规定,如第一批条约中,在禁止和预防外商走私方面,有较详细规定。除了不准在五口之外私行贸易之外,还严禁其他形式的走私,如"英商串合华商偷漏税饷"、"海关衙役私自庇护分肥"等,"加意约束,四面察查,以杜弊端"。① 这一条款,据璞鼎查说,"显然是钦差大臣为了制止走私的目的而列进的",② 即是根据中方代表的要求写入的。还有防止各种弊漏的条款,如外商船只"不准互相剥货",否则"即将剥运之货一并概查抄入官",或"归中国入官"。③ 在要求外商遵守义务的同时,又予以中国处置的权利,规定:"中国通商各口官员,凡有严防偷漏之法,任凭相度机宜,设法办理。"④ 这类条款维护了中方的利益,显然不能说是不平等的。关于权利对等的内容,在晚清的不平等条约中亦有相应的条款。例如,关于追讨中外商人债务的办法,条约有对等的规定,改变了鸦片战争前有损中方利益的不合理制度,废除了代赔和保偿的旧例。《五口通商附粘善后条款》规定,"以后商欠断不可官为保交",嗣后不拘华商欠英商及英商欠华商之债,"彼此代为着追,均不代为保偿"。⑤ 明确取消了鸦片战争前"代赔"和"保偿"的旧例,对中国和华商是有利的。另外,外国商船在华遭遇盗窃抢劫,中国也不承担赔偿责任。⑥

第二次鸦片战争之后,清政府逐渐认识到中外条约的片面性,在新订条

---

① 中英《五口通商附粘善后条款》,道光二十三年八月十五日,王铁崖编:《中外旧约章汇编》第 1 册,第 37 页。

② 《璞鼎查致阿伯丁第 143 号函》,1843 年 11 月 3 日,英国外交部档 17/70,[英] 莱特著,姚曾廙译:《中国关税沿革史》,第 74 页。

③ 中英《五口通商章程:海关税则》,道光二十三年八月十五日;中美《五口贸易章程:海关税则》,道光二十四年五月十八日,王铁崖编:《中外旧约章汇编》第 1 册,第 42、53 页。

④ 中日《通商行船条约》,光绪二十二年六月十一日,王铁崖编:《中外旧约章汇编》第 1 册,第 665 页。

⑤ 中英《五口通商附粘善后条款》,道光二十年八月十五日;中美《五口贸易章程:海关税则》,道光二十四年五月十八日;中法《五口贸易章程:海关税则》,道光二十四年九月十三日,王铁崖编:《中外旧约章汇编》第 1 册,第 35、54、59 页。

⑥ 中美《五口贸易章程:海关税则》,道光二十四年五月十八日,王铁崖编:《中外旧约章汇编》第 1 册,第 55 页。

约中注意体现中方的权利。1868 年的中美《续增条约》（即《蒲安臣条约》），便有不少对等条款，涉及多个方面。或规定两国相互不得歧视在本国境内的对方侨民，或相互严禁两国人民在对方国家拐带人口，或相互给予两国人民最惠国待遇，等等。再如，1869 年中奥《通商条约》、1881 年中巴《和好通商条约》，也规定双方互相享有最惠国待遇。又如，1894 年中英《续议滇缅界、商务条款》给予华商在英属缅甸的内河航行权，根据条约，中国取得在伊洛瓦底江的航行权，且华船享有与英船同等待遇。《马关条约》改变中日平等条约关系之后，中日两国所订《通商行船条约》，也有对等性质的条款。其时，日本提出的草案片面规定日方的权利，中方要求改为双方对等："重订商约，自无不兼顾两面之理，凡事彼此一律，最属均平。"[1] 迫于中国的要求，日本不得不同意做些修改，给予中国一定的平等地位。随着中外关系的发展，更多地体现近代交往规则和相互对等性质的规定被纳入条约关系之中。

在各类不平等条约中，还有符合近代国家关系及其交往规则的条款，或承诺尊重中国的领土主权，或对国家间的交往方式和交往规则作出规定。前者如中美《续增条约》，规定各国按约在华通商口岸及水路洋面行走，"并无将管辖地方水面之权一并议给"。又规定不干涉中国内政，"中国之内治，美国声明并无干预之权及催问之意"。[2] 这些，体现了国家主权原则，梁启超甚至将其视为"最自由最平等之条约"。[3] 就国家交往规则来看，在中外条约中，对这一新的近代交往方式和交往规则作了规定，如公文和官员来往及礼仪，以及驻外外交机关的设置等。关于两国公文和官员来往，第一批中外条约打破了鸦片战争前清王朝的对外体制，给外国争取了平等权利。如规定：两国"有文书来往，用照会字样"；公文往来，应照平行之礼，交涉往来，

---

① 《改拟约稿缘由说贴》，光绪二十一年，外务省编纂：《日本外交文书》第 28 卷，日本国际连合协会发行，昭和二十八年，第 270 页。

② 中美《续增条约》，同治七年六月初九日，王铁崖编：《中外旧约章汇编》第 1 册，第 261—263 页。

③ 梁启超：《新大陆游记节录》，1902 年，张品兴主编：《梁启超全集》第 2 册，北京出版社，1999 年，第 1200 页。

"务须两得其平"。① 经过第二次鸦片战争，又在条约中规定了常驻公使制度，中外之间由此建立了近代外交关系。此外还详细规范了领事制度。无疑，列强通过条约以真正的不平等取代了宗藩体制的不对等，然而，其中所包含的平等交往方式，从近代国家关系和国际法的角度而言，显然无可非议。这些规定符合国际惯例，体现了近代外交关系，中国也由此进一步摒弃了天朝体制，以新的姿态走向世界。

此外，符合国际交往惯例，如司法互助性质、海难救助方面的条款等，不宜纳入不平等范畴。另外，条约中有不少涉及技术标准方面的条款，如关于货币、度量衡的统一，等等。还有一些条款，主要是为了限制外国人在华的活动，某种程度上反映了闭关时代的理念和惯性作法。以上说明，以不平等为主体的中外条约关系，包含着近代性质的内容。其中有些尽管是西方列强强加给中国的，如使领制度，但它无疑是一种符合国际法的近代平等交往方式，有利于中国走向近代，融入国际社会。有些则是根据中方的要求，规定了对方的义务，从而在某种程度上保障了中国的权益。顾盛谓："许多条款都是为中国着想并为中国利益计而添入的。"② 耆英也承认，"谈判在友好的情况下进行"。③ 不过，以上平等内容在整个近代中外条约关系中无足轻重，居于非主流的附属地位，未能改变近代条约关系的本质属性。

三、"特殊国际法"的畸形法律性质

在近代中外条约关系中，平等与不平等的内容交混在一起，又以后者为主体和内核，说明这是一种非正常的畸形关系。这一畸形关系又是其畸形法律性质的反映，揭橥了传统国际法的局限和特点。从法律的角度而言，条约属于国际法的范畴，具有国际法律的性质。然而，在国际法尚未成为世界范围的普遍国际法的时代，晚清时期中外条约所具有的国际法律性质不是正常

---

① 中英《江宁条约》，道光二十二年七月二十四日；中美《五口贸易章程：海关税则》，道光二十四年五月十八日，王铁崖编：《中外旧约章汇编》第1册，第32、52、56页。

② 《顾盛致耆英函》，1844年6月21日，《澳门月报》1845年8月号；[美] 马士著，张汇文等译：《中华帝国对外关系史》第1卷，第371页。

③ [美] 马士著，张汇文等译：《中华帝国对外关系史》第1卷，第371页。

的，是畸形的和片面的，适用了西方列强侵略扩张的需要。为适应这种需要，西方国际法学界提出了"特殊国际法"的理论，将有悖于进步原则的种种规条纳入国际法。

按照西方国际法理论，国际法按其适用范围，有一般国际法和特殊国际法之分，一般国际法是对所有国家具有拘束力的国际法，特殊国际法是对两个或少数国家具有拘束力的国际法。① 或者说，前者是指"对世界上所有国家都有效的国际法规范"，后者是指"只对某些国家有效的国际法规范"。② 所谓"特殊国际法"或"特别国际法"之说，在西方国际法理论和实践中，为其背离国际法进步原则提供了托词。在晚清，不仅是适应了西方列强的侵略扩张需要，更体现了不平等的法律性质，以及强权政治的霸道本质。

近代国际法发源于欧洲，起初欧洲人准备允许欧洲以外的国家在此国际法体系内享有某些有限的权利，而欧洲以外的国家准备允许欧洲国家在各种非欧洲的国际法体系内享有某些有限的权利。这样，欧洲国家与非欧洲国家之间便有可能产生法律关系。然而，当欧洲人的征服事业不断取得成功，这种情况便被解释为白种人生来就优越的最终证据。于是，"国际法律体系便变成白种人的俱乐部，非欧洲国家只有证明自己是'文明化了'的国家，才能被挑选进入这个俱乐部"。③ 西方多数法学家认为，国际法发祥欧洲基督教各国，"今日别国亦欲受该法之保护，自当须先得诸国之同意。由是中国未得各国明白表示，则不能受国际法之利益"。迄至 1909 年，霍尔其所著《国际公法》仍称："中国现在所处地位，或可默认其已入公法范围。然其他单独或特别行为，则又常违法，故认中国现在完全守法，固大谬不然者也。"④ 这样，标榜国际法的西方国家，在处理非欧洲的亚、非国家的关系问题上，提出了所谓"特殊国际法"的谬说。有着重要地位和影响的《奥本海国际法》认为："国际法是以存在着一个国际社会这个假定为根据的，而这个国际社会包括一切独立国家在内并构成一个法律上有组织的社会。从这个假定

---

① 《国际法》，《王铁崖文选》，第 131 页。
② [美]凯尔森著，王铁崖译：《国际法原理》，第 156—157 页。
③ [英]M. 阿库斯特著，汪瑄译：《现代国际法概论》，第 14—15 页。
④ 刁敏谦：《中国国际条约义务论》第 3 编，商务印书馆，1925 年第 3 版，第 46—47 页。

出发，就必然要承认有一部属于根本性质的规则，普遍地拘束这个社会的一切成员。"由于各国的地理、经济和文化的悬殊，"能普遍适用的规则的范围必然较国家之内能普遍适用于个人间关系的规则的范围为狭窄"。各国之间的这些不同情况，可能有必要在区域共同利益的基础上加以发展和调整，但这种并非普遍的特殊国际法，"是以对一切国家有拘束力的国际法原则的存在为前提的，并必须依照这种原则加以解释"。① 尽管这里肯定国际法是以存在着一个国际社会这个假定为根据，且国际社会包括一切独立国家在内，由此承认"有一部属于根本性质的规则，普遍地拘束这个社会的一切成员"，但却用轻飘飘的"假定"二字将其化为乌有。相反，作者用"对一切国家有拘束力的国际法原则的存在"，作为"特殊国际法"的前提，论证了它的合法性，由此提出了所谓"亚洲国际法"、"非洲国际法"等似是而非的概念。

在晚清，列强将不平等条约强加给中国时，便运用了这一理论。其核心在于将国际法限于所谓的文明国家，即基督教世界，否定一般国际法中的主权原则对中国的适用。奥本海说，属于文明国家之列的国家才是国际社会的成员，"就是国际人格者"，而"国际法是文明国家所认为在彼此交往中有法律拘束性的规则的总体"。② 签订《望厦条约》的顾盛为攫取条约特权辩解时便说：国际法不是"所有国家的法律"，而"仅只是基督教世界的国际法"，"事实上只是基督教世界的国际法"。在他看来，按照这一原则订立的中外条约，"符合一般的惯例，也符合我想象的有关异教徒国家的国际法原则"，③ 即符合"特殊国际法"的原则。对列强来说，按照"特殊国际法"原则强使中国签订的条约，并无实质上不合理的地方。④ 相反，若是稍对中国平等相待，就会被看作是主张"中国可以和其他文明国家享有同样权力和特权"而遭到嘲笑。⑤

---

① ［英］劳特派特修订，王铁崖、陈体强译：《奥本海国际法》上卷，第 1 分册，第 34—35 页。
② 周鲠生：《国际法》上册，第 58—59 页。
③ 《顾盛给国务卿卡尔霍恩的报告》，1844 年 9 月 29 日，阎广耀、方生选译：《美国对华政策文件选编：从鸦片战争到第一次世界大战（1842—1918）》，第 45、52、55、57 页。
④ ［英］魏尔特著，陈泽才等译：《十九世纪的德国与中国》，生活·读书·新知三联书店，1963 年，第 65 页。
⑤ ［英］魏尔特：《赫德与中国海关》上，陈泽才等译，厦门大学出版社，1993 年，第 508 页。

"特殊国际法"区别对待不同国家的观念显然是荒谬的，反映了列强在这个特殊时代所实施的强权政治。从国际法的本来意义，尤从现代国际法的发展来看，晚清中外条约所体现的国际关系，以及对包括中国在内的东方国家主权的限制，都是不正常的，并且都是不合法的。强加的条约，侵害他国主权，把弱国置于附属地位，是"对国家行使主权所强加的极端不正常的限制，根本违反国家主权原则，肯定是现代国际法所不能容许的"。① 即使是西方国际法学者，亦认为将国际法视为西方的独占物有失公正，如布朗评曰："仅以一国未经承认，占世界中相当位置，即谓其不可为国家，不可受国际法之保护，似甚无谓。以吾观之，以有欧洲文明诸国，为国际法权利义务之独裁者，最不公最骄倨之事也。"② 这种损害中国主权的畸形的"特殊国际法"，不是真正的国际法，必为一般的和普遍的国际法所制约和取代。

在晚清，这一有悖主权和平等原则的"特殊国际法"，是在武力强权的支撑之下形成的。出于这一理论，在对待中国等东方国家的问题上，列强将国际法的进步原则视为弁髦，动辄诉诸武力。武力强权与"特殊国际法"及其衍生的不平等条约是一对孪生儿，在暴力之下，列强对国际法的进步原则作了"特殊的修改"，以适应他们的需要。列强通过条约从中国攫取种种不平等特权，由此具有了"特殊国际法"的所谓法律性质。这些特权在西方世界是根本不可想象的，英国驻华公使阿礼国直言不讳地指出："从个人和整体上讲，不论中国所给予的特权的真正价值是什么，我们都确信，以前从来没有哪一个国家或西方政府对外贸给予如此慷慨的特权。"③ 同样在武力强权之下，西方列强进而扩展了"特殊国际法"的反动规则，任意解释和扩大条约特权，且在中国的实践中还超越了国际公法的范畴。

总之，以武力强权支撑的"特殊国际法"，是西方列强侵略他国的工具，其基本精神便是以国际法之名采用暴力攫取不正当的权益。列强的此类行径，为强权政治起了恶劣的示范作用。其后，效法西方的日本变本加厉，将

---

① 周鲠生：《国际法》上册，第184—185页。
② 刁敏谦：《中国国际条约义务论》第3编，第47页。
③ 《阿礼国的备忘录》，1870年5月3日，转引自［英］魏尔特著，陈敳才等译：《赫德与中国海关》上，第510页。

这一强权逻辑推行到极致。日本驻华公使森有礼声称："据我看来和约没甚用处"，"和约不过为通商事可以照办，至国家举事只看谁强，不必尽依条约"；"《万国公法》亦可不用"。①从与中国建立条约关系开始，日本便以西方列强为样板，试图取得与它们同等的地位，并以武力实施这一目标，发动了影响中日两国命运的甲午战争。在压迫中国、攫取不平等条约权利的行列中，日本青出于蓝而胜于蓝，较西方列强更胜一筹。由于日本的行径是推进了"特殊国际法"的实践，西方列强对其侵华行径是赞成和欢迎的。俄国报刊称它"拥有与欧洲人同等之资格，出现于历史舞台上，表示出与身为亚利安人种之欧洲人均属同等之人类"。②

四、 畸形关系的扭转与存留

民国时期，国际形势发生重大变化，第一次世界大战之后，传统国际法开始转向现代国际法。同时，伴随着国内局势的变化，中外条约关系开始走向新的阶段。20 世纪 20 至 30 年代初，经过民族主义的废约反帝运动，以及各届政府的修约交涉，条约关系中的不平等比重有所下降，其畸形状态也有所变化。至太平洋战争爆发之后，1943 年 1 月中美、中英签订平等新约，束缚中国百余年的不平等条约基本废弃，包括领事裁判权、使馆区及驻军、租界、特别法庭、军舰行驶之权、英籍海关总税务司之特权、沿海贸易与内河航行权等特权，条约关系的畸形状态也基本上得以扭转。但是，由于西方列强的殖民侵略本质并未完全改变，仍以强权政治的惯性对待包括中国在内的东方弱小国家，这一以不平等为内核的畸形关系，仍然存留于中外条约关系之中。

虽然主要条约特权均已废除，但仍保留了其他一些特权。除九龙租借地之外，还有经济上、文化上等方面的特权，尚未涉及。《大公报》发表社评指出，新约"虽已予以大部厘清，而亦未能毫无遗漏"，如英国方面，九龙

---

① 《日本使臣森有礼署使郑永宁来直隶督署内晤谈节略》，光绪元年十二月二十八日，顾廷龙、戴逸主编：《李鸿章全集》第 31 册，第 340 页。

② 《驻俄国西公使致陆奥外务大臣函》，1895 年 5 月，戚其章主编：《中国近代史资料丛刊续编·中日战争》第 10 册，中华书局，1995 年，第 72 页。

租借地"未曾解决，不能不说是美中不足"；美国方面，"中国既以平等精神准许外人内地杂居，美国也应该考虑美国移民法特别苛待中国人的问题了"。另外，准许美、英在华侨民在中国内地旅行居住及经商，"是归还租界取消领事裁判权及取消通商口岸制度以后的联带措施，也是我们对平等新约的一种颇为沉重的负担"。① 或认为，不平等条约之废除，自应热烈庆祝，"而今后平等条约之细目，尤其关于经济方面之条款，更宜加以缜密的研究，深刻的探讨"。② 此外，列强在华领事裁判权也未完全消失。《中美新约》生效的第二天，中美两国就处理在华美军人员刑事案件问题互换照会，随后又订立关于美国驻华军事顾问团的协定，使得领事裁判权在一定范围内得以复活。1946 年发生的沈崇案件，典型地反映了领事裁判权的复活及其恶果。中国共产党指出，这两个新约，把英美在华政治和军事的特权，除九龙租借地外，都一笔勾销了。但是，"经济和文化方面的问题，如通商口岸设厂权、采矿权、自由传教权和设立学校等等，则尚有待于今后磋商谈判"。③ 也就是说，中美、中英新约只是废除政治上和军事上的条约特权，而经济、文化上的特权，依然存在。

前已提及，据"雅尔塔密约"签订的中苏《友好同盟条约》等一系列条约，苏联承继了帝俄时代的条约特权，赤裸裸地干涉中国内政，破坏中国领土主权的完整统一，体现了损害中国主权的不平等性质。斯大林在雅尔塔会议上即提出，"恢复因 1904 年日本背信弃义进攻而丧失的原属俄国的权益"。在与中方谈判交涉时，斯大林明确说："恢复一词系指朴茨茅斯条约而言，并非包括对于中国方面权益之恢复。"④ 1946 年 11 月 4 日，美国通过软硬兼施，与中国签订了《友好通商航海条约》。除了该约本身存在不平等的内容之外，它还是另一种形式的不平等条约，它标榜平等互惠，但其实质却与真正的平等精神背道而驰，对中国社会、经济发展造成极为严重的后果。马寅

① 《贺中美、中英平等新约——中外关系史光明的新页》，《大公报》1943 年 1 月 12 日。
② 刘秉麟：《废除不平等条约与中国经济上新纪元》，《东方杂志》第 39 卷，第 3 号。
③ 《奋斗自强——读蒋委员长向全国广播演说》，《新华日报》1943 年 1 月 13 日社论。
④ 《斯大林统帅与宋子文院长第二次谈话记录》，1945 年 7 月 2 日，章伯锋、庄建平主编：《抗日战争》第 4 卷《外交》（下），四川大学出版社，1997 年，第 1723 页。

初说该约"只是表面上平等,实际是不平等条约"。[①] 中国共产党人也指出,"法律上的平等,不就是实际上的平等,更不就是经济上和文化上的平等"。[②]

中美、中英新约并非真正结束了中国的不平等条约时代,这是因为新约本身未能彻底清除所有的条约特权,从根本上解除套在中国身上的这副枷锁。新约签订之后的国际舞台,强权政治仍然如故,中国的贫弱落后也仍然如故,国际地位并无实质性改变。因此,中国在国际事务中仍作为一个筹码被强国所摆弄,被强国作了交易,又套上了新的不平等条约。即使在此之后,中外条约关系中平等与不平等内容两相比较,前者占主导地位,但时间较短,只是这个历史时期的尾声。因此,从整体而言,中外条约关系在近代是以不平等内容占主导。

第三节　多国参与且各具特色的复杂关系

作为被动的、畸形的近代中外条约关系,对中国而言却是一个新的国际秩序体系,因此它并非一个单纯国际法律关系,而是一个有着各种关联的复杂体。近代中外条约关系的产生形成和发展演变,除了前已论及的战争和外交,国际关系和国际秩序的变迁,以及传统观念和国际法等近代观念等重要因素之外,还与其另一主体,即与中国订立条约的各个国家的作用密不可分。其中,英、美、法、俄、德、日等六个主要列强国家,占据重要位置。它们攫取中国权益的目标有共同之处,但又因倾向和重点的差异而各具特色,这一相互交错的复杂关系,构致了中外条约关系的基本框架。

一、 英日开启中外条约关系的不同阶段

英、日两国堪为东西列强的代表,均单独诉诸武力,开启中外条约关系的不同阶段。

---

① 马寅初:《中美商约条文内容空泛利权丧失无可避免》(1946 年 11 月),《经济周报》第 3 卷,第 20 期。
② 高扬:《自由独立新中国的起点》,《群众》第 8 卷,第 3 期。

英国是中外不平等条约的肇始者，在这一关系具有最重要地位。它将暴力与外交结合起来，用"炮艇外交"开创了中外间不平等条约关系的新模式，开启了用战争迫使中国接受这一关系的强权手段，改变了中国的发展走向。英国最早进行和完成工业革命，由此成为世界上第一个资本主义工业国。从 17 世纪中期到 19 世纪晚期，英国是世界上最强盛的经济大国。资本主义是依靠对外扩张生存的，英国的这一经济地位决定了它的对外政策，也决定了它在中外条约关系中的独特地位，即充当西方列强的领头羊，第一个用战争迫使中国向它开放市场。英人伯尔考维茨就说："向那不幸的北京清朝官员要求让与特权的行列中，英国公使不是站在第一名吗？"① 先后担任英国外交大臣和首相的帕默斯顿，将保护和促进国家利益视为英国外交政策最基本的目标，他声称："英国的国民无论在哪里身处险境，哪里就应该有英国的战舰来保护英国的利益。"②英国于 1842 年强迫清政府签订《南京条约》及其附约，后重施故伎，通过第二次鸦片战争迫使清政府于 1858、1860 年先后与之签订《天津条约》与《北京条约》。"谁能否认英国的刀剑曾两次，甚至三次砍掉了中国的固执，为贸易和企业打开一条出路呢？"③英国开启的"炮艇外交"，成为列强对华最基本的方式，其他西方列强纷纷效尤，以同样的手段来达到同样的目的。

从列强在华条约权益的整体来看，英国所占份量首屈一指，除直接攫取之外，所有其他国家勒索的条约特权它均要染指，充分体现出这个殖民帝国的贪婪。它不仅开启了割地赔款这一征服者的传统权利，其他诸如领事裁判权、租界和协定关税，海关行政的条约特权、最惠国待遇、内河航行特权、军舰驻泊中国领水、鸦片贸易等，或首由英国攫取条约特权，或肇源于它的侵夺。由于经贸上的优势地位，英国在与中国的条约关系中，重在商贸和整体开放，这是它的基本方针和显著特点。19 世纪英国在华的主要利益是贸易，"主要政策目标，就是在保持它已经在远东确立起来的商业优势地位的

---

① ［英］伯尔考维茨著，江载华等译：《中国通与英国外交部》，第 2—3 页。

② ［英］约翰·劳尔著，刘玉霞等译：《英国与英国外交（1815—1885）》，上海译文出版社，2003 年，第 67、82 页。

③ ［英］伯尔考维茨著，江载华等译：《中国通与英国外交部》，第 3 页。

同时，致力于这一贸易的普遍扩大"。① 从强订第一个不平等条约开始，到后来不断增添的新约，英国均将索取或完善商贸特权作为目标。可以说，英国最先从中国勒索的条约权益，比任何国家都多，称得上列强中的领头羊。

在这一过程中，英国商人起了很大作用，他们的诉求成为英国政府不断拓展条约特权的目标，这是英国对华炮艇外交的重要特点。例如，第二次鸦片战争之后，英商对中英通商状况怨言不断，英国政府不得不认真对待。中英两国经过谈判，签订了《新订条约》，英国由此获得新的特权。由于该约未能充分满足英商的要求，英国政府未予以批准，但仍继续利用新的机遇索取新的条约权益。又借马嘉理案，迫使清政府签订《烟台条约》，借机勒索新的商业权益。庚子事变后，英国利用这一良机，第一个主张修改商约。在各国讨论与中国谈判的方针时，英国提出要求中国修改商约的条款，这一主张作为《议和大纲》第十一款正式向清政府提出，并在《辛丑条约》体现。在履行这一条款时，英方担心各国共议，难以商量，英方以中国商务"英居六七"，主张"先与英议"，其他各国则在其"底本"上"稍或增改"。显然，作为列强在华商贸利益最大的国家，英方意在"执牛耳，力争体面"。② 这无疑反映出英国将商贸作为对华关系的重心，以及它在这方面的重要影响。1902 年 1 月，英国第一个与清政府进行修约交涉，英方专使马凯一开始便试图攫取更多的特权。其种种要索，如"以加税免厘一事为主脑"，"重在损厘而不加税"。交涉中，英方动辄以《辛丑条约》规定为要挟，中方不得不权其轻重，设法挽回；经"磋磨八阅月之久，聚议六十余次之多，舌敝唇焦，始克就范"。③ 通过 1902 年 9 月 5 日签订的《续议通商行船条约》，英国获得更多经贸方面的条约特权，除了在免厘加税、内港行轮、通商行船等方面如愿以偿之外，还使清政府承担了开放新的通商口岸、保护商标、修改矿务章

---

① ［英］杨国伦著，刘存宽等译：《英国对华政策（1895—1902）》，中国社会科学出版社，1991 年，第 3 页。

② 《盛宣怀致外务部、宁、鄂督署电》，光绪二十七年十二月廿日，王尔敏、陈善伟编：《清末议订中外商约交涉——盛宣怀往来函电稿》上，香港中文大学出版社，1993 年，第 45 页。参见李永胜：《清末中外修订商约交涉研究》，南开大学出版社，2005 年，第 10—12 页。

③ 《刘张吕盛致外部与马使议定全约请迅核准画押电》，光绪二十八年七月二十六日，王彦威、王亮辑编，李育民等点校整理：《清季外交史料》第 6 册，第 3047—3048 页。

程等义务，基本上实现了它的修约目的。其中免厘加税，由于列强各国意见不一，最终未能兑现。但在经济商贸方面，英国给整个资本主义世界作出了最大的"贡献"，其所攫取的各种特权，或被纳入他国的条约，或通过最惠国条款，"一体均沾"。

第二次鸦片战争后，条约关系已基本形成，英国已大体上获取了所需要的条约权益。对它而言，更重要的问题是维持中国的稳定，确保和稳固既得利益。此后，英国以"维护中国主权完整"代替炮艇外交，但终未舍弃殖民主义的强权政治。英国从国际关系和其他角度认识到实施温和政策的必要性，驻华公使阿礼国谓："对于英国来说，保全中国的领土完整和政治独立是合乎英国长远利益的。"① 在英国政府看来，任何别的政策都会导致战争和混乱，都不符合英国的利益。英国政府也看到，炮舰政策和强权政治并非是万能的，主张"努力协助这个开明的中国政府从事于改进的努力"。② 因此，在 19 世纪后半期，特别是 1876 年的《烟台条约》使英国的地位更加牢固后，英国的对华条约外交有所变化，其政策"旨在通过和平的方式和支持中国的政治稳定来保持英国商业的突出地位"，只是在此限度内"寻求纠正现存约中的反常现象"。③ 当美国提出"合作政策"，英国大力支持，并开始注意调整强权政治政策，将中国的利益纳入条约关系之中。阿礼国表示："条约必须要基于公平公正的原则，要适当考虑缔约双方的利益"。"一旦修改条约开始，中国政府同样也可以按他们的立场要求修改对他们不利的条款。"④ 英外交大臣斯坦利伯爵对此予以肯定，对阿礼国已考虑到了中国政府和人民的利益、情感，以及一定程度上存在的偏见，"深感欣慰"。并提出通过彼此的克制，在双方制度之间寻求共同点，"不要与他们现存的风俗和固执见解发生冲突"。⑤ 此外，英国表示如"没有排他性的或自私的看法"，愿

---

① ［英］伯尔考维茨著，江载华等译：《中国通与英国外交部》，第 57、78 页。

② 郑曦原、李方慧等编译：《帝国的回忆：〈纽约时报〉晚清观察记 1854—1911》，生活·读书·新知三联书店，2001 年，第 103 页。

③ ［英］杨国伦，刘存宽等译：《英国对华政策（1895—1902）》，中国社会科学出版社，1991 年，第 5 页。

④ "Kew-keang", *British Document on Foreign Affairs*, Part 1, Series E, Vol. 20, p. 22-24.

⑤ "Lord Stanley to Sir R. Alcock", August16, 1867, *British Document on Foreign Affairs*, Part 1, Series E, Vol. 20, p. 24.

意与其他国家平等地分享从中国取得的利益，"无论是商业的或是政治的"①。

但是，英国的温和政策有一条明确的底线，这就是要求清政府严格守约。英国政府非常清楚中外条约的片面性质，条约是给予他们的"某些特许权"，因此，"条约的运行完全是我们的工作，就如同条约需要我们解释一样，条约代表我们主张和原则"。② 英国严格要求中国恪守条约，态度强硬，甚至威胁说，"违背条约，在万国公法，准至用兵"。③ 出于维护条约特权的需要，以及殖民主义和资本主义的扩张本能，英国没有也不可能真正放弃炮艇政策。阿礼国说："要获得外国商业利益的增进，必须始终有压力的存在。无论我们以哪种形式来掩盖它，我们在中国的地位都是由武力创造的——赤裸裸的、粗暴的武力；任何改善或维持那种地位的明智的政策，都必定仍旧是寻找某种潜在的或直露的形式的武力作为结果。"④ 这种态度体现了英国对华政策的两重性，一方面放弃炮艇政策走向温和，另一方面又要维护自己的在华权益，甚至不惜武力。一旦在华经济利益受到损害或面临威胁，它会毫不犹豫地诉诸武力，其所谓的"维持中国的完整和独立"政策也将淹没在与列强的争夺之中。

与中国建立条约关系的列强中，日本是唯一的亚洲国家。在"脱亚入欧"的过程中，日本承继了西方殖民侵略的衣钵，在"征服中国"野心的支配下，将中外不平等条约关系推进到新的阶段。

第二次鸦片战争之后，日本与中国订约建交。由于其历史文化及其社会发展的独特性，日本的对华政策体现了各种复杂的因素。与各国列强最大不同的是，日本与中国的条约关系，经历了从平等到不平等的变化。自明治维新之后，日本开始积极开展外交活动，1871 年日本与中国订立平等的《修好条规》，后通过甲午战争强行改变了这一平等关系。日本对华条约关系的变

---

① 《克勒拉得恩伯爵致包伶博士函》，1854 年 2 月 13 日，[美] 马士著，张汇文等译：《中华帝国对外关系史》第 1 卷，附录 (16)，第 766 页。

② "Memorial by the Che-foo Residents, Che-foo, December, 1867", *British Document on Foreign Affairs*, Part 1, series E, Vol. 20, p. 113.

③ 《总税务司呈递局外旁观论》，同治四年九月十八日，宝鋆等纂修：《筹办夷务始末·同治朝》卷 40，第 17、20—22 页。

④ Michie, Alexander: *The Englishman in China during the Victorian era: as illustrated in the career of Sir Rutherford Alcock*, Vol. 2, Edinburgh and London, 1900, p. 221.

化，与其大陆政策密切相关。大陆政策是日本与中国建立条约关系最基本的方针，与俄国相似，日本对中国的领土亦抱有野心，且直接使用武力抢夺。如果说，俄国是利用中国遇难而趁火打劫"巧取"利益的话，那么，日本则是明火执仗的"豪夺"。

日本强烈的侵略性，与其特殊的历史条件和文化传统，以及由此形成的民族性有关。作为一个岛国，日本国土狭小，资源匮乏，这种特殊的地理环境，导致其对土地的渴望、对财富的追求均特别强烈，因而成了海盗盛行的"海上骑马民族"。封建时期，日本便形成了对日本历史发展产生重要影响的"武士道"。武士道即武士精神，是"靠鲜血和生命来体现"的，既是"忠诚与献身之道"，又是"杀人与战争之道"。后随着时间的推移，武士道"成了国民全体的景仰和灵感"。①

作为后起的资本主义国家，日本是从封建国家跻身于列强行列的，在转型过程中，其对华外交有着显著的虚伪性和两面性。其时，日本也受西方列强迫订的不平等条约的束缚，它又效法西方的强权政治，采取双重的外交方针。一方面，它打破锁国态势，并汲取西方新的国际关系秩序理论，力图改变这一国际秩序下的不平等地位，跻身列强行列，"以使世界公认日本为帝国主义国家之一员"。② 另一方面，它进一步效法西方列强在东方建立的不平等模式，另外构建一套强权政治的国际关系秩序，其对华方针也由此充斥着赤裸裸的强权逻辑。

例如，明治时期的启蒙思想家、外务权大臣，以及与华缔约的特命全权副使津田真道，受命起草对西欧各国的修约草案和对华订约草案时，便采取了两手方针。与西欧诸国签订的条约修改草案，目的在于实现平等；与清朝签订的条约草案，则实现对华不平等。与中国签订了平等的《修好条规》之后，日本政府认定，"日本此后的课题是如何把日中两国的平等条约转变成类似西欧的不平等条约"。③ 为了达到建立对华不平等关系，除了发动甲午战

---

① ［日］新渡户稻造著，张俊彦译：《武士道》，商务印书馆，1993 年，第 13、91 页。

② 《青木周藏自传》，第 109 页。转引自［日］信夫清三郎编，天津社会科学院日本问题研究所译：《日本外交史》上册，商务印书馆，1980 年，第 238 页。

③ ［日］信夫清三郎著，周启乾等译：《日本政治史》第 2 卷，上海译文出版社，1988 年，第 314—316 页。

争，在外交上也是不择手段。战后议和，伊藤博文打着国际法和国际规则的幌子，要求清政府派如恭亲王或李鸿章"官高爵尊"的人担任全权大臣。实际上，以这种口实拒绝中国使臣，是"别有阴谋"，① 即便于从中国获取特权。《马关条约》交涉之时，伊藤博文迫不及待要占据台湾，李鸿章说："贵国何必急急？台湾已是口中之物。"伊藤回答道："尚未下咽，饥甚！"②

通过甲午战争和相关条约，日本实现了发展方向的根本转换，并将中外条约关系推向一个新阶段。其一，从根本上改变了与中国的条约关系，确立了对华不平等的新地位，通过这一法律形式认定了大陆政策的实施及成果。其二，彻底摧毁了清政府的宗藩体制，从根本上改变了东亚国际秩序，打开了日本向朝鲜扩张的道路。同时，日本又乘战胜之机将琉球"确定为日本的固有领土"，并强行霸占钓鱼岛。华夷秩序因此趋向崩溃，再加上日本又提出割让东北，这就意味着瓜分的刀刃已插入中国的心脏。其三，日本由此实现了"脱亚入欧"，跻入列强行列。通过战争打破旧的东亚秩序，日本达到了"脱亚"的目的，同时也决定了日本的"入欧"。再通过其他条约权利的攫取，表明日本外交维新以来"独立"这一课题的完成，同时也就是"侵略"的开始。这样，与中国加深了殖民地化相反，甲午战争成了日本资本主义的跳板，"巨额赔款的流入"，"地理上靠近中国"等等，日本"取得了比欧洲列强更为有利的条件"。③ 随着日本对华条约地位的改变，中外条约关系亦进入一个新的阶段，列强在华条约特权获得新的扩展，中国的主权蒙受前所未有的侵害。又经过八国联军之役，中国国际地位更是一落千丈。

总之，日本对华条约关系的方针，是以侵华的大陆政策为中心，其目的是为了实现对中国的统治。甲午战争之后，日本的大陆政策随着形势的变化更有新的发展。义和团运动爆发后，这一政策更直接与瓜分中国相联系，首相山县有朋提出了"北守南进"方针。所谓"南进"，即日本"自当谋求将

---

① ［日］陆奥宗光著，伊舍石译：《蹇蹇录》，第127、126、129页。

② 《马关条约商订始末·续问答节略》，光绪二十一年三月十六日，蔡尔康辑：《中东战纪本末》，载邵循正等编：《中国近代史资料丛刊·中日战争》（五），新知识出版社，1956年，第428页。

③ ［日］信夫清三郎编，天津社会科学院日本问题研究所译：《日本外交史》上册，第281—282、293页。

来遇有瓜分之机"。①这一侵略中国的大陆政策，在民国时期继续发展，甚至
田中首相在上天皇的奏折中提出："欲征服支那必先征服满蒙，如欲征服世
界，必先征服支那。倘支那完全可被我国征服，其他如小中亚细亚及印度南
洋等，异服之民族必畏我敬我而降于我，使世界知东亚为我国之东亚，永不
敢向我侵犯。此乃明治大帝之遗策，是亦我日本帝国之存立上必要之事
也。"② 尽管日本否定这一奏折的存在，但其行为，尤其是发动更大规划的侵
华战争，证实并非子虚乌有。

二、 美国以"机会均等"为核心的对华方针

在对华条约关系中，紧随英国之后的美国具有独特的重要地位。它以武
力为基础，一再强调维护由条约和国际法所保证的一切权利，用一种形似
"温和"的方式，构建和扩展与中国的条约关系。美国自始至终贯注着一个
中心，即维护、保障和扩展以"机会均等"为核心的条约权益，并将此作为
对华外交的基本方针。在国际形势和中外关系的变化中，这一外交方针逐渐
国际化而最终以公约形式发展为国际规则，对中外条约关系和国际格局产生
了深刻的影响。通过这一方针，美国不仅实现了最大化攫取在华权益，且在
某种程度上主导了列强对华外交。

在各国列强对华关系中，美国具有典型意义，既反映了外交在条约关系
中的地位和作用，又体现了美国的狡黠和圆滑。美国对华外交经历了一个从
依附到自主的变化过程。最初，它借助英国发动鸦片战争开启对华条约关
系，奉行"免费搭便车的帝国主义"，③ 或实行"拾荒者"外交，向中国索取
与欧洲人均等的贸易权利。④ 顾盛衔命赴华时，国务卿丹尼尔·韦伯斯特给
他下达训令："出使的政治目的和欲达到这一目的的手段。"⑤ 这一训令揭示

---

① 《山县侯意见书》，明治三十三年八月二十日，日本外省编纂：《日本外交文书》第 33 卷，第 3 册，日本国际连合协会昭和三十二年发行，第 951 页。

② 《惊心动魄之日本满蒙积极政策——田中义一上日皇之奏章》，《时事月报》1929 年第 2 期。

③ 〔美〕托马斯·G·帕特森等著，李庆余译：《美国外交政策》，中国社会科学出版社，1989 年，第 158 页。

④ 〔美〕泰勒·丹涅特：《西华德的远东政策》，《美国历史评论》第 28 卷，1922 年 10 月，转引自孔华润主编，王琛等译：《剑桥美国对外关系史》上，新华出版社，2004 年，第 282 页。

⑤ 《美国国务卿丹尼尔·韦伯斯特给顾盛的训令》，1843 年 5 月 8 日，载乔明顺：《中美关系第一页——1844年〈望厦条约〉签订的前前后后》"附录"，社会科学文献出版社，1991 年，第 201—204 页。

了美国此时期的对华政策，其基本精神是通过"搭便车"取得与英国同等的条约地位。同时，美国又在理论和实践上发展了英国开启的条约特权，更进一步扩展和完善了这一不平等的新关系。顾盛也说："英国和其他国家，也须感谢美国，因为，我们将这门户开放得更宽阔了。"①

第二次鸦片战争之后，美国调整了以往"充当独来独往的拾荒者"的做法，实施所谓"合作政策"，呈现出摆脱依附英国的独立外交走向。1880年，国务卿威廉·埃瓦茨说，"我们应该有一个独立的（对华）政策，不应单纯地依附英国"。②合作政策是蒲安臣担任驻华公使期间大力奉行的。其重要原因之一，是在于在华军事实力不济，无法与其他列强抗衡。何谓"合作政策"，根据蒲安臣的解释："在中国，对于一切重大问题要协商合作，在维护我们的条约权利所必需的范围内保卫条约口岸；在纯粹的行政方面，并在世界性的基础之上，支持在外国人管理下的那个海关；赞助中国政府在维持秩序方面的努力；在条约口岸内，既不要求，也不占用租界，不用任何方式干涉中国政府对于它自己的人民的管辖，也永不威胁中华帝国的领土完整。"主要包括三个要点：其一，维护列强在华条约权利；其二，西方各国在华重大问题上相互协商和合作；其三，不干涉中国内政，赞助清政府维持国内秩序，以及维护中国的领土完整。③

当资本主义走向帝国主义阶段，经中日甲午战争的催发，列强各国之间在华的矛盾冲突和争夺趋于白热化。中国人民在民族危机的刺激下，掀起了震惊世界的反帝爱国运动，中外条约关系陷入前所未有的危机。至19世纪90年代"合作政策"破产，④美国在条约关系中奉为圭臬的机会均等原则，有名无实且趋于崩溃。症结主要在于列强各国，若要继续实施这一原则，需要取得它们的认同而赋予普遍的国际性。在这一新的形势下，美国另辟途

---

① 卿汝楫：《美国侵华史》第1卷，第79页。

② ［美］戴维·安德森：《帝国主义和理想主义：美国外交官在中国，1861—1898》，第120页，转引自杨生茂主编：《美国外交政策史 1775—1989》，人民出版社，1991年，第216页。

③ Mr. Burlingame to Mr. George F. Seward. June 15, 1864, *Papers relating to foreign affairs, accompanying the annual message of the president to the second session thirty-eighth congress*, part Ⅲ, Washington: Government Printing Office, 1865, pp. 426-430.

④ ［美］泰勒·丹涅特著，姚曾廙译：《美国人在东亚——19世纪美国对中国、日本和朝鲜政策的批判的研究》，第574页。

径，提出"门户开放"政策。义和团运动期间，美国以"营救我们的公使馆脱离严重危险和保护美国人的生命和财产"为理由①，派兵加入八国联军侵入中国。鉴于中国处于"危急时刻"，海约翰于 1900 年 7 月 3 日通电驻英、法、德、俄、奥、意、日等国公使，指示他们照会驻在国外交部，即第二次"门户开放"照会。照会宣称："我们坚持我们在 1857 年提出的与中国保持和平、促进合法商业，并且通过由治外法权条约规定的权利和国际法所保证的一切手段，保护我国公民生命财产的政策。"美国要"寻求一种解决办法，它可以为中国带来持久的安定与和平，保持中国领土与行政的实体，保护由条约和国际法对友好国家所保证的一切权利，捍卫全世界与中华帝国所有地区进行平等与公平贸易的原则"。② 如丹涅特所言，这项照会变成了后来美国一切政策的根本路线，给第一次照会提出的主张，"加上了确定性和范围"。③ 由此，美国宣布了"门户开放"政策的完整内容，主要包括相互联系的两个方面。一是"保持中国领土和行政的实体"。第一次照会只在给英、俄两国的照会中提及，现在则明确作为"门户开放"的基本原则。二是"保护"由条约和国际法保证的一切权利，"捍卫"在中国所有地区进行平等与公平贸易的原则。这一政策的核心，便是保障以机会均等为根本的美国在华条约权利，"保卫最惠国的贸易权"，④ 并"获得每一个欧洲列强的担保"。⑤ 作为根本路线的"门户开放"，标志着美国形成了独立的和完整的对华外交政策。这样，自《望厦条约》产生，经《天津条约》、"合作政策"等承袭和扩展的对华原则趋于国际化，并逐渐上升到国际规则的高度，中外条约关系由此发生新的变化。

随着"门户开放"的提出，美国将机会均等原则和对华政策国际化，充

① 《合众国总统致中国皇帝》，1900 年 7 月 23 日，阎广耀、方生选译：《美国对华政策文件选编：从鸦片战争到第一次世界大战（1842—1918）》，第 424 页。

② Mr. Hay to Mr. Herdliska〔Circular telegram〕，July 3，1900，*Papers relating to the foreign relations of the United States，with the annual message of the president transmitted to Congress*，Washington：*Government Printing Office*，1903. p299.

③ 〔美〕泰勒·丹涅特著，姚曾廙译：《美国人在东亚——19 世纪美国对中国、日本和朝鲜政策的批判的研究》，第 555—556 页。

④ Walter H. Mallory：《门户开放政策的再估价》，《新闻资料》1948 年第 171 期。

⑤ Rockbill to Hay，August 3，1899，见 Tyler Dennett（普林顿大学教授，曾任美国国务部历史顾问）著，历樵译：《中国门户开放政策的由来》，《国闻周报》1934 年第 17 期。

分保障和扩展其在华权益。通过华盛顿会议，"门户开放"政策纳入《九国公约》，可说是最终在法律上完成这一程序，从而具有了国际法规则的意义。这一重要地位的获得，经历了双边最惠国条约向多边国际化发展的历程，并呈现出中美条约关系转化为多国普遍条约关系的轨迹。在华盛顿会议上，中国代表正式宣布赞同"开放门户主义"，[①] 并与美、比、英、法、意、日、荷、葡等八国签订了《九国公约》，"门户开放"的原则载入公约。由此"国际条约化"，"一跃而为国际政治上或国际法上的原则"。[②] 通过机会均等原则，美国不仅实现了最大化攫取在华权益，且在某种程度上主导了列强对华外交，显示其在整个中外条约关系中举足轻重的地位。

需要指出，在对华关系上，美国并非如它所表白的"保持中国领土与行政的实体"，以及实施非武力方针。关于后者，除了庚子之役，美国虽没有对华使用武力，但并非反对运用这一手段，而是巧妙地借助他国攫取条约特权。美国学者写道：英国以武力攫取的条约特权，"却不费吹灰之力就被美国人坐享其成了"，"美国却可耻地可是非常有利可图地扮演成这样一个角色，老老实实尾随英国战舰之后来到中国，凭靠英国的军事胜利，大获其利"。[③] 美国人虽然抗议炮艇外交——例如在1860年英法联军占领北京时显然是这样，但美国奉行"搭便车"外交或称"狗腿子"外交，抓住由其他西方国家用大炮创造的机会来扩大贸易和传教事业。[④] 美国政府非常清楚，如不采取武力，包括它在内的西方列强不可能在华获得它们所需要的条约特权。而他国对华发动战争和使用武力获得的战利品，不啻其囊中物。美国国务卿马西说，英国重订条约无论什么结果，"我们在两年以后重订条约时也能够得到"。[⑤] 美国历史学家赖德烈便说："如果没有英国海军，美国是否能

① 《美京施顾王代表电》，1921年11月15日，中国社科院近代史研究所《近代史资料》编辑室主编，天津市历史博物馆编辑：《秘笈录存》，第401页。

② 内田胜、严舍：《门户开放政策在中国》，《中国研究》1937年第4期。

③ ［美］泰勒·丹涅特著，姚曾廙译：《美国人在东亚——19世纪美国对中国、日本和朝鲜政策的批判的研究》，第141页。

④ ［美］托马斯·G·帕特森等著，李庆余译：《美国外交政策》，第220页。

⑤ 《国务卿马西给驻华全权专员麦莲的命令》，1854年5月8日，阎广耀、方生选译：《美国对华政策文件选编：从鸦片战争到第一次世界大战（1842—1918）》，第132页。

很少使用武力并且不需获得基地而在远东达到它的目的，这是不能肯定的。"① 这一不使用武力的政策收到了预期的效果，布坎南总统一再不无得意地说："事件已经证明，我们的中立是明智的。"② 毋庸置疑，美国不需要付出如英、法那样的战争成本，便收获了同样的战果。尽管不少外交官有着强烈的武力倾向，但终未被美国政府所采纳，其原因之一，是由于美国享有保证机会均等的最惠国待遇，不须动武却可获得他国所攫取的条约特权，同时还可博得中国的好感。

至于保持中国领土完整与行政实体，并非为了保障中国主权，而是通过维持列强在华均势，为"门户开放"提供保障条件。海约翰直言不讳地说，他并非为"中国的完整"而斗争，而只是为美国争取在华商业的机会均等。③ 再者，美国这一政策在华树立了良好形象，"它有确保使合众国受到中国政府尊重的好处，中国政府将在合众国身上看到一种阻挡帝国受到肢解的强烈愿望，它将大大提高我们在北京的威信和影响"。④ 正如美国学者丹涅特指出，"门户开放主义不过为旧帝国主义之易一新名耳"。⑤ 如果列强不答应海约翰的建议，美国政府"绝不会用武力来强求对门户开放政策的承认，或是防止帝国的瓜分"。相反，若瓜分中国果真发生，美国必定不会袖手旁观。美国之所以这样做，是为自己考虑，因为美国所处地位，若亚洲国家日益强大、繁荣和开明，则"最有裨于美国在亚洲的利益"。⑥

总之，美国对华外交，是以美国利益为中心，体现了明显的自利性质，蕴含着虚伪的另一面。例如，在标榜不损害中国主权的同时，美方代表又强

---

① 赖德烈：《美国在横跨太平洋移动》，中国科学院近代史研究所资料编译组编译：《外国资产阶级是怎样看待中国历史的》第 1 卷，商务印书馆，1961 年，第 23 页。

② 《布坎南总统在其第二个年度咨文里谈〈天津条约〉的缔结》，1858 年 12 月 6 日，阎广耀、方生选译：《美国对华政策文件选译：从鸦片战争到第一次世界大战（1842—1918）》，第 170 页。

③ Tyler Dennett, *Roosevelt and the Russo-Japanese War*, Gloucester, Mass.：Peter Smith, 1959, pp. 135—136.

④ 《柔克义关于对华贸易政策的备忘录》，1899 年 8 月 28 日，阎广耀、方生选译：《美国对华政策文件选编：从鸦片战争到第一次世界大战（1842—1918）》，第 411 页。

⑤ Tyler Dennett, *The Open Door*, Empire in the East, p. 294. 转引自杨桂和：《美国对华经济政策之演进与展望》，《复兴月刊》1937 年第 7 期。

⑥ ［美］泰勒·丹涅特著，姚曾廙译：《美国人在东亚——19 世纪美国对中国、日本和朝鲜政策的批判的研究》，第 549、556、575 页。

调最惠国待遇且不放弃此类特权。其口头上表示，"不想要求内港行轮，因为美国政府认为内港行轮有损中国的主权"；在签订条约时，"美国总要同其他国家处于平等地位"。 在 1903 年《通商行船续订条约》的交涉过程中，虽在某种程度上兑现了其声称的互惠精神和对中国的尊重，但从整体来看，该约充分维护和扩展了美国的权益。伍廷芳认为："同中英商约比较，美国要求中国裁减的多，给中国的少。" 又说："各国修改商约，无非占我利益，美方极力见好，谓事事不侵我主权，而其取益防损，心计甚工，究未尝放松一步。" 显然，美国往往表面上尊重中国，对华友好的姿态，实际上表里不一，言不由衷。

三、 法、俄、德各有特点的重要"贡献"

法、俄、德三大强国，作为中外条约关系基本框架的组成部分，亦具有彰明较著的独特之处。该三国从不同途径建立条约关系，对华方针各有不同，体现了该三国历史和自身发展的特征。在侵害中国主权，扩展条约特权，推动这一不平等关系的发展等方面，该三国均做出了各有特点的重要"贡献"。

与英、美重在商贸不同，法国尤为重视传教特权，这是中法条约关系中最为显著的特点。重视传教事业是法国的传统，对法国政府而言，"天主教会在国外宣传教义——是几世纪来特别为法国政府所关怀，不拘是王朝政府、帝国政府或是共和国政府"。 拉萼尼向法外交部报告："从商业贸易方面来看，英国人和美国人并没有给我们留下什么事情做。然而，从精神和文化方面来看，我认为该轮到法国和法国政府运筹决策和采取行动了。"他认为，英美考虑的仅仅是物质利益，精神利益被彻底忽视了。假如在这个问题上取得成功，"功劳将是伟大的"，其成就"将远远超过英国人和美国人所得

---

① "1902 年 9 月 27 日中美修订商约会议记录第 5 号"，中国近代经济史资料丛刊编辑委员会主编：《辛丑和约订立以后的商约谈判》，第 161 页。

② "1903 年 3 月 27 日中美修订商约会议记录第 9 号"，中国近代经济史资料丛刊编辑委员会主编：《辛丑和约订立以后的商约谈判》，第 171 页。

③ 《奏中美商约遵旨画押折》，1904 年 1 月 1 日，丁贤俊、喻作凤编：《伍廷芳集》上册，第 250 页。

④ ［美］马士著，张汇文等译：《中华帝国对外关系史》第 1 卷，第 373 页。

到的一切"。① 法国先是取得华人的习教权，以及在通商口岸的传教权。通过
第二次鸦片战争，法国与俄、英、美等国通过《天津条约》一道向中国勒索
了内地传教的特权，且法国所订条款最为详细、完备。② 而且，法国还获得
天主教在中国的保教权，并通过欺诈手段，为外国教会攫取了在内地置买地
产的特权。其中保教权又使它"在遇有机会时获取政治上和经济上的利益，
因为这种保护权提供了一种可靠的，对中国施加压力和进行勒索的工具"。③
与之比较，英国似乎显得对传教毫无热情。英国外交官马丁·蒙哥马利说：
"很少提到我们的宗教信仰"，没有提出传教的要求，甚至政府给驻华领事的
通谕："就是为了抵制各开放口岸的英国传教士从事传教活动颁布的。"④

　　受到法国政府重视传教士及其传教事业的影响，其对华政策亦采取更为
强权的武力政策。通过条约特权来华的法国传教士，不少人主张以武力来满
足对中国的种种要求。例如，法国遣使会主教安若望认为："只有政治因素
和恐惧感才能使中国做出表示；只有在枪口的威胁下，他们才肯做出让
步。"⑤ 法国与中国的条约关系，虽体现了明显的武力强权倾向，但较英、日
稍逊，没有它们那样强硬好战。法国虽与英国一道发动第二次鸦片战争，但
又不希望成为中国的"敌国"，因此态度较英国温和，更倾向于外交解决，
维持其在清政府心目中的"朋友"形象。⑥ 法驻华公使施阿兰说："自从
1844 年以来，保护天主教会和传播我们的文化，一直是我们干预中国和经略
印度支那的主要动机。"而罗马教廷"把这个保护教会的特权和任务保留给
法国，为的是我们能够在新的年代里始终保持和延续我国在精神与道德文明
方面的领导地位"。⑦ 法国在华外交官们亦以解决宗教问题为荣，施阿兰离任

---

　　① ［法］卫青心著，黄庆华译：《法国对华传教政策——清末五口通商和传教自由（1842—1856）》上，第
316、317 页。
　　② 中法《天津条约》，咸丰八年五月十七日，王铁崖编：《中外旧约章汇编》第 1 册，第 107 页。
　　③ ［德］施丢克尔著，乔松译：《十九世纪的德国与中国》，第 296 页。
　　④ ［英］马丁·蒙哥马利：《中国的政治、商业和社会》，转引自［法］卫青心著，黄庆华译：《法国对华传
教政策——清末五口通商和传教自由（1842—1856）》上，第 214 页。
　　⑤ 转引自［法］卫青心著，黄庆华译：《法国对华传教政策——清末五口通商和传教自由（1842—1856）》
下，第 655 页。
　　⑥ 葛夫平：《法国与第二次鸦片战争》，《近代史研究》1997 年第 1 期。
　　⑦ ［法］施阿兰著，袁传璋等译：《使华记》，商务印书馆，1990 年，第 2—3 页。

时，为终于能够解决最后几件教案"而感到快慰"。①

除宗教之外，法国在对华经贸方面亦有诸多努力，19 世纪末攫取路、矿利权。在某种意义上，攫取和扩展传教特权的根本目的，在于获得经济权益。然而，法国苦心经营，成功却少，"一般人谓法国对华只重宗教，不重贸易"。② 也就是说，由于重在传教，法国在经贸方面的作为不大。

作为中国的邻国，俄国与其他从海路进入中国的西方国家不同，它在中外条约关系中地位特殊，主要是靠趁火打劫勒索领土。

鸦片战争前，俄国是与中国建立条约关系的唯一国家，通过外交使团到北京与清政府交涉，拥有了一定的宗教、贸易等特权。鸦片战争后，俄国利用新的形势，与中国建立了更为紧密的条约关系，最显著的特点便是注重界务。恩格斯说："这个帝国的一举一动都暴露出它那想把整个欧洲变成斯拉夫族，尤其是这个族的唯一强有力的部分即俄罗斯人的领土的野心。"③ 对相邻的中国及东方世界，俄国亦抱着同样的领土野心，且最终是以外交诈骗手段达到了目的。根据《瑷珲条约》《北京条约》《勘分西北界约记》，割去中国 140 多万平方公里的土地。从手段来看，俄国既向中国示好，又进行外交恫吓和军事威胁，尤擅于利用其他国家与中国的矛盾或战争，趁火打劫，取得中国对它的依赖，然后向中国索取报偿，获取巨大的条约权益。

在第二次鸦片战争期间，俄与美两国"乘衅附和，希冀坐收现成之利"。④ 俄国屡屡向中国示好，并表示愿意提供各种帮助，以博得清政府的好感。实际上，俄国在示好的同时，又勾结、协助英法联军，并以此作筹码，居间调停，恐吓清政府让步。一方面，俄国鼓动英、法开仗，推波助澜，甚至给予各种帮助，以维持战争状态，便于从中操控，充当调停人。额尔金说："英国人在中国将永远和俄国人采取一致行动。"⑤ 另一方面，俄国主动

---

① ［法］施阿兰著，袁传璋等译：《使华记》，第 173—174 页。

② 张天护：《清代法国对华贸易问题之研究》，《外交月报》1936 年第 6 期。

③ 恩格斯：《德国的革命和反革命》，1852 年 8 月 17 日—9 月 23 日，中共中央马克思恩格斯列宁斯大林著作编译局编译：《马克思恩格斯选集》第 1 卷，人民出版社，1995 年，第 527 页。

④ 《何桂清等奏俄国附和英法侵华妄图从中得利折》，咸丰八年二月二十五日，故宫博物院明清档案部编：《清代中俄关系档案史料选编》第 3 编，中册，第 421 页。

⑤ ［苏］A・布克斯盖夫登男爵著，王瑾等译：《1860 年〈北京条约〉》，商务印书馆，1975 年，第 99—100 页。

向清政府提出作双方的调解人，又以此要挟清政府，索取报偿，最大限度地攫取条约权益。在《天津条约》交涉过程中，俄使一再以调解英、法为由，要求清政府迅速与之订约，"可代向各夷说合"。① 俄国也因为"说合"调停，获得了重要的条约权益。俄国因有"说合"之功，最终获准在海口通商，并给予最惠国待遇，享有西方国家所攫取的各种权益。而俄国所进行的所谓"调停"，多是压迫清政府接受英、法的条件。由于伊格那提耶夫强迫清政府接受《北京条约》发挥了重要作用，额尔金和葛罗两位特使离京前都向他辞行，"像最亲密、最知心的朋友那样依依惜别"。②

由上可见，在晚清中外条约关系中，俄国追求领土的扩张，体现了它的霸权野心。其与清政府签订的条约，界约占了相当大的比例。攫取他国领土，是对其他国家主权最严重的侵犯，俄国未采取战争手段却能如愿以偿，这与日本等国诉诸武力直接劫夺不同。在这一过程中，它施以威胁恐吓，乘人之危，居间操控而从中渔利，事半功倍，可谓一本万利。利用第二次鸦片战争，俄国吞并了大片中国领土，但并不满足，又将中国的东北作为它的下一个目标。在义和团运动中，俄国又乘机入侵东北，巩固和扩大自己的"势力范围"。一位沙皇大臣明目张胆地说："既然在帝国的组成中有小罗斯和白罗斯，那么，何尝不可以包括'黄罗斯'呢？"列维托夫曾被沙皇统治阶层视为"满洲问题"专家，经他提倡之后，"黄俄罗斯"这一术语就被公认下来。③

此外，由于中俄陆路相接，在关注边界的同时，俄国又十分重视陆路通商，尤其是边境贸易。这是中俄关系中的传统内容，自《尼布楚界约》始，俄国在划界的同时，又获得通商权益。鸦片战争后，除了通过《天津条约》《北京条约》，获得与英、美等国同样的条约特权和优惠之外，还在陆路通商方面与清政府签订条约，攫取了更多更完整的特权。甲午战后，俄国进一步

① 《桂良等奏俄使称速将条款拟定方可说合片》，咸丰八年四月二十六日，故宫博物院明清档案部编：《清代中俄关系档案史料选编》第3编，中册，第511页。
② ［苏］А・布克斯盖夫登男爵著，王璀等译：《1860年〈北京条约〉》，第130—131、134—135、143页。
③ ［苏］Ф・Б・斯维尔斯基著，郭燕顺译："黄俄罗斯的士兵村"——沙俄在满洲的军事殖民计划，《东省杂志》1930年第4期，载《社会科学战线》1978年第2期。

谋求中国对它的依赖,利用战后的新形势最大化地攫取自己利益。俄国与德、法两国联合,发起三国干涉还辽,迫使日本同意修改条约。接着,又利用中国防日的心理,引诱清政府与之订立军事同盟性质的《中俄密约》,规定双方"御敌互相援助",[①] 由此获得在东北的路权,实现了"修筑一条横贯西伯利亚的铁路"的设想。然而俄国所谓"维护中国领土完整",只是取得中国好感的手段,很快它就投入到瓜分中国的狂潮之中。

十月革命之后,苏俄在列宁的领导下,改变了帝俄时代压迫东方国家的外交路线。苏俄开始转向放弃对华不平等条约关系,激起了中国废约反帝的民族主义运动的兴起,对于改变这一关系起了重要的推动作用。

德国的历史与他国存在差异,资本主义发展亦较英、美等国落后,在与中国建立条约关系的过程中,这些差异和不同产生了重要影响,从而形成了鲜明的特点,即注重推行以实利为内核的殖民政策。

1861 年德国与清政府订立《通商条约》和《通商章程善后条约:海关税则》,德国与中国建立条约关系,取得英、法等国用战争获得的特权。但是,德国并不注重商业方面的条约权益,当条约到期后,"柏林方面却不急急于修改"。[②] 19 世纪最后十年,后起的资本主义国家要求重新瓜分世界,中日甲午战争在中国拉开了这一新时期的序幕,德国开拓殖民地的野心受到刺激,"更不耐烦地要取得对中国所作的贡献和干涉应得的报酬"。[③] 德皇认为:"从存在的迹象可以得到结论,英国不久将在东方开始活动",因此"我们在亚洲亦需要一个据点"。[④] 中日甲午战争促使德国实施这一殖民政策,其远东政策第一要着,便是在中国夺占基地。日本方面认为,"发动三国干涉的主动者虽然是俄国,但是抱有觊觎中国领土野心,对之怂恿支持以遂其非,并

① 中俄《御敌互相援助条约》,光绪二十二年四月二十二日,王铁崖编:《中外旧约章汇编》第 1 册,第 650—651 页。

② 《李福斯致各领事》,1873 年 10 月 6 日,使馆卷 2975—73;见〔德〕施丢克尔著,乔松译:《十九世纪的德国与中国》,第 116 页。

③ 〔法〕施阿兰著,袁传璋等译:《使华记》,第 83—84 页。

④ 《帝国首相何伦洛熙公爵致外交大臣马沙尔男爵电》,1894 年 11 月 17 日,孙瑞芹译:《德国外交文件有关中国交涉史料选译》第 1 卷,商务印书馆,1960 年,第 5 页。

使日本帝国的胜利受到损害者，实是德国所为"。①这一殖民政策推行之后，"德国的行动迅速掀起所有列强对领土的一场公开抢夺"。② 各国列强纷纷效法，胁迫清政府订约让与领土权益，使得中外条约关系更趋恶化。德国推波助澜，加剧了瓜分中国的紧张局势。德国政府的野心外交，使得列强侵略中国的问题更加复杂。在这一过程中，由于采取互利的政策，德国政府终于赢得了俄、日、英等国支持，也终使清政府同意德国对胶州湾的要求。

与日、俄、法等国一样，德国在推行野心勃勃的对外政策中，"也企图获得中国阳光下的一席地位"。德国赞成瓜分中国，但又与这三国"有所不同"，即在"没有把握获得赃物中的适当份额之前，它宁愿制止那种瓜分"。③在对华条约关系中，德国崇尚实利主义，以自己的利益为处事标准。甚至可以打破资本主义世界的常规，连蛮横无理的日本都认为德国缺乏道义。日驻德公使青木指责德国在干涉还辽事件中，是"卑劣的实利主义"，"是最为无理的暴行"。④ 关于德占胶州湾事件，德使声称"此次之事与国际公法规例与理义言无关系"，"何待拘泥夫公法理论耶？"⑤ 在辛丑议和时，德国对于赔款的要求，"态度是最强硬的"，对于任何削减的提议一律拒绝。总之，德国在对华关系中，体现了一个后起的资本主义国家的特征，奉行野心外交和实利主义，急不可耐地想从中国攫取他国已获得的条约权益，显示了新时期的强权政治。民国时期，德国在两次世界大战中成为中国的敌对国，其与华条约关系亦因此发生根本性变化。

上述六个主要列强国家，是晚清中外条约关系中的最重要的主体，在这一关系的发展中起了主导作用。总体来看，在对华外交方面，这六个国家有着共同的利益关系，表现出相互协调的一致性，又由于历史文化和经济发展，以及在华地位和利益的不平衡，出现某种差异。它们的对华外交，以政

---

　① 田原天南：《胶州湾》，青岛市博物馆等编：《德国侵占胶州湾史料选编（1897—1898）》，山东人民出版社，1987 年，第 99 页。

　② ［美］巴巴拉·杰拉维奇著，福建师范大学外语系编译室译：《俄国外交政策的一世纪 1814—1914》，商务印书馆，1978 年，第 210 页。

　③ ［英］菲利浦·约瑟夫著，胡滨译：《列强对华外交（1894—1900）》，第 173、205、417 页。

　④ 《驻德公使青木电报》，1895 年 4 月 20 日，青岛市博物馆等编：《德国侵占胶州湾史料选编（1897—1898）》，第 104—105 页。

　⑤ 《德人占据胶州湾纪略》，《外交报》第 172 期，光绪三十三年三月初五日。

治强权进行豪夺，以经济实力实施巧取。二者手段不同，实际上是一种相得益彰的互补，最终均殊途同归，最大限度地从中国牟取各自的利益，以各种方式给中外条约关系注入了共同的要素。

以上从六个主要列强国家的角度论及这一复杂关系，除此之外，还涉及其他诸多方面，如本书各章论述的相关问题。即以国际形势的客观因素而言，当资本主义走向新的阶段，以及西方国家阵营发生分化，都会对这一关系产生不同的影响。伴随着相应的战争，或使之进一步发展，或推动其性质发生变化。另外，中国方面的主观因素，包括外交方针，传统国际秩序及观念等，亦与条约关系有着密切关联。中国的外交方针及策略，虽在这一关系中居于被动地位，但在某种程度上影响着它的形成和强度。传统国际秩序即朝贡关系，作为条约关系的对立面，自始便对它有着制约作用，而这一关系的扩展与其衰亡消退又密切相关。与此相关的传统观念，则往往作为行动的先导，从思想意识的层面体现了这一状况。这些均是中外条约关系形成演变中的重要因素，说明它并非单一的法律关系，而是一个综合性的复杂关系。全面考察和认识近代中外条约关系，这些都是不可或缺的要素，相关部分亦有涉及，这里不再赘述。

第四节　各种因素影响下的变动关系

作为一种法律关系，条约关系并非一成不变，而是处于经常的变化之中。近代中外条约关系同样如此，在各种因素之下也经历较大的变动，但呈现出近代中国的独特性。这一变化，与国际形势和中国国家地位的变化密切相关，既体现了不同层级的程度递进，又实现了性质相异的两个转换。从性质转换而言，近代中国经历了从朝贡关系到条约关系的转换，以及条约关系从不平等到基本平等的转换。从层级程度来看，不平等条约关系经历了从建立形成到拓展强化的变化；基本平等的条约关系则经历了从酝酿开始到最终实现的过程。而朝贡关系被条约关系取代，也并非一蹴而就，而是逐步递进，最后趋于崩溃。无疑，在各种条件和背景之下，近代中外条约关系的演进并非是直线运动，而是一个具有特殊性质的变动关系。

一、 从朝贡关系到条约关系的转换

在晚清，朝贡关系逐渐被条约关系所取代，由两种国际秩序并存，逐渐形成为单一国际秩序格局。鸦片战争后，不平等条约关系的订立，出现了一种新的国际秩序，传统的朝贡关系不断趋向衰落，但在清政府的苦心维持下仍然存留着，中国处于两种国际秩序并存的格局之中。但是，朝贡关系不断遭到削弱，被不平等条约关系所挤压，渐次退出历史舞台。经过甲午战争与《马关条约》，这一双重格局被打破，朝贡关系完全被条约关系所取代，传统对外体制转向新的轨道。

朝贡关系是中国古代产生的对外关系模式，明朝为鼎盛时期，清朝承袭其基本理念及制度。根据《明史》《明会典》等的记载，明朝共有朝贡国148个，实际上主要有朝鲜、琉球、安南、占城、暹罗等16个。清朝走向衰微，仅余7个。清政府还与其他国家建立了非朝贡关系，如与西方国家的互市关系，与俄国的特殊关系，等等。然而，清政府仍以朝贡关系的核心理念，即"天下共主"的理念处理与这些国家的关系。在清朝看来，皇帝是至尊无上的"天下共主"，乾隆便自称"天下大皇帝"。[①] 1793年互市国英国派遣使臣马戛尔尼来华，仍被清朝官吏视为"英吉利贡使"。俄国也被清政府视为藩属的地位，由此才得以在中国获取一些特殊权利。显然，在中国的国际秩序中，朝贡关系是清朝对外关系的主体模式，其他各种关系均受制于此。当西方国家将条约关系这一国际秩序推向中国时，赋予了有悖于国家主权原则的不平等内涵。这一新关系打破了朝贡关系的独尊体制，西方国家不再被纳入"共主"之下的附属国范围，中国处于两种国际秩序并存的局面。[②] 与周边国家，中国仍以天朝上国的身份，与朝鲜、越南等国继续维持传统的朝贡关系。

---

① 《高宗纯皇帝实录》卷122，乾隆五年七月乙亥，《清实录》第10册，中华书局，1985年，第793页。

② 有学者将这一现象称为"一个外交两种体制"，见权赫秀：《晚清对外关系中的"一个外交两种体制"现象刍议》，《中国边疆史地研究》2009年第4期。

这些藩属国仍然奉清王朝为上国，一如既往地向中国朝贡。朝鲜且不论，另一个主要藩属国越南，即使在遭到法国的压迫之下，亦坚持向清王朝朝贡。1874年，法国强迫越南签订《和平同盟条约》（即第二次《西贡条约》），承认其是有主权的独立国家，否定中越之间的宗藩关系。但在越南国王看来，该约并不影响中越之间的朝贡关系。不久，同治帝驾崩，越王便打算遣使进香，"虔修职贡"。①清廷考虑到越南国内正在"剿办各股匪，尚未蒇事"，谕令不必赴京进香，"以示怀柔藩服至意"。②此后，越南仍然按期遣使朝贡，直到1881年。据统计，从1860到1894年，朝鲜向中国朝贡的年份有25年，琉球8年，越南5年；其他国家，如尼泊尔4次，缅甸1次。这些国家的"朝贡使节继续前来北京，好像什么也没有发生似的"。③清朝则仍然在国家仪礼和体制中实施这一传统对外模式。当法国强迫越南订约，视越南为自主之国，驻法公使曾纪泽表示，"不能于中国无干"，越南虽为属国，自理内政，但"中国之权力尚在"，"中国不愿邻近属邦改隶西洋之国"。④英国占据缅甸，清政府提出"存贡之议"，坚持认为"百年旧典，未可弁髦弃之"，最后得以"将十年派员之例，列入约中"。⑤尤其对于朝鲜，清政府始终坚持"仍是中朝属邦"，若朝鲜俨然自主，则是"置中东数百年名分纲纪于度外"。⑥清政府极力从各方面维护朝贡关系，甚至在借款问题上，亦从保护属藩大局的角度思考对策，提出应对之策。⑦当日本试图否定中朝间的宗属关系时，清政府毫不退让，李鸿章表示："高丽属国几千年，何人不知。和约上所说所属邦土，土字指中国各直省，此是内地，为内属，征钱粮管政事。邦字指高丽诸国，此是外藩，为外属，钱粮政事，向归本

---

① 《德宗景皇帝实录》卷11，光绪元年六月丁丑，《清实录》第52册，中华书局，1987年，第215页。

② 《德宗景皇帝实录》卷15，光绪元年八月乙丑，《清实录》第52册，第254页。

③ ［美］费正清编，中国社会科学院历史研究所编译室译：《剑桥中国晚清史》上卷，第282页。

④ 《总署收出使大臣曾纪泽夹单》，光绪七年二月十九日，郭廷以、王聿均主编：《中法越南交涉档》一，台北"中研院"近代史研究所，1983年，第152页。

⑤ 《使英薛福成奏缅甸每届十年派员呈贡英外部允实行片》，光绪十九年九月二十六日，王彦威、王亮辑编，李育民等点校整理：《清季外交史料》第4册，第1800页。

⑥ 《李鸿章与朝鲜驻津陪臣金明圭问答录》，光绪十五年十二月二十六日，王彦威、王亮辑编，李育民等点校整理：《清季外交史料》第4册，第1700页。

⑦ 《直督李鸿章奏借给朝鲜银十万两由华商出名订立合同限期拨还折》，光绪十八年九月十五日，王彦威、王亮辑编，李育民等点校整理：《清季外交史料》第4册，第1773页。

国经理。历来如此，不始自本朝，如何说不算属国。"① 甲午战争前夕，清政府更是竭尽全力，避免朝贡关系的崩溃。李鸿章致电驻日公使汪凤藻："我朝保护属邦旧例，天下各国皆知，日本即不认朝鲜为中属，而我行我法，未便自乱其例。"②

从西方国家来看，在某种程度上承认了朝贡关系的合法性。1882 年，美国与朝鲜议约，中方提出，"首条须提明朝鲜系中国属邦"，美方坚拒，要求"援照日本成式"。双方相持月余，最后议定，"由韩王另给照会，声明属邦，而内治、外交，向来均由朝鲜自主"。其后，各国均照此约为蓝本，在某种程度上肯定了中朝宗属关系。俄国亦与中国密议，"两国政府均不改变朝鲜现在情形"，认可中朝传统关系。③ 甲午战争前夕，中日因朝鲜问题的矛盾趋于白热化，清政府一再强调这一客观史实，屡屡声明朝鲜系中国"属国"的事实。总理衙门致李鸿章："韩为中属，各国无异词，日即不认，亦不能损我权利。"④ 总理衙门照会各国公使："朝鲜为中国属邦，历有年所，天下皆知。即该国与各贵国立约时，均经声明有案。"⑤

然而，在默认朝贡关系的同时，西方列强又破坏和否定这一体现中国主导地位的国际秩序。在蚕食中国周边国家领土的过程中，不断压缩朝贡关系的空间，逐渐用不平等的条约关系完全取代中国传统对外关系模式。可以说，日本既是始作俑者，又是最终扼杀朝贡关系的操刀手。先是，明治维新之后，日本追随欧美列强，推行侵略政策，公然推翻琉球与中国的传统关系。在悍然单方面宣布琉球属于日本"内藩"，以武力占领琉球群岛之后，日本利用中国面临严重的边疆危机，于 1879 年吞并琉球王国，强行将最后

---

① 《日本使臣森有礼署使郑永宁与李鸿章晤谈节略》，光绪元年十二月二十八日，台北"中研院"近代史研究所编：《清季中日韩关系史料》卷 2，台北"中研院"近代史研究所，1972 年，第 284 页。

② 《直督李鸿章致总署准韩请派兵保护已电汪使知照又日本不认韩为我属邦电》，光绪二十年五月初三日，王彦威、王亮辑编，李育民等点校整理：《清季外交史料》第 4 册，第 1851 页。

③ 《直督李鸿章致总署韩违约遣使欧洲酌拟办法函》，光绪十四年五月初六日，王彦威、王亮辑编，李育民等点校整理：《清季外交史料》第 4 册，第 1576 页。

④ 《总署致李鸿章韩为中属各国皆知会剿万不可允电》，光绪二十年五月十六日，王彦威、王亮辑编，李育民等点校整理：《清季外交史料》第 4 册，第 1856 页。

⑤ 《总署致驻京各国公使日本首先开衅击沉高升商轮责有攸归照会》，光绪二十年六月十八日，王彦威、王亮辑编，李育民等点校整理：《清季外交史料》第 4 册，第 1888 页。

一任琉球国王尚泰押解到东京。这就是日本所说的"琉球处分"。在这同时，法国打破中越宗藩关系，于 1874 年强迫越南签订《和平同盟条约》，规定：法国"承认安南国王是有主权的，是完全独立于任何外国的，不论是何国"；"安南国王陛下承认法国对目前由它占领并在下述边界之内的全部领土具有充分和完整的主权"。① 19 世纪 80 年代，法国通过侵略战争完全推翻中越宗藩关系。先是强迫越南承认并接受法国的保护权，由法国代表它的一切对外关系，旅居外国的越南人也"置于法国的保护之下"。② 继而又迫使清政府签订条约，规定越南境内，法国"自行弭乱安抚"。③ 中国由此放弃宗主国地位，承认越南为法国的保护国。英国则于 1885 年底占领缅甸，在中国力争之下，才同意在条约中规定缅甸每届 10 年，允许派员向中国"呈进方物"。④ 实际上，英国并不承认缅甸是中国的属国，因此没有明确指明是向中国进贡。由于英缅当局反对该条款，认为这"是要把缅甸在过去没有作过的事情加之于缅甸的头上"，这一承诺"从来没有实行过"。⑤ 清政府清楚，这一条款并无实际意义，"诚以告朔饩羊，不过稍存礼意"。⑥ 1894 年，借口中国违约，英国终于单方面废除了这一条款。

各国列强伺机而动，中国传统的藩属国，由此一个个被它们侵占。"琉球灭而越南随之，越南削而缅甸又随之，今且骎骎议及朝鲜矣！"⑦ 其他几个朝贡国在此之前，便因种种原因停止入贡。1852 年，暹罗最后一次遣使赴华朝贡，此后"遂为自主之国"。⑧ 南掌于翌年遣使至云南请贡，清廷以粤匪未平、道路不通为由，传谕免予进京朝觐。从此，南掌与中国的朝贡关系也划

---

① 《法国和安南王国和平同盟条约》，1874 年 3 月 15 日，世界知识出版社编：《国际条约集（1872—1916）》，第 1—2 页。

② 《法国和安南关于确认法国对安南王国的保护权的条约》，1884 年 6 月 6 日，世界知识出版社编：《国际条约集（1872—1916）》，第 75 页。

③ 中法《越南条款》，光绪十一年四月二十七日，王铁崖编《中外旧约章汇编》第 1 册，第 467 页。

④ 中英《缅甸条款》，光绪十二年六月二十三日，王铁崖编《中外旧约章汇编》第 1 册，第 485 页。

⑤ ［英］D. G. E. 霍尔著，中山大学东南亚历史研究所译：《东南亚史》，商务印书馆，1982 年，第 736 页。

⑥ 《使英薛福成奏缅甸每届十年派员呈贡英外部允实行片》，光绪十九年九月二十六日，王彦威、王亮辑编，李育民等点校整理：《清季外交史料》第 4 册，第 1800 页。

⑦ 《使英薛福成奏滇缅分界通商应预为筹备折》，光绪十七年四月十五日，王彦威、王亮辑编，李育民等点校整理：《清季外交史料》第 4 册，第 1741 页。

⑧ 赵尔巽等撰：《清史稿》卷 528 "属国·暹罗"，中华书局，1977 年，第 14698 页。

上了句号。苏禄则早在乾隆二十八年（1763）以后就"朝贡不至"了。[①] 至
19 世纪 90 年代，中国仅剩下朝鲜一个朝贡国，成为维持传统国际秩序的唯
一象征。但在日本的鼓动下，朝鲜"竟欲自比于各外国，且欲藉外国以制
中"，[②] 试图脱出朝贡关系。通过甲午战争，日本以武力解除中朝之间的朝贡
关系，从根本上摧毁了这一国际秩序模式。《马关条约》第一款规定："中国
认明朝鲜国确为完全无缺之独立自主，故凡有亏损独立自主体制，即如该国
向中国所修贡献典礼等，嗣后全行废绝。"[③] 清政府承诺放弃对朝鲜国的宗主
国地位，标志着朝贡关系和华夷秩序的终结，传统国际秩序荡然无存，为不
平等条约关系的发展，清除了体制上和思想观念上的障碍。

由上可见，这是一个渐次推进的过程，经过琉球、越南、缅甸等国脱离
朝贡关系之后，中国最后丧失了具有标志性意义的藩属国朝鲜。作为这一转
化的转折点，甲午战争暨《马关条约》结束了朝贡关系的对外模式，将中国
推向了不平等条约关系的单一国际秩序。其后，中国传统的对外关系模式，
即朝贡关系，虽在某些国家还有些残留，但未能构成一种国际秩序。例如，
光绪二十八年（1902），清政府封尼泊尔首相为"统领兵马果敢王"，赏穿黄
龙马马褂。尼泊尔的五年一贡之例，一直维持到光绪三十四年（1908）。甚
至民国十三年（1924），尼泊尔犹派人前来修贡。[④] 1910 年 1 月，不丹与英
国签订《普那卡条约》，规定其对外关系接受英国"指导"，中国驻藏大臣仍
以命令口吻行文不丹国王，视其为自己的"藩属"。[⑤]尼、不两国，清王朝并
未作为主要朝贡国，在整个朝贡体系中无足轻重。这一残留现象，一方面说
明个别国家如尼泊尔仍然眷念这一传统关系，主动向中国修贡；另一方面则
反映清政府尚未完全摒弃宗藩观念，在与相关国家交往时，仍有意无意抱有
这一意识。作为一种国际秩序，朝贡关系亦不复存在。相应地，体现两种国
际秩序并存的对外体制，如总理衙门体制，亦面临着危机，适应条约关系的

[①] 李云泉：《朝贡制度史论——中国古代对外关系体制研究》，第 284 页。
[②] 《李鸿章与朝鲜徐相雨笔谈文》，光绪十二年八月二十日，王彦威、王亮辑编，李育民等点校整理：《清季外交史料》第 4 册，第 1419 页。
[③] 《马关新约》，光绪二十一年三月二十三日，王铁崖编：《中外旧约章汇编》第 1 册，第 614 页。
[④] 章熙林：《尼泊尔新志》，商务印书馆，1947 年，第 87、88 页。
[⑤] 刘宏煊主编：《中国睦邻史——中国与周边国家关系》，世界知识出版社，2001 年，第 330—331 页。

新外交机构也正在酝酿之中。

二、 不平等条约关系层级程度的变化过程

从层级程度来看，不平等条约关系在晚清经历了建立、形成，再趋于巩固和强化的过程，其总体趋势是不断趋于恶化，不平等的比重愈益增大，至清末时期达到高峰。通过鸦片战争，以英国为首的西方列强终于达到了自己的目的，与清政府初步建立了新的关系。通过中英《南京条约》及其附约，中国与英国建立了条约关系，开启了中外关系的新时代。接着，这一新的关系扩展到其他国家，1844 年中美、中法先后订立《望厦条约》和《黄埔条约》。英、美、法订立的第一批条约，共同确立了新的中外关系的基本准则。《南京条约》作为第一个条约，有关规定失之笼统，"只足以构成一个草约而不是一个条约"，其缺漏之处需要用以后的文件加以补充，其后几个条约"做到了这一点"。随后，1847 年瑞挪签订《五口通商章程》，依照现成的模式与中国建立了条约关系。在英、美、法等国勒订条约之后，俄国也不甘落后，在中国新疆扩展势力，于 1851 年逼签《伊犁塔尔巴哈台通商章程》，获得领事裁判权等特权。中外不平等条约关系由此建立，对于列强而言，这是具有重要意义的开端。这是一个转折点，"不仅在商业方面，而且在政治上也具有重要的意义"，"是一次重大的外交胜利"。[①]

新建立的条约关系，揭开了西方列强对华事务的"新纪元"，[②] 对中国而言却意味着对外关系的根本变动。这是西方国家把条件强加于中国的新关系，以"天下共主"自居的清帝国不愿接受，"试图尽量缩小并抗拒它们"。[③]同时，这一关系的初步建立尚未取代天朝体制，满足列强的欲望。由于这些因素，条约关系既不完善又不稳定，预示着新的变化。通过第二次鸦片战争，列强再次用暴力对中外条约关系作了新的调整，使其第一次发生了新的重要变化，并由此得以基本稳定和形成。其变化主要有：一是适用列强的需要，解决了第一次鸦片战争留下的问题，其所享特权趋于完善和完备，而中

---

① 中国社科院近代史研究所编：《沙俄侵华史》第 3 卷，第 150 页。
② ［英］菲利浦·约瑟夫著，胡滨译：《列强对华外交》，第 3 页。
③ ［美］马士著，张汇文等译：《中华帝国对外关系史》第 1 卷，第 337 页。

国主权的踪迹，在各项条约规定的限度之内，都被"一扫而光"。[①] 二是其适用范围大大扩展，对中国的束缚从局部转向全局，而西方列强对中国的奴役由几个国家发展为整个资本主义世界。三是中国的领土关系发生重要变动，俄国趁战争之机通过条约劫取了中国大片领土，改变了中俄边界。四是进一步将西方的外交模式纳入中外条约关系之中，不仅为列强侵华提供了便利，且向中国引入了近代交往形式。

　　经过甲午战争和庚子之役，以《辛丑条约》为标志，不平等条约关系解决了所面临的危机，发生了重大变动。即在萌芽产生和基本形成之后，中外条约关系进入巩固强化时期，其形态和内涵均有变化。在这个阶段，更充分地体现了不平等条约的强权性质，对中国主权的损害更为严重。《辛丑条约》是一个典型的强权文契，从订约过程、条约形式、条约内容和目的等等方面来看，均系史无前例。其赔偿之巨，前所未有。可以说，"以前的条约，有了辛丑条约才有了保障；而且，辛丑条约以前，中国也还有些政治经济权利，归自己掌握，到了辛丑条约成立，便完全断送了。从此，中国便完全沦于半殖民地的苦境"。[②] 该约使"国权、兵权、政权、利权尽为所夺，一举而制中国之命"。[③] 例如，从过去的单个订约到集体订约，是一新的方式，反映了中国与整个资本主义世界的条约关系的重要变化，充分体现各国在这一问题上的利益一致性。又如，该约又是一个严重的片面条约，其内容均是要求清政府单方面承担各种苛刻的义务，却无相应的权利，彼方则无丝毫义务而享有种种权利。权利义务的不对等，是不平等条约的基本特征，而在条约关系史上，《辛丑条约》背离对等原则达到了登峰造极的程度。纵观《辛丑条约》和附件，几乎全是由清政府的一系列承诺组成的。而如此强权和霸道的条约，却打着国际法的招牌，列强一再以此指责中国。清廷无可奈何地接受了列强的要求，在"惩凶"上谕中，所列罪名多强调违反条约，如"围攻使馆，擅出违约告示"；"妄出违约告示"、"会出违约告示"，等等。该约还增

---

① ［美］马士著，张汇文等译：《中华帝国对外关系史》第 1 卷，第 337、696 页。
② 彭蠡：《九七纪念的由来》，《战士》1937 年第 17 期。
③ 《工部学习主事夏震武折》，光绪二十六年十一月十九日，国家档案局明清档案馆编：《义和团档案史料》下册，第 873 页。

加了种种与国际法相悖的特权，为条约关系开创了新的恶例。诸如此类，不一而足，后面将详细阐述，这里不赘。总之，在中外条约关系的发展历程中，这是一个具有标志性的重大变动，在各方面加强了它的强权性质和不平等内涵，对中国社会产生极其恶劣的影响。

随着国内外形势的变化，列强欲望不断扩大，中外条约关系中的不平等内涵，经历了一个特别的历程，逐渐充实加深。以《辛丑条约》为标志，"不但于过去帝国主义者加到中国的不平等条约作有力的保证，而且进一步的与中国以严重的桎梏"。[①]

三、 中外条约关系由不平等走向基本平等

中外条约关系最大的变动，系由不平等转换为基本平等，这是一个由量变到质变的过程，最终在特殊背景下得以实现。从思想观念而言，主张这一转换的思考在晚清时期已开始萌发，但真正从法律和实践层面来看，则始于民国时期。可以说，巴黎和会召开的 1919 年，是一个具有标志性意义的年头，在这一年，"中国与外国的条约关系，见证了一个时代的开始和另一个时代的结束"。[②] 此年的 4 月 27 日，北京政府颁布《大总统令》，宣布："此后所有无约各国与中国彼此订约者，当然以平等为原则，其脱离祖国另建新邦者，亦当然不能继承其祖国昔时条约上各种权利。各该族人民现多侨居中国境内所有课税诉讼等事，悉应遵守中国法令办理。"[③] 此年夏间，内阁决定，从今以后无约国签订的任何条约，都必须建立在完全平等的基础上，也不会再批准旧税率和领事裁判权。[④] 更有意义的是，此年 7 月 25 日，苏俄政府发表"第一次对华宣言"，明确表示放弃各种在华条约特权。也是此年的 10 月 8 日，中国与瑞士交换了于 1918 年 6 月 13 日签订了《通好条约》，这是最后一次中国在不平等的基础上与外国建交，给予其单方面的领事裁判

---

① 剑超：《从九七纪念谈到废除不平等条约》，《思想月刊》1928 年第 4 期。

② Zhang Yongjin: *China in the International System*，*1918-20*，Macmillan Academic And Professional Ltd，p. 139.

③ 《大总统令》（1919 年 4 月 27 日），《政府公报》1919 年 4 月 28 日，第 1160 号。

④ Zhang Yongjin: *China in the International System*，*1918-20*，Macmillan Academic And Professional Ltd，p. 140.

权。此后，中国基本上结束了签订不平等条约的历史，新订条约具有了平等的性质。这些无疑具有象征意义，揭橥了两个时代的交替。

中外条约关系的不平等时代在走向崩溃，开始了向平等转换的时代。这一转换，可以抗战为界，分为全面兴起和基本实现两个时期。自巴黎和会之后，中国开始全面兴起改变不平等关系的民族主义运动，而列强坚持条约的态度也有所松动。不平等条约特权也开始减少，除了零星收回一些特权之外，重要者最先打破的是被称为"三大魔鬼"之一的片面协定关税。1930年5月6日，中日订立关税条约，中国关税自主问题的最后关口取得突破。国定税则委员会重新拟定税则，经立法院大会通过和国府会议议决，于12月29日明令公布《中华民国海关进口税税则》，定于1931年1月1日实行。其后又几次修订关税税则。至此税则颁布，中国完全结束了片面协定关税的时代，可以不受束缚地自己规定海关税率，终于实现了关税自主。这一变动具有重要意义，虽然它并未在整体上改变不平等的条约关系，但却是这一转换最响亮的前奏曲。

整体变动是在太平洋战争爆发之后，1943年1月11日，中美、中英分别签订的《关于取消美国在华治外法权及处理有关问题之条约》《关于取消英国在华治外法权及其有关特权条约》。这两个条约具有全局的意义，是近代中外条约关系从不平等转为基本平等的标志。其一，从条约特权来看，近代中外条约关系中的主要特权被废弃。条约明确废除的特权包括领事裁判权、使馆区及驻军、租界、特别法庭、军舰行驶之权、英籍海关总税务司之特权、沿海贸易与内河航行权等。其中尤其是领事裁判权，即条约中所指"治外法权"，这是中外条约关系的中心。其二，从国家来看，主要国家对华条约关系发生改变。中国政府已宣布取消日、德、意与华所签订条约，苏俄早已宣布放弃在华条约特权，主要列强国家中除法国被德国占领而有些特殊外，仅美、英两国没有放弃。因此，该两国所订平等新约标志着所有主要国家基本结束了对华不平等条约关系。其三，从连锁反应来看，对其他国家起了重要的推动作用，其后各国相继与中国订立取消治外法权的条约。关于法国，重庆政府几次单方面宣布废止维希政府在华不平等的条约特权，巴黎解放后又与戴高乐领导的自由法国，以及后来成立的法国临时政府签订《关于法国放弃在华治外法权及其有关特权条约》，以及《关于中越关系之协定》和相关换文，结束了中法之间不平等的条约关系。自 1943 年 8 月至 1947 年 4 月，巴西、比利时、卢森堡、挪威、加拿大、瑞典、荷兰、瑞士、丹麦、葡萄牙等国也相继与中国订立了类似条约。至此，所有与中国签订不平等条约的国家，均放弃了领事裁判权等条约特权。

然而，尽管近代中外条约关系发生了重大变化，但这只是基本上而不是完全实现平等。其一，从其完整程度来看，中外条约关系并未彻底脱胎换骨，仍遗留了不平等特权。其二，从中国国家地位来看，虽有提高但却没有获得根本改变，仍然是强国之间交易的筹码，所谓"四强"之一是徒有其名。其三，从不平等条约的演变来看，出现了形式上平等而实质上不平等的新方式。以上体现，相关内容已作论述，不赘。

以上四个方面，是近代中外条约关系主要的特殊性质，反映了这一关系的本质。其被动、畸形、复杂、变动关系，是一个有着相互逻辑关联的体系，体现了近代中外条约关系的内在属性。被动关系说明中西国家在其中的不同地位，畸形关系呈现了它的基本性质，复杂关系反映了它形成的复合要素，变动关系则揭示了它的动态演化。从中可以看到，这是一个西方列强为主导，以不平等为主体，汇合了暴力、外交和国内外形势等各种因子的综合体，正是由于这些复合因素又引致其出现各种类别的扩展或变异。诸如此类，揭示了在国际关系和中国社会演变这一特有社会历史背景和主客观条件之下，近代中外条约关系发展历程中所具有的特殊性质和动态规律。

第五章　朝贡关系与条约关系的主要区别

鸦片战争以前，清政府承继了中国自远古便已产生的夷夏观念，构建了自己的国际关系模式。学界对这一模式有不同的命名，或谓朝贡体系，或谓宗藩体制，或谓华夷秩序，或谓封贡体系，或谓天朝礼治体系，或谓中国世界秩序，或谓东亚国际秩序（又称东亚国际关系体系），等等。这是封建时代所特有，以中国为中心的国际秩序模式，既反映了前资本主义时代国际关系的共性，又有中国自己的特点。条约关系则是西方国家打破朝贡体系，在中国建立的新的中外关系模式，又称为条约体系，或条约制度。这是两种不同性质的国际秩序模式，是两种不同时代的文明体系在国际关系中的体现。在晚清，中国经历了两种国际秩序的激烈碰撞，从朝贡体系转向条约关系；后者在民国时期又发生变化，从不平等转向基本平等。这两种国际秩序的本质特征主要体现在理论基础、主要目的、基本性质、运作原则等四个方面，其中既有理论依据，又有实践运作；既有目的评述，又有性质剖析，基本上能够反映两者的概貌。对这两种模式的基本内涵作一比较，可在了解朝贡体系的特性的基础上，更深刻认识近代中外条约关系的本质，以及民国时期变化后的内在属性，且有助于了解东西方文明不同寻常的接合方式及其规律。

第一节 虚幻的"天下共主"与失平的"平等主权"

任何一种现实秩序，都需要相应的理论支撑。作为两种性质迥异的国际关系模式，朝贡体系与条约关系均依托不同的理论或规则。前者源于各种思想，最终归于以中国为中心的"天下共主"观念，但这是一种徒有其名的虚幻的构想。后者亦含有种种原则，主要以国家主权概念和国际法原理为基石，但却是一种作了调整的失平的国际规范。

一、 朝贡关系中虚幻的"天下共主"构想

以朝贡体系为核心的对外关系模式，源于远古时代，是因分封而产生的宗藩制度向对外关系的延展，其中由此形成的服事理论和制度是其重要思想基础。关于服事制，《国语》"周语上"提出了周王朝与藩属及其向外伸延的邦国的关系模式，谓："先王之制：邦内甸服，邦外侯服，侯卫宾服，蛮夷要服，戎狄荒服。"① 由近到远的地区，按照逐区递减的要求服事周天子，即"甸服者祭，侯服者祀，宾服者享，要服者贡，荒服者王"。如果周天子做到了自己的本分，而各邦国却没有按照这一要求尽到服事的义务，他就可以"修刑"，即"刑不祭，伐不祀，征不享，让不贡，告不王"；如此，则"近无不听，远无不服"。《周礼》"夏官"篇"乃辨九服之邦国"，更提出九服之说，即王畿之外，以五百里为度，逐层推展，分别为侯服、甸服、男服、采服、卫服、蛮服、夷服、镇服、藩服。各邦国各有职事，如不遵行"敬戒"，将予以惩罚。② 服事制是否真正实行是一个疑问，但它提出了远古时期的中外关系模式。这一模式构建了周朝最初的"国际"秩序，体现了这一秩序的基本精神，即以周天子为中心，对外夷逐层控制的宗藩体制。

---

① 薛安勤、王连生注译：《国语译注》卷1"周语上"，吉林文史出版社，1991年，第2页。
② 林尹注译：《周礼今注今译》"夏官司马下"，书目文献出版社，1985年，第345页。

这一体制的形成，是以君权神授为理论基础的。《尚书》谓"有夏服天命"。① 西周时，周王被赋予"天子"的称呼，周武王曰："我文考文王，克成厥勋，诞膺天命，以抚方夏。"② 其后，历代君主无不自称膺受天命，即使改朝换代，也是秉承上天旨意，朱元璋即说："天用是革其命，属之于朕。"③ 君权神授的理论也延伸对外关系领域，赋予了中国君主统御天下的依据。明成祖谓："朕奉天命为天子，天之所覆，地之所载，皆朕赤子。"④ 乾隆帝谓："我国家受天眷命，统一万邦。"⑤ 乾隆封郑华为暹罗国王，制曰："我国诞膺天命，统御万方，声教覃敷，遐迩率服。"⑥ 对中国君主而言，这种对"遐迩"的"统御"，并非是以强凌弱，以大压小，而是按照"天道"给它们带来福祉。朱元璋说："受天命为天下主者，上奉天道，一视同仁，俾巨细诸国，殊方异类之君民，咸跻乎仁寿。"友邦远国，"顺天事大，以保国安民，皇天监之，亦克昌焉"。君主既然承受天命，便"躬握乾符，以主黔黎"，内夏外藩均须顺从。因此，朱元璋又强调："凡诸乱雄擅声教违朕命者兵偃之，顺朕命者德抚之。是以三十年间，诸夏奠安，外蕃宾服。"⑦

君权神授的天命观，将整个世界视为一体，形成了大一统的天下观。诗经谓：溥天之下，莫非王土；率土之滨，莫非王臣。《春秋公羊传》明确提出"大一统"的思想。又有谓"六合之内，皇帝之土"；"人迹所至，无不臣者"。⑧ 历代帝王无不将整个天下视为自己的统治范围。康熙即视天下万国为一体，自命"天下大一统之主"，"临御天下，统理万邦"。⑨ 嘉庆称中国为"天下共主"，⑩ 从国家的角度提出这一论旨，更能说明这一天下观在中外关

---

① 江灏、钱宗武译注，周秉钧审校：《今古文尚书全译》"周书·召诰"，贵州人民出版社，1990 年，第 309 页。
② 江灏、钱宗武译注，周秉钧审校：《今古文尚书全译》"周书·武成"，第 225 页。
③ 张廷玉等：《明史》卷 332，列传第二二〇·西域四·别失八里，第 5769 页。
④ 《明太宗实录》卷 264，永乐二十一年冬十月己巳，第 2407 页。
⑤ 《世祖章皇帝实录序》，乾隆四年十二月初十日，《世祖章皇帝实录》，《清实录》第 3 册，中华书局，1985 年，第 17 页。
⑥ 赵尔巽等：《清史稿》卷 528，列传第三一五·属国三·暹罗，第 14694 页。
⑦ 张廷玉等：《明史》卷 332，列传第二二〇·西域四·别失八里，第 5769 页。
⑧ 司马迁：《史记》卷 6，秦始皇本纪第六，中华书局，1999 年，第 174—175 页。
⑨ 《圣祖仁皇帝实录》卷 181，康熙三十六年三月庚辰，《清实录》第 5 册，第 942 页。
⑩ 《仁宗睿皇帝实录》卷 320，嘉庆二十一年七月乙卯，《清实录》第 32 册，第 240—241 页。

系中的地位。

除外还有一种地理上的观念，即认为中国居于世界的中央，因此称为中国或中土。杜佑所撰《通典》"边防序"即谓："覆载之内，日月所临，华夏居土中，生物受气正。"并引气象学家李淳风之言："华夏居天地之中也。"[①] 至清朝，乾隆敕撰《清朝文献通考》，其中"四裔考"亦持此看法，认为"中土居大地之中"，"我国家统一函夏，四裔宾服，列圣经营，宅中驭外，百余年来，声教覃敷，梯航远至"。[②] 同时，华夏文明大大高于四夷，这种差距长时间延续下来，更形成文化中心的观念。[③]

"天下共主"赋予了中国君主政治中心的地位，是朝贡体系的核心理念。基于这一观念，中国皇帝视其他所有国家为臣属，要求"要服者贡"，"俱效职贡"。明洪武十五年（1382）所定宴飨乐曲《太清歌》曰："万国来朝进贡，仰贺圣明主，一统华夷。"[④]

远古时期，"诰誓不及五帝，盟诅不及三王，交质子不及二伯"。[⑤] 所谓"古者不盟，结言而退"。[⑥] 春秋时期盛兴结盟立誓，但内容简单，缺乏近代条约的完整形态和各种要素。由于"天下共主"为中心的上述观念，清王朝没有近代条约意识。马戛尔尼使华时，乾隆皇帝一开始就拒绝签订条约，认为这是违背传统习惯而且有违国法。[⑦] 一位熟悉中国情况的朋友告诉马戛尔尼，"中国人对于外国使节仅视为在国家重大节日送礼而来，节日过后即刻归国。两个世纪以来许多外国使节到过中国，没有一个超过这个勾留期限的"；"中国很少有与他国缔结条约的观念"。[⑧] 经历了律劳卑事件之后，从天朝官吏对外国官员的态度中，他们更清楚地看到了症结所在。在宗藩体制下，蛮夷这个字眼和外人混成一体并应用到全世界，不加区别地来称呼一切外国人。在中国政府看来，"把任何一个未曾被天朝的风教熏陶过的国家看

---

① 杜佑撰，王文锦等点校：《通典》卷 185，边防一·边防序，中华书局，1988 年，第 4978 页。
② 清高宗敕撰：《清朝文献通考》第 2 册，商务印书馆，1936 年，第 7413 页。
③ 《明穆宗实录》卷 59，隆庆五年七月戊寅，台北："中研院"历史语言研究所校印，1962 年，第 1445 页。
④ 张廷玉等：《明史》卷 63，志第三十九·乐三，第 1047 页。
⑤ 李学勤主编：《春秋穀梁传注疏》，北京大学出版社，1999 年，第 26 页。
⑥ 浦卫忠整理：《春秋公羊传注疏》，第 90 页。
⑦ ［英］爱尼斯·安德逊著，费振东译：《英使访华录》，商务印书馆，1963 年，第 134—135 页。
⑧ ［英］斯当东著，叶笃义译：《英使谒见乾隆纪实》，上海书店出版社，1997 年，第 411 页。

作是文明的并屈尊去与其缔结平等条约，都会贬低他们的人格"。① 康熙二十八年（1689），清政府应俄国要求，与之订立平等的《尼布楚条约》。该约主要内容是划分边界及处理边界纠纷，以保障边境安全，清政府并无与他国建立条约关系的打算和意识。俄国与中华帝国的关系较为特殊，在中国享有某些特殊权利。然而，如马克思所说："这种优先权是由俄国人付出屈尊容忍的代价换来的：它只有算做中华帝国的一个朝贡藩属才得侧身于天朝的朝廷。"②

显然，"天下共主"不承认国家之间的平等关系，即使是互市国，清政府历来以"属国"相待，统称"群藩"或"四夷"，"仍被纳入朝贡关系之内，不许可另有对等的互市交易关系存在"。③ 马戛尔尼使华，被清朝官吏挂上一面"英吉利贡使"的旗章，没有视为对等国家的外交使节。无疑，这是一种与近代主权观念格格不入的帝国意识。出于这一意识，中国皇帝自视为天下至高无上的君主，不愿意与各国平等相处。然而，"天下共主"是一种虚幻的理论，缺乏实践意义。事实上，如后面所要论述的，这是一种名义上的缺乏近代主权内涵的"天下共主"，只能说是一厢情愿的自封而已。左宗棠谓，"自古帝王不能胥外国而臣之"；④ 曾国藩亦谓，"圣朝修德柔远，本不欲胥七万里之外洋而悉臣服之"。⑤ 那些"臣服"中国的朝贡国，亦主要体现在仪礼上，而并非是主权控制。

从世界范围来看，在国家主权观念尚未形成之时，这一以某帝国为中心的国际秩序，是一种普遍现象。如欧洲，不仅有罗马帝国和神圣罗马帝国所主宰的国际秩序，而且其统治世界的观念与中国一统天下的意识如出一辙。罗马帝国时期，"一切民族的界限逐渐融合于共同帝国的观念之中了"。这一帝国赖以生存的观念之一，便是"这样一种信念，即因为罗马的统治是世界

---

① A Correspondent，Treaty with the Chinese, a great desideratum; probability of forming one, with remarks concerning the measures by which the object may be gained. *The Chinese Repository*，Vol. Ⅳ. No. 10，pp. 448—449. 译文参见广东省文史研究馆编：《鸦片战争史料选译》，第43页。

② 马克思：《俄国的对华贸易》，中共中央马克思列宁恩格斯斯大林著作编译局编：《马克思恩格斯全集》第12卷，第166页。

③ 钱实甫著：《清代的外交机关》，生活·读书·新知三联书店，1959年，第31页。

④ 《左宗棠说帖》，同治六年十月甲辰，宝鋆纂修：《筹办夷务始末·同治朝》卷51，第19—21页。

⑤ 《大学士两江总督曾国藩奏》，同治六年十一月壬申，《筹办夷务始末·同治朝》卷54，第3页。

性的，因而也必是永恒的"。它的诗人、演说家、法学家等，"不断重复着统治世界的主张，并满怀信心地预言它的永存"。① 中世纪时期，意大利著名诗人但丁为维护神圣罗马帝国统治世界的合理性，撰写《论世界帝国》一书，作了详细论证。他认为，"整个人类注定只有一个目的，因而人类就应该实行独一无二的统治和建立独一无二的政府，而且这种权力应称为君主或帝王。由此可见，为了给尘世带来幸福，一统的政体或帝国是必要的"。"罗马人建立帝国，对世上一切人加以一元化的统治是合乎公理的，而不是篡权行为。"②

二、 条约关系中失平的"平等主权"

在欧洲，这种与中国"天下共主"类似的一统世界秩序理论，伴随着资本主义文明的产生而被打破，代之以条约为法律形式的国际秩序。这种国际秩序提出了国家主权原则及国家平等观念，但实际上，这是一种失平的"平等主权"。

在西方政治思想史上，法国思想家布丹是第一位提供近代主权理论的重要政治思想家，1576 年布丹出版了《国家论六卷》，首次把主权和国家联系在一起，认为国家主权是永恒的，具有至高无上的绝对性和无限性，"可以在自己的统治范围内绝对地支配自己的国家和臣民"。其内容包括立法权、宣战和缔约权、官职任免权、司法裁判权、赦免权、有关忠节的权力、货币铸造权和课税权等八项内容。在布丹的学说中，国家是作为主权组织，因而具有了现代意义。③ 17 世纪中叶，在欧洲出现了一种新的国际关系模式。这一模式改变了中世纪的帝国观念，1625 年，格老秀斯出版了《战争与和平法》，他认为，"一国之法律，意在谋一国之利益，故国际之间，亦必有法律；其所谋者，非任何国家之利益，乃各国共同之利益也，吾名之曰国际法"。④ 他对"国际关系主体主权一律平等"、"主权、国际合作和人道主义"

① ［英］詹姆斯·布赖斯著，孙秉莹等译：《神圣罗马帝国》，商务印书馆，1998 年，第 5、18—19 页。
② ［意］但丁著，朱虹译：《论世界帝国》，商务印书馆，1986 年，第 8、22、29 页。
③ 高建主编：《西方政治思想史》第 3 卷，天津人民出版社，2005 年，第 74—75、81 页。
④ ［荷］格老秀斯著，岑德彰译：《国际法典》，商务印书馆，1935 年，第 9 页。

的国际法原则，作了深刻而鲜明的理论论证，从而建立了"作为一门科学的国际法的体系"，①"为促成《威斯特发里和平条约》之动力"。②

1648 年签订的《威斯特伐利亚条约》，以条约的形式确定了以平等、主权为基础的国际关系准则，在实践中奠立了新的国际秩序的基础。该约第一条规定神圣罗马帝国与各王国、各选侯、各邦国相互之间是"和平和和睦关系"。和约第六十四、第六十五条规定，"为防止今后在政权国家内产生任何争端，所有罗马帝国的选侯、邦君和各邦，应根据本协议确定和确认享有他们自古以来的权利、特权、自由、优惠、自由行使领土权"，"为本身的存在和安全应永远有权与外人结成同盟"。第七十条规定，它们"有充分的贸易自由，在海上和陆地都应安全通行"，"双方的所有封臣、臣民、居民和同盟者的仆从都有来去、从事贸易和返回原地的充分权利"。和约又对各相关国家的主权作了具体规定，七十六条规定："此外所有的封臣、臣民、人民、城镇、自治城市、城堡、房屋、要塞、森林、灌木林、金银矿、矿床、河流、小溪、牧场，总之，一切权利、礼遇和附加权利，应毫无保留地属于最信仰基督的国王，永远归于法兰西王国，他享有各种形式的管辖权和主权，而不得受到皇帝、帝国、奥地利王室或任何其他人的阻碍；从而皇帝或奥地利王室的任何邦君都不应对莱茵河两岸的上述各国攫取，甚至企求任何权利和权力。"第八十、第八十一条进而规定，"确认法兰西君主对上述所有地方享有充分而正当的权力"，而帝国从现在起，"永远放弃对这些地方所享受的权利和要求"。③

根据这些条款，神圣罗马帝国一统天下的"世界帝国"已荡然无存，代之而起的是享有主权的独立国家。这样便否定了"世界主权"，开创了一种新型的国际秩序。支撑这一国际秩序的国家主权概念和国际法原理，均已产生，"构成乃至政治理论以及近代国际法的全部结构之基础的法律观念地

① ［苏］巴斯金、费尔德曼：《格老秀斯在国际法形成与发展中的作用》，《苏联国际法年鉴 1982 年》，莫斯科 1983 年版，第 252—276 页，见［苏］Д. 费尔德曼、Ю. 巴斯金著，黄道秀等译：《国际法史》，第 100—101 页。

② 刘达人、袁国钦：《国际法发达史》，商务印书馆，1937 年，第 88 页。

③ 《威斯特利亚条约——神圣罗马皇帝和法兰西国王以及他们各自的同盟者之间的和平条约》，1648 年 10 月 24 日，世界知识出版社编：《国际条约集（1648—1871）》，第 2、16—20 页。

位","进化成为各国国民之共同体的公法体系"。① 这一体系以主权观念为基础，在国际法范畴中以条约形式确立的国际秩序，可称为之条约关系模式。

但是，这一具有近代性质的国际秩序，其国家主权的内核却并非世界性的，只仅局囿于基督教国家。在此之前，基督教世界便含有排异性的理念，禁止基督教国家与非基督教国家交往。1535 年，法国国王佛朗索瓦一世与土耳其的斯里曼大帝缔结了《贝奥达纳德条约》，使整个基督教世界为之震惊。因为这一举动，违反了不得与非基督教国家有交往的基督教世界的理念。佛朗索瓦一世为此进行辩解，说，"无论是基督教还非基督教，人类应是一体"。② 当近代性质的西欧国际秩序建立之后，这一理念由对非基督教国家的排异性更发展为偏见和歧视，从而导致一种性质更为严重的不平等关系。显然，在西欧国际秩序中，虽然提出了体现国家平等的主权原则，但并不适应于中国等东方国家。这一理论中，如前所述，"特殊国际法"与"一般国际法"相对应，与对世界所有国家都有效的国际法规范不同，只是对某些国家有效。这里，用对一切国家有拘束力的国际法原则的存在，作为"特殊国际法"的前提，论证了它的合法性，由此提出了所谓"亚洲国际法"、"非洲国际法"等概念。这些所谓亚洲国际法和非洲国际法，"无非是把西方帝国主义、殖民主义在亚洲和非洲攫取特权与掠夺殖民地的一些非法方式法律化，而企图分别概括为亚、非两个大陆的国际法体系"，这"只是帝国主义、殖民主义强加于这些地域的国家和人民的一系列的掠夺和侵略政策的实现方式"。③

这种"特殊国际法"的理念，实际上是阉割国际法的主权原则，采取强力手段压制中国顺从西方列强的要求，近代中外条约关系便体现了这一规则。英驻华公使阿礼国谓："与不懂得所有这些形成欧洲政体的条件和原理的东方民族和国家打交道时，就得使这些原理特别适应由于强制两个

---

① G. L. 舒曼：《国际政治：西方国家体制与世界共同体》(New York：McGraw-Hill，1958) 66 页，转引自斋藤孝：《西欧国际体系的形成》，载 [日] 山本吉宣主编，王志安译：《国际政治理论》，第 14 页。

② [日] 斋藤孝：《西欧国际体系的形成》，载 [日] 山本吉宣主编，王志安译：《国际政治理论》，第 18 页；参阅夏继果：《伊丽莎白一世时期英国外交政策研究》，商务印书馆，1999 年，第 21 页。

③ 周鲠生：《国际法》上册，第 7、8、50 页。

在道德义务和民族政策上抱着截然不同观念的民族互相交往所产生的特殊局势"。"过分的严谨，拘泥于以这些法典演绎出来的法规，并形成欧洲通称为国际公法的系统，去处理像中国这样一个亚洲国家，这简直是胡诌，不可避免会带来灾难"。这些所谓文明国家所承认的法律原则中，有一条是"出于必要而加上的自卫的责任的条款"，而"这种法律肯定是专为东方民族而拟订的"。①

如果说，条约关系中失衡的"平等主权"，在传统国际法时代尤为突出，那么，经过第一次世界大战转向现代国际法时代之后，尽管随着文明的进步而逐渐趋于改善，但其性质并未得到根本扭转。一战后建立的凡尔赛—华盛顿国际秩序，如前所说，是一个维护战胜国利益，重新分割世界，维护殖民制度，典型反映帝国主义强权政治和贪婪本质的国际秩序。如列宁所指出，凡尔赛条约是一个闻所未闻的、掠夺性的和约，它把亿万人置于奴隶地位。②第二次世界大战爆发后，雅尔塔体系取代了凡尔赛—华盛顿体系，这一体系并未构建一个真正公平公正的国际秩序，代之而起的是划分美苏为主导的东、西两大势力范围。这一"主权平等"在某种程度上停留在法律的层面，仍未真正成为国际关系实践中的现实。

对中国而言，新的国际秩序并未带来真正的平等，相关章节有较详细剖析，不赘。

由上可知，朝贡关系和条约关系是依据不同的理论构建的，是两个不同时代的国际关系规则。前者停留于中世纪的帝国观念，自认为"天下共主"，不承认各国具有平等地位，尽管维系着有限的朝贡关系，但总的来看只是虚幻的憧憬。后者摆脱了"世界帝国"意识，提出了近代国际法的主权平等原则，但承继并扩展了西方世界固有的排异理念，对东方国家构建了更为偏颇和实际上的不平等理论。这两种国际秩序理论有着各具特点的不平等性质，均与历史发展背道而驰，然此虚彼实的不同形态，反映着

①　《阿礼国爵士致斯坦利伯爵文》，1869 年 2 月 5 日，中国第一历史档案馆等编：《清末教案》第 6 册，第 280—282 页。

②　《在莫斯科省的县、乡、村执行委员会主席会议上的讲话》，1920 年 10 月 15 日，中共中央马克思恩格斯列宁斯大林著作编译局编译：《列宁全集》第 39 卷，第 352 页。

这一性质的深刻差异。

第二节 "守在四夷"的自卫架构与谋求权益的"进取"之道

以"天下共主"为内核的朝贡体系，除了取得天下至尊的虚幻地位之外，其主要目标是为了维护自身安全，营造一个和谐的国际环境，即所谓"守在四夷"。与此不同，西方列强在华建立的条约关系，孜孜以求的是实际权益，尤其是经济利益，其目的在于构建各种权益的法律保障。

一、 朝贡关系"守在四夷"的自卫架构

作为一种国际秩序模式，朝贡体系是中国古代处理周边国家关系的方略，春秋时期提出的"守在四夷"则是其所设想的自卫架构。所谓"守在四夷"，是为了防止被外族攻伐，以维护自身安全。《淮南子·泰族训》谓："天子得道，守在四夷；天子失道，守在诸侯；诸侯得道，守在四邻；诸侯失道，守在四境。"①《汉书·匈奴传》谓："《书》戒'蛮夷猾夏'，《诗》称'戎狄是膺'，《春秋》'有道守在四夷'，久矣夷狄之为患也！"因此，自汉兴以来，"忠言嘉谋之臣曷尝不运筹策相与争于庙堂之上乎？"其时，"缙绅之儒则守和亲，介胄之士则言征伐"，则"皆偏见一时之利害，而未究匈奴之终始也"。王莽时大将严尤反对征伐匈奴，说虽然匈奴为害很久，"然皆未有得上策者"。班固认为，古代先王的御夷之道不是征伐，而是以守为主的羁縻不绝。"来则惩而御之，去则备而守之。其慕义而贡献，则接之以礼让，羁縻不绝，使曲在彼，盖圣王制御蛮夷之常道也"。② 可以说，这一从自身安全出发的"守在四夷"思想，在两汉时期基本形成。

显然，"守在四夷"是与周边国家和民族和平相处，以维护自身安全的一种政策。这一政策以守为核心，不赞成对外战争。唐朝牛僧孺撰《守在四

---

① 张双棣：《淮南子校释》卷 20，北京大学出版社，1997 年，第 2090 页。
② 班固：《汉书》卷 94 下，匈奴传第六十四下，中华书局，1999 年，第 3830、3824、3834 页。

夷论》，谓，"盖言能令四夷不侵，咸自守境"，"夫守之大旨，以防攻也"。①盛唐时期，仍继续这一政策。狄仁杰上疏皇帝："陛下今日之土宇，过于汉朝远矣。若其用武荒外，邀功绝域，竭府库之实，以争硗确不毛之地，得其人不足以增赋，获其土不可以耕织。苟求冠带远夷之称，不务固本安人之术，此秦皇、汉武之所行，非五帝三皇之事业也。"②

在这一自卫架构中，强调自身建设，以德维系宗藩体系，即"宜修德政，以怀不附"。③唐太宗时魏征劝谏"偃革兴文，布德施惠，中国既安，远人自服"，④牛僧孺进一步阐述其旨，谓："洎周汉迄隋，多不知守身，但欲令四夷自守，殊不知四夷自守，国内皆成四夷也。"因为，"守"是"防攻"，而"善防其攻者，莫若防其败，善防其败者，莫若防其亡。夫四夷不守境，不过于略地侵城，是有败无亡也"。如果王者不守"大道"，沦于"非道"，"是则不见败而有亡也"。自三王百代，"无四夷之攻而亡者，皆以守身不谨，为嗜欲所攻故也。虽得四夷自守，复何益哉"。他认为周幽王并非为犬戎所灭，而因为"守道不固"。东晋之十六国，"稽其本则祸于惠帝也。贾后以色攻，贾谧以佞攻，致令八王并兴，生人减半，然后戎夷乘间，敢为窥窬"。可见，"四夷先起于内，不由四夷不守于外"。因此，"有德者必先守身而后四夷，无德者不先守其身，但令四夷自守，曾不防戎狄在其国中"。⑤

明清时期继承了汉唐不事对外扩张的"守在四夷"思想。洪武四年（1371），朱元璋发布上谕："诸蛮夷小国，阻山越海，僻在一隅，彼不为中国患者，朕决不伐之。惟西北胡戎，世为中国患，不可不谨备之耳。"⑥洪武六年（1373），朱元璋命魏国公徐达、曹国公李文忠等往山西北平练兵防边，朱元璋训诫说，须"守以持重"，不可"专务穷兵"。⑦洪武十六年（1383），

---

① 牛僧孺：《守在四夷论》，周绍良主编：《全唐文新编》第 3 部，第 3 册，吉林文史出版社，2000 年，第 7698 页。
② 刘昫等：《旧唐书》卷 89，狄仁杰传，中华书局，2000 年，第 1956 页。
③ 范晔撰：《后汉书》卷 62，陈宠传，第 1397 页。
④ 刘昫等：《旧唐书》卷 71，魏征传，第 1725 页。
⑤ 牛僧孺：《守在四夷论》，周绍良主编：《全唐文新编》第 3 部，第 3 册，第 7698—7699 页。
⑥ 《明太祖实录》卷 68，洪武四年九月辛未，台北"中研院"历史语言研究所影印，1962 年，第 1278 页。
⑦ 《明太祖实录》卷 78，洪武六年正月壬子，第 1424—1425 页。

朱元璋又说："中国既安，守在四夷。"① 明宣宗时继承这一思想，"驭夷之道，守备为上"。②

清朝以赫赫武功建立了大一统的强盛帝国，但其征伐的目的亦在于建立以藩属守边的自卫架构，而不是单纯的开疆拓土。雍正就说："分疆与睦邻论，则睦邻为美；畏威与怀德较，则怀德为上"，"天朝岂宜与小邦争利。"③ 中越两国交涉边界时，根据雍正旨意，办理此事的鄂尔泰所划新界后退 80 里。越南国王黎维祹上表称谢，雍正帝又再给该国 40 里土地。④ 他在下令平定金川之叛时说："若但来则应之，去则弗追，试思十至而十应，何如以十应之劳用之于一举。""我朝天威，无远弗届"，"自古所不臣"，"五服要荒之外"的属国，亦"奉令守藩，输诚内向"。⑤

晚清时期，当各藩属国受到列强侵略，为维持中国自身安全，清政府更强调朝贡体系中的这一核心含义。两江总督刘坤一奏称："外藩者，屏翰之义也。如高丽、越南、缅甸等国与我毗连，相为唇齿，所谓天下有道，守在四夷，而高丽附近陪都尤为藩篱重寄"。"该国万一有警，中国亦应明目张胆遣兵赴援，为该国策安全即为中国固封守，与英国之保土国情形相同。"⑥ 光绪帝发布上谕："朝鲜久隶藩属，自应随时维持调护，即以固我边陲。"⑦ 如蒋廷黻所言，在历史上属国是我们的国防外线，是代我守门户的。⑧

古代这一治边方略，到近代在列强的侵略政策之下，遇到了严重的危机，更体现其价值。例如，法国欲灭越南，清政府官员即感到此属唇亡齿寒之患。在"守在四夷"的防御体系中，是"中夏之安危系之"的大事，并认识到"越南世守藩服，今听其自存自亡，而不一援手，无论外藩解体，且示

---

① 《明太祖实录》卷 153，洪武十六年四月辛卯，第 2398 页。

② 《宣宗实录》卷 38，宣德三年二月，王玉德等编：《明实录类纂·涉外史料卷》，武汉出版社，1991 年，第 1111 页。

③ 《世宗宪皇帝实录》卷 31，雍正三年四月己丑，《清实录》第 7 册，中华书局，1985 年，第 480 页。

④ 赵尔巽等：《清史稿》第 34 册，卷 288，列传七十五鄂尔泰，第 10232 页。

⑤ 《高宗纯皇帝实录（四）》卷 291，《清实录》第 12 册，中华书局，1985 年，第 807—808 页。

⑥ 《江督刘坤一奏球案宜速结日约宜慎重图维折》，光绪六年十月二十八日，王彦威、王亮辑编，李育民等点校整理：《清季外交史料》第 2 册，第 468 页。

⑦ 《德宗景皇帝实录》卷 140，光绪七年十二月壬戌，《清实录》第 53 册，中华书局，1987 年，第 1003 页。

⑧ 蒋廷黻：《中国近代史》，艺文研究会出版，商务印书馆发行，1938 年，第 78 页。

弱于法人，恐陵夷日甚。不特琉球不可恢复，即高丽、蒙古亦未必能相维相系也"。[①] 李鸿章建议"力为扶持"。由于周边安全问题益为严重，"昔日之封、贡尚觉无甚重轻，至今日则封、贡尤为紧要关键"。[②] 薛福成也提出援助越南议，其理由是"固滇、粤边"。[③] 又出于"屏翰之义"，着眼于自身安全，清政府对藩属国的价值有不同的考量。如对于琉球，李鸿章认为中国受琉球朝贡本无大利，"若受其贡而不能保其国，固为诸国所轻"。[④]

显然，"守在四夷"作为中国的治边之策，体现了朝贡体系最重要的目的及其存在的价值。从"守在四夷"的形成和发展来看，这是一种保守的、非侵略的对外模式。毋庸讳言，在中国历史上，尤其是元朝时期，诉诸武力的"勤远略"亦时有发生，但这不是主导倾向，且一直受到批评和非议。"守在四夷"这一模式亦并非追求经济利益，从 1689 年至 1792 年，清政府与俄国订立了《尼布楚界约》等条约，目的只是为了解决边界安全问题，与西方国家要求建立以通商为中心的条约关系不同。

二、 条约关系谋求权益的"进取"之道

与"守在四夷"不同，西方强加给中国的条约关系，体现了追求权益，尤其是经济利益的取向。这一取向与资本主义的产生和发展密切相关，列宁也说："资本主义如果不经常扩大其统治范围，如果不开发新的地方并把非资本主义古老国家卷入世界经济的漩涡，它就不能存在与发展。"资本主义市场形成的过程表现在两方面，一是"资本主义向深度发展"，即在"现有的、一定的、闭关自守的领土内进一步发展"；二是"资本主义向广度发展"，即资本主义"统治范围扩展到新的领土"。[⑤] 也就是说，西方资本主义的发展，势必向其他封闭国家延伸，以扩展其统治范围。这种扩展的重要形

---

① 《翰林院侍讲学士周德润请保藩封以安中夏折》，光绪七年十月二十八日，《清光绪朝中法交涉史料》卷 2，第 2—3 页。

② 《致总署请准越南由海道告哀》，光绪九年八月初五日，顾廷龙、戴逸主编：《李鸿章全集》第 33 册，第 256 页。

③ 《援越南议》上，1883 年，丁凤麟、王欣之编：《薛福成选集》，上海人民出版社，1987 年，第 197 页。

④ 《复何子峨》，光绪四年四月二十九日，顾廷龙、戴逸主编：《李鸿章全集》第 32 册，第 312 页。

⑤ 《俄国资本主义的发展》，1895 年底—1899 年 1 月，中共中央马克思、恩格斯、列宁、斯大林著作编译局编译：《列宁全集》第 3 卷，人民出版社，1984 年，第 547 页。

式之一，便是依照西方国际秩序的国际法理念，与相关国家建立条约关系。

伴随着资本主义发展而产生的经济理论和国际法理论，是这一经济追求的理论武器。随着工业革命的兴起，生产效率迅速提高，资产阶级要求扩展市场和海外贸易，以谋取更大的经济利益。在这一背景下，自由主义经济理论应运而生，并取代了重商主义。1776 年，现代经济学之父亚当·斯密出版了一部论述国民财富的经济学著作，首先提出了这一产生了巨大影响的理论。他论证了重商时代贸易独占制度的弊害和不合理性，更进一步阐发了通商交易是互利的思想，认为，互相交易是"人类所共有，亦为人类所特有的"倾向，是人类的本能。通过交易，"各种才能所生产的各种不同产物，结成一个共同的资源，各个人都可以这个资源随意购取自己需要的别人生产的物品"。① 从这一思想出发，他很不理解中国等东方国家的重农抑商思想，认为"中国人极轻视国外贸易，不给与国外贸易以法律的正当保护"。而由于轻视对外贸易，极大地制约了它的发展。中国幅员广大，人口众多，"假设能在国内市场之外，再加上世界其余各地的国外市场，那末更广大的国外贸易，必能大大增加中国制造品，大大改进其制造业的生产力"。② 由此说明，中国限制对外贸易，对自己是有害无利。

著名国际法学家瓦特尔著《国际法》也阐述了这一思想，他同样认为，"一个地方生产适用人们需要的所有物产是很少见的，一个国家盛产棉花，另一个盛产牲畜，而第三个则盛产木材和金属，等等。如果所有这些国家适合人类的本性，一起交易，那么没有一个国家可以缺乏有用的和必需的物产而存在"。这是人们"基本的权利"，他们"可以购买，或者用同等价值的物品交换""对他们有用的和需要的东西"。"如果人们不愿背离自然的意见，就要遵循相互通商的义务，而且这一义务也要推及到所有国家中去"。因为，"如果发生贸易和物物交换的关系，每个国家必定可以获得它所想要的东西，并将以最有利的方式使用其土地和产业，全人类也会因此受益。这些便是一

---

① ［英］亚当·斯密著，郭大力、王亚南译：《国民财富的性质和原因的研究》（该书又译为《国富论》）上卷，商务印书馆，1983年，第12—19页。

② ［英］亚当·斯密著，郭大力、王亚南译：《国民财富的性质和原因的研究》下卷，第246、247页。

切国家必须相互建立通商关系的一般义务的基础"。①

英国商人被亚当·斯密和他的门人的理论知识所武装，"认为有限制的商业制度是不合理的，是人为的"。② 为获得更大的经济权益，他们开始追求新的商业模式，要求与中国建立条约关系，将对华贸易置于"永久和体面的基础"之上。其时，清帝国实行闭关政策和严格的对外贸易管理制度。因此，东印度公司和英国政府企图将上述贸易制度废除，"而使中英关系立于条约基础之上"，于是决定 1787 年派一使团来华，以"获得商业特权"。③ 由于所派特使卡思卡特意外死亡，计划中断。但英国建立条约关系的谋划并未因此停顿。1790 年，散商乔治·密尔斯在其出版的著作中提出，只要派遣使团前往中国，与之签订必要的条约，扩大对华贸易的可能性就可以变成现实。④ 为了扩大市场，英国政府进行了广泛的调查，有关中国的报告得出结论："除非达成一项有利的条约，（英国）毛织品、金属和其他商品（对华）的出口不可能增长。"⑤

英国政府对于缔结"商业联盟条约"，作为国家的重要目的，"未尝忽视"。⑥ 1791 年，英国政府再次筹备向中国派出使团，由前任驻俄大使和玛德拉斯省长马戛尔尼勋爵担任特使。英政府向马戛尔尼提出："尽可能通过签订一项商业条约来扩大英国的对华贸易。"⑦ 但马戛尔尼除了见到乾隆之外，一无所获，英国政府又于 1816 年派阿美士德使华，仍无功而返。东印度公司一直未放弃努力，公司特选委员会提出，"在文明国家，商务是按照

---

① M. D. Vattel，*The law of nations，or. Principles of the law of nature*，London：Printed for G. G. and J. Robissok，Paternoster-Row，1797，pp. 143-144.

② ［英］格林堡著，康成译：《鸦片战争前中英通商史》，商务印书馆，1961 年，第 67 页。

③ H. 普利查德编注：《英东印度公司与来华大使马卡特尼通讯录（1792—1794 年）》，朱杰勤译：《中外关系史译丛》，海洋出版社，1984 年，第 191—192 页。

④ Meares：*Voyages Made in the Years 1788 and 1789，from China to the North West Coast of America*，London，1790. 转引自朱雍：《不愿打开的中国大门》，江西人民出版社，1989 年，第 269 页。

⑤ Earl H. Pritchard. The Crucial Years of Early Anglo-Chinese Relations 1750—1800. *Britain and the China Trade 1635-1842. Vol.* Ⅵ. London，2000. p. 269.

⑥ ［英］爱尼斯·安德逊著，费振东译：《英使访华录》原书初版序言，第 4 页。

⑦ Earl H. Pritchard. The Crucial Years of Early Anglo-Chinese Relations 1750-1800. *Britain and the China Trade 1635-1842. Vol.* Ⅵ. London，2000. p307.

签订正式条约的原则进行的"，^① 仍希望通过签订条约与中国建立商贸关系。出于扩展商贸的需要，英、美等国利用有利时机，在这个时期已先与中国的一些邻国建立了不稳定的条约关系，开始将这一制度推行到东方其他国家。1792 年，代表英国的东印度公司与尼泊尔签订了一个商业条约。1826 年，英国又与暹罗订约，规定了治外法权和商业权益，允许英国商人在暹罗有较多的自由，等等。1833 年，美国亦与暹罗签订了类似条约。通过这些条约，英国等西方国家开拓了国外市场，并将这一交往模式推行到中国。在他们看来，"贸易既增长起来，它就会为自己开辟新的门径，寻求新的便利，这是一种自然的期望"。然而，这种期望在中国遇到了障碍，"英国人的进取精神，在地球上其他的地区都兴旺地向前推进；在中国却被压制住了"。^②

因此，以英国为首的西方国家强烈要求中国与之建立条约关系，扫除通过对华贸易以获得利益的障碍。一份向英政府提出的意见书，阐述了获取在华商业利益的理由："世界上各种的天然资源是散布在许多不同的地区上的，各个不同的地区的人民只有通过商品交易才能分享这种为人们准备好的特大的恩赐"，他们有资格来"分得这种公共财货的一份儿"。^③ 顾盛使华，美国务卿丹尼尔·韦伯斯特下达训令，他明确指出，出使的目的是获取与英国同样的利益。英国迫使中国增开了厦门、宁波、上海和福州四个口岸，位于"中国物产最为富饶和人口最多的省份，都将成为很重要的商品市场"。美国商船要进入这些港口，与英商享受同等优惠贸易的权利，"获得最有利的通商条件和建立最友好的通商关系"，以促进美国的工、商、农、矿各业的发展。训令强调，应坚定地表示："如果中国政府允许别国人民比美国人民享受更多的权益和有利的贸易条件，美国政府将不可能与中国皇帝保持友好关

---

① ［美］马士著，区宗华译：《东印度公司对华贸易编年史（1635—1834）》第 3 卷，中山大学出版社，1991 年，第 318 页。

② A Correspondent, Treaty with the Chinese, a great desideratum; probability of forming one, with remarks concerning the measures by which the object may be gained. *The Chinese Repository*，vol. Ⅳ. no. 10，译文参见广东省文史研究馆编：《鸦片战争史料选译》，第 42 页。

③ Relations of Great Britain with China, The Chinese Repository, Vol Ⅴ. No3，译文参见广东省文史研究馆编：《鸦片战争史料选译》，第 55、56 页。

系。"并要求他"成功地签订一个像英中条约那样的条约"。①

中外条约关系是西方资本主义发展的产物，而殖民主义则是资本主义本质的体现，三者无疑形成了一体的关系。殖民者发动战争，控制他国主权，其核心诉求是攫取经济利益，马克思揭示了这一本质："殖民制度宣布，赚钱是人类最终的和唯一的目的。"② 殖民主义的推动力正是出于对财富的追求，从其产生到各个阶段的发展，无不体现了这一根本特征。从这一意义上说，殖民主义与资本主义（帝国主义）具有同一性，两者均是为了获得最大利益。而半殖民地与殖民地与"资本主义国家之经济的连锁关系，本质上并没有什么分别"。③ 西方列强将中国沦为半殖民地，并建立中外条约关系，体现了殖民主义的这一中心目的。自鸦片战争始，各国列强诉诸暴力强迫中国与之签订条约，无不以牟取各种权益为目的。通过各种条约特权，列强构建了从中国攫取经济利益完整的保障体系，后面第七章第二节论述"蒙受侵害的主要源头"，将有详细论述，不赘。总之，各国列强"所以必重条约者，盖以条约为挟持之具。故一事也，但使于彼有益，则必出全力以相争，不载入条约之内不止。迨至入约之后，字字皆成铁案，稍有出入，即挟持条约，纠缠不已"。它们"得步进步，不独于约内所已载者难稍更动，且思于约外未载者更为增添"。④

即使在中外条约关系从不平等向基本平等的过渡中，西方国家仍以经济利益为主要考量。如 1928 年各国先后与南京政府订立新约，在不得不承认中国关税主权的情况下，它们又通过相应的条件维护自己的关税和其他各种利益。如最先订约的美国，其条件之一便是在关税税率上予以最惠国待遇和国民待遇（内国待遇），也就是说，在中国未与其他国家达成同样的协议之前，美国亦可均沾这一利益，仍保持旧有关税特权。当时即有舆论认为，该

---

① 《美国国务卿丹尼尔·韦伯斯特给顾盛的训令》，1843 年 5 月 8 日，载乔明顺：《中美关系第一页——1844年〈望厦条约〉签订的前前后后》附录，第 201—204 页。

② 《资本论》第 1 卷，中共中央马克思恩格斯列宁斯大林著作编译局译：《马克思恩格斯全集》第 23 卷，第822 页。

③ 晨光：《殖民地与半殖民地（附表）》，《新东方》1930 年第 5—7 期合刊。

④ 《总理各国事务恭亲王等奏》，同治六年五月丁卯，《筹办夷务始末·同治朝》卷 49，第 6 页。

约使美国贯彻其最惠国待遇之主张，可见中国"已作绝大之让步"。[①] 其他国家也索取各种条约权利，如意、比两国在新约中获得在华居住营业土地财产之所有权，虽然中国在该两国亦被承认享有同样权利，事实上"不能办到"，舆论批评这种条约不平等也不互惠，"徒囿于虚名，不适实际"。[②] 或直接指出，"空谈平等原则，则废除者，旧不平等条约，而缔结者，即新不平等条约"。[③] 南京《警报》"痛烈批评"谓，此次之修约，"则中国全国之商工业，将益不振，国家之经济，只有灭亡而已"。[④] 可见，各国列强名义上恢复中国关税主权，实际上仍然维护了自己的在华利益，英方便直言不讳地说，"英国方面关于此次中英交涉之主张，似于原则上虽承认中国之修订税权，但以于英国之利益，不发生障碍为标准"。[⑤] 由于各国列强坚持维护自己的利益，中国仍受种种限制，"在自主及平等之意味上，或稍有矛盾之感"。[⑥]

反法西斯战争产生了新的国际秩序，中国的不平等条约也在抗战时期得以基本废弃，但并未走向真正的平等。在此背景下，中外条约关系仍然体现了它们追求自身权益，尤其是经济利益的实质，新的国际经济秩序的建立过程便充分反映了这一点。这是以西方国家主导的国际经济秩序，其中以美国为首并发挥了最重要的作用。二战后，美国成为军事和经济实力最强的大国，为了使自己的商品顺利进入他国市场，美国积极筹划并推动《关贸总协定》的订立，以破除各国的关税壁垒。美国国务卿斯退丁纽斯指出，"扩张和有利的国际贸易对美国高水平的生产和就业必不可少"，美国"战后对外经济政策的核心就是私人贸易的扩张"。[⑦] 美国的扩张要求，既体现了该国的利益取向和迫切的现实需要，同时又反映了整个西方资本主义国家的经济意图。西方国家追求经济利益的意图，在战后建立的国际经济秩序，即相关的国际公约中呈现出来，而中外条约关系也包含其中。交涉中，中国代表在输

---

① 《美对中国关税自主并非无条件的承认》，《顺天时报》1928 年 7 月 28 日。
② 《宋子文在中央部指摘义比两约之失当》，《顺天时报》1928 年 10 月 5 日。
③ 《王用宾之建议书原文》，《顺天时报》1928 年 12 月 12 日。
④ 《宁警报之评论》，《顺天时报》1928 年 12 月 5 日。
⑤ 《中英交涉中英方主张》，《顺天时报》1928 年 12 月 15 日。
⑥ 《中英关税条约所感》，《顺天时报》1928 年 12 月 9 日。
⑦ 世界和平基金会编：《美国对外关系文件集 1944—1945》第 7 卷，第 33—35 页。转引自舒建中：《关贸总协定的建立与美国对外政策》，《世界历史》1999 年第 2 期。

入限制、国民待遇、反倾销、反津贴等问题上提出自己的主张，但未得到美国为首的工业发达国家的认可。美、英等西方国家甚至扬言会议如果失败，"则日内瓦所议定之关税暨贸易总协定业经签字之八国（即澳大利、比利时、卢森堡、加拿大、法国、荷兰、英国和美国），将自行成立集团"。其后因担心被西方国家排除在外而陷入孤立，中国补签了《关税暨贸易总协定暂行实施议定书》等文件，加入了这一国际公约。显然，二战后以《关贸总协定》为主要内容之一的国际经济秩序的建立，主要体现了西方国家尤其是美国的经济意志和利益。

由上可见，朝贡关系是一种保守型的国际秩序，其目的主要在于维护中国自身安全，而不是从他国攫取利益，与借助或诉诸暴力的巧取豪夺截然有别。与此不同，条约关系则是"进取"（即侵略）性的国际秩序，其目的主要在于提供维护列强在华权益的法制保障。与朝贡体系主要是建立自卫构架不同，也与中国的"怀柔"政策相反，它们不断强化扩展条约关系，其目的在于攫取新的权益。经济利益方面，除了商贸之外，又扩展到工业、路矿、航业等领域，同时又通过不平等条约不断攫取政治、文化乃至领土权益，使其获得更有力的保障。

第三节　"不治""字小"的王道德行与"刺刀""大炮"的霸道法则

在具体运作中，两种国际秩序遵循着不同的规范和法则，体现了迥然有别的交往观念与不同性质的对外体制。在朝贡体系中，自古便产生形成了"治以不治"或"不治治之"，以及"柔远字小"或"字小以德"的王道德行。近代中外条约关系却与此不同，从这一关系建立伊始，便贯注着以"刺刀"和"大炮"为内涵的霸道法则。

一、朝贡关系奉行"不治""字小"的王道德行

朝贡体系虽以"天下共主"为鹄的，但所谓"共主"，并非近代意义

上的主权控制，不仅系自封的虚名，且其固有性质本身亦无此内涵。中国君主在处理与周边国家关系时，斤斤以较的是"共主"虚荣，并非实质。在处理与周边民族和国家的关系问题上，中国君主奉行的是"不治""字小"的王道德行。

"不治"即"治以不治"，"不治治之"，这一方针源于华夷之辨的观念。《春秋公羊传》谓："内其国而外诸夏，内诸夏而外夷狄。"① 由于夷夏之辨的观念，自古便产生形成了中外有别、治以不治的涉外原则。此外，古代先贤认为，由于地理、气候条件不同，各地形成了不同的风俗和制度，不宜改易。《礼记·王制》谓："凡居民材，必因天地寒暖燥湿，广谷大川异制。民生其间者异俗：刚、柔、轻、重、迟、速异齐，五味异和，器械异制，衣服异宜"。"中国、戎夷五方之民，皆有性也，不可推移。"因此，"修其教不易其俗，齐其政不易其宜"。② 《汉书》谓：夷狄"与中国殊章服，异习俗，饮食不同，言语不通，辟居北垂寒露之野，逐草随畜，射猎为生，隔以山谷，雍以沙幕，天地所以绝外内也"，是故圣王"不与约誓，不就攻伐；约之则费赂而见欺，攻之则劳师而招寇。其地不可耕而食也，其民不可臣而畜也，是以外而不内，疏而不戚，政教不及其人，正朔不加其国。"③

明清时期，承袭了这一观念，对各藩属国采取"不治治之"的方针。明宣德皇帝作《驭夷篇》，清楚的表述："四夷非可以中国概论，天地为之区别，夷狄固自为类矣。"华夏中国与四夷是不同类的，"夷狄非有诗书之教，礼义之习，好则人，怒则兽，其气习素然，故圣人亦不以中国治之"。那么，"天下一家"是何意？"圣人以天下为家，中国犹堂宇，四夷则藩垣之外也。堂宇人所居，有礼乐，有上下，藩垣之外，草木昆虫从而生长之，亦天道也"。④ 明嘉靖时期讨论如何应付安南之乱，提督两广军务、兵部左侍郎潘旦主张"治以不治"，奏称："彼此分争兵革未已，皆欲假天朝名号以为之主，

---

① 浦卫忠整理：《春秋公羊传注疏》，第 462 页。
② 杨天宇：《礼记译注》上册，上海古籍出版社，2004 年，第 155 页。
③ 班固：《汉书》卷 94 下，匈奴传第六十四下，中华书局，1999 年，第 2830 页。
④ 《明宣宗实录》卷 38，宣德三年二月，台北"中研院"历史语言研究所校印，1962 年，第 951 页。

伏望敕下礼兵二部从长议复，容臣等戒严观变，以待彼国之自定，此古帝王治以不治之法也。"①

清代亦采取"治以不治"方针。乾隆谓："若必以中国之治治之，是以人力而抗天心也。"②"古称蛮夷荒服，以不治治之。"③凡是属国国内之事，天朝不予干预。嘉庆八年，缅甸觉布干土司孟干禀恳将腊蚌咱袭职，嘉庆帝谕示："觉布干既附缅甸，则腊蚌咱应否承袭土职，应听该国自行查办，其觉布干送伊国王礼物，尤与天朝毫无关涉。""如有应办之事，天朝既不必与闻。"④嘉庆二十五年（1821），越南新王继位，据两广总督阮元奏称，"该国有叔侄争立之议"。道光对此采取消极的态度，听之任之。属国内部的事如此，属国之间相争，亦闻而不问。如缅甸与暹罗两国不和，乃至刀兵相争。缅甸恳请内地兴兵前往，嘉庆帝谕令："外夷蛮触相争，与天朝全无干涉，总可不必过问"，"自应加以驳饬"。⑤又谕令："该国与暹罗构兵，强弱胜负，亦只听其自为，断无天朝代伊等筹画之事。"⑥认为缅甸与暹罗同为藩属，彼此称兵构衅，理当置之不问。⑦对清帝国而言，不过问疆外之事，"正以崇天朝之体也"。⑧对于外番国内的纠纷，嘉庆帝曾多次强调，"与中国无涉"。他指示边境官员，"卡伦以外各夷部落，自相争论之事，天朝断不值代为剖判"。"即使夷人禀请投诉，亦当词严义正，告以不应越界管理之故，切勿轻举妄动，有乖体制"。⑨嘉庆还表示，外部落彼此相争，不能偏助一国，彼此和战，"天朝总置不问"，番国境内，"天朝无驻兵之理"。⑩之后，各帝王均表示天朝不必过问外番国内之事；既使是清帝国内部的苗民，也应当"以不治治之"。

① 《明世宗实录》卷199，嘉靖二十年四月庚申，第4186页。

② 《高宗纯皇帝实录》卷332，乾隆十四年正月壬子，《清实录》第13册，第541页。

③ 《高宗纯皇帝实录》卷332，乾隆十四年正月辛亥，《清实录》第13册，第537页。

④ 《仁宗睿皇帝实录》卷111，嘉庆八年四月壬申，《清实录》第29册，中华书局，1986年，第482—484页。

⑤ 《仁宗睿皇帝实录》卷156，嘉庆十一年正月丙辰，《清实录》第30册，第5页。

⑥ 《仁宗睿皇帝实录》卷157，嘉庆十一年二月乙巳，《清实录》第30册，第29页。

⑦ 《仁宗睿皇帝实录》卷185，嘉庆十二年九月壬戌，《清实录》第30册，第443页。

⑧ 《仁宗睿皇帝实录》卷270，嘉庆十八年六月辛丑，《清实录》第31册，第651页。

⑨ 《仁宗睿皇帝实录》卷270，嘉庆十八年六月癸丑，《清实录》第31册，第659—660页。

⑩ 《仁宗睿皇帝实录》卷315，嘉庆二十一年正月癸卯，《清实录》第32册，第187页。

作为"天下共主"，中国在对外关系上体现了包容天下、抚恤万方的胸襟和气度，"治以不治"的同时，又实行"柔远字小"、"厚往薄来"的德治原则。德治是与"霸道"相对立的所谓"王道"，这是中国古代的一种政治思想，亦是处理华夷关系的基本观念。《礼记·中庸》提出："柔远人则四方归之，怀诸侯则天下畏之。"① 管仲谓："招携以礼，怀远以德，德、礼不易，无人不怀。"② 之后各朝各代有关倡行"王道"的德治之论不绝于书。"汤、武置天下于仁义礼乐，而德泽洽，禽兽草木广裕，德被蛮貊四夷，累子孙数十世，此天下所共闻也"。③ 明清时期，继承了这一思想，对诸番奉行"怀柔远人"的德治。明太宗谓："帝王之宝在德。"④ 康熙帝赐噶尔丹敕曰："与本朝抗拒之国，如穷迫来归，必拯而养之，无不使得其所者。"⑤ 雍正帝曾发布上谕，阐述了实行德治的王者之道，谓："惟有德者乃能顺天之所与，又岂因何地之人而有所区别乎"。"我朝既仰承天命，为中外臣民之主，则所以蒙抚绥爱育者，何得以华夷而有殊视。"⑥ 此外，"柔远字小"还包含了"不治治之"之义。乾隆曰："天朝怀柔体统，不过示以羁縻。至其部落中事务，作何办理，原无事深求。"⑦

在朝贡方面，实行"厚往薄来"的宽大制度。所谓"厚往薄来"，即厚待对方，增加赏赐，以及薄收所呈，不多收或减少贡物。康熙二十四年(1685)，琉球中山王尚贞遣使进贡，部议如例赏赍。康熙帝谕曰："观所赐琉球等外国恩赍之物甚菲，于厚往薄来之道，尚未允协。着内阁会同礼部，察颁锡外国之例，酌量增益所赏仪物，确议具奏。"⑧ 又如薄收贡物，尤以朝鲜为著，起初所贡颇重，随后历朝皇帝屡次施恩，减免贡物。例如康熙帝谕令永远停止进贡黄金百两及蓝青红木棉。⑨ 其他属国均有减少贡物情况。

---

① 杨天宇：《礼记译注》下册，中庸第三十一，第 702 页。
② 杨伯峻编著：《春秋左传注》第 1 册，第 317 页。
③ 班固：《汉书》卷 48，贾谊传第十八，中华书局，1999 年，第 1720 页。
④ 《明太宗实录》卷 111，永乐八年十二月丁未，第 1419、1420 页。
⑤ 《圣祖仁皇帝实录》卷 150，康熙三十年二月丁卯，《清实录》第 5 册，第 663 页。
⑥ 《世宗宪皇帝实录》卷 86，雍正七年九月癸未，《清实录》第 8 册，第 147 页。
⑦ 《高宗纯皇帝实录》卷 1486，乾隆六十年九月庚申，《清实录》第 27 册，中华书局，1986 年，第 878—879 页。
⑧ 《圣祖仁皇帝实录》卷 123，康熙二十四年十一月乙亥，《清实录》第 5 册，第 304 页。
⑨ 《圣祖仁皇帝实录》卷 158，康熙三十二年正月甲子，《清实录》第 5 册，第 736 页。

　　诸如此类的事例不胜枚举，体现了天朝的怀柔精神，说明它关注的是朝贡国对它的臣服态度，并不看重经济利益。康熙二十一年（1682），安南国王嗣黎维正进贡金银器皿，与本内数目"缺少不符"，康熙帝认为："外国贡献，其物本无足重，特以倾心向化，诚意可嘉耳。金银器皿短少，乃是细事，其余各种物件，尔部亦酌减定例。"① 在乾隆帝看来，"天朝抚有万国，琛赆来庭，不贵其物，惟贵其诚"。②

　　天朝开放对外贸易，也是视为怀柔远人之举。对于清朝皇帝而言，"大清国势强盛，许远夷互市者，不过寓绥怀之略而已"。③ 允准西洋商人来华贸易，也是怀柔远人之道。对于洋商认为通商贸易与天朝有益之见，乾隆帝深不以为然，要求两广总督等行文驳斥，"天朝并不藉此些微远物"。④ 甚至朝贡贸易还可免税，康熙谕曰："外国进贡船只若行抽税，殊失大体，且非朕柔远之意。"⑤ 并多次表示，贡使所带货物，可以随便贸易，并免征税，以示柔远之意。⑥ 另，外国商人欠债可以免追，如朝鲜国人赊欠银六万余两，雍正帝下令"从宽免追"，"加恩于外藩"。⑦

　　以上说明，朝贡体系是虽以中国为中心，却并未真正侵及他国主权，且以怀柔远人的宽宏精神以德相待。李鸿章说，"中国之待藩属也，以礼维系，务从宽大，绝未尝少侵其权利，一旦有事，则救患恤灾，同于内服。"⑧ 曾纪泽甚至认为，国际法构建的国际体系不如中国的宗藩体系，中国接待边缴小国和朝贡之邦，"列圣深仁厚泽，乃有远过于公法所载者"。⑨ 顺治年间，朝鲜国王李棩上疏，对此表示感谢："字小之恩，柔远之德，视古无前，与天同大。臣与一国臣民，不胜感戴。"⑩

---

① 《圣祖仁皇帝实录》卷 106，康熙二十一年十一月辛亥，《清实录》第 5 册，第 72 页。
② 《高宗纯皇帝实录》卷 1493，乾隆六十年十二月壬寅，《清实录》第 27 册，第 981 页。
③ 《高宗纯皇帝实录》卷 380，乾隆十六年正月戊申，《清实录》第 14 册，第 8—9 页。
④ 《高宗纯皇帝实录》卷 649，乾隆二十六年十一月辛亥，《清实录》第 17 册，中华书局，1985 年，第 259 页。
⑤ 《圣祖仁皇帝实录》卷 120，康熙二十四年四月戊申，《清实录》第 5 册，第 268 页。
⑥ 《圣祖仁皇帝实录》卷 232，康熙四十七年二月丙午，《清实录》第 6 册，第 321 页。
⑦ 《世宗宪皇帝实录》卷 61，雍正五年九月戊午，《清实录》第 7 册，第 929 页。
⑧ 《致朝鲜国王》，光绪十二年九月初三日，顾廷龙、戴逸主编《李鸿章全集》第 34 册，第 93—94 页。
⑨ 《日记》（光绪五年五月十四日），喻岳衡点校《曾纪泽遗集》，岳麓书社，1983 年，第 376 页。
⑩ 《圣祖仁皇帝实录》卷 2，顺治十八年五月癸酉，《清实录》第 4 册，中华书局，1985 年，第 67—68 页。

二、　条约关系所贯注的"刺刀""大炮"的霸道法则

与此相反，近代中外条约关系却贯注着以"刺刀"和"大炮"为内涵的强权政治，体现了传统国际法中的霸道法则。第一次世界大战以前，国际法认为战争是合法的制度，并且认为，"如果对国家的强迫使条约无效，那么和约将不能成立，从而战争将须继续到一方被消灭为止"。这个规则存在的理由是："如果没有以武力或战争的威胁对一个国家进行强迫的压力，该国不会同意缔约时，这种强迫在道义或政治上虽可引起谴责，但却不可能是对条约的拘束力提出异议的法律根据。为了消除这方向的任何疑问，只需引证大多数和约即可。人们曾不无理由地指出，如果采取一种认为对缔约国行使强迫所缔结的条约应属无效的解释，那么其不可避免的结果将是，从此以后，战争只能出于下列两种情形之一而终止：战败国一方完全投降或者双方的力量互相消耗净尽。"这种野蛮的"国际法规则"，以及对该规则毫无国际道义意味的辩护，"充分证明帝国主义的侵略本性和帝国主义制度下所实行的只可能是强者欺凌弱者、大鱼吞掉小鱼的规则"。[①] 在传统国际法时代，这一规则与国内法存在差异。国内法的最重要原则之一是，"订立契约，必须是双方自愿的。非常的武力威胁或使用武力所强加的契约是无效的或可废止的"。但是，"这项原则并未被公认为是一项适用于条约的实在国际法规则。在最重要的条约之中有和约，而和约照例是战胜国对战败国的武力威胁或使用武力所强加的。但是和约并不是因此就被认为是无效的或可废止的"。在这方面，"一般国际法似乎具有原始法律的性质，它不承认这样一项原则，即意志表示如果是被强制的，就没有法律效果；因而由于对缔约一方施加强迫而产生的条约是根本无效的"。甚至在罗马法上，"由于勒索而产生的法律相互行为也不是根本无效的，而只是可废止的"。承认武力威胁或使用武力而订立的国际协定仍然有效，可以说是依据这样一种学说，"即依据一般国际法，在各国关系上，武力的威胁和使用（战争）不是非法

---

① 李浩培：《条约法概论》，第 274—276 页。

的"。① 西方在对战争的法律地位进行过探讨，甚至认为，"武力创造法律，战争只要是符合国家利益，那就是正义的"。尼采最后完成了这个理论体系，断言"一场好的战争使得一切事业变得神圣"。总之，"在传统的国际法中，战争构成了解决国际冲突的一种极端形式，但它是一种合法的形式，它仅仅关系到交战国而已"。②

长期以来，战争成了为国际法所允许的一项规则，美国著名国际法学家惠顿 1836 年出版的国际法即谓："至于各国相待，有被逼立约者，犹必遵守。""倘不遵守，则战争定无了期，必至被敌征服尽灭而后已焉。"或曰："各国立约，不能因利害迥异而废也，虽曾被逼，犹必谨守为是。"③ 直到 1919 年，诉诸战争在国际法上仍是一个合法程序。④ 甚至到 1922 年，美国著名国际法学家海德仍肯定，"国家永远有权力……不仅使用武力，甚且直接诉诸战争，来从其他国家取得政治或其他利益"。显然，"国际法并不认为一个自认为这种目的而从事的战争是非法的"，"战争在法律上是国家的一种自然职能，而且是国家的不受控制主权的一种特权"。⑤ 在他们看来，战争是执行法律的工具。"在没有一个执行法律的国际机关的情形下，战争是实现基于国际法的或自称基于国际法的权利主张和一种自助手段"。这种观念产生了"如此巨大的法律和道义权威"，即使诉诸战争是为了增加自己的权力与领土，"有关国家总是把战争说成是为了保卫法律权利而进行的"。这种战争的概念，使得正义战争与非正义战争的区别，"明显地被拒绝了"，战争"被认为是一种法律所许可用以攻击和改变国家现有权利的工具，而不问所要造成的改变的客观是非如何"。⑥

作为国际法的一项重要制度，近代中外条约关系便是在这一规则下建立、发展的，体现了与朝贡体系截然不同的霸道法则。在这一规则之下，列强将用武力与中国建立条约关系，强迫中国接受其要求，视为理所当然。早

---

① ［美］凯尔森著，王铁崖译：《国际法原理》，第 273 页。
② ［法］夏尔·卢梭著，张凝、辜勤华等译：《武装冲突法》，第 11—14 页。
③ ［美］惠顿著，丁韪良译，何勤华点校：《万国公法》，第 163—164 页。
④ ［法］夏尔·卢梭著，张凝、辜勤华等译：《武装冲突法》，第 405 页。
⑤ ［英］劳特派特修订，王铁崖、陈体强译：《奥本海国际法》下卷，第 1 分册，第 129—130 页。
⑥ ［英］劳特派特修订，王铁崖、陈体强译：《奥本海国际法》下卷，第 1 分册，第 129 页。

在1830年，广州的散商就已经想到使用武力，至少是炫耀武力来达到他们的要求。1831年驻印度的一支海军分遣队访问中国之时，查顿写道："我不知道舰队司令能够从什么机关奉到命令可以开始一场对中国的战争"，他认为决裂是可能的，"除非英国政府出面干涉，现在是毫无办法"。① 东印度公司垄断权废止后不久，曾任公司特选委员会主席的马奇班克斯向印度监督局长格兰特提出了建议书，谓：如果派遣使节到中国订约，"必须伴以海军力量"，"英国的海军司令是最好的大使"。② 罗宾臣亦致函巴麦尊，谓："我坚决相信，除非使用武力，那是决不可能实现的"。"如不最后诉诸战争行动，便不能够达成一项适当的协议"。摧毁一两座炮台，占领某个岛屿，确信能"迅速产生我们能够希望的一切结果，并且把我们同该帝国的贸易和政治关系一劳永逸地置于一个体面的、安全的和合适的基础之上"。③ 曾试图采用调融手段与清帝国建立正式的官方关系的义律，也赞成施以威胁手段，认为，"可以相信，在中国举行的谈判，都没有像在军舰上进行或无论如何在军舰可以伴随谈判者前往并住在十分安全的地方进行的那些谈判那么获得成功。当中国人看出，我们认真打算使军舰停泊到所有事情获得解决为止时，他们将迅速地取得合理的结果，以便促使那些军舰离去"。④

如前所述，在这同时，英国内外狂热鼓吹战争，公然提出要在"刺刀尖"和"大炮的瞄准下"与中国建立条约关系。⑤ 伦敦东印度与中国协会致巴麦尊函，也提出，"如需要用武力来争取这些条款，我们想英国人民，欧洲各国不会反对，至少我们以为这种策略，值得一试"。⑥ 伦敦出版的《布莱克伍德杂志》载文说，今后的中英关系，必定是建立在英国允准的条约基础

---

① 《私函稿》，1831年4月25日，[英]格林堡著，康成译：《鸦片战争前中英通商史》，第179页。

② C·马奇班克斯：《致R·H·查理·格兰特的信》，武汉大学历史系鸦片战争研究组编：《外国学者论鸦片战争与林则徐》上册，福建人民出版社，1989年，第127页。

③ 《罗宾臣爵士致巴麦尊子爵函》，1836年1月29日，胡滨译：《英国档案有关鸦片战争资料选译》上册，第101—102页。

④ 《义律海军上校的备忘录》，1837年11月19日，胡滨译：《英国档案有关鸦片战争资料选译》上册，第233页。

⑤ A Correspondent, Treaty with the Chinese, a great desideratum; probability of forming one, with remarks concerning the measures by which the object may be gained. *The Chinese Repository*, Vol. IV. No. 10, pp. 448-449. 译文参见广东省文史研究馆编：《鸦片战争史料选译》，第48页。

⑥ 《伦敦东印度与中国协会致巴麦尊子爵》，1839年11月2日，杨家骆主编：《鸦片战争文献汇编》第2册，第654页。

之上。而这样的条约又必须通过武力，不仅大臣们支持，"几乎所有小册子的作者们都支持战争"。①

显然，与朝贡体系"来者不拒，去者不追"以及"治以不治"不同，条约关系是西方列强用武力强索中国权益的结果。美驻华公使劳文罗斯直言不讳地说，"现存条约里的那些紧要条款是用武力从中国勒索得来的"。并承认，"强行和一个国家发生关系，而这些关系的整个趋势就是要搞乱并且要终于毁坏那个国家的最宠爱的一些制度，这分明是一种干涉了"。而且，继续向中国索取权益，"不过是在背后用武力把在前面用武力开始做的事进行下去罢了"。总之，"我们既然已经把义务强加在她的身上，我们就必须强迫她遵守这些义务"。如果"不去硬行索取条约所允许的一切权利并且保有武力去维持着它们"，对华政策"不会产生我们在中国所愿望的结果的"。在各种获得补救的案件中，"如果不借武力的话，是不会答应补救"。"单用外交手段而没有武力做后盾，因而得不到补救。"在中国，用和平的手段不能获得更有利的结果，"忍耐和劝说都不曾在这一个国家里把文明事业向前推进一步过"。②

实际上，各国列强用武力所要求的，并非是"订立平等互惠条约"，"向中国政府获得一个承认大不列颠是个独立自主的国家的绝对的保证"，③ 而是超出国际法进步规则的无理强索。列强各国公然将中国排斥在国际公法之外，将外交视为"有武装实力的思考"，认为不能拘泥于国际公法，要"对国际法中某些法规和原则有必要加以特殊的修改"。④ 即使正在试图脱亚入欧的日本亦步其后尘，甚至有过之而无不及。如日驻华公使森有礼视条约为废纸，公然声言，国家之间只看谁强大，无须按照条约行事。李鸿章斥为谬

① Parliamentary debate on Chinese affairs: speeches of leading members; the Blue Book; the Quarterly Review; and Blackwood's Magazine. *The Chinese Repository*，Vol. Ⅸ. No. 5，pp321-324，译文参见广东省文史馆编：《鸦片战争与林则徐史料译选》，第 207、208 页。

② 《劳文罗斯（J. Ross Browne）对于美英商人所递公函的答复》，1869 年 7 月 17 日，[美] 马士著，张汇文等译：《中华帝国对外关系史》第 2 卷，第 480、482、483—485 页。

③ A Correspondent, Treaty with the Chinese, a great desideratum; probability of forming one, with remarks concerning the measures by which the object may be gained. *The Chinese Repository*，vol. Ⅳ. No. 10，pp. 448-449. 译文参见广东省文史研究馆编：《鸦片战争史料选译》，第 49 页。

④ 《阿礼国爵士致斯坦利伯爵文》，1869 年 2 月 5 日，中国第一历史档案馆等编：《清末教案》第 6 册，第 280 页。

论:"恃强违约,《万国公法》所不许","叛约背公法将为万国所不容!"并以桌上酒杯为喻:"和是和气,约是约束人的心,如这酒杯围住了这酒不教泛溢。"森有礼不以为然,认为可以不用遵守国际法,竟然说,"这个和气无孔不入,有缝即去,杯子如何拦得住?"① 曾纪泽认为,"公法者,出于刑律,虽有无数专家编辑成书,然弱国恃以自保,而强国时时犯焉"。"今日据公法以责人,则他日西洋各国凡有可以取利于吾华者,皆以曲援公法之说以相渎扰,势将辩难蜂起,步步荆棘。是目前未必真获公法律师之益,而日后之流弊有不可胜言者。"② 崔国因也说:"惟两强相遇,则有理者可以求伸,以弱遇强,虽有理而无益也。"③ 地球通行的万国公法,因各国强弱之势不同,"即从与违之情各异"。强者"但以法绳人,而不以自律也"。④

由上可见,在具体运作中,两种国际秩序亦存在根本区别。以"天下共主"为核心的朝贡关系是不过问外国之事的"不治",对藩属国采取"治以不治"的方针,并施以仁政德治,实行"柔远字小"和"厚往薄来",体现了中国在对外关系领域所实施的王道德行。与朝贡关系的王道德行不同,晚清条约关系充斥着入室打劫、越俎代庖的强权政治,实施的是弱肉强食的丛林法则,反映了传统国际法的局限和弊窦,尤体现了由此构筑的国际秩序本质上的不平等属性。

西方国家崇尚武力的强权霸道,虽因两次世界大战的惨烈后果,以及随着国际法的进步而有所反思,但并未得到根本改变。第一次世界大战后相关公约的签订,战争成为非法行为,但却未能阻止第二次世界大战的爆发。就中国而言,尽管《九国公约》确立"尊重中国之主权与独立暨领土与行政之完整"的原则,《国际联盟盟约》和《非战公约》也不同程度地否定了战争权,《联合国宪章》将"维持国际和平及安全","防止且消除对于和平之威胁,制止侵略行为或其他和平之破坏"作为联合国的宗旨,等等,但均未能

① 《日本使臣森有礼署使郑永宁来直隶督署内晤谈节略》,光绪元年十二月二十八日,顾廷龙、戴逸主编:《李鸿章全集》第 31 册,第 340 页。
② 《巴黎致总署总办》,庚辰六月十六日,喻岳衡点校:《曾纪泽遗集》,第 181—182 页。
③ 胡贯中、刘发清点注:《出使美日秘日记》,光绪十七年三月初四日,第 259 页。
④ 胡贯中、刘发清点注:《出使美日秘日记》,光绪十八年十一月二十九日,第 525 页。

杜绝强权暴力。如一战后，日本发动更大规模的侵华战争，中国仍然蒙受了巨大的损害，中外条约也有一定的体现。二战中，那些实力强大的西方盟国，在背后进行交易，迫使中国接受损害主权的条约，仍然实施着旧时代的强权政治。直至今日，西方国家尤其是美国，凭借强大的军事实力，奉行霸权主义，经常发动侵略战争，动辄恐吓威胁和施以各种制裁。以上种种，无不说明西方国家在国际关系中的所作所为，仍充斥着恶劣的历史遗风，在某种程度上影响着中外条约关系。

第四节　"最关国体"的仪礼尊大与"准统治权"的主权损害

朝贡体系与条约关系均属不平等的国际秩序，但却具有不同的性质。以"天下共主"为内核的朝贡体系，主要反映在国家交往形式上，不是按照近代国际法平等与各国相处，而是将中外关系纳入到唯我自尊的天朝礼制之中。西方国家在华建立的条约关系，则以损害中国主权为特征，实际上对中国实施了"准统治权"。这是两种不同性质的不平等，前者主要体现在国家交往形式上，而后者则关乎国家主权的实质性内涵。如蒋廷黻所言，"中西的关系是特别的。在鸦片战争以前，我们不肯给外国平等待遇；在以后，他们不肯给我们平等待遇"。[①]

一、　朝贡关系"最关国体"的仪礼尊大

中国是礼仪之邦，自古便产生形成了"礼"的文化和制度。"礼"的起源虽有各种因素，然从政治上而言，是为了维护等级化的社会秩序。管子将其归纳为"八经"，曰："上下有义，贵贱有分，长幼有等，贫富有度。凡此八者，礼之经也。"[②] 荀子谓："礼者，贵贱有等，长幼有差，贫富轻重皆有称者也。"[③] 礼是政治的指导原则，是治理国家的根本，所谓"礼者，政之挽

---

① 蒋廷黻：《中国近代史》，第 11 页。
② 黎翔凤撰，梁运华整理：《管子校注》上，中华书局，2004 年，第 198 页。
③ 高长山：《荀子译注》，黑龙江人民出版社，2003 年，第 172 页。

也；为政不以礼，政不行矣"。① "礼之于正国家也，如权衡之于轻重也，如绳墨之于曲直也。故人无礼不生，事无礼不成，国家无礼不宁。"②

在古代等级社会中，君主居于最高地位，君主与天地同为礼之根本，所谓"礼者，君之大柄也"。③ 荀子认为，"礼"有三个根本，即，"天地者，生之本也；先祖者，类之本也；君师者，治之本也。无天地，恶生？无先祖，恶出？无君师，恶治？三者偏亡，焉无安人。故礼，上事天，下事地，尊先祖，而隆君师。是礼之三本也"。④ 如果不守礼，天下便会大乱。总之，"礼，上下之纪，天地之经纬也，民之所以生也，是以先王尚之。故人之能自曲直以赴礼者，谓之成人。大，不亦宜乎？"⑤

维护等级社会的"礼"，在朝贡体系形成之后，亦是处理与周边国家与民族的关系的基本原则。作为"天下共主"的中国皇帝，在这一国际秩序中具有至尊地位，更需要通过"礼"来体现。跪拜则具有臣服内涵，所谓"拜，服也；稽首，服之甚也"。⑥

由于朝贡及其相关礼仪，尤其是跪拜礼，具有臣服内涵，体现了天下共主的虚荣，在晚清相当长时期内，缺乏近代国家观念的清朝君臣仍不愿放弃，恭亲王奕䜣在交涉时便说："惟拜跪之礼，有碍国体者不能行，此外均可商酌。"⑦ 其他大臣亦从这一角度置论："礼也者，所以正君臣之分，严夷夏之防"，"不行拜跪，其无礼甚矣"。他们坚持这一体现君主至尊的传统仪礼，认为西方礼仪在中国行不通。即使"皇上招携怀远，示以大度，不难从一时之权，而列祖列宗二百余年之旧制，又安可轻易乎？"⑧

除了跪拜礼仪之外，其他交往体制无不体现天朝上国居高临下的傲慢和虚骄。例如，在广州行商制度中，互市国官员递交清政府的文书要求采用下

① 高长山：《荀子译注》，黑龙江人民出版社，2003 年，第 523 页。
② 高长山：《荀子译注》，第 528 页。
③ 杨天宇：《礼记译注》上册，第 271 页。
④ 高长山：《荀子译注》，第 363 页。
⑤ 杨伯峻编著：《春秋左传注》第 4 册，第 1459 页。
⑥ 孙希旦撰，沈啸寰、王星贤点校：《礼记集解》，中华书局，1989 年，第 718 页。
⑦ 《恭亲王等又奏》，同治十二年三月丙申，宝鋆纂修：《筹办夷务始末·同治朝》卷 89，第 29 页。
⑧ 《翰林院代递编修吴大澂奏》，同治十二年三月丁酉，宝鋆纂修：《筹办夷务始末·同治朝》卷 89，第 41—42 页。

对上的"禀"。在他们看来，若免用"禀"字，用平行文体，于天朝体制攸存，"太属狂悖"。① 清政府坚持这一公文形式的根本原因，即在于它体现了"天下共主"的天朝理念。显然，诸如此类具有臣服内涵的礼仪及其相关体制，与近代平等交往观念相抵牾。俄斯帕法时出使中国时即谓，"你们妄自尊大，对使节的接待简慢，有违各国的惯例"。② 如蒋廷黻所言，中国不承认别国的平等，西洋人到中国来的，总把他们当作琉球人、高丽人看待。"这个体统问题、仪式问题就成为邦交的大阻碍，'天朝'是绝不肯通融的"。③

这一不平等的交往体制，受到西方互市国的抵制。嘉庆二十一年（1816），英使阿美士德甚至以放弃觐见而拒绝接受跪拜礼。阿美士德使团认为，"当它是被专横地坚持作为一种承认中国皇帝是天下的主宰，而看作是作为他的藩属的其他君主的责任而要求时，这就表示在任何情况下，都不能令人屈从的，对于它的屈辱，需要加以极慎重的考虑"。④ 阿美士德未来觐见，嘉庆帝甚为恼火地说："中国为天下共主，岂有如此侮慢倨傲，甘心忍受之理，是以降旨逐其使臣回国，不治重罪，仍命广惠护送至广东下船。"⑤ 除了跪拜礼之外，他们还要求平等交往，打破清政府对外国人实行的禀帖制度。1834 年，来华赴任的第一任商务监督律劳卑认为，这不完全是礼节问题，"因为它的后果是带来屈辱"。⑥ 鸦片战争后至晚清，清朝君臣在相当长时间仍坚持，其根本原因便在于没有摒弃"天下共主"的观念。

需要指出，这种不平等的观念及仪节，仅仅体现在交往形式上，且限于本国境内的"入境问禁，入国问俗"⑦ 惯例，并非侵损他国内政。西方各国亦认为，"觐见之礼，中国以为难者，在于节文"。⑧ 在朝贡体系中，

---

① 《两广总督邓、水师提督关等合折具奏》，佐佐木正哉编：《鸦片战争前中英交涉文书》，台北文海出版社，1967 年，第 156—157 页。

② 《斯帕法时出使中国，1675—1677》，[英] 约·弗·巴德利著，吴持哲、吴有刚译：《俄国·蒙古·中国》下卷，第 2 册，商务印书馆，1981 年，第 1459 页。

③ 蒋廷黻：《中国近代史》，第 6—7 页。

④ [美] 马士著，区宗华译：《东印度公司对华贸易编年史：1635—1834》第 3 卷，第 261 页。

⑤ 《仁宗睿皇帝实录》卷 320，嘉庆二十一年七月乙卯，《清实录》第 32 册，第 241 页。

⑥ 《律劳卑勋爵致巴麦尊子爵函附函》，1834 年 8 月 17 日，胡滨译：《英国档案有关鸦片战争资料选译》上册，第 20 页。

⑦ 《江南道监察御史王昕奏》，同治十二年五月庚辰，宝鋆纂修：《筹办夷务始末·同治朝》卷 90，第 14 页。

⑧ 《各国节略》，同治十二年三月丙申，宝鋆纂修：《筹办夷务始末·同治朝》卷 89，第 31 页。

除了要求藩属国通过仪礼表示臣服之外，并不干涉他国内政，是一种无损于其国家主权的国际秩序模式。同时，这一关系缺乏法律的约束，带有某种不确定性。

二、 条约关系对华"准统治权"的主权损害

与此不同，西方各国强行与中国建立的条约关系，虽然亦包含平等内容，但其不平等性质是居于主导地位的实质内涵，反映了传统国际法的局限与偏畸。在西方列强看来，新建立的条约关系，是中国与它们"在平等的基础上建立法律、政治和经济关系"。① 实际上恰巧相反，这是一种畸形的新关系，完全背离了国际法的主权原则。在这一关系中，中国片面承担了大量国际义务，却不能享有相应的权利，各国列强则单方面攫取种种特权而不须承担相应的义务。条约关系中这一实质性的不平等的主体内容，使中国丧失了领土完整和独立地位，不能享有一个主权国家所应具备的基本权利，在政治、经济、文化等方面受到严重束缚。

条约属国际法中的一项制度，其不平等性既含有政治的意义，又具法律性质，如前所述，格老秀斯便对不平等条约概念作了法律上的探讨，国际法学界也有类似的看法。从中可以看到，不平等条约的核心，是缔约双方权利义务的不对等，其中一方承担了较多的义务，而没有或者较少享有相应的权利。近代中外条约关系体现的，便是国家间权利义务的不平衡，但不是局部的或个别的，而是整体的系统的，涉及对中国主权的全面限制。即如马士等说，自鸦片战争至《辛丑条约》签订，中国作为一个主权国家的属性，已寥寥无几。② 显然，近代中外条约关系完全背离了主权平等原则，与朝贡体系不干涉其内政，主要通过仪礼显示"天下共主"的虚荣，有着根本的不同。作为一种法律关系，中外条约规定了列强单方面享有、限制中国主权的种种特权制度。根据主权原则，一个国家具有独立权、平等权、管辖权和自保权

---

① ［美］菲利浦·约瑟夫著，胡滨译：《列强对华外交》，第 2 页。

② 马士等说，"在同西方国家直接发生关系的七十年之后，中国的地位历经 1842、1858、1860、1885、1895 年已经逐步地降低到这样的一个地步，以致到目前 1902 年，仅仅保存下一个主权国的寥寥几个属性"。［美］马士、宓其利：《远东国际关系史》下册，姚曾廙等译，商务印书馆，1975 年，第 472 页。

四项基本权利，中外条约关系明显地、大量地体现为列强取代与损害中国的这些基本权利，涉及政治、经济、文化等等方面的内容。通过中外条约关系，或者说这一新的国际秩序模式，中国的主权为列强各国所侵夺，且融入到中国政治、社会制度之中。即如费正清所说："必须把 1860 年以后的条约制度视为中国政体的一个特殊部分，中国的主权在这里不是被消灭，而是被订约列强的主权所掩盖或取代。"① 所谓"掩盖或取代"，直截了当地说，是中国的主权被列强各国所行使，这正是近代中外条约关系不同于朝贡体系的本质所在。

　　需要说明，尽管如前所指出的，近代中外条约关系包含平等内容，且经历了从不平等到基本平等的变动过程，在第二次世界大战之间的 1943 年，以中国与美、英分别签订平等新约为标志，中外条约关系从不平等转换为基本平等。但从整体而言，中外条约关系体现了列强对中国行使的"准统治权"，且在转换为基本平等之前，其占主导地位的是不平等内涵。如前所说，其内容包括政治、经济、文化等方面。政治上，体现在司法主权、领土主权和行政主权等方面。司法法律方面，各国列强在中国攫取了领事裁判权，损害并窃取了中国的属地管辖权。自英国通过 1843《五口通商章程》首开其端，随后各国相率效尤，与中国订立不平等条约的其他国家先后勒索了这一特权。"它给予外国人一种地位，使他们完全或者差不多完全在中国管辖权之外"。② 也就是说，列强各国通过条约攫取了中国对在华外国人应有的管辖权，且通过会审制度和观审制度，进一步将这一特权扩展至对中国人实行某种程度的司法管辖。在领土主权和行政主权方面，包括与此相关的自保权，中国均因条约关系而受到严重限制。例如：列强各国在中国的某些区域直接行使行政管辖权，包括租界、租借地、使馆区、铁路附属地等。又在中国某些区域派驻军事力量，限制中国的自保权，包括外国军舰在中国某些领水驻泊游弋，外国陆军驻扎中国某些区域，以及禁止中国某些地域设防等等。此外，还在中国某些部门行使行政管辖权，如与协定关税相关的海关行政。中

① ［美］费正清编，中国社会科学院历史研究所编译室译：《剑桥中国晚清史》上卷，第 282 页。
② ［美］威罗贝著，王绍坊译：《外人在华特权和利益》，第 364 页。

国的海关行政权由此为列强所侵夺，总税务司有着至高无上的权力，他对各海关所具有的权威，不仅清政府中央行政部门首长不可比拟，而且"为他国无比之独裁的行政长官"；外人控制的海关成了所谓"imperium in imperio"，[①] 即"主权中的主权"，或"政府中的政府"，这与国家的主权完整是完全不相容的。如同租界、租借地、使馆区等是中国领土内的"国中之国"一样，海关是中国行政系统中的独立王国。

经济上，中国的主权亦受到条约关系的严重束缚，不能掌控自己的各项事业，主要包括片面协定关税、沿海和内河航行、在华设厂及路矿投资，片面最惠国待遇，等等。其中片面协定关税特权，触及中国经济主权的要害，危害极大。由中英《南京条约》"秉公议定则例"条款开其端，[②] 又经中美《望厦条约》规定须经彼"议允"才能变更税则，[③] 限制中国关税主权的基本原则得以产生和完善。又通过一系列条约条款，列强构筑了包罗完整的片面协定关税体系，包括海关税则，以及税率税种等等规则。中国这一最重要的经济管辖的主权，由此落到了列强手里，中外间的关税关系通过条约发生了根本变化。再如，根据国际法和国际惯例，沿海和内河航行及贸易的权利，应为本国公民所保留。然列强各国却通过条约，先后攫取了中国沿海、长江等内河，以及称为"内港"的非通商口岸内地的航行权，中国的内河，无论巨川支流，凡可以通航者，均为外国轮船所鸠占。其他在华设厂、路矿投资，以及其他经济事项，均属中国的经济主权范围，也为列强各国所索取。其他如最惠国待遇，是每一个主权国家所应对等享有的权益，却成了列强各国均沾的专利。总之，在条约关系中，中国的各项经济主权及其利益，亦无不被列强所觊觎和侵损。

文化教育方面，列强各国也无视国际法，通过条约关系严重损害中国的主权。传教和教育等，属于一个国家主权范围内的事项，却也被列强各国纳入其条约特权之中。列强攫取传教特权的目的，在于从精神领域改造和控制中国，并非是单纯传播基督教信仰。其教育特权与传教密切相关，"其志亦

---

① ［日］高柳松一郎著，李达译：《中国关税制度论》第 3 编，第 19、4 页。
② 王铁崖编：《中外旧约章汇编》第 1 册，第 32 页。
③ 王铁崖编：《中外旧约章汇编》第 1 册，生活·读书·新知三联书店，1957 年，第 52 页。

并不在教育人才以促进教育之进步，乃欲以学校为一种补助之物，以助其宣传福音事业"。① 他们"借教育以传教，致妨害我国教育的主权及旨趣"。② 这一特权为害甚深，甚至在签订平等新约，基本废弃不平等条约之时仍未取消，直至新中国成立后才得以清除。

　　总之，条约关系与朝贡体系均属不平等的国际秩序模式，但两者性质有着本质性的差异。在条约关系的国际秩序模式之下，列强获取的是一个国家最宝贵的东西，即国家主权。如西方学者所言，"条约体制已逐渐成了中国国家权力结构的一个基本组成部分"，"西方人是对中国进行中西共同统治的合作者"。③ 或者说，"他们作为清帝国的多种族统治阶级的一部分而能够维持并扩大其作用"，④ 列强国家由此"对中国担当起准统治权的责任"。⑤

　　需要指出，抗战时期，中外条约关系由不平等转向基本平等，此前对中国实施"准统治权"的主权损害也大为改观，但并未完全消失。例如，在领土主权方面，英国仍然坚持维持九龙租借地，蒋介石在《中国之命运》中也说，"遗憾之处，就是九龙租借地本为我国领土，而英国未能将此问题在新约内同时解决，实为中英两国间美中不足之缺点"。⑥ 其实，"美中不足"之处并非此点，平等新约其实并未完全彻底清除帝国主义在华的不平等条约特权，除了九龙之外，其他诸如文化方面，以及经济上的某些特权，尚未涉及。另外，中外条约关系由不平等转向基本平等，始于美、英 1943 年签订平等新约，即使不计他国而从此年算起，距中华人民共和国成立仅六年，在109 年的中国近代历史中所占比例无足轻重。由此可见，中外条约对中国实施"准统治权"的主权损害达整个一个世纪，几乎贯穿于整个近代。

　　以上四个方面只是朝贡关系与中外条约关系区别的荦荦大端，体现了两种不同性质的国际秩序模式的本质特征。

---

　　① 《基督教教育事业》，1922 年，李楚材辑：《帝国主义侵华教育史料——教会教育》，教育科学出版社，1987 年，第 5 页。
　　② 徐宝谦：《敬告今之提倡国家主义者》，《生命》第五卷第四期（国家主义号），1925 年 1 月。
　　③ 《条约代替朝贡制度》，陶文钊编选，林海等译：《费正清集》，天津人民出版社，1992 年，第 56 页。
　　④ ［美］费正清编，中国社科院历史研究所编译室译：《剑桥中国晚清史》上卷，第 285 页。
　　⑤ ［英］伯尔考维茨著，江载华、陈衍合译：《中国通与英国外交部》，第 2 页。
　　⑥ 陈志奇辑编：《中华民国外交史料汇编》（十二），第 5604—5606 页。

作为中国古代的国际秩序模式，朝贡关系虽是以国家实力为基础，但奉行王道德行，追求和平主义，构筑了以中国为中心、不对等的特殊国家关系。它被视作"松散的政治联盟"，① 或称为"若干国家的联合体制"，不过"其中各国相互之间并不发生直接关系，而是完全由对'中华帝国'的直接关系规定的一元化上下秩序构成的"。② 有学者认为，从结构上而言，朝贡关系"旨在构建同心圆，而所建立的上国与属国之间关系完全立足于单边关系"。③ 这一国际秩序模式尽管是不可取的，但其中所体现的中华文化中治国邦交的某些传统理念，对当今国际关系仍具有借鉴价值。这一国际秩序以虚幻的"天下共主"为理论基础，而其主要目的，在于建立"守在四夷"的自卫架构，维护中国的安全，与周边国家和民族和平相处。费正清亦谓，中国利用这一国际秩序进行"防御"，这是其目的之一，在某种意义上，这是整个朝贡制度的"奥秘"。④ 中国希望构建安全的国际环境，体现了中华民族以和为贵的邦交理念和诉求。就其基本性质而言，朝贡关系不符合近代主权平等原则，亦可归入不平等范畴。然而，这一关系主要体现在交往礼仪中而非自主权利上，并未控管和损害他国内政，是一种缺乏实际内涵、形式上的不平等。甚至拿破仑也不反对这一入乡随俗的礼仪，认为"不算丢脸"，"也不会有损名誉"。⑤

就主权控制和实际统治的层面而言，中国与各藩属国在某种程度上是一种平行关系。尽管中国皇帝以"天下共主"自许，却未将天下视为一国。古代中国抱有"外国"观念，认为华夷有别，中外有别。据研究，明太祖朱元璋放弃天子的征伐之权，将外国视为独立国家，"具有某种平等意识"。⑥ 雍正帝谓，"夫中外者，地所画之境也"，⑦ 指出中国与外国之间的疆界区分，

---

① 叶自成主编：《地缘政治与中国外交》，北京出版社，1998 年，第 264 页。

② ［日］信夫清三郎编，天津社会科学院日本问题研究所译：《日本外交史》上册，第 13 页。

③ 陈尚胜：《朝贡制度与东亚地区传统国际秩序——以 16—19 世纪的明清王朝为中心》，《中国边疆史地研究》2015 年第 2 期。

④ 《朝贡与贸易的发展》，陶文钊编选，林海等译：《费正清集》，第 37 页。

⑤ ［法］阿兰·佩雷菲特著，王国卿等译：《停滞的帝国——两个世界的撞击》，生活·读书·新知三联书店，1995 年，第 590—591 页。

⑥ 万明：《明代外交观念的演进——明太祖诏令文书所见之天下国家观》，《古代文明》2010 年第 2 期。

⑦ 《清世宗实录》卷 130，雍正十一年四月己卯，《清实录》第 8 册，第 696 页。

反映了对外国领土的认可和尊重。仪礼上体现的不平等，主要是取得"天下共主"的虚荣，而不是以攫取利益为宗旨的实际统治。李鸿章批评西方宗主国与附庸国之间"终不能一律平行"，[①] 反过来说，朝贡关系则在实质上，或在一定程度上体现了国家之间的"平行"。诸如此类说明，朝贡关系的理念或许不自觉中含有某种模糊的或萌芽中的主权意识。不过，朝贡关系中的君臣名分，又极大地冲淡了这一主权意识。名义上的"天下共主"和体现臣服的宗藩仪礼，与实际上对他国主权的尊重，形成了巨大的反差和矛盾。

在晚清，中外条约关系与这个时期尚存的朝贡关系根本不同，体现了传统国际法时代的局限和弊窦。它以背离"平等主权"的反动规则作为理论依据，以攫取权益为目的，在国家交往中充斥着霸道暴举，体现了实质上的不平等，是一种信奉强权武力、侵略的而非和谐的、以西方列强为主导的胁制的国际关系。在形式上，条约关系属近代国际关系，主要以国家主权概念和国际法原理为基石，但在中国和东方却走形变样。实际中，西方列强实行双重标准，编织了歧视东方国家，偏离公道正义的反动规则，作为建立不平等条约关系的理论依据。从主要目的来看，这是西方列强以"进取"精神攫取本国私利，通过条约构建保障在华权益的法律关系，反映了资本主义对外扩张，掠夺他国的侵略本质。尤其是，条约关系中"武力""凌弱"的霸道暴举，体现了这一国际秩序唯力是视、弱肉强食的强权政治和侵略本质。

由上可见，这个时期的条约关系是一种畸形的国际秩序，反映了标榜文明的西方列强以野蛮手段向东方扩张的情状与矛盾。这一关系建立在武力强权基础之上，具有理论与实践脱节、形式与内涵抵牾的显著特征。自称文明国的西方列强，用裹入"先进文明"的霸道方式否定朝贡关系，制造了一个野蛮的世界秩序。杨度谓："今日有文明国而无文明世界，今世各国对于内则皆文明，对于外则皆野蛮，对于内惟理是言，对于外惟力是视。故自其国而言之，则文明之国也；自世界而言之，则野蛮之世界也。"[②] 显然，这一不平等条约关系在实际中奉守的是强权霸道规则，与国际公法揭示的国家主

---

① 《致朝鲜国王》，光绪十二年九月初三日，顾廷龙、戴逸主编：《李鸿章全集》第 34 册，第 94 页。

② 《金铁主义说》，1907 年 1 月—5 月，刘晴波主编：《杨度集》，第 218 页。

权、平等独立等进步原则，完全背道而驰，遭到中华民族的坚决反抗而终被历史所废弃。

在民国时期，国际法经第一次世界大战后开启了新的进步时代，中外条约关系也从不平等逐渐转向基本平等。然而，尽管随着国际法由偏狭的地域或种族性质转向了世界范围，"主权平等"原则作了更广泛的阐释而运用到所有国家，对弱小国家各种方式的统治被视为违背公平正义，战争的合法性也为国际社会所质疑和否定。人们仍然看到，这一由大国和强国主导的新的国际秩序，在某种程度上还是承袭了传统国际法时代的弊病。理论上的"主权平等"并未真正改变实际上的不平等，追逐各种权益尤其是经济利益仍是这些强国的基本目的，对弱小国家的主宰和控制由以往的理所当然转为曲折隐晦的新途径，各种形式的强权暴力在国际关系中还是其所采取的常用手段。以上事实无不说明，西方列强在传统国际法时代构筑的以条约关系为形式的国际秩序，如同生物基因一样持续地呈现其内在的遗传密码。而深植其中的，无疑是其根深蒂固的种族观念，即自视优越而歧视异族的思想意识。

另一方面，毋庸讳言，用辩证的眼光来看，作为两种性质迥异的国际秩序，朝贡关系与条约关系本身又是一个矛盾体，各自包含着种种相互对立的复杂成分和因子。列宁指出，辩证法的实质，是"统一物之分为两个部分以及对它的矛盾着的部分的认识"，这"可说是它的基本的特点或特征"。[①] 显然，唯物、辩证地揭示其中"矛盾着的部分"，无疑是历史地、全面地认识其概貌不可或缺的。

条约关系是以不平等和强权政治为内核构筑的国际秩序，但同时又带来国际关系的新模式和新观念，包括近代交往方式和国际法中某些进步规则，在某种程度上弥补了朝贡体系的缺陷，刺激中国了解和走向世界。清王朝渐次摒弃天朝上国的盲目虚骄，改变朝贡关系不对等的交往形式，认识和建立近代交往之道及其外交体制；同时在客观上刺激和促使中国近代国家主权观念的产生和形成，知悉与接受国际法中的积极内容，逐步从中汲取维护国家

---

① 列宁：《谈谈辩证法问题》，1915 年，中共中央马克思恩格斯列宁斯大林著作编译局编：《列宁选集》第 2 卷，人民出版社，1995 年，第 556 页。

权益和主动融入国际社会的要素。朝贡关系亦是不合时宜的国际秩序模式，其各种理念和规则不无局限和弊端，尤其是妄自尊大的"天下共主"理念和跪拜等仪礼，有悖近代平等原则。但其中又包含具有积极意义的思想和规则，体现了中国的"自克"、"仁恕"等理念。就当今世界而言，这些理念仍具借鉴意义。"治以不治"，体现了尊重各国的政治选择，不干涉他国内政的准则，又含有某种模糊的或萌芽中的主权意识。"柔远"、"字小"，虽不免导向忽视自身利益的局限，但展示了天下一家的博大胸襟和仁德相维的情感纽带，培植了国际交往中的"王道"精神。"自守"、"防御"，而不是四处出击，掠夺利益，体现了与邻为善，崇尚和平的正义追求。

　　总之，在天子一统观念和不平等仪礼的外表之下，朝贡关系内里贯注着仁政德治、以义为利、推己及人、认同多元的王道精神，无疑有助于阐扬和谐共存的国际伦理。在民国和当今的世界，仍然充满着激烈的利益冲突，某些国家仍然承袭传统国际法时代唯利是图、弃髦信义，乃至以邻为壑、强权霸道的遗风，无疑反映了条约关系中与传统国际法时代一脉相承的内在属性。朝贡关系中体现的天下一家理念，诸如人伦道德、中和达道等中华价值的良性成分，提供了相互理解、宽以待人和化解矛盾、消减冲突的药剂，无疑是维护世界和谐的可鉴之道。孙中山谈到中国传统的王道，认为"好过霸道的文化"，而"近来欧美学者稍为留心东洋文化，也渐渐知道东洋的物质文明，虽然不如西方，但是东洋的道德，便比西方高得多"。[①] 当代西方国际法学者亦认为，解决当今世界国际秩序不稳定性问题，须"借鉴中国的天下观念，将世界范围内之国家间关系的伦理准则建立在非强制性的国家间相互性上"，由此"确保国家的自然自由权利"，"以实现现代世界国际秩序的稳定和全球社会的和谐"。[②] 朝贡关系中的这些理念体现了中国的优秀传统文化，其中所具有的积极作用亦为西方学者所认同，无疑值得进一步深入挖掘和阐发。

---

　　① 《对神户商业会议所等团体的演说》，1924 年 11 月 28 日，广东省社会科学院历史研究室等编：《孙中山全集》第 11 卷，中华书局，1986 年，第 405 页。

　　② ［英］托尼·卡蒂著，姚选民译：《国际秩序的哲学基础问题：一种西方视角》，陈玉刚主编：《国际秩序与国际秩序观》，上海人民出版社，2014 年，第 1—2 页。

第六章 近代中外条约关系的发展脉络

条约关系是体现近代性质的国际关系模式，但它在近代中国所呈现的内涵，却已与其本应具有的性质大相径庭。这一关系是西方国家为主导建立起来的，从酝酿产生到发展变化，再到性质转换，经历了一个复杂过程。这一过程包括鸦片战争之前的酝酿，传统体制的打破与条约关系的建立，发展变化与宗藩体制的危机，不平等关系的强化巩固；在民国建立尤其是第一次世界大战之后，不平等条约关系走向动摇与转折，趋向平等的改善及挫折，再走向基本平等关系的形成。作为一种新的国际秩序模式，条约关系贯穿于整个近代中国历史，经历了两重转换历程，即从宗藩体制到条约关系，以及条约关系从不平等到强权政治阴影下的基本平等。

第一节 条约关系的酝酿与建立

条约关系是鸦片战争后正式建立起来的，但并非是突如其来，而是自乾隆末年开始迄至鸦片战争几十年累积的结果。作为其正式建立的前奏，这一时期在内容、手段、性质等方面，逐渐臻于成熟，为这一关系的最初形态提供了完整的预案，作了必要理论准备。如《中国丛报》在鸦片战争爆发后所言，"在现在的斗争中，他们没有提出新的原则，新的政策或要求，仅仅是将这里早已存在于理论上的东西付诸实施而已"。① 在此基础上，通过两次鸦片战争，以英国为首的西方列强用武力迫使清政府订立条约，并建立了不平等的条约关系，将中国纳入他们为主导的国际秩序之中。但是，这一新的中外关系模式尚未取代中国自古代便已产生的朝贡关系，形成了两种国际秩序并存的局面。

一、　英国要求建立条约关系的筹划与对华贸易体制的转换

在中外条约关系建立之前，中国有着自己构筑的国际秩序，即朝贡关系或华夷秩序，等等。如前所述，在以自己为中心的国际秩序之下，清政府自视为天下万国的"共主"，很少甚至没有条约观念。英国为首的西方国家，则随着经济的发展和国际关系的变化，产生了与中国建立条约关系的欲望。

康熙二十八年（1689），清政府与俄国订立的《尼布楚条约》，并非是为了与彼建立平等的条约关系，而只是为了保障边境安全，处理边境纠纷。当时康熙帝不愿国人知道此事，他之所以派出一个代表团到中国境外订约，其原因是"不愿这个条约在中国受到注意"，避免"为人所周知"。因此，这个条约没有汉文本，"在中国史书中受到忽视"，"甚至《实录》中也只有碑文"。② 在此之前，台湾郑氏政权和清闽浙地方与荷兰及英国东印度公司签订了四个协议，即 1662 年的《台湾媾和条约》、1663 年的《清荷协约》、1672 年的《东印度公司与台湾通商条约》、1675 年的《东印度公司与台湾通商补充协定》。③ 除了《清荷协约》为靖南王和闽浙总督与彼

① Parliamentary debate on Chinese affairs: speeches of leading members; the Blue Book; the Quarterly Review; and Blackwood's Magazine. *The Chinese Repository*，Vol. IX. No. 5，p323.
② ［美］约瑟夫·塞比斯著，王立人译：《耶稣会士徐日升关于中俄尼布楚谈判的日记》，商务印书馆，1973 年，第 117 页。
③ 见郭卫东编：《中外旧约章补编（清朝）》，上册，中华书局，2018 年，第 1—6 页。

所议，其他三个均系郑氏政权所签。这四个协议，不是严格意义上的近代条约，因为它们并非国际法主体，即国家的正式代表所签订，没有经过规范的法律程序，包括国家最高权力机关的批准。甚至对于清朝官员来说，荷兰并非一个对等的国家，如靖南王耿继茂声言，"征服台湾后，荷兰人将被我们的皇帝接受为臣民"。[①]

上述事例说明，鸦片战争之前中外之间虽订立了条约或协议，但并非是建立具有近代性质的条约关系。而以英国为首的西方国家，随着经济的发展和国际关系的变化，却逐渐产生了与中国建立条约关系的强烈欲望，这是工业革命以及随之产生的经济、法律理念的必然要求。18 世纪中叶在英国开始的工业革命，不仅带来了社会生产力和经济的飞速发展，而且还引起了思想观念和相关理论的一系列变化。英国和欧洲从 15 世纪开始流行重商主义，主张国家干预经济生活，实行对外贸易垄断，等等。如前所述，工业革命兴起后，英国产生了自由主义的经济理论，亚当·斯密阐发了自由贸易的思想，认为各国通商交易是互利的，也是"人类所特有的"本能。[②] 无独有偶，亚当·斯密肯定人类互通有无、自由贸易的合理性和正当性的思想，也体现在同时期出版的国际法著作中，瑞士国际法学家瓦特尔便从国际法的角度阐述了这一思想，指出这是"一切国家必须相互建立通商关系的一般义务的基础"。[③] 自由贸易的经济思想，被纳入国际法领域，视为国家之间关系中必须承担的义务，这就为西方国家要求建立条约关系提供了理论依据。

从这些新的思想学说中，英国商人找到了理论武器，他们基本上是从这一理论出发，要求打破中国的闭关自守状态，与之建立条约关系。1793 年，为扩展英国的对华贸易，前任驻俄大使和玛德拉斯省长马戛尔尼，受命来华商谈订立一个友好同盟条约。随后阿美士德亦带着同样的使命于 1816 年使华，却与马戛尔尼一样未能如愿以偿，没有取得任何结果。这个时期，英美等国开始将条约制度推行到东方其他国家，已先与中国的一些邻国建立了不

---

① 李汝和主修：《台湾省通志·政事志外事篇》，台湾省文献委员会，1971 年，第 14 页。

② ［英］亚当·斯密著，郭大力、王亚南译：《国民财富的性质和原因的研究》上卷，第 12—19 页。

③ M. D. Vattel, *The law of nations, or. Principles of the law of nature*, London: Printed for G. G. and J. Robissok, Paternoster-Row, 1797, pp. 143—144.

稳定的条约关系，更激励英国商人打开中国大门的欲望。

随着东印度公司专利权的动摇和取消，英国商人尤其是散商强烈地要求用条约形式改造中国的对外贸易制度，更明确地提出了这一问题。其时，英国完成了专利贸易到自由贸易的制度转换，当第一任商务监督律劳卑强行改变清王朝交往体制的尝试遭到挫抑之后，两种体制内在的深刻矛盾更加凸现出来。英国的官员、商人及其媒体，普遍要求中国作出适应这一转换的改革，与之订立通商条约。1834 年以后，一股宣传浪潮在全国"泛滥"，吁请英国政府立即出面干涉，将贸易置于"一个安全、有利、体面而又持久的基础之上"，[①] 订立通商条约以保障正当的权利。律劳卑建议英国政府，马上商定"最佳方案"，"逼迫中国政府签订一项条约"。[②]《中国丛报》提出，"最迫切的需要是和中国缔结一个正式的、体现互利原则的条约，来建立和巩固我们和中国的通商关系"。[③]

在这一过程中，英国方面还拟订了条约内容。自筹划卡思卡特使团开始，英国政府便尝试建立以通商为中心的条约关系，给卡思卡特的训令提出了基本设想，包括基本原则、预备方案、领事裁判权和鸦片问题，以及扩展要求。其中提出"扩大我们在广州的特权"，"努力在最有利的条件下去获得"领事裁判权，互派临时或常驻使臣，并"设法获得文字上的文件"，即订立条约。[④] 随后对马戛尔尼的训令，重复了这一设想，并对订约充满信心。[⑤] 然而，由于英国的要求与清王朝的体制是方枘圆凿，无法接合，乾隆表示"与天朝体制不合，断不可行"，[⑥] 予以拒绝。阿美士德使华，英国政府和东印度公司的训令，将东印度公司及其商人的"权利要求"摆在首位，此

---

　①　［英］格林堡著，康成译：《鸦片战争前中英通商史》，第 179 页。

　②　Retrospection, or a review of public occurrences in China during the last ten years, from January 1, 1832, to December 31, 1841. *The Chinese Repository*, Vol. XI, No. 2. p67;《律劳卑勋爵致格雷伯爵函》，1834 年 8 月 21 日，胡滨译：《英国档案有关鸦片战争资料选译》上册，第 22 页。

　③　A Correspondent, Treaty with the Chinese, a great desideratum; probability of forming one, with remarks concerning the measures by which the object may be gained. *The Chinese Repository*, Vol. IV. No. 10，译文参见广东省文史研究馆编：《鸦片战争史料选译》，第 42—43 页。

　④　《给卡思卡特中校的训令》，1787 年 11 月 30 日，［美］马士著，区宗华译：《东印度公司对华贸易编年史（1635—1834）》第 1、2 卷，第 481—484 页。

　⑤　《给马戛尔尼勋爵的训令》，1792 年 9 月 8 日，［美］马士著，区宗华译：《东印度公司对华贸易编年史（1635—1834）》第 1、2 卷，第 552—555 页。

　⑥　《高宗纯皇帝实录》卷 1435，乾隆五十八年八月己卯，《清实录》第 27 册，第 184 页。

外还提出扩展通商口岸，互派常驻使节。① 其中权利要求，即改善通商环境，是此次使华的主要目的，也是此后不断陈述的内容。权利要求主要涉及的外国人在华地位和待遇等，是条约关系中的基本问题之一，有着重要的地位。由于礼仪问题上的冲突，这次使华最终流产。

由于英国在体制上还没有完成自由贸易的转变，对华贸易仍由东印度公司所垄断，使华亦由其主导，还谈不上说是严格意义上的近代国家交往。但事情将很快发生变化，取消东印度公司专利权，尤其是律劳卑受挫之后，产生了极大震动，引发了英国各界的深层思考，不仅推动了订约呼声的高涨，而且更从自由贸易体制和平等交往体制等各个方面完善了这一要求的内涵。英国散商提出改革公行制度，派遣使节常驻北京。② 律劳卑要求"按照国际法的原则"订立条约，保障正当权利，开放整个口岸，取得在中国的定居权，以及保留对中国提出抗议和谈判的"普通权利"，等等。③ 英方的主张已具有新的内涵，即明确提出按照西方规则来奠立中英条约关系的基础。

在华西人媒体进行了热烈的讨论，提出了详尽的方案，其中《中国丛报》1836 年 2 月发表一篇文章颇具代表性。其主张的订约内容包括：一、英向中国派遣常驻公使，该公使应该享受一般文明友好国家惯常给予的待遇；二、公布进出口货税则，该税则必须明确、固定；三、废除公行专卖权；四、完全允许英国人在中国沿海一带凡有海关的地方、各口岸以及在北京自由贸易。五、现行公行中的赏钱、船只丈量费、通事费等等惯例，以及其他无穷无尽的项目，都要立刻废除，永不再用。六、开放更多的口岸，如果是有利于中外贸易的发展的话，都应该立刻开放。七、英侨到这些口岸访问，有权和当地人自由交往和自由行动。八、不能将外侨限制在一个监牢般的地方独宿，与他的妻儿隔开。九、各口岸的英国领事获得适当的权能，能够遏

---

① 《秘密商务委员会致特使阿美士德勋爵函》，1816 年 1 月 17 日，[美] 马士著，区宗华译：《东印度公司对华贸易编年史（1635—1834）》第 3 卷，第 287—288 页。

② [英] 格林堡著，康成译：《鸦片战争前中英通商史》，第 163—164 页。

③ Retrospection, or a review of public occurrences in China during the last ten years, from January 1st, 1832, to December 31st, 1841. *The Chinese Repository*, Vol. XI, No. 2. p67.

止侨民破坏中国法律的暴行妄举，并在侨民中施行有效的管理，无须中国政府出来干涉。① 该方案较为完整地提出了与中国建立条约关系的基本内容，也最为接近鸦片战争后实际获得的条约权利。它不仅承续了自卡思卡特时期提出的自由贸易精神，而且更进一步扩展到政治、经济等方面的交往制度，明确具体地提出了实行西方标准的主张，在某种程度上表明英国完成了初期阶段条约草案的准备。此外，鸦片战争爆发前夕，伦敦东印度与中国协会也提出了一个条约方案，在某些方面更为具体和进一步的发展。如提出，"如中国不愿开辟商埠，应将一岛割让与英国（用购买或其他方式），英国可在岛上，建造商馆"，等等。②

这个时期提出的条约方案，提出了三个重要的转变。一是通商方面，从垄断性贸易体制转变到自由贸易体制；二是交往方面，从东印度公司的层面转变到国家的层面。三是规则方面，从单一隐约转变到相对完整明确。需要指出，方案中所体现的各种规则是核心所在，其中不平等的规则又是其主体。这三个转变奠立了条约关系的基础，不仅为第一批中外不平等条约，而且为其后的发展确定了基本方向。方案内容，与其后英国在鸦片战争中提出的条约草案基本吻合，甚至某些方面还超过后者。③ 这些内容，与前述方案大体相似，其中某些方面则有所后退。如官方交往体制，没有提出派遣常驻公使；关税方面没有明确的协定税则要求。不过英政府授权全权公使，审度机宜，"加以修正或补充"，为扩大条约特权预留了空间。同时，巴麦尊在训令中又提出了两个选择，一是中国割让岛屿，二是"以条约的方式给女王陛下的侨华臣民以安全和商业自由"。"英国政府将不反对这样一种措施，并将在这情况下，放弃中国沿海任何岛屿的永久占有"。④ 最后，英国是一石二

---

① A Correspondent, Treaty with the Chinese, a great desideratum; probability of forming one, with remarks concerning the measures by which the object may be gained. *The Chinese Repository*, Vol. Ⅳ, No. 10. 译文参见广东省文史研究馆编：《鸦片战争史料选译》，第 49、50 页。

② 《伦敦东印度与中国协会致巴麦尊子爵》，1839 年 11 月 2 日，杨家骆主编：《鸦片战争文献汇编》第 2 册，第 654 页。

③ 参见《巴麦尊子爵致奉命与中国政府交涉的全权公使函》，1840 年 2 月 20 日，［美］马士著，张汇文等译：《中华帝国对外关系史》第 1 卷，第 712—713 页；《巴麦尊照会》，道光二十年七月，齐思和等整理：《筹办夷务始末·道光朝》一，第 382—387 页。

④ 《巴麦尊子爵致奉命与中国政府交涉的全权公使函》，1840 年 2 月 20 日，［美］马士著，张汇文等译：《中华帝国对外关系史》第 1 卷，第 713、712 页。

鸟，两个目标均得以实现，且扩大了草案中的内容。

用近代国际法的眼光来审视这些草案内容，它既包括符合国际平等交往规则的内容，不宜笼统地视之为特权，如通商、人身自由等等；又含有损害中国主权，即可以称为条约特权的条目，如领事裁判权、协定关税等。这些说明，从西方列强将条约强加给中国伊始，平等和不平等的内容便交错在一起。

采用何种手段与中国建立条约关系，与条约拟案一样，也经历了一个变化过程，即从和平协商到诉诸暴力的过程。从筹划卡思卡特使团到派遣马戛尔尼和阿美士德使团，英政府均试图通过和平协商与中国订立通商条约。开始，英方对天朝体制限制对外交往的特性缺乏深入的了解，认为清政府限制贸易的原因在于欧洲人自己。如卡思卡特指出，从早期贸易者的特权来考察，主张通过适应清政府的规则来建立条约关系。随后于1792年受命使华的马戛尔尼，则进而从加强中英相互了解的角度来建立新的条约关系。他提出，"应该给中国人造成一种印象，即英国国王是智慧的和公正的，英国是强大的和富有的。这可能会促使两国达成一项友好同盟条约。为了维护这个条约，防止两国产生误解，应该尽可能地在北京和伦敦安排常驻大臣"。①

英国贸易体制转换之际，下院讨论取消东印度公司的专利权时，斯当东仍主张按照以往的方式，提出："为了缔结条约，应依照俄国的例子，直接向北京派遣使节"，不赞成仅在广州派驻商务监督。但这一提案未被通过，英政府派遣一位商务监督来承担体制转换的重任。② 英政府的这一决定显然颇为轻率，斯当东的担心随后为律劳卑事件所印证。这一体制转换对中英两国均具有极为重要的意义。中国的公行制度与东印度公司的专利权，是相对应的垄断体制，中英两国也主要是商业团体之间的关系，这是一种平衡协调的关系。东印度公司的专利权被取消之后，代之而起的是国家之间的关系，

---

① Earl H. Pritchard. The Crucial Years of Early Anglo-Chinese Relations 1750—1800. *Britain and the China Trade 1635-1842.* Vol. Ⅵ. London，2000，p276.

② 汉萨德：《议会辩论》第3辑，第18卷，武汉大学历史系鸦片战争研究组编：《外国学者论鸦片战争与林则徐》上册，第126—127、134页。

贸易体制的对应平衡也被打破。

二、　转向暴力手段与中国建立条约关系

其时，清帝国仍固守传统的天朝体制，而英政府和律劳卑在处理这一重大转折时采取了简单、粗暴的方式，这就使得矛盾和冲突趋向激化。经此事件之后，自认为是第一等强国的英帝国开始放弃长期实行的和平协商方式，逐渐转向武力威胁或战争手段。

用武力威胁或战争手段与中国建立条约关系，主要是散商们推动起来的。不过，这个时期主张武力手段不是主流，如查顿虽对本国政府的慎重态度时常不满，但仍然认为不需流血就可以得到一项"公平的通商条约"。[①] 1830 年散商给下院请愿书中尽管认为，两次遣使北京的完全失败，说明"任何高尚的外交手段在中国是不会有什么收获的"。[②] 但他们仍主张采取派遣使节，去与清帝国谈判协商。东印度公司垄断权废止后不久，前任特选委员会主席马奇班克斯提出建议书，也主张派遣使节，但须以武力为辅助手段。他认为，"长期以来外国人对于中国的专制主义采取温和的屈从方式；与其他专制主义一样，中国对卑躬屈膝以轻蔑相待，将其禁制进一步扩大"。因此，如果遣使订约，就必须使用武力或予以武力威胁。[③] 其时，英政府的主导意见并不赞成采取强硬手段，此类意见未能产生作用。

从律劳卑事件开始，中英之间冲突的性质发生了变化，以前与清政府交涉往来的主要是商人，现在已直接转由英政府。在英国人看来，这一冲突关涉到国家的尊严。如"伦敦东印度与中国协会"致函巴麦尊，谓："现在国会，已将对华贸易，置于政府代表的管理之下，他的尊严应加以照顾，过去一个商人所能忍受的侮辱，现在就有关国体，应加以抵抗了。"[④] 在这种背景下，由于律劳卑的所谓"受辱"，以及因此忧郁去世，产生了极大的震荡，

---

① 《私函稿》，1832 年 3 月 16 日，[英] 格林堡著，康成译：《鸦片战争前中英通商史》，第 179—180 页。

② [英] 格林堡著，康成译：《鸦片战争前中英通商史》，第 163 页。

③ C·马奇班克斯：《致 R·H·查理·格兰特的信》，武汉大学历史系鸦片战争研究组编：《外国学者论鸦片战争与林则徐》上册，第 127 页。

④ 《伦敦东印度与中国协会致巴麦尊子爵》，1839 年 11 月 2 日，杨家骆主编：《鸦片战争文献汇编》第 2 册，第 648 页。

促使英国朝野的对华态度发生了根本性变化，趋向于用武力手段强迫清政府与之订约。

具有我行我素强权倾向的律劳卑，受挫后致函英外交大臣，更进而主张采用武力威胁手段。英国政府开始采取了较为审慎的方针，但遭到了律劳卑继任者的非议。继律劳卑之后任商务监督的德庇时和罗便臣之所以采取"沉默"政策，停止交往，其原因之一是由于他们认为和平路线走不通。上任后试图采用调融手段与清帝国建立正式的官方关系的义律也赞成施以威胁手段。很快，英政府也认为，"不做一次可能导致战争的武力的炫示，改革是绝不可能的"。[①] 不过，英政府尚未正式确立武力政策，仍"希望采取和平的和调解的政策以保持并促进对这个帝国的贸易交往"。[②]

这一事件更刺激了英商和西人在华媒体，而武力威胁和战争手段的主张容易激起民族狂热而获得更多人的赞同，形成为占主导地位的舆论，此前和平交涉的主流倾向由此逆转，战争叫嚣开始铺天盖地而来。对华进行武力威胁或施以战争手段的诉求，已形成了影响英政府决策的广泛舆论。为什么要用武力威胁或战争手段建立条约关系，他们提出了以下几个理由：

其一，清政府没有近代的条约观念，不可能通过和平协商与之建立这一关系。如前所述，马戛尔尼使华时，他们便发现，清政府从一开始就拒绝签订条约，因为不符传统，并违反了国家法规。在华夷秩序下，中国很少有缔约观念，清政府将缔结平等条约视为对其人格的贬低。[③]

其二，历史经验证明，强硬手段可以迫使清政府让步。律劳卑在致巴麦尊函中列举种种事例，指出：过去通过谈判，"或者是通过在这些人们面前或更确切地说在他们的政府面前低声下气，究竟获得了什么利益或达到了什么目的？记录表明，除了后来的羞耻和屈辱之外，一无所获"。另一方面，通过采取迅速的和强有力的行动，"对于那些正当的和合理的利益或目的究竟丧失了什么？记录又使我们确信，伴随这些措施而来的是全面的胜利"。

---

① ［英］格林堡著，康成译：《鸦片战争前中英通商史》，第 180 页。
② 《第二监督义律海军上校致巴麦尊子爵函》，1836 年 1 月 25 日，胡滨译：《英国档案有关鸦片战争资料选译》上册，第 123 页。
③ 参见本卷第五章第一节。

律劳卑断言，"胜利总是伴随着决心而来的"，"有了决心就可以获得胜利"。①
《中国丛报》载文称，曾经多次采用的公允的调解的方法，"不但不能使中国
政府对我们比以前友善些、亲睦些。反而使我们自己在这个政府的心目中显
得更加卑贱可轻"。"我们对他们愈谦逊，他们待我们就愈轻蔑"，这样做得
太不明智了。② 伦敦东印度与中国协会追溯到"自 1808 年以来的对华贸
易"，所得到的"强有力的印象"："屈服只有使危机加深。我方应当用武
力强迫中国方面让步。"③ 这方面的陈述较多，在他们看来似乎是最有说服
力的理由。

其三，只有用武力才能彻底改变中英关系，争取"平等"地位。他们
认为，只有用武力才能使清帝国对中外关系有清楚的认识，订立平等条
约。清帝国是一个"目空一切、独断独裁、半开化的政府"，西方各国使
节来华，要么"接受了清廷最屈辱的要求"而"大失体面"，要么"不能
获得什么实际的利益"。在《大清会典》里，"我国是与高丽、暹罗等国列
在同等地位的。只要我们仍被作为中国的封臣和诸侯中的一员看待，向他
们建议订立平等互惠条约，或要求他们给我们的公使或商人以比过去更好
的待遇，终是枉费心机"。因此，如果要和中国订立一个平等条约，就
"必须是在刺刀尖下"。④

其四，清帝国的军事力量和武备极差，没有反击能力。从军事力量和综
合国力来讲，一方是封建时代的弓箭刀矛，另一方是近代文明的船坚炮利，
双方悬殊极大。中国军事技术和实力的落后，以及武备懈怠的实情，早为外
国人所洞悉。律劳卑在鼓吹武力手段时，便自信地说，"一支使用弓、箭、
矛、盾的军队怎么能够对付少数经验丰富的英国士兵？我确信，他们一刻也

---

① 《律劳卑勋爵致巴麦尊子爵函》，1834 年 8 月 14 日，胡滨译：《英国档案有关鸦片战争资料选译》上册，
第 17—18 页。

② A Correspondent，Treaty with the Chinese，a great desideratum；probability of forming one，with remarks
concerning the measures by which the object may be gained. *The Chinese Repository*，Vol. Ⅳ. No. 10. 译文参见广东省
文史研究馆：《鸦片战争史料选译》，第 48 页。

③ 《伦敦东印度与中国协会致巴麦尊子爵》，1839 年 11 月 2 日，杨家骆主编：《鸦片战争文献汇编》第 2 册，
第 652 页。

④ A Correspondent，Treaty with the Chinese，a great desideratum；probability of forming one，with remarks
concerning the measures by which the object may be gained. *The Chinese Repository*，vol. Ⅳ. No. 10. 译文参见广东省
文史研究馆：《鸦片战争史料选译》，第 44、49、48 页。

决不敢显示出对抗的态度。虎门炮台是不足挂齿的，那些炮台内看不见一名士兵"。①《中国丛报》1836年8月发表一篇文章，详细考察清帝国的军事力量，认为中国在陆地上是全无能力，水师也是极度虚弱。《广州纪事报》也载文说，陆军和水师只不过是个"影子"，它的一千只战船，无法与西方的一艘驱逐舰相匹敌。② 他们甚至认为，"如果我们说，一团英兵便可把几省的军队击溃，也许不是过甚其辞"。③ 甚至说，不要大动海军，不须多费钱财，只需要由一个志坚心决的人率领几只中等的小型的军舰，"带着一份拟就的、要清廷签字的条约稿本，直接到北京去，通知清廷他不但负有全权去签订条约，而且非等他的使命完成时，决不离开北京"。④

　　在主张用武力手段建立条约关系的鼓噪声中，出于各种不同的原因和担忧，也仍有反对战争的呼声，如斯当东主张继续派遣使团与清帝国谈判。但这些声音遭到强硬派的指责和压抑，又随着形势的变化，越来越趋于低沉。鸦片战争前几年，英国对华战争舆论逐渐形成，⑤ 通过武力手段迫使中国签约，成了英国的主导倾向。剩下的问题，是如何发动战争，用什么理由向中国开战，将这一手段付诸实施。终于，愈来愈严重的鸦片问题导致了一场危机，成了英国政府挑起战争的切入口。1836年，义律便预见到鸦片问题将引发英对华的战争。在战争狂热中，他们以决定者的口吻断言，今后的中英关系，必定是建立在英国允准的条约基础之上。伦敦出版的《布莱克伍德杂志》载文说：如果今后商业得以继续，交往得以维持，"它必须是，而且只

---

　　① 《律劳卑勋爵致格雷伯爵函》，1834年8月21日，胡滨译：《英国档案有关鸦片战争资料选译》上册，第25页。

　　② Charles Gutzlaff，"Constitution of the Chinese Empire"，*The Canton Register*，January 14th，834.

　　③ A Correspondent，Treaty with the Chinese，a great desideratum；probability of forming one，with remarks concerning the measures by which the object may be gained. The Chinese Repository，Vol. IV. No. 10. 译文参见广东省文史研究馆编：《鸦片战争史料选译》，第45页。

　　④ A Correspondent，Treaty with the Chinese，a great desideratum；probability of forming one，with remarks concerning the measures by which the object may be gained. From a Correspondent，*The Chinese Repository*，Vol. IV. No. 10. 译文参见广东省文史研究馆编：《鸦片战争史料选译》，第51页。

　　⑤ 吴义雄《鸦片战争前在华西人对华战争舆论的形成》（《近代史研究》2009年第2期）一文对此作了详细的探讨。

能是"建立在新制订和缔结，最后由英国批准的契约基础之上。①

三、 中外条约关系酝酿过程中的趋向与义律融调中西体制的尝试

综观鸦片战争中外条约关系的酝酿过程，可以发现，主导方英国的作为，显示了一种理性与强权相混合的复杂趋向。这是两种不同文明体制的嫁接，在那个特定的时期，公理与强权、先进与落后，侵略与自卫，相互交织在一起。这一复杂趋向既包含着内容、手段和性质渐次演化的递嬗关系，又呈现出理性与强权杂糅互见的并列形态。

从前者来看，内容上从简单到全面，即从扩大通商企望趋向涉及各个方面的全方位要求；手段上从和平到暴力，即从交涉谈判及和平协商趋向武力威胁及战争勒索；性质上从公理到强权，即从合理诉求和遵循国际规则趋向强词夺理和无视国际公法。应该说，英国在初期和平谈判的做法无可厚非，其要求的内容除了领事裁判权之外，也主要是为了建立对华贸易的保障体制。但是，它最终走向了另一面，用损害一个国家的独立平等权的暴力手段，强行要求接受它们的规则，将中国纳入条约制度体系，这一行径本身无疑是违背国际法的。这一趋向，无疑反映了资本主义向世界扩张过程中的殖民主义本质，以及以英国为首的西方国家的强权逻辑和霸道行径。

从后者来看，在各个时期均不同程度地体现了理性与强权的杂糅，一般来说，初期较多地体现了前者，后期则以后者为主。即使后期的基本趋向是殖民主义的强权方式，但也含有反映国际法进步原则的理性因素，如要求平等交往，保障来华外人的基本权利，等等。另外，即使是在后者占主导地位的情况下，在西人中也仍有主张维持公道和正义的呼声，这在某种程度上为理性的趋向增添些许动力。在这个复杂的趋向中，由于强权因素对近代中国的影响巨大深远，理所当然为人们所注重。在这一倾向之下，其中的理性因素往往有所忽略，也由此使得我们对这一问题的认识有所欠缺。

---

① Parliamentary debate on Chinese affairs: speeches of leading members; the Blue Book; the Quarterly Review; and Blackwood's Magazine. *The Chinese Repository*. Vol. IX. No. 5. 译文参见广东省文史馆编：《鸦片战争与林则徐史料选译》，第 207、208 页。

因此，我们在关注其基本趋向的同时，还需要从中剥离所含有的理性因素，探析其对中国近代社会的作用和影响，尤其是深入认识清政府的应对及其失误。中外条约关系的产生，源于中外之间的通商和交往，这是探讨该问题的基本起点，也是其落脚点。在讨论这一段历史时，道义上的是与非无疑是我们判析这一重大事件的基本标尺，但更重要的是，我们需要从中国社会发展的需要这一角度来思考。无须否认，这一为人们所诟病的基本趋向，与清帝国深闭固拒的态度有密切的关系。可以说，清帝国越来越严厉的限制交往和通商的政策，在某种程度上促使了这一趋向的形成。清帝国的自大和虚骄、颟顸和愚昧，使它失去了和平地与国际社会接合的契机，最终走向了被动和屈辱。初始阶段，它完全可以在和平协商的基础上，拒绝对方不适宜的要求，建立保证自身权益的平等条约关系。相反，它一步步地紧缩了对外交往的空间，体现出排斥条约关系的趋向，从而与对方正处在兴旺中的扩大通商交往的需求发生了矛盾。

显而易见，尽管通商、交往权不是公认的国际法准则，但与之相关的理论和主张却并非荒谬。人类社会的发展，包括各民族、国家自身的进步，均有赖于互通有无，相互交往。如国际法学者所认为，"一国是否愿与他国发生商务、外交与条约关系，虽有完全自由，但拒绝与任何国家发生任何关系，在事实上与法律上已经都不可能。现在交通的便利与物质文明的进步已不能使一国绝对的坚持闭关自守主义，而若拒绝与所有其他国家发生任何关系也不能再视为国际社会的一分子。所以一国可以拒绝与它所不喜欢的或它认为没有往来必要的国家往来，而不能拒绝与所有的国家往来。两国若同意通商往来、交换使节、或缔结条约，必须遵守国际法关于通商、外交、与缔约的规则。第三国除非有条约根据，不能出来干涉"。[①] 而且，条约关系是体现近代性质的国际关系模式，及时尽早地通过和平手段建立这一关系，应该说有益于中国社会的进步。显然，就中国这一方而言，清帝国的闭关政策是不合时宜的，对国家的发展有害无利。从乾隆到道光，不明世界大势，放弃在和平协商的条件下建立正常的条约关系，延误了中国融入国家社会的时

---

① 崔书琴：《国际法》上册，第61页。

机，使中国处于不断遭到损害的被动之中。

无疑，我们不能因为通商权和交往权不是公认的国际法准则而认同清政府的封闭、偏狭和谬误。另一方面，要求清政府具有如现代人一样开放的世界眼光，也是非历史的不客观的强求。这个老大帝国的落伍和种种今天看来不可思议的观念，是历史和现实各种因素造成的既成事实，无须过多指责。摆在我们面前的问题是，两个不同文明程度的国家，两种不同的世界理念，如何交汇和融和？战争是否是唯一的解决手段？在 1910 年出版的《中华帝国对外关系史》第 1 卷中，熟悉国际法的马士便提出了这一问题："在当时，一个国家在坚持同另一个国家自由通商方面究竟有多大权利？这第二个国家又可以在什么样的程度上自由地对于这样进行的贸易自行加以限制？这种限制能够严厉到几乎禁绝贸易的程度么？一个国家既拒绝对外贸易，或是把限制规定到使贸易无法进行的程度，而这个国家对于外国商人们的人身又应当尊重到什么样的程度？一个除了接受贡使以外从未接受过其他使节的国家，是否必须予使节以平等地位的外交权利？更困难的事实是，世界历史的知识已成为西方人的指南，天朝的统治者们对它却还是茫无所知，他们根本不晓得自己版图以及它的边缘上一些属国以外的世界。从这种观点所产生的问题是，欧洲能够要求中国接受西方人所已接受的国际规律到何等程度？"[1]

他感到这是一个困难的问题。这是因为其中包含着那个时代国际法实践中相互抵牾的悖论，即：如果按照国际法的准则，尊重清帝国的独立权，便无法与它建立国际法基础上的国家关系；如果采用暴力手段它建立这一关系，则又违反了国际法。正是在这种悖论中，西方国家在辩解其行为时，多是强词夺理。马士没有直接回答这一连串问题，而是提出两个选择，即："是把它们当作哲学问题在学校中去辩论呢，还是当作一些有待各国政府去作决定的实际问题去看待。"如果当作理论问题讨论，实际上已提出了正反两种不同的答案。如果由各国政府在实践中去解答，也有两种或多种不同的方式。一种是英国已经践行的战争方式，另一种则是融调两种文明的和平方式。前者给一个国家和民族带来难以估量的伤害，理所当然要遭到历史的谴

---

[1]　[美] 马士著，张汇文等译：《中华帝国对外关系史》第 1 卷，第 158 页。

责。后者也曾有过尝试，虽无结果，却给我们留下了有益的思考。

义律就任商务监督后，在试图打破天朝体制、建立中英官方关系时作了这一尝试。在两种体制的矛盾中，他提出"冀或尚有可办之法，而欲于天朝向例及本国谕旨之中，两者无干故违之咎，俾得仍可上达下奉"。① 又说：他所希望的"只不过是在符合清朝律例而又不违背英国法律的条件下继续进行体面的贸易"。② 这实际上是一种融调两种文明体制的方式。鸦片战争爆发后，在胁迫清政府签约问题上，义律的看法也与巴麦尊等强硬派不同，他认为，"同广州政府和人民维持和平的商业关系，比同皇帝缔结一项和约，对于我们是更加重要的"。即使要签约，"在目前的情况下，我们所能同（中国）朝廷缔结的最有利的和约，将是一件包含条款数目最少的条约"。义律心目中的条约，不是由英方强制签订的，而是"中国人企求一项条约，而条约已成为必要或适宜的"。其内容不应超过两个条款，即"割让香港"，以及"许给我们以商业和其他方面的权益，包括以后许给其他国家的任何权利"两项。在他看来，"我们在这些海岸上的实力地位以及大量勒逼而成的贸易，必会不久就引起这种企求条约的意向，然后，再在一种概括基础上作稳妥而有利的谈判，便会切实可行了，而这种概括的基础，当我们强迫他们接受一项条约时，则必定是谈不到的"。③ 显然，义律牟取在华权益的方式，含有较多的顺乎自然的成分，而较少予取予求的强权意识。在战争期间的交涉中，义律采取了较为和缓的方针，没有完全遵从外交大臣巴麦尊的训令，最大程度地从中国攫取各种权益，以致引起了英国政府的强烈不满。研究鸦片战争的中外学者，注意并揭示了义律的这一倾向。或认为，将义律所拟的议和条件《善定事宜》与巴麦尊的《条约草案》相比较，认为"前者更对中国有利。义律完全违背了巴麦尊训令"。④ 或认为，在所拟条约草案中，"义律大

---

① 《义律函》，1838 年 4 月 6 日，佐佐木正哉编：《鸦片战争前中英交涉文书》，第 143 页。
② 《义律海军上校致广州地方官员函》，1839 年 12 月 15 日，胡滨译：《英国档案有关鸦片战争资料选译》下册，中华书局，1993 年，第 565—566 页。
③ 《查理·义律致奥克兰勋爵（印度总督）函》，1841 年 6 月 21 日，［美］马士著，张汇文等译：《中华帝国对外关系史》第 1 卷，第 742、744—745 页。
④ 茅海建：《天朝的崩溃：鸦片战争再研究》，生活·读书·新知三联书店，1995 年，第 217 页。

量削减了英国政府训令中的条款，尽量采纳琦善的要求"。① 由于义律的这一态度，遭到巴麦尊的严厉斥责，并被撤换。

由于各种原因，义律的尝试半途而废，但他所采行的方式提供了解决这一难题的启示。从总体上讲，清帝国一直在紧缩交往的空间，但也显示了在坚持核心体制的前提上有所放松的迹象，义律在改易天朝交往体制所取得的一定成效便说明了这一点。他本人也曾对此充满信心，在他看来，坚冰已经打破，剩下的问题便是推进这一进程。在中英实现"官方直接通讯"之后，义律乐观地认为，"今后改善与扩展这种方式，将比创立它要来得容易"。② 即使一些强烈主张使用武力手段的人，在筹划用条约关系改革天朝体制的思考中，也认为深闭固拒不是中国的传统，而是满族政权尤其是乾隆以来所实行的政策。"这个国家的人民和他们的政府相反，关心他们自己的利益比对政府的偏见大得多。他们是逐利的民族，喜欢做买卖，与外人也友善。对于限制对外贸易的命令，他们不特不甘愿服从，反而千方百计把它们化为乌有"。这个国家的官吏，"不是个个都受仇视外人情绪所影响的"。也有一些有权势的人不赞成广州体制，他们宣称并相信，"如果外人通过适当的步骤，向皇帝建议订立商约，皇帝一定会对于外人合理要求（不是申请）加以考虑"。而他们自己也将把和外人互市所带给他们统治上的利益，奏呈皇帝，"赞成订立商约"。因此，在缔结条约的过程中，"会有一些足以促进它的达成的情势发生"。③《中国丛报》论述英中关系的一篇文章，甚至认为，"在显示出与整个世界隔绝的后面，反对与其他国家交往的制度，并非中国政治伦理的基本原则，恰巧相反，此与他们明确奠立在典籍中的政治信条截然不同"。④ 诚然，义律和这些人对天朝体制的顽固性估计有所不足而过分自信，

---

① ［日］佐佐木正哉著，李少军译：《论所谓〈穿鼻条约草案〉》，武汉大学历史系鸦片战争研究组编：《外国学者论鸦片战争与林则徐》上册，第 172 页。

② 《一八三二年至一八四一年十年中在中国发生的重大事件的回顾（续）》，广东省文史馆编：《鸦片战争与林则徐史料选译》，第 333 页。

③ A Correspondent, Treaty with the Chinese, a great desideratum; probability of forming one, with remarks concerning the measures by which the object may be gained. *The Chinese Repository*, Vol. Ⅳ. No. 10. 译文参见广东省文史研究馆编：《鸦片战争史料选译》，第 46—47 页。

④ Relations of Great Britain with China: policy hitherto pursued, with suggestions respecting future measures. *The Chinese Repository*, Vol. Ⅴ. No 3, pp. 124—125.

对中国传统文化的理解和认识不够深切而有些偏差。但同时也说明，该体制并非一成不变，即使是儒家经典，也肯定因时变通的必要性，所谓"礼，时为大"，正反映了这一思想。① 两广总督长麟向马戛尔尼表示，要改革广州体制，"将应兴的事兴起来，应革的事革去"。② 显然，在适当的条件下，天朝体制也存在因时调整和变化的可能。

四、 使用武力的主导趋向与条约关系的建立

然而，西方国家在打开和扩大中国大门的过程中使用武力的主导趋向，将中国引向了另一种发展途径。

他们也一直在思考和探讨采取什么方式对待这个与彼不同步的古老帝国。鸦片战争前，《中国丛报》在一篇文章的编者按中说：我们完全同意"我们还要学习应该怎样来对待"一个高傲的、半开化的、专制的中国政府。③ 但是，至鸦片战争爆发，他们的"学习"尽管存在不同意见，但其中反映其主导趋向的基本结论便是："中国在对外交往方面一贯持敌对政策，无论是友好的或有益的，其中有着早就应该予以纠正的错误。西方国家与这个帝国有着广泛的商业关系，本应通过文明的和政治的契约，建立和调整那些关系。而且，我们认为，它们早应强制中国人放弃他们不正当且有害的妄自尊大。"④ 这个结论的中心词，便是"强制"，实际上就是强权。按照这一结论，早就应该用战争迫使中国接受政治条约，来建立和保障商业关系。从其后的史实来看，西方国家的"学习"，也主要是朝这一方向努力，即用暴力手段压制中国屈服，因为，"忍耐和劝说都不曾在这一个国家里把文明事业向前推进一步过"，⑤ 只有不断地使用武力。这种强权政治的逻辑和运作，

---

① 杨天宇撰：《礼记译注》上册，第 285 页。

② ［英］马戛尔尼著，刘半农译：《乾隆英使觐见记》下卷，中华书局，1916 年，第 29—30 页。

③ A Correspondent, Treaty with the Chinese, a great desideratum; probability of forming one; with remarks concerning the measures by which the object may be gained. *The Chinese Repository*, Vol. Ⅳ. No. 10. 译文参见广东省文史研究馆编：《鸦片战争史料选译》，第 52 页。

④ Parliamentary debate on Chinese affairs; speeches of leading members; the Blue Book; the Quarterly Review; and Blackwood's Magazine. *The Chinese Repository*, Vol. Ⅸ. No. 5, p323.

⑤ 《劳文罗斯对于美英商人所递公函的答复》，1869 年 7 月 17 日，［美］马士著，张汇文等译：《中华帝国对外关系史》第 2 卷，第 480—481、485 页。

加剧了中外冲突，同时又更刺激了中国人的民族情绪和反感。这些矛盾和冲突循环往复，又在相当程度上延缓了中国平等地融入国际社会的进程。无疑，西方国家单边地推行自己意志的方式，阻塞了继续践履另一种方式的道路，也是导致中国迟迟不能建立平等的条约关系的基本原因之一。在当今国家体制和意识形态多元化的世界，按照何种原则和方式进行国际交往，诸如是单边主义抑或多方协商，是相互尊重抑或恃强凌弱，以及是守旧封闭抑或革新开放等等问题，仍然以新的形式存在着。因此，检讨鸦片战争前中外条约关系的酝酿及其趋向，在某种程度上给我们提供了有益的启示。

以英国为首的西方列强没有走义律所践履的融调之路，而是完全诉诸战争暴力攫取在华权益，打破中国传统的国际秩序模式，强迫中国接受不平等的条约关系，并不断地用战争予以巩固和扩展。如前所述，鸦片战争前夕，英国朝野的战争意识非常强烈，诉诸武力成为英国的普遍情绪，大臣们和小册子的作者都支持战争。战争成为英国的必然选择，反映了资本主义对外扩张的本性，它需要的只是一个借口和说辞而已。当中国因禁烟与彼发生冲突之时，英国甚至置人类道义而不顾，以此事件为借口发动了侵略战争。1840年1月16日，英女王维多利亚在议会发表演说，鼓动战争，声称："在中国发生的事件已经引起我国臣民与该国通商关系中断，我已极严重注意，并将继续注意这一影响我国臣民利益和王室尊严的事件。"[①] 2月20日，任命懿律和义律为对华交涉正副全权代表。3月19日，英政府在下院宣布"远征"中国的决定和意图。4月7日至9日，议会经过辩论，决定发动对华战争。这一不平等的条约关系，便产生于这场罪恶的鸦片战争。

为发动战争，英国政府提出了种种荒唐的借口和理由，反映了西方列强的强权本质。一位托利党人认为这是英国的"耻辱"，他呼吁，在广州上空升起的英国国旗，是为了保护"臭名远扬"的走私贸易，应当以"厌恶"的心情将它撤回来。[②] 然理性正义的呼吁未能抑止这场战争，英国议会最终以271票对262票的微弱多数通过军事行动的议决。英国如此冒天下之大不韪

---

① 姚薇元：《鸦片战争史实考》，人民出版社，1984年，第51页。
② ［美］费正清编，中国社会科学院历史研究所编译室译：《剑桥中国晚清史》上卷，第209页。

发动不义战争,其目的便是打破中国传统的国际秩序模式,建立对华不平等条约关系。英商"为将来贸易着想",鼓吹"用强大的武力做后盾,从中国人手里获取特权"。通过"签订一个通商条约","使得贸易建立在稳固而永久的基础之上"。①

通过鸦片战争,以英国为首的西方列强终于达到了自己的目的,与清政府初步建立了新的关系。接着,各国"相率效尤",这一新的关系扩展到其他国家。

新建立的条约关系,对列强各国而言,"揭开了对华事务的新纪元",②但却是脆弱的和不完全的。在它们看来,以"天下共主"自居的清帝国并未真正接受这一关系,随后"是一个摩擦时期,这时西方国家已经把条件强加于中国,中国却试图尽量缩小并抗拒它们"。③"在北京几乎每一个有权位的中国人都反对履行条约各款",议和大臣遭到人们的"痛恨"。④虽然清帝国认可了强加于它的"种种屈辱条件",却并不表明它"必须屈膝",帝国各地仍然认为有权"象受命于天一样,去破除那些不公正条约里的人为的限制"。而且,"他们一点不懂得国际法或国际权利",除中俄界约外,"从来没有受过一个条约里相互取与的规定的约束"。因此,要使这些条约"强加于中国的条件成为约束东西方关系的法律,还得在以后表明出来"。⑤显然,新的条约关系尚未真正取代天朝体制,还隐伏着种种危机。另外,这一关系本身还不完善,还未充分地赋予列强所需要的特权,其适用范围也仍有种种局限。在清政府看来,《南京条约》是永保和平的"万年和约",不愿再行修约。而列强各国对第一批条约并不满足,需要从各个方面进一步调整关系。咸丰四年(1854),《南京条约》届满 12 年。英国根据中美《望厦条约》关于 12 年后贸易及海面各款稍可变更的规定,援引最惠国条款,向

① 《拉本德、斯密斯、克劳复致巴麦尊》,1839 年 11 月 2 日,严中平辑译:《英国鸦片贩子策划鸦片战争的幕后活动》,载《近代史资料》1958 年第 4 期。

② [英] 菲利浦·约瑟夫著,胡滨译:《列强对华外交》,第 3 页。

③ [美] 马士著,张汇文等译:《中华帝国对外关系史》第 1 卷,第 337 页。

④ [英] 德庇时:《和平以来的中国》第 2 册,第 21 页。见 [美] 马士著,张汇文等译:《中华帝国对外关系史》第 1 卷,第 374 页。

⑤ [美] 马士著,张汇文等译:《中华帝国对外关系史》第 1 卷,第 357—358、374—375 页。

清政府提出全面修改《南京条约》的要求。主要内容为：中国全境开放通商，鸦片贸易合法化，进出口货物免交子口税，外国公使常驻北京等。法、美两国也分别要求修改条约。清政府表示拒绝，交涉没有结果。咸丰六年（1856），《望厦条约》届满 12 年。美国在英、法的支持下，再次提出全面修改条约的要求，但仍被清政府拒绝。于是，西方列强决心对中国发动一场新的侵略战争。

在中国与西方列强面临新的冲突之际，在中国西南发生了一件小插曲，即咸丰六年（1856）中尼（廓尔喀）《藏尼条约》的签订。条约系"廓尔喀与西藏僧俗会议"所商定，规定了尼泊尔在西藏享有的种种特权，属地方性的不平等协约。同时，该约又确认中尼之间的朝贡关系，规定：尼泊尔"按历来所载，礼敬中国皇帝，如前无异"。[①] 该约与中国与西方各国的条约关系不同，至少在清政府的观念意识中，其性质尚未超出藩属体系，可认为是这一体系之下的特例。它既反映了清政府的国势衰弱，又说明其宗藩体系中的主权观念和意识，是模糊不清的。

《藏尼条约》签订不久，第二次鸦片战争不可避免地于 1856 年 10 月爆发。这次战争是第一次鸦片战争的继续，"是为再度的解决这些同样的问题而进行的"。[②] 发动战争之前，英、法、美等国提出修约要求，试图通过谈判达到扩大特权的目的，遭到清政府的拒绝，于是又转向战争手段，再次用暴力调整了条约关系。通过战争，它们又迫使清政府先后于 1858 和 1860 年订立《天津条约》和《北京条约》。在此之后，经过调整的条约关系，基本上取代了天朝体制，逐渐获得了稳固的地位。列强攫取了更多的特权，条约关系的具体内容更为完善，基本框架已大体上定型。它基本上囊括了列强在华的主要特权，尤其是经济特权。如英人伯尔考维茨所说："它包括了商人们所要求的特权"，是"整个时期英国和中国外交及商务关系的根本基础。无论是 1876 年的《烟台条约》或 1902 年的《马凯条约》（中英《续议通商行

---

① 见《藏尼条约》，咸丰六年二月十八日，王铁崖编：《中外旧约章汇编》第 1 册，第 84—85 页；参见杨公素：《中国西藏地方的涉外问题》，中共西藏自治区委员会党史资料征审委员会，1985 年内部版，第 58 页。

② ［美］马士著，张汇文等译：《中华帝国对外关系史》第 1 卷，商务印书馆，1963 年，第 696 页。

船条约》）都没作出任何基本上的变动"。① 另外，俄国趁火打劫，利用中国与英法开战之机，采用威逼利诱等手段，通过条约从中国割去了大片领土。在此同时，列强又更进一步将西方的近代外交模式纳入条约关系之中，规定互派公使，更加强了条约关系。条约关系的适用范围，已由沿海几个据点扩展到清帝国的中枢和内地，由此具有了全局的意义。对中国的约束，也从东南五口扩展到中国的京师、长江腹地和北方，中国开始受到这一关系的全面制约。通过第二次鸦片战争，列强确立了对华关系的支配地位，马士谓，"直至 1839 年为止，使西方国家听从条件方可允许双方关系存在的是中国；自从 1860 年以后，把和中国共同来往的条件强加于中国的却是西方国家"。② 由此可见，以不平等为主导的中外条约关系这一新的国际秩序，经过两次鸦片战争，至此已经基本形成。

通过两次鸦片战争，以不平等为内核的中外条约关系得以基本形成，中国全方位地被纳入到西方列强主导的国际秩序之中。同时，中国既有的国际秩序即朝贡关系，虽然受到一定的冲击，但并未消失，形成了两种国际秩序并存的局面，美国学者费正清甚至将条约关系视为朝贡关系的"副产品"。③ 在这个时期，清政府基本上与既有的朝贡国保持着传统关系，如礼部掌管的朝鲜、琉球、越南、南掌、暹罗、缅甸、苏禄等国，除苏禄早已绝贡之外，其他六国虽然贡期有长短之别，但仍未放弃履行职责。理藩院掌管中亚国家的朝贡事务，如哈萨克、布鲁特、浩罕、布哈拉、爱乌罕、坎巨提，南亚的廓尔喀（尼泊尔）、哲孟雄（锡金）、不丹等国，也与中国维持着不同程度的朝贡关系。不过，由于西方列强的入侵，又兼中国内部因农民起义造成的局势动荡，又进一步推促着朝贡关系的衰落趋势。

---

① ［英］伯尔考维茨著，江载华、陈衍译：《中国通与英国外交部》，第 22、21 页。

② ［美］马士著，张汇文等译：《中华帝国对外关系史》第 1 卷，第 337 页。

③ ［美］费正清：《中国的世界秩序中的早期条约体系》，载［美］费正清编，杜继东译：《中国的世界秩序——传统中国的对外关系》，中国社会科学出版社，2010 年，第 277 页。

第二节　条约关系的发展与巩固强化

经过第二次鸦片战争，中外条约关系基本形成，并获得了极大的发展。除了英、法、美、俄，其他各国均与中国订约，中国与整个资本主义世界建立了不平等条约关系。与此同时，清政府又作了平等条约关系的尝试与努力，其对条约的认识和态度也有了新变化。传统的朝贡关系面临着前所未有的严重危机，终经中日甲午战争而陷入崩溃，被条约关系彻底取代。接踵而至的瓜分狂潮使条约关系所蓄积的内在危机白热化，各国列强在镇压中国人民的反抗斗争后，通过《辛丑条约》进一步巩固和强化了这一不平等条约关系。这个时期，条约关系出现了新的变化，中国开始参加具有平等性质的国际公约尤具重要意义，"准条约"关系在发展中出现了新趋势，清政府的条约关系观念逐渐趋于形成，民众的拒约运动也转向更具理性的方向。

一、　条约关系的发展变化与清政府的条约方针

第二次鸦片战争结束后，到甲午战争暨《马关条约》和中日商约订立，中外条约关系进入新的发展阶段，条约出现新的变化和新的形式，与此同时朝贡关系也发生了危机。

一是不平等条约关系的范围大大扩展，与中国建立这一关系的国家迅速增加。1858 年 6 月，俄国、美国、英国、法国先后与中国订立《天津条约》，其中英、法、美又于 11 月订立附约《通商章程善后条约：海关税则》。接着，1860 年 10、11 月，英、法、俄又与清政府订立《北京条约》。1861 年 9 月，德国订立《通商条约》和《通商章程善后条约：海关税则》，1863 年 7 月丹麦订立《天津条约》和《通商章程：海关税则》，10 月，荷兰订立《天津条约》，1864 年 10 月，西班牙订立《和好贸易条约》，1865 年 11 月比利时订立《通商条约》和《通商章程：海关税则》，1866 年 10 月，意大利订立《通商条约》和《通商章程：海关税则》，1869 年 9 月，奥地利订立《通商条

约》和《通商章程：海关税则》。1874 年 6 月，秘鲁订立《会议专条》和《通商条约》。80 年代，又有一批国家与中国建立不平等条约关系。1881 年10 月，巴西订立《和好通商条约》；1887 年 12 月，葡萄牙订立《和好通商条约》，等等①。上述所列，多数系新订条约的国家，表明中国已与整个资本主义世界建立了不平等条约关系。

二是建立平等的条约关系。当日本要求与中国订约，清政府进行建立平等互惠的条约关系努力和尝试，并如愿以偿。1870 年 7 月，为解决朝鲜问题，日本太政官命外务权大丞柳原前光和外务权少丞花房义质等人，前往中国进行签订条约的预备谈判。对日本的订约要求，清政府内心是不愿意的，并对其抱有戒心。然柳原"其意甚坚，其词极婉"，又以结盟相诱惑，终于打动了天朝大吏们。经"公同商酌"，奕䜣等奏请允准接受日本的请求。② 其后因安徽巡抚英翰提出反对意见，清廷令曾国藩、李鸿章"豫行妥筹"。曾、李二人纠正了英翰将日本视为藩属国的错误，从各个角度分析了与彼订约的必要性，尤其是他们均看到与各国普遍建立条约关系的必然趋势，仍然主张与之订约。曾国藩更提出了订约的基本方针，即"条约中不可载明比照泰西各国总例办理等语，尤不可载后有恩渥利益施于各国者一体均沾等语"。③ 并得到清廷肯定。根据这一方针，1871 年 9 月 13 日，中方全权代表李鸿章和日方全权代表伊达宗诚签订了《修好条规》及《通商章程：海关税则》，并于 1873 年 4 月 30 日交换批准。至此，中日两国正式建立了条约关系。此次订约交涉，中日最后签订了权利义务相互平等的条约。这是中国首次按照自己的主张订约，避免了中外条约中种种弊端，反映了清政府订约思想的进步。

该约对日本是有利的，虽在形式上是平等的，但在实际上却不对等。而日本并非打算与中国建立近代性质的平等条约关系，而是要效法西方列强，

① 见王铁崖编：《中外旧约章汇编》第 1 册，第 86、89、96、104、116、133、137、144、146、149、163、171、197、204、208、218、230、238、246、255、277、285、338、339、394、522 页。

② 《总理各国事务恭亲王等奏》，同治九年十月庚戌，宝鋆等纂修：《筹办夷务始末·同治朝》卷 78，第 23—24 页。

③ 《大学士两江总督曾国藩奏》，同治十年正月己酉，宝鋆等纂修：《筹办夷务始末·同治朝》卷 80，第 9—11 页。

将不平等强加给中国。订约交涉中，清政府打破与西方列强所订条约的成规，与日本建立平等的条约关系，所订条约实现了这一目标，为此作了初步的尝试。然而，由于日本力图效法西方列强，尽管清政府如愿以偿，这一以中方为主导而建立的条约关系，缺乏坚实的基础，其所隐伏的深刻危机，换约后不到十年便显现出来。

三是采用条约关系的形式确认和进一步规范朝贡关系。需要指出，在这个阶段，列强通过两次鸦片战争建立条约关系，只是打破了中国传统的对外关系模式，尚未完全取代它。列强的主要目的是建立对中国的不平等关系，至于中国与藩属国的朝贡关系，并未完全否定。例如，清政府屡屡揭示朝鲜系中国"属国"的事实，申言，"朝鲜与各国立约时声明在先，各国虽未明认，实已默许"。[①] 这样，在中外条约关系出现后，朝贡关系并未取消，中国处于两种国际秩序并存的格局。一方面，中国仍以天朝上国的身份，与周边国家，如朝鲜、越南等国，继续维持传统的朝贡关系；另一方面，英、美、法等西方列强通过新的条约关系，对中国行使"准统治权"。

但是，两者系根本不同的国际秩序，条约关系的建立与形成，不可避免地逐渐削弱和侵蚀中国传统的对外关系和清政府的天朝体制。随着日本侵略朝鲜的加剧，为抵制其野心，清政府在 19 世纪 80 年代采取加强控制的举措，与朝鲜建立了以宗藩体制为基础的条约关系。光绪八年（1882）中朝订立《商民水陆贸易章程》，该约是中国对朝鲜的不平等。但它是建立在传统的宗藩体制的基础上，与西方列强强加给东方国家的不平等条约关系，有着性质上的不同。

四是减轻与西方国家条约关系中的不平等程度。这方面尤值得注意的是，对第二次鸦片战争之后来华订约的小国，清政府的态度开始有所区别。其时，列强各国向中国索取权益愈益频繁，其他小国也纷纷要求订约通商，一体均沾列强所已攫取的权益。同治二年（1863），荷兰遣使来华订约，要

---

① 《直督李鸿章致总署照会似宜略述属国一节日货暂停进口但各国运日货恐不能禁电》，光绪二十年六月二十五日，王彦威、王亮辑编，李育民等点校整理：《清季外交史料》第 4 册，第 1894 页。

求"照英法各国条款办理，以示一体优待之意"，清政府予以拒绝。[①] 随后也正是按照这一指导思想订约，两国所订《天津条约》较为简略，仅 16 款。在与小国的新订条约中，清政府尤注意改变片面最惠国条款的规定，如同治八年（1869）订立的中奥《通商条约》给予奥地利最惠国待遇，同时又规定给予中国同样的权益。此为中外条约中第一个双方的概括性最惠国条款，虽然中国实际上并不能真正享受到实惠，但毕竟为此开了先河，其后秘鲁、巴西、墨西哥、瑞典、瑞士等小国亦与中国订了类似的条款。

再如，葡萄牙曾于 1862 年 3 月与清政府签订《和好贸易条约》，因澳门问题而未换约。该约签订后，清政府感到其中"澳门设官一节，于体制稍有窒碍"，又因"该使先有要求事件"，因此向葡使提出"酌商"，"借此与之剖辩，以杜其无厌之请"。[②] 其后在谈判中，清政府明确提出修改含混之处，以及将侵占之地归还中国。但葡使阿穆恩拒绝了中国的要求，谈判破裂，条约没有互换。比利时也先于 1863 年 8 月与清政府签订《通商条约》，仅有四款。其时，比利时要求订约时，清廷担心"允行太易，则恐得步进步，翻多晓渎"。因此"不可不稍为操纵，以防其弊"，谕令薛焕"妥为开导"，"力为拦阻"，"毋庸另立条约"。如该公使必求立约为据，"断不能与英法相同"。[③] 由于该约没有如同与他国条约一样明确赋予比国各种特权，比利时政府拒绝批准。而 1865 年所订条约，则明确取得了与他国同样的特权。

又如，以何国文字作为条约解释的依据，清政府也开始提出自己的要求。咸丰十一年（1861），德国派遣使臣艾林波来华订约，提出所有条约及将来照会，均以该国文字为凭。奕䜣令总理衙门大臣崇纶等"驳改"，"总以中国文字为凭"，最后议定"中国与布国各以本国文字为正，此外立一法文底稿，以便将来作为质证"。[④] 除中俄《天津条约》外，此系第一次在条约中

---

① 《三口通商大臣兵部左侍郎崇厚奏》，同治二年八月壬寅，宝鋆等纂修：《筹办夷务始末·同治朝》卷 20，第 7 页。
② 《总理各国事务大臣薛焕、三口通商大臣兵部左侍郎崇厚奏》，同治三年五月庚申，宝鋆等纂修：《筹办夷务始末·同治朝》卷 25，第 36 页。
③ 《穆宗毅皇帝实录》卷 24，同治元年四月己未，《清实录》第 45 册，中华书局，1987 年，第 657—658 页。
④ 《恭亲王等奏》，咸丰十一年七月甲辰，宝鋆等纂修：《筹办夷务始末·同治朝》卷 1，第 2 页；参见中德《通商条约》，咸丰十一年七月二十八日，王铁崖编：《中外旧约章汇编》第 1 册，第 165 页。

规定各以本国文字为凭，其后中国与荷兰、西班牙、比利时、意大利、奥地利等欧洲小国所订条约，均有同样规定。中秘、中葡、中墨等国条约，则规定以第三国文字，即"以英文为主"。

进而，清政府又试图在与小国订立新约时，打开取消领事裁判权的缺口。光绪六年（1880）八月，李鸿章等与巴西订约，提出"参酌西国公法，问案专归地方官，而科罪则各照其国"。这是一个折衷的方案，是清政府进行的一次尝试，但未能如愿以偿。中巴条约虽未能实现废弃领事裁判权，但却表达了清政府的愿望，并为将来埋下了伏笔。如李鸿章在奏折中所说，"虽公律骤难定议，究为洋务紧要关键，特倡其说，以作权舆"。① 与此相应，清政府在与小国订约时，又坚持规范领事资格，明确规定不得以商人充当领事。同治元年，比利时使臣包礼士来华订约，总理衙门提出，领事官"不得以商人充当"。② 其后经过商谈，又略与通融，在两国签订的《通商条约》中作了明确规定。③ 此为第一次在正式条约中规定不准商人充当领事，但由于比利时政府对该约不满，未予批准。同治三年（1864），西班牙遣使订约，清政府在此问题上态度坚决，采取不妥协的方针。西班牙使臣不得不同意清政府的这一条件，两国所订《和好贸易条约》规定，"所派之员必须日斯巴利亚真正职官，不得派商人作领事官，一面又兼贸易"。④ 这是明确规定的第一个正式条约，而且，清政府将此作为以后新订条约的一个原则，意在"使未来之小国，闻而裹足，庶于柔远之中，仍示限制之意"。⑤

清政府对小国有所区别的订约方针，如前所述，由于其一视同仁的政策，一般并不影响这些国家享有基本的条约特权。对这些国家提出某种具体要求，多是为了打开缺口，避免或减轻不平等条约的弊病，却常因大国的庇护，往往不能如愿以偿，或要打很大的折扣。如其后与比利时、意大利、奥

---

① 《直督李鸿章奏与巴西使臣议立通商条约竣事折》，光绪六年八月初六日，王彦威、王亮辑编，李育民等点校整理：《清季外交史料》第 2 册，第 432—433 页。

② 《照复文稿》，同治元年六月丁卯，宝鋆等纂修：《筹办夷务始末·同治朝》卷 7，第 20 页。

③ 《通商条约》，同治元年七月十三日，王铁崖：《中外旧约章汇编》第 1 册，第 208 页。注：该约章汇编误将订约时间定为同治二年，茅海建《第一次中比条约的订立时间及其评价》（《近代史研究》1994 年第 2 期）对此作了考证。

④ 《和好贸易条约》，同治三年九月初十日，王铁崖编：《中外旧约章汇编》第 1 册，第 219 页。

⑤ 《恭亲王等又奏》，同治三年四月戊戌，宝鋆等纂修：《筹办夷务始末·同治朝》卷 25，第 12 页。

地利等交涉这一问题，并不那么顺利，遇到各种阻力。

五是在条约关系形成的同时，清政府还与各国订立了一系列的"准条约"，构筑了条约关系的另一种形式。"准条约"关系的产生，缘于洋务运动的开展和发展，反映了列强各国扩大在华权益的需要。19 世纪 70 年代，清政府与丹麦大东、英国大北公司订立了一系列电信合同，有 1875 年的《买回福建省厦电线合同》《买回马尾电线合同》《委托丹麦北路电报公司代管马尾电线合同》、1876 年《省厦电线续立条款》、1881 年的《电报交涉事宜条款》《中国与外洋彼此收递电报办法合同》、1883 年的《上海至香港电报办法合同》、1889 年的《续订电报齐价摊分合同》，等等。此外，在此时期还与其他邻国订立了相似的电信类"准条约"。作为条约关系中的另一种形式，"准条约"是其重要补充，为各国列强攫取在华权益提供了一种新的途径，同时又在某种意义有助于中国引进近代机器和先进技术。其后，这一形式的条约关系在新的历史条件下，又获得重要发展。

以上种种变化说明，这个时期随着条约关系的基本形成，其规模和类型均有新的发展。从其产生和发展的历程可以看出，中外条约关系建立的前提条件是战争暴力或武力威胁，这是其不平等内涵的基础。甚至和平达成的协定反被视为非正常而被否定，1869 年中英《新定条约》未被批准的结局，正典型地反映了中外条约关系的这一性质，并揭示了它为强权所裹胁的发展趋向。

从清政府的态度来看，在新的形势下发生了重要的变化，它不得不接受战争的结局，屈从于不平等的条约关系。一次又一次的战争，"在足够的武力使用之下，终于使中国屈服了"。[①] 随后在同治初年，清政府在潮州入城问题上更看到问题的严重性，又加上贵州教案，促使清政府确立了守约方针。朝廷颁发了一道严厉的谕旨，斥责该省督抚不按条约办事，强调遵守条约"势在必行"。[②] 这是清政府确立守约方针的转折点，在其内部逐渐形成了重

---

① ［美］马士著，张汇文等译：《中华帝国对外关系史》第 1 卷，第 696 页。
② 《谕军机大臣等》，同治四年八月壬戌，宝鋆等纂修：《筹办夷务始末·同治朝》卷 35，第 37、38 页。

视履行条约义务的主体意识。恭亲王奕䜣提出，"以守约为主，以践言为先"。① 尽管"皆非所愿"，但"信义所在"，"不可故违"，甚至表示，"此中之隐忍含容，皆出于万不得已，虽冒天下之不韪而不敢辞"。② 其后，清政府在天津教案、马嘉理案等重要事件中进一步加强了这一方针。清政府确立了自己信守条约的方针，不仅朝廷的态度明确起来，而且一些地位显要的地方督抚也都强调取信于洋人。

在此同时，为适应条约关系的建立及发展，逐渐建立了新的外交体制和机构，主要体现在地方外交体制、专门的中央外交机构，以及近代交往制度等三个方面。地方外交行政，除南北洋大臣外，各省亦建立了以督抚、将军为中心的外交体制。在各类各级地方外交机构中，关道在协调中外关系方面发挥了特殊的作用，具有重要地位。关道的特殊地位正是条约关系造成的，"以关道为外交官，实本于以前与各国所订约章内各国总领事与道台同品一语，当时指明与何官同品，即为往来办事而定，故各省向由洋务局总办径与各国总领事、领事交涉"。③ 在中央层面也进行了重大改革，咸丰十年（1860）十二月，恭亲王奕䜣等上奏，提出了一整套举措，其中第一条便是"京师请设立总理各国事务衙门，以专责成"。④ 近代交往制度内容广泛，对当时的清政府而言，具有根本性意义的，主要是建立中外互派公使常驻对方京师的制度。《天津条约》规定互派公使，成为条约关系的重要内容。对西方列强来说，这是最重要的一项收获，英国专使额尔金认为，"通过条约获得的最重要的东西，是公使常驻北京，没有它，这个条约不值一根稻草"。⑤ 同时，这又是体现近代外交的一项制度，在列强压力下，同时为了适应条约关系，清政府也付诸实施，派出驻外公使。与此相应，清政府在礼仪上终于

---

① 《总理各国事务恭亲王等奏》，同治五年七月壬戌，宝鋆等纂修：《筹办夷务始末·同治朝》卷43，第3页。

② 《恭亲王等又奏》，同治五年七月壬戌，宝鋆等纂修：《筹办夷务始末·同治朝》卷43，第5页。

③ 《盛京将军赵尔巽复萩原总领事与道台同品应按约章办理照会》光绪三十二年九月十七日，王彦威、王亮辑编，李育民等点校整理：《清季外交史料》第7册，第3602页。

④ 《奕䜣桂良文详奏统计全局酌拟章程六条呈览请议遵行折》附件《章程六条》，咸丰十年十二月初三日，贾桢等纂修：《筹办夷务始末·咸丰朝》八，第2675—2676页。

⑤ Alexander Michhid, *The Englishman in China during the Victorian era*, Vol I. W. Blackwood & sons, Edinburgh and London, 1900, p332.

接受其西方国家的要求，同意不用中国传统的跪拜礼，"准其觐见"。① 这些不同于鸦片战争前的新变化，打破了传统对外观念及制度，由此形成了既具有近代性质，又含有传统意识的畸形的条约外交体制。

二、 中外条约关系新阶段的开启

前述变化中，虽然含有建立平等关系的尝试，但仅仅只是纸面上的东西而已，注定是短暂的。很快日本入侵台湾，觊觎中国领土，又吞并琉球，向中国的宗藩体制发起了挑战，均破坏了中日平等的条约关系。"彼辄违背原约，悍然弗顾，如兴兵台湾，灭取琉球，与废约何异？"② 终于，在羽翼丰满之后，日本悍然发动侵略战争，割占台湾，并彻底摧毁宗藩体制，实现它的这一领土野心，并完全中断了中日间平等的条约关系。1894 至 1895 年甲午战争暨《马关条约》是一个划时代的重大事件，成为中国近代历史进程中的转折点，并开启了中外条约关系的新阶段。

一是形成了单一国际秩序格局。鸦片战争之后，西方列强将体现强权政治的不平等条约关系强加给中国，出现了一种新的国际秩序。与此同时，传统的朝贡关系虽然面临危机而不断趋向衰落，但在清政府的苦心维持中仍然存留着，中国处于两种国际秩序并存的格局之中。经过甲午战争及其《马关条约》，这一双重格局基本上被打破，朝贡关系被条约关系所取代，传统对外体制转向新的轨道，中国的外交观念及体系均发生了重要变化。在此之前，传统的朝贡关系逐渐受到摧残，日本侵占琉球，法国通过中法战争推翻了中越宗藩关系，英国占据缅甸，又使中缅宗藩关系名存实亡。其他几个朝贡国在此之前，便因种种原因停止入贡。迄至 19 世纪 90 年代，中国仅剩下朝鲜一个朝贡国，成为维持传统国际秩序的唯一象征。如前所述，清帝国则仍然努力维护这一传统对外模式，当日本试图否定中朝间的宗属关系，清政府毫不退让，李鸿章坚持将朝鲜视为中国的属国。③ 甲午战争前夕，清政府

① 《谕内阁》，同治十二年五月丁酉，宝鋆等纂修：《筹办夷务始末·同治朝》卷 90，第 23 页。
② 《复总署论日本修约》，光绪十三年二月初五日，顾廷龙、戴逸主编：《李鸿章全集》第 34 册，第 184 页。
③ 《日本使臣森有礼署使郑永宁与李鸿章晤谈节略》，光绪元年十二月二十八日，台北"中研院"近代史研究所编：《清季中日韩关系史料》卷 2，第 284 页。

更是竭尽全力，避免朝贡关系的崩溃。始作俑者的日本，成为最终扼杀朝贡关系的操刀手，甲午战争暨《马关条约》便是这一变化的转折点。通过《马关条约》，中国明确承诺放弃对朝鲜国的宗主国地位，标志着朝贡关系的终结，为不平等条约关系的发展，清除了体制上和思想观念上的障碍，中朝之间的关系由此发生了重要变化。甲午战争之后，中朝于 1899 年订立《通商条约：海关税则》，正式建立了近代性质的条约关系。

二是平等关系的中断。如前所述，清政府不自甘放弃独立主权地位，在与日本建交时尝试建立平等的关系。然而，甲午战争暨《马关条约》中断了这一趋向，使得中国成了东西列强共同压迫的对象，在更完整的意义上构建了不平等的条约关系。从一开始，日本便希望获取与欧美列强同样的特权，通过《马关条约》，日本如愿以偿，由平等转为不平等。《马关条约》规定中日须重新订立通商条约，"应以中国与泰西各国现行约章为本"。也就是说，通过新订通商条约，日本可以获得与西方列强同样的特权。同时还规定，在新订约章未实行之前，日本享有最惠国待遇，"与中国最为优待之国"，"一律无异"。① 根据这一规定，日本可在新商约生效之前，享有与各国同样的特权。与此不同，对在日华商如何办理，《马关条约》未作规定，因此"日本现在待中国寓日商民几与无约之国等"。② 根据《马关条约》，中日两国于 1896 年 7 月订立《通商行船条约》。通过该约，日本获得了西方列强在华享有的所有条约权利，如片面领事裁判权、片面最惠国待遇、片面协定关税等。10 月，中日又订立《公立文凭》，给予日本设立专管租界的权利。以《马关条约》为核心，《通商行船条约》和《公立文凭》与之一道构成了中日之间新的不平等的条约体系。《马关条约》是这一体系的母约，其他条约均由此衍生。在新的条约关系中，西方列强多年来孜孜以求的在华设厂，由《马关条约》得以实现。对日本而言，此项特权在当时并无多大意义，据日本报刊披露，是"对英国进行国际贿赂"。③ 再如，在华设立租界，长期以来

---

① 《马关新约》，光绪二十一年三月二十三日，王铁崖：《中外旧约章汇编》第 1 册，第 615—617 页。

② 《全权大臣张荫桓奏遵议日本商约谨陈大略折》，光绪二十二年正月二十五日，王彦威、王亮辑编，李育民等点校整理：《清季外交史料》第 5 册，第 2377 页。

③ ［日］信夫清三郎编，天津社会科学院日本问题研究所译：《日本外交史》上册，第 292 页。

并无条约依据，现在这一事实上的特权变成了合法的条约特权。通过甲午战争在中国取得特权地位的日本，不论是广度还是深度，不断地推进了不平等条约关系的总体发展。需要指出，所谓"独立自主"的朝鲜与中国建立的平等关系，是畸形的不正常的，只是日本兼并它的一个过渡和前奏而已。

三是增加的新特权体现了帝国主义时代的特点。19世纪最后30年，自由资本主义向帝国主义过渡，国际形势发生重要变化，列强在华建立的条约关系亦有着新的发展，日本发动的甲午战争恰逢其时，成为这一新动向的发动机。以甲午战争和《马关条约》为标志，列强侵华政策出现了体现帝国主义特点的重大变化。一是经济方面，此前主要是围绕商品输出，攫取片面协定关税等特权，现在则着重于资本输出。二是政治方面，此前主要出于商贸需要，攫取相关特权，现在则在瓜分世界的大形势下，更进一步分割在华权益。由于帝国主义过渡产生的这两大变化，中外条约关系相应出现了新的内容。从资本输出来看，帝国主义列强攫取各种投资特权，迫使清政府接受其苛刻的条件，由此形成了不同于主权国家之间正常的经济来往的投资制度。如中日《马关条约》签字后两个月，法国迫使中国通过《续议商务专条附章》应允，"越南之铁路或已成者或日后拟添者，彼此议定，可由两国酌商妥订办法，接至中国界内"。[1]争得了中国所出让的第一条铁路的让与权。此后，列强掀起攫取路权的高潮，与战前的借贷完全不同，形成损害和控制中国路权的普遍性特权制度。再如矿业投资，在瓜分狂潮中，列强也掀起了争夺矿权的高潮，"得步进步，直有拒之不能，应之不给之势"。[2]此外还有关于工业投资，即外国列强在华直接投资设厂制造。这些投资，不是主权国家之间正常的经济往来，如前所述，是西方资本主义过渡到帝国主义阶段，以经济掠夺为目的的殖民主义制度。从分割中国权益来看，甲午战争之后，列强掀起了瓜分狂潮，攫取租借地和势力范围。这两种特权的性质有所不同，租借地更具有政治、军事的意义，而势力范围则主要具有经济的意义。这两

---

① 中法《续议商务专条附章》，光绪二十一年五月二十八日，王铁崖编：《中外旧约章汇编》第1册，第623页。

② 《总署奏》，光绪二十四年七月十八日，台北"中研院"近代史研究所编：《矿务档》第4册，台北"中研院"近代史研究所，1960年，第2255页。

种特权制度均侵犯了中国的主权，破坏了中国的领土完整，并严重损害了中国的经济利益。尤其是租借地，更是一个"国中之国"。租借地条约的订立，"在国际法上创一新例"，[①] 是中外条约关系的重要发展。总之，资本输出和瓜分世界，是帝国主义阶段出现的新现象，而甲午战争和《马关条约》，正促使了此类新条约特权的产生。这是近代中外条约关系的重要发展。这些伴以战争暴力产生的新特权，极大地发展了中外条约关系的不平等内涵。

三、 条约关系的巩固和强化与国际公约的新形式

甲午战争开启了条约关系的新阶段，助长了列强的贪欲和肆无忌惮的劫掠，经过八国联军的炮火打击，清政府被迫于 1901 年签订《辛丑条约》，"被制服"的中国更沦为"这样卑微的一个被奴役的国家"，不平等的中外条约关系进一步巩固强化。清政府的衰弱，出现了所谓"新的重大的国际问题——中国问题"，即如何处理中国的问题。19 世纪末，列强谋求新的特权，掀起瓜分狂潮，导致条约关系的恶性发展。这一恶性发展又如催发剂，引致深藏于条约关系中的内在危机趋于白热化，引致震惊中外的义和团运动的大爆发。

对于列强而言，这场史无前例的反帝运动有一种可怕的趋向，就是清政府与民众斗争的结合。在这一空前的反帝运动中，中国社会各种对列强的不满和仇恨高度聚集起来，显示了深扎在中国内部的一种趋向，即不愿接受现存条约关系，具有笼统排外色彩的早期民族主义倾向。这是列强最为担忧的，也是它们亟待解决的问题，即解除中外条约关系所面临崩溃的危机。经反复协商，胁迫清政府订立《辛丑条约》，便是这一方针的体现，其目的主要是为了巩固和强化既有条约关系，强固不平等的对华关系基础。从中外条约关系的长远历程和发展态势来看，这一"压轴"之作"集不平等条约之大成"，[②] 是"束缚中国的不平等条约的总体"。[③] 它对中国主权的损害更为严重，是一个典型的强权文契。从订约过程来看，如同以往不平等条约一样，

---

① 田原天南：《胶州湾》，青岛市博物馆等编：《德国侵占胶州湾史料选编（1897—1898）》，第 410 页。
② 王芸生编著：《六十年来中国与日本》第 4 卷，生活·读书·新知三联书店，1980 年，第 34 页。
③ 彭龢：《九七纪念的由来》，《战士》1937 年第 17 期。

《辛丑条约》也是通过武力手段胁迫清政府签订的，但却具有新的特点。其武力打击对象，除了清军和清政府以外，还有以义和团为主要对象的中国民众。这次列强出动的武装力量，不管是参与的国家，还是数量上，均大大超过以往，侵华国家包括英、俄、德、美、日、法、意、奥八个国家，实际上是整个资本主义世界的联合行动。与以往主要是单个国家胁迫清政府让步，以攫取条约权益不同，《辛丑条约》要处理的是列强的整体利益。因此，它们之间反复协商，以达成最大程度的一致，成为订约过程中最基本的环节。由于列强达成一致，在谈判交涉中，清政府只能被动接受它们单方面提出的各项条件。"各国开议，其实彼族均自行商定，是日交给条款照会而已，无所谓互议也"。① 这一状况，与此前订约交涉中，清政府还多多少少有回旋的余地，并设法抗争挽回，或由于列强的矛盾而削减条件，显然大不相同。从条约形式来看，《辛丑条约》具有与以往不同的新面相，是各国与清政府订立的多边条约，而实际上是一个西方国家为一方，中国为一方所订立的双边条约。它是西方国家集体与中国订立的条约，包括了与中国有条约关系的主要资本主义国家，这一新的方式，反映了中国与整个资本主义世界的条约关系的重要变化。该约又是一个严重的片面条约，其内容均是要求清政府单方面承担各种苛刻的义务，却无相应的权利，彼方则无丝毫义务而享有种种权利，背离对等原则达到了登峰造极的程度。而如此强权和霸道的条约，却打着国际法的招牌，列强指责中国"致罹穷凶极恶之罪，实为史册所未见，事殊悖万国公法，并与仁义教化之道均相抵牾"，"酌拟惩前毖后所必须定而不移之要款施行"。② 各国列强之所以将此作为立论的基点，其目的便是为使用武力手段恢复并强化不平等的条约关系提供依据。然而，在堂而皇之的国际法名义之下，各国列强不遵订约通例胁迫清政府签订《辛丑条约》，不仅恢复了被摧毁的条约关系，且又加增了有背国际法的新特权，诸如使馆区特权、驻军特权等。议和大纲提出不久，便有官吏指出其不合国际法之处。例如，关于使馆区，依据万国公法，"从无使馆驻兵之例"。关于限制中国自保

---

① 《荣禄致奎俊书》，光绪二十六年十一月，北京大学历史系中国近现代史教研室编：《义和团运动史料丛编》第 1 辑，第 142 页。

② 《议和大纲》，光绪二十六年十一月初一日，王铁崖编：《中外旧约章汇编》第 1 册，第 980 页。

权，"地球万国从无此例"，"中国自主之权未亡，外人即不得干预中国设险守国之事"。① 由此可见，列强标榜国际法只是为了制约中国，并非以此为准则公正公平地处理与中国的关系。中国"负违公法"，只是对列强违背国际法的回应，后者不过食其果而已。该约单方面地责惩中国，体现了列强的强权逻辑，这正是《辛丑条约》的核心所在。

从条约内容和目的来看，《辛丑条约》的基本宗旨是巩固和强化现有的条约关系，并为进一步扩展新的条约权利打下基础。条约的具体条款正体现了这一目的。一是惩罚性规定，二是"赔偿"性条款，三是预防性条款，四是"改善"性条款。其惩罚性条款，其苛厉程度是前所未有的，这是列强恢复和强化条约关系的关键所在，是《辛丑条约》的重心所在。各国列强注重"惩凶"，其目的显而易见，是为了"灰忠臣之心，隳义士之气"，② 旨在压制和消除中国官民的反帝仇教心理，更进一步剥夺了中国的自保权，从根本上阻绝这一现象的继续发生，清除条约关系中最主要的障碍。预防性条款，主要是列强攫取的新特权，这些特权不仅在背离国际法的前提下，充实和完备了条约体系，而且为巩固和强化不平等的条约关系提供了更有力的保障。改善性条款，包括"普遍改善"中外之间的官方关系和贸易关系两个方面。前者对于完善条约关系具有重要意义，可以说它完成了这一关系的体制衔接，为履行条约提供了制度上的保障。觐见礼仪问题的最终解决，天朝体制所残存的体面和尊严基本上不复存在，从而为条约关系解开了最高层次交往的症结。从后者来看，通过修改商约，突破了期满修约的限定，为彼获得新的通商利益提供了依据，获得了更有利的条件，更完善了和扩展了经济方面的条约关系。总之，不论是在形式上还是从内涵上，中外条约关系进入了完备的新阶段，其对中国的危害亦达到前所未有的程度。

甲午战争后，随着自由资本主义向帝国主义过渡，列强从商品输出转向资本输出，以及清政府的经济政策的变化，"准条约"获得了极大的发展。

---

① 《工部学习主事夏震武折》，光绪二十六年十一月十九日，国家档案局明清档案馆编：《义和团档案史料》下册，第871—873页。

② 《都察院御史溥良等折》附翰林院编修张星吉等呈，光绪二十六年十一月初七日，故宫博物院明清档案部编：《义和团档案史料》下册，第856页。

除了继续订立电信类合同，如清政府 1897 年与丹麦大北公司所订《电报合同》，1902 年与英国大东公司所订《北京大沽借线合同》等等之外，还出现了其他新的类别。一是政治类借款合同，二是铁路借款合同，三是矿务合同。通过上述"准条约"，外国列强与中国建立了新的经济关系，获得新的权益。这些"准条约"进一步损害了中国主权，如电信主权、铁路主权、矿业主权，以及行政主权。从电信来看，通过这些"准条约"，外商不可避免地侵及本属中国的主权，而清政府不得不与之抗争。如署北洋大臣张树声谈到大东公司的合同时即提出，"内外坚持，卒使就范，永杜海线进口上岸，并令其线头退出吴淞，应争权利，一一办到"。① 从路权来看，各种方式的铁路"准条约"，不同程度地损害着中国的主权。中外合资的铁路，名义上中国方面参与管理，实行中外合办，但实际上由外国公司独揽大权。如东省铁路有关合同规定，"所有建造、经理一切事宜派委华俄道胜银行承办"，"该公司章程应照俄国铁路公司成规一律办理"；铁路建成之后，亦由这些铁路公司经理营运，可以"自行核定"客货运价。② 从矿权来看，虽有各种模式，但也是控制在外商手里。在完全由外国公司管理的模式中，外国公司独资的采矿业，往往规定"采看煤苗、开挖煤斤"等，外国公司有"独擅之权"。③ 中外合办的模式，若资本系中外各筹其半的采矿业，名义上由中外共同管理，但实权则为外国公司所控制。显然，有关工程、矿务行政、财务等方面的管理实权，均控制在洋人手里。在侵害中国主权的同时，伴随这些"准条约"而来的，是电信、铁路、采矿业的推广，这在某种程度上又刺激中国逐步建立这些近代事业。

如前所述，在这个时期，还出现了条约关系的另一种新形式，即参加国际公约。随着世界意识的产生和增强，清政府以自主的姿态融入国际社会，加入各种国际公约，体现了条约关系的重要发展。国际公约与被强迫订立的

---

① 台北"中研院"近代史研究所编：《海防档》丁《电线》，台北"中研院"近代史研究所，1957 年，第562 页。

② 中俄《合办东省铁路公司合同章程》，光绪二十二年八月初二日，王铁崖编：《中外旧约章汇编》第 1 册，生活·读书·新知三联书店，1957 年，第 672、674 页。

③ 中俄《改订吉林开采煤斤合同》，光绪二十七年五月二十九日，王铁崖编：《中外旧约章汇编》第 1 册，第997 页。

双边或多边条约不同，订约加入与否，均可自主决定。这一条约关系的新形式，不仅提供了融入国际社会的新途径，更蕴含了国际交往的平等原则。因此，由国际公约形成的新的条约关系形式，对中国以平等的姿态走向国际社会，具有重要的积极意义。清政府从 19 世纪七八十年代初开始接触和思考，到 90 年代有重要的突破，于 1894 年 4 月有保留地加入了《国际海关税则出版联盟公约》。甲午战争后，清政府又加入了其他公约，如 1899、1907 年两次参加海牙和平会议，即保和会，加入了会议订立的系列公约，如《和平解决国际争端公约》《1864 年 8 月 22 日日内瓦公约原则适用于海战的公约》《禁止从气球上或其他新的类似方法投掷投射物和爆炸物宣言》，等等。

由上可见，清政府加入的国际公约主要限于政治和军事领域，经济、社会和文化方面较少，这无疑反映了中国当时所面临的民族危机。国际公约具有平等性质，清政府以相对独立的姿态加入其中，具有重要意义。这一举措除了推动中国走向世界，融入国际社会的进程，促进中国的近代化事业之外，亦反映了条约关系的变化和发展。它使得条约关系出现了新的平等形式和途径，有助于中国在国际社会树立积极的正面形象，为改变不平等关系提供有益的借鉴和启示。

四、 条约观念和条约外交体制的变化与民众运动的新趋势

至清末，随着条约关系的巩固和强化，清政府的条约观念和条约外交体制，也相应发生了重要变化。从条约关系观念来看，其守约观念更为牢固，他们认为，所谓条约者，"国与国自表其权利义务，公认之以为信据者也"。[1] 清廷降谕严辞要求守约，谓："从来敦笃邦交，端在讲信修睦"，"断不可有违背条约之举"。[2] 甚至庚子以前排外之目的和成见，"则一变而为媚外之目的，媚外之成见"。[3] 这些说明，清政府完成了从"要盟不信"到"以为信据"的转变，完全接受了列强强加的条约关系，认可了强权政治下的国际关系秩序。由此同时，清政府更进一步认识到条约不是单方面的，从"怀柔远

---

① 北洋洋务局纂辑：《约章成案汇览》甲编，"张百熙序"。
② 《德宗景皇帝实录》卷 555，光绪三十二年二月戊申，《清实录》第 59 册，第 363—364 页。
③ 《论媚外之祸》，《新民丛报》第 16 号，光绪二十八年八月十五日。

人"转向"以求两益",更加注重"不使各项利益偏归一面,更于各约中采用其较为优胜之条,以期取益防损"。① 对于国际法,也完全改变了过去"未便参阅"的态度,上谕要求"肄习条约公法","以此为变通政治之一端,中国此后自无不合公法之事"。② 李鸿章提出,将公法"悬之国门,推之海外",为"以后办交涉者奉为圭臬"。③ 官吏们的修约意识更为清醒,体现了更多的主动性,或建议"预筹修约"和"商改之法",以求"争一分有一分之益";④ 或进而主张筹划内政改革,创造收回主权的各种条件。在外交体制方面,进一步舍弃了羁縻之道,形成了较为完整的条约外交体系。除了启动已中止三十余年的修律,建立"中外通行"的法制体系之外,又对外交体制作了适应条约关系新变化的调整。如清廷降谕,谓:"现当重定和约之时,首以邦交为重,一切讲信修睦。"因总理衙门"多系兼差,未能殚心职守","着改为外务部","班列六部之前","优给俸糈"。⑤ 地方外交层面,亦有新的调整,试图建立统一的体制,采取措施限制地方官外交权,如设立交涉使司,"掌办理外交各事"。⑥ 其外交方式亦发生了重要转变,某些官僚便产生了国民外交的思想萌芽,提出,"此次条约关系中国大利害,必须博询臣民,舆论金同,方可施行"。⑦

由上可见,中国外交正在发生着根本的转折,传统的观念和制度,逐渐被以条约为内核的近代外交所取代。但是,清末的变化仅仅是这一全面变革的开端,羁縻意识仍然并未彻底抛弃。"今以中国现象言之,国际观念最为幼稚,较其程度,尚在排斥主义之终期,与相互主义之初期。"一般臣民之

① 《外部奏中瑞修改通商条约请旨派员画押折》,光绪三十四年六月初二日,王彦威、王亮辑编,李育民等点校整理:《清季外交史料》第 8 册,第 3826—3827 页。

② 《吉林将军长顺奏咨底稿》,光绪二十七年九月,丛佩远、赵鸣岐编:《曹廷杰集》下册,中华书局,1985 年,第 414 页。

③ 《李文忠公〈公法新编〉序》,光绪二十七年九月,《万国公报》第 158 期,光绪二十八年。

④ 《皖抚王之春奏预筹和约抵制办法折》,光绪二十七年七月初六日,王彦威、王亮辑编,李育民等点校整理:《清季外交史料》第 6 册,第 2844 页。

⑤ 《辛丑各国和约》附件十八,王铁崖编:《中外旧约章汇编》第 1 册,第 1023 页。

⑥ 《东三省总督徐世昌等奏东三省设立职司官制及督抚办事要纲》,光绪三十三年四月,吉林省档案馆、吉林省社会科学院历史所编:《清代吉林档案史料选编上谕奏折》,吉林省档案馆、吉林省社会科学院历史所,1981 年,第 83 页。

⑦ 《工部学习主事夏震武折》,光绪二十六年十一月十九日,国家档案局明清档案馆编:《义和团档案史料》下册,第 874 页。

理想，"不失于拒外，即失于畏外"。大多数人对条约公法和国家主权的认识，仍然是一知半解，"此皆平等观念尚未萌芽之故也"。① 尽管如此，中国外交已出现了新的趋向，传统的驭夷走向了近代的外交。

同时，继甲午战争之后提出"文明排外"，民众运动出现了新趋势，即以理性方式继续反对不平等条约的斗争取向。经过义和团运动，民众斗争不论是形式还是内涵，均出现重大变化。形式上抛弃了简单粗暴、笼统排外的斗争手段，而代之以贯注理性精神的"文明"方式。其内涵则提升到维护国家主权的层面，以抵拒不平等约章为目标，而与此前仅仅以自身利益为诉求大不相同。20 世纪初年出现的收回利权运动和抵制美货运动，均明确提出了废弃不平等约章的具体目标，从不同角度典型地反映了这一转向。尤其是，民众运动与政府交涉结合起来，国民外交开始萌兴，集中地反映了这一转向，中国的民众斗争由此出现了新的格局。

收回利权运动主要由地方士绅所发动和领导，并与政府交涉相结合，且取得重要的成效。同时，这又是一场较为特殊的废约斗争，它没有提出废除正式条约，而只是要求废除那些属于国际私法性质的"准条约"，收回列强各国攫取的路矿利权。在这场斗争中，民众没有采取损毁破坏的手段，而是以理性抗争推动政府进行交涉。收回利权运动取得了一定的成效，除了以赎回的方式解除了相关合同之外，更促使了条约关系的认识和观念的变化。如他们认识到此类合同与正式条约不同的特性，指出，"据国际法财产权言之，有属于公法者，有属于私法者。国际私法之财产权，如私人与私人间之物权或无形财产权是也。国际公法之财产权，如领土及领土以外国有之动产不动产是也"。② 更重要的是，在斗争中普遍萌发了国家权益意识，而这一意识正是近代民族主义的内核，其所蕴含的理论主张，是改变不平等条约关系的基本依据，对于废约斗争的健康发展具有极为重要的作用。从此开始，民众的反侵略斗争逐渐摆脱了传统格局，由笼统盲目排外趋向理性文明，维护国家权益成为明确的方向和目标。1905 年的抵制美货，反对的对象是中美间的不

---

① 王伟：《论外国人之私权与平等主义》，《外交报》第 269 期，宣统二年二月初五日。
② 王倬：《论今日中国对于国际投资之可危》，《外交报》第 290 期，宣统二年九月初五日。

平等条约，较之改废"准条约"的收回利权运动，更直接冲击了中外条约关系。这场运动以另一种方式显示了民众斗争的理性趋向，开创了"文明"拒约的新形式，具有重要意义。抵制美货与以往采取的激烈反抗手段不同，是一种平和的方式，即"文明抵制，并非野蛮抵制"。① 这是义和团运动之后，民众反对不平等条约斗争形式的重要变化，虽未达到预期目标，但在反对不平等条约斗争史上，开创了民众运动的新形式，具有极为重要的意义。该运动被称为"我国民自与外通商以来第一次之大举"。② 民众运动由此展现了新的面貌，唤起了人们的信心，其意义远远超过了抵货本身。舆论指出，"此可为民智渐高之证，非徒在挽回区区之美约而已"。③ 这一在国际法范围内的斗争形式，用理性的手段抵拒不平等的条约关系，为今后的民众斗争提供了可资借鉴的模式，得到广泛赞同，甚至被视为"抵制美约"的"独一无二之法门"。④ 民国建立之后，这一手段被广泛运用，在废约反帝斗争中发挥了重要作用。

抵制美货与收回利权两大运动形式各异，但均促使国民外交的萌兴，推动了中国外交的转型，并引发人们对这一问题的思考。如《外交报》载文赞许这两大运动所体现的民气，论述了民气与外交的关系，提出外交应以国民为主体，谓："积民而成国，国有外交，即国民与国民之交涉也。国民不能人人自立于外交之冲，于是有外交当局以代表之。代表者所权之利害，即国民之利害也，所执之政策，亦国民之政策也。"该文得出一个结论，即"民气之有裨于外交"。作者祈愿当局，"鉴于民气之大可凭藉，而深悟外交之本体，实在国民，一扫我国畴昔外交家之僻见"。⑤ 国民外交的兴起，以及前述国家权益意识的产生，显然是中国外交的进步，为改变不平等条约关系地位提供了民众基础。这一以"拒约"为内涵的民众"文明排外"运动，借助传统"排外"而具有了新的内涵，转变为近代民族主义，并焕发蓬蓬

---

① 《本埠及各外埠来函·淮安士商烈成氏等》，苏绍柄编：《山钟集》，1906年铅印版，第78页。
② 《本埠及各外埠来函·南浔温松樵周湘舲张支谷等》，苏绍柄编：《山钟集》，第106页。
③ 《论抵制美约》，《外交报》第117期，光绪三十一年七月初五日。
④ 《本埠及各外埠来函·吴建常伸旗》，苏绍柄编：《山钟集》，第133页。
⑤ 《论民气之关系于外交》，《外交报》第130期，光绪三十一年十一月十五日。

勃勃的生机。诚如《东方杂志》一篇文章赞美说："此主义之原质，其胚胎也以公义，其滋长也以热血，而又鼓之以方新之气，持之以万众之力。"① 民众运动的变化和进步，为此后的持续发展和更为完整的近代民族主义运动的兴起打下了基础，提供了有益的启示。历史将继续证明，中国要改变不平等的条约关系，民众的觉醒和奋争，将是不可或缺的基本因素，并发挥着更为重要的作用。

第三节　条约关系的转折与改善

民国建立之后，经过第一次世界大战的爆发与结束，国际关系出现了新的变化，对中外条约关系产生了重要影响，不平等条约关系出现了动摇与转折的基本态势。尤其是随着第一次世界大战的结束，中国产生了强烈要求国际平等的愿望。美国总统威尔逊提出的议和十四条件，苏俄宣言放弃在华条约特权，给中国社会以极大的鼓舞。继五四运动掀起废约反帝斗争的初潮之后，废约运动与革命运动融汇在一起，形成了声势浩大的社会浪潮。北京政府也利用这一新的形势，真正开启了与列强各国的修约交涉，明确表示今后要"以平等为原则"订立新约；南京政府承袭修约方针，更推进了这一交涉。这些因素，促使中外关系发生深刻变动，至1931年"九一八"事变前，不平等条约关系有了初步的改善。

一、不平等条约关系的动摇与转折

第一次世界大战是人类社会的一次大劫，暴露了传统国际关系中的种种问题，尤其是公理与强权的冲突。战争给人们以极大的教训，尤其是如何建立一种和平的国际关系，成为当时各国所关注的重大问题。十月革命后，苏俄公布了协约国的一系列密约，极大震撼了全世界，也震撼了美国总统威尔逊。威尔逊宣布了美国议和的十四点原则，并发表演说，提出了外交公开、

---

① 《论中国民气之可用》，《时报》乙巳六月十三日。

民族自决，以及各国平等、维持公道等原则，并倡议建立国联，以"推行公道"。① 各国接受了威尔逊建立国际联盟的建议，巴黎和会通过的《国际联盟盟约》，吸纳了他所提出的某些原则。

新的形势给国人带来了希望，在他们眼前展现了公理取代强权的光明。陈独秀评论说，照威尔逊的说话，"当然没有人种的偏见"。我们"对外的觉悟和要求，是人类平等主义，是要欧美人抛弃从来歧视颜色人种的偏见"。② 孙中山说，"自欧战告终，世界局面一变，潮流所趋，都注重到民族自决。我中国尤为世界民族中底最大问题"。"美国威尔逊总统鉴于世界潮流，大倡民族自决"。③ 当时人们普遍认为，第一次世界大战是公理战胜了强权，其前景充满光明。蔡元培在天安门发表演说："协约国占了胜利，定要把国际间一切不平等的黑暗主义都消灭了，别用光明主义来代他。"④ 人们所希望的光明，便是列强能主持公道，将它们从中国侵夺的国家权益交还给中国，改变不平等的条约关系，提高国际地位。1919 年 2 月成立的国民外交协会，明确提出了废约问题，主张撤废势力范围、废弃一切不平等条约、定期撤去领事裁判权、关税自由、取消庚子赔款余额、收回租借地域等。在这种形势下，中国相信巴黎会议，"将予中国以绝好机会"，"以其悬案诉于世界"。"将来巴黎和约，中国必可与各国列于平等之地，而所谓不平等条约者，皆将从而废除。至若势力范围与租借地以及二十一条种种束缚，亦必一扫而空；而中国遂晏然恢复完全自立之地位矣。"⑤ 此外，北京政府也由此看到希望，激起了改进条约关系，争取平等地位的信心。其在巴黎和会召开前夕所设外交委员会，拟定了包括废弃领事裁判权和势力范围，关

① ［美］J. H. Latane 著，王造时译：《美国外交政策史》，商务印书馆，1936 年，第 822—824 页；《组织国际联合会之基本问题》，1918 年 9 月 28 日，蒋梦麟译述：《美总统威尔逊参政演说》，商务印书馆，1918 年，第 58—59 页。

② 只眼：《欧战后东洋民族之觉悟及要求》，《每周评论》第 2 期，1918 年 12 月 29 日。

③ 《在中国国民党本部特设驻粤办事处的演说》，1921 年 3 月 6 日，中山大学历史系中山研究室等编：《孙中山全集》第 5 卷，中华书局，1985 年，第 473、480 页。

④ 《北京大学日刊》1918 年 11 月 27 日，转引自石源华：《中华民国外交史》，上海人民出版社，1994 年，第 151 页。

⑤ ［英］怀德著，王菱孙译：《中国外交关系略史》，商务印书馆，1928 年，第 30 页。

税自主等在内的和会提案，电致中国代表团。① 中国代表在和会提出修约要求，"所倚仗者为威大总统 1919 年 1 月 8 日宣示国会之十四原则及嗣后历次宣示之各原则"。②

如果说，威尔逊的十四条件和国际盟约还只是理论上和口头上提出维护国际平等，那么，列宁领导的苏俄则将这一原则付诸实践。"伴随着俄国的 1917 年十月革命，一个新的因素——布尔什维克的法律概念开始渗透到国际法发展的主流中。"③ 十月革命爆发后，根据列宁所主张的"按照平等这一人道的原则，而不是按照败坏伟大民族声誉的农奴制特权的原则对待邻国"，④ 苏俄摒弃了沙俄政府对外侵略掠夺政策，实行了新外交政策。由列宁亲自起草的《和平法令》，宣布废除秘密外交，"立即无条件地废除这些条约的全部规定"。⑤

根据这一原则，在对华关系方面，苏俄实行新政策，表示放弃在华条约特权。1919 年 7 月 25 日，苏俄政府发表了"第一次对华宣言"。明确表示：苏俄政府"将从来俄国与日本与中国及与从前联盟各国所订之一切秘密条约，概行作废"。"废弃所有各种特别权利"。"并愿即与中国人民谈判"，"断结"一切强暴及不公平之事件，等等。⑥ 1920 年 9 月 27 日，又发布"第二次对华宣言"，声明："中国原有各种条约，认为无效。"⑦ 明确提出 8 条原则，宣布："俄国前各政府与中国所缔结之条约皆属无效，放弃侵占所得中国领土及中国境内之俄国租界，并将俄皇政府及俄国资产阶级掠自中国者，皆无报酬的永久归还中国。"⑧ 苏俄对华宣言，表明它放弃在华条约特权的态度。国际关系中出现的这一新的主张和实践，给国际法的发展带来了一种崭

---

① 刘彦：《帝国主义压迫中国史》下卷，太平洋书店，1931 年，第 167—169 页。

② 《法京陆专使电》，1919 年 5 月 6 日，中国社科院近代史研究所《近代史资料》编辑室主编，天津市历史博物馆编辑：《秘笈录存》，第 148 页。

③ Wilhelm G. Grewe, *History of Nations World War Ⅰ to World Ⅱ*, in: R. Bernhardt ed, EPIL, vol. Ⅱ, Amsterdam 1995, p. 847. 转引自杨泽伟：《宏观国际法史》，武汉大学出版社，2001 年，第 200 页。

④ 《论大俄罗斯人的民族自豪感》，1914 年 11 月 29 日，中共中央马克思恩格斯列宁斯大林著作编译局编：《列宁选集》第 2 卷，人民出版社，1995 年，第 451 页。

⑤ 《和平法令》，1917 年 11 月 8 日，中共中央马克思恩格斯列宁斯大林著作编译局编译：《列宁全集》第 26 卷，人民出版社，1959 年，第 228 页。

⑥ 陈志奇辑编：《中华民国外交史料汇编》（二），第 881—882 页。

⑦ 陈志奇辑编：《中华民国外交史料汇编》（二），第 989—990 页。

⑧ 《一九二〇年苏俄外交国民委员会致中国外交部通牒》，《东方杂志》第 21 卷，第 8 号。

新的精神，也给中国的废约斗争以极大的鼓舞。宣言在中国公布后，引起了强烈的反响，使人们看到了光明和希望。国人看到苏俄与威尔逊的不同，表示了由衷的赞美："的确是自有人类以来空前的美举。任何民族，任何国家，在历史上从来没有这样伟大的事业，没有这样清洁高尚的道德。"[①] 这一举动，"足为世界革命史开一新纪元"，"合于我人所信仰之天国大同主义，为世界永久和平之道"。[②] 苏俄放弃在华不平等条约的宣言，从理论上和实践上冲击了以强权为基础的国际秩序，中外不平等的条约关系的合理性也因此受到强烈的质疑，为中国改变这一关系提供了某种国际条件，从而推动了废约斗争的兴起。

当中国满怀企望获得平等的国际地位之时，却在巴黎和会上被列强当头一棒，由此激发了声势浩大的五四运动。作为一场民众运动，五四运动是对列强维护强权政治的反抗，反映了中国社会要求改变不平等条约关系的强烈愿望。它是中国近代具有标志性的一个历史事件，揭开了新的历史时期的序幕，掀起了民众废约反帝斗争的初潮，在各方面对中国的历史发展产生了深刻的影响。经过这一运动，中国民众开始普遍产生废约反帝的对外诉求，民众运动也展现出新的态势，显示了实现这一诉求的伟大力量和作用。严格地说，五四运动还不是完全意义上的废约运动，但却是转向这一斗争的枢纽。运动在相当程度上冲击了维持不平等条约的理念，并在反日潮流中提出了废除所有不平等条约的主张，揭橥了它所蕴聚的内核。它不仅反对中日间的不平等条约，提出"外争主权"，"取消二十一款"，"誓死不承认军事协定"的口号，而且还提出了全面废除不平等条约的主张。例如，贵州召开国民大会，当即决议："请取消中日二十一条密约，及其他不平等条约。"[③] 尤其是《星期评论》发表《关于民国建设方针的主张》，明确提出："废除并修改一

---

① 《中国各群众团体和舆论界对于苏联对华宣言的反映》，1920年5月1日，《中共党史教学参考资料·党的创立时期》，中国人民大学中共党史系资料室编印，1979年，第161、163、167、169页。

② 《中国各群众团体和舆论界对于苏联对华宣言的反映》，1920年5月1日，《中共党史教学参考资料·党的创立时期》，第152—153、155页。

③ 《贵州国民大会要求拒签和约和惩办国贼释放被捕学生电》，1919年6月1日，中国社会科学院近代史研究所、中国第二历史档案馆史料编辑部编：《五四爱国运动档案资料》，中国社会科学出版社，1980年，第337页。

切不合自由平等互助精神的条约。撤废外国及外国人在中国所有的一切特权。"① 由上可见，尽管全面废约不是五四运动的主要口号和目标，但却显示了这一趋向，揭橥了此后民众运动的发展路径。

民众的废约斗争，与反帝是紧密连在一起的。五四运动开启了完整意义的近代反帝运动的序幕，揭橥了中国革命的基本使命，并反映出这一运动发展过程经历了从单一到全面的特点。从总体来看，五四运动没有明确提出全面反帝的主张，在这方面是有缺陷的。运动的基本目标是反对日本帝国主义，没有鲜明地提出国家独立和民族解放的宗旨。但是，在五四运动的发展过程中，这种状况逐渐在改变，呈现出近代反帝运动的种种特性。反帝斗争在义和团运动之后的沉寂被打破之后，经过五四运动，对帝国主义的畏惧心理也得以完全扭转，并对彼产生了新的理性的认识，由此转向了具有近代意义的反帝运动。中国民众以反对日本为起点，打破了惧外的观念，对帝国主义列强的态度开始发生根本性的变化。运动伊始，《北京学界全体宣言》便向日本帝国主义发出两个信誓："中国的土地可以征服而不可以断送！""中国的人民可以杀戮而不可以低头！"发出号召："国亡了！同胞起来呀！"② 对于帝国主义列强的所谓公理，人们有了更深刻的认识。《每周评论》载文谓："巴黎的和会，各国都重在本国的权利，什么公理，什么永久和平，什么威尔逊总统十四条宣告，都成了一文不值的空话。"这是一个"分赃会议"，"与世界永久和平人类真正幸福，隔得不止十万八千里，非全世界的人民都站起来直接解决不可"。③ 国人清醒地感到，威尔逊所宣扬的正义，不过"欺人之语"。④ "现在的世界，尚不是实行公理的时候"。⑤ 李大钊提出"三大信誓"："改造强盗世界"、"不认秘密外交"、"实行民族自决"。⑥ 显然，这就从根本上提出了反对整个帝国主义的问题。显然，对"公理"和强权政治的认识，已触及帝国主义的本质，是反对一切帝国主义的思想基础。这种认识与

---

① 本社同人：《关于民国建设方针的主张》，《星期评论》第 2 号，1919 年 6 月 15 日。
② 亿万：《一周中北京的公民大活动》，《每周评论》第 21 期，1919 年 5 月 11 日。
③ 只眼：《随感录·两个和会都无用》，《每周评论》第 20 期，1919 年 5 月 4 日。
④ 陆才甫：《学生无罪》（北京民国公报），《每周评论》第 22 期，1919 年 5 月 18 日。
⑤ 涵庐：《青岛交涉失败史》，《每周评论》第 21 期，1919 年 5 月 11 日。
⑥ 常：《秘密外交与强盗世界》，《每周评论》第 22 期，1919 年 5 月 18 日。

运动激荡起来的爱国热情结合在一起，积蓄了反对一切帝国主义的潜势，将中国的民族主义运动引向了更明确的方向。其后废约反帝纲领的提出，正是承继了五四运动的这一精神，在其部分认清帝国主义本质的基础上的自然发展。经过五四运动，帝国主义以"公理"、"正义"为幌子的强权政治为中国人民所认识，为反对所有帝国主义的民族主义运动种下了根苗。

在近代，中国处于整个资本主义世界的压迫之中，要打碎不平等条约的锁链，争取平等地位，需要发动全民族投入其中。可以说，五四运动作为一次具有近代意义的大规模国民外交运动，不仅秉具废约反帝的内涵，而且还展现了民众运动的新态势，从各个方面开启了这一斗争的历史新时期。中国在巴黎和会上的外交失败，促使了五四运动的爆发，形成了一次具有全新意义的国民外交高潮。4 月 20 日，山东人民 10 余万人便在济南召开国民请愿大会。5 月 3 日，北京的学界、商界、政界、军界等，举行了各种形式的集会，讨论这一问题。5 月 4 日下午 1 时，北京十几个学校的学生三千余人，汇集天安门，举行集会游行。全国各大城市和省会城市如上海、济南、广州、南京、长沙、天津、南昌、重庆、昆明等，以及其他中小城市如开封、厦门、太仓、无锡、成都、海宁、汀州、漳州、吉林、保定、苏州、镇江、淮阴、松江、常熟、扬州、常州、无锡、杭州、宁波、汉口、武穴、安庆、芜湖、九江、奉天、珲春、绥远、张家口等地均举行群众大会，力争拒约。6 月 3 日，由于北京学生遭到大规模的逮捕，由此触发了全国性的支援响应，运动进一步发展为抵制日货和三罢斗争。

通过这一运动，一种新的力量开始崛起，当时舆论评论说：学生罢课"有新中国之胚胎，而为中国新青年刷新中国之起点"。[①] 而且，五四运动不仅仅是一个学生运动，它由青年学生发起，但却与各界融合在一起，发展成为一个具有广泛基础的全社会的运动。从运动过程来看，五四运动采取了理性的方式，诸如游行示威、演讲宣传、抵制日货，以及罢课、罢工、罢市等。即使过程中有些激烈之举，亦与义和团运动时期盲目排外的暴力行为也

---

① 《西报论中国学生罢课事》，中国科学院历史研究所第三所近代史资料编辑组编：《五四爱国运动资料》，第 233—234 页。

有着显著的差异。爱国学生及各界人士强烈意识到自己对国家的责任，在运动中明确提出了反对秘密外交，国民应参与外交的议题。在五四运动中，民众的意见显示了它的力量和作用，前清以来排斥民意、屈从列强的秘密外交被打破，政府交涉与国民外交有了更紧密的结合。这种国民外交，产生了一股强大的力量，迫使北京政府罢免了曹汝霖、章宗祥和陆宗舆。与此前的民众运动比较，五四运动呈现出国民外交的新态势。通过五四运动，国民外交与政府交涉的结合取得了良好的成效，为此后的废约反帝斗争奠立了坚实的基础。巴黎和会中国代表之一的王正廷，认为中国百余年外交大失败之后，"忽然大放光明于各帝国主义层层压迫之下，竟突破其樊篱，展开外交之新局面，而造成吾国外交史上之新纪元"。"国民觉知强权虽强亦不能全灭公理，宜力图自决，起为废约运动。"①

　　五四运动之后，国民革命运动逐渐兴起，并确立了废约反帝的纲领。民众更广泛地被发动起来，反对不平等条约的斗争逐渐走向高潮，形为一个全民族的运动。勃然而兴的革命运动与废约运动紧密结合起来，融汇为一股强大的力量，更有力地冲击着不平等的条约关系，中国社会由此出现了一个新的局面。1921 年中国共产党的成立，为这一新局面的出现奠立了基础，中国反对废除不平等条约的斗争由此发生了根本性的变化。中共"二大"制定了反帝反封的民主革命纲领，明确提出了反对帝国主义的斗争目标。在当时，这一目标的具体内涵便是废除不平等条约。1922 年 6 月 15 日《中国共产党对于时局的主张》提出："改正协定关税制，取消列强在华各种治外特权，清偿铁路借款，完全收回管理权。"② 这是中共第一次表明废约主张，第一次公开作出反对帝国主义的表示，亦是中国大地上第一次以政党名义发表的废约主张。在共产国际的影响下，中共又把反帝放在斗争目标的首位。从 1923 年 6 月 "三大" 通过的《中国共产党党纲草案》开始，中共也把"反对帝国主义"放在"反对军阀"之前。此后，始终把反对帝国主义放在第一位，认

---

① 王正廷：《近二十五年中国之外交》（续），《国闻周报》第 4 卷，第 28 期，1927 年 7 月 24 日。
② 《中国共产党对于时局的主张》，1922 年 6 月 15 日，中央档案馆编：《中共中央文件选集》第 1 册，中共中央党校出版社，1989 年，第 45 页。

为"帝国主义的列强（英、美、法、日）是我们的第一仇敌，比军阀更毒的仇敌！"[1] 反帝的具体目标和任务，便是废除不平等条约，中共的有关文件、声明等，一再提出这一主张。在中国共产党人看来，废约反帝是革命的最重要目标，国民革命主要是反帝运动。如邓中夏认为，"'国民革命'亦叫做'民族革命'"，就国民革命本身的要求来说，"不过只推翻帝国主义在中国之特权（关税权，领事权，租界权……等），并不根本没收帝国主义在中国之一切经济机关（工厂、洋行、银行……等）"。[2] 彭述之指出，"国民革命的原则是在'打倒军阀，推翻帝国主义'。但是所谓推翻帝国主义，还说不上是根本消灭帝国主义，只是消灭帝国主义在中国的一切特殊权力，取消一切不平等条约，建立独立自主的国家"。[3] 废除不平等条约的要求，即是国共两党在国民革命中共同的反帝主张。

在中国共产党和共产国际的帮助下，孙中山的三民主义有了新的发展，其革命思想出现了重要飞跃。在对外问题上，孙中山改变了"承认切实履行"条约的态度，明确提出了废约反帝的主张。随着形势的成熟，孙中山所领导的国民党与中国共产党联合发起了国民革命，举起了反帝的大旗，废约运动由此全面兴起，纳入了中国革命运动之中。1924年1月，中国国民党第一次全国代表大会召开，推动废除不平等条约的斗争成为一个全民族的运动。大会宣言明确提出的废约反帝纲领，成为国民革命的基本内涵之一。宣言重新解释国民党的民族主义，提出了反对帝国主义，争取民族独立的政治诉求，其政纲则明确提出取消不平等条约。在国共两党的推动下，方兴未艾的废约运动与国民革命紧密结合起来，逐渐成为一个全民族的运动。1924年中苏《解决悬案大纲协定》的签订，以及北京公使团以《辛丑条约》为借口，拒绝交付前俄使馆，对中国民众一个极大的激励和刺激。至此，"反对帝国主义与废除不平等条约之运动，动机已启"。[4] 经过五卅运动，废约运动

---

[1] 陈独秀：《一九二三年列强对华之回顾》，1924年2月1日，三联书店编：《陈独秀文章选编》中册，生活·读书·新知三联书店，1984年，第401页。

[2] 邓中夏：《劳动运动复兴期中的几个重要问题》，1925年5月，《邓中夏文集》，人民出版社，1983年，第128页。

[3] 彭述之：《帝国主义对国民政府之态度与国民政府的外交问题》，1926年12月，《向导》第180期。

[4] 《反帝国主义与废除不平等条约之运动》，《东方杂志》第21卷，第16号。

全面兴起，成为全民族的运动。这是一个重要的转折，"推翻帝国主义、废除不平等条约的要求，从此便成了人人所彻底了解的口号"。[①] 民众的废约运动与国民革命的结合，是废除不平等条约斗争史上的重大转折，这一斗争由此出现了新的态势。

在民众和进步势力掀起废约反帝运动的同时，各届政府也积极行动起来，在外交上作努力。中国外交出现了新的局面，通过谈判废弃条约特权已作为外交主要目标，提到了政府的议事日程上。本应在这一历史使命中担负主导作用的政府，摆脱了晚清时期的迟疑和懦弱，走向了与列强短兵相接的直接交锋。在巴黎和会和华盛顿会议，北京政府全面启动了废除不平等条约的交涉，集中地表达了这一诉求。1919 年巴黎和会召开，中国代表提出了要求废除不平等条约的《希望条件说帖》，内容包括七项要求，具体内容多属废弃条约特权。除此之外，中国代表又围绕山东问题提出废除相关条约的要求，包括与山东问题密切相关的《废除 1915 年中日协定说贴》，即废除民四条约。

二、 中外不平等条约关系的初步改善

从巴黎和会召开的 1919 年开始，"中国与外国的条约关系，见证了一个时代的开始和另一个时代的结束"。[②] 中外条约关系出现了平等趋向的变化，有了初步的改善。这一变化，改变了条约关系的整体结构，主要体现在以下几个方面：

其一，基本结束了与部分国家的不平等关系，这主要由于国际形势的变化而出现的，可分为两种类型。第一种类型，是中国作为第一次世界大战的参战国和战胜国，废除了中德、中奥之间的不平等条约，在平等的基础上与彼建立了新的条约关系。1917 年 8 月 14 日，中国宣布与德奥处于战争状态，同时声明废除 1861 年《中德条约》、1880 年《中德善后章程》、1869 年《中

① 瞿秋白：《"五卅"后反帝国主义联合战线的前途》，1925 年 8 月 18 日，中共中央书记处编：《六大以前》，人民出版社，1980 年，第 322 页。

② Zhang Yongjin：*China in the International System*，1918-20，Macmillan Academic And Professional Ltd，p. 139.

奥条约》，以及《辛丑条约》和其他国际协约中有关德、奥的内容。对于德、奥在华侨民，又于 8 月 17 日颁布了一套管理敌对国国民民、刑案件的临时章程。"这是第一次真正打开了外国在华权利护堤的缺口，为中国在随后的 10 年试图单方面废除其他列强的特权，创造了一个先例"。[①] 战争结束后，中国需要通过和会对上述状态予以确认。由于山东问题，中国拒绝在对德和约上签字，在法律上两国尚未解除战争状态。于是，1919 年 9 月 15 日，北京政府颁布大总统布告，宣布中德战争状态告终。9 月 18 日，又颁布大总统令，宣布：鉴于对奥和约已经中国签字，"对德奥战争状态已完全解除，惟宣战后对德奥人民所订各项章程，非有废止或修改之明文，仍应继续有效"。[②] 由此，中国结束了与德国的不平等条约关系，但并未完全收回德国在华条约特权，山东的特权转给了日本。山东问题引起了中日间的激烈冲突，其后在华盛顿会议期间获得解决，两国于 1922 年 2 月 4 日签订了《解决山东悬案条约》及附约、附件，规定日本将胶州德国旧租借地交还中国，日本军队立即分阶段撤退，等等。对奥和约条件与对德条件基本相同，和会大体上按照中国的要求，拟定了和约草案。9 月 10 日，陆征祥代表中国在对奥和约上签字，随后于翌年 6 月 18 日予以批准，奥地利成了第一个放弃在华条约特权的国家。随后，中国与德、奥两国建立了平等的条约关系。1921 年 5 月 20 日，北京政府与德国订立《中德协约》，作为恢复中德关系的依据。1925 年 10 月 19 日，中国又与奥地利签订《通商条约》，内容与《中德协约》大致相同。德、奥两国在华条约特权被正式取消，尤其是明确规定取消领事裁判权，具有重要的意义。但是，由于整个不平等条约体系仍然存在，许多问题相互牵连，因此德、奥两国在实际上仍享有某些条约特权。

第二种类型，是因当事国政权更迭而出现的，主要是十月革命之后建立苏维埃政权的俄国，主动放弃在华不平等的条约特权。先是，北京政府利用俄国新旧政权的交替，又兼苏俄政府对华宣言愿意自动放弃在华特权，乘机收回中国已失权利。1919 年 11 月 22 日，宣布撤销外蒙古自治，废除 1915

---

① Wesley R. Fishel, *The End of Extraterritoriality in China*. Berkeley & Los Angeles: University of California Press, 1952, p. 35.

② 《大总统令》,《政府公报》1919 年 9 月 19 日, 第 1301 号。

年中俄蒙协定。1920 年 8 月 1 日，完全停付俄国之庚子赔款；又不顾 1881 年中俄条约，在中国西部边界设关征税。9 月 23 日，颁布大总统令："将现在驻华之俄国公使领事等，停止待遇。"① 取消了旧俄在华其他条约特权。1924 年 5 月 31 日，外交总长顾维钧与苏方代表加拉罕签订《解决悬案大纲协定》及相关声明书：两国立即恢复使领关系，本协定签字之后一个月内举行会议，商订一切悬案之详细办法；两国在前述会议中，将中国与前俄所订立之一切公约、条约、协定、议定书及合同等项概行废止，另本平等，相互、公平之原则，暨 1919 与 1920 两年苏联政府各宣言之精神，重订条约、协约、协定等项。并具体列出：苏联允予抛弃前俄在中国境内之一切租界等等之特权及特许；允予抛弃俄国部分之庚子赔款；允诺取消治外法权及领事裁判权；双方同意两国关税税则采取平等、相互主义，等等。协定规定一个月后召集中苏会议，具体商议各种悬案，却由于种种原因而延期。"五卅惨案"后，在加拉罕的提议下，中苏会议于 8 月 26 日正式开幕，分为 6 个委员会进行谈判。后由于政局动荡，会议中断，废止中俄旧约和签订平等新约，均未最后落实。但是，从没有公开的《议定书》及有关声明等附属文件来看，旧俄在华主要条约特权实际上均已废止。

其二，以"平等和互相尊重主权"为原则，与一些无约国建立了平等的外交关系，在总体上结束了签订不平等条约的时代。1919 年 10 月 8 日，中国与瑞士交换了于 1918 年 6 月 13 日签订了《通好条约》，这是中国最后一次在不平等的基础上与外国建交，给予其单方面的领事裁判权，其后的新订条约改变了这一状况。该年 4 月 27 日，北京政府颁布《大总统令》，宣布："此后所有无约各国与中国彼此订约者，当然以平等为原则，其脱离祖国另建新邦者，亦当然不能继承其祖国昔时条约上各种权利。各该族人民现多侨居中国境内所有课税诉讼等事，悉应遵守中国法令办理。"② 北京政府时期，中国与玻利维亚、波斯、芬兰等国建立了平等的条约关系。12 月 3 日，中国驻日代办庄璟珂与玻利维亚驻日公使模罗斯签订了《通好条约》，其中第二

---

① 《大总统令》，1920 年 9 月 23 日，《政府公报》，1920 年 9 月 24 日，第 1657 号。
② 《大总统令》，1919 年 4 月 27 日，《政府公报》1919 年 4 月 28 日，第 1160 号。

条规定：两国的外交代表，"得享有同等之一切权利、待遇、其他特许、免除之例，均与其他最惠国之代表、领事等一律"。在补充交换的照会中，又特别强调最惠国条款"并不包含在华之领事裁判权在内"。① 这是在民国建立后，中国作为一个独立主权国家，在完全平等的基础上调整与外国的关系所签订的第一个条约。南京政府初期，中国也与一些无约国如波兰、希腊、捷克建立了平等的条约关系。1929 年 9 月 18 日，外交部部长王正廷与波兰全权代表渭登涛在南京签订了《友好通商航海条约》，共 22 条，另订有《葳事议定书》两条，并以来往照会作为附件。该约是南京政府签订的第一个建交条约，尤注意贯彻平等原则，对其所认为中外条约中的不平等之点予以明确禁止。条约前言谓：两国"决定以平等、相互及互尊主权之原则为基础，订立友好通商航海条约"。② 除此之外，墨西哥放弃了领事裁判权，也与中国建立了平等的条约关系。1929 年 10 月 31 日，通过换文，中墨达成协议，墨西哥放弃在华领事裁判权。

其三，部分条约期满的国家，如比利时、意大利、丹麦、葡萄牙、西班牙等国，与中国建立了过渡性临时条约关系，有条件地承认中国的平等地位。北京政府时期，开始与条约期满的国家交涉，南京政府初期继续进行，但未能完成新约的签订，仅订立了临时性的通商条约。北京政府在这些交涉中，坚持以平等及互相尊重领土主权为基础，对一些小国所采取的强硬态度，表明了中国政府对不平等条约的基本立场。因中比条约于 1926 年 10 月 27 日已届第六个 10 年，该年 4 月外交总长胡惟德照会比利时驻华公使华洛思，所有该约条款及各附件，至本届 10 年期满，一律失效，"应缔结新约以代旧约"。③ 交涉中，比方态度极强硬，试图无限期延长临时办法，"藉以迟缓新约之缔结"。④ 在这种情况下，北京政府单方面宣布废止中比条约，发布《中比条约交涉终止宣言》，阐明了中国政府对不平等条约的态度。⑤ 比利时

① 《通好条约》，1919 年 12 月 3 日，王铁崖编：《中外旧约章汇编》第 3 册，第 51、52 页。
② 《友好通商航海条约》，1929 年 9 月 18 日，王铁崖编：《中外旧约章汇编》第 3 册，第 720—723 页。
③ 《外交总长胡致比华使照会》，1926 年 4 月 16 日，《国闻周报》第 3 卷，第 44 期。
④ 《外交部致比华使备忘录》，1926 年 10 月 28 日，《国闻周报》第 3 卷，第 44 期。
⑤ 《中比条约交涉终止宣言》，《顺天时报》1926 年 11 月 7 日。

的态度很快发生了根本的变化，表示放弃在华特权，比外交总长温德威尔发表对华问题文章，也明确表示这一态度。废止中比条约在中外条约关系的变革中，具有重要的典型意义。它表明中国坚持平等原则的坚决态度，甚至不惜与彼决裂。1927 年 11 月 12 日，北京政府又发布宣言，通电全国，废止 1864 年与西班牙所订条约。接着，南京政府也于 12 月 5 日宣布中西条约失效，并公布处理两国关系的《临时办法》。

其后，南京政府继续与条约期满各国交涉，先后与比利时、意大利、丹麦、葡萄牙、西班牙等国分别订立《通商友好条约》。这些条约名曰通商条约，实际上是一个临时协定。主要内容有三：一是关于关税，中比条约第 1 条规定，"彼此根据完全平等之原则，并根据此项原则约定，关于此类事项彼此完全以各本国之国内法规定之"。此类事项，相互"享受之待遇，不得次于任何他国享受之待遇"。二是关于领事裁判权问题，中比条约第 2 条规定："此缔约国人民在彼缔约国领土内，应受彼缔约国法律及法院之管辖。"二是关于通商条约问题，中比条约第 3 条规定："两缔约国应于最短期内举行会议，俾以相互及平等待遇之原则为基础，签订一通商及航行条约。"[①] 另外，该约对于该两国人民在华纳税问题亦作了承诺。中比条约附件五中，比全权代表，驻华代办纪佑穆以本国政府名义声明："比国及卢森堡国人民应依照中国政府颁布之法律、章程完纳税款，但此种税款，凡与中国有条约关系之他国人民亦应一律照纳。"中意条约亦作了类似规定。其他各国所订条约，内容大体相同。从条约正文来看，似乎各国已放弃了领事裁判权，实际上却并非如此。同时签订的条约附件，对此作了条件限定。新订条约表明：比、意、丹、葡、西等国作出了有条件地与中国建立平等关系的承诺，较之北京政府与比利时交涉所取得的成果，尽管有所退步，但总体来看仍取得了进展。与旧约不同，新约均以废除不平等为主旨，其目的是为了建立平等关系。可以认为，这类新约是一种过渡性的临时协定，它否定了不平等的条约特权，为建立平等的条约关系打下了一定的基础。当然，最终达到这一地位不是一蹴而就的，还需经过艰苦的努力。

---

① 中比《友好通商条约》，1928 年 11 月 22 日，王铁崖编：《中外旧约章汇编》第 3 册，第 642—643 页。

其四，收回了部分条约特权，包括片面协定关税、部分租界和租借地，此外上海会审公廨问题也得以解决。中外间现存的不平等条约关系，获得了局部的改善。收回被侵夺的关税主权，实现关税自主，是这一时期最为重要的一件大事。自1928年2月至12月间，先后与美国、挪威、比利时、意大利、丹麦、荷兰、英国、法国、瑞典及西班牙等11国签订关税条约或通商条约，各国有条件承认中国关税自主，惟日本尚未表明态度。1930年5月6日，王正廷与重光葵在南京正式签订中日《关税协定》，随即经立法院通过和国务会议批准。协定的订立，使关税自主的最后一个障碍得以消除。国定税则委员会重新拟定了《中华民国海关进口税税则》，经立法院通过和国府会议议决，于12月29日明令公布，定于1931年1月1日实行，中国终于实现了关税自主。收回的租界有汉口英租界、九江英租界、天津比租界、镇江英租界、厦门英租界等，其情况各有不同。除上述租界外，南京政府还曾打算进行收回其他租界的交涉。如天津英租界、芜湖英租界、汉口法日租界、广州湾及汉口法租界等。但对于上海公共租界，却顾虑重重，"不愿出以斩钉截铁之断然手段，而声明以谈判方式，得两得其便之解决"。[①] 关于租借地，主要是从英国手中收回威海卫，北京政府时期启动交涉，南京政府赓续其事，1930年4月18日中英正式签订《交收威海卫专约及协定》。协定规定：英国将威海卫地域，即所有威海卫全湾沿岸十英里地方，及刘公岛与威海卫湾内之群岛，交还中华民国。威海卫的收回，具有重要意义，对于中国解除此类条约的束缚起了示范作用，王正廷视此为"收回租借地之初步。"[②] 订约之后，王正廷在外交部纪念周上报告此案时，又说：1898年中国损失主权颇多，而"签订收回威海卫租借地协定之举，足雪一部分之耻辱"。"收回租界租借地问题，此次英国贯彻华府会议之提议，毅然交还威海卫，可为嚆矢"。此约订后，"不仅谓主权能以收回，亦可云吾国得一良好军港"[③]。然英国以借用名义保留刘公岛10年，虽有时间限制，亦是对中国主权的损害。

此外，当收回关税主权谈判大体完成，南京政府将重心转到法权交涉，

---

① 华瞻：《上海公共租界外人所享权利之研究》（续），《国闻周报》第7卷，第18期。
② 芸生、北化：《收回威海卫草约签字》，《国闻周报》第7卷，第7期。
③ 《外王报告威案经过》，《晨报》1930年4月23日。

自 1929 年 2 月 1 日起"即致力完成废除领判权一举"。[①] 当年，外交部外交工作"最重要之部分，即为领事裁判权之撤废"。[②] 通过与各国，尤其与美、英两国的谈判，这一努力也取得重要进展。王正廷报告国民党中央政治会议说，"对于撤销领事裁判权问题，近与英美两国交涉，尚觉顺利"。[③] 然而，由于列强始终不愿全部放弃该项特权，交涉非常艰难，已取得的一些成果，又最终因日本侵华战争的爆发而夭折。法权交涉也有一定的成效，收回了上海会审公廨。在这同时，南京政府也在考虑收回其他条约特权，如国民党中执委政治会议决定，"沿海岸及本国境内之外船航行权，应速收回"。[④] 交通部也主张，值此改订商约之际，"亟宜乘此时机交涉收回，以谋航权之完整"。向外交部提出与各国改订通商航海条约时，随时征询其意见，"以便废除不平之条约，挽救既失之航权"。[⑤] 外交部对收回航权亦作了考虑。

由上可见，迄至"九一八"事变，经过各届政府的交涉，民众和进步势力的努力，中外条约关系有了初步改善。一批国家与中国建立了平等的条约关系，或承诺放弃条约特权，既存条约特权的空间在缩小，尤其是协定关税、租界和租借地等重要特权，或完全，或部分被收回。从中外条约关系发生发展的整个过程来看，这是一个重要的转折时期，即从不平等走向平等的交替时期。而由于中国仍处在内外制约的困境之中，要在国际社会中获得完全平等的地位，仍需经过艰苦的努力。无疑，第一次世界大战之后，中国在争取平等地位的历程中，取得了显著的成效，但未能如愿以偿，其原因在于中国仍处在内外制约的困境之中。列强各国仍然不愿完全放弃条约特权，以各种托辞延缓这一进程，是中国陷入这一困境的根本制约。国内因列强压迫、政治腐败、民生凋敝而必然引发的革命运动，又在某种程度上分散了一致对外的力量，并给列强坚持条约特权提供了借口。各种因素混

---

① 《外交部为办理废除不平等条约交涉情形的呈文》，1929 年 5 月 1 日，中国第二历史档案馆编：《中华民国史档案资料汇编》第 5 辑第 1 编，《外交》（一），第 47 页。

② 《取消领事裁判权案之提案》，1929 年 12 月 27 日，中国国民党党史馆藏政治档案，档号：政 1/7.1。

③ 《政治会议速纪录第 262 次》，1931 年 2 月 18 日，台北中国国民党党史馆藏中央政治会议速纪录，档号：中央 0262。

④ 《航政根本方针》，1929 年 8 月 7 日，台北"国史馆"藏国民政府档案，档号：0010000060980A。

⑤ 《咨请以后改订条约时拟请随时征询该部同意俾便挽回既失之航权》，1929 年 2 月 6 日，台北"国史馆"藏外交部档案，档号：020000039599A。

杂在一起，尤其是日本的所谓特殊利益，加剧了问题的复杂性，致使已取得的进展戛然而止。

三、 低潮时期的废约努力和探讨

"九一八"事变之后，修约交涉陷入停顿，进入低潮时期，但南京政府并未放弃修废不平等条约的愿望。政府和舆论界、外交界人士在应对日本帝国主义侵略的同时，利用有利时机，也作过一定的努力和探讨。

因中英、中美通商条约到期，1933 年 10 月 19 日，驻法公使顾维钧致电外交部，提出修约问题，并请转呈行政院并转全国经济委员会、财政部、实业部，认为一面由主管部会组织"讨论确定我国经济关税及对外贸易政策"，一面"设法与各国修订商约"。[①] 接电后，行政院于 27 日组织外交、实业、财政三部进行审查。其后，外交部与英、美进行了交涉，但毫无结果。为筹备修约，外交部秘书谭绍华回顾了修约交涉，对修约中的各种问题作了探讨，涉及撤销领事裁判权、收回航权、最惠国待遇、外人内地在居留、外人设厂办理工商制造各业等五个问题。当时中国正处于非常艰难和尴尬的境地，该文的最后结论，颇有些左右为难之意。一方面认为，"此次条约满期，该应积极筹议修改"。但另一方面，又感到"积极进行，亦恐为情势所不许"。[②] 事实也如所料，此次中国提出修约毫无结果。

这个时期取得的修约成效，是最终议妥《规定越南及中国边省关系专约》，完成了最后的程序。该约于 1930 年 5 月 16 日签字后，中方虽很快批准，但由于法方延宕，"第一附件内甲乙两表未克议妥，致未实行"。[③] 直至 1935 年 7 月 20 日，双方在巴黎交换批准《规定越南及中国边省关系专约》，最后得以完成法律上的程序。

在此前后，舆论界对修约问题进行了有意义的探讨。如 1933 年 11 月，

① 《顾维钧致外交部电》，1933 年 10 月 19 日，中国第二历史档案馆编：《中华民国史档案资料汇编》第 5 辑第 1 编《外交》（一），第 70 页。

② 《谭绍华拟我国向英美两国提出修约之经过与约中重要问题之探讨》，1934 年 5 月 15 日，中国第二历史档案馆编：《中华民国史档案资料汇编》第 5 辑第 1 编《外交》（一），第 73—86 页。

③ 《丝织绸缎两业公会吁请政府签订中法越南商约》，《申报》1932 年 12 月 3 日。

在欧洲研究国际法与外交学的吴本中博士发表《不平等恶条约"消灭期"》，从国际法的角度提出了废弃不平等条约的途径。他提出，从国际法的角度而言，"一方面须维持格遵条约之义，不准轻易蔑视约章；他一方面又须主张废除修改之说，设法有时不守条约之义"。这两条法学原理在实行上极难融合，"有如水火之不同，南极北极之对峙，国联协约十九条如吾人第二段所言又未能完美，徒成具文"。如何解决这一"国际公法要题"？文章认为，在世界现在情形之下要寻找出路，则非创立"消灭期"不可，试图从法律上和平解决不平等条约问题。① 王芸生指出二百余年中国外交的弊病，实际上是否定激进的废约方式，并否定了南京政府的修约成绩。②

为应对修约交涉，舆论界作了具体的探讨。如拙民发表《关于对外修改商约问题》一文，就修约问题提出了自己的主张。该文着重论述了修约的主要问题及其所应坚持的原则，主要有领事裁判权、沿海及内河内港航行权、矿权、缔约国双方侨民地位、商务、最惠国条款等问题。关于修订方式，该文对共同谈判、片面宣告废约和单独谈判等三种作了探讨。③ 崔书琴发表《中美修约意见书》，对修约的各种具体问题作了探讨。关于应该取消的条约特权，主要有领事裁判权、片面的最惠待遇、沿海及内河航行权，以及其他应行取消之条款。关于旧约中应该变更之条款，主要有公使之交换、领事之设置、投资矿业权、商标、创制专利及版权之保护、两国人民之入境、条约有效之期限、修约之文字，以及其他应行变更之条款。关于新约中应行增加之条款，涉及侨民待遇、进出口、商务，以及外交官及领事待遇，等等。④ 其他媒介如《东方杂志》亦为此发表一组文章，讨论修约的各种问题，有朱羲农的《中日商约问题的检讨》，⑤ 谭绍华的《中英中美修约声中关于经济利益各项待遇问题之探讨》，⑥ 梁鋆立的《互惠条约及最惠国条款》，⑦ 楼桐孙

① 吴本中：《不平等恶条约"消灭期"》，《外交月报》第3卷，第5期，第2—21页。
② 王芸生：《二百余年之中国外交病》，《国闻周报》第10卷，第45期。
③ 拙民：《关于对外修改商约问题》，《外交周报》第1卷，第16期，第3—8页。
④ 崔书琴：《中美修约意见书》，《外交月报》第4卷，第6期，第1—28页。
⑤ 朱羲农：《中日商约问题的检讨》，《东方杂志》第31卷，第12号。
⑥ 谭绍华：《中英中美修约声中关于经济利益各项待遇问题之探讨》，《东方杂志》第31卷，第12号。
⑦ 梁鋆立：《互惠条约及最惠国条款》，《东方杂志》第31卷，第12号。

的《中美条约关系的回顾和前瞻》,① 叶作舟的《收回外人在华航行权问题》,② 顾毓琇的《修改商约与中国的工商业》,③ 徐欧渔的《修约运动之回顾》④。这些文章涉及中日、中美、中英修约问题及其反思,外人在华航行权,修约与中国的工商业,修约运动的历程,最惠国待遇、第三国待遇、互惠待遇、内国待遇等问题,领事裁判权、片面关税协定、内河航行、外国兵舰游弋停泊及军队驻屯,以及中日、中美、中英相关条约,以及《南京条约》《天津条约》《北京条约》《马关条约》《辛丑条约》,等等。其论述,从各个角度探讨了修约问题,反映出中国社会各阶层,尤其是知识界对此仍予以极大关注。废除不平等条约是中国社会发展的内在要求,即使在这个特殊的低潮时期,修约交涉受到种种限制,但却不能消弭这一全民族的合理愿望。此外,航业界也积极向交通部吁请,说内河航行权,"已被英日航商操纵,非即设法交涉收回,殊难发展国人自办之航务",希望解决此案。⑤ 交通部因此开始筹划此事,召开航政会议时曾加以讨论,决议由交通部办理。并拟成立海上法庭,由交通部直接办理检验外轮交涉。⑥

1935 年 5 月华北事变发生后,南京政府再次提出修约的议题。张群 12月继任外交部部长,即表示修改不平等条约的愿望,希望相关各国能认识中国现在之地位"与其合理之要求"。⑦ 张群的修约要求,仅仅是一个姿态而已,南京政府并未作认真的考虑,也没有哪个国家会认真对待。随后在中日战争全面爆发前夕的 1937 年上半年,又出现了新的契机。2 月 19 日,覃振等四人在国民党五届三中全会提出"撤废各国在华领事裁判权案",获得通过。⑧ 为实行这一决议,外交部致电东京,提出为废除日本在华的治外法权以及修改中日条约开始谈判。接着,王宠惠于 3 月 4 日出任外交部部长,国人寄予期望,中央媒体表示,除了重新调整中外关系之外,王宠惠的第一个

① 楼桐孙:《中美条约关系的回顾和前瞻》,《东方杂志》第 31 卷,第 12 号。
② 叶作舟:《收回外人在华航行权问题》,《东方杂志》第 31 卷,第 12 号。
③ 顾毓琇:《修改商约与中国的工商业》,《东方杂志》第 31 卷,第 12 号。
④ 徐欧渔:《修约运动之回顾》,《东方杂志》第 31 卷,第 12 号。
⑤ 《收回内河航权》,《世界日报》1934 年 2 月 16 日。
⑥ 《交部决积极进行收回内河航权》,《华北日报》1934 年 7 月 25 日。
⑦ 《张群发表外交政策》,《国闻周报》第 12 卷,第 50 期。
⑧ 荣孟源主编:《中国国民党历次代表大会及中央全会资料》下册,第 449 页。

任务将是"修改过时的协定和废除不平等条约"。① 其时，国际上亦出现了新形势，尤其是埃及提出废弃领事裁判权，对中国以很大触动。很快，"七七"事变发生，中国面临着更为严重的民族危机，不平等条约问题自然放到了次要地位，其后相当长一段时间处于沉寂状态。

但由于上述新的因素，在全国形成了讨论废约问题的浪潮，"各地多开会讨论维护法权运动；报纸评论，亦屡屡以此为言"。讨论中提出了不同的意见和主张。或主张片面宣布取消领事裁判权，以避免国际间的阻挠；② 或提出采用与各国单独谈判的方法，通过交涉废弃领事裁判权；③ 或明确反对采取片面行动，认为须应慎重考虑废弃领事裁判权的时机。④ 有的还对条约特权本身作了探讨，尤其是领事裁判权，从条约规定和国际法的角度，解释其与治外法权的区别。⑤

当中国处于遭受外敌入侵的低潮时期，舆论仍然关注这一问题，反映中国社会要求废弃不平等条约的迫切愿望。此外在 30 年代到太平洋战争爆发前夕的 1942 年 11 月，中国与一些国家，主要是无约国，如拉脱维亚、利比里亚、爱沙尼亚、多米尼加、伊拉克、古巴等签订了平等的友好条约。

四、　加入国际公约和"准条约"的发展

民国时期，中国加入国际公约和"准条约"亦有很大的发展。就国际公约来看，北京政府时期加入的国际公约有 39 个，比晚清时期多了 18 个，内容涉及各个方面。政治、军事类如 1915 年的《陆战法规和惯例公约》、1919 年的《国际联盟盟约》、1921 年的《国际裁判常设法庭规约议定书》《国际裁判常设法庭规约》。经济交通类有 1919 年的《国际航空公约》、1925 年的《斯壁嵫浦条约》《国际铁路运输公约》，文化类有 1925 年的《国际交换公牍科学文艺出版品公约》《禁止淫刊公约》，等等。南京政

---

① Wesley R. Fishel. *The End of Extraterritoriality in China*. Berkeley & Los Angeles：University of California Press，1952，p. 196.
② 周还：《撤废领事裁判权问题之商榷》，《外交评论》第 8 卷，第 4 期。
③ 潘瀛江：《撤废领事裁判权运动的回顾与今后应取的途径》，《东方杂志》第 34 卷，第 12 号。
④ 周还：《撤废领事裁判权问题之商榷》，《外交评论》第 8 卷，第 4 期。
⑤ 薛典曾：《领事裁判权之解释问题》，《东方杂志》第 34 卷，第 10 号。

府建立后，以更积极的姿态参与国际组织，进一步发展了国际公约关系。自南京政府请求美国政府邀请，于 1929 年加入《非战公约》之后，至 1937 年，共加入 45 个国际公约。其类别包括政治军事类，除《非战公约》外，还有 1934 年的《国籍法公约》等。经济类公约有 1929 年的《防止伪造货币国际公约葳事文件》、1934 年的《国际白银协定》等。交通类公约有邮政类，如 1935 年《国际邮政公约》等；有电信类，如 1935 年的《国际电信公约》；有航海类，如 1935 年的《航海信号协定》等。社会类国际公约，有灾害救济、劳工权益、妇幼保护、战俘待遇等类别，如 1930 年的《制定最低工资确定办法公约》、1935 年的《国际救济协会公约》《战时俘虏待遇公约》、1936 年的《各种矿场井下劳动使用妇女公约》《确定准许儿童在海上工作的最低年龄公约》等。总的来看，南京政府前十年，加入的政治类国际公约较少，以交通、社会类公约居多。一方面由于政治类公约涉及一些敏感问题，往往会产生各种顾虑；而与之比较，交通和社会类公约没有政治上的纠葛，不会引起严重的权力问题。另一方面，此类公约的增加，反映了世界观念和国际合作意识的增强，以及对经济发展和社会事业，尤其是对劳工权益和下层社会的关注和重视。这些既是该时期中国社会经济变化的反映，又适应了改变不平等条约关系，在国际上争取平等地位的时代要求，同时又对促进上述事项的进步具有重要意义。

但是，这个时期仍有不少国际公约未加入，例如文化类公约仍然不多，尤其是重要者。如 1886 年制定涉及著作权和版权的《保护文学和艺术作品伯尔尼公约》（简称《伯尔尼公约》），民国政府仍未加入。这反映了民国政府对文化问题有欠重视，同时又在某种程度上折射了中国的国情，以及对此类问题的理念。如关于《伯尔尼公约》，自晚清时期便为中国社会所注意，但舆论认为，其规则"在民智既进时则可，在民智尚稚时则大不可"。我国之民，"知彼国文字语言者多，购其书而读之，亦可收交换智识之效也，而民智未进之时，则断断不能"。[①] 由于这种观念，直到 1992 年中国才正式加

---

① 《论说：驳美日两国商约要索版权》，《外交报》第 36 期，1903 年 3 月 3 日。引文中的"同盟之约"，指的就是《伯尔尼公约》。

入该公约。再如某些社会类公约，如《限制工业企业之工作时间每日为八小时每周为四十八小时之公约》，也因为"国情"原因而未获批准。此类公约被视为"实非中国现行经济与劳工状况所许可"，不符合中国实际，或被拒绝，或立法院决议"不予批准"。①

民国时期的"准条约"也有很大发展，涉及各种类别。政府向外国私法人借款类，北京政府时期较多，如1913年与五国银行团所订《善后借款合同》、1923年与华比银行所订《华比银行一百七十万元借款合同》。铁路借款合同类，如北京政府1913年与法比铁路公司所订《同成铁路借款合同》、南京政府1936年与中英银公司所订《中华民国二十五年中国政府完成沪杭甬铁路六厘金镑借款合同》。电信合同类，如北京政府1913年与英丹大东、大北公司所订《水线续款》、1918年与日本三井洋行所订《无线电台借款正合同》，南京政府1936年与法国无线电公司所订《报务合同》、与罗马无线电公司所订《无线电报务合同》，等等。矿务合同类，如民国政府1917年与美孚公司所订《中国政府拨还美孚公司经付中美合办勘矿用款合同》、1918年与中华汇业银行所订《吉黑两省金矿及森林借款合同》，等等。订购武器、军需等合同类，如北京政府1912年与日商大仓洋行所订《兵器代金支付第二次延期契约》、1913年与奥地利瑞记洋行所订《一百二十万英镑订购军舰合同》和《二百万英镑订购军舰合同》，1918年与日本各银行所订《参战借款合同》，等等。此外还有飞机航空、实业、水利事业、城市海港建设、石油开采、防疫赈灾等等类别。

与晚清比较，民国时期的"准条约"关系出现了很大变化，不仅形式上的类别结构有新的特点，而且不平等内容亦逐渐减弱。从类别而言，有关铁路方面的"准条约"大大减少，同时出现了新的类型。如涉及民政的水利事业，有《导淮借款草议》；矿务类增加了石油开采业，如《美孚推广事业合同》，等等。铁路类合同章程的减少，说明侵及中国路权的"准条约"关系的减弱，同时又反映了民国初年因种种原因而压缩铁路建设的状况。水利事业和石油开采业等方面合同章程的出现，则体现了中国民生工程和近代事业

---

① 《中国与国际劳工公约》，《国际劳工通讯》第5卷第1期，1938年1月，"特载"，第2、7、8页。

的扩大。这些无疑是一种进步。

内容方面，随着废除不平等条约运动的开展和深化，经过中国方面的努力，"准条约"的不平等内涵在逐步减弱。如电信类"准条约"，严重损害中国的电信主权，北京政府时期便筹划收回，至南京政府时期经继续努力，收到显著成效。1928 年 8 月召开的全国交通会议提出议案，"电政上各种不平等合同自当以全力分别取消或改订之"，"当以平等互惠为原则，其非互惠而无债务之羁绊者，应一律取消之"。[①] 会议的法规契约组就中丹、中英、中美、中日等所订将于 1930 年底到期的电信合同作出决议，请交通部"从速设法废除，并另订平等合同"。[②] 随后，由交通部组织召开的电信国际交涉讨论会提交了一份报告书，认为各种"损权辱国"的合同是中国电政落后的主要原因，并提出，"今后欲图电信事业之进展，首须解除前项契约之桎梏"。[③] 为此，交通部拟定了《关于电信水线交涉大纲》，经批准后便以此为基础，与各国开展了收回水线主权的交涉。1933 年 4 月，交通部终与大东、大北、太平洋等几大公司达成协议，签订了新的水线合同。合同尽管未能完全改变几大公司与中国的电信类"准条约"关系的性质，但取消了几大公司的某些特权，如水线登陆专利权、在华对外直接收发电报权、平津沽恰借线，以及改订中方应得本线费，等等，[④] 使这一不平等关系得以获得较大改善。此外在无线电准条约方面也取得了进展，根据全国交通会议清除外人在华无线电特权的精神，南京政府与美、德、法、英、苏、意等国电信公司进行交涉，订立了新的无线电合同。新的合同遵循平等互惠原则，取消了外国电信公司的特权，如 1937 年订立的中美《无线电通话合同》。此外，南京政府又通过清理外债，在某种程度上改善了不平等的债务合同关系。上述说明，总体来看，中外不平等的"准条约"关系也在走向平等，除了无线电类合同契约建

---

① 《电政组各提案》，《会报》第 41 期，1928 年 10 月，"交通会议特刊"，第 38—42 页。

② 《审查记录》，《全国交通会议日刊》第 7 期，1928 年 8 月 16 日，第 4 版。

③ 《交通部拟具解决大东北全案办法请鉴核呈稿》，1929 年 4 月 30 日，中国第二历史档案馆编：《中华民国史档案资料汇编》第 5 辑第 1 编《财政经济》9，江苏古籍出版社，1994 年，第 664—665 页。

④ 《交通部关于与大东、大北、太平洋三水线公司电信交涉经过情形致行政会议提案稿》，1933 年 4 月 18 日，中国第二历史档案馆：《中华民国史档案资料》第 5 辑第 1 编《财政经济》9，江苏古籍出版社，1994 年，第 689—690 页。

立了平等关系之外，其他方面也有不同程度的体现。

五、 条约关系观念和外交体制的变化

进入民国，尤其是五四运动之后，中国的条约关系观念和外交体制又出现了新的转变，上升到新的理论高度。从前者来看，晚清时期的信守条约观念已被否定，代之而起的废除或修改不平等条约的思想主张。如前所述，继中国共产党提出废约反帝的政治主张，孙中山国民党也对民族主义重新作了同一内涵的阐释。废约反帝成为国共合作和国民革命的政治基础，也由此推动了整个社会对条约关系观念认识的升华。中外条约的合法性和神圣地位遭到了严重质疑，孙中山形象地将不平等条约称为"卖身契"，指出它是中国"痛苦的原动力"。① "条约神圣"观念被人们所摒弃和批判，曾如"圣旨一样的"不平等条约，"谁也不敢违反"，如今这一"'神圣'观念，大大改变"。② 人们看到，所谓"条约是神圣的东西"，"完全是帝国主义拿来骗人的话"，若仍"迷信条约是神圣的，这种心理就是反革命的心理"。③ 修废不平等条约的主张，由此更具合理和合法的性质，成为时代的思想潮流。对国际法的认识和理解，在很大程度上转向了这一诉求和目标，其中情势变迁尤成为中国引以为据的思想武器。不仅各种论著作了国际法的学理探讨，中国代表还在国联提出："中国方面以所缔各约，缘情势变迁，已陈旧不合现情，若再继续不改订，行将危及世界和平。"④ 其后，国民会议发布宣言：以国际公法上之惯例，缔约国"得根据情势变迁原则宣告废除而代以合乎公平原则与实际情势之适宜条约"。⑤ 取消不平等条约特权成为中国社会的共识。但对于如何实现这一目的，则存在不同认识和看法，或提出直接废除，或主张通过修约的方式。

---

① 《在神户各团体欢迎宴会的演说》，1924年11月28日，广东省社会科学院历史研究室等编：《孙中山全集》第11卷，第411—413页。

② 《辩论：中国应自动的废除不平等条约》，《金陵光》第16卷第1期，1927年11月，第95页。

③ 邵力子：《非"条约神圣"》，《浙江党务》第17期，1928年9月22日，第9页。

④ 《我国代表据理力争改订不平等条约，联盟审查股对我国提案将有议决附件提出讨论》，《申报》1929年9月25日，第2张第6版。

⑤ 《国民会议废除不平等条约宣言》，1931年5月9日，郭贵儒主编：《20世纪中国经世文编》第4册，民国卷3，中国和平出版社、天津教育出版社，1998年，第291页。

从后者来看，民国建立之后，外交体制发生了相应的变化，其中包括为适应改变条约关系需要的调整，涉及决策机构和具体办事部门。其中南京政府尤具特色，由于该政府实际上为国民党所控制，实行的是党国外交体制，与此相关的条约关系则与该党的方针政策密切相关。在这一体制中，国民党中央政治会议是最高权力机构，凡一切法律问题和重要政务，须经中央政治会议议决，再交国民政府执行。在中央政治会议的主导下，作为政府部门的外交部只是办理具体事务。为适应修废不平等条约的需要，外交部调整了内部机构，其重要者如条约委员会的设置。该委员会由外交部部长兼任会长，对改订新约事务作了明确分工，颁布相关规章，具体规定办事细则和办事程序。另还有其他一些机构与这一外交事务相关，如取消领事裁判权宣传委员会、外交讨论委员会。鉴于外交事权的杂乱，南京政府又加强了外交的统一，并裁撤了影响外交统一的交涉署。规定，凡对外行动先向外交主管机关商酌，然后办理，"使外交责职，得以统一"。[①] 此外，为了有利于修废不平等条约，南京政府又进行了司法法律方面改革，并在社会经济领域作了体制与政策方面的调整，涉及财税工商和实业交通等方面。

由上可见，民国时期条约关系观念和外交体制及政策的变化，适应了这个时期中外条约关系由不平等向基本平等的过渡。同时，这些变化既反映了修废不平等条约的时代需要，又在相当程度上促进了中外条约关系的转折。

第四节　从不平等到基本平等的转换

由于日本侵华而打断的修约进程，在日本全面侵华尤其是太平洋战争爆发之后出现了转机。在新的国际形势下，主要列强国家终于放弃了在华主要特权，中外不平等条约关系得以基本结束。然而，尽管中国的平等权得到了肯定，但这一关系本身仍存在着不平等的因子，中国仍被强国所歧视，并未享有真正的平等地位。由于各种因素的作用，美、英两国打算在战后决定立

---

① 《国民政府训令》，民国十六年八月四日，王正廷编：《国民政府近三年来外交经过纪要》，第 14 页。

即放弃主要条约特权，与中国签订了平等新约。新约产生了推动作用，抗战胜利前后，其他享有条约特权的各国纷纷仿效，陆续与中国订立类似条约。一百多年的不平等条约关系，由此基本上得以解除。但这些平等新约仍存在诸多局限，没有给予中国真正完全的平等。

一、 太平洋战争爆发与中外不平等条约关系的基本结束

全面抗战开始后，用血腥战争践踏中国主权的日本，为了在外交上争取主动，首先唱起了废弃领事裁判权的调子，刺激并促使美、英表明立场。随后爆发的太平洋战争，又促使美、英等国在战时宣布放弃在华条约特权，又进而推动这一不平等关系的基本结束。

日本先是在"满洲国"开始了这一行动，"七七"事变后，日本进一步采取行动。1937 年 11 月 5 日，日满订立《日本国满洲国关于撤销在满洲国的治外法权和转让南满铁路附属地行政权条约》，规定自 12 月 1 日开始，全部废除日本在"满洲国"的治外法权，并全面转让满铁附属地行政权。[①] 1940 年 11 月 30 日，日本与汪伪"中华民国国民政府"签订条约，"撤销其在中华民国所有的治外法权，并交还其租界"。同时规定，"中华民国政府为日本国臣民的居住和营业，应开放其本国领土"。[②] 在日本的压力和打击下，美、英等国要求日本尊重其在华的条约权利，另一方面，它们表示愿意通过谈判废除治外法权等特权。1939 年 1 月 9 日，英国政府照会中国政府："准备在缔结和约之后，就废除治外法权、放弃租界，以及在平等互惠的基础上修订条约等问题，与中国政府谈判。"7 月 18 日，英国首相丘吉尔在下院重申上述照会所表明的态度。19 日，美代国务卿威尔斯发表谈话，表示：在条件许可的任何情况下，与中国政府谈判取消在华治外法权及其他一切"特权"的政策，"至今未有变更"。[③] 苏日中立条约订立后，美、英再次向中国

---

① 姜念东、伊文成等：《伪满洲国史》，吉林人民出版社，1980 年，第 172 页，参见 Wesley R • Fishel. *The End of Extraterritoriality in China*. Berkeley & Los Angeles：University of California Press，1952，pp. 191-192.

② 《日汪基本关系条约及附属秘密协定》1940 年 11 月 30 日，复旦大学历史系中国近代史教研组编：《中国近代对外关系史资料选辑》下卷，第 2 分册，上海人民出版社，1977 年，第 122 页。

③ 《代理国务卿威尔斯的声明》，1940 年 7 月 19 日，美国国务院出版：《美国与中国的关系》下卷，中国现代史资料编辑委员会刊印，1957 年，第 448 页。

表明战后废约的态度。

1941 年 12 月 8 日太平洋战争爆发，国际形势发生新的变化，促使美、英提前兑现它们的诺言。1942 年 1 月 1 日，由中国领衔，美国、英国、苏联等 24 个国家在华盛顿签订了《联合国家宣言》，这一宣言标志着世界反法西斯同盟的最后形成。中国的国际地位由此得以大大提高，是否立即废弃不平等条约特权的问题也就提了出来。如前所述，出于"先欧后亚"战略的考虑，它们需要中国的抗战牵制日军，防止日军与德军配合，给欧洲战场造成压力。同时，中国坚持抗战，大大提高了国际声誉，在这场反法西斯战争中具有举足轻重的地位。罗斯福担心没有中国的抗战，日本军队可以冲向中东，并调到其他地方作战。加上其他因素，美、英两国决定立即放弃在华领事裁判权，并从 1942 年 8 月下旬开始就此问题进行磋商，达成共识，商定在中国的国庆节之时宣布。

在这一形势下，重庆国民政府于 9 月下旬决定提出立即废约问题，并希望由美国率先提出。10 月 10 日，美、英发表声明，宣布了放弃在华治外法权的决定。双十节之后，中国与美、英进行了废弃旧约，重订新约的谈判。主要由于英国坚持保留某些条约特权，谈判颇为周折，最后在中方让步的情况下，双方达成了一致。1943 年 1 月 11 日，驻美大使魏道明与美国务卿赫尔在华盛顿签订《关于取消美国在华治外法权及处理有关问题之条约》，外交部部长宋子文与美驻华大使薛穆在重庆签订《关于取消英国在华治外法权及其有关特权条约》。

通过这两个条约，英美放弃了在华主要条约特权，基本上以平等的原则与中国调整了条约关系。具体而言，美、英放弃的条约特权包括以下方面：一是废除领事裁判权；二是整体废除《辛丑条约》；三是归还租界行政权；四是废除通商口岸制度；五是收回沿海贸易和内河航行权；六是废除美、英军舰在中国领水内之特权。中美、中英条约明确废除的领事裁判权、使馆区及驻军、租界、特别法庭、军舰行驶之权、英籍海关总税务司之特权、沿海贸易与内河航行权等特权，是列强所享有的主要特权。这些特权的取消，清除了中国取得独立地位的主要障碍，标志着中外不平等条约关系的基本结束，具有重要的意义。另外，中国也相应地放弃了某些权利。

　　但是，在新调整的条约关系中，仍保留了不平等的内容，未能实现国民政府预定的全部目标。1942 年 3 月，国民政府外交部拟订了"关于取消领事裁判权之原则"。① 7 月 26 日，又拟定了"取消其他特权及特种制度办法"，提出了全面废除不平等条约的问题。② 从上述国民政府的筹划来看，要取消的特权，几乎包括了所有不平等的条约特权，但中美、中英新约并未如愿以偿，完全达到这一目的。主要体现在：一是租借地未能收回，二是列强在华领事裁判权并未完全消失，三是其他经济、文化等等方面的各种特权并未涉及，四是因某些特权的放弃而给予其他条约权利，或转换为另一种形式。此外，中美、中英之间还有种种不平等关系的事项，均未提出讨论。一百余年中国遭受列强侵略，蒙受种种不平等待遇，"有载诸我国所订立之条约者，有不载者"，③ 关系繁复，需要调整之点甚多，而新约未能全面讨论。诸如此类，说明新约没有给予中国真正完全的平等。美、英等国也未以真正平等的精神对待中国，全面放弃条约特权。例如，美国提出的草案没有提出"以平等互惠之原则为基础"，中国主张在新约增加这一内容作为第 1 条，美方认为没有必要。作为殖民帝国的英国，对华不平等的意识则更为明显，如坚持九龙租借地等特权。

　　上述种种，在相当程度上降低了平等的价值，平等新约没有构筑完全平等的条约关系，并给以后中美、中英条约关系的发展，隐伏了不利的因素。如时人所言，"国际上要求真正之平等，还得要奋勉自强"。④ 但必须看到，新约废除了主要的条约特权，如《大公报》发表社评，认为新约已大部厘清了约特权，"使中国结束了百年的耻辱"，"是中外关系史上展开了光明的新页"。⑤ 通过新约，中国基本上获得了法律上的平等地位，为此后建立平等

---

　　① 《外交部拟定关于取消领事裁判权之原则》，1942 年 3 月 9 日，中国第二历史档案馆编：《中华民国史档案资料汇编》第 5 辑第 2 编《外交》，江苏古籍出版社，1997 年，第 138—139 页。

　　② 《外交部拟定取消其他特权及特种制度办法》，1942 年 7 月 26 日，中国第二历史档案馆编：《中华民国史档案资料汇编》第 5 辑第 2 编《外交》，第 147—148 页。

　　③ 《取消不平等条约问题》，刘大钧，《经济汇报》第 7 卷，第 1、2 期。

　　④ 倪渭卿：《论中美中英新约》，《军事与政治》第 4 卷，第 2 期。

　　⑤ 《贺中美、中英平等新约——中外关系史光明的新页》，《大公报》1943 年 1 月 12 日。

的条约关系打下了基础。

无疑，新约标志着百年来中外不平等条约关系的基本解除，在其推动下，在华享有条约特权的各国以此为模式，订立了类似条约。

在巴黎解放和戴高乐的临时政府建立之后，中法两国进行了交涉。1945年8月18日，法国政府与中国签订《交收广州租借地专约》，随后就放弃在华治外法权问题与重庆国民政府谈判。1946年2月28日，中法签订《关于放弃在华治外法权及其有关特权条约》，以及《关于中越关系之协定》和相关换文。通过这些条约，法国如美、英一样放弃了在华不平等的条约特权，同时确认了在越华侨的权利和待遇，并废止1903年所订滇越铁路协定，同意将中国境内的滇越铁路"移交于中国政府，由其提前赎回"。在抗战胜利前后，巴西、比利时、卢森堡、挪威、加拿大、瑞典、荷兰、瑞士、丹麦、葡萄牙、墨西哥等国相继与中国订立条约，放弃领事裁判权等条约特权。至此，所有与中国签订不平等条约的国家，均放弃了领事裁判权等条约特权。从法律的意义上，中国基本上结束了与他国不平等的条约关系。

除了有约国之外，中国又先后与一批无约国如阿富汗、哥斯达黎加、危瓜多尔、暹罗、沙特阿拉伯、阿根廷、菲律宾等，在平等的基础上建立了条约关系。这些条约均属建交简约，多规定以"以平等及互尊主权之原则为基础"，[1] 因各国情况不同，内容也稍异，反映了战后国际关系的复杂性，以及对中外条约关系的影响。中外不平等条约关系基本解除之后，中国在法律上获得了平等地位，需要与这些国家在此基础上建立新的全面的条约关系，包括经济通商关系等。

二、 中国在平等形式下的不平等地位

由于产生不平等的原因尚未根本消除，以及国际舞台上强权政治仍然如故，中国的贫弱落后也仍然如故，其国际地位并没有随着新约的签订而发生实质性的改变。于是，中国在国际事务中仍被作为一个筹码被强国所摆弄，在新建立的条约关系中又出现了新的不平等。

---

[1] 王铁崖编：《中外旧约章汇编》第3册，第1300、1351、1353、1472页。

　　中国似乎以平等的姿态进入了世界民族之林，中美、中英平等新约签订前，美国总统罗斯福便称中国为"四强之一"；美国政府认为，"中国在战争中已经作为四大国之一出现在世界舞台上"。[①] 1943 年 10 月 30 日，中国签订《中苏美英四国关于普遍安全的宣言》，代表国民政府签字的驻苏大使傅秉常于签字当天在日记中写道："我国自加入此次宣言后，已与英、美、苏三强平等，而居领导世界政治之地位。"[②] 然而，这一大国地位缺乏必要的实力基础，实际上是虚幻的。11 月 1 日，傅秉常拜访美国国务卿赫尔以示谢意："此次四国宣言加入中国，已将中国地位提高。"显然，这一地位是被"提高"的，并非中国实际地位的体现，傅秉常非常清楚，当即表示"甚盼美国方面对华始终助成其为真正之大国"。[③] 而且，从一开始，英、苏并不认同四强之说，尤其是英国首相丘吉尔，总要把中国排除在四强之外。很快，中国在国际事务中又被作为交易的筹码被另外三个强国所摆弄，又套上了新的不平等条约。1945 年 2 月，美、英、苏三国出自本国私利，分割战后权益，背着中国达成损害中国主权的"雅尔塔密约"。由此可见，被抬举为四强之一的中国，根本就没有取得如同其他三强同等的地位，而仍如以往，成为各个强国相互交易的筹码。会议结束后，没有谁将会议情况通报被作为交易对象的中国。

　　由于这一密约，中苏之间的条约关系发生了重要变化，再次蒙上了不平等的阴影。根据美、苏的安排，经过谈判之后，1945 年 8 月 14 日，国民政府新任外交部部长王世杰与苏联外交人民委员部部长莫洛托夫签订了中苏《友好同盟条约》《关于中国长春铁路之协定》《关于大连之协定》《关于旅顺口之协定》《关于中苏此次共同对日作战苏联军队进入东三省后苏联军总司令与中国行政当局关系之协定》，以及关于蒙古问题的换文等。这些条约，虽然体现了苏联政府和人民对中国抗战的支持，但亦有不少损害中国权益的

<hr>

　　[①]《赫尔会谈备忘录》，1943 年 10 月 21 日，王建朗主编：《中华民国时期外交文献汇编 1911—1949》第 8 卷中册，中华书局，2015 年，第 405 页。

　　[②]《傅秉常日记中相关记载》，1943 年 10 月 30 日，王建朗主编：《中华民国时期外交文献汇编 1911—1949》第 8 卷中册，中华书局，2015 年，第 420 页。

　　[③]《傅秉常日记中相关记载》，1943 年 11 月 1 日，王建朗主编：《中华民国时期外交文献汇编 1911—1949》第 8 卷中册，中华书局，2015 年，第 421 页。

内容。例如，关于外蒙古问题，赤裸裸地干涉中国内政，破坏中国领土主权的完整统一。根据换文，于日本战败后，如外蒙古之公民投票证实其独立之愿望，"中国政府当承认外蒙古之独立，即以其现在之边界为边界"。① 又如，在中东铁路和旅顺、大连问题上，承继了帝俄时代的条约特权。根据协定，中东铁路为中苏共同所有，共同经营，并由苏方实际控制。谈判中，宋子文提出，在协定内"吾人不能规定苏联为日本侵毁之权益，应予恢复一语，因大连、旅顺之期限业已过期，中东铁路已售与日本，南满铁路即以往中东铁路之一部，亦将最近满期"。斯大林则声称，恢复一词，并不包括中国权益。② 大连港口也为苏方所控制，在相当程度上恢复了帝俄时代的特权。旅顺问题的谈判，尤体现了苏联要承继帝俄时代在华条约特权的心愿和实质。谈判尚未正式开始，苏方提出第一条便是"恢复旅顺港之租借，建立苏联海军根据地"。③ 虽然最后达成的协定未用"租借"一词，其内容也并非完全与租借条约一样，但其基本精神却如出一辙。在谈判中，苏方虽作了一些让步，但最后所获得的权益，与帝俄时代并无本质性的差异。在谈判过程中，美方不断施压，迫使中方接受苏联的要求，以履行雅尔塔密约。

以上说明，不平等条约时代的强权政治仍然如故，不仅中苏关系存在着不平等的内容，与美国等西方列强的关系同样如此。如果说，中苏有关协定是赤裸裸地恢复了帝俄时代的某些特权，那么，中美之间却是在平等形式下将中国置于不平等的地位。1946 年 11 月 4 日，美国与中国签订《友好通商航海条约》。这是另一种形式的新的不平等条约，它标榜平等互惠，但其实质却与真正的平等精神背道而驰，典型地反映了旧的条约特权基本废除之后的特点，即以实际上的、事实上的不平等代替了字面上的不平等。

从谈判过程来看，双方处于不平等的地位，从一开始美国即处于支配和主导地位。从条约内容来看，该约貌似平等互惠，但实际上仍是一个片面条

① 《照会二》，1945 年 8 月 14 日，《中外旧约章汇编》第 3 册，第 1330—1331 页。

② 《斯大林统帅与宋子文院长第二次谈话记录》，1945 年 7 月 2 日，章伯锋、庄建平主编：《抗日战争》第 4 卷《外交》（下），第 1723 页。

③ 《蒋介石与彼得罗夫谈话记录》，1945 年 6 月 12 日，章伯锋、庄建平主编：《抗日战争》第 4 卷《外交》（下），第 1711 页。

约，仅美国一方能享有条约所规定的各种权利。从条约规定来看，双方的权利是平等的，均可在对方领土上从事或经营各种事业，并享有最惠国待遇和国民待遇。实际上，中国当时贫穷落后，根本不可能去美国领土享受这一权利，而工业发达的美国，却因此取得进入中国任何领域的法律依据。这种"平等"、"互惠"，千家驹在当时即说，"正像许多人所指出是三岁小孩与年强力壮大力士作角力赛的'平等'，这种'互惠'是一种狼与羊的互惠。狼对羊说，你可以咬我一口，我也只要咬你一口，这不是'平等''互惠'之至吗？"[①] 马寅初认为，该约所谓"平等"，之所以名不副实，是因为"两国情形不同，不能互惠"。例如美国人可自由来华，"但美人限制华人入境之法令是否会取消？"[②] 对中国这样的不发达国家，平等应该是事实上的，而不是文字上的"互惠"规定，而中美商约只是用"平等"的字眼确认了不平等的事实而已。商约本身的一些不平等的规定，更体现了这一事实，如在相互开放领土全境中的移民问题，双方的"法人和团体"在对方领土的待遇问题，以及不动产问题等方面的规定。商约对美国资本全方位开放，还使得中国已收回的关税自主权，成为一纸具文。由于商约允许美国资本进入中国各个领域，中国的关税壁垒不能发挥应有的作用。如时人所评论的，这只是"开放了美国资本输入的大门，毫无遮拦，却维持一点关税残垣颓垒，点缀四周"。[③] 尤其是，根据规定，美国货品除最惠国待遇外，还给予国民待遇，中国对美国货物不能采取保护关税，关税自主变得毫无意义。该约公布后，遭到社会各界的猛烈抨击，《大公报》将其称为新的不平等条约。[④] 千家驹认为："这个商约奠定了中国走向殖民地经济的基础，也使美国对华的经济侵略获得了合法化的根据。它是出卖中国主权最露骨最具体的表现……抗战抗了八年，结果抗出了一个美国殖民地，付出了千百万将士的血的代价，中国真正从战前之'半殖民地'夷而为'次殖民地'的地位了。"[⑤]

---

① 千家驹：《评中美新商约》，燕京大学学生自治会研讨股编：《评中美商约》，第 10 页。
② 马寅初：《中美商约条文内容空泛利权丧失无可避免》，1946 年 11 月，《经济周报》第 3 卷，第 20 期。
③ 杨培新：《中美商约对中国经济的影响》，燕京大学学生自治会研讨股编：《评中美商约》，第 28 页。
④ 大公报社评：《评中美商约》，燕京大学学生自治会研讨股编：《评中美商约》，第 16 页。
⑤ 千家驹：《评中美新商约》，燕京大学学生自治会研讨股编：《评中美商约》，第 10、13 页。

总体来看，该约主要迎合了美国的需要，而较少考虑中国的利益。诚然，中美商约中也有利于中国的各种条款，只是有害的规定多于有利的规定。该约实际远远超出了通商范围，"不惟对于中美两国人民入境居留通商航海诸项均有详细广泛之规定，即对新闻自由，信仰自由及侨民教育等项之为一般商约所不常见者，亦均有详密之规定，内容可谓至为完备而广泛"。①条约所列举的事业如此广泛，"差不多等于一般国民所有经营或所能经营的事业"，而所给予的国民待遇，"更远超过了任何普通商约的规定之上"，这些只是为了美国单方面的利益。②该约规定，等于将以往已被宣布废止的不平等条约条款，在中美新商约中又改头换面地复现出来。③作为不平等条约基本废弃之后的第一个通商条约，中美商约不同寻常，正如时人所言，是重新确定其对外关系与国际地位之里程碑，它"不但将确定今后中美间的相互关系，且将成为中国与其他资本主义国家（如英法等）间签订商约的先例"。这与鸦片战争后的中英《南京条约》，"曾决定中国百年来对外的商业关系和国际地位，将具有类似的作用"。④

显然，由于国力衰弱，中国虽然似乎在法律上获得了平等地位，且被美国"抬举"为四强之一，但实际上却远没有达到真正的平等，更谈不上与美、英、苏等国平起平坐。中国仍被强权政治所摆布，并被套上新形式的不平等条约锁链，列强以前在华享有的某些条约特权则由此得以巩固和发展。在这一形式上平等的中外条约关系中，中国的地位名不副实，这是中国在新形势下维护国家主权所面临的严峻问题。直至新中国的建立，中国获得了真正的独立地位，中外条约关系中的这一严峻问题才从根本上得以解决。

三、 参加国际公约和 "准条约" 的新变化

随着中外条约关系由不平等转向基本平等，这个时期中国参加国际公约和中外 "准条约" 也有新的变化。

---

① 赵在田：《中美商约评议》，《中央银行月报》第 1 卷，第 12 期附刊。
② 陈人白：《评中美商约》，《求真杂志》第 1 卷，第 8 期。
③ 陈人白：《评中美商约》，《求真杂志》第 1 卷，第 8 期。
④ 陈人白：《评中美商约》，《求真杂志》第 1 卷，第 8 期。

　　这个时期，中国与国际社会尤其是反法西斯主义的进步力量的联系更加紧密，国际地位由此有了重要提高，加入国际公约也出现了新的格局和突破。重建国际秩序成为这个时期的当务之急，中国参加国际公约亦以此为首要，具有显著的时代特点。太平洋战争爆发后，国际形势发生了重要变化，反法西斯的国际力量进一步聚合起来，构建新的国际秩序成为新增国际公约的重心。作为反法西斯主义的亚洲战场，并作出重大贡献的主要国，中国以更为积极主动的姿态加入了一系列新的国际公约，以创始国的地位发挥了重要作用。随着这一历史进程的节奏，中国先后参加了 1942 年的《联合国家宣言》和 1945 年的《联合国宪章》，融入新的国际秩序之中。与此相适应，中国又加入了确立新的国际经济秩序的相关国际公约，包括 1944 年的《国际货币基金协定》和《国际复兴开发银行》，以及 1947 年的《关税与贸易总协定》。

　　由于国际地位和主动性的提高，在相关国际公约的创始和制定中，中国发挥了极为重要的积极作用。《联合国家宣言》以中、美、英、苏四国领衔，无疑肯定了中国的这一大国地位。《联合国宪章》拟定过程中，中国参与了讨论，如提出《我方基本态度与对重要问题之立场》的方案，"就美方草案依照我国立场建议补充或修改"，其中包括四国平等地位、承认种族平等、对侵略明确定义等。[①] 1944 年 9 至 10 月，中国又与美、英举行会议，提出重要的七点补充建议，重点强调维持四强之地位，会后正式发表《关于建立普遍性的国际组织的建议案》的会议公报。1945 年 4 至 6 月，中国与美、英、法、苏发起，共 50 个国家参加，在美国旧金山正式召开了联合国宪章制定会议。在会议中，中国就草案提出了修正案，其中某些要点经过努力被纳入宪章之中。例如，中国代表再次提出"种族平等"提案，获得了广泛呼应，最后宪章明确规定，"重伸基本人权，人格尊严与价值，以及男女与大小各国平等权利之信念"，"发展国际间以尊重人民平等权利及自决原则为根

---

　　① 《国防最高委员会秘书长王宠惠呈蒋委员长对世界和平机构方案拟具我方基本态度与对重要问题之立场》，1944 年 7 月 24 日，叶惠芬编：《中华民国与联合国史料汇编：筹设篇》，第 157—161 页。

据之友好关系"。① 显然，与参与国联盟约比较，中国在联合国宪章制定上有着更大的发言权。某种意义上，在国际秩序重建过程中，中国从世界政治舞台的边缘跃入中心地带，这是参与政治类国际公约以来最显著的进步和成绩。但是，由于国家实力仍处于贫弱之列，中国的国际地位并未得到真正提升，在新的国际秩序和国际公约的制定中总体上仍居于被动。不仅在前述政治类国际公约的制定中仍受到美、苏等大国的制约，在参与建立国际经济秩序的国际公约的过程中，中国维护落后国家权益的诉求更为发达国家所漠视。1947 年 11 月，在国际贸易组织总结大会中，中国代表在输入限制、国民待遇、反倾销、反津贴等问题上的主张，未能得到美国为首的工业发达国家的认可。当时中国代表没有签字，稍后出于担心被西方国家排除在外的考虑，才补签了《关税暨贸易总协定暂行实施议定书》等文件，加入了这一国际公约。

除了政治、经济类公约之外，中国还加入了其他方面的国际公约，如 1944 年的《国际民用航空公约》、1947 年的《关于修改国际民用航空公约第九十三条议定书》。此外还有签字而未批准的公约。由上可见，在国际秩序再次转换之际，中国加入国际公约以反映这一基本变化的内容为重，而由于二战刚刚结束，对其他类别的公约尚未予以充分关注。总之，该时期中国加入国际公约的上述状态，反映了这个时期的中外条约关系，即在走向基本平等的同时，仍存留着传统国际法时代的强权政治。

这个时期的"准条约"则呈现出萎缩进入尾声的趋势，不仅数量大减，涉及的国家少，且主要限于电信方面。除了与德国西门子公司 1937 年所订《电话厂技术协助合同》之外，其他主要是与美国无线电、电话电报之类的电信公司所订，如 1937 年的《无线电通话合同》和《节目传递业务合同》、1941 年的《无线电通报报务合同》、1946 年的《报务合同》、1947 年的《直达无线电通话合同》，等等。其中 1937 年的《无线电通话合同》是在中国与菲律宾之间开展的业务，但与民国政府订立合同的，是"依照美国台来华尔

---

① 《联合国宪章》，1945 年 6 月 26 日，世界知识出版社编：《国际条约集（1945－1947）》，世界知识出版社，1959，第 36 页。

州法律组织成立之美国无线电交通公司"。[①] 另外，1941 年与民国政府订立的另一个《无线电通报报务合同》的环球无线电公司，是"遵照菲列宾群岛法律组织其总办事处设于菲列宾马尼拉城"，[②] 虽在法律上属菲律宾，但实际上仍是一家美国公司。显然，这个时期订立的中外"准条约"，大不如以前多国参与，类别齐全的盛况，其原因也显而易见。其基本原因是处于战争时期，日本及其他法西斯国家先后成为中国的敌对国，不可能与中国订立各种约章，而盟国中美国与中国关系极为密切。另外，这个时期的"准条约"大大减少，还由于借款多采取了条约而非"准条约"的形式。

四、　中国共产党与不平等条约关系的改变

从不平等到基本平等，是中外条约关系的重要转变，在这一过程中，中国共产党发挥了举足轻重的作用。在实现民族解放和国家独立的伟大斗争中，由于中国共产党坚持完全彻底的方针，并为此作了艰苦卓绝的奋斗，也由此注定了中外条约关系的历史趋向。抗战时期之后，中国共产党继续进行这一斗争，尤在中华人民共和国建立后，又彻底清除了不平等条约的残余。

抗战时期，不平等条约得以基本废除，在某种意义上，这一成果是中国共产党实行正确路线的历史必然。中国共产党在反帝斗争中最坚决，在各政党中最早提出废约反帝主张，推动了中国的废约运动，尤其是促使国民党坚持民族主义立场。在民族危亡的紧急关头，中国共产党以民族利益为重的高风亮节，为抗战的胜利奠定了基础。中国在反法西斯战争中具有不可替代的重要地位，又得益于中共提出的统一战线这一正确的方针。至 1941 年夏，有 14 个国家被德意法西斯所侵占，而中国的抗战却一直坚持下来，主要原因"是由于在国内有了一个抗日民族统一战线，有了一个国共合作，在国外联合了苏联，并且联合了一切援助中国抗战的国家"。[③] 而且，中国共产党始终坚持抗战，反对投降，对鼓舞全国军民进行艰苦卓绝的奋斗，树立必胜的

---

① 王铁崖编：《中外旧约章汇编》第 3 册，第 1100 页。
② 王铁崖编：《中外旧约章汇编》第 3 册，第 1226 页。
③ 朱德：《八路军新四军抗战第四周年》，《解放》第 131、132 期。

信心，起了中流砥柱的作用。进入相持阶段之后，中共领导的敌后战场成了抗战的主要战场。如叶剑英说："我党担负抗击的敌人，占全部敌伪军总数的 134 万人中之 110 万。即 84%，或多或 5/6 以上。而国民党抗击的敌人仅占 16%，即不足 1/6。"① 正是以敌后战场为主要战场的中国抗战，牵制了大批日军，为世界反法西斯战争作出了不可估量的巨大贡献，赢得了英、美等国的高度赞誉。

中美、中英平等新约签订之后，中国共产党在新形势下继续坚持废约斗争。共产党人认为：英美放弃条约特权，并不意味着不平等条约的真正废除。"这种实际上的真正平等地位，决不能单靠外国政府的给予，主要地应靠中国人民自己努力争取"。② 他们还指出："法律上的平等，不就是实际上的平等，更不就是经济上和文化上的平等，何况即就法律观点来说，他还有若干值得商榷之处。"共产党人还批评了《中美新约》中的规定，例如，"海岸洞开的办法，对于我国工业前途的影响如何，实在值得我们极大的注意"。③ 中国共产党人的认识是极为深刻的，从表面现象洞察到内中的实质，看到了平等关系中各种形式的不平等。

事实正是如此，废约的基本实现，并不意味着中国取得了平等地位，中国人民还必须经过艰巨的斗争，才能真正实现这一目标。抗战胜利后，中国共产党动员广大人民群众，立场鲜明地反对各种新形式的不平等条约，并为全面清理条约特权作了必要准备。如《中美商约》等条约订立后，《解放日报》作了深刻的揭露，指出："这是历史上最可耻的卖国条约，是蒋政府把中国作为美国附属国的重大标志之一，是中华民族又一次新的大国耻。"在近代中国历史上，"这是最大、最残酷苛刻的一个卖国条约"。④ 中国共产党揭示出一个明显的事实，即在平等的形式下，美国对中国的经济渗透更为广泛，更为深入。这正是所有爱国的中国人所担心和忧虑的

① 金城：《忆中外记者参观团访问延安》，《中共党史资料》第 27 辑，第 86—87 页。

② 《目前的国际形势和中国共产党外交政策的基本原则》，1945 年 4 月 24 日，《毛泽东外交文选》，中央文献出版社、世界知识出版社 1994 年，第 44 页。

③ 高扬：《自由独立新中国的起点》，《群众》第 8 卷，第 3 期。

④ 《评蒋美商约》，《解放日报》1946 年 11 月 26 日社论，中央档案馆编：《中共中央文件选集》第 16 册，中共中央党校出版社，1992 年，第 700—702 页。

问题，是中国在新的条约中所面临的严峻现实，它提出了如何建立真正平等的条约关系的重要课题。

当解放战争胜利在望，即将建国之际，中国共产党在建立新的外交格局的同时，也开始考虑清理不平等条约关系中残余问题。1949 年春夏间，毛泽东正式提出"另起炉灶"、"打扫干净屋子再请客"等外交方针，使我国改变了半殖民地的地位，在政治上建立了独立自主的外交关系。其中摆在第一位的，便是全部彻底废除帝国主义在我国的一切特权。1949 年 1 月 19 日，《中央关于外交工作的指示》提出："在原则上，帝国主义在华的特权必须取消，中华民族的独立解放必须实现，这种立场是坚定不移的。"在执行步骤上，"则应按问题的性质及情况，分别处理"。① 七届二次全会上，毛泽东再次明确提出"有步骤地彻底地摧毁帝国主义在中国的控制权的方针"，指出：帝国主义者的控制权，"表现在政治、经济和文化等方面"；"必须分别先后缓急，给以正当的解决"。② 随后，周恩来也阐述了对"废除卖国条约"问题方针，表示，"在原则性的问题上我们是不让的，决不让"；"即使对于苏联及各人民民主国家，我们也不能有依赖之心"。对外条约，"有的要废除，有的则要加以修改，有的还可以保持"。③ 在新政治协商会议筹备会的开幕大会上，毛泽东用铁一般的语言宣布："中国必须独立，中国必须解放。"④ 中国人民政治协商会议第一届全体会议通过了具有宪法性质的《共同纲领》，规定："对于国民党政府与外国政府所订立的各项条约和协定，中华人民共和国中央人民政府应加以审查，按其内容，分别予以承认，或废除，或修改，或重订。"⑤ 这一条款为彻底否定条约特权及其残留，建立真正平等的条约关系，奠立了法律基础。

---

① 《中央关于外交工作的指示》，1949 年 1 月 19 日，中央档案馆编：《中共中央文件选集》第 18 册，中共中央党校出版社，1992 年，第 44—49 页。

② 《应当有步骤地彻底摧毁帝国主义在中国的控制权》，1949 年 3 月 5 日，中华人民共和国外交部、中共中央文献研究室编：《毛泽东外交文选》，第 80 页。

③ 《关于和平谈判问题的报告》，1949 年 4 月 17 日，《周恩来选集》上卷，人民出版社，1980 年，第 321—322 页。

④ 《在新政治协商会议筹备会上的讲话》，1949 年 6 月 15 日，《毛泽东选集》合订本，第 1354 页。

⑤ 《中国人民政治协商会议共同纲领》，1949 年 9 月 29 日，中央档案馆编：《中共中央文件选集》第 18 册，第 585、595 页。

中华人民共和国成立后，中国政府按着《共同纲领》的方针，以独立主权国家的姿态，根据不同情况，逐步处理了过去的条约关系。主要包括重订中苏友好同盟条约，彻底清扫帝国主义通过百余年来的不平等条约所获特权的残留。1950 年 2 月中苏《友好同盟互助条约》和相关协定的签订，真正结束了苏联对中国的不平等条约关系，解除了具有强权政治色彩的《雅尔塔协定》的束缚，洗刷了这一协定给中国带来的耻辱。同时也要看到，由于斯大林及苏联"有大国主义和老子党传统"，更兼某种原因，担心新中国可能走"民族主义道路"，① 仍表现出大国沙文主义和民族利己主义倾向，如秘密的《补充协定》便体现了这一点。对于帝国主义在华不平等条约特权的种种残余，新中国建立后，进行了彻底的清除。例如，"真正废除帝国主义在中国'驻兵权'的遗迹，使丧失了整整 50 年的东交民巷的这些领土主权，才真正回到了祖国的怀抱"。② 又如，海关行政也进行了全面的清理和彻底的改造，清除了帝国主义在旧中国长期统治海关所留下的种种印痕。经过一系列整顿之后，又进一步从法制的角度根本上改造了半殖民地的海关。1951 年 4 月 18 日颁布的《中华人民共和国暂行海关法》，标志着帝国主义在海关的条约特权残余的彻底清除。多年为帝国主义统治、为帝国主义及官僚资本主义服务、剥削人民大众的旧海关，"变为独立自主为人民大众服务的新海关"。③

经济、文化方面，周恩来指出："旧中国不但在经济方面，而且在文化教育方面也是依赖帝国主义的；不但经济上受剥削，思想上也受毒化，这是很危险的。现在要清算、消除这些毒素。"④ 关于外国在华工商业，党的方针是分别情况，以法为据，有所侧重，逐步清理。至 1952 年取消了帝国主义在中国的特权，曾经控制着中国的财政金融，并掌握着中国最重要的工业生产的外资企业已失去了原来的地位。据统计，到 1953 年，外资企业及资产大大减少，基本清除了帝国主义在我国工业和其他经济领域的侵略势力。至

---

① 裴坚章主编：《中华人民共和国外交史（1949—1956）》，世界知识出版社，1994 年，第 19 页。

② 《人民日报》资料组：《北京东交民巷的外国兵营》，《新华月报》第 1 卷，第 4 期。

③ 丁贵堂：《新旧海关的比较》，《人民日报》1951 年 5 月 5 日。

④ 周恩来：《当前财经形势和新中国的几种关系》，1949 年 12 月 22 日、23 日，中共中央文献研究室编：《建国以来重要文献选编》第 1 册，中央文献出版社，1992 年，第 81 页。

1956 年底，再经过扫尾工作，所剩外国企业不到 10 家，清理外国在华企业和房地产的任务基本完成。50 年代由美国冻结中国在美资产所引起的一系列问题，在中美关系上留下了一些阴影。中美建交后，两国政府于 1979 年签订了《中华人民共和国政府和美利坚合众国政府关于解决资产要求的协议》，对这些问题作了妥善的解决。

彻底清除帝国主义在华宗教及文化教育方面的条约特权残余，是各届民国政府在修、废不平等条约的交涉中均未提及的工作。毛泽东说："帝国主义在我国设立的教会学校和宗教界中的反动势力"，"是我们的敌人"。"这场斗争是很激烈的，是历史上没有过的"，我们要"跟帝国主义斗争到底"。[①]周恩来指出，近百年来基督教传入中国和它对中国文化的影响，"是同帝国主义对中国的侵略联系着的。基督教是靠着帝国主义枪炮的威力，强迫中国清朝政府所签订的不平等条约而获得传教和其他特权的"。在今天，要"割断同帝国主义的联系"，"摆脱帝国主义的控制"，依照三自（自治、自养、自传）的精神，提高民族自觉，恢复宗教团体的本来面目，"不再请外国传教士到中国来"，自力更生办教会。[②] 1950 年 7 月发生的辅仁大学事件，促使党和政府加速进行宗教革新运动，收回教育主权。1950 年 8 月，中共中央下发了"关于天主教、基督教问题的指示"，提出"有步骤地使教会摆脱帝国主义的影响及其经济关系，把教会变为中国人自治、自传、自养的宗教事业"。[③] 指示下达之后，形成了全国性的革新运动。美国宣布对中国实行禁运，并冻结中国在美国的一切公私财产之后，党和政府进一步采取措施，彻底肃清其在宗教及文化教育方面的影响。1950 年 12 月 29 日，郭沫若副总理在政务会议上的报告中指出，"把一百余年来美国帝国主义对中国人民的文化侵略，最后地、彻底地、永远地、全部地加以结束"。同天，中央人民政府政务院作了相应的决定。随后相关部门如教育部发出指示，拟定了具体办

---

① 《不要四面出击》，1950 年 6 月 6 日，中共中央文献研究室编：《建国以来毛泽东文稿（1949、9—1950、12）》，中央文献出版社，1987 年，第 398 页。

② 周恩来：《关于基督教问题的四次谈话》（1950 年 5 月 2 日—20 日），中共中央文献研究室编：《建国以来重要文献选编》第 1 册，第 220—227 页。

③ 《中共中央关于天主教、基督教问题的指示》，1950 年 8 月 19 日，中共中央文献研究室编：《建国以来重要文献选编》第 1 册，第 409—412 页。

法，逐步处理接受外国津贴的教会学校，收回教育主权。同时，宗教革新运动进入一个新阶段，中共中央于 1951 年 3 月 5 日发布了"关于积极推进宗教革新运动的指示"。① 接着，政务院召开了两个会议，"对于基督教与天主教革新运动的发展有很大意义"。② 进而，宗教革新运动向纵深发展，最终完成了这一历史性的转变。1954 年 7 月—8 月，在北京举行了中国基督教全国会议，通过了一系列决议，标志着中国天主教完全摆脱了与帝国主义和梵蒂冈政治上、经济上的关系，真正实现了自治、自养、自传。这样，经过收回教育权和宗教革新运动，宗教、文化教育领域里的条约特权残余，得到了彻底的清扫。

在中国共产党的领导下，经过建国初期的一系列运动，中国一百多年来不平等条约关系的残余得到了彻底的清理。帝国主义给中国留下的各种垃圾被打扫干净，中国独立自主的主权地位才真正得以体现，中华民族在世界上才真正站立起来，中外之间才可能建立真正平等的条约关系。需要指出，在清除不平等条约残余的同时，中国没有触动香港、澳门，这并非是软弱妥协，而是出于全球战略和新中国经济建设的需要。1949 年 2 月初，毛泽东在接见米高扬时说，利用香港和澳门的地位，"对我们发展海外关系，进出口贸易更为有利些"。③ 1951 年春，周恩来指出：这是"东西方斗争全局战略部署的一部分"，"我们在全国解决之前已决定不去解放香港"；"从长期的全球战略上讲，不是软弱，不是妥协，而是一种更积极主动的进攻和斗争"；"香港是我们通往东南亚、亚非拉和西方世界的窗口。它将是我们的瞭望台、气象台和桥头堡。它将是我们突破以美国为首的西方阵营对我国实行封锁禁运的前沿阵地"。④ 但是，中国政府从来未放弃收回香港，而是一贯主张，在条件成熟的时候，经过谈判和平解决。随着解决这一问题的时机渐趋成熟，经过反复交涉，1984 年 12 月 19 日，中国国务院总理赵紫阳与英国首相撒切

---

① 《中共中央关于积极推进宗教革新运动的指示》，1951 年 3 月 5 日，中共中央文献研究室编：《建国以来重要文献选编》第 2 册，第 94—98 页。

② 林洪：《基督教和天主教革新运动的新发展》，《人民日报》1951 年 6 月 20 日。

③ 师哲回忆，李海文整理：《在历史巨人身边——师哲回忆录》，第 380 页。

④ 《钓鱼台档案》编写组编：《钓鱼台档案》第 3 卷，红旗出版社，1998 年，第 1862—1863 页。

尔在北京签署联合声明，中国政府宣布于 1997 年 7 月 1 日对香港恢复行使主权，英国政府声明将香港交还给中华人民共和国。1987 年 4 月 13 日，中、葡两国政府总理签订联合声明，两国政府宣布中华人民共和国政府将于 1999 年 12 月 20 日对澳门恢复行使主权。香港、澳门的收回，具有重要的意义，表明中国领土上的最后一块租借地（九龙半岛）和类似租借地（澳门）的特权残余，得以彻底清除。此外，新中国还与相关国家进行了边界谈判，解决属"个别规则"的不平等条约关系造成的历史遗留问题。以不平等为内核的近代中外条约关系，终在中华民族的奋斗下，逐渐走向衰亡，发生了根本的转折。新中国以独立自主的姿态，按照国际法规范与世界各国建立了平等的条约关系。

第七章 条约关系与近代中国社会

鸦片战争之前的中国，是一个独立自主但又与世界隔膜的封建国家。它进入近代、进入国际社会，是从西方列强用大炮迫使它接受不平等条约开始的。条约关系的建立，对中国的历史发展产生了重大影响，是近代半殖民地半封建这种特殊的社会形态，以及中国遭受资本主义世界压迫和掠夺的象征。西方列强是不同于传统"蛮夷"的"征服者"，在侵略损害中国主权的同时，又随之带来了某些近代文明，也因此对中国社会产生了复杂的影响。它导致了中外关系格局的变化，是中国蒙受侵害的主要源头，同时又是近代转型的"不自觉工具"，并是各种近代人物的命运的牵连因素。

第一节 中外关系格局的变化

条约关系是与传统不同新的中外关系和国际秩序模式，经过鸦片战争前的酝酿，在战后开始建立起来。这一变化是中国几千年的一大变局，其中心在于由谁确定中外关系的规则，即马士所说"决定东方与西方之间的关系应在一些什么条件之上而存在"。① 作为中外交接的新方式，条约关系改变并取代了传统中外关系的方式和规则，确定了西方列强按自己的意志来规定这一关系的格局，并对近代中国社会的政治、经济、文化等产生了根本性的影响。

一、　鸦片战争前清政府主导的中外关系格局

在鸦片战争之前，中外关系存在的"条件"是由清政府决定的，由此形成了中国处于主导地位的格局，其内容涉及基本的政治关系和具体的商贸关系。前已论及，在鸦片战争前，清政府实行的是中国以自己为中心构筑的一种国际关系模式，正是由它所确立的政治关系条件。关于这一模式的命名，除了朝贡关系之外，还有华夷秩序、东亚国际秩序等。从国际秩序的角度而言，华夷秩序较为明确地揭示了这一模式的特点，华即中国，夷即周边国家和民族，有东夷、西戎、南蛮、北狄、合称"四夷"。对于"四夷"，中国不仅完全是独立自主的，而且还居于天朝上国的至尊地位。这一模式的出现，有着各种因素。中国人自古就有一种观念，认为自己居住的地方为世界的中央，故称为中国或中土。中国瀛海四环，"其缘边滨海而居者，是谓之'裔'。海外诸国，亦谓之'裔'，'裔'之为言，边也"。② 所谓"裔"，系"夷狄之总名"，即"边地为裔，亦四夷通以为号"。③ 这种错误的地理概念，与各国文化发展的不平衡，以及中国统治者的政治需要及其理论等因素结合在一起，产生、形成了独特的华夷秩序观。自古以来，中华民族便创造了高于周边民族的文化，在世界的文明发展史上，长期居于领先地位，而周边国家则多处于华夏文化的辐射之下。这样便逐渐形成了对"夷狄"的优越感，产生了"贵中华，贱夷狄"的观念。"中国人认为所有各国中只有中国值得称羡。就国家的伟大、制度和学术名气而论，他们不仅把别的民族视为野蛮人，而且看成没有理性的动物。在他们看来，世界上没有其他地方的国王、

① ［美］马士著，张汇文等译：《中华帝国对外关系史》第 1 卷，第 695 页。
② 清高宗敕撰：《清朝文献通考》第 2 册，第 7413 页。
③ 杨雄著，戴震疏证：《輶轩使者绝代语释别国方言》卷 12，商务印书馆，1937 年，第 297 页。

朝代或者文明是值得夸耀的"。① 其他国家都是化外之邦，它们与中国交往是"向化慕义"。同时，为维护统治，中国历代君主都自命为"受命于天"的天子，负有"统驭万方，抚有四海"的使命责任。君权神授说与儒家强调尊卑有序的纲常理论结合在一起，论证了君主专制的绝对权威。天下定于一尊，没有人能高于他，或与他处于对等的地位。华夷秩序可以说是这一思想理论在对外关系领域的延伸。

由于上述因素所形成的朝贡关系或华夷秩序，在先秦时期便已产生，如《诗经》谓，"昔有成汤，自彼氐羌，莫敢不来享，莫敢不来王，曰商是常"。② 周代实行分邦，"封建亲戚，以藩屏周"。秦朝大一统后废除了分封制，但宗藩制则成为各朝代处理与周边国家关系的理想化模式，这一模式便是中国最初的国际秩序，而朝贡关系则是其具体内容。它与宗藩制是一体关系，一般来说，藩属国的君主即位，须得到中华帝国的敕封，并定期或不定期派人朝贡。正是通过朝贡这一核心要素，中国构建了以自己为中心的国际秩序，而朝贡关系或朝贡体系等也就顺理成章地成为它的代名词。两汉时期，西域各国"修奉朝贡，各以其职"，③ 朝贡关系的雏形已初步建立，历经各朝各代的发展和完善，至明代始趋完备，据《明史》记载，明朝的朝贡国家和地区总数多达148个。明代实行"贡市一体"，除了朝贡关系，不允许其他国家有单纯的贸易关系存在。显然，即使明代时不少域外国家与中国的朝贡关系只是名义上的，但此时无疑已完全形成了以这一关系为内核的国际秩序。

本来渊源于"夷狄"的清王朝入主中原之后，也继承了这一传统，构筑了与明代稍有不同的朝贡关系或华夷秩序体系。清代时，实行"贡市分流"，将与清政府发生关系的国家分为两类。一类是具有朝贡义务的"属国"，另一类是只有通商往来的"外国"，即互市国，远隔重洋的西方国家均属此类。互市国的出现，是清代对外关系中的重大变化。至18世纪末，朝贡国越来

---

① ［英］利玛窦著，何高济等译：《利玛窦中国札记》，中华书局，1983年，第13页。
② 《诗经·颂·商颂·殷武》，周振甫译注：《诗经译注》，第553页。
③ 班固：《汉书》卷100下，叙传第70下，中华书局，1999年，第3131页。

越少，朝贡体系有开始解体的迹象，但这并没有改变清政府的华夷秩序观念。即使是没有朝贡关系的互市国，清政府仍视为"属国"。① 英国使臣马戛尔尼来华进京时，清政府并未将他作为对等国家的外交使节看待，便典型地反映了这一实况。这样，来华互市的西方各国与中国的关系，长期以来也被置于朝贡关系之下，"为同中国建立贸易关系，唯一的方法就是进入华夷秩序，进行朝贡贸易"。②

显然，这一中国以自己为中心的朝贡关系或华夷秩序模式，是清政府规定或决定，用以处理与其他国家关系的基本"条件"，此即它所实行的国际秩序规则。虽然中外间还存在不同于上述模式的国家关系，但无论从理念和实践来看，华夷秩序无疑是清政府对外关系的主体模式和基本格局。在这一格局中，清政府以虚幻的"天下共主"身份与各国发生关系，不仅与朝贡国建立了一种特殊的国家联盟，并将互市国也纳入其中。

除此之外，清政府还制定了一系列法规章程，限制对外交往，实行闭关锁国，尤在商贸关系上采取严格管制的政策。清初便开始实行海禁，其后虽有松动，但基本原则没有改变。顺治四年（1647）颁布的《大清律集解附例》兵律便订有"私出外境及违禁下海"律文，禁止民人私自出洋贸易。③顺治十三年（1656）降谕，"严禁商民船只，私自出海"。④ 其后又规定于《大清律例》，⑤ 且有许多具体的条例。康熙二十二年（1683），清军攻占台湾，海外平定，翌年开放海禁。海禁重开后，产生一系列新问题，引起了清廷的忧虑，又确定了新的海禁政策。五十六年（1717），兵部等衙门会同两广、福建、浙江地方大吏遵旨议复，不许商船前往南洋吕宋、噶罗吧等处贸易。又定例："入洋贸易人民，三年之内，准其回籍。其五十六年以后私去者，不得徇纵入口。"迄雍正五年，谕准开放海外贸易，同时又进一步加强控制民人出洋，"从前逗留外洋之人，不准回籍"。⑥ 乾隆时期，实行更严

①　钱实甫：《清代的外交机关》，第31页。
②　［日］信夫清三郎著，周启乾译：《日本政治史》第1卷，上海译文出版社，1982年，第89页。
③　沈之奇撰，怀效锋等点校：《大清律辑注》上，法律出版社，2000年，第495页。
④　《世祖章皇帝实录》卷102，顺治十三年六月癸巳，《清实录》第3册，第789页。
⑤　张荣铮等点校：《大清律例》，第327—328页。
⑥　《世宗宪皇帝实录》卷58，雍正五年六月丁未，《清实录》第7册，第892页。

厉的海禁政策。刑部在《大清律例》增加条例："在番居住闽人,实系康熙五十六年以前出洋者,令各船户出具保结,准其搭船回籍,交地方官给伊亲族领回,取具保结存案。如在番回籍之人,查有捏混顶冒显非善良者,充发烟瘴地方。至定例之后,仍有托故不归,复偷渡私回者,一经拿获,即行请旨正法。"① 乾隆十四年(1749),曾私往噶喇叭(今印尼首都雅加达)20 余年的陈怡老回到福建龙溪县原籍,刑部奉旨将陈怡老照交结外国等罪名,发边远充军,银货、船只入官。如此严厉处置回籍人员,就是为了禁止出洋。

同时,出于对"夷"的戒备和防范,以及担心中外交结,危及统治,清政府在对外贸易方面也采取了严厉的限制措施。起初,设立四个海关。乾隆二十四年(1759)限于广州一口,又规定了出口商品的品种和数量。在对外贸易方面,海关逐渐形成了被称为公行制度的管理体制,即外人所称的"广州商业制度"。② 来华外商的行动受到严格的限制,只能同被指定的行商打交道,由行商担保,并置于行商的管制和监督之下,不能与中国官府发生直接联系。这是一套以官制商、以商制夷的贸易管理体制,它所体现的天朝凌驾外夷的威严,以及天朝不屑与外夷打交道的鄙夷态度,则是华夷秩序的反映。

鸦片战争前,清政府与所有国家基本上就是这样一种华夷秩序下的不对等关系;与西方国家的关系,也只是被纳入朝贡关系之内,受到严格限制的互市关系。这一关系中的种种规则,是由清政府决定并制订的,如乾隆二十四年(1759),两广总督李侍尧提出《防范外夷规条》,内容包括:禁止夷商在省住冬,禁止"借领外夷资本","严禁外夷雇人传递信息"等。乾隆帝颁布执行,成为第一个钦定的防夷章程。嘉庆十四年(1809),又颁行《民夷交易章程》,规定,"各国护货兵船,俱不许驶入内港;夷商销货,令即依限回国;并令洋商早清夷欠"。③ 道光十一年(1831),又申明防范外夷旧章,并变通增减,"责令遵守旧章"。④ 道光十五年(1835),又经道光帝允准,酌

---

① 张荣铮等点校:《大清律例》,第 332 页。
② [英]格林堡著,康成译:《鸦片战争前中英通商史》,第 38 页。
③ 《仁宗睿皇帝实录》卷 212,嘉庆十四年五月戊寅,《清实录》第 30 册,第 842 页。
④ 《宣宗成皇帝实录》卷 186,道光十一年三月戊辰,《清实录》第 35 册,第 944 页。

增防范贸易夷人章程八条，规定："外夷护货兵船不准驶入内洋"；不准"夷人偷运枪炮及私带番妇人等至省"；夷船引水买办，"不准私雇"；夷馆雇用民人，"应明定限制"；夷人在内河应用无篷小船，"禁止闲游"；夷人具禀事件，"一律由洋商转禀，以肃政体"；洋商承保夷船，"应认派兼用，以杜私弊"；夷船在洋私卖税货，"责成水师查挐，严禁偷漏"。① 这些经天朝皇帝谕准的章程，是广东地方官吏处理与互市国关系的法定依据和准则。在天朝君臣看来，中国与这些互市国的关系仅是通商关系，这些章程都是建立在这一理念和原则基础之上的。其中心思想是在"怀柔远人"的恩施中"稽查管束夷人"，即所谓"于柔远恤商之中，寓防微杜渐之道，而中外体统亦觉崇严"；② "严内地之成规，杜外夷之滋事"，"于抚驭绥来之中不失天朝体制"。③ 显然，章程所构建的中外体制，不可能是国家之间的平等关系，而是天朝以"天下共主"的身份，居高临下的单方面安排。在这种体制中，天朝官员不屑与外夷直接打交道，规定"夷人到粤，宜令寓居行商管束稽查"。④ 防夷规章对来粤夷商予以种种严格限制。

上述诸如此类的规则，完全由清政府制订，主要适用于来华互市的西方国家。也就是说，除了在朝贡关系中对藩属国采取居高临下的态度之外，中国对来华贸易的互市国也居于同样的地位。在开始的时候，这些关系纯粹是商务的，"是在中国官员们的绝对任意处理之下，并由（东印度）公司来实施一些适当的管理办法"。显然，由中国来决定与所有其他国家往来关系的"条件"，由此构成清政府所极为注重的"天朝体制"，这便是鸦片战争前中外关系的基本格局。即如马士所说，"直至 1839 年为止，使西方国家听从条件方可允许双方关系存在的是中国"。⑤

---

① 《宣宗成皇帝实录》卷 264，道光十五年三月癸酉，《清实录》第 37 册，第 46—47 页。

② 《乾隆二十四年英咭利通商案·李侍尧折》，乾隆二十四年十月二十五日，故宫博物院编：《史料旬刊》第 1 册（1—10 期），第 655 页。

③ 《军机处寄两广总督李鸿宾等英夷屡违禁令必须责令遵守旧章所有酌议防范外夷八条著照所议办理上谕》，道光十一年三月十六日，《清代外交史料·道光朝》第 4 册，第 46 页。

④ 《高宗纯皇帝实录》卷 602，乾隆二十四年十二月戊子，《清实录》第 16 册，第 760 页。

⑤ ［美］马士著，张汇文等译：《中华帝国对外关系史》第 1 卷，第 695、337 页。

二、 中外关系的格局的根本性变化

这一格局维持了相当长时间，终于被英国为首的西方列强用战争所打破，代之以条约形式的新规则。在由此形成的条约关系中，西方列强成了新的规则的主导者，中国则须遵守其所确定的条件。中外关系的格局发生了根本性变化，而这一变化便从一系列中外条约体现出来，其中明晰细致的具体条款则确立了相应的规则。而且，由于在这一格局中融入了国际法规，其规则更加法律化，并具有近代性质。

这一转变，是以条约关系的确立为标志的，当 1860 年结束第二次鸦片战争的《北京条约》签订，便意味着"决定东方与西方之间的关系应在一些什么条件之上而存在的斗争"的结束。这是一个过程，伴随着一次次战争而强加的条约，列强制订新的规则的范围越来越广，其权威性也不断强化；而清政府提出条件的发言权则愈益衰弱，要求这一权力的意识也逐渐淡化。鸦片战争后签订的第一批条约，如《南京条约》及其附约、《望厦条约》《黄埔条约》等，"综括地建立了几种广泛原则，从那时起，这些原则就奠定了中国与 20 多个有共同条约关系的外国之间外交和商务关系的那些上层建筑的基础"。这些条约及其英国迫使中国订立条约的方式手段，对于以后继续调整与中国的关系，成了西方国家的指南和范例。也就是说，形式上经由双方同意，实际上是在西方国家武力强权压力下，并按照它们的意志签订的条约，规定了中外关系存在最基本的规则或条件，开始改变由清政府单方面决定的历史，这正是新的中外关系格局的核心要素。这些条约建立的规则或条件，对于中外间的各种问题，当时西方国家已经讨论的都作了处理。但中国方面并不完全接受解决的事项，"试图尽量缩小并抗拒它们"，中外间的摩擦也因此继续不已。这些被"处理"和"解决"的问题，如所谓"国家地位的平等"和"征收一种明定的和适中的关税"，以及"外国人脱离中国的法权管辖"等等，损伤了中国人的自尊心，不仅朝廷和统治集团不能接受，而且"被广东的人民所拒绝"。因此，第一批条约"强加于中国的条件"，尚未真正"成为约束东西方关系的法律"，《南京条约》签订之后，又经历了 14 年的"长久冲突"。①

为解决这些同样的问题，以制订中外关系的规则，并真正获得这一权力，列强发动了第二次鸦片战争。经过两个阶段的战争，"中国主权的每一踪迹，在各项条约规定限度之内，都被一扫而光"。作为这战争的结果，中国人认识到，并且也作为他们的规律而接受了："以前中国是处于命令的地位去决定国际关系的各种条件，而现在则是西方各国强把他们的意图加在中国身上的时候了"。② "中国人懂得了，也当作法律般地承认了，从前强定条件凭以维持国际关系的是中国，而今天则轮到西方各国强中国以从己意了"。③ 第二次鸦片战争结束了中外间的冲突时期，自从 1860 年以后，新的中外关系格局由此形成，西方国家把和中国共同来往的条件强加于中国，成为这一关系的主导方。赫德指出："前数十年，中国与外国并无来往，亦无所谓章程"，各国"以力得通商条约，并非中国本意，系由外国而定。外国定约，系因保全来往之故"。④

新的中外关系格局形成之后，清政府在不得不承认这一事实的同时，仍采取各种方式进行抵拒，但却一再受挫，而西方列强通过条约确立规则的范围也不断扩大。在如何解释条约规定问题上，清中央政府因为内外交困，无法抗拒列强的要求。同时，清政府在对外关系中实行的华夷秩序，其所确立的朝贡制度规则，也不断遭到冲击而趋向衰微，在甲午战争前便几乎丧失了对所有藩属国的控制权。又经过甲午战争和八国联军侵华，西方国家使用更大的武力强权，以《马关条约》和《辛丑条约》为载体，制订了更加严厉更加苛刻的规则。不仅彻底否定了中国传统的国际秩序，即朝贡关系的规则，而且进而增添了维护和强化条约关系这一新的国际秩序的规则。在中外关系的格局中，西方国家至此已完全确立了主导地位，中国则经过"屈从时期"，进入了"被制服时期"，在蒙受奇耻大辱中沦为了一个

---

① ［美］马士著，张汇文等译：《中华帝国对外关系史》第 1 卷，第 337、358、695、696 页；［美］马士著，张汇文等译：《中华帝国对外关系史》第 3 卷，第 472 页。

② ［美］马士著，张汇文、姚曾廙等译：《中华帝国对外关系史》第 1 卷，第 696 页。

③ ［美］马士著，张汇文等译：《中华帝国对外关系史》第 3 卷，第 473 页。

④ 《总税务司赫德呈递局外旁观论》，同治五年二月丙午，《筹办夷务始末·同治朝》卷 40，第 16 页。

卑微的"被奴役的国家"。①

中外关系格局的这一转换,对当时的中国而言,是一个以夷变夏的痛苦过程,打破了清政府视为根本的天朝体制。从天朝礼仪来看,尽管很大程度上只是在相互交往中展示夏尊夷卑的虚荣,但这也是清政府最为注重的。如其他问题上的无可奈何一样,清政府也不得不接受西方国家的规则,典型地反映了这一格局的变化。威妥玛声称,西方各国"素以相派大臣为尽来往之礼,亦同礼者联为局中,不同礼者视为局外"。②并不情愿的清政府,不得不放弃"夷夏有别"的传统理念,逐渐接受西方的来往之礼,包括交往程序中具体的仪式礼节。在内外大臣讨论这一问题时,曾国藩表示,"中外既已通好,彼此往来,亦属常事"。③负责外交的总理衙门虽不愿以夷变夏,允许各国使臣用"夷礼"觐见,但看到"必以中国之礼绳之,其势有所不能";而"遣使互驻,交相往来,各处皆然",此事"亦关紧要,未可视为缓图"。④尤其是跪拜之礼,光绪亲政之后,各国照会总理衙门请觐,坚持用西方之礼,并搬出国际法,要求清政府通融相让。李鸿章认为,自与西方各国订立条约,便"为敌体平行之国","自未便以属国之礼相待",不能用中国礼法要求并未臣服的洋人。他还从儒家传统找依据,说,"礼与时为变通",现在十余国通商立约,"实为数千年一大变局",应"斟酌时势,权宜变通","宽其小节,示以大度"。⑤总理衙门开始坚持按中国的跪拜之礼,彼此反复辩论数十次,最后终于接受西洋礼仪,清廷降谕"准其觐见"。⑥随后西方列强又一步步地向前推进,紧接着通过《烟台条约》对"优待往来"作了规定,中法战争后清政府"表示得更为倾向于依从外交惯例"。⑦甲午战争之后,总理衙

　　① [美]马士著,张汇文等译:《中华帝国对外关系史》第3卷,第474页。
　　② 《总税务司赫德呈递局外旁观论》《威妥玛新议略论》,同治五年二月丙午,《筹办夷务始末·同治朝》卷40,第13—35页。
　　③ 《复马新贻》,同治六年十一月初三日,李家骧等整理:《曾国藩全集·书信》(九),岳麓书社,1994年,第6462页。
　　④ 《总理衙门信函》,同治六年九月乙丑,《筹办夷务始末·同治朝》卷50,第31—32页。
　　⑤ 《遵旨密陈洋人请觐事宜折》,同治十二年四月初三日,顾廷龙、戴逸主编:《李鸿章全集》第5册,第344—345页。
　　⑥ 《谕内阁》,同治十二年五月丁酉,《筹办夷务始末》同治朝,卷90,第23页。
　　⑦ [美]马士著,张汇文等译:《中华帝国对外关系史》第2卷,第460页。

门于光绪二十四年（1898）奉旨"参酌中西体制"，制定款接外宾章程，"从优款待"，按照西例与各国交往，奉旨"依议"，并"照会各国驻京公使"。①经过八国联军之役，最终完成了天朝礼仪的"以夷变夏"，《辛丑条约》规定，"中国优礼诸国使臣，断不至彼此两国平行体制有所不同"。②

　　除了外交仪礼，从总体上看，庚子辛丑之后，中外关系的整体格局已完全确立。《辛丑条约》使中国完全陷于帝国主义者的掌握中，中国民众"到处表现对洋大人'畏敬''屈服'的态度，不敢对帝国主义者要求独立平等的权利"。③中共早期领导人对《辛丑条约》的这一地位作了深入剖析，如恽代英强调其对"中国精神上的打击"，充分揭示"帝国主义所规定的严刑峻法"所产生的恶劣后果。④瞿秋白揭露说，在此之后，"帝国主义者丝毫不用费力，便在思想上征服了中国"。⑤其时，清政府完全接受了传统国际法的理论和规则，认可不平等条约所确立的规则，包括限制中国主权的反动规则。北洋大臣袁世凯在其所组织编辑的《约章成案汇览》序中说："凡一国之法律，必有立法者以裁制之，惟国与国交际之法律，则无人能擅立法之权，故居今日国际法之主位者，莫如条约。"⑥清政府不仅在对外关系上接受了这一格局，且将其纳入内政之中，甚至一改"中体西用"方针，要求仿效"西学之本源"，"取外国之长"，"去中国之短"，还要"浑融中外之迹"，举凡"朝章国政"等，进行全面改革。⑦

　　需要指出，在西方国家提出并主导着新的规则，中外关系格局发生根本变化的同时，又随之带来一些具有近代性质的规则，诸如平等交往方式等。尽管与那些损害国家主权的规则比较，这些进步性质的规则所占比例无足轻重，但却对近代中国社会尤其是民国时期产生了具有积极意义的重要影响。

　　清王朝灭亡后，在中外关系领域留给中华民国的，主要是"屈居于外强

---

　　①《总署奏遵议款接外宾参酌中西体制详定章程折》，光绪二十四年五月十三日，王彦威、王亮辑编，李育民等点校整理：《清季外交史料》第 5 册，第 2580—2581 页。

　　②《辛丑条约》"附件"，王铁崖编：《中外旧约章汇编》第 1 册，第 1024 页。

　　③ 剑超：《从九七纪念谈到废除不平等条约》，《思想月刊》1928 年第 4 期。

　　④ 子毅：《辛丑条约对于中国的影响》，《向导》128 期九七特刊。

　　⑤ 秋白：《义和团运动之意义与五卅运动之前途》，《向导》128 期九七特刊。

　　⑥ 北洋洋务局纂辑：《约章成案汇览》甲编"袁世凯序"，上海点石斋承印，光绪三十一年，第 1 页。

　　⑦ 朱寿朋编，张静庐等校点：《光绪朝东华录》（四）中华书局，1958 年，总第 4601—4602 页。

奴役地位的一份遗产"。① 民国时期，国内外形势发生了重大变化，尤其是第一次世界大战结束后，中国正式开启了废除不平等条约的运动，其中包含改善中外关系格局的斗争。在这一过程中，一些随条约关系而来的具有近代性质的规则，诸如国际法中的国际主权和平等原则等，得到了运用和发挥，发挥了积极作用，并取得成效。经过一系列的抗争，中国的国际地位有所提高，中西"共同来往的条件"也出现好转的变化。然而，中外关系的基本格局并未完全改变，由于强权政治没有消失，中国的贫弱没有变化等等因素，西方国家处于主导地位的态势，尽管形式有所不同，但仍然延续着。即使经过第二次世界大战，随着不平等条约的基本废除，中国的国际地位甚至被抬升到"四强之一"，在对外交往中也更多地体现了自己的意志，约制中国的规则同时获得极大改善，但西方国家的强权意志仍然充斥在中外关系之中，鸦片战争后确立的基本格局并未彻底扭转。

第二节　蒙受侵害的主要源头

条约关系在近代中国的建立，从一开始便体现了不平等的内涵和形式，而这又与西方的殖民主义不无关联。殖民主义反映了西方资本主义的内在本质，它与不平等条约关系相辅相成，互为因果，一道构成近代中国蒙受侵害的主要源头。从不平等条约产生形成的由来依据，属性功能、中心目的，以及必然后果等作一剖析，可以全面了解殖民主义的本质内涵及其在中国的特征，及其与不平等条约的关系，从而更深入认识近代中国半殖民地这一特殊形态。

一、 近代中外不平等条约属于殖民主义的重要形态

殖民自古即有，但殖民主义作为一种制度和相应的体系，则是资本主义

① ［美］马士著，张汇文等译：《中华帝国对外关系史》第 3 卷，第 474 页。

的产物。殖民主义有各种含义，从狭义上讲，是指一定历史发展阶段，西方宗主国采取各种形式控制和奴役附属国或地区，维护不平等关系而实施的制度和政策。① 西方资本主义国家在对外扩张的过程中，对落后民族和国家推行殖民侵略政策，逐渐形成了世界范围的殖民主义体系。在这一体系中，由于殖民化程度的差异，存在两种最基本的形式，即殖民地与半殖民地。在殖民主义的浪潮中，亚非拉落后国家均深受其害，作为东方大国的中国亦未能身免。与完全丧失独立主权的典型殖民地不同，中国仍然保留了自己的政权系统，以半殖民地的形态纳入这一体系之中。其所蒙受的殖民主义祸害，除了战争暴力之外，尤为重要的是随之而来的不平等条约。正是通过一系列不平等条约，诸如《南京条约》《天津条约》《北京条约》《马关条约》《辛丑条约》等，西方殖民主义者建立了侵损中国主权，对中国行使"准统治权"的特权制度，使中国的独立完整徒有其名。作为殖民主义的一种特殊形态，近代中国的半殖民地性质，主要体现在这些不平等条约之中。

作为一种不人道的制度，殖民主义亦有大行其道的理念和依据，这就是西方国家信奉并实施的种族主义和强权政治。种族主义是殖民主义的内核，而强权政治则是其推行实施的不二法门，两者相辅相成，构成了西方殖民主义者欺凌弱小民族的霸道逻辑。正是循着这一荒谬逻辑，近代中国被套上不平等条约的绳套，沦入半殖民地的深渊。种族主义是殖民主义的孪生物，两者一体两面，前为内在本质，后为外观形态。西方殖民主义者认为，只有基督教国家是文明国家，而只有"属于文明国家之列"才能成为国际大家庭的成员。② 美国总统西奥多·罗斯福信奉白种民族优越论，认为：种族有优劣之分，只有少数优秀种族才有资格统治世界。优秀种族为达到统治世界的目的可以采用一切手段，包括使用武力，使得落后民族屈服。落后人种没有资格与白人平等，注定要受到白人的支配和摆布。③ 而中国作为非白种人，自

---

① 高岱：《"殖民主义"与"新殖民主义"考释》，《历史研究》1998 年第 2 期；高岱、郑家馨：《殖民主义史》总论卷，北京大学出版社，2003 年，第 147—156 页。

② 劳特派特修订，王铁崖、陈体强译：《奥本海国际法》上卷，第 1 分册第 96 页。

③ The odore Roosevelt, History as Literotue and Other Essoys (Copyright 1913 by Charles Seribner's Sons, Reissued by Kennikat Press, 1967), p. 76. 转引自朱卫斌：《西奥多·罗斯福与中国——对华"门户开放"政策的困境》，天津古籍出版社，2005 年，第 15 页。

然要低他们一等，没有资格享受文明国家权利。

以种族主义为内核的殖民主义建立在暴力基础上，如列宁所指出，"殖民地是用火和剑夺来的"，① 对于半殖民地的中国概莫能外，西方列强也同样是通过野蛮的战争手段达到卑鄙的目的，体现了强权政治特征。需要指出，西方国家发动对华战争，与当时的国际法规不无关系，反映了殖民时代传统国际法的畸形性质。在传统国际法时代，甚至走向现代国际法之后相当长时间，没有给"侵略"战争作明确的定义。至 1939 年有学者呼吁，"缔订一多边侵略定议公约，使构成一国际基本义务"。② 这一状况说明，传统国际法存在种种局限，其所呈现的强权政治色彩，正是这个时代中殖民主义意识和理念的反映。

传统国际法的这一弊端，既是殖民主义的必然结果，又反过来大大刺激和鼓励了西方的殖民侵略行为，这也是它们在近代屡屡进行侵华战争的一个因素，中国就这样在强权政治下被纳入条约关系之中，变为半殖民地。条约关系正是列强用殖民暴力手段建立的，还在鸦片战争之前，西方朝野便无所顾忌地鼓动和宣传战争。首任商务监督律劳卑有着我行我素的强权倾向，履任后极力主张使用武力，要对一个毫无防御的民族施以"进行一场流血战争的所有恐怖"。③

为建立和扩展条约关系而发动的殖民战争，给中国造成了极大的损害，体现了殖民者毫无理智的残暴和不人道。恩格斯揭露英军在印度的行为，说："抢劫、暴行、屠杀——这在任何别国军队里都是已经严格禁止和完全排除了的行为"，却是"英国士兵由来已久的特权，是他们的合法权利"，也是"英国军队永远洗不掉的耻辱"。④ 西方军队在华暴行与他们在殖民地的罪恶行径如出一辙，马克思曾依据英国军官的记载，撰文揭露两次鸦片战争中

---

① 《社会主义与战争（俄国社会民主工党对战争的态度）》，1915 年 7—8 月，中共中央马克思恩格斯列宁斯大林著作编译局编：《列宁选集》第 2 卷，人民出版社，1995 年，第 513 页。

② 朱建民：《侵略问题之国际法的研究》，第 368—369 页。

③ 《律劳卑勋爵致巴麦尊子爵函》，1834 年 8 月 14 日，胡滨译：《英国档案有关鸦片战争资料选译》上册，第 15、18 页。

④ 《攻克勒克瑙的详情》，中共中央马克思恩格斯列宁斯大林著作编译局译：《马克思恩格斯全集》第 12 卷，人民出版社，1985 年，第 499 页。

英国军队的滔天罪行，诸如强奸妇女、枪挑儿童、焚烧村庄、屠杀商人、侵犯人权，等等。而这些暴行的发生，或是由于士兵为了取乐而恣意胡作非为；或是以中国人的"挑衅行为"等"荒唐"说辞为借口。① 西方殖民者将战争视为天经地义，发动战争的借口也可以随便编造，信口雌黄。前文已述，不赘。美国著名历史学家海斯指出，"近代史里最大的悲剧是没有能在国际关系中以公理代替强权"。②

西方列强对华发动殖民性质的战争，其目的便是强迫中国接受不平等条约。正是通过以战争为基础的殖民强权，再伴以武力威胁等手段，西方列强在中国建立了不平等的条约关系。殖民时代以暴力为内涵的殖民主义强权政治，构建了缺乏正义公道的国际环境。正是在这一环境中，近代中外条约关系的产生形成，不可避免具有殖民主义性质。这无疑说明，近代中外不平等条约是强权政治的产物，属于殖民主义的范畴。

殖民主义作为一种制度和政策，具有特有的属性功能，是宗主国对从属于自己的国家和民族实施控制和奴役。从程度而言，可分为直接行使统治权和间接行使"准统治权"两种不同形式，即人们所熟知的殖民地与半殖民地两种形式。近代中国属于列强间接行使"准统治权"的半殖民地，尽管未能如同殖民地那样被完全控制奴役，但在某种程度上体现了这一功能，仍秉具显著的殖民主义属性。其显著特点，便是以中外条约这一国际法律形式规范其关系，体现了权利义务不平等的畸形关系，由此在相当程度上实施了主权意义上的侵夺和控制。

关于殖民主义政策，列宁对殖民地和半殖民地两者均作了简明扼要的分析。关于前者，"这一政策是以直接奴役未开化的民族为基础的，资产阶级实际上是在殖民地实行奴隶制度，使当地人遭受闻所未闻的侮辱和压迫"。③也就是说，殖民地是殖民者"直接奴役"，使从属的国家和民族完全失去独

---

① 马克思：《英人在华的残暴罪行》，1857 年 4 月 10 日；《印度起义》，1857 年 9 月 16 日，中共中央马克思恩格斯列宁斯大林著作编译局译：《马克思恩格斯全集》第 12 卷，第 177、309 页。

② [美] 海斯、穆恩、韦兰著，中央民族学院研究室译：《世界史》（下），生活·读书·新知三联书店，1975 年，第 1107 页。

③ 《斯图加特国际社会党代表大会》，1907 年 9 月和 10 月间，中共中央马克思恩格斯列宁斯大林著作编译局编译：《列宁全集》第 16 卷，人民出版社，1990 年，第 80 页。

立主权而由其支配的制度。关于后者，列宁在 1915 年提出这一概念，把中国、土耳其和波斯称为半殖民地国家。[①] 他指出，这三个国家遭到日、俄、英、法的强盗的分割，"可以称之为半殖民地"，"其实它们现在十分之九已经是殖民地"。[②] 随后在《帝国主义是资本主义的最高阶段》一书中指出，这三个国家，或"差不多已经完全变成了殖民地"，或"正在变成殖民地"。又对其属性作了分析，认为半殖民地国家是"附属国"的一种形式，"是使从属的国家和民族丧失政治独立这样的支配"[③]的"中间"形式的典型。"它们在政治上、形式上是独立的，实际上却被金融和外交方面的依附关系的罗网缠绕着"。[④] 也就是说，就国家地位而言，半殖民地和殖民地均无独立主权，其属性实质别无二致。

根据列宁的分析，不论是中间形式还是"附属国"的一种形式，半殖民地国家无疑属于殖民主义范畴。通过帝国主义的扩张，"资本、商人、企业家纷纷外出，铁路、运河在修筑，世界各大洲的广大地区成了现代资本主义的发展可以达到的地方，因而不用直接去夺取土地或者实行政治侵略就可以在其他各洲获得经济利益的势力范围或统治范围"。[⑤] 而中国作为半殖民地大国，列强强加的中外条约体系最为完整，其所体现的殖民主义属性也更为明晰和典型。正是通过一系列不平等条约，西方殖民者取代中国主权，构建了控制和奴役中国的完整体系。

如前所述，列强在中国建立了以不平等为内核和主导的条约关系，而正是通过这一国际法范畴的新的法律关系，它们在政治、经济、文化等方面实施了对中国的统治和奴役。从司法法律领域来看，通过领事裁判权的条约规定，列强攫取了对其在华侨民的司法管辖权，行使了本属中国行使

---

① 《社会主义与战争（俄国社会民主工党对战争的态度）》，1915 年 7—8 月，中共中央马克思恩格斯列宁斯大林著作编译局：《列宁选集》第 2 卷，第 513 页。

② 列宁：《论欧洲联邦口号》，1915 年 8 月 23 日，中共中央马克思恩格斯列宁斯大林著作编译局编：《列宁选集》第 2 卷，第 552 页。

③ 列宁：《帝国主义是资本主义的最高阶段（通俗的论述）》，1916 年 1—6 月，中共中央马克思恩格斯列宁斯大林著作编译局编：《列宁选集》第 2 卷，人民出版社，1995 年，第 645 页。

④ 列宁：《帝国主义是资本主义的最高阶段（通俗的论述）》，1916 年 1—6 月，中共中央马克思恩格斯列宁斯大林著作编译局编：《列宁选集》第 2 卷，第 643、645、648 页。

⑤ 《关于帝国主义笔记》，1915—1916 年，中共中央马克思恩格斯列宁斯大林著作编译局编译：《列宁全集》第 54 卷，人民出版社，1990 年，第 280 页。

的司法权力。在实际中列强各国又不断扩展其范围,不仅使外国人违法不受中国法庭审判,而且"还有某种橡胶似的延展性","他的财产也享受"着这一特权。① 享有这一条约特权的国家,均在中国建立了领事法庭,有的国家还设立了在华法院,直接行使司法管辖权。如英国在 1890 年由下议院通过《域外裁判权条例》,1904 年由枢密院颁布《对华敕令》,1925 年又颁布新的枢密院敕令,详细规定英国在华法院的组织。甚至,还将这一属人的特权扩展到某些地域,某种程度上对华人行使司法管辖权。例如,在租界实行会审制度,使有约国领事获得了对租界内华人和无约国外人的部分司法管辖权,中国官府在租界内逮捕人犯亦受到限制,这些都超出了一般的领事裁判权,是对中国属地优越权的严重侵犯。此外,列强还建立了观审制度,这一制度最先是在中英《烟台条约》第二端第三条规定的,也是领事裁判权的扩大,并在实施中超出了条约范围。一个美国官员承认,它"超越了原来条约意图至如此程度,使陪审员成为了中国法官的会审人员","在某种程度内把法权扩大到直接管辖中国人民"。② 领事裁判权制度不仅严重损害中国的主权和尊严,是中国蒙受耻辱的象征,而且在各方面对中国造成种种弊害。在这种制度下,由于外国领事和陪审员所存有的种族偏见,以及对法律知识的无知,"被告无罪"成为他们判决的"恒久不变之公式","使华人不能得有公平之裁判",③ 遭受侵害得不到应有的补偿。同时,这一制度又无形造成一种民族自卑心理,一些不肖之辈甚至投身于外国领事的庇护之下。即从法律制度而言,这一制度破坏中国的司法统一,造成中国司法紊乱,给司法审判带来诸多不便。种种弊害,不胜枚举。这一制度延续达一个世纪之久,几乎与整个半殖民地半封建社会相始终,是近代中国蒙受耻辱的一个重要象征。

在中国领土的某些区域,西方列强还直接建立政权机构,使其成了国中之国。例如租界,外国列强在此建立了一整套制度,包括土地、立法、

① 《义和团,1900》,1900 年 12 月,〔英〕赫德著,叶凤美译:《这些从秦国来——中国问题论集》,第104 页。

② 卿汝楫:《美国侵华史》第 2 卷,生活・读书・新知三联书店 1956 年版,第 531 页。

③ 孙晓楼、赵颐年:《领事裁判权问题》,第 67 页。

行政和司法诸方面，成为中国领土上具有某种独立形态的区域。其中尤为显著的，是各种形式的行政体制，包括具有某种"自治"性质、相对独立；没有独立地位，只作为领事的附属机构；以及介入上述两者之间的体制。不论那一种类型，租界当局对界内包括华人在内的一切居民实施行政管辖、征收捐税，并非法行使庇护权，实行所谓"战时中立"政策。而中国政府不能在租界行使警察权，甚至连中国官府的告示也不能径直在租界张贴。甚至，不仅携有武器的中国军人不得通过租界，就是没有武器但穿着军服的中国军人，"也不能进入租界之内行走"。① 诸如此类，说明外国人具有一定的属地管辖权，使得租界成了中国领土范围之内的特殊区域，俨然是一个与中国并立的独立国家。租界制度违背了国际法的基本原则，严重践踏了中国的领土主权，成为列强侵略中国的桥头堡，是中国蒙受耻辱的又一个象征。

其他如租借地制度、使馆区制度等等，构成了各种类型的"国中之国"，将中国变成了外国人的领土。此外，依据邀请外国人"帮办税务"的条约规定而建立的外籍税务司制度，又在海关构筑了"政府中的政府"，这是中国行政领域中由外国人掌控的独立王国，通过《辛丑条约》和 1902 与 1903 年诸商约的规定，更是"变成了它的主人的主人"。② 同时，列强又通过条约派遣海陆军，在中国领水领土驻泊游弋和屯守驻防，并禁止中国某些地域设防等。军事力量是殖民强权的象征，是列强对华行使"准统治权"，控制和奴役中国的基础，其在华的存在正体现和发挥了这一功能，最为典型地体现了殖民控制的内涵。

在经济方面，列强各国通过条约获得商品输出和资本输出的各种特权，相当程度上掌控了中国的经济主权和相关事业。如通过协定关税特权，列强剥夺了中国关税自主权，若变更税则须经"议允"。③ 除了这是一个片面的而非互惠的，以及不合理的、非科学的关税制度等等特征之外，其约束的范围

---

① 汪应云：《我在汉口法租界巡捕房的经历》，上海市政协文史资料委员会等编：《列强在中国的租界》，中国文史出版社，1992 年，第 226 页。

② ［美］马士著，张汇文等译：《中华帝国对外关系史》第 3 卷，第 432 页。

③ 中美《望厦条约》，道光二十四年五月十八日，王铁崖编：《中外旧约章汇编》第 1 册，第 51 页。

非常广泛，国境关税和内地关税均包括在内，既有进、出口税，又有陆路贸易税、子口税、沿岸贸易税、吨税、鸦片烟税和机器制造货税等等，此外还有违禁品和免税品。这种情况"实为他国之所无者"，[①] 如日本、土耳其、暹罗等国亦受片面协定约束，但仅为国境关税。约束范围的广泛性，为列强对华进行经济渗透清除了关税障碍，这一特征，无疑反映了列强对中国经济主权控制的广度和深度。

除了协定关税，其他如沿海和内河航行、外人在华各个领域的投资等，也通过有关约章在相当程度上被列强所掌控。此外，列强各国还通过条约，获得传教和教育等方面的特权，在相当程度上对中国人实行精神控制。

总之，通过各种不平等的条约特权，西方国家在它们对中国的共同关系中"把中国的两手束缚起来"，[②] 实现对中国的殖民奴役和控制。这一半殖民地形态下的殖民奴役和控制，虽与殖民地有着程度上的差异，但均属取代国家主权的同一性质。根据国家主权原则，任何国家都具有独立权、平等权、自保权和管辖权。在殖民地，这些基本权利被殖民者宗主国用暴力所侵夺，并完全取而代之；而作为半殖民地近代中国，则是通过不平等条约这一法律形式，用另一方式实施了相同性质的取代。正如一个外国人说，不平等条约是中国"永久的桎梏"，中国的实际统治者"是互相斗争着的帝国主义的国家"，中国的最高统治阶级，"便是世界帝国主义资产阶级"。中国的统治者，则"等于英日等帝国主义，在中国的朝鲜总督，或香港总督"。[③] 这正体现了殖民主义的基本属性和功能，也是中国作为半殖民地国家的基本内涵。

前已论及，殖民主义的核心诉求是攫取经济利益，马克思揭示了这一本质，西方列强试图与中国建立条约关系，从一开始便体现了这一目的和本质。从马戛尔尼抵华到鸦片战争爆发，英国一再向中国提出建立条约关系的要求，其基本内容便是牟取通商权利。如马戛尔尼提出扩大通商口岸，改进通商条件，降低税率等具体要求，被称为"对英吉利贸易最适度的权利宪

---

①　童蒙正：《关税论》，第 167 页。

②　[美] 马士著，张汇文等译：《中华帝国对外关系史》第 1 卷，第 371 页。

③　Chukar 著、龚林、仲谦译：《从先资本主义到半殖民地化》，《文化》1933 年第 2 期。

章"。① 其他要求也与通商密切相关,如领事裁判权的要求,便与维护通商有关。其后阿美士德使华,更提出广泛的经济方面的权利要求,诸如公司的权利应有更为明确和详细的规定;保证贸易不断进行,不得无故突然中断;有雇用及其与本地商人交易的权利;扩展通商口岸,"获得经常驶往北方某些口岸的准许"等。② 鸦片战争前几年,在华西人媒体提出了详尽的方案,诸如公布进出口货税则,该税则必须明确、固定;废除公行专卖权;完全允许英国人在中国沿海和北京自由贸易;废除各种收费,永不再用;开放更多的口岸,等等。③ 至鸦片战争爆发前夕,伦敦东印度与中国协会也提出一个条约方案,其中经济某些方面的要求更有进一步的发展,如关税"由中英政府协议厘订,以后非经双方同意,不得更改",明确地设计了片面协定税则特权制度。关于通商口岸,如鸦片战争中,巴麦尊提出的条约草案,也以经济权利为主要内容,其中明确要求中国政府应规定固定的关税,并应予以公布;中国各口岸的官吏不得课征高于这样随时制定的关税。

从这些草案来看,鸦片战争前英国拟与中国建立条约关系,着眼点主要在于获得经济利益。其中虽有不少符合国际平等交往规则的内容,但亦含有损害中国主权,可称为条约特权的条目,如协定关税等。这些内容体现了如马克思所揭露的,殖民主义将经济利益作为唯一的目的,这正体现了西方列强对华侵略及其不平等条约的本质。在鸦片战争后西方列强建立的中外条约关系中,经济特权占据了主要内容,是这一体系中具有实际利益的部分,其他特权与此也有着密切关系。

作为一次性或总括性交付行为的条款,即割地和赔款条款,给中国造成了领土和经济上的重大损失。从割地来看,如前所述,其始作俑者为英国,通过《南京条约》《北京条约》等条约,割去香港和九龙司地方。所割面积最大者为沙俄,通过《瑷珲条约》《北京条约》《勘分西北界约记》等条约,

---

① [美]马士著,区宗华译:《东印度公司对华贸易编年史(1635—1834)》第 1、2 卷,第 543 页。

② 《卡斯尔雷勋爵致特使阿美士德勋爵》,1816 年 1 月 1 日,[美]马士著,区宗华译:《东印度公司对华贸易编年史(1635—1834)》第 3 卷,第 275、278 页。

③ A Correspondent, Treaty with the Chinese, a great desideratum; probability of forming one, with remarks concerning the measures by which the object may be gained. The Chinese Repository, Vol. Ⅳ, No. 10, pp. 448-449. 译文参见广东省文史研究馆编:《鸦片战争史料选译》,第 49、50 页。

割去中国东北、西北领土共 140 多万平方公里土地。所割中国领土战略地位最为重要者为日本，通过《马关条约》割去台湾全岛和所有附属各岛屿，以及澎湖列岛，等等。通过割地，西方列强攫取中国的领土主权，从中获得了巨大的经济利益。从赔款来看，列强发动不义的侵华战争，还要以赔偿军费为名大肆勒索，各主要不平等条约均有赔款规定，尤以《马关条约》和《辛丑条约》为著。这些战争赔款典型地反映了殖民侵略性质，战后条约中的赔款条款，不是以进行非正义战争所负责任的观念为根据，"它完完全全是对失败的罚金"，更变成任意性的行为，"仅仅由战胜国的自由决定的愿望限定赔款数额"。[①] 近代中国的战争赔款完全属于这一性质，成为任由列强进行殖民勒索的一个重要途径。例如，日本在甲午战争中军费总额不超过 1.25 亿日元，而它掠取的战争赔款为 3.5836 亿日元，扣除战争成本余剩 2.3336 亿日元，为日本全国年度财政总收入的 3 倍。[②] 八国联军侵华战争索取的赔款更是一个天文数字，俄国外长将其视为历史上少有的"最够本的战争"，[③] 法国则称赔款为"战争贡品"，其他"用款很少"的奥、西、比、意等国也趁机敲诈一笔巨款。[④]

作为体现为持续实施的常规性条约特权，涉及政治、经济、文化等方面，诸如领事裁判权、通商口岸和租界、片面协定关税、外籍税务司、最惠国待遇、沿海及内河航行、宗教和教育、租借地和势力范围、驻军和使馆区、路矿及工业投资，以及鸦片贸易、苦力贸易和自由雇募等方面。其中经济性质的条约特权，主要反映了西方对华商品输出和资本输出两大类别，前者以片面协定关税为核心，后者则包括对华投资方面的特权。片面协定关税是损害中国关税主权的一项特权，长期以来实行抽百抽五的低税率，列强从中获得巨大利益。与同时的西方各国比较，中国的进口税率低到不可想象的程度。如英法 1859 年订立关税互惠协定，平均税率仍达 15%。19 世纪六七十年代德国的棉纱进口税达高于中国 3—6 倍，美国的棉花进口税高达中国

---

① ［法］夏尔·卢梭著，张凝、辜勤华等译：《武装冲突法》，第 151—152 页。
② 蒋立文：《甲午战争赔款数额问题再探讨》，《历史研究》2010 年第 3 期。
③ ［苏］罗曼诺夫著，民耿译：《帝俄侵略满洲史》，台北学生书局影印，1973 年，第 218 页。
④ 见宓汝成：《庚子赔款的债务化及其清偿、"退还"和总清算》，《近代史研究》1997 年第 5 期。

的 25 倍。连外商也承认，"不知道世界上任何国家中还有比这更加宽大的税则"。[①] 而由于物价变化因素，实际税率往往低于值百抽五。资本输出即外国对华投资，涉及工业、交通和矿业等领域，在甲午战后成为列强在华攫取经济利益的重要方式，如前所说，不是一般的资本剥削制度，而是"资本掠夺制度"。

其他特权亦与经济利益有着密切联系。殖民主义者为了使投入的资本获得超额利润，"保护投下的资本，而要求种种政治的特权"，[②] 而在半殖民地国家，则是通过不平等条约特权得以实现。如通商口岸和租界制度，外籍税务司制度等，虽可归于行政管理或领土主权范畴，但却与经贸通商直接相关，也要属于保障外商经济利益的特权制度。再如领事裁判权，毋庸置疑属于司法法律，但作为西方列强对本国侨民行使司法管辖权的片面特权制度，与其经济利益亦不无关联。这一特权制度，使得外国商人，尤其是那些作奸犯科的不法商人，逃避中国法律的管辖而得到本国政府某种程度的庇护，从而轻易获得各种不法利益。再如，列强在华驻军制度是从军舰驻泊中国领水开始的，其"游弋巡查"的目的之一便是为了"保护贸易"。[③] 又如租借地和势力范围，虽具有不同程度的政治、军事意义，但其产生便是列强争夺在华权益的结果，是一次新的分赃。其中"势力范围"就本身含义而言，指的是经济方面的权利，以路、矿权利尤其是路权为重，称为"利益范围"更为恰当。[④] 如王宠惠所说："它的含意是凡在中国有此种权利的各国各在其'范围'以内，得享受贸易、投资和其他事项的保留权、优先权、独占权或特殊权利。"即使是政治、军事性质彰明较著的租借地，同时亦是经济扩张的根据地，即如顾维钧所说，还"被利用作为据点来发展利益范围"，"对广大的毗邻地区实行经济统治"。[⑤]

显然，在不平等条约特权的构成中，不仅经济类项在数量上首屈一

---

① ［英］莱特著，姚曾廙译：《中国关税沿革史》，第 49 页。

② ［日］加田哲二著，易子修译：《弱小民族与帝国主义：殖民地半殖民地与帝国主义》，《蜀青》1933 年第 1 期。

③ 中美《天津条约》，咸丰八年五月初八日，王铁崖编：《中外旧约章汇编》第 1 册，第 91 页。

④ 周鲠生：《国际法》下册，第 455 页。

⑤ ［美］威罗贝著，王绍坊译：《外人在华特权和利益》，第 216、300 页。

指，且融入渗透到其他所有特权之中。这正体现了资本主义和帝国主义的内在本质，以及与殖民主义的沆瀣一气。以上说明，中外不平等条约是殖民主义的一个重要形态，是近代中国遭受殖民主义侵略的标志和体现，体现了殖民主义性质及其基本内涵，而资本主义与彼有着不可分割的联系。近代中国正是在不平等条约这一法律形式下沦为半殖民地，被资本主义列强所控制和奴役。

二、 不平等条约是阻碍中国社会进步和发展的基本因素

马克思在论及印度时提出了殖民主义双重使命的理论，认为它在印度客观上为新的社会革命"充当了历史的不自觉的工具"，即摧毁了旧的专制主义的社会结构，引入或移植了新的社会因素。但马克思更深刻地揭露和批判了殖民主义造成的巨大灾难，而且指出，在英国的统治阶级未被无产阶级取代以前，在印度没有强大到能够完全摆脱英国的枷锁以前，"是不会收获到"新的社会因素所结的果实的。[①] 从根本上讲，殖民主义的本质是通过强权控制和奴役殖民地和半殖民地国家，掠夺和榨取它们的财富，其破坏作用远远大于建设作用。

对中国而言，西方列强的殖民侵略与它强加的不平等条约，并非如某些殖民主义和帝国主义的辩护士所说的，"意味着和平、秩序、金融稳定和繁荣"，[②] 而使中国蒙受着巨大的灾祸。且不说侵华殖民战争给中国人民的生命财产造成不可估量的直接损失，其强迫订立的不平等条约更是阻碍中国社会进步和发展的一个基本因素。从近代中国的历史可以看到，中国遭受空前的掠夺，国家主权被破坏殆尽，包括领土主权、经济主权、司法主权、关税主权、行政主权、教育文化主权等。中国丧失了独立、平等的主权国家地位，国际地位一落千丈，蒙受着巨大的屈辱，社会发展停滞不前。即如当代一位美国学者所指出的，"我们看不出有什么进步因素，能弥补中国在口岸、贸

---

① 《不列颠在印度统治的未来结果》，1853 年 7 月 22 日，中共中央马克思恩格斯列宁斯大林著作编译局译：《马克思恩格斯全集》第 9 卷，人民出版社，1985 年，第 250—251 页。

② Rodney Gilbert，*The Unequal Treaties*，London，John Murray，Albemarle Street，W，1929，p. 243.

易、财政和属国的控制上的损失"。① 如李大钊所说，中国"困轭"于不平等条约之下，不仅失去自由平等地位，"长此以往，吾之国计民生，将必陷于绝无挽救之境界矣!"②

经济是社会发展的根本和基础，西方对华殖民侵略，将不平等条约强加给中国的根本目的是掠取财富。从这一角度分析，无疑有助于了解不平等条约与中国社会发展的关系。由于巨额赔款和片面协定关税，中国的财税损失巨大。据统计，在近代外国侵略者通过不平等条约掠去战争赔款和其他款项达白银1000亿两。其中《南京条约》《马关条约》《辛丑条约》等8个不平等条约就勒索赔款19.53亿两白银，相当于清政府1901年收入的16倍。③从关税来看，税率低至值百抽五的，甚至只有值百抽二点三。除关税之外，还有金融控制，包括外资银行的建立，对盐税、常关税等其他财税收入的控制;以及通过资本输出，对中国工业、航运业、铁路、采矿等行业的控制等。又辅以其他条约特权，如领事裁判权给予有力保护。孙中山根据海关统计数据指出，1921年中国入超达五万万元，加上其他几项，中国所受损失，"总共不下十二万万元"。单就南满铁路一个公司说，每年所赚纯利已达五千余万，"其他各国人之种种营业，统而推之，当在万万以上"。④

其结果，是扼制了中国的经济命脉，使中国长期处于贫困落后的状态。中国在对外贸易中处于被宰割的地位，丧失了资本原始积累的机遇，民族资本主义的发展缺少必要的资金，对外国资本主义和本国封建势力存在严重的依赖性。畸形的片面协定关税制度，使中国蒙受了巨大的财税和经济损失，本应在财政总收入中占有重要比例的关税，"在国家预算上竟占比较无关重要的地位"。⑤ 以1913年、1914年为例，德国、美国、法国、英国进口税在

---

① [美]吉尔伯特·罗兹曼主编，国家社科基金"比较现代化"课题组译:《中国的现代化》，江苏人民出版社，1995年，第46页。

② 《狱中自述》，1927年4月，中共唐山市委宣传部等编:《李大钊诗文选读》，红旗出版社，2004年，第332页。

③ 中华人民共和国国务院新闻办公室:《中国的人权状况》，《人民日报》1991年11月2日。

④ 《三民主义》，1924年1—8月，广东省社会科学院历史研究室等编:《孙中山全集》第9卷，中华书局，1986年，第204、209、208页。

⑤ [美]威罗贝著，王绍坊译:《外人在华特权和利益》，第481页。

总收入中所占比例，分别为45%、39%、20%和22%，[1] 中国的进口税占总收入的比例不到9%。[2] 与各国相比，差距甚远。而且，由于关税主权的被剥夺，不能增加国家收入，仅仅有利于列强倾销商品、掠夺原料，失去了保护中国经济的有效手段，"在三十年代前，由于被剥夺了关税自主和其他适当的保护措施，中国民族工业从未有机会成长起来"。如棉纺织业所用棉花，即使是华商的棉纺织厂，也宁愿从美国或印度获得原料，而不愿用国产棉花。因为国产棉花须经重重厘卡，所纳厘金常常达到15%—20%；而外国棉花交纳5%的进口税和2.5%的子口税后，便可畅行内地。[3] 经济穷困又造成中国社会动乱，大革命时期《湖南人民收回海关委员会宣言》指出，由于贫穷，人民没饭吃，没衣穿，生计穷迫，日益流于失业的成千累万，他们自然会流于兵匪流氓之一途。[4] 据估算，旧中国有80%的人长期处于饥饿、半饥饿状态，几乎每年都有几万到几十万人因饥饿而死。1949年全国解放初期，城镇失业者达474.2万人，相当于当时职工的60%。[5] 中国经济的崩溃，还有其他原因，但主要是不平等条约所赐，是西方长期殖民侵略累积的结果。

无疑，从经济而言，由于殖民主义"赚钱"牟利的本质，它不可能也并未给相关国家和地区带来繁荣和进步。从香港来看，其飞速发展的原因，并非是如同某些论者所言，是由于经历了殖民地时期。香港的发展有各种因素，其中处于重要转口贸易港口的地理位置，获得最有利的发展条件，是一个重要原因。其他原因，如中国内地战乱，香港成了较为安全的地方；我国改革开放之后，又得益于大陆的政策。英国历史学家弗兰克·韦尔什的名作《香港史》，被评价为"西方最权威最详尽的香港通史"，也基本认同这样的观点：香港由于地理环境的优势，商业逐渐发展起来。后来，由于中国内地从军阀混战开始就一直处于战乱之中，香港成了一个相

---

① 李培恩：《关税自主》，《东方杂志》第22卷，第20号，第39页。
② ［日］高柳松一郎：《中国关税制度论》第5编，第3页。
③ 郑友揆：《中国的对外贸易和工业发展》，第14页。
④ 《湖南人民收回海关委员会宣言》，中共中央党校党史研究室编：《中共党史参考资料》第2册，人民出版社，1979年，第386页。
⑤ 中华人民共和国国务院新闻办公室：《中国的人权状况》，《人民日报》1991年11月4日。

对稳定安全的地方，内地许多有钱人纷纷把资金和企业转到香港，香港的商业才得以大幅度发展。① 再看英国的殖民地印度，自 1849 年被英侵占全境，至 1950 年 1 月成立共和国，被英国统治一百来年。百年殖民统治的结果，并未使印度走向富强繁荣，它仍是一个贫穷落后的发展中国家。农业方面，印度是举世闻名的"饥荒之国"；② 工业方面更为落后，1948—1949 年度的国民收入总额中，工厂工业的比重仅占 8.3%。③ 印度开国总理尼赫鲁说，由于英国的殖民政策，"印度越来越成为一个农业国了"，而"那些为英国统治最久的印度地方也就是今天最贫穷的地方"。④ 独立之后，印度的社会经济开始好转，尤其是 20 世纪 90 年代以来进行改革，社会经济发展才取得进步。

此外，晚清时期进行的某些改革，也由于条约关系使得中国本身的制度体系具有半殖民地性质。例如，在清末司法法律改革中，由于过分注重与外国接轨，尤其是制约于条约体制，又在某种程度上忽视本国国情，使得这一改革存在种种弊窦，体现了浓重的半殖民地色彩。从其涉外内容来看，新刑律设立了"国交罪"，对保护外国条约特权作了详尽的规定。例如，关于杀伤外国外交代表的处罚，为"慎重国交"，"较对于常人加一等"。其中有些条款系清末修律所首创，其他国家尚未入律。例如，对"凡滥用红十字记号作为商标者"，亦作为犯罪予以处罚。其说明谓：此"足生列国之异议，而有害国交之虞者。本案故特为加入，将来各国刑典上必须有之规定也"。⑤ 还有其他条目，国外亦无规定，不少内外大臣主张不应入律，但编纂者认为，"关于国交之罪名，系属最近发达之理，不能纯以中外成例为言"。⑥

总之，殖民主义制度给殖民地和半殖民地带来了巨大灾祸，近代中国长期贫穷落后的根源即在于此。中共二大提出反帝纲领，详细列举列强不平等

① 《西方最权威最详尽的香港通史》，中国网，http://www.china.com.cn/book/txt/2007-06/29/content_8458024.htm。

② 毛履军等编著：《印度农业地理》前言，商务印书馆，1996 年，第 3 页。

③ 文富德、陈继东编著：《世界贸易组织与印度经济发展》，巴蜀书社，2003 年，第 176 页。

④ ［印］贾瓦哈拉尔·尼赫鲁著，齐文译：《印度的发现》，世界知识出版社，1956 年，第 389、384 页。

⑤ 《刑律分则草案》，上海商务印书馆编译所编纂，李秀清等点校：《大清新法令》第 1 卷，商务印书馆，2010 年，第 532 页。

⑥ 沈家本等编：《修正刑律案语》第 2 编，修订法律馆，宣统元年，第 12 页。

条约的种种危害，除了掠取领土，侵夺主权之外，而且"中国经济生命的神经系已落在帝国主义的巨掌之中了"，"中国已是事实上变成他们共同的殖民地了，中国人民是倒悬于他们欲壑无底的巨吻中间"。[①] 国共两党以及整个社会都认为，"欲救中国，必先收回关税主权"。[②] 孙中山在 1924 年作三民主义演讲，指出：帝国主义对中国"经济力的压迫"，比"政治力的压迫还要厉害"，"比较全殖民地还要厉害"。今日中国"已经到了民穷财尽之地位了，若不挽救，必至受经济之压迫至于国亡种灭而后已！"而要解决这一问题，"便要先从政治上来着手，打破一切不平等的条约"，[③] 摆脱半殖民地地位，实现民族解放和国家独立。也正是不平等条约关系给中国带来了巨大的灾祸，引起中华民族的强烈反抗，为此进行了艰苦卓绝的奋斗，其对中国的侵害逐步发生了新的变化。然而，尽管侵害渐次降低减少，平等新约签订后废弃了主要条约特权，但并未完全恢复所丧失的国家主权，中国仍然蒙受着各种形式的权益损害。

第三节　近代转型的"不自觉工具"

不平等条约关系的建立，对近代中国产生了巨大而又复杂的影响，从它产生之日起，中国的传统社会便开始发生变化，逐渐演变为一种新的形态。传统的封建社会，开始融入了新的因素，除了体现半殖民地性质的内容之外，还出现了近代性质的变化。

一、　促使近代中国混合结构的形成

马克思在谈到征服时认为，所有的征服有三种可能，其中之一就是"发

[①]　《中国共产党第二次全国大会宣言》，1922 年 7 月，中央档案馆编：《中共中央文件选集》第 1 册，第 102—103 页。

[②]　《银行公会反对收回粤海关主权之索隐》，《邓中夏文集》，第 60 页。

[③]　《三民主义》，1924 年 1—8 月，广东省社会科学院历史研究室等编：《孙中山全集》第 9 卷，第 201—202、208—209、424 页。

生一种相互作用，产生一种新的、综合的生产方式"，即征服民族与被征服民族"混合形成的"生产方式。① 在另一处马克思称之为"重新形成另一种社会结构"。② 这些论述为我们分析近代中国的社会结构提供了有益的启示。诚然，近代中国所蒙受的还不是那种灭亡意义上的"征服"，它是另一种类型的"征服"，即用条约制度行使"准统治权"的征服。这种征服也同样造成了近代中国的混合形态的结构。列宁曾明确指出，半殖民地国家"是自然界和社会一切领域常见的过渡形式的例子"。③ 这种"过渡形式"在某种意义上说，就是其社会结构的混合形式。

这是一个具有封建性质、半殖民地性质和近代性质的混合结构。条约关系的建立，没有完全取代封建制度，而是与之结合起来。恩格斯曾说，在波斯，欧洲式的军事组织像接木那样接在亚洲式的野蛮制度上。那么在中国，列强也同样需要这种嫁接，来保证取代中国一部分主权的条约关系的履行。如英贸易部强调，英国政府"不但不去压迫中国政府使其放松所制订的规章"，而且"将要对中国政府在抵抗对它的政权和行政的不法侵犯方面给予道义上的支持"。④ 可见，保存清政府统治体制，并与之紧密结合，是列强推行条约关系所实施的一项重要政策。这样，也使封建制度伴随旧政权得以延续下来。

不平等条约是列强行使"准统治权"的法律依据，这正是中国沦为半殖民地的主要标志，体现在近代中国社会的各个方面，包括政治、经济、文化等方面，极大地改变了中国传统社会的格局。尤值得指出的是，传统的国家权力结构发生了重要变化，通过条约关系，来华外人，尤其是外国资产阶级成了中国统治阶级的一部分。费正清认为，自鸦片战争之后建立的条约体

---

① 马克思：《〈政治经济学批判〉导言》，1857年8月，中共中央马克思恩格斯列宁斯大林著作编译局编译：《马克思恩格斯选集》第2卷，人民出版社，1995年，第15页。

② 马克思、恩格斯：《德意志意识形态》，1845—1846年，中共中央马克思恩格斯列宁斯大林著作编译局编译：《马克思恩格斯全集》第3卷，人民出版社，1960年，第26页。

③ 列宁：《帝国主义是资本主义的最高阶段》，1916年，中共中央马克思列宁斯大林著作编译局编译：《列宁全集》第27卷，第394—395页。

④ ［英］伯尔考维茨著，江载华、陈衍合译：《中国通与英国外交部》，第35页。

制，"成了中国政府一种带有某些'共治'特征的主要的政治制度"。① 正由于这一特权制度损害的是国家最为宝贵的主权，导致中国出现了前所未有的改变，沦为一个任人宰割的贫弱国家，在世界上毫无地位。如美国前总统卡特的国家安全顾问，美国著名地缘战略理论家布热津斯基指出："19世纪强加给中国的一系列条约、协定和治外法权条款，使人们清清楚楚地看到：不仅中国作为一个国家地位低下，而且中国人作为一个民族同样地位低下。"②

除了改变中国传统的国家地位之外，在这个混合结构中，还产生了具有近代性质的制度。马克思阐述了这样一种观点：西方列强要在亚洲完成双重使命，即破坏性使命和建设性使命。破坏性使命，如恩格斯所说，侵略战争给了中国以致命的打击，"旧有的小农经济的经济制度（在这种制度下，农户自己也制造自己使用的工业品），以及可以容纳比较稠密的人口的整个陈旧的社会制度也都在瓦解"。③ 建设性使命的一个重要内容，即《共产党宣言》中所说的，"迫使它们在自己那里推行所谓的文明"和"采用资产阶级的生产方式"。这里所说的"文明"，无疑是优于中世纪的近代文明。在近代中国，也在条约关系的刺激和影响下，亦推行了这种近代文明，随之产生了某种具有进步性质的近代制度。

二、 中外交往方式趋向近代性质的变化

中外交往制度逐渐舍弃了传统的驭夷之道，以新的方式建立与世界的联系，融入国际社会。伴随着条约关系的建立，传统的宗藩体系和天朝体制逐渐被打破，中外交往方式也出现了近代性质的变化。在中外条约中，对这一新的交往方式作了规定，主要包括公文和官员来往及礼仪，以及驻外外交机关的设置。如前所述，如《南京条约》规定，中英两国大臣及属员文书往来，俱用平行照会。后续条约如《望厦条约》等亦有类似规定，后又通过

① ［美］费正清：《条约体制下的共管》，陶文钊编选，林海、符致兴等译：《费正清集》，天津人民出版社，1992年，第56、63页。
② ［美］兹·布热津斯基著，军事科学院外国军事研究部译：《大失败：20世纪共产主义的兴亡》，军事科学出版社，1989年，第179页。
③ 《恩格斯致弗·阿·左尔格》，1894年11月10日，中共中央马克思恩格斯列宁斯大林著作编译局编译：《马克思恩格斯选集》第4卷，人民出版社，1995年，第737—738页。

《天津条约》和其他条约，交往体制得以继续改进和完善，并进而规定了常驻公使和领事制度，中外之间由此建立了近代外交关系。中国也由此进一步摒弃了天朝体制，以新的姿态走向世界。

第二次鸦片战争之后建立的总理衙门，是适应条约关系的需要产生的。该机构虽然有着半殖民地的性质，其筹设亦充斥着"羁縻"外夷的传统理念，但却与过去办理对外交往的礼部和理藩院大不相同。奕䜣提出："各国使臣驻京后，往来接晤，及一切奏咨事件，无公所以为汇总之地，不足以示羁縻。"甚至在司员官役设置以及经费等方面，"一切规模，因陋就简，较之各衙门旧制格外裁减，暗寓不得比于旧有各衙门，以存轩轾中外之意"。① 在机构设置上的这种考虑，无疑反映了"贵中华，轻夷狄"的传统羁縻观念。但另一方面，总理衙门又越出了传统，是一个具有近代外交性质的机构。其设置本身，便打破了朝贡关系或华夷秩序下的宗藩体制；交往形式也在条约的约制下，不再是天朝大吏与藩属贡使的不对等关系，而体现了近代的平等关系。随着条约关系的不断强化，总理衙门羁縻外夷的传统色彩不断被削弱，终在列强的压力之下进一步转型。辛丑议和之初，列强便在议和大纲中强硬提出，总理各国事务衙门必须改革更新。清廷降旨，将总理衙门改为外务部，《辛丑条约》第十二款对此作了规定，清帝上谕也作为该约附件。这一改革，使外交体制基本上从传统转向了近代，具有重要意义。上谕谓："从前设立总理各国事务衙门，办理交涉，虽历有年所，惟所派王大臣等，多系兼差，未能殚心职守，自应特设员缺，以专责成。"② 显然，与由兼差大臣主持的总理衙门不同，外务部系专人专责，是一个专门的外交机构。用美专使柔克义的话说，"按照世界上所有其他国家所采用的类似方式组织起来"。③

总理衙门改为外务部，尽管发自列强之议，却亦为清政府所愿，得到了李鸿章、奕劻等人的积极响应。奕劻看到议和大纲后，致函荣禄谓："译署

---

① 贾桢等纂：《筹办夷务始末·咸丰朝》第8册，第2715页。

② 《议和大纲》，光绪二十六年十一月初一日；《辛丑各国和约》，光绪二十七年七月二十五日，附件十八，王铁崖：《中外旧约章汇编》第1册，第981、1023页。

③ 天津社会科学院历史研究所编，刘心显、刘海岩译：《1901年美国对华外交档案》，第6—7页。

鼎新，彼如不言，中国亦宜自加整顿。"① 李鸿章认为，设立逾四十年的总理衙门未发挥作用，沦为不合理及不负责任的机构，招致公使馆被围攻，外国人被害，因此必须废除，成立新的外交负责机构。他主张将这一机构改称为"外务部"，给该机构的大臣以高薪待遇，并要求由北京公使会议明确提出。② 清廷按照李鸿章的方案进行改制，将总理衙门改为外务部。外交机构的改革颇具象征意义，它完成了条约关系的体制衔接，为履行条约提供了制度上的保障，同时又表明清政府在外交体制上舍弃了羁縻之道，更趋向近代化。

三、 司法法律从传统向近代的转型

从晚清开始，中国司法法律发生了从传统向近代转型的重大变化，而这相当程度上是在条约关系的刺激下进行的。

首先值得关注的，条约关系促使清政府解除海禁，进一步打破闭关政策。清政府采取闭关锁国政策，自清初始并实行海禁，其后虽有松动，而其基本原则没有改变。这一严厉的海禁法令，自鸦片战争之后开始受到冲击。《南京条约》第一条便涉及此问题，该条规定："嗣后大清大皇帝、大英国君主永存平和，所属华英人民彼此友睦，各住他国者必受该国保佑身家安全。"③此时清政府丝毫没有保护海外华人的意识，此条主要是为了保障在华英人的身家安全，而从法律上讲，却与清政府的禁止出洋的律条发生冲突。其后经过第二次鸦片战争，列强获得更为明确的条约权利，从根本上打破了禁海律例，并导致《大清律例》的修改。《北京条约》规定：凡有华民情甘出口，"俱准与英民立约为凭，无论单身或愿携带家属一并赴通商各口，下英国船只，毫无禁阻"。④其后同治三年中西《和好贸易条约》、同治七年中美《蒲安臣条约》，均作了类似规定。

随着这些条约的订立，中国人出洋的合法性得到了清政府的确认，并因

①　杜春和等编：《荣禄存札》，齐鲁书社，1986 年，第 9 页。

②　British Parliamentary Papers, China. No. 1, pp. 122-123. 转引自［日］川岛真：《晚清外务的形成——外务部的成立过程》，《中山大学学报》2011 年第 1 期。

③　《江宁条约》，道光二十二年七月二十四日，王铁崖：《中外旧约章汇编》第 1 册，第 30 页。

④　中英《续增条约》，咸丰十年九月十一日；中法《续增条约》，咸丰十年九月十二日，王铁崖编：《中外旧约章汇编》第 1 册，第 145、148 页。

此导致《大清律例》的修改。允许出洋载入条约之后，外国招收华工取得了合法地位，使得本来就很严重的拐卖现象愈益猖獗。两广总督毛鸿宾等奏请"明定罪名"，"凡洋人招工出洋，准其开设招工所，听人投充。但有指引情事，即按人数科罪，设计诱骗略卖者皆斩"。① 刑部议复并照毛鸿宾等奏修改律例。② 同治九年将其纳入《大清律例》，增加条例："设计诱骗愚民，雇与洋人承工"者，若"诱拐已成，为首斩立决，为从绞立决"；"其华民情甘出口，在英、法等国所属各处承工者，仍准其立约，赴通商各口下船，毫无禁阻"。③ 新增条例包括两个内容，一是从严打击拐卖人口罪犯，首从均处以死刑，或"斩立决"，或"绞立决"，且由督抚定案后"先行正法"，再汇奏咨部。二是将条约规定转为律例条文，明确允许华民出洋承工，"毫无禁阻"。这一条文否定了自顺治以来禁止出洋的律令，在人身自由问题上贴近国际惯例，是《大清律例》的又一个重要变化。光绪十九年（1893），驻新加坡总领事黄遵宪上书驻英公使薛福成，提出取消出洋华人不准回国的禁条。薛福成即上奏提议，总理衙门遵旨议复，主张按照条约，"敕下刑部，将私出外境之例酌拟删改"，并出示晓谕，"申明新章既定，旧禁已除"，光绪帝颁旨允准。④ 至此，通过上谕的方式，清政府完成了取缔禁止出洋旧例的法律程序。其后，良善商民，"无论在洋久暂、婚娶、生息，一概准由出使大臣或领事官给与护照，任其回国谋生置业，与内地人民一律看待，并听其随时经商出洋，毋得仍前藉端讹索。违者，按律惩治"。⑤

删除《大清律例》中的海禁条例，确立允许海外移民的法律制度，则是体现社会进步的举措。在打破这一禁令之初，英驻华公使卜鲁斯谓："这在中国的行政制度中是件新奇而重要的发展。一位高级官吏和他的僚属，由于人民群众的环境变迁，终于撇开那些无法施行的传统条规。这等于事实上承

---

① 《办理盗犯有须变通例文折》，同治三年八月初一日，毛鸿宾：《毛尚书奏稿》，台北：文海出版社 1971 年影印，第 33、35—36 页。

② 《刑部咨总理衙门请如毛鸿宾所奏将略卖人口罪犯处斩文》，同治三年十月初五日，陈翰笙主编：《华工出国史料汇编》第 1 辑，第 1 册，第 52 页。

③ 湖北臬局汇辑：《大清律例汇辑便览》卷 25，刑律盗贼下，同治十一年刻本，第 14 页。

④ 《德宗景皇帝实录》卷 327，光绪十九年八月癸丑，《清实录》第 56 册，中华书局，1987 年，第 201 页。

⑤ 《总署奏议薛福成请申明新章豁除海禁旧例折》，光绪十九年八月初四日，王彦威、王亮辑编，李育民等点校整理：《清季外交史料》第 4 册，第 1791 页。

认他们的法律必须顺应社会变革和文明进步。"①巴夏礼也说，这次准许中国人民出洋，"在中国法律和惯例上是新的创举"，他们"看到时代的变革需要这样办"。②而且，这一革新，又进而改变了清政府漠视华侨权利的专制意识，转而实施保护海外侨民的政策，并由此制订了更为完善的法规。乾隆年间，荷属殖民地"迫杀华人十余万众"，闽粤两总督"竟以人已出洋，已非我民，我亦不管为辞"，其后"荷待华人直与土番一体轻视"。③在订立允许出洋法规的过程中，清朝君臣逐渐确立了将海民侨民视为本国子民的观念，并依据"每一个国家对于在国外的本国公民享有保护的权利"④ 的国际法惯例，转而实施积极的保护政策。宣统元年，为抵制荷属殖民地"议准华侨入籍之案"的"羁縻笼络之谋"，农工商尚书溥颋等奏请速订国籍法，获得谕允，随即拟订并颁布《大清国籍条例》。此为中国近代第一部国籍法，虽仍存在不足之处，但打破了闭关时代户籍管理"只详此省与彼省界限之攸分，未计我国与他国范围之各异"的局限，初步建立了体现近代国际惯例的国籍管理法规。此外，这一举措还促进了对外开放意识，如薛福成在奏请取消旧例时谓，中英《南京条约》、中美《续增条约》均有华民出洋规定，且于海外设领事官以保护；当今"火轮舟车，无阻不通，瀛寰诸国，固已近如户庭，迩于几席，势不能闭关独治"。⑤

条约关系的建立和发展，又使得整个封建旧律陷入困境，由此将晚清时期的法律引向新的路径。至清末时期，条约关系犹如催化剂，进一步打破了传统法律的稳定格局，刺激中国引进新的法律文明，建立适应这一关系的"中外通行"体制。作为明确的方针，"中外通行"是在清末提出的，而它的酝酿却始于第二次鸦片战争之后，与中外条约的演化有着密切的关系。同治年间，清政府"预筹修约"，便开始萌生这一想法。其时，总理衙门"妥为

① 《英国驻华公使卜鲁斯致马姆兹伯里文》，1859 年 5 月 3 日，陈翰笙主编：《华工出国史料》第 2 辑，中华书局，1980 年，第 182 页。

② 《巴夏礼致卜鲁斯文》，1859 年 4 月 11 日，陈翰笙主编：《华工出国史料》第 2 辑，中华书局，1980 年，第 184 页。

③ 《旅居南洋华商呈商约大臣沥陈被虐情形公禀》，《外交报》第 30 期，光绪二十八年。

④ ［英］劳特派特修订，王铁崖、陈体强译：《奥本海国际法》上卷，第 2 分册，第 173 页。

⑤ 《使英薛福成奏请申明新章豁除旧禁以护商民折》，光绪十九年七月初十日，王彦威、王亮辑编，李育民等点校整理：《清季外交史料》第 4 册，第 1787 页。

悉心筹画"，"为未雨之绸缪"。① 章京周家楣提出，定约时，"将中外命案定一公例，凡系交涉之案彼此照办以得其平"。② 所谓"公例"，即中外双方共守的律例。接着，英驻华公使阿礼国要求修约，提出："设立有管理各国洋人之权之外国官，所有各国在内地之洋人，倘有滋事犯法之人，均可归其管理，其设立章程，总理衙门可以会同各国钦差大臣商定。"以及中外会商，"定一通商律例"。③ 即由中外会商订立统一的法律，并建立混合法庭，裁决民事案件中的所有中外争端。④ 清政府对于涉及民事案件的"通商律例"，"表示满意"，且"暗示建立这样一个规则是一种极大的愿望"。⑤ 复照英方，明确表示，同意双方商办，⑥ 其后中英在《新定条约》规定，"由两国会同商定通商律例"。⑦ 该约为英国政府否定之后，清政府仍在继续筹划准备。

经庚子事变的创巨痛深，随着条约关系观念的逐渐形成，清政府对西律的态度有了重大转变。在这个时期，延续数千年以治内为主要内容的封建法系，更全面转向适应对外关系的新格局，趋于根本性的变异。光绪二十六年（1900）十二月，光绪和西太后下诏维新，令内外大臣就朝章国政等等各抒己见。张之洞认为，不变西法不能挽救危局，如果仅仅"整顿中法"，在传统体制中讨出路，"以此而望自强久存，必无之事"，提出"酌改律例"。⑧ 清廷接受了这一建议，启动已中止 30 余年的修律程序，明确提出"中外通行"方针。降谕："我朝大清律例一书，折衷至当，备极精详。惟是为治之道，尤贵因时制宜，今昔情势不同，非参酌适中，不能推行尽善"。"着各出使大

① 《总理各国事务恭亲王等奏》，同治六年九月乙丑，宝鋆纂修：《筹办夷务始末·同治朝》卷 50，第 24—27 页。

② 《总署奏拟纂通商则例以资信守折》，光绪三年九月二十五日，王彦威、王亮辑编，李育民等点校整理：《清季外交史料》第 2 册，第 216 页。

③ 《复英国公使修约二十九款》，同治七年十二月，宝鋆纂修：《筹办夷务始末·同治朝》，卷 63，第 30、31 页。

④ "Instrucitons by Sir R. Alock to British Commissioner respecting Mixed Corts，May 1，1868"，*British Document on Foreign Affairs* Part 1，Series E，V20，University Publications of America，1994. p224.

⑤ "Minute of the Seventh Meeting of the Commission，May 4，1868"，*British Document on Foreign Affairs* Part 1，Series E，V20，p224.

⑥ 《复英国公使修约二十九款》，同治七年十二月，宝鋆纂修：《筹办夷务始末·同治朝》卷 63，第 30、31 页。

⑦ 《新定条约》，同治八年九月十九日，王铁崖编：《中外旧约章汇编》第 1 册，第 309 页。

⑧ 《致江宁刘制台》，光绪二十七年二月十二日，苑书义等主编：《张之洞全集》第 10 册，河北人民出版社，1998 年，第 8533—8534 页。

臣查取各国通行律例，咨送外务部。并著责成袁世凯、刘坤一、张之洞，慎选熟悉中西律例者，保送数员来京，听候简派，开馆编纂，请旨审定颁发。总期切实平允，中外通行，用示通变宜民之至意。"①此上谕是清末司法改革的动员令，确立了采用西方法律的基本方针，为中国走向新的法律文明开出了通行证。正是有了这张通行证，沈家本才敢明确提出，"专心折冲樽俎，模范列强为宗旨"，②即按照西方资产阶级法律原则改造封建旧律。

在"中外通行"方针之下的改革中，改变列强凭借条约建立的畸形法律关系，收回领事裁判权，是清政府最重要的考量。同治年间，周家楣即因"中外办罪生死出入，不得其平"，提出定一"公例"。光绪时期，这一思路更为清晰。李鸿章指出："洋人归领事管辖，不归地方官管辖，于公法最为不合。"③康有为将领事裁判权视为"非常之国耻"，④认为"吾国法律，与万国异，故治外法权，不能收复"。⑤伍廷芳根据各国通例，明确地提出了收回领事裁判权的方案，包括修订法律和内地通商。⑥清末司法改革伊始，清廷谕旨虽没有明确提出收回领事裁判权，但"中外通行"方针无疑含有这一意图。在随后的中英商约谈判中，清政府提出了领事裁判权问题。各国列强希望用西方法律改造中国旧律，当张之洞向英方代表马凯提出，"在我们的法律修改了以后，外国人一律受中国法律的管辖"，⑦立即获得同意。于是，在中英《续议通商行船条约》中，清政府表示"深欲整顿本国律例，以期与各西国律例改同一律"。而英国"允愿尽力协助，以成此举"，一俟相关事宜"皆臻妥善"，即"允弃其治外法权"。⑧收回领事裁判权，由此成为清末法律改革的目标，"中外通行"的修律方针亦出现了重要变化。此前提出的通商

① 《谕》，光绪二十八年二月癸巳，朱寿朋编，张静庐等校点：《光绪朝东华录》五，总第4833页。
② 《修订法律大臣沈家本等奏请编定现行刑律以立推行新律基础折》，光绪三十四年正月二十九日，故宫博物院明清档案部编：《清末筹备立宪档案史料》下册，中华书局，1979年，第852页。
③ 《复曾劼刚星使》，光绪五年九月初五日，顾廷龙、戴逸主编：《李鸿章全集》第32册，第488页。
④ 《上清帝第六书》，光绪二十四年正月初八日，汤志钧编：《康有为政论集》上册，第214—215页。
⑤ 《请开制度局议行新政折》，一八九八年八月三十日前，汤志钧编：《康有为政论集》上册，第352页。
⑥ 《奏请变通成法折》，一八九八年二月十日，丁贤俊、喻作凤编：《伍廷芳集》上册，第48—50页。
⑦ 《马凯在武昌纱厂与张之洞等会议简记——式式楷识》，1902年7月17日，中国近代经济史资料丛刊编辑委员会主编：《辛丑和约订立以后的商约谈判》，中华书局，1994年，第137、139页。
⑧ 中英《续议通商行船条约》，光绪二十八年八月初四日，北京大学法律系国际法教研室编：《中外旧约章汇编》第2册，第109页。

律例方案，仍然保留领事裁判权，具有折中过渡性质。现在则明确以收回领事裁判权为目标，朝臣疆吏以此作为立论依据和改革主调。"试观内外论说公文等，凡新律之可行者，多以收回裁判权为据"。① 主持修律的沈家本、伍廷芳等人多次表示，"臣等奉命修订法律，本以收回治外法权为宗旨"。②收回领事裁判权，成了效法西方法律，建立"中外通行"法制体系的基本理由。

条约关系下对外经贸新局面的出现，又冲击了诸法合体的观念和格局，推动清末司法改革向更广的领域全面展开。随着中外条约关系的建立和发展，列强攫取了大量经济特权，中国自己亦相应兴办了不少新的事业，由此产生的法律问题亦愈益广泛，尤其是大量的民事诉讼。相关条约缺乏详细具体的规范，而以治内为主的国内法，已完全不能适应这一变化，需要全面调整和修改。早在光绪三年（1877），郭嵩焘便指出："仅恃通商条约为交接之准，而条约定自洋人，专详通商事例，于诸口情状皆所未详，每遇中外人民交涉事件，轻重缓急，无可依循。"来华通商的洋人，与中国人民错居，交涉纷繁，"绝非通商条约所能尽其事例"。因此，郭嵩焘奏请纂辑通商则例一书，以便"办理洋案有所依据"。③

郭嵩焘所言，揭示了条约关系下法规建设的滞后和缺失，以及导致涉外诉讼和中外关系的困境。甲午战后，列强侵入中国经济领域的范围更为扩大，这一现象更为严重，康有为更具体地提出，"民法、民律、商法、市则、舶则、讼律、军律、国际公法，西人皆极详明，既不能闭关绝市，则通商交际势不能不概予通行。然既无律法，吏民无所率从，必致更滋百弊。且各种新法，皆我所夙无，而事势所宜，可补我所未轩。故宜有专司，采定各律，以定率从"。④ 庚子之后，刘坤一与张之洞在"江楚会奏"第三折"采用西法"中，提出"定矿律、路律、商律、交涉刑律"，他们建议，"博采各国矿务律、铁路律、商务律、刑律诸书；为中国编纂简明矿律、路律、商律、刑

① 崔云松：《新刑律争论之感言》，《国风报》1910 年第 30 期。
② 《伍廷芳等奏》，光绪三十一年九月丁亥，朱寿朋，张静庐等校点：《光绪朝东华录》五，总第 5413 页。
③ 《请纂成通商则例折》，光绪三年八月二十七日，杨坚校补：《郭嵩焘奏稿》，第 381—383 页。
④ 康有为：《上清帝第六书》，光绪二十四年正月初八日，汤志钧编：《康有为政论集》上册，第 211—212、215 页。

律"，"照会各国，颁行天下"。① 清廷上谕提出，"况近来地利日兴，商务日广，如矿律、路律、商律等类，皆应妥议专条"。② 其他如工部尚书等也提出类似主张。

尤其是，编纂民法的建议明确提了出来，并付诸实施，又由此推动了对国际私法的了解和关注。20 世纪初年，已有舆论呼吁制订民法。接着，大理院正卿张仁黼奏称："中国法律，惟刑法一种，而户婚、田土事项，亦列入刑法之中，是法律既不完备，而刑法与民法不分，尤为外人所指摘。"他解析了公法与私法，以及国际公法与国际私法等不同法律的区别，并认为"是为关乎撤去领事裁判权之根本"。③ 接着民政部奏请制订民律，亦阐明各种法律的区别，认为公法与私法，二者相因，"不可偏废"，而制定民律，"实为图治之要"。④ 修订法律大臣俞廉三等奏，拟定民律草案，以"注重世界最普通之法则"为第一项宗旨。这是因为，"瀛海交通于今为盛，凡都邑、巨埠，无一非商战之场"。另外，"华侨之流寓南洋者，生齿日益繁庶"。而按照国际私法，"向据其人之本国法办理"。若"一遇相互之诉讼，彼执大同之成规，我守拘墟之旧习，利害相去，不可以道里计"。因此，编订民律，"为拯斯弊，凡能力之差异，买卖之规定，以及利率时效等项，悉采用普通之制，以均彼我而保公平"。⑤ 显然，民律的制订，其首要目的，便是在条约关系的新形势下，运用国际私法来处理涉外民事纠纷，维护自身权益。

由此，清末进行了全方位的改革，包括采用西法、革新旧律、区别体用、建立体制等。他们组织翻译了西方各国，尤其是日本的司法法律著作。在此基础上，全面革新旧律，将法律区分为实体法和程序法，制订了《大清新刑律》《大清民律草案》《刑事诉讼律草案》《民事诉讼律草案》，以及《法

---

① 《遵旨筹议变法谨拟整顿中法十二条折》，光绪二十七年六月初四日，苑书义等主编：《张之洞全集》第 2 册，第 1441—1442 页。

② 《谕》，光绪二十八年二月癸巳，朱寿朋编，张静庐等校点：《光绪朝东华录》五，总第 4833 页。

③ 《大理院正卿张仁黼奏修订法律请派大臣会订折》，光绪三十三年五月一日，故宫博物院明清档案部编：《清末筹备立宪档案史料》下册，第 835 页。

④ 《民政部奏》，光绪三十三年五月辛丑，朱寿朋编，张静庐等校点：《光绪朝东华录》五，总第 5682—5683 页。

⑤ 《修订法律大臣俞廉三等奏编辑民律前三编草案告成缮册呈览折》，宣统三年九月初五日，故宫博物院明清档案部编：《清末筹备立宪档案史料》下册，第 911—912 页。

院编制法》和《各级审判厅试办章程》等，建立了近代通行的法律司法体系，包括完备的法律系统和健全的审判、检查机构等。从刑法来看，完全采用西方资产阶级刑法的体例和名称，打破了民刑不分，诸法合体的传统形式。其内容，仿效西方资产阶级的法律原理和原则，剔除了不少封建旧律。审判诉讼制度，也引进了四级三审、审判独立、审判公开、检查官公诉、合议制等原则和方式。这些改革，改变了中国传统的司法法律制度，虽然还有着封建色彩，但从形式和内容上基本上纳入了资本主义法律体系。

与此同时，为了抵制列强在华经济特权，挽回利权，清政府打破传统的重农轻商观念，开始建立具有近代性质的经济制度。戊戌维新期间，光绪降谕，令各省振兴商务、设厂兴工，以"暗塞漏卮，不致利权外溢"。① 20世纪初年，又成立商部，全面推行近代化改革，制订和颁行一系列经济法规。这些法规涉及各个方面，既有综合性的法规，如《商人通例》《公司律》《破产律》；又有某具体行业的章程，如《大清国矿务正章》《重订铁路简明章程》等。此外还有经济社团、奖励华商，以及金融、商标等方面的章程，如《商会简明章程》《奖励华商公司章程》《奖给商勋章程》等。

四、 条约关系对晚清社会的双重影响

由上可见，晚清司法法律的变化，相当程度上是在条约关系的刺激下发生的，并非通常情况下的自主革新。当时有人撰文谓："吾国编订法典之原动力，本含有外交上意味，则不可不与各国立法例相比较。"② 清末协助沈家本等制订新律的董康亦谓，"清季光绪辛丑，感于交际需要，特设专馆，修订法律"。③ 这一外在因素，对司法法律改革和晚清社会带来了双重影响。

一方面，由于列强的压力，尤其是制约于条约关系，体现了浓重的半殖民地色彩。例如，列强违背国际法，强行使中国承担西方基督教在华传教的条约义务，并纳入国内法中。同治九年（1870），《大清律例》修改，删除了将天主教治罪条例，并增加条例："凡奉天主教之人，其会同礼拜诵经等事，

---

① 《德宗景皇帝实录》卷421，光绪二十四年六月己丑，《清实录》第57册，中华书局，1987年，第517页。
② 陶保霖：《论编订法典之主义》，《法政杂志》1911年第2期。
③ 《新旧刑律比较概论》，何勤华等编：《董康法学文集》，中国政法大学出版社，2005年，第480页。

概听其便，皆免查禁，所有从前或刻或写奉禁天主教各明文，概行删除。"①
又如，清末修律中制订的新刑律设立了"国交罪"，对保护外国条约特权
有详尽的规定。另一方面，改革中大刀阔斧引进西方资产阶级的法律思想
和原则，对封建旧律进行改造，由此推动中国引进新的近代法律文明，包
括树立进步的法律观念和原则，初步建立具有近代性质的司法法律体系。
清末民初的法学家秦瑞玠评说新刑律，"沟合新旧，贯通中外，为现时最
新最完备之法典"。②

　　经济是社会的基础，上述经济法规和章程的颁行和实施，极大地改变了
中国社会的传统形态。尽管它们还不完善，存在着半殖民地和半封建性等种
种局限和不足，但它们却开创了具有近代性质的新的经济形态，为这一形态
在民国时期的逐步完善奠立了基础。通过这些法规和章程，"重农抑商"的
传统格局被打破，商部成立之后，力惩"贱视农工商"的旧习，"国人耳目，
崭然一新，凡朝野上下之所以视农工商，与农工商之所以自视，位置较
重"。③ 其时，"官吏提倡于上，绅商响应于下，收回权利之声洋溢国内，风
起云涌，朝野咸有振作之精神"。经营工商，不仅有利，且可获得"百战功
臣"的子男等爵位，"一扫数千年贱商之陋习，斯诚稀世之创举"。④

　　随着新制度的推行，传统的政权体制也发生了深刻的变化。在贯注着浓
重的半殖民地性质的同时，封建社会已经定型的中央行政构架被完全打破，
中央六部及各种院、寺等，或被取消或更名，其内涵也大不相同。体现近代
文明的新机构，逐渐取代了不合时宜的传统官衙。除了清政府在条约关系的
刺激下进行的改革之外，各国列强还在实施条约特权的过程中，直接推行它
们带来的近代文明。如外人在租界所实行的城市管理制度，以及近代化的海
关管理制度，这些均给中国的近代化提供了借鉴。条约关系造成的通商口岸
和租界，则成了传播西方近代文明的基地，客观上打破了中国社会长期封闭
的状态，加强了同世界的交往，并且刺激了中国资本主义的发展和近代文明

① 湖北藏局汇辑：《大清律例汇辑便览》卷16，礼律祭祀，同治十一年刻本，第6页。
② 秦瑞玠：《新刑律释义序》，《法政杂志》1912年第10期。
③ 高劳：《实业篇》，《东方杂志》第9卷，第7号，第87页。
④ 《最近之五十年——〈申报〉馆五十周年纪念》，《申报》馆编印，1923年，第3页。

的扩散。① 文化教育和思想学术，也在条约关系的直接和间接影响下，逐渐向近代转型。诚然，中国社会所出现的近代化，有着多种因素，但条约关系的影响和刺激，无疑是其中的一个重要因素。这些近代性质的制度的出现，在一定程度上促进了中国社会的发展。诸如此类的新事物，虽然改变了传统的封建的形态，具有先进性和进步性，但它们是以损害中国的主权为代价的，它使中国丧失了独立、平等的主权国家地位，蒙受着巨大的屈辱。而且，这种损害使得这一近代化的变革受到严重的限制，又极大地抑制了中国的进步和发展。中国的近代化与不平等条约关系之间存在着极大的矛盾，要使近代化获得广阔的前途，就必须改变这一关系。中国社会内部出现与其不相容的反抗力量，不断举行各种方式的废约反帝斗争，以废弃这一列强在华行使"准统治权"的关系。中国人民和各届政府为此作出了不同程度的努力，最终摆脱了它的束缚，以平等的姿态融入国际社会。

进入民国之后，随着条约关系由不平等向基本平等的转变，中国从传统社会向近代转型的趋势更为显著。在这一过程中，政治、经济、文化等方面的近代化进一步深化，并逐渐形成了与中国国情相结合的格局。尤其是在政治上，不平等条约造成的深重灾难，刺激着中国各阶级、阶层为建立新的制度而奋斗，中国革命的性质和面貌也在相当程度上由于反对不平等条约而出现了根本的变化。中国共产党鲜明地提出了以废约反帝为内涵的国家独立和民族解放纲领，孙中山的民族主义也由于主张废约反帝而达到了这一理论的最高境界。国共两党高举废约反帝的大旗，发动了轰轰烈烈的大革命，揭开了中国革命的新篇章。其后中国共产党领导的革命斗争，始终如一地坚持这一目标。废约反帝的诉求，集聚了全国的民族意识，一次又一次地促进中华民族具有近代意义的觉醒，推动着国共两党、各届政府，以及广大民众，展开了不同形式的斗争。同时，十月革命爆发后，在改变不平等条约关系，复兴中华民族的伟大斗争中，中国人民作出了自己的历史选择，逐渐认同并接受了马克思主义和中国共产党，创造并建立了新民主主义的国

---

① 陈振江：《通商口岸与近代文明的传播》，《近代史研究》1991 年第 1 期。

家形式，由此走向了社会主义的崭新道路。这一政治转型具有重大意义，摆脱了以往盲目照搬西方制度的旧模式，为中国向独立自主的现代化强国迈进提供了最佳的思想路线和实践方案。而这既是不平等条约关系造成的历史结果，又为否定这一不公正的国际秩序，建立中外间真正平等条约关系奠立了强固的基础。在经济方面，伴随着不平等条约关系的弱化，晚清时期开启的近代转型进一步推进延伸，在更广更深的范围和程度铺开扩展。在思想文化方面，随着传统国际法转向现代国际法，对国际关系的认识，尤其是平等条约关系观念的探求和完善，更不断纠正各种原因造成的误区，而趋于公平公正的理论高度。

第四节　近代人物命运的牵联因素

条约关系它带来的各种变化，以及遗留和造成的各种历史问题及因果关系，在当代中国甚至以后产生了或将产生重要的影响。在近代中国，它不仅广泛而又深刻地影响着近代中国各个领域的社会变迁，诸如政治局势、外交军事、社会经济、思想文化等等，而且相关人物的政治生涯、人生走向及其命运，均与彼有着不可分割的关联，构成其变化的基本的牵联因素之一。从近代相关人物的人生经历来看，如政府官员、政治活动家和社会人士等等，均与条约关系下的对外交涉有关。政府官员主要有中央官员和地方官员，以及驻外使节等，由于清政府实行地方外交，造成"人人都是外交官"的畸形局面，几乎所有官员都有可能涉外。

一、　清政府中央与地方官员

政府官员类别的人物较多，其中尤值得关注的，是处在对外交涉一线的这一部分人。他们直接应对条约交涉中的各种问题，对这一关系的利弊得失有着直观的了解，其认识较为实际和理性。中央层面，有主要主持清王朝外交的人物，如担任过军机大臣、总理衙门大臣的恭亲王奕䜣，此外还有其他各部门的官员。奕䜣是道光帝第六子，清朝十二家铁帽子王之一，自咸丰三年（1853）至咸丰五年担任领班军机大臣。第二次鸦片战争中，奕䜣被任命为全权钦差大臣，受命与英、法、俄等国交涉谈判，并签订了《北京条约》。咸丰十一年（1861）咸丰帝去世，奕䜣与两宫太后联合发动辛酉政变，事成后被授予议政王之衔。从该年到光绪十年（1884），奕䜣任领班军机大臣与领班总理衙门大臣，虽在同治四年遭慈禧太后猜忌被革除议政王头衔，但仍身处权力中心。光绪十年（1884）因中法战争失利被罢黜，一直到光绪二十年（1894）中日甲午战争失败，才再度被起用。其后担任领班军机大臣与领班总理衙门大臣，直到二十四年四月初十日逝世，谥号为"忠"。①

从奕䜣的经历来看，虽曾一度被罢黜，但自咸丰初年至光绪二十四年逝世，大部分时间是清政府对外交涉的实际主持者。在此期间，中外关系中的重大事件大都是由他处理的，尤其是第二次鸦片战争的交涉谈判，以及中外条约关系的确立。后来的几次重大战争，其他各种大小事件的交涉，也无不与他有关。可以说，奕䜣所处地位，以及实际办理的大量外交事务，使他成为中外条约关系最重要的经手者。晚清时期先后担任美国驻华使馆头等参赞和代办的何天爵说，"恭亲王是精通东方外交艺术的老手"，"能够事先判断出需要妥协的时机"。他不断转换面具，但"并不说明他是个优柔寡断之徒"。在最后时刻来临之前，他丝毫没有妥协投降的迹象，"显得积极对付，毫不屈服"。作为所谓的"防御外交政策"的领导者，"恭亲王显得出类拔萃"，因为帝国中还没有人像他那样，"明白帝国可能的未来和帝国自身的弱点"，以及像他那样"富有经验，担当重任"。在担任总理衙门大臣的 24 年间，恭亲王经历了两朝皇帝的兴衰。实际上，在他的政治生涯中，奕䜣是政府政策制订的主心骨，"也是执行这些政策的精明强干的政治家与外交家"。②这些评说，虽然不一定准确，但反映了奕䜣在晚清外交中的地位和作用，而正由于这一经历，他对中外关系有着较他人更为全面和深入的理解，对条约关系的认识也较为深入。但同时，作为封建王朝的亲王，传统意识较为浓

---

① 董守义：《恭亲王奕䜣大传》，辽宁人民出版社，1989 年。
② 何天爵著，张程等译：《中国人本色》，大众文艺出版社，2010 年，第 16—17 页。

厚，不太容易理解和接受近代观念。因此，在某种意义上，其条约关系观念的产生和形成，更具有被动性。

中央层面还有一批其他官员，以及各亲王和各部门的相关大臣等。其中尤其是总理衙门大臣，他们或作为中央外交部门的成员，直接参与对外交涉，或受命出京办理交涉。他们秉承朝廷的旨意办事，其条约关系观念也是在交涉中逐渐产生和形成的。

地方层次，由于晚清时期实行地方外交制度，相关人员更多更广，涉及众多封疆大吏，以及省级部门和府厅州县的官员。他们有着不同的官场经历，或主持地方对外交涉，或协助或参与各种外事活动，从不同角度和层面了解条约关系，并有着参差不一的认识。其中封疆大吏有着极为重要的地位，他们在地方外交中处于中心地位，在相当程度上主导着晚清对外交涉。而在众多封疆大吏中，通过镇压太平天国农民战争起家，以及推动洋务新政运动的一批重臣，无疑具有重要地位，如曾国藩、李鸿章、左宗棠，以及后来崛起的张之洞、袁世凯等。其中尤为显著的，是长期办理和影响晚清外交的李鸿章。

李鸿章生于道光三年（1823），安徽合肥人，二十年中秀才，二十三年被选为优贡。二十四年应顺天府乡试，考中举人。二十五年初次会试落榜，以"年家子"身份投帖拜在曾国藩门下，由此奠定了一生事业的基础。二十七年中进士，朝考后改翰林院庶吉士，三十年授翰林院编修，充武英殿编修。咸丰三年（1853），随同侍郎吕贤基回籍办团练。五年十月，因收复庐州之功，"奉旨交军机处记名以道府用"。六年九月，叙功赏加按察使衔。七年丁忧守制，直到九年十二月入曾国藩幕府，负责起草文书。十一年应命筹建淮军，同治元年（1862）二月，淮军正式宣告建军，经曾国藩推荐任江苏巡抚。二年兼署五口通商大臣，四年署理两江总督。五年十一月为钦差大臣，接办剿捻事务。七年，赏加太子太保衔，授湖广总督协办大学士，八年兼署湖北巡抚。九年七月接替曾国藩办理天津教案之后，调任直隶总督，后又兼任北洋通商大臣。

除了参加镇压太平天国，举办洋务事业之外，李鸿章一生以外交能手自负，处理过许多重大的对外交涉，签订了一大批中外条约。其重要者如同治十年（1860）与日本签订《中日修好条规》，同治十三年与秘鲁签订《中秘通商条约》，光绪二年（1876）与英国签订《中英烟台条约》。中法战争爆发后，光绪十年与法国代表签订《李福协定》，翌年最终与法国代表巴德诺签订了中法《会订越南条约》。光绪十年，朝鲜爆发"甲申事变"，次年与日本签订中日《天津会议专条》；中日甲午战争失败，光绪二十一年与日本签订《马关条约》。翌年与俄国谈判并签订了了《中俄密约》。瓜分狂潮中，又先后签订了中德《胶澳租借条约》、中英《展拓香港界址条约》等。八国联军侵华，李鸿章和庆亲王奕劻签订"议和大纲"之后，又于光绪二十七年签订丧权辱国的《辛丑条约》。

李鸿章的经历及其作为，充分说明他在晚清对外关系中所占地位，梁启超在清末撰写的《李鸿章传》一书，充分肯定了李鸿章的这一地位，谓："李鸿章为中国独一无二之代表人"，"为中国近四十年第一流紧要人物"。世界之人，"殆知有李鸿章，不复知有北京朝廷"。陆奥宗光评论说，李鸿章"有豪胆，有逸才，有决断力，宁谓彼为伶俐有奇智、妙察事机之利害得失"。梁启超肯定地说，"李鸿章必为数千年中国历史上一人物"，"必为十九世纪世界史上一人物"。梁启超断言，今日"欲求一如李鸿章其人者，亦渺不可复睹焉"。因此，李鸿章之死，"于中国今后之全局，必有所大变动"。①正是由于具有这一地位，在处理这些对外事务的实践中，李鸿章产生并逐渐形成了条约关系观念。

李鸿章的这一显赫地位，是晚清地方外交盛兴的反映，同时又为更多地方官重视并产生对中外条约关系的认识。如奕诉所说："办理洋务，其纲领虽在内，其实事仍在外"，②"外省交涉案件办事之权，疆臣操之"。③晚清时期亦由此出现非正常现象，地方重臣对国家外交有着非同小可的影响，甚至

① 梁启超：《李鸿章传》，百花文艺出版社，2000年，第2—3、75、104—116页。

② 《恭亲王奕诉等奏为法国来照情词叵测并现在办理情形折》，同治五年七月十八日，中国第一历史档案馆、福建师范大学历史系合编：《清末教案》第1册，中华书局，1996年，第549页。

③ 全国图书馆文献缩微复制中心：《总署奏底汇订》第1册，全国图书馆文献缩微复制中心2003年，第14页。

中央朝廷亦不能控御。李鸿章在对外交往中的地位正是在这一体制中形成的，且认为理所当然。例如，在白齐文事件中，李鸿章致函戈登，谓："悉由封疆主持，总理衙门不能遥制。"[①] 他又对驻华法国署理公使伯洛内说："南方之事，我自主张，总有关系，无不遵我之回复。"[②] 清末之时，外务部员外郎辜鸿铭总结地方外交的弊端，亦说，"办理外事，朝廷仍不得不畀以重权"，"由此以来，北洋权势愈重，几与日本幕府专政之时不相上下，故当时言及洋务，中外几知有李鸿章而不知有朝廷也"。[③] 这一外重内轻的局面，亦造成外国人对中国的轻视。在他们看来，清廷"事情无论大小，都交给在天津的李鸿章大学士办理"，[④] 甚至将北洋大臣衙门称为"单人外交部"。[⑤]

由于这一经历和地位，一方面李鸿章可因便对中外形势有较他人更为深刻的认识，另一方面又在某种程度上使得李鸿章不可避免地存在种种时代和个人的局限。从前者而言，李鸿章体现了高于常人和同僚的一面，如彼在晚清文武百僚中，"确有超卓之眼孔，敏捷之手腕，而非他人之所能及也"。其中尤值得注意的是，李鸿章"知西来之大势，识外国之文明，思利用之以自强，此种眼光，虽先辈曾国藩，恐亦让彼一步，而左宗棠、曾国荃更无论也"。[⑥]

然而，尽管李鸿章之外交水平，在中国为第一流，但从世界范围来看，则很落后。因为，李鸿章总体上仍停留在封建传统的层面，尽管在某种程度上接受了新思想，但在这方面仍属于"不学无术"。梁启超以为，李鸿章缺乏完整的近代观念，"不识国民之原理，不通世界之大势，不知政治之本原"，他的新思想"仅摭拾泰西皮毛"。不可讳言，李鸿章的这些弱点和局限，是当时中国社会条件的反映。正由于这一不利的客观环境，李鸿章曾辩解说，他为"举国所掣肘，有志焉而未逮"。此说不无道理，

---

① 《李鸿章致戈登札》，同治二年，金毓黻等编：《太平天国史料》，中华书局，1955年，第317—318页。
② 《法国照会》，同治五年七月，宝鋆等纂修：《筹办夷务始末·同治朝》卷43，第30页。
③ 《外务部员外郎辜汤生陈言内政宜申成宪外事宜定规制并请降谕不准轻改旧章创行新政呈》，光绪三十三年十月，故宫博物院明清档案部编：《清末筹备立宪档案史料》上册，中华书局，1979年，第310页。
④ 转引自［英］季南著，许步曾译：《英国对华外交（1880—1885）》，商务印书馆，1984年，第34页。
⑤ 张明林：《换一只眼睛看历史：外国人点评李鸿章》，吉林摄影出版社，2003年，第160页。
⑥ 梁启超：《李鸿章传》，第111页。

但更重要的是个人素质。如梁启超所说，"若李鸿章则安富尊荣于一政府之下而已。苟其以强国利民为志也，岂有以四十年之勋臣耆宿，而不能结民望以战胜旧党者?"质而言之，"李鸿章有才气而无学识之人"，"有阅历而无血性之人"。他并非无鞠躬尽瘁死而后已之心，所谓"做一日和尚撞一日钟"。① 这种思想状态，中国朝野上下，莫不皆然。

在清政府各级地方官员中，李鸿章无疑是一个突出代表，其思想趋向在相当程度上反映了官场的心态，尤其是主张革新的一批官僚。他们在新的国际秩序下，对中外关系这一新的格局有了不同层面的认识，形成了各有特色的条约关系观念。正由于处于对外交涉的第一线，他们对条约关系有着较深入的了解，但由于所处地位和经历等方面的不同，思想认识也就存在差异。

另一个晚清名臣和洋务派重要代表人物张之洞，出生于贵州兴义府，祖籍直隶南皮。同治二年（1863）中进士第三名探花，授翰林院编修，历任教习、侍读、侍讲、内阁学士、山西巡抚、两广总督、湖广总督、多次署理两江总督、军机大臣等职，体仁阁大学士。张之洞任职地方，对外交涉较为频繁，需要处理各种条约问题，也因此促使他对此有较多的思考。同时，这与他本人较为关注国家权益有关系，担任京官时张之洞便重视条约问题。光绪五年（1879），他在京师任左庶子时便对崇厚签订的《里瓦几亚条约》表示不满，主张"谏阻俄约，收回伊犁"，接连二十余次上书对该约发表意见，"卒将崇厚所定十八条全废"。② 担任两广总督后，张之洞开始直接办理对外交涉，对中外条约愈加重视，即使不是自己经手，也经常表示看法。如光绪十三年，中葡签订《里斯本草约》，张之洞接到总理衙门电文，即上《详陈澳界利害立约尚宜缓定折》，提出该约"可虑"的七大隐患。③ 这些意见，言辞尖锐，总理衙门认为"于朝廷全局统筹之

① 梁启超：《李鸿章传》，第 3—4、75、108、115 页。
② 《抱冰堂弟子记》，赵德馨编：《张之洞全集》（十二），第 507 页。
③ 《详陈澳界利害立约尚宜缓定折》，光绪十三年四月二十四日，赵德馨编：《张之洞全集》（一），第 510—511 页。

意毫无体察，辄挟持偏见"，甚至视为危言耸听，"故作危词"。① 其他如《马关条约》《奉天交地暂且章程》《辛丑条约》等，张之洞或发表意见，或参与，或会同办理。随后清末修订商约，张之洞则深度参与了交涉谈判。光绪二十七（1901）年，清廷任命盛宣怀为办理商税事务大臣，"议办通商行船各条约，及改定进口税则一切事宜"；又命盛就近与刘坤一、张之洞"妥为定议"。② 他又奉旨与吕海寰、盛宣怀、刘坤一等"与英国议商约"，经过努力，"匡正挽回者极多"。③ 正是在上述经历中，张之洞对新的国际秩序和中外格局有了较清醒的认识，逐渐形成了自己的条约观。

在大量地方官员中，李鸿章和张之洞具有代表性，其他人的经历或与之有类似之处，均在中外关系大变局中对条约有了自己的认识。除了中央和地方官员，还有一个重要类别，即驻外使臣。他们升迁任职各有不同的路径，但作为清政府派驻国外的使臣，则具有同样的经历。晚清时期，清政府共在海外 19 个国家建立了常驻使馆，有 58 人曾被派充公使。较之在国内任职的官员，驻外使臣在国外直接与西方国家打交道，其经历无疑是别有洞天。

作为中国前所未有的一个职官类别，驻外使臣的选拔条件和产生过程与前述官吏不同。清廷曾就驻外使臣的遴选颁发谕令，谓："在京王大臣等，如真知有熟悉洋务，洞彻边防，兼胜出使之任者，具疏保荐。"④ 可见，驻外公使与其他官员不同，有其特有的遴选标准。也就是说，驻外使臣人选在任职前便须具备一定的国际知识。大家所熟知的郭嵩焘、曾纪泽等人自不必说，其他驻外使臣大多也具备这一条件。如光绪元年（1875）至七年担任驻美公使、兼任驻西公使的陈兰彬，原也埋头于章句小楷，第二次鸦片战争期间开始涉猎对外交涉。此后长期从事洋务，处理教案，担任广方言馆总办等，曾国藩称赞他"智深勇沉，历练既久，敛抑才气，而

---

① 吴剑杰：《张之洞年谱长编》上卷，上海交通大学出版社，2009 年，第 194 页。
② 《德宗景皇帝实录》卷 486，光绪二十七年八月壬子，《清实录》第 58 册，中华书局，1987 年，第 429 页。
③ 《抱冰堂弟子记》，赵德馨编：《张之洞全集》（十二），第 513 页。
④ 刘锦藻撰：《清朝续文献通考》第 2 册，商务印书馆，1936 年，第 8780 页。

精悍坚卓，不避险艰，实有任重致远之志"。① 又如 1879—1884 年担任驻德公使，在此期间又兼任驻法、奥、意、荷公使的李凤苞，自幼受到西学的影响，"究心历算之学，精测绘"，在江南制造总局译书馆等处任职，翻译了大量外文著作。他"考求洋务，博闻强记，实能穷究其底蕴，于各国语言文字亦多所通晓"，②"于西洋舆图算术及各国兴衰源流均能默讨潜搜，中外交涉要务，尤为练达，实属不可多得之才"。③ 又如王之春出使俄国，受到很大影响，对国际惯例有了更多的了解，归来后提出自强八政策，其中包括条约关系中的交涉问题。他说，"交涉宜任专使"，泰西各国设官与中国不同，外务部专掌各国交涉之事，"并不兼摄别部，便得专精考校，免致遗误"。④

晚清驻外使臣走出国门，对于世界大势和近代文明，以及中国所面临的困境等，有着更深切的体验和认识。这些不同于国内的经历，对于他们的条约关系观念的产生和形成，无疑更起着既直观又深入的作用。另外，也有些驻外使臣，出使之前于洋务有些见地，但总的来说思想较为保守，如刘锡鸿、黎庶昌等。他们仍然倡导华夷之辨，视近代文明成果为"奇技淫巧"。但出使之后，其思想发生很大变化，如黎庶昌"为诸生时，上书言事，似深薄洋务，及使东，章奏迥然如出两人"。⑤

从事对外交涉的官员们，他们思想观念的产生形成，与其实践经历有着密切联系。例如，薛福成自同治六年（1867）入曾国藩幕，得到各种磨炼，尤其是在对外交涉和条约方面，有着较为深刻的认识和见解。光绪元年，他应诏上万言书，提出，"条约诸书宜颁发州县"，以及"事关军国，尤当以万国公法一书为凭"。西方国家立国，"非信不行，非约不济，其俗

① 《奏带陈兰彬至江南办理机器片》，同治九年九月十六日，唐兆梅等整理：《曾国藩全集·奏稿》（十二），岳麓书社，2011年，第117页。

② 《以李凤苞接办德国公使务撤销刘锡鸿一切升阶仍回部当差》，中国第一历史档案馆藏，《军机处录副奏折》，3全宗，162目录，7723卷，154号。

③ 《李鸿章沈葆桢奏》，光绪二年十二月戊子，朱寿朋编，张静庐等校点：《光绪朝东华录》（一），总335页。

④ 《使俄草》，赵春晨、曾主陶、岑生平校点：《王之春集》，第840—841页。

⑤ 谭嗣同著，周振甫选注：《谭嗣同文选注》，中华书局，1981年，第58页。

固如此"。① 该上书影响极大，清廷发给各衙门讨论，引起了很大震动，李鸿章将他纳入幕下。随后郭嵩焘保举他谓：薛福成"博学多能，通于西洋地势制度，条举缕分，精习无遗，而性情纯朴笃实，一无虚饰"。② 光绪三年，总理衙门又再奏请实施他在上书中提出的主张，将条约刊刻，发给道府厅州县各地方官，"庶遇有外洋交涉事件，可以照约办理"。③ 而且，他们之间还相互影响，相互激励，如郭嵩焘与曾纪泽便体现了这一关系。郭嵩焘是中国第一位驻外公使，曾纪泽不仅认真读过他的《使西纪程》，而且还从他那里获得种种帮助和指导。曾纪泽对他非常敬重，赋诗说："蹬然继我知谁至，犹赖先生辨路歧。"④ 作为郭嵩焘的继任者，曾纪泽以他为榜样，总担心办不好外交，与之相形见绌。驻俄公使胡惟德，曾随薛福成、杨儒办事，"稍得阅历"，因此也要如他们那样尽职尽责，"不敢不于窥悉俄情之中为未雨绸缪之计，以仰尘圣听"。⑤

二、 政治活动家与社会人士

政治活动家与社会人士，属非政府人员，主要是指从事政治改革的各政治派别，如早期维新派、戊戌维新派、革命派等。社会人士，主要是指其他从事某些社会事业，如新闻传播、文化教育等，他们多有政治倾向，或主张改良，或赞成革命，因此可以纳入各政治派别之中，主要有改良派和革命派。

从晚清时期来看，他们在民族危机的刺激下，积极投身于政治运动，试图通过改革或革命等政治手段挽救中国。因此，他们的经历与政府官员不同，而是从事社会运动，包括宣传和各种政治活动。改良派中如早期维新派郑观应、何启、胡礼垣等；戊戌维新派和立宪派康有为、梁启超、张謇等。

---

① 《应诏陈言疏》，一八七五年，丁凤麟、王欣之编：《薛福成选集》，第 81 页。
② 《举使才片》，光绪二年十月二十七日，杨坚校补：《郭嵩焘奏稿》，岳麓书社，1983 年，第 363 页。
③ 《总署奏请将条约发交州县各官以凭交涉折（附上谕）》，光绪三年五月初七日，王彦威、王亮辑编，李育民等点校整理：《清季外交史料》第 1 册，第 187 页。
④ 《次韵答郭筠仙丈》，喻岳衡校点：《曾纪泽集》，岳麓书社，2008 年，第 249 页。
⑤ 《使俄胡惟德奏日俄战局迟速必出于和中国宜亟筹应付折》，光绪二十九年十月二十三日，王彦威、王亮辑编，李育民等点校整理：《清季外交史料》第 7 册，第 3290 页。

他们与饱读四书五经的传统文人不同，属于新型知识分子，具有程度不等的近代知识和思想。这一经历，使得他们容易接受国际法观念，具有较清晰的国家主权意识，由此易于产生和形成具有近代性质的条约观念。他们中相当一部分，是从旧文人转化而来，又不可避免带有传统色彩。20 世纪初年，清政府实行新政，兴办不少新式学堂，并奖励留学，由此产生了资产阶级、小资产阶级知识分子群，其中不少倾向立宪。其中又有相当数量的留学生，特别是留日学生，如前所述，他们在国外学习资产阶级政法理论，注重国际法和条约，体现了相当程度的国际法理论水平，并翻译编撰不少相关著作和文章。立宪派人士主张通过政治改良，改变中国现状，其中包括摆脱不平等条约的束缚，改善中国的国际地位。正是出于对国家命运的关心，他们认真细致的研习，对条约的性质和类别，以及中外条约的不平等特性，有着较为全面深入的了解和认识。

不少革命派人的经历与立宪派有相似之处，其中不少人来源于这一新型知识分子群体，他们通过就读新式学堂或出国留学，也具有较高程度的国际法思想理论水平。革命派的著名代表孙中山、黄兴、宋教仁、胡汉民等，也都高度关注民族和国家的兴衰，希望改变中国遭受西方列强压迫欺凌的国际地位。因此他们也对中外条约作了认真思考，从国际法的角度作了探讨，撰写了不少文章，体现了较高的认识水准。如胡汉民在《民报》连续发表长文《国际法与排外》，深入探讨国际法与条约等问题。宋教仁对不平等条约的认识和揭露也较为深刻，与他在日本留学的经历有很大关系。他先后入东京政法大学和早稻田大学学习，对政治法律特别感兴趣，广泛地阅读了这方面的书籍，诸如《日本宪法》《各国警察制度》《国际私法讲义》《英国制度要览》《俄国制度要览》《美国制度概要》等，并翻译了部分文稿达数十万字。其后回国，他又担任《民立报》的主笔，发表不少文章，揭露批判帝国主义侵略和不平等条约。

但是，革命派以推翻清政府为中心目的，对于如何改变中国地位的问题，与改良派有着不同的思考，实行不同的方针，因此与彼存在差异。这一差异，与革命党人的经历亦有关系。如孙中山开始也打算进行自上而下的改革,光绪二十年(1894),他上书直隶总督、北洋大臣李鸿章,提出"人能尽其才,地能尽其利,物能尽其用,货能畅其流"的主张。但是,他的建议未被采纳,又由于此时的清政府毫无振作的气象,孙中山"知和平之法无可复施",[①] 走上了革命反清的道路。在孙中山和革命党人看来,清政府"甘于弃地,日就削亡",[②] 因此"必先驱除客帝复我政权,始能免其今日签一约割山东、明日押一款卖两广也"。"欲免瓜分,非先倒满洲政府,别无挽救之法"。[③] 改良派则主张通过改革,提高综合国力,来改变国家地位,而不赞成推翻清政府。除了思想认识的不同之外,还与康有为、梁启超等人的戊戌维新经历有关,他们对光绪抱有知遇之恩的感激之情。

上述代表人物的经历,说明他们在为自己的政治诉求而努力,而改变不平等的条约关系正是其中的内容之一,也可以说是其政治诉求最基本的导因。正是在为实现其政治诉求所进行的各种宣传和实践中,维新派和革命派,尤其是代表人物,阐述了对中外条约关系的认识和主张。作为对中外关系格局的把握,以及挽救民族危亡之策,这些认识、主张构成其政治主张的重要组成部分,并呈现出不同于政府及官僚的特点。

三、 教育背景与晚清各类人物的条约观念

从教育背景来看,他们所受的教育,可分为传统教育和西学教育两大类。从前者来看,晚清人物均不同程度地接受过传统教育,从而也不同程度地抱有传统观念。其中清政府官员的传统观念更重,在中外条约关系的大背景下,以及随着新思想的接受,这一因素也发生了不同程度的变化。诸如"天下共主"意识,在列强的强权政治之下,残酷的现实和国家主权观念的引入,使得他们逐渐抛弃了这一不合时宜的观念,产生了新的条约关系观念。

---

① 《伦敦被难记》,1897 年初,广东省社科院历史研究室等编:《孙中山全集》第 1 卷,第 52 页。

② 孙中山:《支那保全分割合论》,1903 年 9 月 21 日,广东省社科院历史研究室等编:《孙中山全集》第 1 卷,第 222 页。

③ 孙中山:《驳保皇报书》,1904 年 1 月,广东省社科院历史研究室等编:《孙中山全集》第 1 卷,第 234 页。

"天下共主"等意识，属于传统观念中的消极因素，值得注意的是，传统教育中所贯注的"经世致用"等思想，则对新的观念，包括条约观念的产生和形成起了积极作用。经世致用关注现实和国计民生，具有积极的入世价值取向，在演化过程中亦成为儒家文化中的一种观念，体现这一观念的通经致用，则是儒生们读书治学的目标和抱负。鸦片战争前后，清王朝内忧外患的局面激起了中国社会的经世风潮，一批文人士子极力倡导并践行这一思想。如这一时期的林则徐、魏源、姚莹、包世臣等人成为这一思潮的重要代表人物，他们主张务实，除了对内改革之外，对外则积极探寻抵御外侮之策，并由此开始关注他们此前不熟悉的世界。被誉为开眼看世界第一人的林则徐，组织编写了体现这一思想的《四洲志》，并开近代了解运用国际法之先河。魏源承继了林则徐的思想及其成果，编撰刊行《海国图志》，提出划时代的"师夷长技以制夷"主张，在中国社会产生了重大影响，并开启了近代思想史的新时代。中国由此产生了新的社会思潮，打破了中国故步自封、昧于时世的禁锢状态，开始从近代意义上把世界介绍给中国，启动了从世界的视角寻求抵御外敌的路径。

传统的经世思想在新的历史背景下具有新的内涵，推动了中国社会对世界和中外关系新格局的认识，从而更客观理性更符合中国需要地认识条约关系这一新国际秩序。晚清受过传统教育的各类人物，多从这一路径转向了新的探索，如郭嵩焘早在岳麓书院读书期间，就经常阅读前人的经世之论，希望能"寻其义旨"，他特别推崇《海国图志》，称赞其"考览形势，通知洋情，以为应敌制胜之资。其论以互市、议款及师夷人长技以制夷"。[①] 在这一思潮的影响下，郭嵩焘做学问，"以宋儒义理植其基，进而讲求经世致用"。[②]薛福成"慨然欲为经世之学，以备国家一日之用，乃屏弃一切而专于是"。他"始考之二千年成败兴坏之局"，对于各种问题"靡不切究"。[③] 再如，《烟台条约》签订后，许景澄受到极大刺激，目击"外祸频仍，国难日亟"，于

---

① 《书〈海国图志〉后》，梁小进主编：《郭嵩焘全集》第 14 册，岳麓书社，2012 年，第 359 页。
② 《养知书屋文集二十八卷》，张舜徽：《清人文集别录》，中华书局，1963 年，第 501 页。
③ 徐素华编：《筹洋刍议——薛福成集》，辽宁人民出版社，1994 年，第 2—3 页。

是"锐志专治经世之学"。他说,"尔后国家大势,必重邦交"。[①] 又如盛宣怀,父亲盛康是道光年间进士,重经世之学,常勉励其子研习"有用之学"。父亲的影响和国家多难,盛宣怀遂"慨然以匡时济世自期,生平事功,基于此矣"。[②] 这一认识和思想又相互影响,相互激励,形成了一个普遍的趋向。经世致用之说由此成了一个桥梁,从积极的层面阐发传统的观念意识,将其与包括条约关系观念的近代思想结合在一起。无疑,传统教育及其观念是晚清条约观念的重要来源,其中既有着不合时宜的消极因子,又包括引致正确方向的积极要素。后者除了经世致用,还有着与时俱变等思想,这些积极要素不仅促使人们更深刻地了解西方列强和条约关系的本质,而且还使他们逐渐改变视近代文明为洪水猛兽的观念,更为积极主动地适应世界潮流,并客观认识包括条约关系在内的各种新事物。

就教育背景而言,尤值得注意的是新学或西学背景,这是晚清人物客观认识近代中外关系和条约的重要基础。西学是以近代自然科学和社会科学为内容的学问体系,就后者而言,其中包括国际关系理论,诸如国际法和国际政治等。需要指出,西学中的社会科学,除了具有科学性内容知识之外,还充斥着西方世界的霸道理论和强权逻辑,诸如社会达尔主义等。这些正负两面的知识学问,对晚清时期的条约观产生了各种重要影响,既有积极的,又有消极的因素。

西学教育包括两种途径,一是在国内新式学堂接受教育,二是出国留学。前者从第二次鸦片战争之后的洋务时期开始,创建了一批洋务学堂,随后又在戊戌维新和清末新政时期开办了不少新式学校。晚清时期,各类人物中均有不少在这些学堂接受了新式教育。这些新式学堂,京师有同文馆,上海和广东等有广方言馆,其他各地还有各种科技类学校。这些学校开设的课程除了中学之外,主要是西学,诸如外国语、各种自然科学如力学、冶炼、机器制造和天文地理等课程等。其目的在于培养各种西学人才,包括翻译、

①　高树:《许文肃公年谱》,朱家英整理:《许景澄集》第 5 册,浙江古籍出版社,2015 年,第 1533 页。
②　盛同颐:《杏荪府君行述》,盛宣怀:《愚斋存稿》卷首,台北文海出版社,1975 年影印本,第 3 页。

科技人才，以及外交人才等。尤其是为应对"中外交涉事件"，[①] 培养交涉人才成为这些学校的重要目标，如南洋大臣刘坤一所说，学生可按其所长，"以备出使参赞、翻译之选"。[②] 为培养这方面的人才，学校重视世界知识、国际时事和近代外交理论等方面的课程，如相关章程规定，"广翻译以益见闻"，即大量翻译西方书籍以符实用。又规定，"录新报以知情伪"，要求对各国情报，"分类辑录，以备省览"，以便"觇其虚实，随时密采，证以见闻"。并倡导"参以西法，酌为变通"，以"裨于实用"。如运用《万国公法》，办理外交时便可"以矛攻盾，或可稍免俯张"。[③] 以及，要求习语言文字者，教以翻译，"习《万国公法》，《星轺指掌》各书"。[④]

晚清外交人物中，不少出身于新式学校，他们通过这一渠道接受了西学，也获得了有关国际法和条约方面的理论和知识。如陆征祥 1883 年进入广方言馆学习法语，这是切合外交时务的一门语言。江海关道刘瑞芬指出，办理外交事务，法文较为适用，而"现在同文馆学习法文者无多，将来必不敷用"。他认为，应令上海广方言馆学生，学习法国语言文字，"以期有济于用"。[⑤] 总理衙门亦要求"上海广方言馆学生应令学习法文、法语"。[⑥] 除了外国语之外，陆征祥还学习公法条约等，且学习成绩在同学中属出类拔萃。1890 年，陆征祥以优异的成绩从广方言馆毕业，并被保送至京师同文馆。据研究，广方言馆每期所培养学生大约为 40 名，每期能被保送至京师同文馆深造的学生大约为 7 名。正是由于这一西学背景，尤其是"公法条约"等方面的知识积累，使陆征祥走上外交的道路，并成为著名外交官，并由此为其

---

① 《署理南洋通商大臣李奏请设立上海学馆折稿》，同治二年正月二十二日，杨逸等：《海上墨林、广方言馆全案、粉墨丛谈》，上海古籍出版社，1989 年，第 107 页。

② 《谨将闽省船政西学旧章参酌粤省情形拟列西学章程呈请采择》，光绪七年五月十三日，杨逸等：《海上墨林、广方言馆全案、粉墨丛谈》，第 144 页。

③ 《再拟开办学馆事宜章程十六条》，同治九年三月二十三日，杨逸等：《海上墨林、广方言馆全案、粉墨丛谈》，第 129—130 页。

④ 《谨将闽省船政西学旧章参酌粤省情形拟列西学章程呈请采择》，光绪七年五月十三日，杨逸等：《海上墨林、广方言馆全案、粉墨丛谈》，第 147 页。

⑤ 《江海关道刘禀复南洋通商大臣沈》，光绪五年二月十三日，杨逸等：《海上墨林、广方言馆全案、粉墨丛谈》，第 138—139 页。

⑥ 《江海关道刘禀复南洋通商大臣沈》，光绪五年四月，杨逸等：《海上墨林、广方言馆全案、粉墨丛谈》，第 140 页。

条约观的产生和形成打下了基础。类似陆征祥经历的人物还有不少，如另一外交家胡惟德1876年入了上海广方言馆学习。

出国留学，是晚清人物西学背景的另一重要途径。自洋务时期，在曾国藩等人的推动下，清政府开始举办留学教育，先后派遣留美和留欧学生，后来在维新和新政时期更进一步扩展。尤其是在清末新政时期，将留学教育作为重要的教育方针，国内兴起了留日热潮。与国内不同，在国外留学，可以直接接受西方文明，尤其是人文社会科学。再者，外语是从事外交活动不可或缺的基本技能，是近代外交人员必须具备的基本素质，"在世界各国，掌握外语往往是选拔、任用外交人员的首要条件之一"。① 出国留学，在外国语言方面，可得到全面的训练。另外，其视野脱离了本国范围，亲身体验和感受所在国的风土人情，尤其是法律政治和历史文化，不仅对该国有直观认识，还有助于深刻认知西方世界与非西方世界的交往之道。如英国学者费尔萨姆所说，"外交官必须了解别的国家、文化和社会，并懂得它们之所以存在的依据"。② 无疑，出国留学给他们认识西方强加的条约关系，认识其强权政治，并了解近代国际法的进步规则等，提供了最直观的条件。

晚清出国留学的人物，包括后来成为清政府中的官员，尤其是外交人员，以及其他政治派别人员，如维新派和革命派等。前者如外交官梁诚，他于1875年末满12岁便作为第四批幼童赴美留学，入美国菲力学院，又升入安赫斯特大学，1881年被召回。后来跟随张荫桓担任驻美使馆参赞，又进耶鲁大学选修国际法、国际关系、外交学等专业。他受到了正规的外语训练，能够流利地掌握英语，出使美国期间，他写下了大量英文函件和英语演说的讲稿。其他维新派和革命派人物，如前所说，出国留学的更多，尤其是革命派。如陈天华、汪精卫、胡汉民、朱执信、宋教仁、匡一、张治祥、廖仲恺、蒙经、邓家彦、吴崑、杜潜、张树枬、文群等，入日本法政大学法科或速成科学习；吕志伊、何天瀚、张继、冯自由、徐镜心等入日本早稻田大学政治科或法科学习；董修武入日本明治大学专门部政治科，程克入日本东京帝国大学法科学习，等等。他

---

① 金正昆：《现代外交学概论》，第223页。
② ［英］费尔萨姆著，胡其安译：《外交手册》，中国对外翻译出版公司，1984年，第28页。

们在日本留学期间，吸收了西学知识，其中部分人如宋教仁、胡汉民等，钻研西方的法政理论，为其条约观的形成打下坚实的基础。

此外，这些人物生长的地理环境亦是一个重要因素，如张荫桓出生于广东省南海县佛山镇，该地较早受到西方文化和风气的浸染，"张荫桓与西人时有接触"，"因此学问兼长中西"。① 再如丁日昌，出生于广东省丰顺县，处于较早受西方文化影响的南海之滨，又兼办理洋务，因此"于洋人性情最为熟悉"。②

晚清时期的这类人物数量颇多，无法一一列出，以上仅就各种情况稍举例证。总之，由于上述主客观条件，晚清时期各阶级阶层形成了各自的条约观。客观上，由于中外条约关系的形成，为其条约观的产生提供了前提。正是应对这一不平等关系的需要，以及受到他国的刺激等，他们从各自的立场出发，对其作出解析阐释，并提出自己的主张。而传统观念的存在和承袭，以及西方法律思想的传入，又使他们在理解和认识条约关系的思想过程中受到相应的制约和启发。主观上，面对列强侵略并不断强化的严峻危机，激发了他们的民族主义和爱国主义感情，并从不同角度提出应对之策。同时，晚清人物各自不同的经历和教育背景，又给他们具备某种条件和机遇，并对条约关系有不同的认识。

另一方面，这些人物，尤其是显要的政治人物，他们又对中国社会应对条约关系有着密切关系。正是在处理应对条约关系及其对外交涉的过程中，形成了他们各自不同的政治社会地位。如李鸿章长期身膺重寄，权倾天下，尤其是主持外交，从事各种条约交涉，参与了晚清重要条约的交涉，他去世后，各国公使前来吊唁，"同声致词，皆言数月前相与议约，鸿章所为皆他人不能为之事"。③ 同时，他对于晚清条约外交的建设，包括近代外交体制的建设等，亦起了极为重要的作用。例如，他大力主张派遣驻外公使，推动了这一制度的建立。他指出，"自来备边、驭夷，将才、使才二者不可偏废，

---

① 刘可：《张荫桓》，林增平、郭汉民主编：《清代人物传稿》下编，第 6 卷，辽宁人民出版社，1990 年，第 193 页。

② 《谕军机大臣》，同治五年正月癸巳，宝鋆等纂修：《筹办夷务始末·同治朝》卷 39，第 27 页。

③ 《国史本传》，顾廷龙、戴逸主编：《李鸿章全集》第 37 册，第 422 页。

各国互市遣使，所以联外交亦可以窥敌情"。主张遣使日本，"管束我国商民，藉探彼族动静，冀可联络牵制，消弭后患"。①

作为晚清重臣，李鸿章一生荣辱均与条约有关，典型地反映了条约关系与近代人物的关联。他所签订的《马关条约》和《辛丑条约》，严重损害了中国的主权，他本人也因此在历史上落下骂名。其他人物，因地位和身份的差异，均不同程度地与条约关系有着各种关联，产生或发挥着相应的作用。民国时期，除了外交家、其他政府官员、政治活动家，以及各种政治势力之外，社会大众和知识界、舆论新闻界等，亦与条约关系有着紧密联系。尤其是在废约反帝运动中，上述各类人物均积极参与，起了重要的推动作用。如中国共产党的领导人和宣传家们，对于倡导宣传、组织发动废约反帝运动，起了中流砥柱的作用。

除了中国人之外，外国人也与条约关系有着紧密关系。如英国人赫德，担任总税务司48年，作为受到清政府器重的顾问"客卿"，在晚清参与诸多重大事件，尤其是条约交涉。其中直接间接参与筹议和谋划的中外约章60多个，既有涉及中英、中法、中葡、中德、中日等双边约章，又有与各国列强订立的多边条约。此类外国人，在中外条约关系具有特殊性，其身份地位和作用影响是双重的，既为列强牟利，又在某种程度上维护中国权益。除了赫德这一特殊类型人物，其他驻华使节、传教士、各种旅华人士等，均与之有着与其相关的各种联系。

四、 民国人物为改变不平等条约所作努力和斗争

民国时期的人物，主要从另一个角度，即为改变这一关系的不平等性质所作努力和斗争，与条约关系产生了紧密联系。此类人物涉及各个方面，尤其是政治外交人物，均因此在民国的历史舞台上卓有建树。中国共产党的早期领导人如陈独秀、李大钊、瞿秋白、彭述之、恽代英等，发表了不少阐析不平等条约的文章，为党的反帝纲领和主张作出了重要的理论贡献。如陈独

---

① 《筹办铁甲兼请遣使片》，同治十三年十一月初二日，顾廷龙、戴逸主编：《李鸿章全集》第6册，第170—171页。

秀最早发表政见，提出废除片面协定关税，取消领事裁判权等等各种特权，使中国获得独立的国家地位。瞿秋白在 1925 年 8 月明确地说："废除不平等条约的要求，换句话说，便是要根本推翻列强帝国主义对于中国的统治地位，具体的说来，便是要求收回一切租界，收回海关管理权，废除协定关税的制度，取消领事裁判权，撤退外国驻华的海陆军，废止外人在华得自由设立工厂等等的特权。"[①] 诸如此类的废约反帝思想主张，为中国共产党确立反帝纲领奠立了理论基础，推进了中国革命，对当时中国社会尤其是孙中山国民党产生了极大的影响。

作为革命先行者，孙中山在晚清时期发动领导辛亥革命，推翻清王朝，为中国的民主革命事业建立伟大功勋。民国时期，孙中山在更高层面重新树起民族主义大旗，联俄联共，明确提出废约反帝，在其政治生涯中写下了光辉的篇章。晚清时期孙中山的民族主义旨在建立一个汉族国家，没有考虑废除不平等条约、收回国家主权的问题，而是承认它们"继续有效"。[②] 进入民国，尤其是第一次世界大战之后，在中国共产党和共产国际的帮助下，孙中山的思想发生重大转变，其民族主义达到一个崭新的高度。他的民族主义诉求，由建立汉民族国家升华到追求主权平等的独立国家，而废约反帝，改变不平等条约关系则是这一诉求的中心。孙中山认为，中国之所以丧失主权国家的独立地位，是由于深受列强的政治、经济和人口压迫，"最主要的就是受那些不平等条约的压迫"。[③] 这些不平等条约就是中国卖身的契约，将领土主权"都押在各国人的手内"。[④] 中国成了列强共同的"奴隶"。如果不废约，"我们中国便不是世界上的国家，我们中国人便不是世界上的公民"。[⑤] 孙中山在中国国民党一大上将废约反帝作为国民革命的纲

---

① 瞿秋白：《"五卅"后反帝国主义联合战线的前途》，1925 年 8 月 18 日，《六大以前》，321 页。

② 《中国同盟会革命方略》，1906 年秋冬间，广东省社科院历史研究室等编：《孙中山全集》第 1 卷，第 310 页。

③ 《在神户各团体欢迎宴会的演说》，1924 年 11 月 28 日，广东省社会科学院历史研究室等编：《孙中山全集》第 11 卷，第 412 页。

④ 《在广州岭南学生欢迎会的演说》，1923 年 12 月 21 日，中山大学历史系孙中山研究室等编：《孙中山全集》第 8 卷，中华书局，1986 年，第 541 页。

⑤ 《在神户欢迎会的演说》，1924 年 11 月 25 日，广东省社会科学院历史研究室等编：《孙中山全集》第 11 卷，第 387 页。

领，成为国共两党合作的政治基础之一，表明其思想的重大飞跃，而这正是基于对中外条约关系的新认识。无疑，正由于不平等条约关系成为中国所面临的最为重大的现实问题，民国时期政治人物的历史定位，与其在这一问题上的态度立场有着密切关联。

从外交家来看，民国时期一批外交家声名鹊起，其中一个重要因素，是在废弃条约特权的斗争中作出了重要贡献。如被誉为"民国第一外交家"的顾维钧，从小就树立了收回主权的信念，成年后在外交生涯中致力于这一事业，成就卓著。少年时期，顾维钧看到洋人欺凌中国人，便暗下决心，一定"要收回租界，废除不平等条约"。[①] 他在美国哥伦比亚大学留学，博士论文拟研究不平等条约问题，以《外国对中国政府的权利要求》（又名《外人对华要求权利》）为题，把"中国和外国开始交往以来，外国向中国提出权利要求的全部案例加以概括"。引言部分论述"外国人的地位，约束中国的条约的性质，以及居住在中国的外国人所享受的治外法权"。其他各章"包括解决这些权利要求的一般原则，确定损失的规定，付款方式，利息问题以及政府和个人对中国政府的不同权利要求"。[②] 论文尚未完成，因接袁世凯邀请回国任职，根据导师意见，将引言部分以《外人在华之地位》作为博士论文答辩。作为职业外交家，顾维钧回国后以废除不平等条约为己任，为此作出了卓著的贡献。他先后参加巴黎和会和华盛顿会议，为维护国家主权，或以精彩发言在国际外交界赢得了声誉，或虎口夺食最终解决了悬而未决的山东问题。在巴黎和会上，顾维钧以雄辩的口才驳斥日本代表的无理要求，美国总统威尔逊、英国首相劳合·乔治和法国总理克里孟梭听后，一齐上前与他握手，这位"青年外交家"也因此一举成名。尤其是，顾维钧代理国务总理兼外交总长之时，主持了单方面废止中比条约的壮举。1926 年 11 月，当比利时拒绝修改条约，屡经交涉而无果，中国外交部照会比利时驻华公使，表示"中国政府以为除宣布 1865 年中比条约终止外，别无他途"，[③] 并公布

---

① 顾维钧手书《回忆录提纲》，转引自金光耀：《顾维钧传》，河北人民出版社，1999 年，第 4 页。
② 顾维钧：《外人在华之地位》"原序"，吉林出版集团有限责任公司，2010 年，第 1 页；中国社会科学院近代史研究所译：《顾维钧回忆录》第 1 分册，第 71、73—76 页。
③ 《外交部致比使照会》，《顺天时报》1926 年 11 月 7 日。

《中比条约交涉终止宣言》。中国破天荒地单方面地废除中比条约，如顾维钧所说，这"是中国外交史上的一个里程碑"，中国有必要这样做，"不仅因为中国根据情况变迁原则在国际法面前有充分理由，而且因为中国有必要开创一个先例，证明中国决心行动起来，以结束一世纪以来不平等条约给中国人民带来的灾难"。[①] 中比条约废除后，在国际上引起了巨大的反响，给帝国主义列强以极大震动，"实出意料之外，大有惊惶失措之势"。[②] 太平洋战争爆发后，顾维钧又参与中英平等新约谈判，对中外条约关系从不平等转向基本平等起了重要作用。

由上可见，正是在改变不平等条约关系的斗争实践中，顾维钧展现了维护国家主权的信念和外交才华，并由此奠立了他在外交领域的显要地位。改变不平等的条约关系，无疑关系到超越党派之争的国家利益，或许正是因为顾维钧在此方面所作贡献，得到国共两党的肯定。1972 年 9 月，出席第二十七届联大的中华人民共和国代表团成员章含之受毛泽东之托，拜见顾维钧并邀请其访问中国大陆。1985 年顾维钧在美国纽约寓所逝世，中国常驻联合国代表李鹿野前往殡仪馆吊唁。驻美大使韩叙及前驻美大使章文晋也发来唁电，电文中说道："顾老为我国杰出的外交家，业绩显著"，所撰回忆录"对我国外交学界贡献卓著，尤所钦佩"。[③] 除政治界、外交界之外，其他经济、文化等各界人士也从不同角度和层面，与中外条约关系有着密切联系，并不同程度地影响着他们的命运。

总之，近代中外条约关系对中国社会产生了复杂的影响，使中国沦入半殖民地的深渊，给中华民族造成深重灾难，阻碍了中国社会的发展；同时客观上又在某种程度带来了近代文明，促使中国社会由传统向近代转型。这一影响不仅关系国家社会和民族命运，而且对各阶级阶层的各类人物，以及各色外国人物，亦不无关联。

---

① 中国社会科学院近代史研究所译：《顾维钧回忆录》第 1 分册，第 357—358 页。
② 《比约废止后之形势》，《益世报》1926 年 11 月 8 日。
③ 何明编著：《民国名人全纪录：民国名人的最后岁月纪实》第 4 册，华文出版社，2010 年，第 1723 页。

第八章　近代中外条约关系研究的学术史回顾

作为近代中国的一个基本问题，中外条约具有极为重要的地位，它不仅体现了中国社会性质的变化，且对其他各个层面均产生了不可低估的影响。同时，中外条约在中外关系中又属于法律规范的范畴，这一独具的特殊性，更呈现了这一研究领域的相对独立性。正由于其所具有的重要地位，中外条约的研究日益受到学术界的重视，自晚清、民国时期便引起各界的关注，新中国建立尤其是改革开放之后，这一研究领域形成了繁荣局面，出现了新的走向，条约关系研究领域或范畴的提出并付诸实施，以及撰述一部尚付阙如的通史，正是这一发展趋向的水到渠成和势在必然。

第一节　晚清民国时期现实需要中的初探①

晚清和民国时期，伴随着中外关系的发展变迁，中国与外国签订了一系

① 本节由李传斌撰写。

列的近代条约。这些中外条约对近代中国产生了多方面的影响，引起了中国各界的关注，中外条约研究在这些条约产生之初即已开始。此后，随着国际法的传播、新式人才的出现、学科体系的建构，中外条约的研究日益走向学术化、专业化。而且，中外条约的研究深受时代环境的影响，民族主义思潮的高涨、修约和废约运动等都在很大程度上影响和推动了中外条约研究。

一、 晚清时期的中外条约研究

晚清时期是近代中外条约研究的发端时期，这一时期的研究经历了一个由传统到近代、由非正规的研究走向专门学术研究的过程。以 1901 年为界，这一时期的研究可以分为两个时段。

第一个时段是 19 世纪中后期，即鸦片战争至义和团运动前。鸦片战争的失败以及《南京条约》等一系列不平等条约的签订，对中国社会产生了重大的影响，相应的研究也随之开始。当时，夏燮等有识之士撰写了一些与鸦片战争、中西关系有关的文字，有的涉及《南京条约》等首批中外不平等条约。早在 1842 年冬，夏燮"见通商议款钞传在外，因答友人书，论其事"，对《南京条约》的内容及其影响作了评述。这就是后来夏燮的《中西纪事》第九卷《白门原约》中的主要内容。这可以说是最早研究《南京条约》的文字之一。不过，当时清政府并没有向全国公开《南京条约》，很多人无法看到该约的全文。夏燮看到的只是传抄本，所以不可避免地出现了某些错误。如他说道："约内载传习天主教者，中国官须一律保护，不得刻待禁阻等语。"并结合明末清初的天主教评述说："今又载入约中，将来白昼公行，何所顾忌，用夷变夏之渐，不可不防。"① 后来，他在撰写《中西纪事》时又补入内容，说：1845 年法国请弛禁天主教"皆自白门条约启之也"。夏燮的上述看法明显是错误的，因为中英《南京条约》中并没有规定有关传教的内容。1850 年，夏燮撰成《中西纪事》的初稿，但是没有出版。该书的《江上议款》对《南京条约》的签订有简要叙述，1842 年撰写的评述《南京条约》的答友人书也收入此书。道光末年，梁廷枏的《夷氛闻记》对《南京条约》

---

① 夏燮著，高鸿志点校：《中西纪事》，第 135、125—132、131 页。

的签订有简略叙述。

第二次鸦片战争期间，中国与俄、美、英、法等国先后签订了新的不平等条约。近代中国的条约制度基本建立起来，从此不断扩大。而且，"庚申之役"给清政府以前所未有的冲击，许多官绅颇受其影响。此后，他们撰写的文字中多有与条约相关者。曾经办理过夷务的黄恩彤对于中外交往之事，"恐世人悠悠之口，无从征信"，① 于 1865 年编成了《抚远纪略》一书。黄恩彤在书中对自己经历的《南京条约》的签订以及中美《望厦条约》、中法《黄埔条约》的签订作了简要的记述。1865 年，夏燮在增补和修改《中西纪事》的基础上，正式出版该书。书中新增了第二次鸦片战争前后中外签订条约的内容，如第十五卷《天津新议续议》、第十九卷《小国订约》等。夏燮等人在传统的史学观念下，出于存史记事、关注现实目的，对两次鸦片战争前后产生的不平等条约作了简要的记述。所述虽然简略，但是保存了一些有价值的史料，为后人的研究提供了便利。

第二次鸦片战争后中外条约的研究出现了新的变化。原因主要有以下几个方面。一是中外条约不断增加，条约的执行对中外关系产生了较大的影响，所以研究条约成为中国不得不关注的问题。二是国际法传入为研究条约提供了便利。1864 年，丁韪良翻译的惠顿所著《万国公法》出版，此后中国官方翻译了多种国际法著作。这为条约研究提供了法理上的依据。三是新式人才的出现为研究条约提供了可能。清政府为了培养外交人才的需要，先后设立了京师同文馆等新式学校，并派遣留学，培养了一批翻译等领域的专门人才。此外，中外交往的增多也促进了一些传统知识分子的转变。1860—1900 年间，中国的条约研究主要体现在官方和民间这两大领域。

19 世纪末，官方的条约研究带有浓厚的实用性质，并且多是为了办理外交的需要而进行的。1868 年前后，清政府为了应付中外修约，曾对《天津条约》和《北京条约》作过研究。张之洞为应付办理传教事务的需要，曾对传教士在内地租地的法律依据作过较为深入研究。② 而且，辜鸿铭"翻译美约

---

① 中国史学会主编：《中国近代史资料丛刊续编·鸦片战争》（五），上海人民出版社、上海书店，2000 年，第 409 页。

② 杨大春：《晚清政府基督教政策初探》，第 139—140 页。

内传教建堂一条","云洋文内并无到处建屋之语",翁同龢在日记中认为辜氏的发现"极有功"。[①] 培养翻译和外交人才的同文馆比较重视国际法的教学与研究,在试题中也有关于中外条约的内容。如 1878 年,同文馆的公法学试题中就有"各国议立条约,所论何事居多?"[②] 从严格意义上讲,以上这些并不是纯粹的学术研究。不过,这也是近代中外条约研究的重要表现形式。

官方的条约研究主要表现在条约的分类编纂上。早在 1877 年,畿辅通志局编纂了《通商各国条约类编》。1882 年,总理衙门编辑了《中俄约章汇要》,又曾编纂《通商各国条约》。此后,陆续出版的类似著作有:李鸿章辑的《通商条约章程成案汇编》(1886 年)、徐宗亮编的《通商约章类纂》(天津官书局,1886 年)、劳乃宣编的《各国约章纂要》(湖南善后局,1891年)、魏光焘等编的《续通商约章成案汇编》(秦中书局,1899 年)、蔡乃煌总纂的《约章分类辑要》(湖南商务局,1900 年)等。以上诸书中《通商条约章程汇编》和《通商约章类纂》有较大的影响,后三者均是在以上二者的基础上编辑而成,并且在编写体例上多有借鉴。如《续通商约章成案汇编》是在《通商条约章程汇编》的基础上,搜集 1885 年以后的新约章编辑而成。《各国约章纂要》《约章分类辑要》则是在此前基础上增补新的约章编纂而成。值得注意的是,劳乃宣编的《各国约章纂要》(1891 年)系为内地办理交涉而编,该书"摘取约章之专涉内地者纂为一编,附以章程成案"。[③] 该书在《通商约章类纂》的基础上新增了 1886—1890 年间的约章,并作了分类整理;卷首列有《各国立约年表》,并附有《立约缘起》。而且,以上各书在成案之后或在必要的地方附有案语,以表明编者的看法。

以上各种官书对约约中的条款作了分类摘录。它们虽是资料性的编纂工作,但对条约的内容作了初步的分类整理和汇编,有的还配有相关成案或章程,对于研究中外条约及其执行具有重要的参考价值。所以,《中外约章纂新·凡例》就指出:"约章汇纂及约章辑要其条目详繁,意在便于调查,故

---

① 陈义杰整理:《翁同龢日记》第 5 册,中华书局,1997 年,第 2691 页。
② 朱有瓛主编:《中国近代学制史料》第 1 辑上册,华东师范大学出版社,1983 年,第 90 页。
③ 《各国约章纂要凡例》,劳乃宣:《各国约章纂要》,1891 年。

凡全件案卷不嫌分割散见。"① 除以上外，钱恂所撰的《中俄界约觌注》、徐家幹编辑的《教务辑要》也值得注意。前者 1894 年上海醉六堂版，1897 年又编入"质学丛书"，对中俄界约作了校注。后者 1898 年由湖北官书局出版。徐氏曾在湖北为官，有办理教案的外交经历。他编辑此书的考虑是："凡条约、章程、成案悉得究心参考，刌精搜缀，袠而辑之，而以有关教务各疏议论说别为杂录。"② 值得注意的是，作者在第一卷中，不仅摘录了各国与中国所订条约中的传教条款，而且摘录了有关领事裁判权以及外人在华游历的条款，还对这些条款作了简要评述。第四卷是"杂录"部分，所选论说中也有关于基督教与不平等条约的文章。因此，二书不仅是资料的汇编，而且有一定的学术研究价值。

在民间，一些仁人志士出于对国家和民族命运的关注，他们在个人论著中对不平等条约及其执行所产生的影响作了探讨。曾参与举办洋务事业的谢家福对时务相当关注，同治年间撰有《柔远成案》《和约汇抄》《交涉新案》等多种著述，这些著作中的《和约汇抄》可以说是最早对条约进行分类整理的著述之一。该书编成后并未印行，后"为友人录副印行"。③ 这就是 1878 年列入"申报馆丛书"的《和约汇抄》。据学者考证，成书于 1874 年的抄本《和约汇编》与《和约汇抄》内容相同，"是谢家福所辑的同一部书"。《和约汇编》收录了 1842—1874 年间的中外条约，全书所分六卷是：中外交涉条约，商口案狱条款，各口通商条约，海关钞锐条款，关税则例，废约、附卷、交涉成案。④ 可见，谢家福对条约的分类编纂是早于官方出版物的。

同时，王韬所著《弢园文录外编》中的《传教》，郑观应所著《易言》中的《论传教》以及《盛世危言》中的《传教》《条约》等对中外条约及其产生的相关问题作了研究。上海的格致书院在传播西学方面发挥了重要的作用。它每年进行的课艺中均有探讨现实问题的文章。如王佐才在《中国近日

①　《中外约章纂新》"凡例"，《中外约章纂新》，上海时中书局，光绪丙午再版。

②　《教务辑要》"序"，徐家幹编：《教务辑要》，湖北官书局，光绪二十四年。

③　夏冰点注：《谢家福行述》，《苏州史志资料选辑（2003 年刊）》，《苏州史志资料选辑》编辑部 2003 年，第 54—55 页。

④　李成杭：《〈和约汇抄〉编者小考》，《文教资料》1988 年第 3 期。

计求富强之术当以何者为先论》一文中就提出了"改约章"的主张。① 《格致书院戊子课艺》所提出的问题就有"中国如何收回利权",华国盛、程起鹏、车善呈等从不同角度作了回答。己丑年课艺,李鸿章所提三个问题中有两个就与条约的执行有密切的关系。即"问各国立约通商,本为彼此人民来往营生起见,设今有一国议欲禁止有约之国。问各国人民来往其理与公法相背者,能说考博征以明之欤?"蒋同寅、王佐才、钟天纬等人对之作了回答。《格致书院庚寅课艺》《格致书院壬辰课艺》还有对邮政、传教等问题的探讨。以上这些作品既有政论文,又有新式书院的课艺答卷。它们有两个共同点:一均是研究现实问题,二是均能利用国际法进行研究。

甲午战后,在严重的民族危机之下,维新变法人士对中外不平等条约的研究表示了极大的关注。他们在创办的报刊上刊载了一些研究中外条约的文章。这些文章多是从外文报刊翻译而来,如:《时务报》曾译载了《论中日通商条约》《论中俄密约》,后者并为《集成报》所转载;《集成报》还译载有《论中英议订缅甸条约》《论中英新约》等。与此同时,维新志士开始有意识地展开中外条约的学术研究。1898 年,毕永年等人组织成立公法学会,其章程即称:"此会专讲公法之学,凡自中外通商以来所立约章,以及因应诸务,何者大弊?何者小疵?何者议增?何者议改?皆须细意讲求,不可稍涉迁就,尤不可故立异同,庶为将来自强之本。"此外,"凡各国互立新旧约章,亦须切实考求,庶可援证"。② 而且,《湘学新报》上刊发了钱恂的《中俄界约斠注》、唐才常的《论中日通商条约》等文章。维新变法人士的条约研究是在学会的名义下集合力量进行的,以国际法为研究的理论依据;他们不仅译介外国论文,而且唐才常等人也撰有文章发表在新式报刊。这些研究不同于传统历史著述中的评论性文字,也不同于某些政论文。因此,这标志着近代中外条约学术研究的正式开始。戊戌变法失败后,梁启超于 1899 年撰写《瓜分危言》,论述了甲午战争后列强瓜分中国的历史,并且叙述了有

---

① 《格致书院课艺》,丙戌课艺,上海大文书局,光绪丁亥。
② 《公法学会章程》,《湘报》第四十八号,光绪二十四年闰三月初十日;另见方行编:《樊锥集》,中华书局,1984 年,第 80 页。

关《中俄密约》、德国强占胶州、划分势力范围的历史。

第二个阶段是 20 世纪初年，即庚子之役之后的清末时期。20 世纪初年，伴随着中外关系的发展变化，中外条约研究有了初步的发展。这主要是由以下几个方面决定的。一是国际法通过新式教育、翻译等渠道进一步传入中国，这为中外条约的研究提供了理论武器。二是留学教育和国内新式学堂教育培养了一批新式人才。而且，清末新政的举办使得法政格外受到青睐，各地举办了一批法政学堂，留学生中也有很多人专攻法政。有些接受新式教育的知识分子对于条约研究颇为注重。早在 1903 年，芙峰在《浙江潮》发表文章说："今日媚外者畏外者以及昧外者（指不知外事者而言）之如林如鲫，固不足责者矣。独怪夫志士仁人充塞海滨，名著巨述汗牛充栋，从未有'鼓我民气激我群情以策我对外条约之前途者'，此所以痛我士气之衰、民气之弱而叹息唏嘘不自已者也。"① 正是出于这种民族意识的自觉，一些受新式教育的知识分子运用国际法知识研究近代中外条约，发表了一些有价值的论著。如孟森曾留学日本东京法政大学，攻读法律，回国后发表了多篇研究中外条约的文章；刁敏谦和顾维钧等留学生在海外所撰博士学位论文均与中外条约有关。三是现实中的外交问题为中外条约的研究提供了研究主题。如中外商约的签订、传教交涉等都引起了各界的关注。四是各种新式报刊的出现为中外条约的研究提供了发表载体。如《外交报》《东方杂志》就刊载了不少与条约有关的文章。

由于以上因素，各界出于外交和国家主权的考虑，在中外条约研究方面取得了一些成果，并在多个方面超过了此前的研究。

首先，中外约章集的编纂有了新进展。进入 20 世纪以后，中国各界对条约相当重视。如袁世凯在为《约章成案汇览》作序中说："居今日国际法之主位者莫如条约，盖操纵离合之故、成败得失之林，于是乎在。彼东西各国法律专家童而习之，皓首而不辍，而吾士大夫鲜所究心，其何以惩前毖后乎。"② 张百熙在为同书作序中说："条约者，国与国自表其权利义务，公仞

---

① 芙峰：《叙德俄英法条约所载高权及管辖权之评论因及舟山条约之感慨》，《浙江潮》1903 年第 2 期。

② 袁世凯：《约章成案汇览序》，北洋洋务局纂辑：《约章成案汇览》。

之以为信据者也。凡研究国际法,必先审吾国势何如,国力何如,始足以
验吾权利义务之完阙。故紬条约之文可以觇其国力范围之所至,条约涵义
至博……""研究本国之国际法,必先探其条约之起原,实验吾权利义务
之关系若何,第其易约年限以较其消灭与赓续者之孰利,乃得以量吾国力
而对待之,则条约者实据已然之权限,以谋将来利益之准绳也。""交通逾
广,条约滋繁,欲使通国了然于自有之权利义务,各尽吾力以保卫之,则
宜有专书以为之宿。"①

中国各界出于办理外交等方面的需要,在既有基础上,陆续编纂出了多
部约章集。1905 年,袁世凯为办理外交的需要,命颜世清在《约章分类辑
要》基础上接续编纂,出版了《约章成案汇览》。该书根据时代变化,注意
到了前此诸编弊端。该书编者颜世清在例言中指出:前此诸编将条约分门别
类加以编排,但是未能考虑条约上下条款的关联、不同条款内容的重复,结
果造成"合观全文则语气联络,强分条款则词意不完";同一条款包括不同
内容,如果仅存在一个门类,"未免挂一漏万",如果各个门类都收的话,又
担心"重复繁琐",更重要的是一些无类可分的条款"为全约极要关键,辑
要诸书竟尔删去"。所以,该书的做法是将条约、章程分别列为甲乙两编,
条约按国设卷,将类别注于各款之旁,并在各卷之末附上《检查门类表》列
出各门类存在于何约何款。而且,所编门类也对《辑要》作了"更正增改"。
认为辑要将游学与游历附于传教是"大误",另立游学、游历门,因为商约
中有改订通用钱币,所以加圜法门。至于"聘幕附入佣工之后,路矿、电线
混为一门,邮政、赛会仅附卷末,均属眉目不清"。所以,聘幕、招工各立
一门,佣役附招工之后;铁路、矿务、邮电、赛会各列一门,加税免厘、洋
药附于通商门。门为总目(共 22 门),类为子目(31 类)。章程部分则按门
类加以划分排列。而且,所有条约都以依据外务部所颁行的文本,不增删一
字。该书另附有《各国立约编年表》。《约章成案汇览》的编纂受到当时政界
名人的高度评价。如张百熙认为《约章成案汇览》"洵足以研究国际法者所

① 张百熙:《约章成案汇览序》,北洋洋务局纂辑:《约章成案汇览》。

依据，求所以保权利义务之安全者，吾知其必有助也"。① 杨士骧说：《约章成案汇览》对"国家近百年来交涉大端首尾略备，得失之林，成败之迹，昭然在是矣。谨而持之以谋其便，化而裁之以会其通，异日国运之振兴，必有赖于是者"。他还认为该书可以作为各省正在举办的法政学堂的教科书。②

与《约章成案汇览》系统收录中外约章不同的是，《中外约章纂新》（上海时中书局，光绪丙午再版）主要收录了 1901—1903 年的中外新约章。该书编纂的目的是"资外交家之考镜"。其有不同于以前所编约章书籍之处，即"约章类编等书，其义例注在外交，而他国交涉之文件独不与焉，是编亦撮要附入，藉以观感"。全书将约章分为国际、通商、租界、教案、铁路、矿务六个类别，"照录全文，并不稍加删节"。③ 此外，该书在末尾还附有"新政"以来中国内政的各项章程，认为这些是"留心时局者所当研究"。④

1901—1912 年间，还有多部条约集出版。例如：1902 年，浙江官书局出版了原来总理衙门编的《各国通商条约》。同年，新闻报馆编辑并出版了《通商约章初稿》。1903 年，陈钰所辑的《亚东各国约章》由湖北洋务译书局出版。1907 年，严善坊编译了美国传教士李佳白的《约章述要》（*China's Treaties With Foreign Powers*，上海华美书局，1907 年）。1909 年，陆凤石编的《新纂约章大全》（上海崇义堂，1909 年）全书收录 1680 至 1908 年间中外所订条约，共分 19 个部分，除最后一部分是各国公共条约外，另按国别分 18 个部分摘录各项条约。

以上这些以及 1900 年以前编纂成书的约章集与为中外条约的研究提供了可供参考的文献资料。

其次，中外条约的专门研究方面出现了一批有价值的研究论著。而且，中国各界对于中外条约的研究更趋专业、更趋深入。

在中外条约的宏观研究方面，刘彦的《中国近时外交史》（1911 年）用较多的篇幅论述了晚清时期主要不平等条约的产生。这是最早在外交史的视

---

① 张百熙：《约章成案汇览序》，北洋洋务局纂辑：《约章成案汇览》。
② 杨士骧：《约章成案汇览序》，北洋洋务局纂辑：《约章成案汇览》。
③ 《中外约章纂新》"凡例"，《中外约章纂新》，上海时中书局，光绪丙午再版。
④ 《中外约章纂新》"凡例"，《中外约章纂新》，上海时中书局，光绪丙午再版。

野下，对中外条约的产生作系统论述的作品。王倬的《中国与各国订结条约性质上之解释》（《外交报》第 274 期）分析了中外缔结条约的性质。同时，学界也指出了过去约章集编纂方面的不足。如沈兆祎在《新学书目提要》中评价《约章分类辑要》说：“顾湖南一隅僻在偏服，见闻既陋，咨询为难，分纂诸人谅多俗吏，是书之作其阙漏之讥、贻误之柄，为失正多，读者尤当取其综核之功而鉴其疏略之病也。”沈兆祎还对《约章分类辑要》中的国名的称法、条约条款的分类等具体错误一一予以指出。①

在中外条约的个案研究方面，新签订的中英商约受到各界的注意。《外交报》就刊发《论中英商约》（1902 年第 21 期）、《论英商聚议商约》（1902 年第 25 期）等多篇文章讨论这一条约。江西课吏馆肄习人员也有《解释中英改订商约》一书，对中英商约的实行及其影响作了探讨。沈兆祎在《新学书目提要》中评价该书说：“所见似较浅，然于外国情状不致误会，于我邦近事亦知内视，固不得不许其留心也。”并且，沈兆祎认为该书“于外人购买中国公司股票一节，能据近出《地球大势变迁论》所谓平准界风潮之说以究此约之本旨，虽近于撷拾，亦可谓善解人意，一书之中此条尤见聪颖”。②

对于条约的具体内容，学界也有专门的研究。孟森的《论外人入内地游历之条约》（载《外交报》第 248 期）、《论利益均沾之约》（《外交报》第 245 期）以及孙观圻的《论最惠国条款》（《外交报》第 292 期）分别探讨了条约中的内地游历、最惠国条款等。芙峰的《叙德俄英法条约所载高权及管辖权之评论因及舟山条约之感慨》（《浙江潮》第 2 期、第 7 期，1903 年）从法理上剖析了德俄英法四国与中国所签的有关租借地条约的内容。关于传教条款的研究，代表性的有《论改订传教专约》（载《现世史》1908 年第 8 期）、《关于传教条约之研究》③ 等。

鉴于不平等条约的执行对中国社会产生了多方面的影响，学界对此也有

---

① 熊月之主编：《晚清新学书目提要》，上海书店出版社，2007 年，第 401—402 页。
② 熊月之主编：《晚清新学书目提要》，第 403 页。
③ 该文曾发表在《黔报》，发表后被多个报刊转载。如：《关于传教条约之研究》（录丁未十一月十三日《黔报》），《东方杂志》第五年第二期；《关于传教条约之研究（未完）》，《广益丛报》第一百七十四号（第六年第十四期），1908 年 7 月 8 日，等等。

探讨。1903 年，《江苏》杂志的第 9、10 合期发表了《论列国租借地战时关系及扬子江不割让协约之批评》。《东方杂志》先后刊发了《论教案之由来》（《东方杂志》第 1 卷第 10 号）、《论中国教案之原因》（《东方杂志》第 1 卷第 11 号）、《论消弭教案之机》（《东方杂志》第 4 卷第 7 号）等讨论教案发生的原因及其解决办法。1907 年，革命党人创办的《云南杂志》第 9 号刊发了署名庄和的《于教案上观察中国之裁判权》；孟森发表了《新商约加税免厘后土货可征抽销场税之研究》（《外交报》第 253 期）、《论内地杂居之预备》（《外交报》第 246 期）等。此外，孟森发表了《述我国改正条约之先例》（《外交报》第 244 期）。

　　而且，学界还翻译了不少外国研究中外条约的论著。《外交报》就从日本报刊译载了多篇论文，如从日本《太阳报》译载了《论改订中国通商条约》等，并为《集成报》所转载。以上这些论著大多是具有国际法知识背景的新式知识分子所作，如刘彦、孟森、王侃等人都曾留学海外。这些研究无论在质量和数量上均超过前此研究，不仅推动了中外条约的研究，而且奠定了中外条约进一步研究的基础。

二、　民国时期的中外条约研究

　　民国时期，伴随着新式教育和学术的发展，中国的政治学、法学等学科体系逐步建立起来。这为中外条约的研究搭建了良好的学术平台。而且，民国时期的政治与外交对于中外条约研究起了积极的推动作用。一方面，中国历届政府一直利用各种机会进行修约和废约的努力，这都促进官方和民间就条约进行研究。另一方面，不断兴起的民族主义运动也促使各界关注条约、研究条约。具体而言，民国时期的中外条约研究可以分为以下几个时段：

　　第一个时段是民国初年，即从民国建立至 1919 年。在这个时期，由于条约事关对外交涉和国家主权，因此受到了官方和民间的注意。如北京政府于 1912 年 8 月成立了条约研究会，其主要任务是"研究现行条约、筹议改订新约"。[①] 1914 年，北京政府外交部又筹备修改条约。同时，晚清和民国

---

① 石源华主编：《中华民国外交史辞典》，上海古籍出版社，1996 年，第 338 页。

初年出国的留学生相继回国，他们或将自己的学位论文出版，如顾维钧、刁敏谦均在民初出版了自己的博士学位论文；或出于对国家主权的关注，运用所学进行中外条约和条约特权的研究，如留学日本的程光铭在"研究领事裁判制，于兹有年矣，其动机在山田博士授业也，盖其讲义刺戟脑甚，因誓除此制，以身当其任，或以笔献其策"，[①] 最终在 1918 年著成《领事裁判权撤回之研究》。以上这些都推动了中外条约研究的进一步发展。

在关注条约的背景下，官方和民间出版了多部条约集。代表性的有：曾兆麟、郑祖彝、施作霖编的《中国口岸条约撮要类编》（海军部，1913 年），国际法学会编辑部编的《国际条约摘要》（编者刊，1914 年），商务印书馆编译所编的《国际条约大全》（商务印书馆，1914 年 3 月初版，1920 年 11 月三版，1928 年 4 月五版），熊元育编的《约章新编》（北京：安徽法学社，1914 年），许同莘、汪毅、张承棨编纂的《康熙雍正乾隆条约》《道光条约》《同治条约》《光绪条约》《宣统条约》，汪毅、张承棨编纂有《咸丰条约》（民国初年由外交部刊行），郭延谟编的《国际条约分类辑要》（1914 年）等。其中《约章新编》只收录宣统元年到民国以来的条约。郭延谟编的《国际条约分类辑要》系将康熙至宣统年间的条约分为 24 类编纂而成，并有中外立约年表。《国际条约分类辑要》对有清一代的条约作了分类整理，是晚清以来对条约进行分类编纂最为完整的一部。1913 年，宪法新闻社出于对中俄关系的关注，编辑出版了《中俄立约始末记》以便当代人参考之用，全书分康熙、雍正、乾隆、咸丰、同治、光绪、民国初年几个时段，收录了从《尼布楚条约》以来，中俄之间签订的 34 个条约、章程和界约等。

民国初年有多部综合研究条约的著作问世。代表性的有以下几种：一是顾维钧在美国出版的《外人在华之地位》英文版（V. K. Wellington, *The Status of Aliens in China*, New York：Columbia University, 1912. ），该书系作者在美国哥伦比亚大学的博士学位论文，1925 年在国内出版中文版。二是刁敏谦的《中国国际条约义务论》（Min-ch'ien T. Z. Tyau, *The Legal Obligations Arising out Treaty Relations between China and Other States*, Shanghai：

---

① 程光铭：《领事裁判权撤回之研究》"自序"，程光铭：《领事裁判权撤回之研究》，1919 年刊印。

Commercial Press，1917），1917 年由商务印书馆出版英文版，1919 年 6 月出版中文版，1925 年 10 月出版第三版，该书系作者在英国伦敦大学的法律博士学位论文。三是陈世宜编著的《国防条约讲义》（藜光社，1914 年）介绍了中外订约的历史。以上三种著作是从不同角度对中外条约系统探讨，特别是顾维钧、刁敏谦的著作影响很大，成为以后中外条约研究的重要参考书。这表明中外条约的研究在归国留学生的推动下达到了较高的水平，并产生了较大的影响。陆征祥在为刁敏谦的《中国国际条约义务论》一书作序时所表露的看法就证明了这一点。在序中，他说自己读了顾维钧的《外人在华之地位》、朱鹤翔的《收回治外法权》，以及伍朝枢、严鹤龄的著作后颇感欣慰，对于刁敏谦的《中国国际条约义务论》更是"披诵数四，益复爱不释手"，并对该书予以高度评价。而且，这些著也使陆征祥看到"济济多士学成归国，其说皆足以觉后觉，其才皆足以任大任。人文蔚兴，方未有艾"。因此，他说"吾窃于国际前途有无穷之希望，不如论者之徒抱悲观也"。① 事实上，顾维钧的《外人在华之地位》、刁敏谦的《中国国际条约义务论》成为以后研究中外条约和外人在华特权的重要参考书籍。20 世纪 20 年代威罗贝著《外人在华特权和利益》时即将二书作为参考书籍。

　　在具体问题的研究方面，涉及领事裁判权等条约特权。程光铭于 1919 年出版了《领事裁判权撤回之研究》一书，专门论述领事裁判权的历史、现状及其撤回；苏演存编的《中国境界变迁大势考》（商务印书馆，1915）在研究中国近代边界时对条约问题有所研究；1915 年，商务印书馆出版了张森如翻译的日本人今井嘉幸所著《中国国际法论》，该书对租界和领事裁判权问题作了研究。一些杂志出于对相关问题的关注，发表了研究领事裁判权以及条约对中国经济的影响等方面的论文。如陈腾骧的《领事裁判权阐说》（《东方杂志》1917 年第 1 号）、陈启天的《治外法权与领事裁判权辨》（《东方杂志》1915 年第 7 号）、《释领事裁判权》（录时报）（《上海法曹杂志》1913 年第 16 期）、班兴恒的《论领事裁判权》（《法政学报》1918 年第 6、7 期合刊）；张扶汉的《不平等条约与实业的关系》（《潮梅商会联合会半月刊》

---

① 陆征祥：《中国国际条约义务论》"序"，刁敏谦：《中国国际条约义务论》。

第 1 卷第 3、4 期合刊，1918 年）等。

民国初年中外条约的研究奠定了以后研究的重要基础。但是，这些成果在数量以及在研究的范围上，总体看来并不丰富。顾维钧和刁敏谦的著作起初还是以英文出版，影响了在普通大众中的传播。因此，这些成果并不能满足人们的需要。这也正是 1919 年以后反对、废除不平等条约兴起后各界纷纷撰写有关中外条约方面的论著的一个重要前提。

第二个时段是 1919—1927 年间，即五四运动至北京政府垮台。1919 年以后，中国的内政与外交在很大程度上影响了中外条约研究，并体现出一些新的特点。诚如当代学者所说："中国自五四运动以降的 30 年间，中国国际法的研究在此一阶段就是以条约研究为重点的，这是因为在这一期间中国的对外关系中，最重要的国际法问题就是废除不平等条约以及因此而牵涉到的有关法律问题。"[1]

第一次世界大战后，中国作为战胜国向巴黎和会提出了取消条约特权的要求，遭到列强的拒绝。1922 年，华盛顿会议召开时，中国又提出了取消不平等条约特权的要求。随后，为解决中国问题，法权会议和关税会议相继召开。同时，北京政府为取消不平等条约进行了一些外交努力。在进行这些外交活动之际，中国政府必定要进行中外条约的研究。1926 年 11 月，北京政府外交部成立"条约研究会"，"专为研究现行条约及筹议改订新约各事项"。[2] 而且，1919 年以来的这些外交活动事关国家主权，引起了国内学术界研究相关问题。郝立舆在其所著的《领事裁判权问题》一书的绪论中就指出：中国自巴黎和会提出取消领事裁判权以来，一般国民对这一问题"素不注意"，"比岁以来，撤销领事裁判权之声，虽似洋溢盈耳，然除少数法律学者之鼓吹，与夫明了大势者之注意而外，其余能明领事裁判权之内容者几何人？能晓领事裁判权之弊害者几何人？若更进而研求撤销之方法者，几于茫无其人焉"。[3] 他认为中国如果要取消领事裁判权，必须使一般民众了解上述问题，"咸晓然于法权蹂躏之为害"，"奋其爱护国家之热心，起而督促政府

---

[1] 邓正来编：《王铁崖学术文化随笔》，中国青年出版社，1999 年再版，第 344 页。
[2] 《公布外交部条约研究会章程令》，《外交公报》第 66 期，1926 年 12 月。
[3] 郝立舆：《领事裁判权问题》，商务印书馆，1925 年，第 2 页。

进行，藉作收回法权之后盾；而负此等灌输指导之责者，则法学者应有事也"。① 所以，他出于尽国民之天职而撰著此书。关税会议的召开也引发了中国学界对关税问题的研究，据赵锡恩所言，编《关税问题》一书就在于将之"分布各界，俾作一系统之研究，使关会开议时，国人皆能共起监督纠正，而促成自主税则之目的"。② 同时，临城劫车案等涉外案件也引起了中外人士讨论领事裁判权问题，陈国梁在事件发生后即发表了《传教士与治外法权》（《真理周刊》第 35 期，1923 年 11 月 25 日）一文。

中国各地发生的民族主义运动，对中外条约的研究起到了积极的推动作用。非基督教运动、收回教育权运动给基督教在华传教事业以强有力的冲击，促进了各界研究基督教与不平等条约关系。废除不平等条约运动、五卅运动以及国民革命的兴起，进一步推动了各界研究帝国主义侵华史以及中外不平等条约。1925 年 10 月，广州组织成立了不平等条约研究会，同时天津也组织成立有不平等条约研究会。1926 年，张廷灏就说："当全国一致高呼废除不平等条约之际，我觉得更有研究不平等条约之必要。"③ 柳克述之著《不平等条约概论》深受当时民族主义运动的影响。他在该书的自序中说道："著者之所以试作此书，其远因由于不平等条约的历来束缚，其近因由于五卅惨变的重大刺激，而其目的则在供给国人批评其错误，助长其一得，因而群策群力，斟酌至善，以共同宣传，共同运动，共同为取消不平等条约而奋斗！"④ 舒新城的《收回教育权运动》就是在收回教育权运动的背景下撰写的，作者在书中指出"外人无在华设校的条约权。所以，我郑重向一般热心收回教育权的人说：'外人设学并无条约的根据，只是乘着百年来中国政府漠视国权，自由窃去，逐渐演成的。'""为国权计，为真理计，即将基督教新旧教学校一万三千余所效土耳其办法，一律封闭，我以为也是很正当的！"⑤

---

① 郝立舆：《领事裁判权问题》，第 3 页。
② 陈立廷编：《增订关税问题》"序"，《增订关税问题》，青年协会书局，1926 年。
③ 张廷灏讲，高尔松笔记：《不平等条约的研究》，光华书局，1927 年第 3 版，第 3—4 页。
④ 柳克述：《不平等条约概论》"自序"，柳克述：《不平等条约概论》，泰东图书局，1926 年。
⑤ 舒新城：《收回教育权运动》，中华书局，1927 年，第 96—97，99—100 页。

其时，中国外交学、政治学、法学的教育和研究有了进一步的发展，出现了一批著名的院校和系科，如北京大学政治系、朝阳学院、东吴大学法学院等。这些学术机构中有一批学者从事与条约相关学科的教学和研究。如周鲠生在英、法先后获得法学博士学位后，于 1921 年回国，1922 年起在北京大学政治系任教，成为中国著名的国际法学家，被称为中国国际法的"鼻祖"。他在《东方杂志》《现代评论》、北京大学《社会科学季刊》等学术期刊发表了一系列的论文，从国际法的角度研究了列强在华特权，如《领事裁判权撤废问题》（《现代评论》1925 年第 27 期 ）《上海租界的性质及组织》（《东方杂志》1922 年第 8 号）、《列强在华的势力范围》（《东方杂志》1926 年第 1 号）等。

值得注意的是，中外条约的研究并不局限在以上各领域的学者。当时，其他领域的学者出于对废除不平等条约的关注，也发表了一些与条约相关的文章。经济学家马寅初在 20 年代撰写了多篇有关中国关税、不平等条约对中国经济的影响等论文，如《不平等条约于我国经济上之影响》（《东方杂志》1925 年第 16 号）、《收回利权与关税问题》（《银行杂志》第 2 卷第 7、8 号合刊，1925 年 2 月 16 日）等。史学界的顾颉刚在五卅惨案发生后，任北京大学救国团出版部主任，负责编辑"救国特刊"刊发于《京报副刊》。他出于国人对不平等条约不了解的考虑，撰写了《不平等条约之一——南京条约》《不平等条约之二——天津条约》《不平等条约之三——中法条约》等文章。而且，"他想写出一部通俗易懂的'国耻史'以昭示国人，唤醒民众"。[1]

中国基督教界出于自身处境和国家前途的考虑，积极主张进行条约研究。1925 年，中华基督教协进会年会召开时，与会代表就建议对外国宣教会和差会发出通告，即请其协助研究，"并请其派遣熟悉国际公法者一二人来华辅助此种研究"。[2] 同年，王治心等人组织成立中华基督徒废除不平等条约促成会时，主张研究各国对华不平等条约的内容、各国取消不平等条约的方

---

[1] 顾潮：《历劫终教志不灰：我的父亲顾颉刚》，华东师范大学出版社，1997 年，第 91 页。顾颉刚在《京报副刊》发表的这几篇有关条约的文章署名"无悔"。

[2] 《基督教协进会年会讨论事件一束》，《兴华报》第 22 卷第 20 册，1925 年 5 月 27 日。

法，以作预备和借鉴之用。① 1926 年，中华基督教协进会进行第四届年会召开时也提出"下届委员当与太平洋国际关系社及其他基督教机关，共同合作组织国际问题研究团；并当尽力收罗书籍，以为研究团之资料"。② 中国基督教青年会在进行公民教育之际，聘请专家学者撰写的著作中就有多种关于不平等条约的著作，如《不平等条约讨论大纲》《关税问题讨论大纲》《领事裁判权讨论大纲》等。这些著作对于引导民众讨论不平等条约有一定的推动作用。以孙祖基的《不平等条约讨论大纲》为例，该书共分五课，内容包括不平等条约的界定以及各种条约特权、赔款和外债等条约问题。各课在介绍基本内容后，提出问题，并附有研究这些问题的文献资料作为讨论的参考。

中国共产党成立后积极主张反对和废除不平等条约，恽代英、杨贤江等共产党人在《向导》《中国青年》等刊物发表了不少有关不平等条约的文章，萧楚女等出版有《帝国主义侵略中国史》（1926 年）等相关著作。中国国民党在孙中山的倡导下，积极主张废除不平等条约，受其影响一些有关不平等条约的小册子相继出版。

在上述氛围下，中国各界为废除或修改不平等条约而展开了对不平等条约的研究。根据孙祖基的看法，无论主张废除或修改不平等条约都要进行研究，"第一步应先研究自鸦片战争结果与英人缔结南京条约以来，与各国所缔结之种种条约，溯源其原因，分为种类，论其祸害。第二步应研究此种条约在国际公法上及其他政治法律上有无必须废除或修改之理由及各国有无废约或修改之先例。第三然后研究废约或修改实行之策略或方式"。③ 其实，这包括两个方面：一是不平等条约的研究，二是废约或修约的研究。20 世纪20 年代，中国各界即在这两个方面进行了研究，一批有关中外条约研究的论著相继出版。

就条约集的编纂而言，尹寿松出于对中日外交的关注，于 1924 年出版了《中日条约汇纂》（上海中华书局）；奉天交涉署编辑出版了《约章汇要》

①　《中华基督徒废除不平等条约促成会缘起》，《兴华报》第 22 年第 21 册，1925 年 6 月 3 日。
②　《协进会第四届年会之要案》，《中国基督教教育季刊》第 2 卷第 3 期，1926 年 9 月。
③　孙祖基：《不平等条约讨论大纲》，青年协会书报部，1925 年，第 2 页。

（1927 年）等。

除去有关中国外交史和中外关系的著作涉及条约研究外，有多部冠以不平等条约为题的书籍出版。如向导周报社编刊的《不平等条约》（1925 年，50 页），孙祖基的《不平等条约讨论大纲》（青年协会书报部，1925 年），张廷灏讲、高尔松笔记的《不平等条约的研究》（光华书局，1926 年）。不过，不少类似著作多是配合废除不平等条约而做的宣传品和普及读物，如向导周报社编刊的《不平等条约》仅有 50 页。张廷灏讲、高尔松笔记的《不平等条约的研究》虽有为废约宣传的目的，但是篇幅较大，对不平等条约作了较为系统的论述。各种刊物也发表有关于不平等条约研究的论文。1925 年，《学生杂志》曾连载杨贤江的《不平等条约述约》、陶希圣的《中英条约概观》等文章，《向导》等报刊也发表有关于《南京条约》《辛丑条约》《民四条约》等条约个案研究的文章。

各种条约特权受到关注，出版不少著作。如邱祖铭的《中外订约失权论》（商务印书馆，1926 年）一书，篇幅虽小，仅有 90 页，但是对中外条约的签订与利权丧失以及今后订约和改约作了较为全面的概述。由于领事裁判权是当时各界关注的焦点问题，所以《东方杂志》等期刊发表了多篇文章辨析领事裁判权与治外法权，讨论废除领事裁判权。然而，在 20 年代的初期，中国在领事裁判权的研究方面著述甚少。1925 年，罗文干在给郝立舆的《领事裁判权问题》作序时就说：收回领事裁判权“此十余年来几尽人皆知为当急之务”，但是“领事裁判权之历史，领事裁判之组织观审之沿革，上海会审公堂之由来，以及日本暹罗收回领事裁判权之次序，与吾国收回此权之方法，国人未有专著论列者”。[①] 不过，1924 年法权会议召开前后，中国学术界加强了对领事裁判权的研究，出版了多部专门论述领事裁判权的著作。如：东方杂志社编的《领事裁判权》（商务印书馆，1923 年）、郝立舆的《领事裁判权问题》（商务印书馆，1925）、陈崇德的《领事裁判权之研究》（1924 年）、黄秩庸编辑的《领事裁判权讨论大纲》（青年协会书报部，1925 年）、国民外交丛书社编的《领事裁判权与中国》（中华书局，1924 年）。东

---

① 罗文干：《领事裁判权问题》“序”，郝立舆：《领事裁判权问题》，商务印书馆，1925 年。

方杂志社编的《领事裁判权》收录了《东方杂志》刊载的研究领事裁判权的几篇文章，反映了当时杂志对现实问题的关注。海关和关税研究方面出版了多部著作，如：盛俊的《海关税务纪要》（商务印书馆，1919 年）、杨德森的《中国海关制度沿革》（1925 年）、陈立廷编的《关税问题讨论大纲》（公民教育丛书之一，青年协会书报部，1925 年）、陈向元编著的《中国关税史》（世界书局，1926 年）等。在非基督教运动等民族主义运动的影响下，中国基督教界出于反对不平等条约的要求，对基督教与不平等条约的关系作了研究，代表性的作品有：洪煨莲的《条约修改与传教保护之问题》（《生命》第 6 卷第 4 期，1926 年 1 月）、罗运炎的《传教条约的讨论》（《兴华报》第 22 年第 46 册，1925 年 12 月 2 日）、《传教条约与教会之关系》（《中华基督教会年鉴》第 9 期）等。

关于中外条约及条约特权对中国社会的影响，各界也有所探讨。《向导》刊发有《辛丑条约对中国的影响》（《向导》1925 年第 128 期），《东方杂志》发表有马寅初的《不平等条约于我国经济上之影响》（《东方杂志》第 22 卷第 16 号）等。

当时中外正在进行的修约问题更为人们所关注，并就这一问题进行了多方面的研究。仅以孟森为例，他在《兴业杂志》所附的《改正条约会刊》就发表了多篇论文，如《国民与改正条约》《改正条约事实之演进》《改正条约之手续不应倒置》《改正条约后之内港行轮》《改正条约与国际联盟》《抵制英货之具体办法》《改正不平等条约讲义》《改正条约与收回租界同时主张之抵触》《关税会议与司法调查》《中比间改正条约事件》等，对修改不平等条约相关问题作了系列探讨。

可见，1919 到 1927 年间，中国学术界和政界均在条约研究方面起到了积极的作用。而且，各界所进行的研究具有较强的现实性，往往是为了揭露不平等条约的危害、宣传废除不平等条约等目的而作。有些论著因现实需要而仓促成篇，有的作者甚至对条约和国际法素无研究。这种研究的现实性也影响了某些论著的客观性与论述的深度。

第三个时段是 1927—1937 年间，即南京政府成立至局部抗战时期。

1927年以后，南京国民政府对外主张废除不平等条约，先后进行了改订新约和修订关税。而且，国民党和国民政府为废除不平等条约特权积极进行宣传。如1927年，中国国民党广西省执行委员会宣传部编有《废约浅说》；1929年，中国国民党中央执行委员会宣传部编刊了《收回领事裁判权运动宣传大纲》，中国国民党浙江省执行委员会训练部编刊了《中外新旧条约概观》。此外，浙江、福建等地方党政部门也编有关于废除领事裁判权以及不平等条约的宣传品。在这种政治与外交氛围下，不平等条约与废约问题成为现实政治中的一个重要问题，理所当然地会引起各界的注意。诚如刘百闵所说："我国在国际间之不平等地位，一部分固有条约为基础，一部分则由各有约列强溢出条约原意，根据不合理之习惯所造成。前者在依法理以检讨条约，后者在按条约而指斥其违法，故研究条约实中国学术界之最富于实际意义之基本课题。"① 同时，中国的外交学、国际法学的研究与教育也不断发展。这一切为条约研究提供了有利条件。

在外交问题与国际问题不断发生的背景下，中国学术界的外交学、国际法学理论问题研究有了长足发展。30年代，中国学术界出版了多部有影响的外交学著作。如廖德珍编著的《外交学》（大东书局，1930年）、杨熙时的《现代外交学》（民智书局，1931年）、杨振先的《外交学原理》（商务印书馆，1935年）等。国际法领域的著述也突然增多，诚如梁鋆立在评论李圣五的《国际公法论》时所说："近七八年间，尤其是在国民政府注重取消不平等条约及对外各种问题之后，论述国际法的书籍突然增加。"② 这些国际法的理论著作除李圣五的《国际公法论》（商务印书馆，1933年）外，尚有周鲠生的《现代国际法问题》（商务印书馆，1931年）、梁鋆立的《最近国际法上几个重要问题》（正中书局，1934年）、周鲠生的《国际法大纲》（商务印书馆，1934年）等。叶天倪还翻译了美国学者窝尔德（C. Walter Young）的《关东租界地之国际法地位》（中华书局，1936年）。

上述这些著作不仅推动了中国外交学和国际法学理论研究的发展，而且

---

① 《中日关系条约汇释》"序"，刘百闵等编：《中日关系条约汇释》，商务印书馆，1940年。
② 《李圣五著国际公法论》，《图书评论》第2卷第2期，1934年。

为研究条约问题提供了理论基础。它们当中有的就与条约问题的研究密切有关。李圣五在《国际公法论》一书的序中就说道："翻阅近六十年来之国际档案，中国外交痛史之造成，昧于公法乃其最大症结，不当放弃之权利，自行放弃，不应负担之义务，慷慨负担之。""在此等情形之下，吾国研究公法者之责任尤为重大。"他同时指出，研究国际法的少数学者带有民族色彩，但是"在中国被不平等条约团团捆缚之下，各国学者又难免以事实抹杀法律，此为秉学术精神研究法学者所不能忽略之点"。他指出有少数外国学者"推论他国在华租借地为变相割据"违背了刚正不阿的精神，"不利于此国之法律解释与损害他国之法律解释，统为研究法学者所亟应救正之事"。① 而且，有的国际法和外交学的理论著作也有相关内容是研究近代中国条约特权制度的。如周鲠生的《现代国际法问题》一书是作者所撰论文的结集，其中就收录有研究条约的《租借地之法律的性质》《列强在华势力范围之条约的根据》。

就教育而言，中国高等院校的学科教育体系进一步发展。一些大学的相关学科开设的课程推动了条约的研究。1928 年，北京民国大学"特设不平等条约一科目"，聘请刘彦讲授，刘彦即以自己所著的《被侵害之中国》为讲义。② 同年，清华大学政治系开设的课程中就有"中国外交史"和"中国修改条约问题"，起初打算聘刁敏谦讲授，因其在外交部任职未能如愿，最后聘请了著名的外交史专家刘彦。③ 而且，30 年代初期，清华大学政治系学生的学士毕业论文选题有多篇与条约有关。如王化成指导的学士论文中就有田保生的《列强在华之租界》（1931 年 6 月）、陈元屏的《巴黎和会之山东问题》（1931 年 5 月）、张锡龄的《中国领事裁判权问题》（1932 年 6 月）。蒋廷黻指导俞国华撰写的学士论文就是《华盛顿会议之中国问题》。另外，吴世英撰写的学士论文《中俄北京条约交涉之经过》（1933 年 5 月）亦即研究

---

① 《国际公法论》"序"，李圣五：《国际公法论》，商务印书馆，1933 年。
② 《被侵害之中国》"例言"，刘彦：《被侵害之中国》，太平洋书店，1928 年。
③ 孙宏云：《中国现代政治学的展开：清华政治学系的早期发展（1926 至 1937）》，生活·读书·新知三联书店，2005 年，第 114 页。

不平等条约之作。① 1933 年，王铁崖在清华大学政治系本科毕业时，所撰的学士学位论文就是《在华领事裁判制度》。值得注意的是，1931—1933 年，王铁崖在清华大学就读时发表了多篇与不平等条约相关的论文，他在《清华周刊》就发表了《二十一条约的研究》（1931 年第 8 期）、《最惠国条款的解释》（1932 年第 7—8 期）等，另在《图书评论》发表书评《徐公肃丘瑾合著上海公共租界制度》（1933 年第 3 期）。

本科教育之外，研究国际法、外交史等的中国研究生所撰学位论文对中外条约也有研究。如：王铁崖在清华大学研究院攻读国际法时，受顾维钧、刁敏谦等人"以中外条约问题撰写博士论文的启发"，所写硕士学位论文就是《租借地问题》。② 邵循正在蒋廷黻指导下，于 1933 年完成清华大学研究院的硕士学位论文《中法越南关系始末》。该文对中法《简明条款》的签订作了详细研究。不仅国内如此，很多中国留学生在海外，受废除不平等条约愿望的驱使，都希望研究条约问题。③ 如皮名举在哈佛大学的博士学位论文就是《胶州湾租借史》。④

学术团体对中外条约的研究也起到了推动作用。一些中国学者与外国学者一同组织成立太平洋国际学会，并在太平洋国交讨论会上研讨中国国际问题。而且，太平洋国际学会出版了多种与不平等条约有关的著作，如鲍明钤的《领事裁判权问题之讨论》《租界问题之讨论》，以及萧提惠的《论中国治外法权问题》等中文著作。在中日关系日益恶化的背景下，一些学者组织成立了中日条约研究会、日本研究会等学术组织，对中日条约等相关问题进行了探讨。如刘百闵就认为日本在侵华方面后来居上，"中日约章之不平等性质及日本违背条约在中国领土内所造不平等之国际关系与由此所获无法律基础之权益，反远出列强之上，在世界外交史上，开旷古未有之奇局"。所以，他认为："吾人深信予中、日两国间条约以科学之解析，不惟在学术上，即

---

① 孙宏云：《中国现代政治学的展开：清华政治学系的早期发展（1926 至 1937）》，第 221 页。

② 饶戈平：《山高水长——王铁崖先生纪念文集》，北京大学出版社，2004 年，第 369、381 页。

③ 饶戈平：《山高水长——王铁崖先生纪念文集》，第 369 页。

④ 皮名举于 1935 年回国，历任北京大学、西南联大、国立师范学院、湖南师范学院教授。参见李长林：《奉献教育事业热衷学科建设——皮名举教授的人生轨迹》，李长林：《采蜜集——李长林史学文存》，岳麓书社，2010 年。

在调整中、日邦交及阐明国际之平等公道与信义上，亦有极度之重要性。"①

当时一些期刊和出版机构也十分注意条约特权的研究。如楼桐孙的《租界问题》一书就是应商务印书馆之约而撰。②

在上述背景下，多部中外条约集相继问世，如北京外交委员会编纂处编辑的《分类编辑不平等条约》（商务印书馆，1929 年）、于能模等编的《中外条约汇编》、刘百闵等编的《中日关系条约汇释》等。于能模等编的《中外条约汇编》有较大影响，1933 年该书曾以商务印书馆"万有文库"之一种出版，1935 年又由商务印书馆出版，1936 年出版第三版。而且，有的条约集的编纂不仅有服务现实的考虑，更有明确的学术研究目的。1932 年，中日条约研究会鉴于中日间的不平等条约不断增多，又遭遇国难，所以主张"凡我国民，宜一反往昔之惰性，将历来中日间所有条约作综合之研究，了然于内涵之真相，与利害之关系，始可以辟日人之谬说，坚我方之壁垒，正世界之视听，以求适应之解决。本会窃欲自效，用特将中日间历来所有条约，汇辑成编，藉供国人研究之参考"。③ 其例言中更是明确地说道："本书之编原以供研究中日条约者参考之用。"④ 而且，该会还编有《有关东三省之中日条约及章程合同》，也是供研究者参考所编，不仅收录中日间的条约、章程等，而且收录与东三省相关的国际条约和其他国家签订的条约等。王亮在编辑整理《清季外交史料》的基础上，编写了《清代约章分类表》（外交史料编纂处，1935）。以上这些条约集为条约研究提供了必要的参考文献。此外，值得一提的是，萧一山在编纂《清代通史》时，编写了《清代外交约章表》，它与其他各表"原创"于 1926 年，后经修订，于 1936 年完成后交上海商务印书馆，不过当时仅有《清代学者著述表》刊印。

值得注意的是，《中日关系条约汇释》一书在体例上又有所创新。该书是日本研究会丛书首批图书中的一种。1935 年 1 月，刘百闵决定编纂该书，并定下编纂的凡例。1936 年 5 月底，赵纪彬等完成初稿，后因体例改变，于

---

① 《中日关系条约汇释》"序"，刘百闵等编：《中日关系条约汇释》，商务印书馆，1940 年。
② 《租界问题》"序"，楼桐孙：《租界问题》，商务印书馆，1933 年再版。
③ 《中日条约全辑》"弁言"，中日条约研究会编：《中日条约全辑》，中日条约研究会编印，1932 年。
④ 《中日条约全辑》"例言"，中日条约研究会编：《中日条约全辑》。

是重新修改，1936 年 8 月最终完成。但是，当年该书并没有印行，迟至
1940 年方才出版。它不仅收录中日两国所签订的条约、章程等，而且以附录
的方式收录了与各条约相关的文献，并且对各条约简要解释。诚如刘百闵在
该书序中所言："此种辑录中日两国所有条约，从法律、政治、经济、军事
各方面，予以解释之专书，其学术及政治意义之重要，自不待言。而国内出
版界，迄今尚未见类此之著作。"①

1927—1937 年间，中外条约的具体研究更趋深入。刘彦、楼桐孙、吴昆
吾、周鲠生等知名学者在各自领域均有代表性的论著出版。如楼桐孙出版有
《外人入境居住购地及工商业限制之研究》（外交部条约委员会，1929 年）、
《租界问题》等著作，发表有系列相关论文。周鲠生在研究国际法问题时，
对历史与现实问题表示了关注，出版了《不平等条约十讲》，并且他的《现
代国际法问题》《解放运动中之对外问题》两部论文集中收录有多篇公开发
表过的研究不平等条约和条约特权的论文。

在中外条约的具体研究方面，学术界出版了多部有影响的研究不平等条
约的著作，代表性的有：刘彦的《被侵害之中国》（太平洋书店，1928 年）、
吴昆吾的《不平等条约概论》（商务印书馆，1933 年）、陈毅夫的《外交侵略
条约之痛史》（爱国书社，1934 年）、中国国民党上海特别市党务指导委员宣
传部编辑的《不平等条约研究集》等。这些书籍均为学术著作，但是它们也
有明确的现实目的，即废除不平等条约。以刘彦的《被侵害之中国》为例，
作者写作此书的一个重要前提就是对列强侵华以及不平等条约问题的关
注。同时，作者"察全国民众，其对于不平等条约，模糊影响，急欲彻底
明了，而无从下手者，所在皆是。此民族革命精神上之大遗憾也。余乃决
心负此责任。谋所以解决民众对于不平等条约之模糊影响，而为其开彻底
明了之途径，于民国十六年六月，完成帝国主义压迫中国史之后，即着手
编纂本书"。作者写作此书的目的"盖欲使研究不平等条约者，得简单入
手之门径。又欲使研究取消不平等条约者，得根本解决之要领"。而且，

---

① 《中日关系条约汇释》"序"，刘百闵等编：《中日关系条约汇释》，商务印书馆，1940 年。

这两个目的也是作者写作该书所负的两个使命。① 除这些著作外，当时各界还编写过一些带有宣传性质的简略读本。如上海市学生集中训练总队部编的《不平等条约大纲》（1935 年）等。这些著作对不平等条约下的各种特权制度均作了论述。

在条约特权制度的具体研究方面，当时学术界的研究内容、范围在前此基础上又有了进一步发展，尤其是在领事裁判权、租界等方面作了较多的研究，取得一批有影响的论著。

关于领事裁判权，国民党中央和地方党政部门为废除领事裁判权编刊了多种带有研究和宣传性质的图书，如中国国民党中央执行委员会宣传部编的《收回领事裁判权宣传大纲》（1929 年）、中国国民党广东省宣传部编的《领事裁判权的撤废问题》（1930 年）、余世勷的《撤废领事裁判权》（河北省党务整理委员会宣传部，1930 年），学术著作主要有：梁敬錞的《在华领事裁判权论》（商务印书馆，1930 年）、孙晓楼、赵颐年编著的《领事裁判权问题》（商务印书馆，1936 年 9 月初版）、吴颂皋的《治外法权》（商务印书馆，1929 年）等。同时，一些学术期刊也发表了系列有影响的论文。以《国际与中国》杂志为例，该刊 1937 年出版的第 1 卷第 7、8 期合刊就是"领事裁判权问题特辑"。

在收回租界运动的影响下，20 年代末、30 年代初，中国学术界出版了多种有关租界研究的著作，如顾器重的《租界与中国》（卿云图书公司，1928 年）、中国国民党中央执行委员会宣传部编的《收回租界运动》（1929年）、徐公肃、丘瑾璋编的《上海公共租界制度》（中国科学公司，1933 年）、夏晋麟编著的《上海租界问题》（中国太平洋国际学会，1932 年）。另外，楼桐孙的《租界问题》一书虽然篇幅较小，但是有较大的影响。1932 年，该书作为"百科小丛书"之一由商务印书馆 1932 年 10 月出版，1933 年 6 月再版；1933 年 12 月该书又列入万有文库第一辑，由商务印书馆出版。

在关税自主的影响下，学术界对关税进行了多方面的研究，诚如江恒源

---

① 刘彦：《被侵害之中国》"序"，刘彦：《被侵害之中国》，太平洋书店，1928 年。

1931 年所说 "年来国内研究关税问题之士，已日见增多，同时行政机关及其他团体，关于关税书籍之出版，亦复不少"。[①] 江恒源所编的《中国关税史料》分 18 编，主要收录了 1912—1929 年间有关中国海关行政、海关税收、关余、常关、修改税则与关税自主等方面的文献，其中既有相关论著中的论述性文字，又有原始的文献资料。该书的第十八编为 "关于研究关税问题之书目"，对中文出版的研究关税问题的论著作了梳理和编目。该书为关税研究提供了诸多便利。具体研究而言，贾士毅的《关税与国权》（商务印书馆，1929 年）、武育干的《中国关税问题》（商务印书馆，1931 年）均是这方面研究的代表性作品。

而且，一些学者或组织在中国政府谋求废除不平等条约之际，积极探讨废除不平等条约的问题。他们就废除不平等条约的原因、方式等提出了具体的意见，如吴凯声的《我国不平等条约之修订》（商务印书馆，1937 年）；有的学者还研究了国民政府与外国新签订的条约，如周鲠生的《关于中比中义两约之商榷》等。

除以上外，一些研究中国近代史、外交史、列强侵华史的著作对中外条约有所论述。颜昌峣的《中国最近百年史》（上海太平洋书店，1930 年）、王正廷的《中国近代外交概要》（外交研究社，1928 年）等外交史著作对中外条约和废约有较多论述。高守一编的《帝国主义压迫中国史》（北新书局，1929 年）、高乔平、龚彬著的《列强与中国》（上海北新书局，1929 年）、吴君如的《帝国主义对华的三大侵略》（民智书局，1929 年）、俞爽迷编的《列强侵略中国概况》（大众书局，1936 年）介绍了列强对中国的政治、经济和文化侵略，对相关特权分别陈述。一些外事警察之类的著作对中外条约特权制度也有所研究，如：赵秉坤编的《中国外事警察》（商务印书馆，1935 年）、林东海所著的《外事警察与国际关系》（商务印书馆，1937 年）等。

第四个时段是 1937—1949 年间，即全面抗战至国民党政府垮台。这是两场不同的战争时期，中国学术界的条约研究深受时局的影响。在特殊的政治环境下，中外条约研究还是取得了一些有价值的成果。

---

① 江恒源编：《中国关税史料》第 18 编，人文编辑所，1931 年，第 1 页。

全面抗战爆发后，中国面临严重的民族危机。在国难深重的时代氛围下，中国学术弦歌不辍。1938 年，徐望孚著《中外条约之研究》；1939 年，民团周刊社编辑出版的《国难丛刊》中就有多种书籍关于中外条约，如《几种主权的丧失》《中国的失地》《不平等条约概说》等。1940 年，刘百闵等编的《中日条约汇释》由商务印书馆出版。该书收录了 1871 年至 1934 年期间中日两国间签订条约、章程、合同等，并对一些条款的内容作了学理上的解释。它对于了解和研究中日条约有积极意义。然而，由于抗战问题成为时代主题，因此抗战爆发后中外条约的研究相对较少，有影响的著作并不多见。

1941 年 12 月太平洋战争爆发后，中国政府积极谋划废除不平等条约。1943 年初，中英、中美新约签订，此后其他国家陆续与中国谈判签订新的平等条约。受其影响，中国学术界在 1943 年前后重新开展了对中外条约的研究，而且研究的重心在不平等条约以及废除不平等条约及其影响。1942 年，美、英两国宣布将废除在华领事裁判权后，一些中国学者即开始注意研究不平等条约的问题。当年，张忠绂在中国政治学会第三次大会上宣读了《中国取消德俄等国在华特权的经过》，次年在《大学》和《世界学生》上发表；鲍德澂即于 1942 年 12 月 1 日撰就《废除不平等条约与今后外人土地权问题》一文，次年 4 月刊发于《中山文化季刊》第一卷第一期。中英、中美新约签订后，中国学术界在研究新约之外，对于不平等条约及其相关问题进行了多方面的研究。1943 年 1 月《经济汇报》第七卷第一、第二期合刊即是以"废除不平等条约纪念专号"的形式出版的。这种背景下，中外条约研究方面又推出了一些有价值的研究成果，主要表现在以下方面：

一是不平等条约与废约的研究。如丘汉平著的《从不平等条约到平等条约》（胜利出版社福建分社，1943 年）、包文同编的《从不平等到平等》（青年出版社，1943 年）、国民政府军事委员会政治训练部编的《不平等条约概略》等。以上这些作品篇幅较小，仅有几十页，叙述简略，多是介绍性质。然而，叶祖灏的《废除不平等条约》（独立出版社，1944 年）、郑瑞梅、汤增扬的《百年条约史》（亦名《废约运动概观》，光华出版社，1944 年）篇幅较大，较为完整地论述了中外不平等条约的产生与废除以及废约后的问题。著作之外，当时的中国各种期刊也发表了一批有价值的论文，内容涉及废除不平等条约的方式、过程以及不平等条约的内容和条约特权制度，如万仲文的《当前我国废除不平等条约应取的途径》（《文化杂志》第 3 卷 3 期，1942年）、张忠绂《中国取销德俄在华特权的经过》（《世界学生》第卷第 1—2期，1943 年），顾维钧的《废除不平等条约运动的经过》、梁敬錞的《不平等条约与中国关税制度》、陈耀东的《不平等条约内容之分析》（《经济汇报》第 7 卷第 1、第 2 期合刊，1943 年）等。

二是新约的研究。中英、中美新约签订后，中国学术界对之进行了较多的研究。《当代评论》《经济汇报》《东方杂志》《时代精神》《军事与政治》等报刊刊发了相当的论文，《军事与政治》的第四卷第二号即是作为"平等新约特辑"出版的。这些论文探讨了中国从不平等条约到平等新约签订的历程、中英与中美新约的内容、意义及其现实影响。王铁崖在中英、中美新约的研究方面多有成就，除发表论文外，还著有《新约研究》，该书收录了作者研究中英、中美新约的 10 篇论文；张忠绂讲演的《新条约问题讲述大纲》也于 1944 年出版有单行本。赵在田对新约中的最惠国待遇以及有关内国待遇的条款作了研究。[1]

三是废除不平等条约后各种问题的研究。这方面的研究涉及中国的内政与外交。有学者探讨了外人在华地位和权利的问题，如胡道维的《治外法权取消后外人在中国的地位》（《文友》1943 年第 8 期）、鲍德澂的《废除不平等条约与今后外人土地权问题》（《中山文化季刊》第 1 卷第 1 期，1943 年 4月）等；有学者探讨了废除不平等条约与中国各领域关系的问题。《经济汇报》的第 1、2 期合刊就十分值得注意。该刊发表了系列有关不平等条约的论文，除去少数研究不平等条约以及废约的文章外，大多数文章探讨了废约与教会在华财产、中国工业、中国关税制度、中国航运等，以及废约后外商银行的管制、各国苛待华侨、外人在华投资等问题。

---

① 赵在田：《论中英美新约中有关内国待遇之条款》，《经济汇报》第 8 卷第 1 期，1943 年；赵在田：《论中英美新约中之最惠国条款》，《经济汇报》第 8 卷第 5 期，1943 年。

　　抗战胜利后，中国学术界对中外条约仍有研究。然而，当时各界研究的重点问题是 1947 年签订的中美商约。作为一种新形式的不平等条约，各界对之表示了关注。燕京大学学生自治会研讨股对新形式的不平等条约《中美友好通商航海条约》反应积极。条约公布后，自治会的研讨股就立即召集了一次中美商约讨论会，应邀与会的有燕京大学校内外专家、学者，与会者均认为该条约并不是平等、互惠的条约。会后，研讨股编了《评中美商约》的小册子，所选文章既有与会者的发言底稿，也有"从各报章杂志里投来的一些参考资料"，并声称"当人民谎言暴力欺骗凌压的时候，我们之要说明是非，指出真伪，用最虔热诚恳的心来忠告我的父母兄弟姊妹的需求是一致和迫切的"。① 该书收录有饶毓苏的《论中美新商约》、郑森禹的《商约的国际意义与政治意义》、千家驹的《评中美新商约》、陈志让的《关于商约的一点感想》、何国梁《中美商约中值得注意之几项条款》等论文。同年，东北民主联军总政宣传部编刊有《评蒋美商约》，光明书店出版有《评蒋美商约，总结魏德迈》，对新签订的中美商约予以批判。

　　总体而言，晚清和民国时期，中外条约的研究取得了一些有价值的学术研究。研究者来自多个领域，如历史学、国际法学、外交学、经济学、宗教界等。而且，研究者有着不同的学术背景，其中不少人有着在海外留学法学的经历，有的是本土培养的研究者，有的甚至是在读学生；研究者还有相当的政治背景，主张废除不平等条约的共产党、国民党都参与了进来。而且，国际法学、外交学领域学者的研究占据多数，且质量较高。据法学史学者何勤华在《中国法学史》一书中总结中国近代国际法学发展特点时说："关于不平等条约和领事裁判权的论著比较多，在中国近代国际法中占有相当的比例。"他认为两类著作总数不下 30 余种，"在近代国际法学刚刚起步的阶段，对某个二级学科某一个分支倾注如此多的学术热情，出版了这么多的作品，充分体现了中国学术界要求民族平等和国家主权完整的强烈爱国情怀"。②

---

① 燕京大学学生自治会研讨股编：《评中美商约》，第 60 页。
② 何勤华：《中国法学史》第 3 卷，法律出版社，2006 年，第 616 页。

值得注意的是，抗日战争时期，汪伪政府进行了所谓的废约活动，与日本建立大东亚共荣。因此，汪伪政权也出版有关于条约特权的著作。如：1940年，葛鸣一编的《租界问题之研究》作为南京汪伪政府的"外交部亚洲司研究室丛书"之一种出版发行；1943年，汪伪宣传部编辑出版的《我国租界问题》等；1945年，冯承钧的《西力东渐史》作为华北综合调查研究所编的"大东亚丛书"之一出版，该书第一卷即是"条约缔结时代"、第二卷"西力侵蚀时代"，对西方列强的侵略以及不平等条约的缔结作了简要的论述。这些著作在当时中国并没有产生大的影响。而且，这些著作有较大的局限，一般篇幅较小，特别是受制于所谓的"大东亚共荣"，回避了日本侵华的问题。如钱仲华所著的《收回租界与撤废治外法权》（大亚洲主义与东亚联盟月刊社，1943年）研究问题时，只主张收回日本以外的租界、撤废日本之外的治外法权。

第二节　新中国成立初期的起步与局限

新中国建立后，随着国际国内形势的变化，中外条约研究经历了逐步发展的过程。可以改革开放伊始的1979年为界，分为两个大的阶段。此前30年，即新中国建立至1979年以前，由于特殊的历史背景，这一研究领域受到种种限制，中外条约研究处于起步开始阶段，且与国际国内形势的变化密切相关。在当时的时代背景下，中外条约研究的主体取向，是通过阐释中外关系中的一些重大问题，配合国家反帝斗争的需要。这一趋向，主要揭示了不平等条约的侵略性质的，取得了一些学术成果。

这一取向是在当时国际政治的大环境下产生的。新中国建立，以美国为首的帝国主义国家不予以承认，采取封锁、孤立、包围和敌视的政策，妄图扼杀新生的共和国政权，国际上也形成社会主义和帝国主义两个相互敌对的阵营。这一国际政治格局，对中国的学术研究不能不产生重要的影响，尤与中外关系领域更有着直接的关系。在这一形势下，19世纪50年代至60年代初，帝国主义侵华史成为中外关系领域的研究主题，而不平等条约则是其中的重要内容。这个时期出版的不少著作，[①] 基本上以揭示帝国主义对中国的侵略，在华攫取各种权益为主题，或以某国为题，或作整体探讨，或陈述某次侵华战争，或披露彼此在华争夺，等等。这些著作的主要目的，在于揭露和批判帝国主义的侵华罪行，纠正过去中外资产阶级学者的错误观点。如卿汝楫指出："一部美国对华关系史，就是美国资产阶级侵略压迫及剥削中国人民的历史。"过去有关被用为教科书或重要参考书的著作中，"指不出任何一本真实反映百余年间中美关系的"。[②] 丁名楠等著《帝国主义侵华史》，谓：该书打算"对近百年来帝国主义压迫中国，反对中国独立，阻碍中国社会进步的历史比较全面和系统地加以综合叙述"，纠正错误观点。主要目的，"就是站在中国人民的立场上，暴露帝国主义侵略中国的事实，揭发帝国主义侵略的罪恶，力求恢复历史的本来面目"。[③] 其他著作亦是如此，其研究旨趣，正体现了该时期中外关系和中外条约研究的基本思想。

因此，有关中外条约的研究，着眼于不平等条约，立足于批判帝国主义的侵略。如刘大年著《美国侵华史》，论述 19 世纪和 20 世纪上半叶美国侵华的历史时，对中美《望厦条约》《天津条约》等条约作了简要论述，批判了美国对华所进行的文化侵略。又特别分析了抗战胜利后，美国与蒋介石政府所签订的各种条约、协定对中国主权的侵害。卿汝楫著《美国侵华史》对中美《望厦条约》《天津条约》的产生和内容，深入论析条约特权的影响和危害等。如文中认为，美国攫取领事裁判权和租界特权，"对中国人民进行了殖民主义的直接统治和迫害"，并利用基督教进行文化侵略，等等。丁名楠等著《帝国主义侵华史》"侧重于外国侵略者与中国之间的政治关系的叙述"，运用中外文文献，对列强侵华过程中产生的《南京条约》《望厦条约》《黄埔条约》《烟台条约》《中法新约》《马关条约》等重要条约全面叙述和分

---

① 如刘大年《美国侵华史》（人民出版社，1951 年）、凌大埏《法帝侵华史》（上海新潮出版社，1951 年）、卿汝楫《美国侵华史》第 1、2 卷（生活·读书·新知三联书店，1952、1956 年）、胡绳《帝国主义与中国政治》（人民出版社，1952 年）、贾逸君《甲午中日战争》（新知识出版社，1955 年）、张雁深《美国侵略台湾史一八四七年至一八九五年》（人民出版社，1956 年）、丁名楠等《帝国主义侵华史》第 1 卷（科学出版社，1958 年），等等。

② 卿汝楫：《美国侵华史》，"前言"，生活·读书·新知三联书店，1952 年。

③ 丁名楠等：《帝国主义侵华史》第 1 卷"弁言"，科学出版社，1958 年。

析，对租界特权，以及第二次鸦片战争后中英修约等其他相关问题也作了评述。上述著作，虽然旨在揭露帝国主义的侵略，但其中不少注重以史实说话，力求客观，具有较强的学术性。

有关条约的专题文章，主体倾向也是揭露帝国主义的侵略，尤其是批判美国的侵华罪行。内容主要有三类，一是不平等条约，二是条约特权和战争赔款，三是反对不平等条约的斗争等。关于不平等条约，包括总体论述和各国条约研究两类。① 关于条约特权研究，也是着眼于外国侵略，涉及通商口岸、租界及租借地、铁路和经济权益、航权和引水权，以及列强招收华工的条约权利等。② 此外，建国初期，党和政府进行了清理传教特权的斗争，与之相适应，发表了不少这方面的文章。③ 关于战争赔款尤其是庚子赔款，也发表了一批文章。另有一些揭露列强侵略中国的论文，也涉及相关约章。④ 此外，有关修约交涉的某些事件，亦是从帝国主义侵略的角度置论。⑤ 关于反对不平等条约斗争研究，包括各阶级、阶层对不平等条约的认识和态度。⑥

---

① 前者如《旧中国的不平等条约》（《大公报》1956 年 7 月 21 日）、徐绪典《近百年来不平等条约的侵略性质及其对中国社会的破坏作用》（《山东大学学报》1957 年第 2 期）等。后者主要涉及中美、中日、中英、中俄条约等，如钱实甫《1868 年"蒲安臣使团"和〈蒲安臣条约〉》（《历史教学》1964 年第 9 期）、钟华《"二十一条交涉"中美帝助日侵华史实——一九一四到一九一五》（《大公报》1951 年 10 月 5 日）、王芸生《马关条约六十年》（《世界知识》1955 年第 8 期）、王绳祖《英国第一次侵藏战争和 1890 年的"中英藏印条约"》（《南京大学学报》1964 年第 1 期）、唐陶华《关于中俄瑷珲条约和北京条约所发生的中俄疆界问题》（《中学历史教学》1957 年第 8 期），等等。此外还涉及《辛丑条约》。

② 如郑鹤声《德帝占据胶州湾的阴谋》（山东大学学报，1959 年第 4 期）、高朗《1861 年英帝国主义在汉口、九江强设"租界"及其他》（《历史教学》1965 年第 12 期）、余绳武《美帝国主义与湖广铁路借款》（《大公报》1951 年 5 月 25 日）、胡滨《十九世纪末帝国主义瓜分中国铁路权利的阴谋活动》（《历史研究》1956 年第 5 期）、徐义生《甲午中日战争前清政府的外债》（《经济研究》1956 年第 5 期）、蓝天蔚《帝国主义在旧中国"投资"的特征》（《学术月刊》1958 年第 3 期）、任唯铿《帝国主义劫夺我国引水权的始末》（《学术月刊》1961 年第 9 期）、聂宝章《川江航权是怎样丧失的？》（《历史研究》1962 年第 5 期）、朱杰勤《十九世纪中国中期在印度尼西亚的契约华工》（《历史研究》，1961 年第 3 期）、陈泽宪《十九世纪盛行的契约华工制》（《历史研究》1963 年第 1 期）等文。

③ 如余绳武《一八五八年以前美籍传教士在中国的侵略活动》（《人民日报》1951 年 1 月 25 日）、王治心《不平等条约与中国基督教》（《协进》1953 年第 9 号）、邵循正《十九世纪帝国主义者对在华天主教保护权的争夺》（《光明日报》1951 年 7 月 10 日）、魏金玉《十九世纪后半期在华教会对土地房屋的掠夺》（《经济研究》1965 年第 8 期），等等。

④ 如荣孟源《近百年来帝国主义侵略中国概述》（《历史教学》1952 年第 11 期）、龚书铎等《帝国主义对中国的经济侵略》（《北京师范大学学报》1959 年第 5 期）、陈原《美国侵华"专使"顾盛在中国》（《历史研究》1964 年第 4 期）、丁则良《〈天津条约〉订立前后美国对中国的侵略行动》（《历史教学》1951 年第 8 期），等等。

⑤ 如顾林《第一次国内革命战争时期的"关税会议"与"法权会议"》（《历史教学》1957 年第 4 期）。

⑥ 如徐绪典《戊戌变法与维新派的对外态度》（《文史哲》1958 年第 11 期）、徐绪典《近代中国社会各阶级、阶层对不平等条约的认识和态度》（《历史教学》1964 年第 9 期）、刘亦水《德帝国主义侵占胶州湾与山东人民的抗德斗争》（《历史教学》1960 年第 9 期）、陈胜粦《1923 年的"关余事件"和中国人民的反美斗争》（《学术研究》1965 年第 6 期），等等。

这个时期的文章，有的属于通俗性的简介，另还有不少文章只是历史知识性质的问题解答，① 谈不上学术研究。其中有部分文章有较强的学术性，并有一定的深度。如有的专题论文，对不平等条约及其特权的内容，对晚清时期各阶级、各阶层的认识及其斗争，作了初步探讨，阐述了自己的见解。或对不平等条约这一概念作了界定，并提出该领域研究的几个问题。或对某一条约特权如引水权的丧失，作了较为深入的专题论述。

"文革"期间，学术研究处于停顿状态，中外条约领域也没有什么成果。"文革"结束后，由国际政治的因素，中俄关系史的研究获得重要发展，相应地有关中俄条约研究也格外受到关注，并取得重要成果。新中国初期，采取一边倒的外交政策，与苏联结盟，因此不愿意提起中俄历史上不愉快的往事，有关论著内容多是两国友好交往。有文章披露中俄《瑷珲条约》和《北京条约》签订后中俄东段疆界发生变化的真相，被指责为反苏，又在"反右斗争"的浪潮中受到批判。以致自1958年之后，一直到60年代中期，报刊上几乎再无专谈中俄关系史的文章。随着中苏关系的恶化，苏联政府于1963年完全否认19世纪中叶以后中俄边界条约的不平等性质。在这一背景下，在有关部门的支持和协助下，史学界自1964年起便真正开展了中俄关系史研究，然"文革"又停顿下来。60年代末70年代初，苏联在中苏边境陈兵百万，1969年又发生珍宝岛事件。该年，苏联政府发表声明，重申不承认中俄边界条约的不平等性质，甚至声称，中国北部国界应是柳条边、长城，西部边界不超过甘肃省，等等。这样，当学术界尚未复苏之时，中俄关系史暨中俄条约的研究却因国际政治斗争的需要而迅速开展起来。② 除了沙俄侵华史涉及中俄条约之外，还出版发表了一

---

① 如穆杉《虎门条约及中英天津条约中关于领事裁判权的规定有什么不同？后来曾在我国享有领事裁判权的还有哪些国家？都是在什么条约上规定的？中俄尼布楚条约是否也有享受领事裁判权的意味？》（《历史教学》1953年第1期）、吴文灿《甲午战争前夕朝鲜政府乞请中国出兵代为平乱日本声称依据日韩济物浦条约和中日天津条约亦出兵朝鲜，此两条约各因何事何时订立其内容是什么？》（《新史学通讯》1953年第8期），等等。

② 参见黄定天：《二十世纪的中俄关系史研究》，《历史研究》1999年第4期。

批以此为专题的论著。① 这些论著，虽有些属于普及历史知识的通俗读物，但其中不少是严谨的学术著作。通过严密的论证，从不同角度，驳斥了苏联学者为沙俄侵占中国领土进行辩护的种种谬论，对相关边界条约作了有说服力的解析。除了有关中俄边界条约的研究取得重要进展之外，在条约介绍和反对不平等条约斗争等方面也有一些成果。

与此同时，这个时期开始了近代中外条约与相关文献资料的编选整理工作，② 包括外文著作的翻译。③ 这些对于研究中外条约，提供了基本的文献史料，有着重要的参考价值。尤值得指出，王铁崖编《中外旧约章汇编》3 册（生活·读书·新知三联书店 1957、1959、1962 年版），为条约研究奠立了重要的资料基础。《汇编》收录了"自中国开始对外订立条约起到 1949 年中华人民共和国成立止所有中国对外订立的条约、协定、章程、合同等"，其目的"在于供给研究中国对外关系史的参考，特别对于帝国主义侵略中国史的研究"。④《汇编》的编辑出版，对中外条约的研究具有极为重要的意义。王铁崖集十余年之功完成的这部约章汇编，"超越了以往一切同类出版物，不论是官方的或私家的，也不论是国人还是外国人编选的。这是研究国际法和帝国主义侵华史的必不可少的资料书"。⑤ 尽管由于约章范围很广而不免有遗漏，但《汇编》汇聚了新中国之前主要的中外条约和章程、合同，且编排原则和方法严谨科学。《汇编》参阅了大量中外文献，所搜集的约章"尽可

---

① 如史谛《中俄尼布楚条约》（中华书局，1976 年）、施达青《从〈瑷珲条约〉到〈北京条约〉——沙俄侵占我国东北领土一百多万平方公里的罪证》（中华书局，1977 年）、中国社会科学院历史研究所史地组编：《中俄伊犁条约》（中华书局，1978 年）、北京师范大学清史研究小组编：《1689 年的中俄尼布楚条约》（人民出版社，1977 年）、钟锷《历史真相不容歪曲——关于〈中俄尼布楚条约〉的几个问题》（《历史研究》1975 年第 2 期）、钟锷《中俄瑷珲条约与苏修霸权逻辑》（《历史研究》1976 年第 4 期）、龚书铎等《沙俄占伊犁和不平等的〈中俄伊犁条约〉》（《文物》1976 年第 10 期）、李嘉谷《〈辛丑条约〉与沙俄帝国主义》（《社会科学战线》1978 年第 4 期）等。

② 如中央人民政府外交部按立约国别编辑了近代条约汇编，即《外交参考资料》。中国人民大学国际关系与中国对外政策史教研室为了帮助"了解近百年来旧中国的对外关系"，编辑了《外交参考资料：中外条约选辑》（中国人民大学出版社，1951 年）。此外还有朱士嘉编：《十九世纪美国侵华档案史料选辑》上下（中华书局，1959 年）、复旦大学历史系中国近代史教研组编：《中国近代对外关系史资料选辑 1840—1949》上下共 4 册（上海人民出版社，1977 年），等等。

③ 如［美］威罗贝著，王绍坊译：《外人在华特权和利益》；［英］莱特著，姚曾廙译：《中国关税沿革史》，等等。

④ 王铁崖编：《中外旧约章汇编》第 1 册"编辑说明"，生活·读书·新知三联书店，1957 年。

⑤ 端木正：《王铁崖文选序》，《王铁崖文选》，第 2 页。

能选自比较可靠的来源"，并在附注中注明。所录约章绝大多数采用汉文原本，为纠正文字上"不精确"之处，又与外文核对，两者不同之处则另以边注指明，并参照外文本加上标点。《汇编》按照约章订立时间的先后，编排次序，每册之末又附有详细的约章分国表，以方便参阅。同时，订约时间除公历外，还标明了清朝年号和夏历，以及相关各国如俄、日、朝等国年历和年号。每一约章都有一附注，说明出处、文字、日期、地点，以及约章不同名称，交换批准的日期。《汇编》严谨科学的编辑原则和方法，不仅保证了所搜约章的准确可靠，并为深入研究提供了极大的方便，迄今仍为中外条约研究不可或缺的基础史料。

总之，新中国成立至改革开放之前的 30 年，中外条约研究的主要取向，基本上是为了配合反帝斗争，以及批驳苏联维护旧俄不平等条约的行径。在新生的共和国被资本主义世界所敌视，面临着极大压力的背景下，这是必要的。这个时期取得了一些重要的学术成果，在中俄不平等条约研究方面尤为显著。此外，这个时期的研究成果，力图用马克思主义历史观分析近代中外关系，对于清除殖民主义的影响，充分揭露帝国主义对中国的侵略，产生了积极作用。

由于各种因素，这个时期的中外条约研究，还存在着种种局限性。一是真正专题学术研究的文章数量不多，二是研究范围狭窄，三是缺乏必要的理论分析，问题探讨有欠深入，结论简单化和公式化，等等。这些局限，很大程度上是因为"左"倾思想的束缚。例如，1958 年出版的丁名楠等著《帝国主义侵华史》第 1 卷，体现了可贵的学术追求，但在政治运动中遭到"左"倾思潮的批评。出版后不久，批判资产阶级学术思想风靡一时，它"在一定范围内正巧成了靶子"。有人指责这部书犯了方向性的严重错误，"说它使自己的脸上无光，断言解放了的中国人民需要的是'扬眉吐气史'，而且不是'挨打受气史'"。在"左"倾思潮的冲击下，研究组被撤销，"编写工作由此中断"。① 又如，有研究者认为某些地主阶级知识分子和一些不当权的下层官吏，发出微弱的反对不平等条约呼声，"这种呼声，实际上是在广大的人

---

① 丁名楠等：《帝国主义侵华史》第 2 卷"前记"，人民出版社，1986 年。

民反帝斗争的影响下发生的，因而也在某种程度上反映了人民的意见"。这些局限在当时的条件下，是不可避免的，也说明这个时期的条约研究，尚未真正开展起来。

第三节 改革开放之后专题研究的兴起和发展

十一届三中全会之后，中国进入了改革开放的历史新时期，思想理论战线拨乱反正，学术研究开始走向繁荣，给中外条约研究带来了新格局。自1979年开始，在80年代，作为中外关系史的重要领域，中外条约研究开始摆脱侵华史的局限和各种因素的影响，出现了专题性学术研究广泛兴起和多视角展开的局面。至90年代，中外条约研究又进入一个新的发展时期。

在80年代，整个学术界逐渐打破了"左"倾思想的束缚，中外关系和中外条约领域走向正常研究，真正开始了更为严谨和客观的学术探讨。一是体现了客观研究的科学精神，摆正学术与现实的关系。例如，"文革"结束后，先前遭到厄运的《帝国主义侵华史》重新上马，于1986年出版了第2卷。由于实行对外开放政策，有人担心帝国主义侵华史一类著作，不利于中外人民友好关系的发展。研究组摒弃了这种看法，认为"这种过虑是不必要的"，主张客观地揭示历史真实。指出："叙述几十年、百余年前真实的历史情况，只会加深外国人民对中国的理解，具体体会到蕴藏在中国人民内心深处的真实的思想感情，使得中外人民的友谊建立在坚实的基础上。它不仅不妨碍中外人民之间的友谊，而且是发展彼此间的平等互利、互相了解的一个重要的和必要的条件。"[①]二是克服以往的成见，开始客观评价反动政府的对外态度。例如，关于清政府的对外态度，在"左"倾思想的影响下，学术界历来予以否定，尤其是认为它在《辛丑条约》签订之后已"彻底投降"。这一与史实不符的传统观点，现在提出了质疑，认为"'彻底投降'论者是既

---

① 丁名楠等：《帝国主义侵华史》第2卷"前记"，人民出版社，1986年。

无视了一些历史事实"，也忽视了一些"浅显的道理"。①这一看法，反映了学术研究，尤其是在非常敏感的中外关系领域，开始摆脱"左"倾思想的影响，走向健康发展。三是打破过去对某些论题避而不谈的局限，客观研究涉及条约的各种问题，如废约史。近代中外条约的研究，也因此逐步克服"侵华史"的局限，内容更为全面广泛，评析也更趋向客观准确。

各种思想束缚的解除，为中外条约研究的展开创造了条件，扩大了研究范围，较为全面地开始了这一领域的专题学术研究，填补了某些空白，取得了一批重要的成果。内容主要涉及该研究领域的基本范畴，包括不平等条约及其特权，以及废约史研究等方面。

关于条约研究，包括整体研究和个案研究。整体方面，出版了一批通俗性著作和专题论文。②个案研究的范围较广，涉及各个条约，除第一批不平等条约之外，还包括中俄、中日、中葡、中法、中墨等条约，以及20世纪初年的商约交涉和平等新约之后的中俄、中美条约。③关于条约特权，学术界较为关注租界和通商口岸特权、协定关税和经济特权，以及海关行政特权等。关于租界和通商口岸特权，出版了相关专著和不少论文。④海关和关税

① 张振鹍：《清末十年间中外关系史的几个问题》，《近代史研究》1982年第2期。
② 如隗瀛涛等《巨人身上的镣铐》（四川人民出版社，1985年）、阎中恒等《近代中国不平等条约概述1840—1949》（江西人民出版社，1985年），等等。专题论文如熊志勇《关于清末不平等条约的评述》（《外交评论·外交学院学报》1985年第2期）。
③ 如郭双林《〈南京条约〉中的"商欠"问题》（《史学月刊》1986年第2期）、熊志勇《从〈望厦条约〉的签订看中美外交上的一次交锋》（《近代史研究》1989年第5期）、余绳武等《中俄〈北京条约〉订立前沙俄对中国西北的侵略》（《近代史研究》1979年第2期）、薛衔天《霸权主义的王法——关于〈中俄北京条约〉西部边界条款的几个问题》（《中俄关系史论文集》，甘肃人民出版社，1979年）、刘存宽《国际外交史上的大骗局——论光绪中俄密约》（《社会科学战线》1987年第2期）、米庆余等《一八七一年中日立约分析》（《历史档案》1982年第4期）、崔丕《中日〈马关条约〉形成问题研究》（《近代史研究》1987年第4期）、徐鼎新《1902年在上海举行的中英"商约"谈判》（《社会科学》1983年第11期）、朱瑞真等《一九四五年的中苏友好同盟条约》（《苏联东欧问题》《俄罗斯中亚东欧研究》1984年第2期）、杨恒源《试析〈中美商约〉及其历史背景》（《安徽大学学报》1989年第2期）、费成康《关于1887年中葡〈和好通商条约〉的订立》（《上海社会科学院学术季刊》1988年第2期）、姜秉正《中法〈李巴条约〉谈判始末》（《贵州文史丛刊》1986年第4期）、沙丁等《中国与墨西哥的首次立约建交及其影响》（《历史研究》1981年第6期），等等。
④ 如陈荣华等《九江通商口岸史略》（江西教育出版社，1985年）、程浩编著《广州港史（近代部分）》（海洋出版社，1985年）、袁继成《近代中国租界史稿》（中国财政经济出版社，1988年）。论文如戴一峰《简述近代中国租界的形成和扩展》（《中国社会经济史研究》1982年第2期）、熊月之《论上海租界的双重影响》（《史林》1987年第4期）、黄逸平《上海初期的租界和城市经济近代化》（学术月刊1987年第5期）、费成康《有关旧中国租界数量等问题的一些研究》（《社会科学》1988年第9期）、姜义华《租界与近代史研究的总体架构》（《社会科学》1988年第9期）、赵津《租界与天津城市近代化》（《天津社会科学》1987年第5期）、谢青《芜湖租界史事考实》（《安徽师范大学学报》1988年第1期）、厉声《新疆俄国租借地研究》（《新疆大学学报》1989年第2期）。

问题，相关论著也作了全面深入探讨。① 其他如航运、租借地、鸦片贸易、传教等问题，亦引起学术界的重视，出版发表了一批论著，均论及相关条约特权。② 其中有些文章注意到某些特权对中国近代化所产生的积极影响。

关于废约史，打破了过去避而不谈的局面，开启了这一领域的研究。例如，民国时期修、废约交涉取得重要成效，但此前很少论及，现为研究者所注意，从各个角度作了探讨，或整体论述，作个案探讨。③ 这些成果，对民国政府修、废约交涉予以了肯定。相应地，关于清政府为维护国家权益所作努力，研究者也予以一定的注意。④ 另外，收回中俄条约特权问题，如中东路、松黑航权等问题的交涉，亦为研究者所关注。⑤ 民众和进步势力的废约斗争，引起研究者的关注，获得重要进展。其中，清末反洋教斗争，尤为研究者所重视。⑥ 另有不少论文或叙述某省教案概况，⑦ 或论述少数民族的反洋教斗争，⑧ 或探讨某具体教案，⑨ 或剖析反洋教斗争中的各种关系。⑩ 研究

---

① 如陈诗启《中国近代海关问题初探》（中国展望出版社，1987 年）、胡刚《近代子口税制度初探》（《中国社会经济史研究》1987 年第 4 期）、陈诗启《中国海关与引水问题》（《近代史研究》1989 年第 5 期）、朱荣基《近代中国海关及其档案》（《历史档案》1988 年第 1 期）。

② 如樊百川著《中国轮船航运业的兴起》（四川人民出版社，1985 年）、刘存宽《关于帝俄租借旅大的几个问题》（《近代史研究》1989 年第 6 期）、胡维革《论鸦片贸易合法化对近代中国社会的影响》（《东北师范大学学报》1988 年第 3 期）、顾长声著《传教士与近代中国》（上海人民出版社，1981 年）、吕坚《关于近代史上教会内地置产协定》（《史学集刊》1988 年第 2 期），等等。

③ 如李光一《论国民党南京政府的改订新约运动》（《齐鲁学刊》1984 年第 4 期）、李光一《论抗日战争时期国民党政府的废除不平等条约》（《史学月刊》1985 年第 4 期）、习五一《论废止中比不平等条约——兼评北洋政府的修约外交》（《近代史研究》1986 年第 2 期）、程道德《试述中华民国政府废除列强在华领事裁判权的对外交涉》（《民国档案》1986 年第 1 期）、韩渝辉《中国是怎样得以在抗战时期实现废约的》（《近代史研究》1986 年第 5 期）、王淇《一九四三年〈中美平等新约〉签订的历史背景及其意义评析》（《中共党史研究》1989 年第 4 期），等等。

④ 如樊明方《辛亥革命前后中俄关于修订〈伊犁条约〉的交涉》（《近代史研究》1986 年第 4 期）、刘存宽《19 世纪下半叶的九龙中国海关及其有关交涉》（《近代史研究》1988 年第 6 期）等文。

⑤ 如方铭《关于苏俄两次对华宣言和废除中俄不平等条约问题》（《历史研究》1980 年第 6 期）、薛衔天《十月革命与中国收回中东铁路路区主权的斗争》（《近代史研究》1988 年第 4 期）、李嘉谷《十月革命后中苏关于中东铁路问题的交涉》（《近代史研究》1989 年第 2 期）、李嘉谷《中苏关于中东铁路问题的交涉》（《黑河学刊》1987 年第 1 期）、李嘉谷《十月革命后中苏关于松黑航权问题的交涉》（《黑河学刊》1988 年第 3 期），等等。

⑥ 如张力等《中国教案史》（四川省社会科学院，1987 年），对反洋教斗争作了系统的论述。

⑦ 如荆德新：《清末云南人民反对洋教侵略的斗争》，《思想战线》1980 年第 5 期；张湘炳：《近代安徽洋教问题简叙》，《阜阳师范学院学报》1988 年第 4 期；赵树贵：《近代江西教案研究》，《江西社会科学》1989 年第 5 期。

⑧ 如郎维伟等：《近代四川少数民族反教会侵略的斗争》，《西南民族大学学报》1985 年第 3 期；王承友：《近代土家族地区的反教会斗争》，《中央民族大学学报》1985 年第 2 期。

⑨ 如翁飞：《芜湖教案》，《安徽史学》1984 年第 2 期；熊宗仁：《近代中国反洋教斗争高潮的伟大开端——贵阳教案》，《贵州社会科学》1986 年第 2 期；赵润生：《梨园屯教案述论》，《聊城大学学报》1987 年第 1 期。

⑩ 如杜耀云《试论反洋教斗争中的官、绅、民》，《山东师范大学学报》1989 年第 2 期。

者还探讨了广州反入城，收回矿权等斗争，^① 并就某些问题提出了新的见解。民国时期的废约运动和各种斗争，亦受到重视，其中收回汉口、九江英租界问题，发表了一批文章，并提出了不同意见。^② 其他如收回旅大运动、国民会议运动和五卅运动等，^③ 资产阶级代表人物对不平等条约的认识和态度，^④ 也引起研究者的注意和重视。

此外，与条约密切相关的国际法传入中国问题，也开始引起研究者的关注，发表了相关论文。^⑤ 这些论文虽尚未用国际法来分析条约问题，但对于条约研究的理论探讨无疑具有积极意义。

除了上述专题研究之外，这个时期出版了一批相关著作，涉及近代中外条约。主要有以下几方面：一是中外关系史、外交史和帝国主义侵华史的专著，均涉及中外条约问题。^⑥ 二是其他方面的著作，如中华民国史、五四运

---

① 如张海林：《重评近代广州绅民的"反入城斗争"——兼论近代中国应付西方挑战的合理方式》，《安徽师范大学学报》1989 年第 1 期；郑永福：《试论辛亥革命前河南人民收回矿权的斗争》，《河南师范大学学报》1984 年第 4 期；马庚存：《论清末山东人民的保矿斗争》，《东岳论丛》1986 年第 1 期，等等。

② 如廖鑫初：《反帝斗争史上的创举——刘少奇同志领导武汉工人阶级夺回英租界》，《中南财经政法大学学报》1980 年第 1 期；曾宪林：《也谈收回汉口英租界斗争的领导权问题》，《湖北大学学报》1982 年第 1 期；倪忠文：《关于收回汉口英租界问题的一点异议》，《湖北大学学报》1982 年第 1 期；刘勉玉：《九江工人收回英租界的斗争》，《史学月刊》1983 年第 3 期；丁丁：《英国放弃汉浔租界的历史背景》，《中国社会科学院研究生院学报》1986 年第 5 期；曾宪林：《收回汉口、九江英租界斗争的铁腕外交述论》，《华中师范大学学报》1988 年第 2 期；陈国清：《收回汉口英租界与武汉国民政府的外交斗争》，《外交评论·外交学院学报》1988 年第 4 期；牛大勇：《武汉国民政府外交两重性析论》，《历史档案》1989 年第 4 期，等等。

③ 如左城封：《一九二三年收回旅大运动简论》，《辽宁师范大学学报》1982 年第 1 期；王水湘：《国民会议运动》，《历史教学》1985 年第 2 期；任建树：《五卅运动的兴起》，《社会科学》1985 年第 5 期；张铨：《关于五卅运动的几点评价》，《史林》1986 年第 2 期；曹力铁：《国民党在五卅运动中的作用》，《近代史研究》1989 年第 3 期，等等。

④ 如王永康《简明中国近代思想史》（湖南人民出版社，1986 年）、林建曾《论资产阶级维新派对不平等条约的认识和态度》（《贵州社会科学》1984 年第 6 期）、王笛《辛亥革命时期孙中山与不平等条约》、成晓军《试论宋教仁对不平等条约的认识和态度》（《历史教学》1987 年第 12 期）、林建曾等《试论孙中山对不平等条约的认识与态度》（中国孙中山研究学会编：《孙中山和他的时代——孙中山研究国际学术讨论会文集》，中华书局，1989 年）。

⑤ 如张劲草等《论国际法之传入中国》（《河北大学学报》1984 年第 2 期）、王维俭《普丹大沽口船舶事件和西方国际法传入中国》（《学术研究》1985 年第 5 期）、程鹏《西方国际法首次传入中国问题的探讨》（《北京大学学报》1989 年第 5 期）。

⑥ 如刘培华编著《近代中外关系史》上下（北京大学出版社，1986 年），张声振《中日关系史》（吉林文史出版社，1986 年）、沙丁等编著《中国和拉丁美洲关系简史》（河南人民出版社，1986 年）、顾明义编著《中国近代外交史略》（吉林文史出版社，1987 年）、王绍坊《中国外交史（鸦片战争至辛亥革命时期 1840—1911）》（河南人民出版社，1988 年）、孙克复编著《甲午中日战争外交史》（辽宁大学出版社，1989 年）、北京大学历史系编：《沙皇俄国侵略扩张史》上下（人民出版社，1979、1980 年）、赵春晨编著《沙俄侵略我国西北边疆简史》（陕西人民出版社，1980 年）、牟安世著《鸦片战争》（上海人民出版社，1982 年）、丁名楠等著《帝国主义侵华史》第 2 卷（人民出版社，1986 年），等等。

动史、武汉国民政府史、经济史、人物研究等，从不同角度和层面，对近代反对不平等条约的斗争作了探析。诸如此类的著作并非中外条约的专题研究，在系统完整和深入剖析等方面，难免有着种种欠缺，其中某些甚至存在错误之处。但另一方面，通过对中外关系、中外交涉和相关问题的整体透视，有助于从另一层面了解有关条约的背景和内涵。因此，这些探讨对中外条约尤其是不平等条约的深入研究，作了有意义的辅助工作，为此后的进一步发展打下了一定的基础。

资料方面，除了重印王铁崖编《中外旧约章汇编》之外，① 还整理出版了一批与条约研究密切相关的中外关系和外交史文献。② 还出版了一批中外人物回忆录和文集，③ 翻译了一批外文研究著作和资料文献，④ 这些均含有大量中外条约的内容。另有一些工具书的出版，⑤ 为中外条约研究提供了方便。此外，这个时期还召开了相关的学术讨论会，例如随着租界研究的兴起，上海社会科学院历史研究所等单位于 1988 年在上海举办"租界与近代中国社会学术讨论会"。

这个时期的中外条约研究，研究趋向和思路较之以前有了重要变化，反侵略已不是唯一的思维模式，研究视角开始多样化，具有新的特点。其一，反侵略研究不是停留在感情层面，具有了更深刻的学术内涵。揭露外国列强对中国的侵略，仍是这一研究领域责无旁贷的使命，这是一个曾遭受深重压迫的民族所必要的历史回顾。不同的是，从这个时期开始的反侵略研究，虽没有也不可能完全脱离感情的因素，但更注重学术上的探讨，从而更为客观，也更为有力地揭示了历史的真实。曾一枝独秀的中俄关系暨中俄条约研究，在原有基础上更有了新的进展，通过扎实的学术探讨而揭示的客观史

---

① 见王铁崖编：《中外旧约章汇编》，生活·读书·新知三联书店，1982 年重印。

② 如程道德等编：《中华民国外交史资料选编》1919—1931 及 1911—1919 两册（北京大学出版社，1985、1988 年），中国第二历史档案馆编：《中华民国史档案资料汇编》（江苏古籍出版社，1986 年），等等。

③ 如中国社会科学院近代史研究所译《顾维钧回忆录》13 册（中华书局，1983—1994 年，其中 1—11 册系80 年代出版），对中外关系和条约研究具有重要价值；人物文集、日记如孙中山、薛福成、崔国因等，以及地方志和资料丛稿等，载有废约斗争方面的史料。

④ 如［苏］A·普罗霍罗夫著《关于苏中边界问题》（北京印刷三厂等译，商务印书馆，1977 年）、［日］重光葵口述《重光葵外交回忆录》（天津市政协编译委员会译，知识出版社，1982 年）、《日本外交文书选译——关于辛亥革命》（邹念之编译，中国社会科学出版社，1980 年），等等。

⑤ 如故宫博物馆明清档案部等编：《清季中外使领年表》（中华书局，1985 年），等等。

实，更具有说服力。其二，研究领域和范围更为扩大，更为全面，涉及各个方面。这个时期，由于打破各种片面倾向的束缚和影响，中外条约领域较为全面地开始了真正的学术研究。条约的专题研究，以及相关的中外关系史和外交史研究，在充分揭示列强侵华罪行的同时，又不同程度地跳出纯粹侵略史的窠臼，注重更客观地从各个角度和层面解析中外条约和中外关系的种种问题。其三，条约研究中的价值判断趋于客观，开始克服机械的阶级分析方法。例如，此前在革命观下似被视为禁区的论题，也不再回避。关于清政府和民国政府，以前被视为反动政府，往往忽略它们在反对不平等条约方面所起的作用，或者评价有失客观。在这个时期，它们在相关交涉和斗争中所作努力，得到了肯定。其四，在思想认识上与时俱进，研究主题和思路有新的扩展，明显地反映了开放时代的观念。例如，不少论著注意到中外条约及其特权，在客观上对中国社会产生的积极影响，有关通商口岸和租界问题的探讨，与中国的近代化进程紧密联系起来。诸如此类，反映了改革开放之后中外条约研究的新趋向。

必须看到，这个时期的中外条约研究虽然取得重要进展，但仍存在各种局限。其一，理论探讨严重不足，影响这一领域的深入研究。例如，条约本身的理论问题未能进行探讨，再则未与国际法的理论和知识结合起来。其二，对条约的整体认识仍不全面，仍主要限于不平等条约范畴。在认识上，仍将所有条约视为不平等条约，尚未完全打破这一窠臼。其三，从条约本身而言，尚缺乏整体的宏观研究，还停留在微观或中观的层面。其四，对近代中外条约缺乏纵向研究，尚无一部条约史或条约关系史。其五，对条约与近代中国社会的关系，即对条约的横向联系，尚缺乏足够的认识和必要的研究。其六，条约与国际政治格局的关系，即与国际秩序的关系，尚未引起重视，等等。由于这些局限，研究的广度和深度仍差强人意，还有待进一步加强。但是，从这个时期开始，中外条约专题研究初步兴起，学术空气愈趋浓厚，相关学科的发展亦为研究在理论上的深化提供了一定的条件，①相关资料

---

①　这个时期，国际法研究取得了显著的进展，如李浩培《条约法概论》（商务印书馆，1987 年）的出版，对中外条约的研究而言，具有更重要的国际法理论意义。

不断整理出版，等等，为这一领域的发展奠立了基础。

进入 90 年代，随着改革开放的扩大，进一步摆脱"左"倾思想的束缚，学术研究更为繁荣。在这一大环境之下，也由于收回香港、澳门这一伟大历史事件的推动，中外条约研究出现新气象，在中外关系领域脱颖而出。在 80 年代学术积累的基础上，这个时期又获得进一步发展，形成在各个领域全面推进的态势。

中外关系和中外条约研究，涉及中国近现代史的一些基本问题，需要科学的理论引导。除了用马克思主义的辩证唯物主义和历史唯物主义作指导之外，在具体研究中还需要克服一些有害的倾向。90 年代，学术界尤注意在中外关系领域克服两种倾向，以保证近代中外关系和中外条约研究的健康发展。一是纠正肯定帝国主义侵略的倾向。随着西方学术论著的引入，殖民主义思想又再度抬头，给中国学术界以影响，出现了附和或掩盖、美化帝国主义侵略的倾向。学术界注意到这一倾向，并一再予以辨正。余绳武撰文指出："不论费正清的旧著或《晚清史》，都把清代宗藩关系看作是一种绝对不平等的国家关系，集中体现了中国对其他国家的歧视和压迫。这种认识是片面的。事实上，清代宗藩关系是中国封建统治者与部分邻国的封建统治者之间为了互相支持而建立的特殊政治关系，在某种意义上也可以说是同盟关系。""《剑桥中国晚清史》不但对鸦片战争起因作了歪曲的解释，而且竭力掩盖这次侵华战争的直接后果——南京及其续约的不平等性质。"① 李文海批评这种倾向："观察任何问题，也包括观察历史现象，总要有一个立足点和出发点，或者叫立场。不同的立场就会有不同的感情，谁也回避不了。"谴责侵略行径和对殖民主义感恩戴德，均是一种"感情"，"究竟哪一种更加接近历史的真实，这实在不是靠自我的标榜，而要经受历史实际的检验"。② 张海鹏针对否定反帝斗争的"糊涂认识"，指出："这种观点，显然是无视近代中国历史发展基本事实的"，③ "反帝斗争是近代中国社会进步的力量源泉之一，是近代历史留给中国人民的宝贵精神财富"。

---

① 余绳武：《殖民主义思想残余是中西关系史研究的障碍》，《近代史研究》1990 年第 6 期。
② 李文海：《晚清历史的屈辱记录——〈中国近代不平等条约书系〉前言》，《清史研究》1992 年第 2 期。
③ 张海鹏：《不能否定近代中国人民的反帝斗争》，《高校理论战线》1996 年第 6 期。

"不加分析地说'世界走向中国'，并不能给今天的读者带来有关近代中国历史的真实知识"。① 二是继续克服"左"倾思想的影响。长期以来，在反对外国侵略的同时，又片面地看待西方的东西，对随侵略带来的某些对中国社会发展有益的事物，也一概否定，如列宁所批评的，将孩子和脏水一起泼掉。这个时期，学术界更进一步清除这种"左"的倾向，用辩证唯物主义的观点客观剖析近代中外关系和中外条约中的积极因素。张振鹍撰文指出，"资本、帝国主义侵华的情况是严重的，但这并不是说这些国家在华活动或对华关系的每一件事都是侵略，或者它们来中国的每一个人都是侵略者。不平等条约造成一种外国在华的侵略机制，而由外国与中国间国交的建立中又产生一种相互正常交往的机制，两者同时运行，其总和构成全部近代中外关系。至于两者各自作用的大小，则因国、因时、因事而异，这是一个不断发展变化的过程"。② 在具体研究中，研究者也充分注意到这一双重影响，关注平等条约和平等条款，注意到西方事物中有助于中国社会进步的积极因素，等等。

在不断矫正各种片面倾向的过程中，中外条约研究向全面化迈进，专题研究更为广泛，更为深入，在各个方面取得重要进展。

其一，不平等条约整体研究新格局的出现。这个时期出版发表了相关论著，③ 从不同角度对不平等条约作了整体研究，相应形成了具有理论意义的研究框架。如《不平等条约与近代中国》一书，分为条约体系、领土主权、政治主权、经济主权、典型个案、废约斗争五章，对不平等条约的各项内容分门别类作了阐述，在此基础上探讨了中国反对和废除不平等条约的斗争历程。《近代中国的条约制度》一书共 12 章，从国际法和制度的角度，从宏观和微观的结合上，对不平等条约作全面系统的整体、综合研究。该书对"条约制度"概念的涵义作了理论探析，认为，条约制度是国际法的一项重要制度。理应反映国家之间正常、平等的相互关系，但近代中国的条约制度则

---

① 张海鹏：《近年来中国近代史研究中的若干原则性争论》，《马克思主义研究》1997 年第 3 期。
② 张振鹍：《近代中国与世界：几个有关问题的考察》，《近代史研究》1990 年第 6 期。
③ 如李育民《近代中国的"条约制度"论略》（1990 年"近代中国与世界"国际学术讨论会论文，载《湖南师大学报》1992 年第 6 期）和《近代中国的条约制度》（湖南师范大学出版社，1995 年），郭卫东《不平等条约与近代中国》（高等教育出版社，1993 年），等等。论文有程道德《试述近代中国不平等条约体系的形成与扩展》（《中外法学》1994 年第 3 期）、高放《近现代中国不平等条约的来龙去脉》（《南京社会科学》1999 年第 2 期）。

是特定历史时期的产物，有其特定的涵义，它是列强对中国行使"准统治权"的特权制度。又把它放在资本主义的"世界国家秩序"的大背景下，考察它的产生、形成和发展，具体探讨了领事裁判权、通商口岸和租界、协定关税、外籍税务司、最惠国待遇、沿海内河航行、宗教教育、租借地和势力范围、驻军和使馆区、路矿及工业投资、鸦片贸易、"苦力贸易"和自由雇募等各种不平等条约特权制度的起源变化和内容特质，并论述了条约制度与国际法的关系，对中国社会的复杂影响，以及被废弃的大致过程。这个时期，部分学者以条约为研究旨趣，在中国近现代史领域明显产生了一种新的研究取向。

其二，条约个案和条约特权研究的深化。条约个案研究方面，中英条约尤其是《南京条约》，受到特别关注，发表了一批文章。研究者未停留在内容介绍，而对其相关的各个问题进行探讨，而且更为细微具体。或论及列强在华领事及香港问题，或剖析对中国社会的影响，或揭示士大夫的反应，或从语言学的角度，或探讨清末中英商约谈判，等等。[1] 其他还论及中美商约、中葡订约和中日《马关条约》等，[2] 以及相关条约对清末法制改革的影响。这些论文不同程度地深化了已有研究，或揭示新的问题。中俄所订不平等条约，如中俄间第一个不平等条约和边界问题，平等新约签订之后的中苏条约及其相关问题等，仍为研究者所关注。[3]

条约特权的研究，也取得重要进展，范围更广，内容更具体，触角更深

---

[1] 如朱从兵《〈南京条约〉和近代西方列强在华领事》（《广西师范大学学报》1992 年第 3 期）、戚其章《〈南京条约〉与中国近代化的启动》（《民国档案》1997 年第 2 期）、刘学照《〈南京条约〉订立前后的"夷务"争议与民族觉醒》（《民国档案》1997 年第 2 期）、范守义《关于〈南京条约〉和〈望厦条约〉的语言学研究》（《外交评论·外交学院学报》1992 年第 2 期）、李育民《英国与近代中国的不平等条约》（《湖南师范大学学报》1997 年第 2 期）、王栋《中英〈马凯条约〉的谈判与签订》（《学术月刊》1996 年第 4 期），等等。

[2] 如陶文钊《1946 年〈中美商约〉：战后美国对华政策中经济因素个案研究》（《近代史研究》1993 年第 2 期）、黄庆华《有关 1862 年中葡条约的几个问题》（《近代史研究》1999 年第 1 期），等等。

[3] 如吕一燃《中俄霍尔果斯河界务研究——从〈伊犁条约〉到〈沿霍尔果斯河划界议定书〉》（《近代史研究》1990 年第 5 期）、米镇波《1845 年尼·柳比莫夫的秘密考察与〈中俄伊犁塔尔巴哈台通商章程〉的签订》（《近代史研究》1994 年第 5 期）、郦永庆《〈中俄伊犁塔尔巴哈台通商章程〉再研究》（《近代史研究》1995 年第 3 期）、陶文钊《1945 年中美苏关系的一幕——从雅尔塔秘密协定到〈中苏友好同盟条约〉》（《美国研究》1990 年第 4 期）、刘存宽《雅尔塔协定与 1945 年中苏条约》（《史学集刊》1991 年第 1 期），等等。

入。尤值得指出的是，围绕某些特权制度，出版了相关专著。① 其中通商口岸和租界的研究，尤为研究者所重视，包括有关城市史研究的专著和通俗读物。此外，还有不少专题论文，从各个角度作了探讨，或对通商口岸作整体研究，或探讨某城市租界。② 其他特权制度如协定关税、海关行政、领事裁判权、最惠国待遇、传教、驻军等特权制度，研究更为全面、深入。③ 除了继续探讨不平等条约特权的负面作用之外，研究者注意到某些特权对中国社会的刺激而在客观上产生的积极影响。此外还论及赔款、鸦片贸易和华工招募等特权问题。

其三，废约史研究取得重要进展。除了总体论述④之外，还有大量论文涉及收回香港、澳门的斗争，以及某一特权的废弃及其交涉。⑤ 此外，废止旧俄不平等条约问题，仍为研究者所关注，并有新的推进。⑥ 废约斗争的其他问题，如民众斗争，如反入城斗争、收回汉口九江租界，以及政府交涉如

① 如费成康《中国租界史》（上海社会科学院出版社，1991年）、张洪祥《近代中国通商口岸与租界》（天津人民出版社，1993年）、吴孟雪《美国在华领事裁判权百年史》，如叶松年《中国近代海关税则史》（上海三联书店，1991年），陈诗启《中国近代海关史（晚清部分）》和《中国近代海关史（民国部分）》（人民出版社，1993、1999年），戴一峰《近代中国海关与中国财政》（厦门大学出版社，1993年），等等。

② 如余才恒《近代中国"开埠"述论》（《南京社会科学》1993年第4期）、吴乾兑《鸦片战争与上海英租界》（《近代史研究》1990年第6期），等等。研究者探讨了通商口岸和租界对中国社会的影响，尤其是积极作用，如陈振江《通商口岸与近代文明的传播》（《近代史研究》1991年第1期）、周绍荣《租界对中国城市近代化的影响》（《江汉论坛》1995年第11期）、吴士英《论租界对近代中国社会的复杂影响》（《文史哲》1998年第5期），等等。

③ 如张立真《中英鸦片税厘并征交涉》（《社会科学辑刊》1991年第4期）、翟后柱《试述海关防杜子口税流弊的改进措施》（《中国社会经济史研究》1992年第1期）、薛鹏志《中国近代保税关栈的起源和设立》（《近代史研究》1991年第3期）、唐之国《略论近代中国常关制度半殖民化的形成及影响》（《河南师范大学学报》1991年第2期）、李育民《近代中国的领事裁判权制度》（《湖南师范大学学报》1995年第4期）、郭卫东《近代中国利权丧失的另一种因由——领事裁判权在华确立过程研究》（《近代史研究》1997年第2期）、李育民《近代中国的最惠国待遇制度》（《湖南师范大学学报》1995年第6期）、郭卫东《片面最惠国待遇在近代中国的确立》（《近代史研究》1996年第1期），等等。

④ 如王建朗《中国废除不平等条约的历史考察》（《历史研究》1997年第5期）。

⑤ 如刘存宽《1942年关于香港新界问题的中英交涉》（《抗日战争研究》1991年第1期）、齐鹏飞《旧中国政府早期"收回香港"的外交活动述评》（《中国人民大学学报》1997年第5期）、黄鸿钊《清末民初中葡关于澳门的交涉和新约的签订》（《中国边疆史地研究》1999年第2期）、旦一燃《民国时期中国人民收回澳门的斗争与中国政府的态度》（《近代史研究》1999年第6期）、程道德《试述南京国民政府建立初期争取关税自主权的对外交涉》（《近代史研究》1992年第6期）、陈诗启《迈向关税自主的第一步——广东国民政府开征二.五附加税》（《近代史研究》1995年第1期）、华友根《帝国主义在华领事裁判权的形成、废除及其斗争》（《史林》1991年第2期）、杨丹伟《近代中国法权交涉的历史考察》（《东方论坛》1999年第4期），等等。

⑥ 如李嘉谷《略论苏联对〈中俄解决悬案大纲协定〉的态度》（《山西师范大学学报》1990年第2期）、李嘉谷《苏联史学界关于俄中关系史研究观点的演变》（《近代史研究》1990年第3期），等等。

南京初期的修约交涉、平等新约等。① 此外还考察了华侨在废止中比条约中的斗争,清政府对不平等条约的态度,或提出新的见解,或探讨新的问题,或深化已有研究。

其四,平等条约和平等条款研究的起步。以往对近代中外条约的研究,均限于不平等条约。这个时期,研究者突破这一局限,对平等条约和平等条款等作了探讨,② 开始了这一领域的研究。

其五,与国际法理论的结合。尤值得指出,条约与国际法的关系问题,更引起了重视。除了前述"条约制度"的有关论著之外,其他相关论著亦从不同角度论及条约与国际法的关系,涉及对外交涉中的国际法问题,中国外交与国际法,以及国际法输入及其影响等。③

其六,条约史实和概念的考证、补充、辨误及其评析。中外条约研究涉及概念和史实的准确认定,在相关问题的探讨中,研究者作了考证和辨误,其中某些问题存在不同看法并引起争论。④ 这些问题的探讨,除了弄清史实之外,还关涉条约研究的基本概念和理论,有助于深化认识,推动研究。

其七,其他问题的研究。包括日本修约和中日比较,⑤ 以及人物与中外条约等问题的研究。后者范围更为广泛,除李鸿章是关注的重点之外,还涉及其他人物。晚清如道光帝、肃顺、叶名琛、何桂清、曾国藩、曾纪泽、奕䜣、马建忠、王韬、郭嵩焘等人,民国如顾维钧、伍廷芳、陆征祥、颜惠

---

① 如茅海建《关于广州反入城斗争的几个问题》(《近代史研究》1992 年第 6 期)、于桂芬《收回汉浔租界与武汉国民政府的作用》(《东北师范大学学报》1991 年第 2 期)、申晓云《南京国民政府"撤废不平等条约"交涉述评——兼评王正廷"革命外交"》(《近代史研究》1997 年第 3 期)、吴景平《中美平等新约谈判述评》(《抗日战争研究》1994 年第 2 期),等等。

② 如欧阳跃峰等《李鸿章与近代唯一的平等条约》(《安徽师范大学学报》1998 年第 2 期)、苏全有《晚清时期中外条约内容都是不平等的吗》(《河南师范大学学报》1998 年第 4 期)。

③ 如张海鹏《试论辛丑议和中有关国际法的几个问题》(《近代史研究》1990 年第 6 期)、程道德主编:《近代中国外交与国际法》、杨泽伟《我国清代国际法之一瞥》(《中州学刊》1996 年第 2 期)和《近代国际法输入中国及其影响》(《法学研究》1999 年第 3 期),等等。

④ 见茅海建《第一次中比条约的订立时间及其评价》(《近代史研究》1994 年第 2 期)、郭卫东《〈江南善后章程〉及相关问题》(《历史研究》1995 年第 1 期)、朱树谦《〈江南善后章程〉及相关问题辨正》(《历史研究》1996 年第 5 期)、王庆成《英国起草的〈中日北京专条〉及与正式本的比较》(《近代史研究》1996 年第 4 期);张振鹍《〈中国和拉丁美洲关系简史〉:有关"立约建交"若干问题的商榷》(《世界历史》1992 年第 5 期)和《"二十一条"不是条约——评〈中国近代不平等条约选编与介绍〉》(《近代史研究》1999 年第 3 期)等。

⑤ 如周启乾《近代日本修改不平等条约的考察》(《天津社会科学》1999 年第 2 期)、徐畅《近代中日废约比较分析》(《东方论坛》1999 年第 3 期)、王铁军《浅论近代日本与欧美列强不平等条约的修订》(《日本研究》1997 年第 1 期),等等。

庆、王正廷、宋子文、陈友仁、孙中山、王世杰，等等，均涉及与条约的关系。此外，外国人物也为研究者所注意，如赫德等。

其八，不平等条约研究与爱国主义和国情教育的结合。由于改革开放后思想领域出现了各种新问题，党和国家提出了加强思想政治教育的要求，编写和出版有关不平等条约的通俗性著作得到高度重视，以不平等条约为题的通俗读物纷纷出版。这些著作形式多样，对近代重要的不平等条约的产生、内容及危害作了评述，部分著作还附有条约原文。其中的精品力作，不仅通俗易懂，生动形象，颇有价值。"既不同于那些过于专业化的史学专著，又不同于一般的教科书和普及性读物，而是一部集学术性、资料性、可读性于一体的著作，适合于层次广泛的读者。"书中"新观点、新材料、新写法随处可见，叙事、论理、资料并存一体，是我们在新形势下进行中国近代史教育、国情教育、社会主义教育和爱国主义教育的不可多得的好书"。① 其他有的著作，② "融资料性与理论性为一体"，亦具有一定的学术价值。

这个时期出版了一批有关中外关系和外交史著作，均论及中外条约问题。中外关系方面，国别研究如中英、中俄、中苏、中法等。③ 其他方面，或整体论述④，或以某时期为研究范畴。⑤ 外交史方面，多为整体研究，⑥ 或

① 如《中国近代不平等条约书系》，见曹天生：《评介〈中国近代不平等条约书系〉》，《真理的追求》1994年第1期。

② 如李济琛等主编：《国耻录——旧中国与列强不平等条约编释》（四川人民出版社，1997年）、牛创平等编著《近代中外条约选析》（中国法制出版社，1998年），等等。

③ 如朱宗玉等：《从香港割让到女王访华（中英关系 1840—1986）》，福建人民出版社，1990年；胡礼忠等：《从尼布楚条约到叶利钦访华——中俄中苏关系 300 年》，福建人民出版社，1994年；杨元华：《从黄埔条约到巴拉迪尔访华（中法关系 1844—1994）》，福建人民出版，1995年；李连庆：《冷暖岁月——一波三折的中苏关系》，世界知识出版社，1999年，等等。

④ 如唐培吉主编：《中国近现代对外关系史》，高等教育出版社，1994年；吴士英：《百年中外关系史》，东北师范大学出版社，1995年；季平子：《从鸦片战争到甲午战争——1839年至1895年间的中国对外关系史》，华东师范大学出版社，1998年，等等。

⑤ 如李世安：《太平洋战争时期的中英关系》，中国社会科学出版社，1994年；陶文钊等：《抗日战争时期中国对外关系》，中共党史出版社，1995年；王建朗：《抗战初期的远东国际关系》，东大图书股份有限公司，1996年；孙莹等：《大革命时期的中外关系》，武汉大学出版社，1997年，等等。

⑥ 如吴东之：《中国外交史（中华民国时期 1911—1949）》，河南人民出版社，1990年；杨公素：《晚清外交史》，北京大学出版社，1991年；赵佳楹编著：《中国近代外交史（1840—1919）》，山西高校联合出版社，1994年；石源华：《中华民国外交史》，上海人民出版社，1994年；张圻福主编：《中华民国外交史纲》，人民日报出版社，1995年；何茂春：《中国外交通史》，中国社会科学出版社，1996年，等等。

作国别研究,① 或以鸦片战争和列强侵华为主题,② 或涉及边界问题。③ 另外,有关外交体制和机构的研究,也涉及中外条约。④ 其他方面,如近代通史、清代史和中华民国史,以及国民革命史和中共党史等方面的著作,也论及中外条约,以及反对不平等条约的斗争等问题。

资料方面,改革开放之后,又影印出版了清政府编辑的条约集,以及其他相关资料。⑤ 此外还有相关的人物文集,如李鸿章全集的整理,等等。此外,学术界还翻译了一批相关的外国文献资料和研究著作,出版了各种研究综述和工具书,既反映了研究的进展,又给进一步研究提供了便利。⑥ 其他还有国际法、民国史、中共党史等辞典,⑦ 均涉及条约问题。

中外条约是中国近现代史的基本问题之一,中国近现代史的研究,与此有着不可分割的关系。随着学术研究环境的不断改善,这一研究领域受到了各方面的重视,推动了研究的发展。更多的研究者投入到条约或废约史研究中,逐渐形成了一支以此为主攻方向的研究队伍。多所高等院校和科研机构以此作为硕、博士的培养方向,已产生了一批与此相关的硕士、博士论文。同时,条约和废约问题研究,受到了相关学科的专家和政府社科规划部门的重视,开始被纳入国家社科基金项目指南,给予了有力的支持。这个时期还

---

① 李定一:《中美早期外交史》,北京大学出版社,1997年;王明星:《韩国近代外交与中国 1861—1910》,中国社会科学出版社,1998年,等等。

② 如茅海建著《天朝的崩溃:鸦片战争再研究》(生活·读书·新知三联书店,2005年)、中国社会科学院近代史研究所《日本侵华七十年史》(中国社会科学出版社,1992年)。

③ 如张锡群、吴克明著《中国近代割地简史》(河南人民出版社,1989年)、杨昭全、孙玉梅著《中朝边界史》(吉林文史出版社,1993年),等等。

④ 如王立诚著《中国近代外交制度史》、吴福环著《清季总理衙门研究 1861—1901》(新疆大学出版社,1995年)。

⑤ 如田涛主编:《清朝条约全集》3卷(黑龙江人民出版社,1999年)、薛衔天等编:《中苏国家关系史资料汇编》3册(中国社会科学出版社,1993、1996、1997年)、中国近代经济史资料丛刊编辑委员会主编:《辛丑和约订立以后的商约谈判》、朱金甫主编:《清末教案》6册(中华书局,1996—2006年)、上海市政协文史资料委员会等编:《列强在中国的租界》(中国文史出版社,1992年)、中国第二历史档案馆编:《国民政府政治制度档案史料选编》上下(安徽教育出版社,1994年)、《中华民国史档案资料汇编》,等等。

⑥ 如夏良才著《近代中外关系史研究概览》(天津教育出版社,1991年)、朱寰等主编:《中国对外条约辞典1689—1949》(吉林教育出版社,1994年)、朱杰勤等主编:《中外关系史辞典》(湖北人民出版社,1992年)、石源华主编:《中华民国外交史辞典》(上海古籍出版社,1996年),等等。

⑦ 如马骏等撰:《国际法知识辞典》,陕西人民出版社,1993年;尚海等主编:《民国史大辞典》,中国广播电视出版社,1991年;景杉主编:《中国共产党大辞典》,中国国际广播出版社,1991年;余先予主编:《国际法律大辞典》,湖南出版社,1995年;刘志强主编:《中国抗日战争大典》,湖南出版社,1995年,等等。

召开了相关的学术讨论会，如 1997 年 6 月，由中共南京市委宣传部、南京市地方志办公室联合举办"香港回归与《南京条约》学术研讨会"。与会者对《南京条约》及其相关问题，作了多方面的研讨。

由于各方努力和重视等因素，90 年代中外条约研究有了重要发展，出版发表了一大批论著，扩大和深化了前一阶段的研究，初步形成了该领域的研究体系，研究内容和范围更加全面广泛，研究框架进一步完善，研究理论也受到关注。在具体研究中，提出了不少新的论题，拓展了研究领域；已有研究进一步深入，并开展学术争鸣阐述不同见解，在各方面取得重要的突破和进展。总之，在这个时期，中外条约的研究获得全面发展，走向了初步繁荣，其研究体系也有了一个基本的雏形。但从总体来看，这个时期还存在种种不足之处，除了缺乏整体研究之外，主要体现在：一是废约史研究尚停留在专题论文阶段，缺乏整体性研究，尚无系统完整的学术著作。二是理论研究仍较薄弱，对条约本身及其与国际法的关系缺乏系统的探讨。三是对条约的影响，尤其是与近代中国社会的关系，研究有欠深入。四是其他条约及特权研究，条约交涉等，亦有进一步探讨的空间。

第四节　整体研究框架和体系的基本成形及其趋向

自 21 世纪以来，中外条约研究取得了更为显著的成绩，在诸多方面有重要的进展和突破。从总体上看，作为中外关系史中的一个重要分支，条约研究在全面发展中，越来越显示出它的相对独立性。长时期以来，中外条约研究关注的问题，主要侧重于不平等条约，且支离散乱，缺乏全面系统研究。20 世纪 90 年代有很大改观，不平等条约方面出版了总体研究的成果，并提出了相应的体系。中外条约研究的另一主要支柱，即废约史研究，虽取得显著成绩，宏观上也有简略的概述，但仍缺乏系统性和完整性。理论研究虽然开展起来，但仍有诸多缺失，不能适用这一领域研究的发展。进入新世纪之后，近代中外条约研究的主要分支取得重要进展，其整体研究框架基本成形，为构建完整系统的研究体系奠立了基础。

其一，进入21世纪，废约史研究取得了重大进展，产生了一大批成果。尤其是出版了一批废约史专著，即：王建朗著《中国废除不平等条约的历程》（江西人民出版社，2000年）、李育民著《中国废约史》（中华书局，2005年）、徐文生编著《中华民族废除不平等条约斗争史》（西南交通大学出版社，2008年）、台湾学者唐启华著《被"废除不平等条约"遮蔽的北洋修约史（1912—1928）》（社会科学文献出版社，2010年）。这几部著作各有特点，或全方位论述整体概貌，或专门探讨某时期的政府交涉，从不同的角度补充和完善了废约史的研究体系。如李文海所言，《中国废除不平等条约的历程》"搭建了一个具体而严密的框架"，《中国废约史》则"建立了一个更为完整的体系，全面系统而又详实细致"。① 废约史专著的出版，说明这一研究从零散个案转向了整体，在广度和深度上均取得重大进展。近代中外条约研究领域也由此更为完整全面，具有了系统性或体系性特点，而这正是一门学科所必须具备的特性。同时，这几部废约史专著存在的差异，包括不同的研究构架和学术见解，既反映了研究的不断推进，又体现了百家争鸣的学术精神，并有着相得益彰的互补性。除此之外，还有其他论著，或探讨某一时期的修约交涉，或专题研究某国家及某一特权的撤废。②

民国时期的废约斗争研究，为研究者所重视，除了前述几部专著之外，专题研究也有显著的创获。例如中俄（苏）间的废约问题，③ 北京政府时期的废约运动及其修约交涉的研究等，取得一批重要成果，或从各个角度探讨

---

① 李文海：《中国废约史》"序"，中华书局，2005年。
② 如张龙林：《美国在华治外法权的终结——1943年中美新约研究》，中山大学出版社，2012年，等等。
③ 如唐启华《1924年〈中俄协定〉与中俄旧约废止问题——以〈密件议定书〉为中心的探讨》（《近代史研究》2006年第3期）、《1924—1927年中俄会议研究》（《近代史研究》2007年第4期）、《北京政府对旧俄条约权益的清理（1917—1922）》（《文史哲》2009年第5期）几文，以及黄华《沙皇俄国侵华条约的翻版——再评1924年中苏两国签订的〈中俄解决悬案大纲协定〉》（《理论界》2008年第4期）、宋晓芹《斯大林未曾许诺过要废除〈中苏友好同盟条约〉》（《中共党史研究》2000年第5期）、张盛发《中长铁路归还中国的历史考察》（《历史研究》2008年第4期），等等。

了民众废约斗争,①或对北京政府的修约尝试及其交涉作了探讨,②或关注对于废约斗争中的国民外交,废约运动与民国政治的关系。③关于南京政府的修约交涉,亦有专题探讨。④

其二,相关概念和理论的探讨,在这个时期受到极大关注,并趋于深化,取得显著成绩,是这一研究领域逐渐走向成熟的重要体现。20世纪末提出的条约概念问题,21世纪初进行了尖锐的争论,提出了不同的意见。⑤另外,研究者专就条约研究的相关概念和理论问题进行探讨,包括中外条约关系的基本理论,基本形态,战争与其关系,以及马克思主义史学理论的指导意义,等等。⑥或考察晚清时期"不平等条约"概念的认识过程,或对这一概念的评判标准作了有意义的论析。⑦或从构建话语体系的角度,

---

① 如李良明《收回汉口英租界原因之再认识》(《中共党史研究》2002年第2期)、陈廷湘《1920年前后两次争国权运动的异样形态及形成原因》(《近代史研究》2005年第2期)、李育民《"五四"与中国近代的废约反帝运动》(《中共党史研究》2009年第6期)、左双文《朦胧的、不确定的救国理念——"二十一条"交涉期间新式知识精英的初步反应》(《南京大学学报》2007年第3期)、李永春《"二十一条"交涉期间的政府外交与社会舆论》(《求索》2007年第9期)、王建伟《"废除"还是"修改"——五卅时期关于"不平等条约"问题的论争》(《学术研究》2009年第11期),等等。

② 如李恭忠《观念的成长与主体的缺席——20年代初收回引水权的尝试》(《福建论坛》2001年第3期)、冯筱才《沪案交涉、五卅运动与一九二五年的执政府》(《历史研究》2004年第1期)、杨天宏《北洋外交与"治外法权"的撤废——基于法权会议所作的历史考察》(《近代史研究》2005年第3期)和《北洋外交与华府会议条约规定的突破——关税会议的事实梳理与问题分析》(《历史研究》2007年第5期)、马建标《谣言与外交——华盛顿会议前"鲁案直接交涉"初探》(《历史研究》2008年第4期)、刘利民《日本越界侵渔与民国北京政府的应对(1924—1927)》(《抗日战争研究》2013年第3期),等等。

③ 如虞和平《五四运动与商人外交》(《近代史研究》2000年第2期)、李斌《废约运动与民国政治》(湖南人民出版社,2011年)、《废约与十月革命道路的选择——兼论苏俄对华宣言的影响》(《湖南社会科学》2007年第6期),等等。

④ 如王建朗《日本与国民政府的"革命外交":对关税自主交涉的考察》(《历史研究》2002年第2期)、李亮《中美关税交涉与日本外交应对》(《史林》2014年第2期)、刘利民《试论南京国民政府改订新约运动与收回航权关系》(《湖南师范大学学报》2017年第5期)、刘利民《试论1927—1937年国民政府制止日人侵渔政策》(《抗日战争研究》2015年第1期),等等。

⑤ 见郑则民《关于不平等条约的若干问题——与张振鹍先生商榷》(《近代史研究》2000年第1期)、张振鹍《再说"二十一条"不是条约——答郑则民先生》(《近代史研究》2000年第1期)两文。

⑥ 见李育民《近代中外条约相关概念和理论研究述略》(《近代史研究》2011年第5期)、《马克思主义史学理论与近代中外条约研究》(《红旗文稿》2017年第5期)、《近代中外战争与条约关系》上下,(《社会科学研究》2015年第6期、2016年第1期)、《晚清中外条约关系的基本理论探析》(《中国高校社会科学》2016年第5期)、《晚清中外条约关系的基本形态论析》(《史林》2016年第4期),等等。

⑦ 见李育民、余英《晚清时期"不平等条约"概念的提出及其认识》(《人文杂志》2020年第11期);侯中军《近代中国的不平等条约——关于评判标准的讨论》(上海书店出版社,2012年),以及系列论文,如《不平等概念与近代中国的不平等条约》(《中国社会科学院研究生院学报》2006年第2期)、《不平等条约研究的若干理论问题之一——条约概念与近代中国的实践》(《人文杂志》2006年第6期)、《近代中国不平等条约及其评判标准的探讨》(《历史研究》2009年第1期)等。

对进一步深入研究近代中外条约作了理论思考。^① 对诸如此类的这些问题的研究，有助于推动中外条约的深入研究，具有重要意义。除外，其他如各阶级、阶层对条约及不平等条约的认识和理解，以及废除不平等条约的思想理论，包括废约主体的思想主张、理论策略等方面，也从各种角度作了有意义的探析。总之，21 世纪以来，在中外条约研究中，研究者对相关概念和理论问题予以极大的重视，并取得了显著的成果。上述成果和探讨，从不同层面揭示并充实了这一领域的理论内涵，为今后进一步拓展和深化研究，提供了重要的支撑，由此也反映近代中外条约的研究体系，正走向成熟。

条约属国际法的范畴，研究条约问题不能忽视这一基本理论，这个时期，近代中外条约与国际法问题的研究，取得了显著的进展。如前所述，20 世纪80 年代，研究者已开始关注国际法传入中国问题，90 年代，有研究者从国际法的角度研究近代中外条约。在废约史研究中，也间或有研究者批评列强违反国际法，但少有具体的探讨。进入 21 世纪之后，有关国际法在近代中国的传入及运用的研究形成热潮。或对国际法的传入系统阐述，并论及清政府运用国际法进行条约交涉及其得失，同时也揭示了"国际公法"多面与多层次的复杂性；^② 或对中日甲午战争这一重要事件作了国际法的解析，其中包括相关的条约问题；^③ 或运用国际法理论剖析废约及其交涉，包括废约的法理依据及国际法发展变化的影响等问题。^④ 其他不少论著，也多注重从这一角度论析。此外，还有大量个案研究的论文，或介述有关人物对国际法的认识，^⑤ 或探

---

① 见《近代中外条约研究的话语体系构建》（《中国社会科学》2020 年第 3 期），等等。

② 见田涛著《国际法输入与晚清中国》（济南出版社，2001 年）、林学忠著《从万国公法到公法外交——晚清国际法的传入诠释与应用》（上海古籍出版社，2009 年）等等。

③ 戚其章著《国际法视角下的甲午战争》（人民出版社，2001 年），参见王建朗：《近代中外关系史研究的新视野——读〈国际法视角下的甲午战争〉》，《抗日战争研究》2002 年第 2 期。此外还有研究者作了类似的探讨，见郭渊《近代国际法视野下的中日丰岛海战》（《东北史地》2007 年第 5 期）。

④ 见李育民《中国废约史》（中华书局，2005 年）、杨和平《20 世纪中美关系与国际法》（巴蜀书社，2002 年）。

⑤ 如田涛：《郑观应对国际法的认识》，《天津师范大学学报》2001 年第 6 期；赵杰宏：《曾纪泽的国际法认识与实践初论》，《盐城工学院学报》2005 年第 2 期；张海平《曾纪泽与国际公法》，《怀化学院学报》2006 年第 12 期。

讨国际法的引入和国际法观念的兴起，^① 或剖析对外交涉中的国际法实践以及国际法对中国的影响，^② 或探析不平等条约及其特权与国际惯例和国际法的关系，^③ 或考析近代国际法传入和研究中的具体问题，^④ 等等。除了直接探讨近代有关国际法问题之外，国际法本身的研究，也多与近代中外条约结合起来。^⑤ 其他不少相关论著，亦不同程度地从国际法的角度讨论这一问题。历史学和国际法学的紧密结合，已成为一种普遍性的取向，进一步扩展了相关的概念和理论的探讨，由此深化了中外条约的研究。

其三，开启了一个新的研究领域或范畴，即条约关系研究。作为一个成长中的学科领域，研究者又不断探索和开辟新的研究视角和范畴，在探讨条约制度和条约体系的同时，条约关系的概念亦提了出来。^⑥ 在新世纪之后，对此展开了更明确和更为深化的专题探讨，提出了新的研究视角或范畴，并相应产生了一批成果。^⑦ 这是近代中外条约研究的新趋向，将这一领域的研究引向一个新的重要阶段。关于这一趋向的具体体现及其基本内容，其他相关部分详述，这里不赘。

从这个时期中外条约的具体研究来看，热点和视角均有新的变化，以往研究过的问题，也更为深化。

---

① 如何勤华：《略论民国时期中国移植国际法的理论与实践》，《中南财经政法大学学报》2001 年第 4 期；管伟：《论中国近代国际法观念的肇兴》，《政法论丛》2004 年第 3 期；陈玥：《小析晚清中国与近代国际法》，《兰州学刊》2004 年第 4 期。

② 如白京兰：《民国时期的新俄外交与杨增新的国际法实践》，《新疆大学学报》2001 年第 2 期；王玫黎：《国际法观念与近代中国法律改制》，《郑州大学学报》2003 年第 4 期；修志君《简论近代国际法对中国的影响》，《法律适用》2005 年第 10 期。

③ 如黄建江：《中国近代第一组不平等条约与国际惯例》，《新乡师专学报》2004 年第 6 期；潘攀：《上海公共租界在国际法上的地位》，《湘潭师范学院学报》2005 年第 5 期。

④ 王贵勤：《民国时期国际法研究考》，《华东政法大学学报》2007 年第 4 期；傅德元：《丁韪良主持翻译〈公法会通〉新探》，《河北学刊》2008 年第 2 期。

⑤ 如江国青：《论国际法与国际条约》，《真理的追求》2000 年第 9、10、11 期。

⑥ 郭卫东《不平等条约与近代中国》较早注意到这一问题，随后又在《转折：以早期中英关系和〈南京条约〉为考察中心》一书中作了阐述。

⑦ 如胡门祥《晚清中英条约关系研究》（湖南人民出版社，2010 年）；李育民《近代中外条约关系刍论》（湖南人民出版社，2011 年）、《晚清中外条约关系研究》（法律出版社，2018 年）、《晚清时期中美条约关系的演变》（《人文杂志》2018 年第 2 期），以及《抗战时期的中外条约关系论析》（《晋阳学刊》2014 年第 3 期）、《中外不平等条约关系的历史转折》（《求索》2014 年第 3 期）、《晚清中外条约关系中的平等内容探析》（《安徽史学》2017 年第 1 期）、《晚清中外条约关系的畸形法律性质论析》（《湖南师范大学学报》2017 年第 1 期）、《晚清中外不平等条约的法律关系论析》（张俊义、陈红民主编：《近代中外关系研究》第 7 辑，社会科学文献出版社，2017 年），等等。

　　其四，关于清政府对条约的立场、态度，与条约的关系的研究等，更为全面和深化。以往研究中较为薄弱的问题，在这个时期取得了重要进展，如关于清政府应对条约关系的思想观念及其变化，以及为维护和挽回主权所作谋划和交涉等等问题，研究者作了种种新的探讨。或从不同的角度探讨了清政府在有关条约问题的立场和态度，以及与列强冲突中所作的努力。① 或对自开商埠问题的探讨，从这一侧面揭示了清政府抵制条约特权所作努力。②

　　其五，条约关系运作中的外交及其体制研究。在条约关系之下，中国的外交格局发生了根本性变化，除了半殖民地的趋向之外，还逐渐向近代转型。研究者有了更进一步的研究，从各个角度揭示了条约制度的复杂影响。或论及条约交涉，③ 或探讨某些具体问题。④

　　与此相关，新的中外关系模式，或者说，新的国际秩序如何形成，与中国传统的对外体制有何联系等问题，是深入研究中外条约的基本问题之一。这一研究虽然尚未充分展开，但已引起了研究者的关注。⑤ 21 世纪以来，这

---

　　① 如李育民《晚清时期条约关系观念的演变》（《历史研究》2013 年第 5 期）、《论清政府的信守条约方针及其变化》（《近代史研究》2004 年第 2 期）、《晚清改进、收回领事裁判权的谋划及努力》（《近代史研究》2009 年第 1 期）、《清政府对中外条约关系的认识与调适》（《晚清改革与社会变迁》上，社会科学文献出版社，2009 年）、《中国废约史》等论著；以及张建华《清朝早期（1689—1869 年）的条约实践与条约观念》（《学术研究》2004 年第 10 期）、费驰《1868—1869 年〈中英新修条约〉谈判评述》（《吉林大学学报》2001 年第 2 期）、孙修福《试论近代海关监督及其维权斗争》（该文还论述了民国时期海关监督的维权斗争，见《民国档案》2005 年第 4 期）、李永胜《清末中外修订商约交涉研究》、李永胜《清政府收回海关权的最初谋划》（《历史档案》2006 年第 2 期）、曹英《两难的抉择：晚清中英关于香港在中国沿海贸易中的地位之争》（《近代史研究》2007 年第 4 期）、钟勇华《条约框架内的维权努力》（《兰州学刊》2012 年第 9 期），等等。

　　② 如杨天宏《口岸开放与社会变革——近代中国自开商埠研究》（中华书局，2002 年）、《近代中国自开商埠研究述论》（《四川师范大学学报》2001 年第 6 期），等等。

　　③ 如郭卫东《"照会"与中国外交文书近代范式的初构》（《历史研究》2000 年第 3 期）、张建华《中法〈黄埔条约〉交涉——以拉萼尼与耆英之间的来往照会函件为中心》（《历史研究》2001 年第 2 期）、王立诚《英国与近代中外贸易"法治"的建立》（《历史研究》2001 年第 2 期）、陈双燕《第二次鸦片战争中的税则谈判与晚清外交转型》（《中国社会经济史研究》2001 年第 3 期）、何新华等《中国首次对西方外交冲击的制度反应——1842—1860 年间清政府对西方外交体制的形成、性质和评价》（《人文杂志》2003 年第 4 期）、张效民《晚清政府的条约外交》（《历史档案》2006 年第 1 期）、李育民《从羁縻之道到条约外交》（香港《亚洲研究》第 64 期，2012 年）等等。

　　④ 如郭海燕《中日朝鲜通讯权之争与清朝外交政策的转变》（《文史哲》2007 年第 1 期）、《从朝鲜电信线问题看甲午战争前的中日关系》（《近代史研究》2008 年第 1 期）、颜丽媛《清末日僧在华传教权的条约之争》（《清史研究》2016 年第 1 期）等。

　　⑤ 如李育民：《近代中国的条约制度》，探讨了鸦片战争之前的朝贡关系和华夷秩序，以及条约制度作为中外之间的结合模式等。

一问题得到了较多研究者的重视，进一步探讨了朝贡制度与条约制度的转换，① 或对条约关系与朝贡关系的主要区别作了比较。② 此外，研究者对鸦片战争前的中外关系作了专题研究，③ 从不同角度考察近代中外条约关系的背景，有助于深入认识这一关系的形成。

其六，近代中外条约的影响及其综合研究。这一影响扩展到近代中国的各个领域，包括政治、经济、思想文化，等等。学术界开始予以全方位的关注，并组织编撰相关丛书，从近代中国这一宏观视野探析中外条约问题。宏观问题如中外条约与近代中国、条约关系等，具体论题如领水主权、医疗事业、国际公约，以及与政治、经济的关系等等。④ 这一成果反映了该研究领域的拓展和深化，在宏观上开辟了新的领域，提出某些具体的研究课题，表明这一研究体系的进一步完善。学术界予以肯定，认为这一丛书"深入研究了不平等条约的各个方面"，"可说是不平等条约研究成果的一次集中展现"，⑤ "弥补了以往条约研究中的种种缺失和不足"。⑥ "丛书对条约研究梳理之细、范围之广，无出其右者。""系统论证了条约与近代中国这样一个宏大的课题"，"展示了近代中外条约的基本面相"，"必将推进

---

① 如权赫秀《朝贡与条约的紧张关系——以欧美列强与日本对中韩朝贡关系的态度变化为中心》（《聊城大学学报》2013 年第 6 期）、陈国兴《从朝贡制度到条约制度——费正清的中国世界秩序观》（《国际汉学》2016 年第 1 期）、韩东育《东亚世界的"落差"与"权力"——从"华夷秩序"到"条约体系"》（《经济社会史评论》2016 年第 2 期）、李云泉《朝贡与条约之间——近代东西方国际秩序的并存与兼容》（《社会科学辑刊》2016 年第 6 期）等，郭卫东《转折：以早期中英关系和〈南京条约〉为考察中心》（河北人民出版社，2003 年），李育民《清政府应对条约关系的羁縻之道及其衰微》一文，亦论及这一问题。

② 见李育民：《晚清中外条约关系与朝贡关系的主要区别》，《历史研究》2018 年第 5 期。

③ 如李云泉《朝贡制度史论——中国古代对外关系体制研究》（新华出版社，2004 年）、陈尚胜主编：《中国传统对外关系的思想、制度与政策》（山东大学出版社，2007 年）、萧致治等编：《西风拂夕阳：鸦片战争前中西关系》（湖北人民出版社，2005 年）、吴义雄《条约口岸体制的酝酿：19 世纪 30 年代中英关系研究》（中华书局，2009 年），李育民《改易天朝体制的初试》（上下，《晋阳学刊》2011 年第 2、3 期）、《中外条约关系的酝酿及趋向》（《湘潭大学学报》2011 年第 2 期），刘利民《试论条约前时代西方海洋国家对中国领水主权的挑衅》（《兰州学刊》2004 年第 4 期）、《试论条约前时代清政府对领水主权的维护》（《信阳师范学院学报》2005 年第 1 期）、曹英《贸易冲突与早期中英关系的条约化趋势》（《湖南师范大学学报》2005 年第 1 期）、《鸦片战争前中英贸易中的垄断问题》（《湖南商学院学报》2005 年第 5 期），等等。

④ 见李育民主编"中外条约与近代中国研究"丛书（共 12 册，湖南人民出版社，2010—2011 年），包括《近代中国的条约制度》《不平等条约与中国近代领水主权问题研究》《条约特权制度下的医疗事业》《不平等条约与晚清中英贸易冲突》《晚清中英条约关系研究》《基督教与近代中国的不平等条约》《李鸿章与晚清中外条约研究》《晚清中国与国际公约》《列强在华租借地特权制度研究》《废约运动与民国政治》《近代中外条约关系刍论》《近代中外条约研究综述》等。

⑤ 王建朗"序"，侯中军：《近代中国的不平等条约——关于评判标准的讨论》，上海书店出版社，2012 年。

⑥ 王建朗：《2009—2011 年中国近代史研究综述》，《近代史研究》2013 年第 3 期。

相关领域的深入研究"。① 此外还有不少论文涉及这一广泛影响，涉及文化、法律、社会、政治、对外关系，等等。②

其七，中国共产党和新中国的废约斗争研究取得重要进展。或总体论述，③ 或考察中共维护领水主权的斗争，④ 或从新的视角探讨中苏修约，⑤ 或探讨中共早期废约斗争，⑥ 更为全面地探讨了这一此前关注不够的课题。

其八，研究领域或视角的扩展与老问题的深入。包括中外条约研究中的一些最基本问题，如条约及其特权，也取得了显著的进展。研究者的观察视野更为宽阔，或提出新的论题，或从新的角度和层面进行探讨。如条约与语言、翻译问题，⑦ 或从国家利益和民族情感的角度分析条约交涉中的冲突矛盾①，或从教会医疗事业的角度探讨传教特权以及各届政府的态度，② 或作条

---

① 侯中军：《不平等条约研究的现状与趋势——读〈中外条约与近代中国研究丛书〉》，《史林》2013 年第 3 期。

② 如罗志田《帝国主义在中国：文化视野下条约体系的演进》（《中国社会科学》2004 年第 5 期）、李育民《废约运动与中国近代的民族主义》（《中国近代思想史研究集刊》第 4 辑，2007 年）、《中外条约关系与晚清法律的变化》（《历史研究》2015 年第 2 期）、《近代中国反对不平等条约斗争的启示》《血写的条约与近代中国》（光明日报 2005 年 1 月 11 日、2011 年 5 月 19 日）、《条约制度的建立及其影响》（王建朗、黄克武主编：《两岸新编中国近代史》，社会科学文献出版社，2016 年）、李传斌《废除不平等条约后国民政府的教会租地政策》（《世界宗教研究》2011 年第 5 期）、黄福铭《从鸦片战争前后中西关系看朝贡体制到条约体制的转变》（《黑龙江史志》2010 年第 21 期）、王瑞成《条约制度与沿海边缘社会：鸦片战争后的和约谈判及条约文本再解读》（《浙江大学学报》2013 年第 1 期）、冯君《从〈申报〉舆论透视〈马关条约〉签订前后的国民心态》（《江西师范大学》2011 年第 5 期）、张明之《从朝贡体系到条约通商：近代中国对外贸易形态的变迁——鸦片战争 170 周年反思》（《南京政治学院学报》2010 年第 3 期）、赵建明《从条约体系的建构看中国近代史的分期》（《太原师范学院学报》2012 年第 2 期）、边文锋《萨道义与〈辛丑条约〉谈判中取消北京会试的问题》（《北京社会科学》2012 年第 3 期），以及袁南生《不平等条约的另一面》（《同舟共进》2011 年第 7 期）、杨国强《条约制度：西方世界与晚清中国之间的改造和被改造》（《华东师范大学学报》2012 年第 3 期）、熊志勇《美国如何以理念影响世界——以近代中美条约为案例》（《人民论坛》2012 年第 8 期）、高全喜《论现代国际法视野下的〈马关条约〉》（《清华大学学报》2017 年第 4 期）、陈谦平《条约体系与多民族国家的构建：国际化视域下的民国对外关系史》（《史学月刊》2017 年第 7 期），等等。

③ 如匡和平《中国共产党与不平等条约的废除》（《南开学报》2001 年第 4 期）、李育民《中国共产党反对不平等条约的历史考察》（《中共党史研究》2003 年第 5 期）等文。

④ 如刘利民《民主革命时期中共维护领水主权的思想认识与斗争实践》（《中共党史研究》2011 年第 3 期）。

⑤ 如沈志华《中苏条约谈判中的利益冲突及其解决》（《历史研究》2001 年第 2 期）、杨奎松《中苏国家利益与民族情感的最初碰撞——以〈中苏友好同盟互助条约〉签订为背景》（《历史研究》2001 年第 6 期）等文。

⑥ 如李育民《中国共产党早期反帝目标探析》（《湖南师范大学学报》2002 年第 1 期）、牟德刚《中国共产党在非基督教运动中的立场态度及其历史意义》（《江汉论坛》2004 年第 8 期）等文。

⑦ 如季压西等《来华外国人与近代不平等条约》（学苑出版社，2007 年）、屈文生《早期中英条约的翻译问题》《历史研究》2013 年第 6 期）、《南京条约的重译与研究》（《中国翻译》2014 年第 3 期）、《〈望厦条约〉订立前后中美往来照会及翻译活动研究》（《复旦学报》2017 年第 1 期）、《不平等条约内的不对等翻译问题——〈烟台条约〉译事三题》（《探索与争鸣》2019 年第 6 期），等等。

约或特权制度的比较研究，③ 或从条约的视角考察香港问题，④ 或剖析重大历
史事件与不平等条约，⑤ 或考释新的条约史实和挖掘新的文献，⑥ 或研究中外
条约中的国际私法问题，⑦ 或系统论述中外条约的准文本，⑧ 或具体探讨某条
约或某条约规定，⑨ 等等。

　　还有研究者探讨了他国所订条约，对其与中国的外交和条约等关系作
了剖析。如关于中日等国比较研究，⑪ 小国立约问题，⑫ 领水主权和中英贸易
等问题，⑬ 以及重要条约条款的考辨，尤其是涉及中国领土主权问题的相关规

---

　　① 沈志华：《中苏条约谈判中的利益冲突及其解决》，《历史研究》2001 年第 2 期；杨奎松：《中苏国家利益
与民族情感的最初碰撞——以〈中苏友好同盟互助条约〉签订为背景》，《历史研究》2001 年第 6 期。

　　② 李传斌：《晚清政府对待教会医疗事业的态度和政策》，《史学月刊》2002 年第 10 期；《抗战前南京国民政
府对教会医疗事业的态度和政策》，《江苏社会科学》2003 年第 3 期；《北洋政府对待教会医疗事业的态度和政策》，
《山东大学学报》2009 年第 5 期。

　　③ 如李志学《从屈辱妥协到独立自主：〈中苏友好同盟条约〉与〈中苏友好同盟互助条约〉比较研究》（《学
习与探索》2002 年第 3 期）、栾景河《〈中苏友好同盟条约〉与〈中苏友好同盟互助条约〉之比较》（《当代中国史
研究》2004 年第 2 期）、何全颖《近代中国公共租界比较研究》（《厦门大学学报》2007 年第 2 期）、李传斌《19 世
纪基督教在中越两国传播的比较研究》（《宗教学研究》2015 年第 2 期），等等。

　　④ 侯中军：《不平等条约体系中的近代香港——基于条约视角的考察》，《广东社会科学》2008 年第 4 期。

　　⑤ 如李育民《义和团运动与不平等条约》（《义和团运动一百周年国际学术讨论会论文集》，山东大学出版
社，2002 年）、《义和团运动对不平等条约体系的影响》（《湖南师范大学学报》2001 年第 6 期），等等。

　　⑥ 如郭卫东《简析近代范式中外条约的开篇》（《历史档案》2016 年第 4 期）、郭卫东《论明清更替时代
的中外条约》（《清史研究》2016 年第 4 期）、王维江《从德语文献看 1861 年中普通商条约的签订》（《史林》
2011 年第 6 期）等。

　　⑦ 如于飞：《近代中外条约中的国际私法规——条约在国际私法案件中的适用》，《中国国际私法与比较法
年刊》2018 年；《论近代中国的准条约与国际私法》，《厦门大学学报》2019 年第 4 期。

　　⑧ 如郭卫东：《晚清中外条约作准文本探析》，《历史研究》2019 年第 5 期。

　　⑨ 如金延铭《中英〈烟台条约〉的动态审视》（《鲁东大学学报》2007 年第 2 期）、曹凛《清末不平等条
约中的船舶登记"查验"规定》（《中国船检》2016 年第 4 期）、曹凛《晚清〈天津条约〉及相关续约中的航政
管理和船只检查规定》（《中国船检》2016 年第 3 期）、崔禄春《晚清不平等条约中厘金条款的考察与思考》
（《浙江社会科学》2019 年第 5 期），等等。

　　⑩ 如邓野《日苏中立条约在中国的争议及其政治延伸》（《近代史研究》2009 年第 6 期）、陈涛《从〈苏
日中立条约〉的签订看抗战时期的中苏外交》（《理论界》2009 年第 11 期）、左双文《〈苏日中立条约〉与国民
政府的内外肆应》（《中山大学学报》2010 年第 2 期），等等。

　　⑪ 如戴东阳《日本修改条约交涉与何如璋的条约认识》（《近代史研究》2004 年第 6 期）、田永秀《晚清
中日修约差异之探因》（《学术界》2006 年第 2 期）、张岩《近代中、日、朝"被迫开国条约"之比较》（《社会
科学战线》2010 年第 9 期）等。

　　⑫ 如学白羽《近代中国与比利时条约关系的建立——兼及第二次鸦片战争后的"小国"换约问题》（《学
术研究》2002 年第 2 期）。

　　⑬ 如刘利民《不平等条约与中国近代领水主权问题研究》（湖南人民出版社，2010 年）、《试论不平等条
约对中国领水主权的限制》（《湖南师范大学学报》2005 年第 3 期）、《试论外国军舰驻华特权制度的形成与发
展》（《贵州文史丛刊》2010 年第 4 期）、曹英《不平等条约与晚清中英贸易冲突》（湖南人民出版社，2010
年）。

定，① 等等。此外，有的问题20世纪均有所涉及，这个时期更引起研究者的关注和讨论，如日朝《江华条约》与清政府的对朝政策，② 以及清政府加入国际公约和国际组织，融入国际社会等。③

以往作过研究的一些问题更为深入，如边界条约、④ 重要条约如《马关条约》和《辛丑条约》⑤，以及引水特权、租借地特权、通商口岸、势力范围特权、传教特权、协定关税、领事裁判权、租界特权等等问题，均有新的创获。⑥ 此前稍有涉及的"准条约"问题，亦在理论和史实上有较为系统的考察。⑦ 人物与条约的研究，也有新的进展。李鸿章仍为研究者所关注，⑧ 其他人物还有黄恩彤、肃顺、冯桂芬、马建忠、薛福成、郑观应、郭嵩焘、奕

---

① 如刘春明《〈马关条约〉与钓鱼岛列岛》（《太平洋学报》2012年第7期）、伍俐斌《〈马关条约〉是否"割让"台湾给日本之考辩》（《台湾研究》2013年第3期）、刘丹《雅尔塔条约体系在处理钓鱼岛争端上的国际法地位》（《太平洋学报》2014年第4期）、许俊琳《中法〈北京条约〉第六款"悬案"再研究》（《东岳论丛》2016年第1期）、李育民《台湾问题的相关条约及其法律地位的演变》（《史学月刊》2016年第3期）、哈丽思《战后相关条约之解释与南海诸岛主权归属》（《理论月刊》2016年第9期）、岳忠豪《〈马关条约〉文本释疑二三例》（《文化学刊》2017年第8期）、岳忠豪《〈马关条约〉"主权""管理权"考辨》（《台湾研究集刊》2017年第4期）等。

② 见王如绘《〈江华条约〉与清政府》（《历史研究》1997年第1期）、权赫秀《〈江华条约〉与清政府关系问题新论》（《史学集刊》2007年第4期）、王如绘《再论〈江华条约〉与清政府——兼答权赫秀先生》（《东岳论丛》2011年第6期）。

③ 见尹新华《晚清中国与国际公约》《晚清政府的近代民族主义意识及其国际化努力——以参与国际公约为视角》（《求是学刊》2013年第6期）、《国际公约与晚清中国融入国际社会》（《历史教学》2012年第10期）、《国际公约与清末新政时期的中外关系》（《求索》2011年第12期），以及周秋光《晚清中国红十字会述论》（《近代史研究》2000年第3期）、仪名海《中国与国际组织》（新华出版社，2004年）、赵桂兰著《中国与国际组织关系简史》（中国言实出版社，2007年）、程又中《中国加入"国际社会"的阐释》（《教学与研究》2004年第10期），等等。

④ 如吕一燃主编：《中国近代边界史》上下（人民出版社，2007年），康民军《中印边界西段的东半部分有条约根据吗?》（《中国边疆史地研究》2008年第2期）。

⑤ 如李育民《甲午战争暨〈马关条约〉与中外条约关系的变化》（《抗日战争研究》2015年第2期）、《〈辛丑条约〉在中外条约关系中的地位》（中国义和团研究会编：《义和团运动110周年国际学术讨论会论文集》，山东大学出版社，2012年，臧运祜《〈马关条约〉与近代中日关系》（《湖南师范大学学报》2018年第1期），等等。

⑥ 如李恭忠《〈中国引水总章〉及其在近代中国的影响》（《历史档案》2000年第3期）、《条约文本与实践——晚清上海港引水权的丧失》（《徐州师范大学学报》2003年第4期）、王娆《英租威海卫司法体制初探》（《环球法律评论》2005年第5期）、《〈1901年枢密院威海卫法令〉与英国在威海卫的殖民统治》（《华东政法大学学报》2008年第2期）、张仲礼主编：《近代上海城市研究》（上海文艺出版社，2008年）、郑忠《论近代中国条约口岸城市发展特征——与非条约口岸城市之比较》（《江海学刊》2001年第4期）、姜涛《通商口岸体系的形成与中国近代城市体系的变动——基于人口史的考察》（《四川大学学报》2006年第5期）、王云红《"势力范围"概念考察》（《兰州学刊》2007年第1期）、《势力范围：一个概念在近代中国的形成与发展》（《重庆社会科学》2007年第10期）、李传斌《教会医疗事业与基督教在近代中国的传播》（《自然辩证法通讯》2007年第5期）、《条约特权制度下的医疗事业》《基督教与近代不平等条约》（湖南人民出版社，2010、2011年）、曹英《子口税制度与近代中国沿海贸易的异态》（《湘潭大学学报》2011年第4期）、《领事担保制探析》（《安徽史学》2013年第6期）、《晚清中英内地税冲突研究》（湖南师范大学出版社，2008年）、康大寿等著《近代外人在华治外法权研究》（四川人民出版社，2002年），等等。

⑦ 见侯中军《企业、外交与近代化——近代中国的准条约》（中国社会科学出版社，2016年）、《近代中国不平等条约研究中的准条约问题》（《史学月刊》2009年第2期）、《论晚清中国的准条约》（《史林》2016年第3期）。

⑧ 如王瑛著《李鸿章与晚清中外条约研究》（湖南人民出版社，2011年），对此作了系统的探讨。

圻、丁日昌、曾纪泽、何如璋、张之洞、陈树棠、康有为、黄遵宪、袁世凯、孙中山、黄荣良、蒋经国，等等。其中多以条约为研究主题，或直接论述其对条约的认识、态度及活动，或探讨其外交思想或交涉活动时有所论及。此外，还有研究者探讨了外国人与条约的相关问题，涉及蒲安臣、赫德及海关洋员等；或探讨了驻外公使，涉及相关的条约问题。

中外关系史和外交史研究，仍是热门课题，出版了一大批著作。这些成果既包括条约研究，又为这一研究的扩展和深入打下了基础。除了整体研究之外，还有不少论著从国别、地域和时期的角度作了探讨。其中涉及中外条约的各个问题，如各条约的签订过程，条约特权的内容和后果，以及中国的修约和废约交涉，等等。尤其是后者，对某些问题的探讨更为具体和深入。还另有一些专题性的著作，或通过对蒲安臣使团的研究，探讨了相关的条约；①或通过系统论述中俄国界东段的交涉过程，阐释各个时期的边界条约，并作国际法的理论分析；②或剖析中国的外交文化，以及与国际体系变化的关系。③这些论题，在不同程度上有助于认识近代中外条约问题。此外，张海鹏主编10卷《中国近代通史》（江苏人民出版社，2006—2007年），涉及各时期中外条约的主要问题，如各不平等条约的签订及废除等。此外还有中华民国史，以及中共党史、共产国际等方面的著作，涉及反对不平等条约的斗争。一些通俗读物，④也涉及近代主要不平等条约。

相关资料的整理出版也取得了显著成绩。如条约汇编，有海关总署编《中外旧约章大全》2册（中国海关出版社，2004年）。另还有档案文献等各种资料汇编，包括全国图书馆文献缩微复制中心编制的不少文献资料，⑤所

---

① 见闵锐武：《蒲安臣使团研究》，中国文史出版社，2002年。
② 见姜长斌著：《中俄国界东段的演变》，中央文献出版社，2007年。
③ 见江西元：《中国的世界还是世界的中国：中国外交文化本原与国际体系变化趋势》，时事出版社，2009年。
④ 如张海鹏等《国耻百谈》，中华书局，2001年。
⑤ 如中国第一历史档案馆等编：《清代外务部中外关系档案史料丛编》（中华书局，2004、2008年）、朴兴镇等编著《中国二十六史及明清实录东亚三国关系史料全辑》（延边大学出版社，2007年）等等。沈志华总主编：《苏联历史档案选编》34册（社会科学文献出版社，2002、2003年），《稀见清咸丰军事外交谕令秘件》2册（2005年）、《民国外交档案文献汇览》6册（2005年）、《国家图书馆藏清代孤本外交档案续编》（2005年）、中华书局编辑部等标点整理《筹办夷务始末·同治朝》（中华书局，2008年），李育民等标点整理《清季外交史料》（共10册，湖南师范大学出版社，2015年），王建朗主编：《中华民国时期外交文献汇编（1911—1949）》（共24册，中华书局，2015年），等等。

收录文献也涉及近代中外条约问题。其他还有人物文集和各种资料集，^① 以及相关工具书。^② 尤值得指出，改革开放为海外资料的利用提供了更有利的条件和可能，并日益受到研究者的重视。台湾出版了一批有关近代中外条约和外交史的研究著作及系列资料，^③ 陆续引入，为大陆学者的研究提供了借鉴，各处所藏中国近代外交史档案资料也开始为大陆学者所利用。此外，外文资料如英、美、日等国外交档案，前苏联解密档案，等等，为越来越多的研究者所运用。

这个时期还召开了几次以条约或某条约特权为基本议题的国际学术研讨会，^④ 反映出中外条约研究对现实发挥了重要的资鉴作用，尤与当今的改革开放有着紧密的关系。此外，自 2006 年以来连续举行的六届中外关系史国际学术讨论会，以及其他相关会议，近代中外条约均为重要议题之一而有所讨论。2017 年，以中外条约作为会议主题，在长沙举行了第一次"中外条约与近代中国国际学术讨论会"，2019 年又召开了一次小型会议。这些会议的召开，极大地推进了近代中外条约的研究，反映了这一研究领域的繁荣。

综上所述，新中国建立以来，中外条约研究取得了显著的成绩和长足的发展。尤其是改革开放之后，由于宽松的学术环境，思想解放带来创新力的释放，以及资料条件的极大改善等等因素，这一研究领域出现了欣欣向荣的景象。当进入新世纪，更呈加速度推进的势头。研究内容越来越完整，最基本问题从条约本身及条约特权等发展到废约斗争和交涉，又进而扩展到与之

---

① 重要者如金光耀等选编：《顾维钧外交演讲集》（上海辞书出版社，2006 年）及《李鸿章全集》，等等。

② 如张显传：《中国近代不平等条约年表》，海豚出版社，2001 年。

③ 如钱泰《中国不平等条约之缘起及其废除之经过》（台北"国防"研究院，1961 年）、王世杰等《中国不平等条约之废除》（台北"中央"文物供应社，1967 年）、张道行《中外条约综论》（台北五洲出版社，1969 年）、李绍盛《华盛顿会议之中国问题》（台北水牛出版社，1973 年）、李恩涵《晚清的收回矿权运动》（台北"中研院"近代史研究所，1978 年再版）、杜蘅之《中外条约关系之变迁》（台北"中央"文物供应社，1981 年）、张存武《光绪三十一年中美工约风潮》（台北"中研院"近代史研究所，1982 年）、李恩涵《北伐前后的"革命外交"》（台北"中研院"近代史研究所，1993 年），王蘅敏《晚清商约外交》（香港中文大学出版社，1998 年；中华书局，2009 年），等等。

④ 例如：2001 年在上海召开了由上海市档案馆主办的"租界与近代上海"国际学术研讨会，2000 年由山东省历史学会等单位在青岛联合举办了"八国联军侵华与《辛丑条约》"学术研讨会，2005 年上海社会科学院经济研究所与美国美中教育基金会在上海联合举办了"从不平等条约到 WTO"国际学术研讨会，2006 年山东省威海市档案局、香港历史博物馆和山东大学威海分校在山东威海联合举办了"晚清时期英国在华租借地历史文化国际学术研讨会"，等等。

紧密相关的种种问题。研究视野和思路越来越趋于宽阔，从以反侵略为主旨，以不平等条约为范畴，进而趋向更为广泛的领域，包括平等条约及条款、人物与条约、条约的复杂影响，等等。研究理论和体系越来越清晰和多样化，从单纯的反帝理论进而引入国际法等学科的理论及知识，等等，实证研究与规范性研究更紧密地结合起来。研究框架也越来越趋于系统化，从单调的不平等条约概念进而提出条约制度、条约体系和条约关系，等等。同时，随着研究的发展，考察的视点也越来越具体、细致，挖掘了不少以前被忽略的论题。研究的视角越来越趋于多元，从条约本身进而转向其他层面，如文化、国家利益等等。研究队伍也越来越扩大，出现了多学科参与的趋向，历史学学科中以中国近现代史为主体，其他世界史、经济史、思想史等学科均有研究者涉猎这一领域。此外，法学尤其是国际法学科也有不少研究者，或从史的角度探讨中国国际法学的发展，或在理论研究中注入近代条约例案；还有外国语学科的参与，从语言学的角度对近代中外条约作出阐释。多学科参与和融合，给这一领域的研究增添了活力，积蓄了进一步发展的潜势。这些均说明，中外条约领域的研究体系和格局基本成型，正在走向成熟。

纵观新中国时期尤其是改革开放以来中外条约的研究历程，取得了巨大成绩，出现了令人可喜的繁荣局面，反映了这一领域的学术进步和发展。在这一发展和进步中，逐渐产生了新的思考和趋向，并在此基础上逐渐凝结为一个具有概括性和规范性的领域或范畴，这就是条约关系的研究取向。这一取向由政论趋向学术，由主体趋向完整，由直观趋向理性，由单向趋向多元，由零散趋向系统，由分离趋向统合，由此构筑相对独立的体系，成长和形成为一个新的领域或范畴。在这一领域已取得系列成果，既有宏观的概述，又有国别的和具体问题的论析；既有理论的探讨，又有史实的阐释。同时，这一新领域的研究得到学术界的认同和国家社科基金的有力支持，其中《近代中外条约关系通史》获准立为重大项目。可以说，条约关系研究领域或范畴的提出并付诸实施，以及撰述一部尚付阙如的通史，正是这一发展趋向的水到渠成和势在必然。

第九章 构建近代中外条约关系研究的话语体系

近代中外条约关系是西方列强强加给中国的国际秩序，对构建中国话语体系而言，是一个具有典型意义的研究领域。如何在该领域构建中国话语体系，是一个内容繁杂、颇具难度且又事关全局、极其必要的重大问题。学术界对中国话语体系建设作了初步讨论，涉及哲学社会科学的各个学科，其中包括历史学及其所属范畴。[①] 以往研究主要着眼于宏观层面的基本理论和概念，以及西方相关话语及其影响等方面，对于中外条约关系尚无专题探讨。作为中国近代历史的一个基本问题，中外条约关系具有极为重要的地位，尤

[①] 如瞿林东：《关于当代中国史学话语体系建构的几个问题》，《中国社会科学》2011 年第 2 期；瞿林东：《唯物史观与学科话语体系建构》，《中国史研究》2018 年第 2 期；王伟光：《加快推进中国特色哲学社会科学话语体系建设 巩固马克思主义思想舆论阵地》，《国家行政学院学报》2017 年第 2 期；张艳国、刘劲松：《中国近代史研究中的西方话语体系及其误区》，《学术研究》2013 年第 12 期；曾令良：《中国国际法学话语体系的当代构建》，《中国社会科学》2011 年第 2 期；赵梅春：《从"'梁启超式'的输入"到当代史学话语体系的建构——中国现代史学发展走向论析》，《天津社会科学》2012 年第 4 期；吴晓明：《论当代中国学术话语体系的自主建构》，《中国社会科学》2011 年第 2 期；李伯重：《中国经济史学的话语体系》，《南京大学学报》2011 年第 2 期；刘希岩、谢玉环：《国内学界关于中国哲学社会科学话语体系研究述评》，《理论界》2017 年第 10 期；李永进：《构建中国特色哲学社会科学学科体系、学术体系、话语体系》，《北京教育》2016 年第 9 期；杨奎臣、杨萍、郭西：《从东方学方法论批判反思中国话语体系构建范式》，《新视野》2019 年第 2 期；刘禾著、杨立华等译：《帝国的话语政治：从近代中西冲突看现代世界秩序的形成》，生活·读书·新知三联书店，2009 年；朱骅：《美国东方主义的"中国话语"：赛珍珠中美跨国书写研究》，复旦大学出版社，2012 年，等等。

需要在此领域构建具有自身特色的话语体系。在这一体系中，既须清刷其中所充斥的殖民话语，又需梳理并吸收具有积极意义的先进文明；既要坚持中国立场和中国利益，又要肯定国际化进程中的共同价值和世界潮流；既要阐发时代精神，又要弘扬传统文化；等等。

第一节　清刷殖民话语与驳正强权逻辑

作为伴随西方强权政治而形成起来的国际秩序，近代中外条约关系的建立，贯注着殖民主义精神，该研究领域也充斥着相应的话语。因此，建立中国化的条约关系研究体系，首当其冲便是清刷其中的殖民话语，驳正支撑这些话语的强权逻辑。只有对此作一理论上的梳理，才能正本清源，奠立该学科领域的稳固基础。其殖民话语主要包括这一关系赖以建立的相关理论，以及解析这一关系的各种说辞，其中涉及西方列强将这一条约强加给中国的种种理由。

种族主义是西方殖民主义的核心，殖民主义者自以为是高等种族，具有统治落后民族的天然权利，长期以来形成了一套系统的思想理论，西方学者概括为"东方学"或"东方主义"。这是西方世界的主导话语，是"被人为创造出来的理论和实践体系"，即通过与东方有关的陈述，"对东方进行描述、教授、殖民、统治等方式来处理东方的一种机制"。简而言之，这是"西方用以控制、重建和君临东方的一种方式"，其核心，便是"西方与东方之间存在着一种权力关系，支配关系，霸权关系"。作为"获得霸权地位"的文化，即"认为欧洲民族和文化优越于所有非欧洲的民族和文化"，东方学充斥着欧洲优越性的论调，在现实世界中则"将东方由异域空间转变成了殖民空间"。[①] 这一话语体系"通过种族类型学来表述"东方的概念及其与西

---

① ［美］爱德华·W. 萨义德著，王宇根译：《东方学》，生活·读书·新知三联书店，1999 年，第 268—269 页。

方的差别，① 声称："东方是非理性的，堕落的，幼稚的，'不正常的'；而欧洲则是理性的，贞洁的，成熟的，'正常的'。"② 或者说，东方是"落后、消极和幼稚的"，而西方则是"先进、富有创造性和成熟的"。③ 在人类历史中，从古希腊时期以来的欧洲人才被视为"正常人"，④ 而东方"一直是被动的旁观者，是牺牲品，或是西方权力的承受者"，其"被边缘化也是合理的"。⑤ 东方人"不是作为公民甚至不是作为人被审视和分析"，而是作为"有待解决的问题"，"有待限定或'有待接管'的对象"。这些观念在西方极为普遍和深入，以致"每一个欧洲人，不管他会对东方发表什么看法，最终都几乎是一个种族主义者，一个帝国主义者，一个彻头彻尾的民族中心主义者"。⑥ 总之，东方学或东方主义是"西方人统治东方的目标和意愿"，旨在论证西方对东方的统治和剥削，是"合乎真理"和"合理正当的"。⑦

这一种族主义的思想观念，在欧洲产生的传统国际法中也有反映，成为西方列强将不平等条约强加给中国和东方国家的托辞。在西方殖民主义者看来，世界上只有基督教国家是文明国家，"基督教是一切文明的总结"，"是为文明的领域而想出来的"，"最文明的国家是最纯粹的基督教国家"。⑧ 而国际法是"文明国家所认为在彼此交往中有法律拘束性的总体"，⑨ 不包括"国际社会以外的国家交往和对于它们的待遇的规则"。⑩ 按照这一殖民主义逻辑，非基督教的中国与彼不在一个文明体系，因此不能按照国际法的主权平等原则来处理与它的关系。美国驻华公使劳文罗斯认为，"我们的文明优于他们的文明"，如果"勉力把他们提高到我们的标准"，享受基督教国家"那

---

① ［印］帕尔塔·查特吉著，范慕尤等译：《民族主义思想与殖民地世界：一种衍生的话语》，译林出版社，2007 年，第 46 页。

② ［美］爱德华·W. 萨义德著，王宇根译：《东方学》，第 49 页。

③ ［英］约翰·霍布林著，孙建党译：《西方文明的东方起源》，山东画报出版社，2009 年，第 22 页。

④ ［印］帕尔塔·查特吉著，范慕尤等译：《民族主义思想与殖民地世界：一种衍生的话语》，第 47 页。

⑤ 转引自［英］约翰·霍布林著，孙建党译：《西方文明的东方起源》，第 4 页。

⑥ ［美］爱德华·W. 萨义德著，王宇根译：《东方学》，第 264、260 页。

⑦ ［印］帕尔塔·查特吉著，范慕尤等译：《民族主义思想与殖民地世界：一种衍生的话语》，第 45 页；［英］齐亚乌丁·萨达尔著，马雪峰等译：《东方主义》，吉林人民出版社，2005 年，第 15 页。

⑧ ［美］卫三畏：《中国总论》第 1 卷，中国科学院近代史研究所资料编译组编译：《外国资产阶级是怎样看待中国历史的》第 1 卷，第 100—101 页。

⑨ 周鲠生：《国际法》上册，第 58—59 页。

⑩ ［德］奥本海：《奥本海国际法》第 1 卷，第 1 分册，中国人民外交学会编译委员会，1954 年，第 36 页。

种独立状况的要求"，"那是办不到的事"。① 总之，西方国家普遍认为，不能将中国"当作一个有资格享受文明国家权利和特权的国家"。② 这一论调的要旨，如马克思揭露英国侵华时所说，是"教训中国人尊重英国人，英国人高中国人一等，应该做他们的主人"。③

与种族主义和殖民侵略相适应，传统国际法肯定战争的合法性，认为战争是解决国际冲突"合法的形式"，由此订立的不平等条约亦须得到承认。西方思想家认为，战争只要是符合国家利益，那就是正义的。即使主张限制战争的国际法学者，亦持肯定态度，认为，"不问战争是否是对错误行为的反应，都不是不法行为"。④ 第一次世界大战之后，诉诸战争仍是国际法上的"合法程序"。⑤ 直至 1922 年，美国国际法学家仍声称，国家有权通过战争从他国获取"利益"。在国际法上，战争是国家的"自然职能"和"特权"，没有正义战争与非正义战争之别。⑥ 近代中外不平等条约，便是在种族主义的偏见中，依据这一强权逻辑而被西方国家纳入它们主导的国际秩序中。鸦片战争前，英国殖民者便声称，中国不懂或违背他们的国际法，要通过战争教训它，并强迫签订条约。因为，中国属于文明国家范畴之外的"野蛮"国家，需对它使用"武力"才能达到目的。⑦《中国丛报》公然宣称：必须在刺刀尖下与中国订立条约，并在大炮之下才会"发生效力"。⑧ 正是基于这一理念，西方国家发动一系列战争，强迫中国签订不平等条约，勒索种种殖民利益。如前所述，鸦片战争是这一"罪孽的开始"，各国先后加入这一行列，攫取自己的权益。

---

① 《劳文罗斯（J. Ross Browne）对于美英商人所递公函的答复》，1869 年 7 月 17 日，［美］马士著，张汇文等译：《中华帝国对外关系史》第 2 卷，第 481、479 页。

② ［美］费正清等编，中国社会科学院历史研究所编译室译：《剑桥中国晚清史》下卷，第 95 页。

③ 马克思：《新的对华战争》，1859 年 9 月，中共中央马克思恩格斯列宁斯大林著作编译局编：《马克思恩格斯论中国》，人民出版社，1997 年，第 87 页。

④ ［美］凯尔森著，王铁崖译：《国际法原理》，第 28 页。

⑤ ［法］夏尔·卢梭著，张凝、辜勤华等译：《武装冲突法》，第 405 页。

⑥ ［英］劳特派特修订，王铁崖、陈体强译：《奥本海国际法》下卷，第 1 分册，第 129—130 页。

⑦ H. Hamilton Lindsay, *Letter to the Right Honorable Viscount Palmerston, on British Relations with China*, London: Saunders and Otley, Conduit Street, 1836, pp. 6-7.

⑧ A Correspondent, Treaty with the Chinese, a great desideratum; probability of forming one, with remarks concerning the measures by which the object may be gained. *The Chinese Repository*, Vol. Ⅳ. No. 10, pp. 448-449. 译文参见广东省文史研究馆编：《鸦片战争史料选译》，第 48 页。

显然，战争是殖民主义的必然产物，贯注着强权主义的霸道逻辑。西方国家在将其视为天经地义的权利的同时，另一方面又寻找种种借口，为殖民侵略粉饰贴金。如将鸦片战争的原因推给中国，说成是"叩头"，即"中国妄自尊大的主张"，不要"相互平等"，① 英国发动战争则是秉承"崇高的原则"。② 或者说，"中国违反世界大势，闭关自守，妄自尊大，卑视他国"，因而通过对华战争"强制通商"，乃是"国际正义"。③ 与此类似，西方国家还以所谓国际公平为由，要求中国开放自己的国土，供世界各国享用其资源。在西方世界，这一观念较为普遍，甚至第二国际的修正主义者伯恩斯坦亦说："任何部落、任何民族和任何种族都不能被赋予对任何一块可居住的土地的绝对权利。地球不属于任何世人，它是整个人类的财产和遗产。"④ 日本右翼学者更是赤裸裸地以此粉饰侵略行为，说：中国不肯向日本开放它的土地和资源，真是"太不公正和太不平等了"，"也是世界和平的永久威胁"。⑤ 或者说，这是"暴弃了天物"，用武力改变这一状况，建立"合理"的条约关系，是"日本革新中国的伟大使命"。⑥ 这样，西方学者将对华战争说成是争取平等的正义之举，而用战争强迫中国签订不平等条约，勒索各种特权，则是公正合理的。

除了"平等"和"公平"等伪命题之外，西方学者还编织了更荒唐的说辞，将殖民侵略和条约制度等归因于中国自身。例如，他们声称，由于中国本身的问题，如自身的衰弱，民族性格，导致他国取代它来攫取或行使中国的权利。马士说，西方国家"对于中国主权所加的各种限制，则仅止于由帝

① ［美］泰勒·丹涅特著，姚曾廙译：《美国人在东亚——19世纪美国对中国、日本和朝鲜政策的批判的研究》，第93—94页。

② ［美］卫三畏：《中国总论》第2卷，中国科学院近代史研究所资料编译组编译：《外国资产阶级是怎样看待中国历史的》第1卷，第385页。

③ ［日］洼田文三：《支那外交通史》，中国科学院近代史研究所资料编译组编译：《外国资产阶级是怎样看待中国历史的》第1卷，第457—458页。

④ ［德］伯恩斯坦：《社会主义和殖民地问题》，1900年9月，《机会主义、修正主义资料选编》编译组编译：《第二国际修正主义者关于帝国主义的谬论》，生活·读书·新知三联书店，1976年，第33页。

⑤ ［日］矢野仁一：《近代支那论》，中国科学院近代史研究所资料编译组编译：《外国资产阶级是怎样看待中国历史的》第1卷，第170—171页。

⑥ ［日］内藤湖南：《新支那论》，中国科学院近代史研究所资料编译组编译：《外国资产阶级是怎样看待中国历史的》第1卷，第7页。

国官僚的无能和腐败所造成的那些不可避免的束缚而已"。① 日本人在解释甲午战争时，说：这场战争实际上是为了避免"俄国侵吞"和"西方各国对东方的榨取"而引起的，"正是因为中国没有这样的力量，单靠中国不能保全这些土地，所以日本才不得不自告奋勇，主动地担负起这个责任"。② 又如义和团运动爆发的原因，并非是列强侵略所引起，其本质"在于中国社会本身经常存在着骚扰的精神"。③ 总之，中国蒙受战争和不平等条约的灾难，是自作自受，并非列强侵略的过错。

在论证不平等条约关系和特权制度的合理性时，西方学者还煞有介事地提出一条似乎很充分的理由，将其说成是中国固有的，是遵行中国的传统，并非西方国家强加的。费正清看到，条约关系"象征着外国统治的新阶段"。如前所述，他将这一格局称为"两头政治"或中西"共治"，即由"由两方或多方共同统治或治理"，是"中国国家权力结构的一个基本组成部分"。但是，费正清宣称，"共治"是中国的传统，如"满汉共治"一样，夷狄入侵者常常通过这一制度"成为中国的统治者"，是中国本身的"一种令人惊异的特性"。当外来入侵者占优势的时候，"两头政治便成为中国国内的治理方式"，直至朝贡已经终止的晚清，"两头政治的原则却继续存在"。而"把朝贡制度颠倒过来的西方人"，只是"根据这一事实接受了两头政治"，"他们不过是在这个儒教国家扩展了自己的作用，从外围移到了中心"。中西共治绝不是西方的创造，不平等条约关系取代朝贡关系，"是把外国人纳入儒教君主政体统辖的一统天下"，"实际上是符合中国的传统的"。④ 或者说，条约关系是"具有'共同统治'特征的主要政治机制"，一开始，"共治的传统让中国人没有察觉到任何痛苦便欣然接受"。⑤

根据这一解释，列强通过战争建立中西"共治"的条约关系和特权制度，

① ［美］马士著，张汇文等译：《中华帝国对外关系史》第 1 卷，第 696 页。

② ［日］矢野仁一：《近代支那论》，中国科学院近代史研究所资料编译组编译：《外国资产阶级是怎样看待中国历史的》第 1 卷，第 102—112 页，第 168 页。

③ ［日］矢野仁一：《论义和拳之乱的真相》，中国科学院近代史研究所资料编译组编译：《外国资产阶级是怎样看待中国历史的》第 2 卷，商务印书馆，1962 年，第 195 页。

④ 《条约代替朝贡制度》，陶文钊编选，林海等译：《费正清集》，第 54、56、59、28、55 页。

⑤ ［美］费正清编，郭晓兵等译：《中国的思想与制度》，世界知识出版社，2008 年，第 207、245 页。

并非是侵略中国，而是符合中国传统的合理的自然现象。这一说法无疑有悖于历史事实，掩盖了列强侵害中国主权的强权政治。中国历史上因少数民族入主中原而形成的政权架构，与近代西方列强用条约特权制度约束中国，是两种不同性质的政治格局，风马牛不相及，不可同日而语。这是两种不同性质的政治格局，前者是一个多民族国家形成发展过程中的自然现象，而后者则是两个国家之间的主权关系，是殖民行径造成的。至于各种条约特权，虽然与中国传统驭夷的羁縻之道有某种吻合之处，但却性质迥异。正由于存在根本差异，费正清又不得不指出，洋人享受治外法权和其他许多特权，"这是征服者传统特权的新版本"；条约关系"作为共治传统的一种变形，以其不慌不忙、步步紧逼、执着不懈、坚忍不拔的风格成为'分裂和削弱中国'的根本原因"。① 耆英在谈到以传统的羁縻之道应对条约关系时亦说，"其所以抚绥羁縻之法，亦不得不移步换形"。② 不论是费正清的所谓"新版本"和"变形"，还是耆英的"移步换形"，无不形象地道出了条约关系与中国传统的性质区别。在条约关系强加到中国的过程中，清帝国的君臣们在无可奈何中又无不痛心疾首，也正说明条约关系及其特权制度与中国传统的格格不入。

此外，西方国家在推行殖民侵略的同时，又为之大唱赞歌，美化为社会进步的杠杆。甚至认为，"对于延长中国民族将来的生命，实有莫大的效果"。③ 以上种种，只是殖民话语中的主要方面，此外还有以各种方式出现的其他论调。在人类历史上，殖民主义是一种建立在暴力基础上，以种族歧视为内核的不人道制度，是强国压迫弱国的理论和制度，逐渐为国际社会所否定。周恩来指出，"殖民主义的本质就是资本主义国家对落后国家进行掠夺和剥削"，"同互相尊重国家主权和民族独立以及平等互利的原则是丝毫不能相容的"。其结果是"阻止落后国家的生产力的发展，使落后国家长期处于停滞、极端贫困和破产的状态"。④ 自第一次世界大战后，这一理论及制度便开始受到挑战和质疑，西方人自视为"最高级的生物"，在华特权是"神圣"

---

① ［美］费正清编，郭晓兵等译：《中国的思想与制度》，第 229—230、244 页。
② 齐思和等整理：《筹办夷务始末·道光朝》第 6 册，第 2891 页。
③ ［日］内藤湖南：《新支那论》，《外国资产阶级是怎样看待中国历史的》第 1 卷，第 6—7 页。
④ 周恩来：《关于亚非会议的报告》，1955 年 5 月 3 日，《新华月报》1955 年第 6 号。

的观念，已部分被"摧毁"。① 尤其是经过十月革命，殖民主义的种种谬说被列宁主义的民族殖民地理论所否定。"自古以来人类就分成低等人种和高等人种"，"前者没有达到文明的能力，注定成为剥削的对象，后者是文明的唯一代表者，负有剥削前者的使命"等"奇谈"，遭到"致命的打击"。② 1928年，法、美等 15 个国家签订《非战公约》，作为殖民主义基本手段的战争，不再是各国自由决定的法律权利。二战后，联合国成立后发布的各种宣言，宣布保持国家领土完整，结束殖民主义。这些宣言，具有国际法的意义，表明任何形式的殖民主义，包括殖民地和半殖民地制度，以及与之相伴而行的强权政治，均被国际社会所否定。

近代中外不平等条约属于殖民主义的范畴，马克思在论及第二次鸦片战争时指出，不平等条款"确确实实是强加给中国政府的"，而西方列强无权这样对待东方国家，改变"对任何文明国家毫无疑义应该遵循的原则"。③ 孙中山明确指出，"中国是半殖民地，但是中国究竟是哪一国的殖民地呢？是对于已经缔结了条约各国的殖民地，凡是和中国有条约的国家，都是中国的主人。所以中国不只做一国的殖民地，是做各国的殖民地；我们不只做一国的奴隶，是做各国的奴隶"。④ 列宁认同古斯塔夫·弗·斯特芬《世界大战和帝国主义》一书所言："现在不去直接占领其他洲的土地（这种占领我们称之为'殖民'），在一定程度上也能实行经济帝国主义和帝国主义的扩张。"毋庸置疑，半殖民地这一方式损害中国的实质与程度与殖民地不相上下，而近代中外不平等条约是西方对华殖民侵略的基本方式。

必须看到，尽管殖民强权已被国际社会所否定，但当今不仅仍在西方世界阴魂不散，即在中国等东方国家亦深受影响。从西方世界来看，第二次世界大战之后的"非殖民地化"运动，并未改变其殖民观念和意识。法国联邦

---

① Wesley R · Fishel. *The End of Extraterritoriality in China*. Berkeley & Los Angeles: University of California Press, 1952, p. 199.

② 斯大林：《十月革命的国际性质》，1927 年 11 月 6—7 日，中共中央马恩列斯著作编译局编：《斯大林选集》上册，人民出版社，1979 年，第 620 页。

③ 马克思：《新的对华战争》，1859 年 9 月，中共中央马克思恩格斯列宁斯大林著作编译局编：《马克思恩格斯论中国》，第 96 页。

④ 《三民主义》，1924 年 1—8 月，广东省社会科学院历史研究室等编：《孙中山全集》第 9 卷，第 201 页。

议会议员雅克·阿尔诺断言"殖民主义并没有死亡","'非殖民地化'无非是使'殖民地化'神圣化"。① 美英等国还力图从国际法理论上修正或否定国家主权学说,"尽量限制或削夺国家主权",② 以适应它们称霸世界和殖民侵略的需要。甚至西方的影视也"连接上种族歧视思想的历史","电影里的坏人都变成了亚洲人",如 007 电影里的坏人总是中国人等。③ 西方仍在延续这一历史,不仅老牌殖民帝国没有忘怀往昔的风光,其他国家也不同程度地承袭这一有悖时代潮流的思想观念。中英交涉收回香港,撒切尔夫人坚持有关香港的三个条约"在国际法上仍然有效",中国政府只可"修订",不可"废除"。④ 即在香港已由中国收回二十余年的今天,某些英国人仍将其"视为昔日英国统治下的殖民地";⑤"沉浸在昔日英国殖民者的幻象当中,还执迷于居高临下对他国事务指手画脚的恶习当中"。⑥ 德国《明镜》周刊载文陈述近代侵华历史,仍重弹殖民时代的陈词滥调,中国"是不文明的民族","因此也不能要求按照对待文明的民族的方式对待它"。⑦

尤须指出,第二次世界大战之后取代英法成为新殖民主义中心或主导国家的美国,"统治了东方,像以前的英法那样对付东方"。⑧ 美国成为超级大国之后,这一新中心"变得比非殖民化以来任何时期都更处于支配地位",⑨ 更将控制他国为内核的殖民精义推向极致,发展为唯我独尊的霸权主义。日裔美籍学者弗朗西斯·福山(Francis Fukuyama)声称,西方制度是"人类意识形态发展的终点",构成"历史的终结",⑩ 论证"文化霸权"的"历史

---

① [法]雅克·阿尔诺著,岳进译:《对殖民主义的审判》,世界知识出版社,1962 年,第 2、4 页。
② 周鲠生:《现代英美国际法的思想动向》,第 64 页。
③ [美]爱德华·W·萨义德著,单德兴译:《知识分子论》,生活·读书·新知三联书店,2002 年,第 109 页。
④ 鲁平口述,钱亦蕉整理:《鲁平口述香港回归》,中国福利会出版社,2009 年,第 22 页。
⑤ 刘晓明:《英国站在错误一边》,环球网 http://www.takungpao.com/news/232111/2019/0705/315303.html。
⑥ 《外交部霸气回应:英自作多情》,《大公报》2019 年 7 月 5 日,第 A8 版。
⑦ 系列报道《反抗洋鬼子》,《明镜》1979 年第 50 期,第 146 页。
⑧ [美]爱德华·W. 萨义德著,王宇根译:《东方学》,第 4—5 页。
⑨ [美]亨廷顿著,周琪等译:《文明的冲突》,新华出版社,2013 年,第 63 页。
⑩ "代序",[美]弗朗西斯·福山著,黄胜强等译:《历史的终结及最后之人》,中国社会科学出版社,2003 年,第 1 页。

合理性"。① 对于中国等东方国家，美国则无所不用其极，赤裸裸地宣示其内在的种族主义倾向。美国哈佛大学教授亨廷顿提出的"文明冲突论"，充斥着种族主义和西方中心论，尤其是美国试图控制世界的霸权意识。他说，世界主要的区分是"西方文明和其他文明之间"，而在文明冲突中，"亲缘关系决定立场"。所谓亲缘关系，也就是种族关系，即"我们的文明和那些野蛮人"。两者之中，西方"迄今占统治地位"，"仍将是最强大的文明"，是世界上唯一"拥有实质利益"，并"能够影响其他文明或地区的政治、经济和安全的文明"。② 美国国务院政策规划主任斯金纳（Kiron Skinner）声称，与中国的竞争，是"与一个真正不同文明的较量"，其对华策略便是以此为依据。③ 这一表白以及在贸易谈判中极限施压，试图将新的不平等协议强加给中国，反映美国仍承袭了殖民时代的种族主义，是晚清时期不光彩的排华历史的翻版。如该国中国问题专家史文（Michael Swaine）所说，这是"一种相当令人震惊的、基于种族主义的评估"。④ 除了对东方国家恣意妄为，美国甚至对盟国也不手软。法国对外安全总局前情报总监阿兰·朱耶揭露说，美国法律中的域外管辖权，"属于滥用司法权"，正由于这一强权政治手段，其盟国也"正处于美国'韧实力'的控制下"。⑤

　　西方的殖民主义观念对中国也产生了不可忽视的影响，不仅在近代，即使在当今亦不无遗毒。如改革开放之后有论者提出，近代殖民征服是"东方民族走上现代文明的唯一现实良机"，"大大促进了东方历史的发展进程"。如果没有西方近代殖民征服，"人类特别是东方各民族所有优秀的自然才能将永远沉睡，得不到发展"。⑥ 甚至认为，中国要走上现代化，须经过漫长的

---

① 王沪宁：《文化扩张与文化主权 对主权观念的挑战》，《复旦学报》1994年第3期。

② ［美］塞缪尔·亨廷顿著，周琪等译：《文明的冲突与世界秩序的重建》，新华出版社，2010年，第15、194、10、7、61页。

③ 《美国务院想用"文明较量"诱骗西方》，《环球时报》2019年5月5日。

④ 《误读"文明冲突论"，美国政客被批种族主义者》，博客中国 http://news. blogchina. com/989559961. html，2019-05-03。

⑤ 阿兰·朱耶：《后记》，［法］弗雷德里克·皮耶鲁齐、马修·阿伦著，法意译：《美国陷阱》，中信出版社，2019年，第190、191页。

⑥ 转引自中华魂编辑部编：《忘年交书简五十封》，中央文献出版社，2007年，第76页。

殖民化过程，至少三百年。① 诸如此类的历史和现实事例说明，清刷形形色色的殖民话语，驳斥和剖析强权逻辑，既是近代中外条约研究领域的学术要求，又具有重要的现实意义。在这一领域，以种族主义为中心的殖民话语，以及与之形影相随的强权政治及其霸道逻辑，在在皆是，构成其最显著的特点。同时，作为资本主义文明的代表，这些殖民话语又具有相应的特点，如以所谓法制相标榜，粉饰自己的侵略行径。在这一话语体系中，强词夺理，指鹿为马，颠倒黑白，混淆是非等手段随处可见，其目的是给自己贴上道义标签。传统国际法虽然提出了国家主权等进步原则，但同时又包含反动的理论和规则，这些反动的理论和规则可说是殖民话语的组成部分，两者相互补充，为其编织对华不平等条约的"合法"与"合理"，推行殖民统治，提供了强词夺理的所谓"依据"。显然，只有在理论上梳理和清除各种殖民谬论和相关话语，驳正强权逻辑，才能奠立中国化的中外条约研究体系的基础。

第二节　坚持民族立场与维护国家主权

条约是国际法的重要制度，其内容规定了国家间相互权利义务的法律关系，涉及国家主权和民族利益等基本问题，反映了相关国家在国际社会中的地位。在国际社会中，独立自主是国家和民族最基本的权利，如黑格尔所说，"每个国家对别国来说都是独立自主的"，而"独立自主是一个民族最基本的自由和最高的荣誉"。② 因此，在这一研究领域，坚持民族立场，维护国家主权，是构建中国话语体系的核心。围绕这一核心，通过客观探讨近代中外条约的来龙去脉和作用影响等，在理论和史实的结合上构建体现民族立场的研究框架，并由此挖掘其所蕴含的爱国主义的精神价值。

近代中外条约所体现的国家关系，反映了中国各个时期在国际社会中的

---

① "刘晓波著名言论：中国至少需要被殖民三百年"，"一品网" http：//www.ywpw.com/forums/history/post/A0/p0/html/862.html，2010-10-08。

② [德] 黑格尔著，范扬、张企泰译：《法哲学原理》，商务印书馆，1961年，第339页。

地位，中外条约关系经过了产生形成、发展强化、衰败废弃等阶段，中国的
独立主权和民族自由，亦随着其内容的变化而产生了相应的改变。自《南京
条约》签订后，中国由一个独立自主的封建国家，变成一个半殖民地国家，
国际地位一落千丈。列强通过条约攫取领事裁判权、片面协定关税、外籍税
务司、租界和租借地、在华驻军、内河航行、在华传教等等特权，严重损害
了中国的司法主权、经济主权、领土主权、行政主权、文化教育主权等，得
以在经济上进行殖民性质的掠夺，使得中国长期处于国弱民穷的落后状态。
巨额赔款和各种经济特权，尤其是片面协定关税特权，扼制了中国的经济命
脉，不仅使中国遭受巨大的财税损失，而且严重限制了中国民族工业的发
展。思想文化上，通过条约特权，列强不断扩大在华传教和教育事业，试图
改造中国的国民性，对中国人民进行精神支配，从而在一定程度上造成了奴
化思想的滋长。

尤其是《辛丑条约》的签订，对中国独立主权的限制，对民族经济的摧
残，达到无以复加的境地。该约及其附件，构筑了一个严密的网络，从政
治、军事、外交、经济、思想等方面，全方位地巩固和强化了中外不平等的
条约关系。中国的主权受到更严厉的限制，在新的条约体制之下，各国列强
在北京建立的公使团成了凌驾于中国政府之上的奇特组织。自有此约之后，
外国使团肆无忌惮地干涉中国内政，列强由此结成"专门侵略中国的国际联
盟"。① 经济上，总数达近 10 亿两本息的巨额赔款，更兼片面协定关税等因
素，造成国困民穷，中国经济受到更严厉的制约，长期处于停滞不前甚至衰
退的状态，严重摧残了民族经济的发展。据估计，条约签订后近 20 年，每
岁失业人数不下五千万人。②

更为令人痛心的，它在相当程度上压制了中国人民反抗侵略的民族精
神。诸如此类，揭示了近代中外条约关系不平等的本质属性，其要害便在于
对中国国家主权的侵害，违背了人类社会的正义公道。坚持民族立场，捍卫
国家主权，是研究中外条约关系的核心和出发点。民族利益和国家地位，既

---

① 雪崖：《打破公使团的恶例》，《中央日报》1928 年 6 月 22 日。
② 《阳信县志》，中国社会科学院近代史研究所《近代史资料》编辑组编：《义和团史料》下册，第 1034 页。

是不平等条约关系的要害问题，又是推动中国改变这一关系的动力。一个多世纪以来，中华民族为改变国家和民族的地位，进行了艰苦卓绝的斗争，终于废弃了不平等条约，赢得了国家的独立和民族的自由。从近代历史来看，这是一个渐次明晰的过程，正是在反对和废除不平等条约的斗争中，促使近代民族主义的产生，逐渐形成了近代国家主权意识。

如前所述，晚清时期，随着对列强侵略和损害国家主权的条约关系认识的加深，中国社会由排外观念逐渐产生了朦胧的主权意识。早期维新派提出，中国是"自主之国"，中国之君是"自主之君"。[①]康有为等更将国家主权与民族存亡联系在一起，说，"我国权不能自主，岌岌待亡"。[②]尤值得注意的是，作为震惊中外的民众反帝斗争，义和团运动在更大范围体现了这一不清晰的主权意识。在《刘伯温碑文》的各种版本中，义和团表示了痛恨不平等条约的态度。"最恨和约，误国残民；上行下效，民冤不伸"；"最恨和约，一误至今，割地赔款，害国殃民"。[③]此一"最"字表达了他们对不平等条约深恶痛绝的情感。他们模糊地感觉到列强对中国主权的侵夺，在揭帖中揭露洋人"争权争教又争朝"，[④]并以"扶清"来维护国家主权。《中国旬报》就发表文章指出，"义和团与外国争权，虽所争之事未尽合理，而争权之兆已隐伏于四百兆人方寸之间矣"。[⑤]所谓争权，如范文澜同志所说，义和团的早期目标之一就是"废除和约（不平等条约）"。[⑥]一位日本学者认为，上述种种"都是由于外国与中国订立了条约，根据条约而来的行为。因此等行为欺压了中国，所以发生了义和拳匪之乱"，因而"义和拳匪之乱即是一种取消不平等条约的运动"。[⑦]

经过义和团运动，中国社会各阶级各阶层的国家主权的意识更为清晰。国体概念基本上摆脱了天朝的陈腐，普遍被视为国权，逐渐与近代国家观念

---

① 何启、胡礼垣著，郑大华点校：《新政真诠》，辽宁人民出版社，1991年，第84、86页。

② 康有为：《请御门誓众折》，汤志钧编：《康有为政论集》上册，中华书局，1981年，第291页。

③ 陈振江等编著：《义和团文献辑注与研究》，天津人民出版社，1985年，第80—83页。

④ 孙敬辑录：《义和团揭帖》，《近代史资料》1957年第1期，第12页。

⑤ 《主权篇》，《中国旬报》第33期，见徐绪典主编：《义和团运动时期报刊资料选编》，齐鲁书社，1990年，第302页。

⑥ 范文澜著：《中国近代史》上册，人民出版社，1955年，第351页。

⑦ ［日］矢野仁一：《论义和拳匪之乱的真相》，《外国资产阶级是怎样看待中国历史的》第2卷，第193页。

融合在一起。或谓，"保国权而全国体"，① 或谓，"国权完全无缺，方成国体，否则为半主人权"。② 大臣奏疏多以"自主之权"、"国权"等语词，取代"国体"概念。革命派党人亦明确指出，主权是国家生存的基本条件，"国家独立自主权者，不受外来何种高权之干涉，亦不许外来何种权力之侵入，其作用乃得完全"。③ "国权者，内以维持社会之平和，增进人民之幸福，外以维持国家之体面，发展国家之光辉。于国际上享有独立、平等、自卫之权利，始成为完全国家。"④ 民国初年，孙中山明确指出，中国今天为"半独立国，尚不得与完全独立国之列"，其原因就在于领事裁判权等条约特权的存在；只有废除这些特权，中国才能"进入完全独立国"。⑤

第一次世界大战之后，废约反帝的民族主义运动勃然兴起，明确提出争取国家独立和民族解放的革命纲领。五四运动要求"外争国权"，"以符民族自决主义"。⑥ 20 世纪 20 年代，废约运动以争取国家独立和民族解放为其理论指导，形成燎原之势。中国共产党发表时局主张，提出废约主张，此为废除不平等条约口号之"嚆矢"。⑦ 陈独秀发表政见，明确提出，"废止协定关税制，取消列强在华各种治外法权，清偿铁路借款收回管理权，反抗国际帝国主义的一切侵略，使中国成为真正独立的国家"。⑧ 《向导》周报创刊号发表宣言，详细分析了不平等的条约特权给中国造成的种种恶果，由于列强通过不平等条约进行政治、经济侵略，中国"在名义上虽然是一个独立的共和国，在实质上几乎是列强的公共殖民地"。⑨ "三大"党纲草案指出，帝国主

---

① 《论外务部》，《东方杂志》第 2 卷，第 1 期，光绪三十一年正月二十五日。

② 《尊权篇》上，国家图书馆分馆编：《（清末）时事采新汇选》第 2 册，北京图书馆出版社，2003 年，第 714 页。

③ 《论奉天发布巡警对待外人规则之损权辱国》，饶怀民编：《杨毓麟集》，岳麓书社，2001 年，第 274 页。

④ 华生：《滇越铁路问题》，张枬、王忍之编：《辛亥革命前十年间时论选集》第 3 卷，三联书店，1977 年，第 570 页。

⑤ 《在上海报界公会欢迎会的演说》，1912 年 10 月 12 日，中国社会科学院近代史研究所中华民国史研究室等编：《孙中山全集》第 2 卷，中华书局，1982 年，第 499 页。

⑥ 中国科学院历史研究所第三所近代史资料编辑组编：《五四爱国运动资料》，第 293、271 页。

⑦ 《中国共产党与废除不平等条约》，1943 年 2 月 4 日《解放日报》社论，中共中央党校党史研究室编：《中共党史参考资料》第 5 册。

⑧ 陈独秀：《对于现在中国政治问题的我见》，1922 年 6 月，三联书店编：《陈独秀文章选编》中册，第 186 页。

⑨ 《本报宣言》（1922 年 9 月），《向导》第 1 期。

义列强在中国取得治外法权、协定关税等等条约特权，"他们便支配了中国重要的经济生活和政治生活"。① 因此，要反抗帝国主义，"就要废除不平等条约"②。"民族自由运动之初步与关键，即是废除不平等条约。"③

中国共产党将废除不平等条约与国家独立和民族自由联系起来，大大推动了反对不平等条约关系的进程。在共产国际和中共的帮助下，孙中山的民族主义思想发展到一个新的高度，明确提出废约反帝，争取民族解放和国家独立的革命纲领。中国国民党第一次全国代表大会发表宣言，重新解释民族主义，明确提出中国民族自求解放。国民党政纲对外政策第一条规定：一切不平等条约，如外人租借地、领事裁判权、外人管理关税权以及外人在中国境内行使一切政治的权力侵害中国主权者，皆当取消，重订双方平等、互尊主权之条约。④ 从此，作为国民革命的重要纲领，废除不平等条约与争取国家独立和民族解放融为一体，互为表里，中国历史由此出现了新的面貌，中外条约关系开始走向实质性的转折。反对不平等条约关系的民族解放运动，继续持久地导引着中国的发展趋向，不断走向新的高潮。

中国共产党人和孙中山对不平等条约与国家独立和民族解放关系的阐发，全国形成了废约反帝的共识，为这一斗争提供了强劲的理论指导。在废约运动中，中国共产党的机关报《向导》发表文章，鲜明地提出了民族独立问题，指出："中国受列强逼迫欺骗所订成之一切不平等的条约不解除，中国永无解放的希望。"⑤ 在"五卅运动"中，中国共产党最先提出，解决之道在于"废除一切不平等条约，推翻帝国主义在中国的一切特权"。⑥ 孙中山阐发新的民族主义，将废弃不平等条约，实现国家独立作为核心内涵。孙中山看到，形式上中国是独立国家，实际是"世界上最贫弱的国家，处国际中最

---

① 《中国共产党党纲草案》（1923 年 6 月），中央档案馆编：《中共中央文件选集》第 1 册，第 135 页。
② 恽代英：《中国民族革命运动史》，1926 年，《恽代英文集》下卷，人民出版社，1984 年，第 942 页。
③ 《中国共产党为孙中山之死告中国民众》，1925 年 3 月 15 日，中央档案馆编：《中共中央文件选集》第 1 册，第 400 页。
④ 《国民政府建国大纲》，岭南文库编辑委员会等编：《孙中山文粹》下卷，广东人民出版社，1996 年，第 709 页。
⑤ 为人：《废约运动》，《向导》第 76 期。
⑥ 《中国共产党为反抗帝国主义野蛮残暴的大屠杀告全国民众》，中央档案馆编：《中共中央文件选集》第 1 册，第 421 页。

低下的地位"。① 中国为何沦为这一地位？是因为中国成了缔约各国的殖民地，是它们共同的"奴隶"。② 而外国用这些条约来"压迫中国，享种种特别权利"，"握我们中国的主权"。

孙中山的民族主义与中国共产党的民族解放理论有着一致性，其宗旨均是推翻帝国主义的统治，废除不平等条约，实现国家独立和民族自由。在这一理论的指导下，经过中国人民艰苦卓绝的奋斗，终于改变了不平等的条约关系，中华民族赢得了应有的国际地位。无疑，民族主义与国家主权话语，在中外条约研究领域，具有核心地位。如印度政治学家帕尔塔·查特吉（Partha Chatterjee）所说，它将殖民主义话语"作为其对立面"，其"政治使命是反对殖民统治"，"质疑殖民思想的真实性，怀疑其论点，指出其矛盾，批驳其道德主张"。作为一种权力话语，民族主义"寻求新秩序替换殖民统治，即由本民族统治的新秩序"。在思想理论上，它将导致"从西方理性主义借来的一些理论观点发生变化，丢弃旧的观点，采用、甚至改编新观点"。③ 总之，这一核心问题，贯穿近代中外条约关系的始终，不仅可据以深入认识不平等条约关系的本质属性，且是解析这一关系由不平等走向平等的钥匙。其所具有的关键地位，揭示了近代中外条约与中国关系的根本，无疑展现了中国话语的旨趣所在。

第三节　阐扬共同价值与挖掘传统精华

作为国际法律关系，对中国而言，近代中外条约关系又是新的国际秩序。其中与其相关的各国交往规则，是否体现人类社会的共同价值，是评判这一关系的重要依据，也是阐发国际正义的必要视角。因此，在这一研究领

---

① 《三民主义》，1924年1月至8月，广东省社会科学院历史研究室等编：《孙中山全集》第9卷，第201—202、188—189页。

② 《三民主义》，1924年1月至8月，广东省社会科学院历史研究室等编：《孙中山全集》第9卷，第201页。

③ ［印］帕尔塔·查特吉著，范慕尤等译：《民族主义思想与殖民地世界：一种衍生的话语》，第51—53页。

域，需要正确把握这些规则的性质，阐扬人类社会真正的共同价值。而挖掘中国传统对外观念中的具有体现共同价值的内涵，揭露西方背离共同价值，尤其是将反映西方世界私利的规则强加给中国的理论和行径，则是体现中国话语不可忽视的分析视角。

人类社会是否具有共同价值？其答案是肯定的。如江泽民表示，"尊重国际社会关于人权的普遍性原则"，同时"与各国国情相结合"。① 温家宝认为，"科学、民主、法制、自由、人权，并非资本主义所独有，而是人类在漫长的历史进程中共同追求的价值观和共同创造的文明成果。只是在不同的历史阶段、不同的国家，它的实现形式和途径各不相同，没有统一的模式"。② 胡锦涛在和日本首相福田康夫共同签署的《中日关于全面推进战略互惠关系的联合声明》亦表示，"进一步理解和追求国际社会公认的基本和普遍价值"。③ 2015 年 9 月，习近平在第七十届联合国大会的讲话，以中国的传统思想为导引，将共同价值与联合国的目标融为一体，指出："'大道之行也，天下为公。'和平、发展、公平、正义、民主、自由，是全人类的共同价值，也是联合国的崇高目标。目标远未完成，我们仍须努力。当今世界，各国相互依存、休戚与共。我们要继承和弘扬联合国宪章的宗旨和原则，构建以合作共赢为核心的新型国际关系，打造人类命运共同体。"④ 习近平关于共同价值的这段话，有着丰富的内涵，至少包括以下思想内容。一是共同价值贯注着中国传统文化精神，该段话以《礼记·礼运》中的"天下为公"为点睛之笔，揭橥了它的中心所在。二是全面界定了共同价值的范畴，即"和平、发展、公平、正义、民主、自由"，大体上囊括了国家关系的基本问题。三是充分肯定联合国的宗旨与原则，因为它们体现了上述范畴的共同价值。四是当今并未完全实现共同价值，这是一个不断追求的过程和目标，需要继续不断努力。五是揭示这些共同价值对当今构建新型国际关系

① 《江主席与德赖富斯主席举行会谈》，《光明日报》1999 年 3 月 26 日第 1 版。
② 温家宝：《关于社会主义初级阶段的历史任务和我国对外政策的几个问题》，《解放日报》2007 年 2 月 27 日。
③ 《中日关于全面推进战略互惠关系的联合声明》，《光明日报》2008 年 5 月 8 日。
④ 习近平：《携手构建合作共赢新伙伴 同心打造人类命运共同体》，《人民日报》2015 年 9 月 29 日。

的功能和作用，将其提升到"打造命运共同体"的高度。这些思想理念，虽然着眼于当代人类社会和国家关系，但给我们分析近代中外条约关系提供了可资借鉴的思路。

需要指出，"共同价值"与西方鼓吹的"普世价值"存在根本区别，两者不仅哲学基础各异，而且在思想观念和政治取向等方面均迥然有别。前者尊重差异，坚持人类社会多样性的统一；主张世界各种文明是平等的，不同文明主体之间应该互学、互鉴；在国际社会兼容并包，奉行合作共赢、和谐繁荣的路线；其所考量的是天下大同和共同发展，旨在构建人类命运共同体。后者则唯我独尊，将西方的特殊性当作世界的普遍性；排斥和歧视其他文明，将西方文明视为人类社会唯一的先进文明而强加给其他文明；对于异族他国采取强力压制、控制支配的霸道方针；追求的是一己之私和独占利益，其目的在政治军事、经济文化等方面建立西方世界甚至某一国的霸权地位。尤其是美国，其鼓吹这一论调的实质，并不在于"普世价值"本身，而是将其作为干涉他国的工具和手段。① 实际上，如法国学者所评论的，"完全是一种傲慢和轻率的反映"，其"狂热地大打普遍主义的牌"，推行在他们本国"都不再践行，或实施得一塌糊涂的价值观"，正是对"自身及未来疑虑重重所产生的纠结"而"缺乏自信"的体现。②

在共同价值的历史进程中，作为国际秩序的近代中外条约关系，是其中的一个特殊阶段，其产生形成、发展演变和内容实质反映了以上基本问题及其变化。阐发国际关系中的共同价值，有两个相互对照的考察视角，可极大地弘扬中国精神，构筑中国话语的国际内涵。一是揭露西方列强背离共同价值的殖民侵略行径，二是揭橥中国传统文化中的共同价值精华。从前者来看，西方国家以歧视和偏狭的强权规则对待东方国家，无视人类社会的这些共同价值。无论是从产生形成还是从其内容实质来看，这一新的国际秩序是

---

① 韩庆祥等：《人类命运共同体与共同价值》，《社会主义核心价值观研究》2017 年第 4 期；林伯海、杨伟宾：《习近平"共同价值"思想与西方"普世价值"论辨析》，《思想理论教育导刊》2016 年第 8 期；谢晓光：《美国为什么热衷于推广"普世价值"》，《红旗文稿》2013 年第 15 期，等等。

② 多米尼克·莫瓦希：《民主的苦涩胜利》，见［俄］伊诺泽姆采夫主编，徐向梅等译：《民主与现代化：有关 21 世纪挑战的争论》，中央编译出版社，2011 年，第 82—83 页。

非和平、非公平、非正义的武力强权，违背了国际民主和民族自由等原则，共同价值遭到严重扭曲，扼制了中国社会的发展。从国际关系民主化来看，近代中外条约关系这一国际秩序背离了主权平等、共同参与的基本准则。它是少数列强为主导，服务于它们之间分割殖民地和势力范围的需要，以畸形的传统国际法为托词，通过国际条约从中国攫取各种权益并相互分赃，同时又进行激烈角逐而引致冲突和战争。17 世纪中叶形成的威斯特伐利亚体系，是维护西方列强自身利益，协调相互关系的需要，其倡导的主权平等和国家独立等国际法原则，只适用于它们之间而非整个世界。西方列强又相继订立《维也纳会议最后议定书》《凡尔赛和约》《华盛顿条约》《雅尔塔协定》等国际协约，确立相应的国际体系，对这一格局予以确立与维系。总之，在列强构建的国际秩序中，没有公理和公平，只有强权和霸道。马克思曾深刻指出，"当我们把目光从资产阶级文明的故乡转向殖民地的时候，资产阶级文明的极端伪善和它的野蛮本性就赤裸裸地呈现在我们面前，它在故乡还装出一副体面的样子，而在殖民地它就丝毫不加掩饰了"。[①] 显然，西方列强建立的国际秩序，毫无公平正义可言，也谈不上国际民主。从人类共同价值的观点来看，"维护和弘扬国际公平正义，必须坚持主权平等。主权是国家独立的根本标志，也是国家利益的根本体现和可靠保证"。[②] 而建立国际秩序和全球治理体系，"要由各国人民商量，不能由一家说了算，不能由少数人说了算"。[③] 作为新的国际秩序，近代中外条约关系无疑背离了这些准则，这一方面的史事和性质，众所周知，不再赘述。由此而言，中国反对和改变不平等条约关系的斗争，正是追求人类共同价值的实现而进行的艰苦斗争，而条约关系的发展演变，体现了中国以及世界形势的变化和国际规则的进步。抗战期间，不平等条约得以基本废除，正反映了这一历史趋向。经过中国人民的艰苦抗战，国际地位得以大大提高，美英等列强终于回归人类社会的共同价值，放弃不平等的条约特权。

---

① 马克思：《不列颠在印度统治的未来结果》，1853 年 7 月 22 日，中共中央马克思恩格斯列宁斯大林著作编译局编译：《马克思恩格斯选集》第 1 卷，人民出版社，1995 年，第 772 页。
② 习近平：《弘扬传统友好 共谱合作新篇》，《人民日报》，2014 年 7 月 18 日。
③ 习近平：《在庆祝中国共产党成立 95 周年大会上的讲话》，《人民日报》2016 年 7 月 2 日。

从后者来看，中国传统对外关系的实践中，提出不少体现人类共同价值的思想观念，对此作梳理，是在该研究领域构建中国话语的关键。列强在华建立不平等条约关系，取代中国传统的对外关系模式，否定了其中体现共同价值的各种理念。就国际关系而言，各国摒弃武力，和睦相处，是人类社会共同发展的前提。因此，和平主义在各项共同价值中居于首要地位，是最为重要的原则。在近代中国，列强以暴力建立不平等条约关系，背离了这一原则，而这正是中国传统文化中最为突出的观念。阐扬中国传统的和平观念，不仅有助于剖析不平等条约关系的强暴性，认识这一国际秩序的实质，且可为当今国际关系提供具有中国价值的有益启示。

中国是一个爱好和平的国家，在儒家经典中充满了此类告诫。如《尚书》提出"协和万邦"；《周易》谓，"圣人感人心而天下和平"；《左传》称，"亲仁、善邻，国之宝也"；荀子说，"近者亲其善，远方慕其德；兵不血刃，远迩来服"[①]。其他各家亦无不否定战争，倡导和平，如墨子主张兼爱"非攻"，他将否定攻伐视为正义和天德。道家对兵事亦持否定态度，如老子提出"以道佐人主"，"不以兵强天下"。诸如此类，不一而足。与周边国家和睦相处，"守在四夷"，成为中国古代的基本国策，虽然"勤远略"时有发生，但这并非主导倾向，且一直受到非议。汉代时，贾捐之反对攻伐南越，提出《弃珠崖议》，为朝廷所采纳。明清亦奉行这一政策，清朝的国防方针目的亦在于自卫守边，而不是开疆拓土。乾隆说："夫开边黩武，朕所不为，而祖宗所有疆宇，不敢少亏尺寸。"[②]

至近现代，中国传统的和平理念亦为社会所肯定。陈独秀指出，"东洋民族以安息为本位"，与"西洋民族以战争为本位"不同。[③] 孙中山说，"现在世界上的国家和民族，只有中国是讲和平；外国都是讲战争，主张帝国主义去灭人的国家"。中国与外国不同，"酷爱和平，都是出于天性"。这种特

---

① 高长山：《荀子译注》，第 289 页。
② 《高宗纯皇帝实录》卷 377，乾隆十五年十一月乙卯，《清实录》第 13 册，第 1169 页。
③ 《东西方民族根本思想之差异》，1915 年 12 月 15 日，陈独秀：《陈独秀文集》第 1 卷，人民出版社，2013 年，第 216 页。

别的好道德，"便是我们民族的精神"，以后"不但是要保存，并且要发扬光大"。①

中国自古以来奉行和平主义方针，为国际社会所共认。曾被袁世凯聘为顾问的古德诺即说："儒家哲学也鼓励这种和平主义的人生态度"，中国式的和平主义，在面对西方的武力威胁时表现出"无助"，甚至"发展到软弱可欺的程度"。② 西方著名思想家罗素针对中国的这一民族特性说："中国人不像白人那样，喜欢虐待其他人种……如果在这个世界上有'骄傲到不屑打仗'的民族，那就是中国。中国人天生宽容而友爱、以礼待人，希望别人也投桃报李。只要中国人愿意，他们可以成为天下最强大的国家。但是，他们所追求的只是自由，而不是支配。"中国老百姓的天性喜好和平，他们可能比英国人贫穷，但却比他们更快乐，这是因为"他们国家的立国之本在于比我们更宽容、更慈善的观念"。在中国人看来，战争没有任何重要意义。中国人有诸多"至高无上的伦理品质"，其中"和气是第一位的"，即"以公理为基础而不是以武力去解决争端"。③

和平主义在国际关系中虽未被西方国家所奉守，但它无疑是人类世界的共同价值，国际社会逐渐将其纳入相关公约。1899、1907 年两次海牙会议通过的国际公约，强调了人类的正义原则和共同利益，倡导"崇高的人道主义精神"，④ 以及"对人类共同利益的高度认识"。⑤ 会议同意将"公平和正义的原则"载入国际协定，"竭尽全力以保证和平解决国际争端"。⑥ 第一次世界大战之后，《非战公约》郑重声明"斥责用战争来解决国际纠纷"。第二次世界大战后成立的联合国，在宪章中将维护世界和平作为它的宗旨、原则，

① 《三民主义》，1924 年 1 月至 8 月，广东省社会科学院历史研究室等编：《孙中山全集》第 9 卷，第 246 页。

② ［美］古德诺著，蔡向阳、李茂增译：《解析中国》，国际文化出版公司，1998 年，第 15 页。

③ ［英］罗素著，秦悦译：《中国问题》，学林出版社，1996 年，第 153—155、166—168 页。

④ 《1899 年国际和平会议最后文件》，1899 年 7 月 29 日，世界知识出版社编辑：《国际条约集（1872—1916）》，第 165 页。

⑤ 《国际和平会议最后文件》，1907 年 10 月 18 日，世界知识出版社编辑：《国际条约集（1872—1916）》，第 334 页。

⑥ 《和平解决国际争端公约》，1899 年 7 月 29 日、1907 年 10 月 18 日，世界知识出版社编辑：《国际条约集（1872—1916）》，第 173、335—336 页。

在国际关系上不得使用威胁或武力。

人类社会的这一共同价值，与中国自古所倡导的和平理念是一致的。近代中外不平等条约关系，正是西方列强违背这一共同价值，将它们对东方国家的武力规则施行于中国的产物。条约关系从不平等走向平等，又与这一共同价值逐渐为国际社会所认同的过程相吻合。由此可见，在维护公道正义的国际秩序的实践中，中国传统的和平理念具有极为重要的价值。如罗素所说，"中国至高无上的伦理品质中的一些东西，现代世界极为需要"。①

在中国古代对外关系的实践中，朝贡关系作为以等级形式构筑的国际秩序，更主要体现为一种礼仪制度。它以和平原则为实际内涵，在主权和统治层面，某种程度上宗属关系是以中国为中心的松散的国家联盟，具有平行的属性。各成员国出自自愿组成联盟，中国推行的是"王道"而不是"霸道"。尽管中国皇帝自许"天下共主"，但其"治以不治"方针体现了不干涉他国内政的主权原则。如宋人石介所言，"四夷处四夷，中国处中国，各不相乱，如斯而已矣。则中国，中国也；四夷，四夷也"。② 如论者分析，"将外国视为稳定的独立国家，具有尊重外国国家主权意识的雏形。"③ 无疑，从主权实质看，"四夷"并非"天下共主"治下的属邦，而是中国之外的独立国家。宗属关系体现的只是仪礼上的不平等，而非主权意义上的统治关系。

这种实质上尊重他国主权和统治权，与西方的宗属关系和中外不平等条约关系有着本质上的区别，体现了中国传统中协和万邦、主张和平、以德服人、反对霸权的"王道"精神，含有近代主权观念的意蕴。这一精神作为不平等条约关系的对立物，在中国争取国家独立的斗争中发挥一定的作用。孙中山在阐发废约反帝的新民族主义时，便从中国实行以"王道"为准则的朝贡关系的历史中，揭示了它的重要价值。他指出，"当时南洋各小国要来进贡，归化中国，是他们仰慕中国的文化，自己愿意来归顺的，不是中国以武力去压迫他们的"。南洋群岛那些小国，"以中国把他们收入版图之中，许他们来进贡，便以为是很荣耀；若是不要他们进贡，他们便以为很耻辱"。这

<hr />

① ［英］罗素著，秦悦译：《中国问题》，第 167 页。
② 《中国论》，石介著，陈植锷点校：《徂徕石先生文集》卷 10，第 117 页。
③ 万明：《明代外交观念的演进——明太祖诏令文书所见之天下国家观》，《古代文明》2010 年第 2 期。

项尊荣，"现在世界上顶强盛的国家还没有做到"，如美国待菲律宾，津贴大宗款项，修筑道路，兴办教育，但是菲律宾人至今还不以归化美国为荣，日日总是要求独立。再如，廓尔喀人对于中国，到了民国元年还来进贡。中国从前能够吸引那么多的国家和那么远的民族来朝贡，不是用海陆军的霸道来强迫他们，完全是用王道感化他们。他们"是怀中国的德，甘心情愿，自己来朝贡的"。因为，"讲王道是主张仁义道德，讲霸道是主张功利强权。讲仁义道德，是由正义公理来感化人；讲功利强权，是用洋枪大炮来压迫人"。①

孙中山倡导和阐发朝贡关系中的"王道"，可说是中国传统在遭受不平等条约压迫历史背景下的复兴，体现了这一古老文明的持久魅力，尤其是其所秉具的共同价值。这一思想主张在当时产生了积极影响，在当今亦有重要意义，不仅从比较的角度揭示了传统理念的价值和条约关系的本质，且对于当今建立公平和谐的新型国际关系，亦不无深刻的启示。由此进而说明，阐发人类世界的共同价值，挖掘传统观念中的积极因素，是建立中国化中外条约关系研究体系必不可少的基本原则。除了和平主义之外，中国还有诸多在国际关系中值得推崇的价值观念，诸如"亲、诚、惠、容"。孟子说"亲亲而仁民，仁民而爱物"，"仁者，无不爱也"。《中庸》谓，"诚者，天之道也；诚之者，人之道也"。所谓"惠"，"爱也"，"仁也"。《尚书》谓"有容，德乃大"。归结起来，就是注重情感，诚信为本，互利互惠，和谐包容。这些体现中华文明特色的价值观，是中国自古以来处理对外关系的指导原则。通过阐扬这些传统思想，不仅可以揭示不平等条约关系与此相悖的霸道性质，而且还有助于认识中国对外观念在这一关系中的作用和影响。

第四节　吸收先进文明与趋应时代潮流

近代中外条约是中国与世界发生新的交往而形成的关系，它所面对的不

---

① 《对神户商业会议所等团体的演说》，1924 年 11 月 28 日，广东省社会科学院历史研究室等编：《孙中山全集》第 11 卷，第 406、407 页。

是传统的周边"夷狄"，而是有着更高文明的海外强敌。西方列强以强权暴力手段挟裹资本主义文明，用条约关系的方式，将中国纳入它们统治东方弱小民族的殖民体系。在这一血腥过程中，随着强权暴力而来的，还包括具有近代性质和进步意义的国际规则和交往方式。中国要从封闭自守走向开放的世界，建设一个强大富强的现代化国家，就必须趋应时代潮流，吸收人类社会的先进文明。而给中国带来灾难的不平等条约关系，亦逐步走向自己的反面，促使中国借助这一新的文明摆脱殖民奴役，通过艰苦的努力奋斗而迈往新生。同时，中国传统中包含着与近代文明相契合的因素，亦需要深入挖掘而阐发其固有的价值。这些无疑是建立中国话语研究体系不可或缺的重要内容。

吸收包括资本主义在内的人类先进文明，是马克思主义的一个重要思想，也是无产阶级文化形成的前提。列宁说："马克思依靠了人类在资本主义制度下所获得的全部知识的坚固基础"，"凡是人类社会所创造的一切，他都有批判地重新加以探讨，任何一点也没有忽略过去"。无产阶级文化"应当是人类在资本主义社会、地主社会和官僚社会压迫下创造出来的全部知识合乎规律的发展"。[①] 邓小平说，"社会主义要赢得与资本主义相比较的优势，就必须大胆吸收和借鉴人类社会创造的一切文明成果"。[②] 习近平亦说："人类历史就是一幅不同文明相互交流、互鉴、融合的宏伟画卷。我们要尊重各种文明，平等相待，互学互鉴，兼收并蓄，推动人类文明实现创造性发展。"[③] 优于封建主义的西方资本主义文明，是人类文明的重要进步，它是一个包括物质技术和社会政治的完整体系。前者作为物化文明可为所有国家所接收，后者虽因社会价值的不同而具有两重性，需要鉴审取舍，但亦有借鉴吸收之处。例如，恩格斯认为，资产阶级民主共和国的国家形态，是

① 《青年团的任务》，1920 年 10 月 2 日，中共中央马克思恩格斯列宁斯大林著作编译局编：《列宁选集》第 4 卷，人民出版社，1995 年，第 284、285 页。

② 《在武昌、深圳、珠海、上海等地的谈话要点》，1992 年 1 月 18 日—2 月 21 日，《邓小平文选》第 3 卷，人民出版社，1993 年，第 373 页。

③ 习近平：《携手构建合作共赢新伙伴同心打造人类命运共同体——在第七十届联合国大会一般性辩论时的讲话》，人民网—人民日报 2015 年 09 月 29 日，http://politics.people.com.cn/n/2015/0929/c1024-27644905.html。

"无产阶级将来进行统治的现成的政治形式"。① 就中外条约所属的国际关系范畴来看，欧洲产生的传统国际法，代表着这一领域的新的文明，也同样有着进步和反动的两重性。它提出国家主权等原则，否定世界帝国，为国际社会奠立了相互交往的基石，这是其最重要的进步性。条约是国际法的重要制度，应在这块基石上构建国家之间的法律关系，但在近代中国却大相径庭。由此可见，在近代中外条约关系研究领域引入和吸纳先进文明，是维护中国权益、抵制殖民侵略的需要，也是发出中国声音的重要途径。如前所说，当国际法介绍到中国时，法国代办声言要将使中国了解国际法的人"杀死"和"绞死"，因为他将给西方国家"制造无穷麻烦"。

国际法主权原则的输入和运用，对中外条约研究具有极为重要的意义，可以彰显中国学术与时俱进的品质，提升研究的科学性和可信度。例如，同治三年，总理衙门刊印了丁韪良所译惠顿著《万国公法》，阐述国家主权等内容，是中国以前从来没有接触的。该书指出，主权是一个国家的最高之权，谓："凡有邦国，无论何等国法，若能自治其事，而不听命于他国，则可谓自主者矣。"就公法而论，"自主之国，无论其国势大小，皆平行也"。国之所以为国，是因为有"自主"之权，这是固有的，即"所谓自有之原权"。国家的固有主权，"莫要于自护"，即保卫自己免受侵略。各国自主其事，自任其责，"均可随意行其主权，惟不得有碍他国之权也"。②

《万国公法》较为完整地阐述了国家主权的内涵相关属性，给中国带来一个新的概念，更重要的是由此获得了体现近代文明的国家观念。这个概念是随着近代中外条约关系的形成而输入的，而运用国际法的国家主权原则，可以从法理上对其进行全面的客观分析。一方面，可以更有力地揭示其损害中国主权的实质。如前所述，对近代中外条约违背公平正义的不平等性质的判断，正是依据国际法的主权原则。另一方面，有助于避免以情感义愤代替科学分析的弊端，了解条约的复杂性和各个国家的差异。在条约研究中，曾

---

① 《恩格斯致保·拉法格》，1894 年 3 月 6 日，中共中央马克思恩格斯列宁斯大林著作编译局编译：《马克思恩格斯选集》第 4 卷，人民出版社，1995 年，第 734 页。

② ［美］惠顿著，丁韪良译，何勤华点校：《万国公法》，第 27—28、37、57、70 页。

长时期基于对列强侵略的愤慨，对所有与外国沾边的事物采取一概否定的态度。例如，以往存在一种错误观念，对条约规定的任何内容均予以否定，对通商开放的扩大，往往闻之痛心疾首，予以谴责。如前所述，由于缺乏理性客观的研究，学界曾不加分析地将近代签订的所有约章视为不平等条约，笼统谓之"一千多个"、"一千一百多个"、"近千个"、"一千数百个"、"1100 多个"。实际上，王铁崖编《中外旧约章汇编》收录的 1182 件中外约章，也包括一部分平等条约，不能一概而论。这种背离史实的研究，不仅不能完整把握近代中外条约，且有损中国学术的信誉。对此进行深入的客观研究，需要以国际法的主权原则和相关理论规则为依据，通过史实佐证，得出准确的结论。

此外，即使整体属于不平等条约，也并非所有条款具有同一性质，其中包括肯定和承诺尊重中国领土主权的某些内容。如 1868 年中美《续增条约》（《蒲安臣条约》）系不平等条约，但亦有此类内容的条款。该约规定，"大清国大皇帝按约准各国商民在指定通商口岸及水陆洋面贸易行走之处，推原约内该款之意，并无将管辖地方水面之权，一并议给。嗣后如别国与美国或有失和，或至争战，该国官兵不得在中国辖境洋面及准外国人居住行走之处与美国人争战，夺货劫人；美国或与别国失和，亦不在中国境内洋面及准外国人居住行走之处有争夺之事"。又规定不干涉中国内政，"凡无故干预代谋别国内治之事，美国向不以为然，至于中国之内治，美国声明并无干预之权及催问之意，即如通线、铁路各等机法，于何时、照何法、因何情欲行制造，总由中国皇帝自主，酌度办理"。[①] 诸如此类的规定，无疑维护了中国的领土主权，体现了国家主权原则。加上其他条款，人们甚至将该约视为平等条约，当代也有学者认为，"就当时情况而言，《蒲安臣条约》实为对中国最友好，或者最无损于中国的一个条约"。该约"涵蕴了尊重中国领土完整，主权独立，并以平等地位待遇中国的原则"。这些反映美国对华政策的变化，即希望中国成为国际社会中平等的一员。这与 1844 年签订《望厦条约》的顾盛，视中国为异端国家，坚持在华施行领事裁判权的政策，全然不同。

---

① 中美《续增条约》，同治七年六月初九日，王铁崖编：《中外旧约章汇编》第 1 册，第 261—263 页。

需要指出，对此作出客观评析，不仅是完整全面认识近代中外条约的需要，且有助于了解列强各国侵略手段的变化及其差异。例如，美国尽管在该约承诺尊重中国的领土主权，但事实上却推动了不平等条约的扩展，并在华享有其他国家所攫取的所有特权，可谓口惠而实不至。在内容上，全面获取了英国劫掠的各项特权，诸如领事裁判权、片面协定关税、片面最惠国待遇，且在此基础上更有发展。其实，美国条约比英国条约"要高明得多"，"以致它立即变成为几个星期之后议定的法国条约取法的典型"，也变成瑞挪条约的"蓝本"。其"高明的规定也随即赢得英国人的承认，并且大加利用"。① 另外，美国虽未对华采取战争手段，却也承袭了暴力精神，使用威胁手段逼迫清政府与之订约，要挟中国守约，"充分履行它根据条约和协定向合众国所承担的一切诺言和义务"。② 显然，美国并非真正维护中国的国家权益，其对华政策具有欺骗性，反映了该国外交的虚伪和"高明"。

作为国际法的重要原则，国家主权的相关思想理论，是中国反对和废除不平等条约的基本依据。在中国政府与外国列强的交涉中，便充分运用了这一理论。清末时期便提出，"国家者，主权之所在也，法权所在，即主权所在，故外国人之入他国者，应受他国法堂之审判，是为法权"。"治外法权不能收回，恐治内法权亦不可得而自保"。③ 民国时期，在修废不平等条约的斗争中，更是以国家主权为依归。如北京政府外交部提出，收回上海会审公廨交涉，要以"审查条约上与主权上有无窒碍为第一要义"。④ 在巴黎和会，中国代表提出了要求废除不平等条约的《希望条件说帖》，要求各国"磋议修改"从前所订一切条约、协议、换文、合同中所获各种权利"足以发生势力范围而妨及中国之主权者"。⑤ 南京政府初期，外交部致美国照会提出，"以

　　① ［美］泰勒·丹涅特著，姚曾廙译：《美国人在东亚——19 世纪美国对中国、日本和朝鲜政策的批判的研究》，第 141、142 页。
　　② 《国务卿菲什对新任驻华公使镂斐迪使华的指示》，1869 年 12 月 30 日，阎广耀、方生选译：《美国对华政策文件选编：从鸦片战争到第一次世界大战（1842—1918）》，第 94 页。
　　③ 《吴钫奏》，光绪三十二年十二月癸未，朱寿朋编，张静庐等校点：《光绪朝东华录》五，总第 5621 页。
　　④ 《外交部关于拟改派江苏交涉员陈贻范呈送上海会审公堂章程的报告》，1914 年，中国第二历史档案馆编：《中华民国史档案资料汇编》第 3 辑，外交，江苏古籍出版社，1991 年，第 82—83 页。
　　⑤ 《附录：中国代表提出希望条件说帖》，中国社科院近代史研究所《近代史资料》编辑室主编、天津市历史博物馆编辑：《秘笈录存》，第 153—181 页。

平等及互相尊重领土主权为原则"。① 希望英、法两国，同样修订现行条约。
1929 年底，南京政府发出废除领事裁判权的特令，指出："凡属统治权完整
之国家，其侨居该国之外国人民，应与本国人民同样受该国法律之支配及司
法机关之管辖，此系国家固有之要素，亦为国际公法确定不易之原则。"② 对
中国而言，修废不平等条约最大的考量便是国家主权，其依据也在于此。

对在华享有条约特权的西方国家而言，这一国际法原则也产生了一定的
制约作用，它们不得不逐步放弃。如北美召开对外传教会议，议决案表示：
"中国之完全主权应承认，美国政府应立即派遣代表，本承认中国完全主权
之精神，以修改现存中美条约。"③ 1927 年 7 月美国的一份国际法刊物刊文：
"如果条约是在不平等的基础上达成，尤其是如果这一不平等损害了一国的
主权，那么在他方拒绝修改、废止或是用另外的条约替代的情况下，废除条
约就是无可争辩的，否则国际法所依赖的平等和主权原则就失去了实际意
义。"④ 美国率先承认中国关税完全自主原则，在与中国交涉过程中，美驻华
公使凯洛格致函总统柯立芝，说："有一件事是肯定的，束缚中国关税主权
的作法结束了。"⑤ 在相关条约中亦明确规定，如中意条约第 3 条规定："两
缔约国决定于最短期内，根据完全平等、互尊主权及两国商业上无歧视之各
原则，议订一通商航海条约。"⑥ 1929 年墨西哥放弃在华领事裁判权，向中
方表示："贵国恢复法权运动，其主张之正当"，"本国政府本其素来之主张
及墨西哥民族之思想，以极同情之态度加以考虑之结果，以为任何国家应有
独立自主之全权，此种各民族合理之要求实不能不予承认也。"⑦ 抗战期间，
中国基本实现了废除不平等条约，曾担任蒋介石政治顾问的美国战时情报局

---

① 陈志奇辑编：《中华民国外交史料汇编》（五），第 2297—2298 页。

② 《国民政府特令》，1929 年 12 月 28 日，中国第二历史档案馆编：《中华民国史档案资料汇编》第 5 辑，第
1 编《外交》（一），第 52 页。

③ 记者：《取销领判权》，《国闻周报》第 6 卷，第 46 期，1929 年 11 月 24 日。

④ Thomas F. Millard. *The End of Exterritoriality in China*. Shanghai：The A. B. C. Press, 1931, pp. 92—95.

⑤ *Papers Relation to the Foreign Reltion Of the United States*, 1928, Volume Ⅱ, United States Government
Printing office Washington：1943, p. 456.

⑥ 中比《友好通商条约》，1928 年 11 月 22 日；中意《友好通商条约》，1928 年 11 月 27 日，王铁崖编：《中
外旧约章汇编》第 3 册，第 642—643、646 页。

⑦ 《墨外部复驻墨使馆照会》，1929 年 10 月 31 日，王铁崖编：《中外旧约章汇编》第 3 册，第 735—736 页。

远东分局长拉铁摩尔发表演说，指出，新约表明中国恢复完全主权。无疑，在近代中外条约关系及其研究中，从西方国际法引入的国家主权观念是一个核心观念，属于必需吸纳的先进文明范畴。

再从世界交往来看，这是资本主义时代的重要现象，对国家和社会的发展亦是有利的。马克思主义充分肯定交往在人类社会发展中的作用，认为，"社会——不管其形式如何——是什么呢？是人们交互活动的产物"。① 也就是说，没有人们之间的相互交往，就没有人类社会。到了资本主义时期，人类的交往发展成为世界性的，由此形成了国际关系。"资产阶级，由于开拓了世界市场，使一切国家的生产和消费都成为世界性的了"。于是，"过去那种地方的和民族的自给自足和闭关自守状态，被各民族的各方面的互相往来和各方面的互相依赖所代替了"。② 人类的相互交往，不仅导致人类社会的形成，而且是社会发展的基本条件。马克思说："只有在交往具有世界性质，并以大工业为基础的时候，只有在一切民族都卷入竞争的时候，保存住已创造出来的生产力才有了保障。"人类社会最高理想共产主义的实现，是以"生产力的普遍发展"和"与此有关的世界交往的普遍发展为前提的"。③ 无疑，人类社会的发展，各国家民族的进步，有赖于相互交往，互通有无。而且，交往的发展成为不可避免的历史趋向。因此，中国国际法学者指出："一国是否愿与他国发生商务、外交、与条约关系，虽有完全自由，但拒绝与任何国家发生任何关系，在事实上与法律上已经都不可能。现在交通的便利与物质文明的进步已不能使一国绝对的坚持闭关自守主义，而若拒绝与所有其他国家发生任何关系也不能再视为国际社会的一分子。所以一国可以拒绝与它所不喜欢的或它认为没有往来必要的国家往来，而不能拒绝与所有的国家往来。"④ 中国的改革开放，已取得令世界瞩目的成就，而这正是加强国

---

① 《马克思致帕·瓦·安年科夫》，1846 年 12 月 28 日，中共中央马克思恩格斯列宁斯大林著作编译局编译：《马克思恩格斯选集》第 4 卷，第 532 页。

② 《共产党宣言》，1948 年 2 月，中共中央马克思恩格斯列宁斯大林著作编译局编译：《马克思恩格斯选集》第 1 卷，第 275—276 页。

③ 《德意志意识形态》，1845—1846 年，中共中央马克思恩格斯列宁斯大林著作编译局编译：《马克思恩格斯全集》第 3 卷，第 61—62、39 页。

④ 崔书琴：《国际法》上册，第 61 页。

际交往的结果。邓小平说："对外开放具有重要意义，任何一个国家要发展，孤立起来，闭关自守是不可能的，不加强国际交往，不引进发达国家的先进经验、先进科学技术和资金，是不可能的。"①

显然，对于近代中国而言，不应不加辨析地认可清政府的对外举措，尤其是它的深闭固拒和狭隘偏执。贫弱落后的中国只有顺应时代潮流，打破与世隔绝的状态，加强与世界的交往，才能步入新的文明，走向进步。鸦片战争之后，中外交往存在复杂的情形，主要有战争和非战争两种方式。前者体现了列强的强权政治，以暴力强迫中国接受它们的各种索求，这是违背正义公道的野蛮交往，须予以大力谴责。后者体现在政治、经济、文化等各方面，包括国家和民间的不同途径，其中含有体现资本主义文明的近代交往方式和规则。这些方式和规则，是以国际法的主权原则为依据的，反映了人类社会从古代到近代的进步。在近代中外条约关系中，亦引入了这一方式和规则，这是应该予以肯定的。这一新的交往方式，随后又通过其他条约，得以改进和完善，进一步规定了常态化和规范化的常驻公使制度。符合国际惯例的一些规定，属于近代交往方式，是优于中世纪的近代文明。中国也由此摒弃了天朝体制，以新的姿态走向世界，在今天也仍然采取这一方式与各国建立外交关系。

还需看到，中国传统思想及实践与近代先进文明，存在某些契合之处。1884 年，丁韪良撰文，说春秋时期各诸侯国，"有往来交际之亲，则其间玉帛兵戎，必有成规可守，而公法之条例，即于是乎存"。此时的往来交际，"有合于公法者甚多"，包括和平和战争状态。遣使、重于结盟，以及"近世所有各种条约，古皆有之"。又如，春秋战国之世的战争法，"与欧洲古世同，皆舍一国之私例，而从天下之公理"。他列举种种事例，说明该时期"有合乎公法者，如此其多"。考之载籍，"觉其事其文其义，亦复与今之公法相印合"。因此，"中国亦乐从泰西公法，以与各国交际"。丁韪良认为，国际公法"必有一日焉，为天下万国所遵守，而遂以立斯世和平之准也"。②

---

① 《政治上发展民主，经济上实行改革》，1985 年 4 月 15 日，《邓小平文选》第 3 卷，第 117 页。

② 丁韪良：《中古世公法论略》，1884 年，王健编：《西法东渐——外国人与中国法的近代变革》，中国政法大学出版社，2001 年，第 31—33、35—37、39 页。

他还认为，其在中国"藩属之列者，皆得以平等相交"。除西方人士之外，苏联国际法学界亦有类似看法，认为中国等"古代东方国家是国际法的诞生地"，[①] 它们"有自己特殊的国际法制度发展起来"。[②] 其后中国学者作了具体研究，从各个角度详细阐述了春秋时期的国际法。[③] 这一史实说明，中国传统思想及其实践与近代文明有相通之处，两者并非完全风马牛不相及。

值得注意的是，儒家经典含有因时变通、与时俱进的观念，中国传统本身具备吸收先进文明的文化基础，如《礼记》谓"礼也者，合于天时"。这一思想后来得到进一步阐发，如清代学者浦起龙说"礼时为上"。[④] 章学诚特别指出，"夫三王不袭礼，五帝不沿乐。不知礼时为大，而动言好古，必非真知古制者也"。[⑤] 这些说明，变通求新，与时俱进，本属中国传统文化的内涵之一，自然是中国话语的组成部分。吸收和肯定体现先进文明的观念和原则，与中国传统文化精神相符，可说是中国话语的一部分。

以上所述，与条约关系最为密切，亦最为重要，其他还有与此相关的某些内容。在中外条约关系研究领域，吸收先进文明，趋应时代潮流，有着必要性。这里涉及如何认识西方资本主义的问题，需要克服两种片面性，既不能因为它处于先进文明阶段而完全认同其所作所为，也不能因为反对列强的强权暴力而否定它们带来的近代文明。近代中外条约关系的建立，曾使中国的国家主权遭受严重损害，但从另一层面来看，相对于传统对外关系，它又建立了一种新的国际交往的形式和规范。中国应对这一新的中外关系格局，是一个艰难的过程。不可否认，经过近代阵痛之后，现今的中国也是以条约关系的交往形式，按照国际法规范与世界建立了各种联系。此外，在中外条约研究中，注意其中体现先进文明的内容，不仅展现了中国学术包容求新的品质，而且还有助于表达民族立场，维护国家利益。因为，民族立场和国家利益，只有用人类文明发展历程中形成的共同价值作为判析的依据，才能为

---

① 苏联科学院法律研究所编，国际关系学院翻译组等译：《国际法》，第23页。
② ［苏］Г·И·童金主编，邵天任等译：《国际法》，法律出版社，1988年，第12页。
③ 徐传保编著：《先秦国际法遗迹》，中国科学公司，1931年。
④ 刘知几：《史通》，上海古籍出版社，2008年，第81页。
⑤ 章学诚撰，李春伶校点：《文史通义》，辽宁教育出版社，1998年，第189页。

国际社会所认同。列宁曾谈到马克思主义思想体系之所以"赢得了世界历史性的意义",是因为它"没有抛弃资产阶级时代最宝贵的成就,相反却吸收和改造了两千多年来人类思想和文化发展中一切有价值的东西"。① 中外条约研究,是一个与国际社会联系最为紧密的领域,建立中国话语体系,尤需要采取"中国立场,国际表达"的方式,"增强中国哲学社会科学在国际上的亲和力、感染力和影响力"。②

条约关系是中国近代历史的一个基本问题,是中国走向世界的扭曲形态,其中包含了繁多而又复杂的各种信息。既有古代与近代的交替,又有中国与世界的接合,同时对当今亦有着不可截断的关联。该领域涵盖古今中外的重要特点,更彰显了构建中国话语的必要性和重要意义,也由此决定了这一话语应该具有的主要内涵。以上思考只是荦荦大端,主要梳理了该研究领域不可忽视的主要理念,其要旨即在于构建与国际接轨的中国话语体系。

由上可见,作为西方列强压迫东方国家的一种方式,条约关系具有殖民强权性质,而非正常的国家关系。由于西方列强不同于古代征服者,这种殖民强权与资本主义结合在一起,因此随之产生形成的中外关系又具有新的时代特征。最为显著者,则是与资本主义历史时期的文明程度相适应,条约关系具有国际法律的形态。这是特定时期的畸形状态,一方面,违反正义公道的行径被编织了某种法理依据,为殖民意识和话语的形成奠立了理论基础;另一方面,某些体现进步性质的国际法规则亦相随而至,又给新的近代观念的引入提供了某种机缘。对中国而言,新的关系破坏了固有的传统,改变了国家和社会的形态,将它推向新的发展路径。在被条约的绳套束缚独立主权,蒙受巨大灾难的同时,中国传统中的精华和糟粕亦一并被暴力强权所碾压。于是,在这一用条约构致的关系中,中西交混、新旧杂糅,呈现了侵略与自卫、公理与强权、传统与近代、先进与落后、文明与野蛮等等矛盾并存相伴的奇妙景象。因此,上述说明,构建中

---

① 《关于无产阶级文化》,1920 年 10 月,中共中央马克思恩格斯列宁斯大林著作编译局编:《列宁选集》第 4 卷,第 299 页。

② 李长春:《在马克思主义理论研究和建设工程工作会议上的讲话》,《人民日报》2012 年 6 月 4 日。

国化近代中外条约研究体系，不能走向自说自话、循环往复的封闭圆圈，而应形成一个阐扬自我、兼容并包的开放系统。在这一系统中，民族立场和国家利益与国际规则和人类正义相互融汇，中国话语才能真正建立起来，日益体现其蓬勃的生命力和影响力。

作为中国话语体系，在这一研究领域揭橥国家民族的根本利益和发展需求，无疑是首要之务。作为国际关系范畴的研究领域，近代中外条约关系的对象涉及世界各国，它所阐发的中国话语不可能是孤立静止的，而具有中外融通的复合形态。既要梳理和清除该领域的各种殖民话语，辨识其形形色色、似是而非的各种变体，揭露西方列强的强权政治和霸道逻辑；又要阐发人类社会的共同价值，挖掘具有借鉴价值的传统文化和体现进步意义的近代文明。诸如这些基本思想和理念，是近代中外条约关系研究的内核，亦是搭建中国话语体系的基本思路。

根据以上所阐析的基本理念和思路，这个与国际接轨的中国话语研究体系，主要包括以下三大领域，即宏观上的理论研究，纵向历程研究，横向关联与影响研究。其具体内涵，后文详述，这里不赘。以上三大领域，作为中外条约关系研究领域的实体内容，构建了该领域与国际接轨的中国话语体系的基本理论和大体框架。通过概念阐释和理论辨析，该框架以实证研究为基础，在此研究领域形成了不同于西方国家的话语体系。这一话语体系弥补了既有理论研究的不足，形成系统的研究理论与方法，将其推进到更为科学的理论高度。它既清除和梳理了该领域的殖民话语，又不同于狭隘民族主义，而将中国国家利益与人类共同价值，将传统优秀精华与近代先进文明融为一体。在历史唯物主义和辩证唯物主义的指导下，以上述本领域的基本理念为内核，结合近代中国历史变迁的大背景，科学构建近代中外条约关系纵横交错的完整史实，全面系统地梳理其产生、形成和发展演化的历程，揭示其内在规律与特性。对上述内容进行全面系统的论析，又有助于拓展和深化中国近代史研究，在宏观上阐释近代中国社会性质、发展规律，对中国近代史相关理论问题作出新的解析，从而在中国近代史研究领域推进中国话语体系的构建。

这一体系扣准本领域重大问题的相关话语，通过科学严谨的理论导引和充分详尽的史事实证，检视梳理和剖析阐释近代中外条约关系的系列基本问题。它与既有条约研究的思路结构不同，更与西方殖民主义话语体系大异其趣，且以新的理论形态和史实构架所支撑，更为成熟和完善。作为一个新的话语体系，贯注理性批判精神而又吸纳人类先进文明，发掘传统精华而又摒弃落后糟粕，坚持民族立场而又阐发共同价值。例如，对于该领域相关的基本理论，即产生于欧洲的国际法，既不故步自封，又不盲目推崇，而是以历史唯物主义和辩证唯物主义为理论武器进行剖析，吸收借鉴其进步的理论原则，摒弃批判其反动的理论和规则，纠正已有研究尤其是西方学者的偏见与错谬。又如，关于近代中国国际秩序的转换交替，既对侵损中国主权、阻碍中国社会发展的条约关系予以基本否定，又适当认同其带来的近代交往形式和规则。对中国传统的国际秩序"朝贡关系"，既不赞成其"天下共主"的虚骄理念和缺乏平等的天朝礼仪，又充分挖掘其对维持国际道义所具有的资鉴价值和启示意义。在对条约关系发展历程的具体论述中，通过对所涉理论的探讨和大量史实的揭示，详细阐释与之相关的种种问题，等等。

诸如此类，摆脱了单纯条约研究的旧框架，在国际秩序转换和中国社会变迁的宏观视野下，吸收反映世界潮流的进步学说，运用适合中国历史和中国国情的概念、理论和方法，建构中外条约关系通史研究的分析框架，形成自己的话语体系。总之，要"在学习借鉴人类文明成果的基础上，用中国的理论研究和话语体系"进行解读，"概括出理论联系实际的、科学的、开放融通的新概念、新范畴、新表述"，"打造具有中国特色、中国风格、中国气派的哲学社会科学学术话语体系"。[①] 其中如习近平所提出的，"发掘中华文化中积极的处世之道和治理理念"，对于当今"打造人类命运共同体"，"弘扬共商共建共享的全球治理理念"，[②] 推进国际关系民主化，尤可提供历史的借鉴。西方学者坦承，西方的"繁盛"以及"为自己攫取的大部分东西"，

---

① 李长春：《在马克思主义理论研究和建设工程工作会议上的讲话》，《人民日报》2012 年 6 月 4 日。
② 《2015：习近平以中国理念和实践引领全球治理新格局》，中国新闻网，2016 年 1 月 3 日，http：//www.chinanews.com/gn/2016/01-03/7698446.shtml。

"都是依靠侵略弱国而得来的";中国人则"追求符合人道的目标,而不是追求白种民族迷恋的战争、掠夺和毁灭"。① 这一体系,无疑有助于在国际学术界正本清源,阐发进步的国际规则,培植和树立正确的历史观念,弘扬中国传统对外理念中所蕴含的积极成分,在这一研究领域提升和推介中国学术的地位和价值。

① [英] 罗素著,秦悦译:《中国问题》,第 3、6 页。

第十章　总体构设与研究方法

近代中外条约关系通史是一个浩大的研究工程，内容繁复，头绪纷杂，涉及面广，需要在全面规划的基础上作出总体构设，提出较为全面的研究方法。根据既有基础和整体思考，拟从研究目标与基本思路，通史框架与通、专、全、广的编写原则，相互关联的三个范畴及其研究问题和内容，以及唯物史观指导下的多学科多层次研究方法等方面作一探讨。

第一节　研究目标与基本思路

根据本通史的性质和要求，确定其总体目标和具体目标，并结合研究对象和内容的特点，构设实现这一目标的基本思路。

总体研究目标是：构建近代中外条约关系通史的基本理论和研究框架，揭示近代中外条约关系产生形成和发展演化的历程及规律，阐释两种国际秩序的冲突碰撞和交替转换的复杂格局，梳理这一历史巨变与转型中的思想观念及中外交锋和对策；由此纠正已有研究尤其是西方学者的偏见与错谬，完善和深化中国近代史研究，并对当今的中外关系提供借鉴。通过推出研究成果《近代中外条约关系通史》，实现这一总体目标，具体有五：

一是构建近代中外条约关系通史的基本理论和研究框架。本通史将在概念辨析、理论分析的基础上，形成自身的话语体系，确定近代中外条约通史的研究理论与方法，构建起具体的研究框架，弥补既有理论研究的不足，在开拓近代中外条约关系研究的同时，将之推到一个较高的理论高度。这一目标主要通过本书第1卷来完成，具体体现在各卷之中。

二是揭示近代中外条约关系产生形成和发展演化的历程及规律。本通史将借鉴相关学科的理论与方法，结合近代中国历史变迁的大背景，科学划分近代中外条约的发展阶段，在纵横交错的叙事框架下，全面系统地梳理近代中外条约关系产生、形成和发展演化的历程，揭示其内在规律与特性，填补近代中外条约关系通史的空白。这一目标主要通过第2卷—第7卷完成。

三是阐释两种国际秩序的冲突碰撞和交替转换的复杂格局。本书各卷将通过理论分析与史实重建，系统阐释传统朝贡关系与近代中外条约关系的发展变化以及二者之间的关联，解析中国对外关系从朝贡关系到条约关系、由不平等条约关系走向真正平等的两重路径。

四是系统梳理国际秩序转换复杂格局之下的各种重大变化。本书各卷注重国际秩序转换对政治、外交、思想文化等领域所产生的影响，通过纵横结合，进行理论分析与史实剖析，揭示双边与多边、外交与内政、条约关系与社会发展的多元互动，以及由此引发的相关领域的重大变化。

五是拓展和深化中国近代史研究。本书将从新的视角拓展中国近代史的研究领域，并在宏观上阐释近代中国社会性质、发展规律，对中国近代史相关理论问题作出新的解析，从而深化中国近代史的研究。在微观领域，将充分利用新发现的史料，注重中外各类文献的互证，深入剖析具体问题，推动中国近代史研究的深入。

此外，本通史在以上各方面注重从外交、外交与内政的互动关系、双边与多边关系、中外交往与社会发展变迁等角度，总结近代中外条约关系的经验与教训，为当今中国对外关系提供有益的借鉴。

根据本通史的研究对象与研究内容的具体特点，对研究思路作如下设计：

研究的总体思路是：鉴于研究内容的时间跨度较大、理论问题较多、涉及领域较广，采用理论与实证结合、总分结合、纵横结合的研究方式，系统、全面地论述 1689 年—1949 年间中外条约关系的演变历程及其社会影响。首先立足于历史学的实证研究，在辩证唯物主义和历史唯物主义的指导下，合理借鉴国际法、外交学等学科的理论与方法，辨析相关概念、理论，建立起本通史研究的基本理论与方法，对近代中外条约关系通史的内涵、特殊性质、分期等问题作出科学的解答；在上述理论探讨的基础上，形成对近代中外条约关系通史研究的概论性成果，以之作为总论性质的第 1 卷；在总论的指引下，后续六卷以时间发展为序，分阶段从纵向上阐述中外条约的历史演变，形成了总与分的整体研究思路；在总体纵向的研究中，本通史注重不同时期条约关系与近代中国政治、外交、经济、思想文化等方面的关联，并进行专题性的探讨，形成了纵中有横；而且，在具体的专题研究中，又注意该特殊领域的纵向历史演进，从而体现了横中有纵。以上总体研究思路贯穿整个通史的研究，并注重在具体研究中体现这种思路，从而保证了整个通史研究的完整性、一致性。

鉴于近代中外条约关系通史是新的研究领域，涉及诸多方面的理论问题与研究内容，拟从以下四个视角展开研究：一是多元化的理论视角。由于中外条约关系研究涉及历史学、国际法、外交学等学科的理论与方法，本通史的研究立足于历史学的实证研究，借鉴国际法、外交学等学科的理论与方法，结合历史学的比较研究等方法，形成多元理论与方法的有机结合，进行跨学科的研究。二是动态阐释的历史视角。近代中外条约关系通史是一个不断发展变化的历史过程，因此本通史的研究立足于历史发展的"变"的特征，动态地阐述中外条约关系在近代的发展演变，揭示其内在规律与特性。三是系统分析的视角。近代中外条约关系与诸多领域有着密切的关系，因此本通史的研究将之作为一个系统进行整体剖析，系统分析中外条约关系本身演变的同时，剖析其与近代中国政治、经济、思想文化等领域的关联，提示其对近代中国社会变迁、社会转型的影响。四是纵横结合的视角。近代中外条约关系通史不仅仅是一个纵向的历史过程，而且与诸多方面有着密切的关联；横向的关联之中，又有纵向的历史演进。因此，本通史在研究中，既注重纵向的研究，也注重横向的剖析，还注重纵横结合，系统全面地进行宏观研究与具体研究。

在具体研究中，本通史将以上四种视角有机结合起来，进行系统全方位的立体研究，深入剖析具体问题，体现出近代中外条约关系通史的丰富性与复杂性。

在总体思路与研究视角的指引下，拟从以下几种路径展开研究：首先，建构起中外条约关系研究的基本理论和研究框架。由于近代中外条约关系涉及较多的概念和基本理论问题，因此本通史拟通过界定概念、理论探讨，确定研究的理论与方法。在此理论和方法的指导下，对近代中外条约关系通史的分期、主题、特征、历史启示等作宏观上的总体概述，从而为通史各部分的撰写提供指引。其次，在理论探讨和总体概述的基础上，以纵向建构为基本框架，依次论述近代中外条约关系各个阶段的变化发展。结合中国近代史的大背景以及中外条约关系演变的内在规律，将 1689—1949 年间中外条约关系的历史科学地划分为六个时段，即 1689—1860、1861—1895、1896—1911、1912—1927、1928—1937、1937—1949；并根据各时段的特征，归纳出主题，在各主题之下系统论述条约关系的演变；各时段主题明确、前后呼应，从纵向上构成了近代中外条约通史的完整内容。再次，在纵向研究的框架之下，各时段的研究内容在宏观上，注意进行立体透视、把握中外条约关系演进的双重路径。具体做法是：一方面运用唯物史观和实证方法，吸取国际法、国际关系、外交学等相关学科的理论和知识，从国际秩序转换与历史转型的宏观视野进行全方位的立体透视；另一方面，系统介绍从朝贡关系到条约关系，以及条约关系从不平等到基本平等，再走向真正平等的两重路径。这样各部分内容有机地统辖在一起，真正地体现了历史演进的整体性与统一性。最后，注重纵向研究中的横向关联，纵横结合，揭示中国近代史的丰富性、复杂性与多变性。结合各时段的纵向研究，注意从横向上剖析中外条约关系与不同时代外交、经济、文化等方面的关联，深入剖析中外条约在各时段的历史影响。这些横向上的研究内容前后相互联系，从整体上全面铺展出这一过程的中外背景与晚清、民国时期政治、经济和文化思想变迁的丰富内涵，多角度论析强权与公理、传统与近代等的矛盾冲突、交错融汇、调适转化，由此揭橥中国在屈辱和奋争中走向世界的艰难而又曲折的复杂历程。

第二节　相互关联的三个范畴及其研究问题和内容

在中外关系研究领域，条约关系是一个新的研究范畴，既具有自身的独立性，又与其他相关研究范畴有着密切联系。具体而言，主要涉及中国近代通史、中外关系史，以及条约史三个研究范畴。把握中外条约关系的学科属性，梳理其与这三个范畴的关系，确定其研究问题和内容，是客观准确地认识其地位的重要环节。

作为中国近代的一个基本问题，近代中外条约关系在其通史中无疑具有重要地位，也与之有着不可分割的联系。从其联系的一面来看，大者如中外条约的内容在相当程度上决定了中国近代社会的性质，或在某种意义上影响其发展路向。其他如政治、经济、文化变化的各种事件，与其不无关联。同时，这些变化又反过来对条约关系产生影响，或通过中国政府的条约诉求及应对，或对社会民众的态度和反应等等，导致条约本身及其关系的改变。诸如此类，说明条约关系在近代中国社会，有着举足轻重的作用和地位。另一方面，两者又存在明显的不同，需要予以区别。从研究对象来看，条约关系研究领域，限于中外条约及其相关问题，而中国近代通史，包括该历史时期的所有问题，两者显然不同。前者虽然也涉及条约问题，但只是作概略性叙述；后者则需进行全方位的探讨，对其缘由、发展过程、后果影响详加论析。

作为中外关系的重要组成部分，条约关系与其存在水乳交融的紧密联系，两者更是不可分离。但两者亦存在不同之处，中外关系是一个包括条约关系、外交关系、战争关系，以及政治、经济、文化等方面的各种关系；而条约关系虽然也涉及上述各种关系，但主要以条约问题为主题，在这一中心之下有所关注。此外，在中外关系中，条约关系是国际关系中的法律关系，中外条约关系则是中外关系中的法律关系，具有显著的法律性质。中外关系也具有法律性质，但还存在诸多非法律性质的范畴，涉及战争与外交，交往实践与思想文化，国家政策与民众行为等问题。由于这一差异，条约关系在中外关系中更具理论性，要求更充分更具体的法律尤其是国际法的分析。

顾名思义，近代中外条约关系是对条约所作研究，与条约史之类有相似之处，但两者既有联系又有区别。所谓条约史，包括整体的条约史、不平等条约史、废约史等。就晚清以来的既往条约研究来看，条约研究主要是以不平等条约为主题，包括各个具体条约、条约特权、条约制度、条约体系，以及反对不平等条约的斗争等。这些内容无疑也是中外条约关系的研究内容，从而也构成两者的同一性。但是，近代中外条约关系通史不等同于一般的条约史，尤其是不能将其视为不平等条约史。如前所述，条约关系是一个更大的范畴，内容更完整，涉及面更广泛。不平等条约及其关系，虽仍是本通史研究的重心，但其范围和内容却未局囿于此，远远超出于此。除了不平等条约及其关系之外，还包括近代中外条约中的其他种种问题。诸如平等条约及其关系，不平等条约中的平等条款，以及中外条约中的技术性条款，等等。尤其是，本通史以国际秩序转换的宏观视角进行考察，系统揭示从朝贡关系到条约关系，以及条约关系从不平等到基本平等的双重转换历程。此外，对于条约关系的深远复杂影响，以及相关理论等等，亦须进行全面深入的考察。诸如此类，均是一般的条约史所不及的，亦由此说明本通史在此研究领域拟取得的重大进展。

基于以上特性，本通史研究包括以下总体问题和主要内容。

本通史的总体问题以条约关系为中心，主要有三：一是条约关系的内涵实质和研究范畴是什么？二是近代中外条约关系是如何产生形成和发展变化的？三是条约关系与近代中国的国际秩序及其社会转型有何关系？这些问题基于条约关系的特有性质和重要地位，并由此规定了本通史的基本任务和主要目标。作为本通史研究的中心，总体问题贯注于通史各卷，由此延伸形成纵横相交的各类问题，凸现本通史内容丰富的鲜明主线。三大总体问题主要依据及其基本内涵如下：

其一，由于条约关系是一个新的研究领域，与传统的条约研究存在差异，需要从概念和理论上界定其范畴。只有对此进行系统的探析和梳理，构建通史研究的理论前提，才能对其他所有问题提供解答的基点。这一理论探讨包括条约、"准条约"、不平等条约、条约关系等等概念界定与辨析，与朝贡关系、外交关系、战争关系等的联系与区别，以及在近代中国的特殊性质，等等。因此，理论解析不仅是本通史开篇明义的首要问题，而且涉及整部通史的各相关部分，具有画龙点睛之功用。

其二，弄清近代中外条约关系的内涵及其来龙去脉，是深入探讨近代中外关系及其中国近代史的枢轴，也是本通史研究的主体部分。作为国际关系中的法律关系，条约关系在各种方式的外在形态之下，以权利义务为内容，规定了它平等与否的不同性质。作为一种新的国际秩序模式，酝酿于鸦片战争之前的条约关系，贯穿于整个近代中国历史。自条约关系产生形成之后，步入了各个不同的发展阶段，中国近代的对外关系也随之经历了性质迥异的两重路径。

其三，条约关系并非囿于中外关系领域，而是中国近代史的一个基本问题，与社会变迁存在密切的互动关系。探讨条约关系与政治经济、军事外交、思想文化的横向关联，既可全面了解其作用影响，又可更深入地认识其变化发展的各种因素。诸如外交体制的转型、政治格局的变化、经济社会的变革、思想观念的变迁、民众和各种社会势力的反应，等等，均在相当程度上受赐于且又影响着条约关系的发展变化。

三大总体问题是本通史的枢纽，由此产生一系列相互关联的具体问题，构筑近代中外条约关系通史的完整逻辑架构。

根据这三大总体问题，本通史的研究对象，是作为国际秩序的近代中外条约关系，主要包括两个内涵。一是在近代中国形成的新的国际秩序——条约关系，二是这一条约关系产生形成和发展演变的历程。其一，条约关系是指国际关系中的法律关系，亦是一种新的国际秩序模式。本通史研究的是近代中国这一特定历史阶段和特定国家中建立的条约关系和国际秩序，它与一般正常的或者西方国家的条约关系不同，具有特殊的性质和内涵。其二，条约关系在近代中国经历了从酝酿产生到形成发展，以及取代传统国际秩序，并从不平等到平等的复杂过程，涉及诸多领域和问题，均为本通史研究的对象。诸如近代中外条约关系的概念界定，相关的法律文本和历史文献，这一关系中的行为主体和相关主体，该关系的具体内涵及其性质变化，该关系的运作形式和效应影响，等等。

上述三大总体问题和两个研究对象的具体内涵，规定了本通史的研究内容，主要包括三大领域：一是宏观上的理论研究，二是近代条约关系的纵向历程，三是近代条约关系的横向历史关联与影响。以上研究时间跨度大，涉及面广，内容丰富，概括起来，主要有以下六个方面：

一是概念理论。探讨相关概念与理论及其基本架构，包括条约、不平等条约、"准条约"的概念辨析，条约关系的内涵及外延、与国际公法的关系及其理论解析和阐释，与国际关系、外交关系、战争关系的同异，近代中外条约关系的特殊性质，近代中外条约关系与中国近代史相关理论问题，近代中外条约关系通史的基本内涵，近代中外关系通史的理论架构，等等。理论研究中，在吸收进步的国际法规则的同时，尤须阐析反映中国权利利益，体现中国思想文化的国际关系理念。同时，这一理论平台的构建，将与实证研究结合起来，既以彼为史实基础，又为彼提供科学的分析工具。

二是历史演变。阐述近代中外条约关系发生发展的全过程，包括各个不同阶段的历史演变，以及这一关系的运行与对外交往格局的变化发展，等等。根据近代中外条约演进的内在规律，将其历史发展划分为六个时段，即"传统体制的打破与条约关系的建立"（1689—1860）、"条约关系的发展与朝贡关系的危机"（1861—1896）、"不平等关系的强化与条约外交体制的形成"（1896—1911）、"不平等条约关系的动摇与转折"（1912—1927）、"条约关系趋向平等的改善及挫折"（1927—1937）、"平等条约关系的基本形成及历史新趋向"（1937—1949），分阶段具体探讨鸦片战争前条约关系的酝酿，此后中国国际秩序的两重转换历程，即从宗藩体制到条约关系，以及条约关系从不平等到强权政治阴影下的基本平等，论析各个阶段的条约交涉，条约关系的演化、趋势、特点和规律等。

三是各类约章。从理论与史实的结合上，并在其历史演变的论述中，探讨近代中外条约关系中的具体约章。涵盖中国近代史上产生的正式条约，包括双边、多边条约和国际公约，以及"准条约"及其相关章程，等等。在全面分析各类约章产生的基础上，从法理上系统剖析这些约章的性质、类别，以及权利、义务关系，包括不平等关系，以及伴随而来的平等内容和特点；进而分析各类约章在条约关系中的地位，及其对条约关系发展所产生的影响，等等。

四是关系运行。在纵向历程研究中，阐析近代中外条约关系各个不同阶段的运行，以及与对外交往格局的变化发展。此外还涉及条约关系运行与中国对外交往格局的发展演变，条约关系之下的外交、经济、文化关系的发展变化，不同时代背景下条约关系运行的方式、特点与效应，中外之间围绕条约关系而产生的政治、经济、文化等领域内的矛盾冲突及其解决，各国条约关系及其方针政策的同异和特点，中国政府对各国态度的差异、条约关系与国内法的调整，等等。

五是观念转型。从思想观念的角度探讨中外条约关系的影响，尤其是对外观念由传统到近代的转型。诸如条约关系之下传统对外观念的变异，近代条约关系观念的形成、完善与转型，对条约和不平等条约的认识及其演变，对国际法和近代交往规则的了解与接受，改变不平等条约关系，谋求建立平等关系思想的产生和形成，近代国家、主权、平等等观念的形成；以及民众对条约关系的认识和反应，如盲目排外、文明排外、国民外交等思想观念，等等。

六是作用影响。探讨中外条约关系在政治、经济、思想文化等领域对近代中国社会变迁的影响，包括条约关系对中国外交、内政及其二者互动关系的影响，条约关系对中外经济交往以及近代中国社会经济发展变化的影响，条约关系对中外文化交往以及中国思想文化发展变化的影响；进而从殖民主义与民族主义、殖民主义与现代化、中外关系与中国近代社会变迁等角度入手，剖析条约关系与中国社会性质的变化，尤其是对半殖民地的形成所起的负面作用，以及对中国社会所产生的种种危害。同时，客观剖析条约关系产生的近代变化，包括其随之带来的近代交往方式，以及在其刺激下进行的近代变革和近代各种制度的建立，等等。

在上述问题和内容中，注意把握研究的重点与难点。其重点主要有：一是理论框架。中外条约关系研究不仅是新的研究视角，而且是涉及国际法等多学科的研究领域。因此，本通史的研究首先必须要解决好研究理论方面的问题。我们必须要对条约、条约关系等相关概念做出合理的界定，明确其与各方面的联系与区别，从而确定本通史的相关研究内容；必须结合中国近代史研究的理论与方法，对中外条约研究的理论和方法做出合理的选择，进行跨学科的研究，构建起符合中国历史实情的话语体系。其次，近代中外条约通史是全新的领域，必须要在理论研究的基础上，对其历史分期、发展脉络、内在特征与规律、基本内涵以及其与中国社会的相互关联等做出合理的解答，这样才能够构建起合理的研究框架，为总体研究与具体研究提供理论与框架上的指引。二是历史演变。也就是要从整体上系统阐述近代中外条约关系的发展演变。对近代中外条约关系进行通史性的研究，廓清 1689—1949 年间中外条约关系的历史演进是必须要解决的重要问题。这一问题的解决不仅需要宏观架构的得当，而且需要微观论述的准确到位；不仅需要重点突出，而且需要点面结合，系统全面。因此，本通史研究的必须要从多维度出发，系统全面地阐述清楚近代中外条约关系的发展演变，从而揭示其内在规律与特征，形成对中外条约关系发展演变的客观认识。三是作用影响。近代中外条约关系的产生、发展、流变并非是孤立进行的，其与近代中国社会变迁有着密切的互动关系，并且它是认识近代中国社会性质与社会转型的重要参照之一。因此，在阐述近代中外条约关系的历史演变时，我们必须解决其与近代中国社会变迁之间的关联。近代中外条约关系与诸多历史层面有着密切的关系，产生了重要的影响。研究近代中外条约关系通史，不仅要从国际秩序转换与历史转型的宏观视野进行全方位的立体透视，系统介述从宗藩体制到条约关系，以及条约关系从不平等到基本平等，再走向真正平等的两重路径。而且，还要研究由此引发的历史诸面相，如晚清、民国时期政治、经济和文化思想变迁的丰富内涵，多角度论析强权与公理、传统与近代等的矛盾冲突、交错融汇、调适转化，由此揭示近代中国的社会性质与社会变迁。

其难点主要有：一是研究理论。近代中外条约通史的研究不仅仅是史实的重构与再现，而且涉及诸多方面的理论问题。本通史的研究涉及国际法、外交学等相交学科的理论。研究过程中，不可避免地会遇到较多方面的跨学科的理论问题；而且，还要正确处理新、旧国际法等相关理论的适应问题。因此，这就需要熟悉相关理论，明确相关的概念。除去国际法等相关学科理论与方法的适用性问题之外，本通史的研究还涉及中国近现代史研究方面的若干理论问题，如殖民主义与民族主义、殖民主义与现代化、侵略与反侵略、强权与公理、传统与现代等的关系问题，以及中国近代社会性质、社会变迁与社会转型等重大问题。这些都是研究中不可回避的问题，我们必须要有明确的认识和态度，在整个通史的撰写过程中一以贯之；同时，将相关理论与史实有机结合，认真对待上述问题，充分地做出客观的回答。这不仅是中外条约关系研究的要求，也是中国近现代史研究的必然要求。二是文献史料。本通史研究对象时间跨度大，涉及国别多，这就对史料提出了较高的要求。首先，长时段的通史研究对文献史料的需求量相对较多，这就要求广泛查找各个时期的相关文献资；其次，这些文献史料涉及英、美、日、俄、德、法等重要国家，对外语熟练程度的要求也相对较高。再次，近代中外条约通史不仅体现研究的通、全、广，而且要体现研究的深与新。而文献史料是宏观突破与微观创新的重要依据与来源，这就要求我们深入发掘更多的新文献，尤其是未曾使用的文献史料。这一切都对我们的研究提出了文献史料方面的高要求。三是条约关系发展过程中所体现的复杂关系。近代中外条约关系的产生、发展、演变及其运作有着深刻的历史背景，形成了多元互动的复杂格局，体现了历史的丰富性与复杂性。双边与多边关系、外交与内政的关系、条约关系与社会变迁等都是应当重视的诸要素。这些要素彼此之间相互影响，相互作用，形成了纷繁复杂的关系网络。因此，我们在研究既要理清这些要素之间的双向互动，又要从廓清多元互动；既理清线索，又展现历史的复杂性。这是研究中不可回避的难点之一，只有这样才能客观、真实、全面地展现中外条约关系的发展演变及其对近代中国社会变迁的影响。四是比较研究。中外条约关系涉及诸多方面，通过多方位的比较，有助于辨清事实，辩明事理。然而，这需要对不同时段、不同领域、不同国别的条约关系较为熟悉，也需要不同内容承担者之间的协作。至于与其他国家对外条约关系的比较，就需要更多的世界史、国际关系史等方面的知识，这对研究者也提出了更多的要求。然而，这却是研究中不容回避的问题。

这些内容通过纵横结合的具体探讨，分别贯注于以时间为经的各卷撰述之中，构成了近代中外条约关系产生形成和发展演变的逻辑整体。拟在前人研究的基础上，做出具有新创意义的研究成果。从整体上而言，突破以往缺乏全面系统的专题探讨的局限，不仅可填补这一空白，构建近代中外条约关系的研究体系，并将随之揭示和探讨其他或未曾涉及或浅尝辄止的种种新问题。除了前面所说三大总体问题，还有由此延展的诸多具体问题。通过以上各宏观和微观问题的深入研究，产生并完善富有新创的独到见解，并纠正以往有欠客观和完整的某些观点，全面构筑中外条约关系的学术体系。这些新见解，既为近代中国历史提供了新描述，又在理论上丰富和完善了半殖民地半封建社会形态的新认识。

在研究方法和分析工具方面，在坚持以唯物史观为指导的基础上，根据本通史的特点，不为陈规旧套所束缚，多层次地探寻和借鉴人文社会科学的新路径，如将实证研究和规范性研究相结合，继承发扬历史学的传统研究方法，同时又广泛吸纳各人文社会科学的理论和知识。这一以唯物主义为内核，以实证为基础，以各学科为补充的综合研究方法，克服了以往某些同类研究中或偏于实证，或流于空洞，或囿于局部，或失于疏阔的种种局限，为本通史研究提供了切合实际的和最佳的新途径。

在文献资料方面，充分利用现有文献，发掘一大批未曾使用，富有价值的新史料，特别是一批未曾使用过的中外文档案史料。同时注重文献史料考证和相关文献尤其是中外文文献的互证，做到史料与史实的准确、客观。在话语体系方面，继承与批判相结合，充分利用该领域既有学术积累，清除西方殖民主义话语影响，创立体现并阐发中国学术价值的新研究体系。

　　总之，本通史集多年来条约研究之大成，承继和综合条约制度、废约史，以及条约关系的前期研究，形成更为完整的条约研究新体系。在这一体系中，克服以往研究的局限，以宏阔的视野顺应世界潮流，吸收进步学说，根据中国历史和国情的实际，阐扬传统文化中的精华，形成具有自身特色的概念、理论和方法，建构完整的研究分析框架。

第三节　通、专、全、广的编写原则与通史框架

　　根据本通史的研究目标、基本思路，以及研究范畴、研究问题和内容对象等，拟按照通、专、全、广的编写原则，构建一个全面系统的通史框架，撰述近代中外条约关系的完整历史。

　　如前所述，作为近代中国的基本问题之一，中外条约关系通史是一个内容繁杂，涉及广远的研究课题，为完成这一浩大工程，宜在编写中贯注通、专、全、广的原则。

　　所谓通，指的是通贯全程，体现通史，始末清晰、阶段分明地地阐述近代中外条约关系的来龙去脉。作为一部通史，需要对近代中外条约关系的起始和结局，作一脉络清晰的论述。既通过对中外条约关系各阶段的划分，从宏观角度考察其萌芽产生、形成发展，以及演化变异、盛衰消长的全过程和大致规律；又通过对各主要或重要条约的由来和内容的论析，从微观角度梳理各种条约的具体内容及其流变。鉴于通的需要，就前者而言，涉及鸦片战争前的条约特例及其萌芽形态，以及新中国建立后对不平等条约特权残留的清理。由此交待其前因后果，完整地揭示其线索脉络。

　　所谓专，指的是专题论述，界定范围，明确限定以条约关系为对象的研

究领域。本通史系中外条约关系的专题研究，需要对其对象和范围有明确的界定，与相近领域予以必要的区分。作为中国近代时期国际关系和中外关系中的法律关系，中外条约关系是本通史的中心问题，其专的范围和领域即在于此。这一范围和领域，涉及时间、空间和概念内涵，即包括近代的时间范围和中国的空间范围，以及条约关系这一概念内涵。一般来说，研究范围和领域限于上述所指，但出于通的需要，在时间和空间上有所延伸。前者如鸦片战争前和新中国建立后，后者如某些外国之间所订条约。诸如此类，均是出于阐释近代中外条约关系，没有脱离这一专题研究的本旨。

所谓全，指的是全面系统，内容完整，力求在论述中没有遗漏地揭示研究对象的整体面貌。作为中国近代史的一个基本问题，条约关系与诸多方面均有关联，并非一个孤立的、单纯的或简单的概念。这一基本问题，既包括所有不同性质不同类型的条约，各具体条约的产生及法律内涵，又涉及其他种种相关事项，如条约关系观念、条约关系的运行、条约关系的机构与政策，等等。就条约关系这一概念而言，性质上既以不平等条约为主体，又有平等条约及条款；类别上有一般的双边或多边条约，还有普遍性条约如国际公约，与此相关的"准条约"。至于观念、运行、机构和政策等，其内容亦相当丰富和复杂，从各个层面和角度体现了中外条约关系的内涵和外延。只有对诸如此类的内容作一全面系统的探讨，才能完整把握近代中外条约关系的全貌。

所谓广，指的是广集博延，兼容并包，从广阔的角度和宏观的视野，并借鉴他山之石，拓展和深化研究。中外条约关系是中国近代产生的一个新问题，具有复杂的面相，既与传统对外关系模式相关，又与彼有着完全不同的性质；既是外国列强强加的国际秩序，又带来了体现近代性质的交往方式；不仅使中国沦入半殖民地深渊，还刺激中国进行具有积极意义的社会变革，等等。显然，条约关系凝结着中外古近的各种要素，反映了中国与世界的关联，又影响着中国社会的发展。对于这样一个牵涉广远，内涵深豁的新问题，需要广集博延，以广阔的角度和宏观的视野做全方位透视，诸如前面提到的多元化的理论视角、动态阐释的历史视角等等，以及天下世界和国家关系的宏阔视野。例如，不能就事论事，仅局限于条约本身的条款阐释，而要从国际关系着眼剖析其所体现的国际秩序，以及取代递嬗的历程。又如，在评判分析上，需避免简单片面和情绪化的倾向，兼容并包，吸收和借鉴与此相关的思想理论。

这四项原则虽各有所属，但是一个相互联通，相辅相成的完整体系，需要融会贯通，交互运用。通过这些原则的贯彻，旨在对近代中外条约关系的面相和历程，作一富有新意的深广探讨。根据以上编写原则，构设近代中外条约关系通史的总体框架，形成以纵向为主线，以横向为连线的逻辑整体。全书按时间顺序共设七卷，各卷内容涉及该时段中条约关系的基本问题，纵横相连，揭示近代中外条约关系通史的完整脉络。七卷分别为：

第 1 卷 "近代中外条约关系概论"，主要论述基本概念与研究理论和方法，研究现状，与国际法、外交、战争等方面的关系，与古代盟誓暨宗藩体制的区别，与其他亚洲国家的比较，在近代中外条约关系的性质地位、外在形态、基本特征、阶段划分、发展脉络及其历史启示。

第 2 卷 "传统体制的打破与条约关系的建立（1689—1860）"，主要论述前条约时代中国对外关系模式与条约关系的酝酿，早期中俄条约及其性质，两次鸦片战争与不平等条约关系的初步构建和基本形成、初始阶段的宗藩体制与清政府应对条约关系的态度、方针。

第 3 卷 "条约关系的发展与朝贡关系的危机（1861—1896）"，主要论述不平等条约关系的普遍建立、扩充调整和新趋向，与经济文化的关系，"准条约"关系的产生，清政府的认识和应对方针，建立平等关系的尝试，两种国际秩序的冲突与宗藩体制的危机及调整。

第 4 卷 "不平等关系的强化与条约外交体制的形成（1896—1911）"，主要论述国内外形势的变迁与条约关系的扩展强化和新格局，宗藩体制的全面崩溃，"准条约"体系的构建，加入国际公约与融入国际社会的新途径，观念转型、政治变革与条约外交体制的形成。

第 5 卷 "不平等条约关系的动摇与转折（1912—1927）"，主要论述民国北京政府时期的条约关系，包括形势变化与修约时机的成熟，修约外交方针及实施，中日条约关系的畸形发展，国际公约和"准条约"关系的扩展和新趋向，国民革命与废约运动，条约关系观念的完善与转型，平等条约关系的新态势，帝国主义各国态度和方针的变化及其异同。

第 6 卷"条约关系趋向平等的改善及挫折（1927—1937）"，主要论述南京国民政府自成立至全面抗战爆发这一时期处理条约关系的理论探讨及方针，政府取消条约特权的努力，部分条约特权的取消与不平等条约关系的改善，参与国际公约的状况，准条约关系及条约观念的变化，条约关系变化过程中的政策调整，民众运动与条约关系等问题。

第 7 卷"平等条约关系的基本形成及历史新趋向（1937—1949）"，主要论述日本全面侵华与中日条约关系的变化，抗战期间中美、中英新约签订与不平等条约体系的基本终结，抗战胜利后平等关系的扩展和普遍建立，强权政治阴影与新形式的不平等，中国共产党的努力与条约关系走向真正平等的新趋向，国际公约体系和"准条约"关系的变化，条约关系观念变化，民众运动与条约关系等问题。

从整体研究框架而言，上述七卷具有紧密的内在逻辑联系，构成一部结构完整的近代中外条约关系通史。第 1 卷是总论卷，起着提纲挈领、贯通全局的作用。本卷主要解决基本理论问题与宏观上的重要问题，如概念界定、理论架构、基本脉络、学术梳理和总体构设等，从而规范了对后续六卷的研究对象、研究内容，并对之起着理论导引作用。第 2 卷—第 7 卷从历史纵向上分阶段阐述晚清与民国时期中外条约关系的历史演进，体现了总论部分的研究思路、研究理论与研究方法。第 2 卷—第 7 卷既可单独成卷，又有密切的内在联系。在时间上，第 2 卷—第 7 卷是按照近代中外条约关系发展演变的内在规律而划分的，分出的 1689—1860 年、1861—1896 年、1896—1911 年、1912—1927 年、1927—1937 年、1937—1949 年六个时段，在时间上前后相连，体现了长时段的历史延续性与连续性。

在研究内容上，第 1 卷是从宏观上把握近代中外条约关系通史的研究理论与方法、研究内容、阶段划分、历史特点等重要问题，第 2 卷—第 7 卷则在相应的时段内具体剖析相关问题。而且，第 2 卷—第 7 卷的各卷之间相互关联，彼此呼应，浑然一体，体现了中外条约关系发展的内在逻辑关系。各卷主题即体现了彼此之间的内在关联，第 2 卷"传统体制的打破与条约关系的建立"、第 3 卷"条约关系的发展与朝贡关系的危机"、第 4 卷"不平等关系的强化与条约外交体制的形成"、第 5 卷"不平等条约关系的动摇与转折"、第 6 卷"条约关系趋向平等的改善及挫折"、第 7 卷"平等条约关系的基本形成及历史新趋向"；显然，各卷主题结合中国外交体制的变化，紧扣时代主题，抓近代中外条约关系演变的内在规律，从条约关系的建立、不平等条约关系的演变、平等条约关系的形成等方面立意，梳理出近代中外条约关系发展演变历史轨迹与纵向上的内在逻辑关系。

各卷在论述具体问题时，均注意从双边与多边、外交与内政、条约关系与社会发展的多元互动中分析条约关系的演变及其历史影响，体现了纵向历史进程中的横向关系。各卷论述的横向关系在时期上又是相互关联，形成了前后之间相互联系与相互关照，从而体现了历史的连续性与相互的关联性，避免了孤立、静止地看待问题，从而做到了研究中的前后"贯通"与彼此之间的相互关联。而且，各卷在横向上的断面剖析又在整体上构成了中外条约关系与近代中国社会发展的横向关系，形成了我们从整体上对中外条约历史影响的认识。

上述七卷搭建了近代中外条约关系通史的总体框架，规定了该通史的研究任务。

第四节　唯物史观指导下的多学科多层次研究方法

根据本通史研究对象的理论性、复杂性等特性，采取多种研究方法相结合的综合多元技术手段和路线。概而言之，以历史唯物主义和辩证唯物主义为根本理论指导，立足于历史学的实证研究，综合运用相关学科的理论与方法手段，与规范研究性紧密结合，扩大视野，树立宏观意识和整体系统观念，进行多方位多角度的比较，等等。

　　首先，坚持以马克思主义基本理论，即历史唯物主义和辩证唯物主义为根本指导，运用经典作家研究具体问题的史学理论和方法。马克思主义的唯物史观依然是迄今为止最科学的理论，在它的指导下，历史学才真正成为一门科学，因此，这一方法是历史学最基本的理论指导。西方学者也认为，"马克思主义的影响之所以日益增长，原因就在于人们认为马克思主义提供了合理地排列人类历史复杂事件的使人满意的唯一基础。"① 年鉴派创始人之一吕西安·费弗尔也说："任何一个历史学家，即使他从来没有读过一行马克思的著作，或者说他认为除了在科学领域之外自己在各方面都是狂热的'反马克思主义者'，也不可避免地要用马克思主义的方法来思考和了解事实和例证，马克思表达得那样完美的许多思想早已成为我们这一代精神宝库的共同储蓄的一部分了。"② 西方学者中诸如此类的看法尚为数不少，这充分说明马克思主义揭示了人类社会发展的基本规律，对社会科学研究有着不可替代的指导作用。马克思主义是科学的理论，只有运用它的基本观点和方法去分析历史，才能够把握本质，明辨是非，使历史得到最清楚、最全面的解释。由于其科学性，马克思主义对世界产生了巨大的影响。

　　对社会科学，尤其是对近代中外条约而言，马克思主义的唯物史观无疑具有最重要的指导意义。根据马克思主义的基本原理，经济是社会历史所有现象的基础，是决定上层建筑的根本因素。恩格斯说，"迄今为止在历史著作中根本不起作用或者只起极小作用的经济事实，至少在现代世界中是一个决定性的历史力量"，这是"全部政治历史的基础"。③ 同样，在马克思主义的史学理论中，经济因素也是分析国际关系和中外条约问题的基础，为这一研究指出了最基本的路径。马克思主义认为："各民族之间的相互关系取决于每一个民族的生产力、分工和内部交往的发展程度。"战争是国际关系中的重大事件，也是西方列强强迫中国订立条约的基本手段。列宁在分析战争问题时说，"从马克思主义即现代科学社会主义的观点来看，在社会主义者

①　[英] 杰弗里·巴勒克拉夫著，杨豫译：《当代史学主要趋势》，上海译文出版社，1987 年，第 26—27 页。

②　[苏] Ю. 阿法纳西耶夫：《"年鉴"学派基本理论的演变》，《国外社会科学》1982 年第 5 期。

③　《关于共产主义者同盟的历史》，1885 年 10 月 8 日，中共中央马克思恩格斯列宁斯大林著作编译局编译：《马克思恩格斯全集》第 21 卷，人民出版社，1965 年，第 247 页。

讨论应该怎样评价战争、应该怎样对待战争的时候，基本问题在于这场战争是由于什么引起的，是由哪些阶级准备并操纵的"。而我们看到的，是世界上几个最大的资本主义强国——英国、法国、美国、德国等，"它们几十年来的全部政治就是不断地进行经济竞争，以求统治全世界，扼杀弱小民族，保证势力范围已囊括全世界的本国银行资本获得三倍和十倍的利润"。"这就是了解战争爆发原因的关键"，其他"流行的那种关于战争爆发原因的说法是招摇撞骗，欺人之谈"。因为"他们忘记了金融资本的历史，忘记了这场重新瓜分世界的战争是怎样酿成的历史，却把事情说成是：两个民族原来和睦相处，后来一个进攻，一个就起来自卫"。① 列宁深刻揭示了资本主义国家发动战争的根本原因，是为了保障它们的经济利益，从鸦片战争开始，列强发动侵华战争，强订不平等条约，无不出于这一目的。

条约作为国际法的制度，属于法的范畴，同样不能从其本身来理解，而要从物质生活关系来分析。马克思说："我的研究得出这样一个结果：法的关系正像国家的形式一样，既不能从它们本身来理解，也不能从所谓人类精神的一般发展来理解，相反，它们根源于物质的生活关系。"② 正是从这一角度，马克思分析了西方资产阶级在对华条约问题的立场和态度，他说："每当亚洲各国的什么地方对输入商品的实际需求与设想的需求——设想的需求大多是根据新市场的大小，那里人口的多寡，以及某些重要的口岸外货销售情况等表面资料推算出来的——不相符时，急于扩大贸易地域的商人们就极易于把自己的失望归咎于野蛮政府所设置的人为障碍的作梗，因此可以用强力清除这些障碍。"正是这种"错觉"，"使得英国商人拼命支持每一个许诺以海盗式的侵略强迫野蛮人缔结商约的大臣"。这样一来，"假想中对外贸易从中国当局方面遇到的人为障碍，事实上便构成了在商界人士眼中能为对天朝帝国施加的一切暴行辩护的极好借口"。③ 也就是说，正是商人试图向华推

① 《战争与革命》，1917 年 5 月 14 日，中共中央马克思恩格斯列宁斯大林著作编译局译：《列宁全集》第 30 卷，第 77、81、85 页。

② 马克思：《政治经济学批判》序言，1859 年 1 月，中共中央马克思恩格斯列宁斯大林著作编译局编译：《马克思恩格斯选集》第 2 卷，人民出版社，1995 年，第 32 页。

③ 马克思：《对华贸易》，1859 年 11 月，中共中央马克思恩格斯列宁斯大林著作编译局编：《马克思恩格斯论中国》，第 103—104 页。

销商品，促使他们支持本国政府发动战争以订立商约。对资本主义国家订立的国际条约，列宁作了类似的分析，说："他们这样做是符合文明国家所全力维护的一切法律的"，"这就是这场战争的起因"，是其"掠夺政策即大银行政策的反映"。正因为如此，"在兼并问题上，没有人能像我们那样把任何一个工人和农民都能理解的简单的真情实况讲出来"；而"象条约问题这样一个简单问题竟被一切报刊无耻地弄得混乱不堪"。德国资本家公然说，"如果你们不把我的殖民地连同利息归还给我，我就要夺取埃及，我就要扼杀欧洲的一些民族"。也就是说，出于经济利益，西方列强不惜以暴力强订条约。而"象条约问题这样一个简单明了的问题"，却使得"一切资本家的报纸制造了大量惊人的、闻所未闻的无耻谎言"。资本主义列强通过条约掠夺弱小民族，"它们没有条约是不会去扼杀任何民族的"，而"要想知道这些条约的内容，用不着去翻阅专门的杂志，只要回忆一下经济史和外交史上的一些主要事实就够了"。①

无疑，马克思主义的经典作家运用唯物史观对各种条约所做分析，为我们研究近代中外条约提供了最重要的理论指导。从上述马克思的分析可以看出，唯物史观最具科学性，客观揭示了条约的产生及性质，这是研究近代中外条约的基本准绳，是这一领域所要依循的路径。

除外，马克思主义的其他相关理论，如民族和殖民地理论，也具有不可或缺的指导意义。斯大林曾指出，"马克思和恩格斯当年分析爱尔兰、印度、中国、中欧各国，波兰、匈牙利等国的事件时，已提供了关于民族殖民地问题的基本的原则思想"。② 马克思从各方面充分揭露殖民主义，阐述了这一问题的原则思想，包括其理念和残暴性，等等。如马克思引用西方殖民者的言说，披露了他们的荒唐理论：按照"约翰牛"的圣人们的说法，"约翰牛之攫取殖民地仅仅是为了公众自由的原则去教育他们"。可是如果征诸事实，

---

① 《战争与革命》，1917年5月14日，中共中央马克思恩格斯列宁斯大林著作编译局编译：《列宁全集》第30卷，第88、89页。

② 斯大林：《和第一个美国工人代表团的谈话》，中国社会科学院民族研究所编：《斯大林论民族问题》民族出版社，1990年，第384页。

"只是证实了：为了国内的自由，约翰牛必须奴役国外"。① 马克思揭露的这一文明优劣论，正是西方列强用不平等条约奴役中国的依据。为了建立对中国和其他弱小国家的统治，西方列强实施了野蛮的殖民暴力在第二次鸦片战争中，"广州的无辜居民和安居乐业的商人惨遭屠杀，他们的住宅被炮火夷为平地，人权横遭侵犯，这一切都是在'中国人的挑衅行为危及英国人的生命和财产'这种荒唐的借口下发生的"。② 显然，这是非正义的殖民侵略，与此前的中外矛盾完全不同。"如果在十八世纪时期，东印度公司与天朝之间的斗争，同外国商人与中国海关之间的一般争执具有相同的性质，那么从十九世纪初叶起，这个斗争就具有了完全不同的性质。"③ 因此，对中方而言，"最好承认这是为了保卫社稷和家园的战争，这是为了保存中华民族的人民战争，虽然你可以说，这个战争带有这个民族的一切傲慢和偏见、蠢笨的行动、饱学的愚昧和迂腐的蛮气，可是它终究是人民战争"。④ 诸如此类的事例比比皆是，不仅在中国，在其他东方国家中亦屡见不鲜。正是通过这样的殖民暴行，西方列强在中国和东方国家建立了不平等的条约关系，马克思和恩格斯的论述，揭示了这一时代非正义的强权政治，这正是这一关系产生形成的国际环境。

如果说，马克思、恩格斯阐述了民族殖民地理论的基本原理，说明了殖民地半殖民地及其不平等条约关系的产生；那么，列宁、斯大林将这一理论发展成为完整的体系，为民族解放运动和解除不平等条约压迫，提供了思想理论武器。斯大林说，列宁的新贡献在于：一是"把这些思想集合成为一个关于帝国主义时代民族殖民地革命学说的严整体系"；二是"把民族殖民地问题和推翻帝国主义的问题联系起来"；三是"宣布民族殖民地问题是国际

---

① 马克思：《爱奥尼亚群岛问题》，1858 年 12 月 17 日，易廷镇等译校：《马克思恩格斯论殖民主义》，人民出版社，1962 年，人民出版社，1962 年，第 254 页。

② 马克思：《英人在华的残暴罪行》，1857 年 4 月 10 日，中共中央马克思恩格斯列宁斯大林著作编译局译：《马克思恩格斯全集》第 12 卷，第 177 页。

③ 马克思：《鸦片贸易史》，1858 的 9 月 20 日，中共中央马克思恩格斯列宁斯大林著作编译局译：《马克思恩格斯全集》第 12 卷，第 587 页。

④ 恩格斯：《波斯和中国》，1857 年 6 月 5 日，中共中央马克思恩格斯列宁斯大林著作编译局译：《马克思恩格斯全集》第 12 卷，第 232 页。

无产阶级革命问题总的问题的一个组成部分"。[1] 列宁的民族殖民地理论，推动了反对帝国主义，废除不平等条约的伟大斗争，亦是我们研究这一斗争过程的理论指南。

列宁亦充分揭露殖民主义的非正义性和残暴性，他指出，"欧洲曾是一片和平景象。这种和平所以能够维持，是因为欧洲各民族对殖民地亿万居民的统治完全是靠连绵不断的战争来实现的。我们欧洲人不认为这些战争是战争，因为它们往往不像什么战争，而是对手无寸铁的民族实行最野蛮的摧残和屠杀"。[2] 在这里，我们看到，欧洲的和平和繁荣，是通过对其他民族和国家的殖民侵略实现的，是以他国的痛苦和灾难为代价的。从世界历史来看，这正反映了近代欧洲的特点，它的兴起与其殖民政策密不可分，"欧洲本身在更深的意义上来说是殖民主义的产物"。[3] 更重要的是，以第一次世界大战和十月革命为转折，列宁在新的时代发展了马克思主义的民族殖民地理论，其核心就是改变这一世界政治格局。列宁指出，"1914—1918 年的帝国主义战争，在一切民族和全世界被压迫阶级面前，特别清楚地揭露了资产阶级民主词句的虚伪性，在事实上表明，标榜为'西方民主'的凡尔赛条约是比德国容克和德皇的布列斯特—里托夫斯克条约更加野蛮、更加卑劣地压在弱小民族头上的暴力。国际联盟和协约国战后的全部政策更清楚更尖锐地揭露了这个真理，并且到处加强先进国无产阶级和殖民地附属国的一切劳动群众的革命斗争，从而使所谓在资本主义制度下各民族能够和平共处和一律平等的市侩民族幻想更快地破产"。[4] 列宁揭露了帝国主义时代的国际秩序的本质，他将世界划分为压迫民族和被压迫民族，提出民族自决等原则，否定了殖民主义的合理性，开启了推翻帝国主义统治和废除不平等条约斗争的序幕。而且，列宁领导的苏俄，履行这一方针，宣布取消帝俄与中国

---

① 斯大林：《和第一个美国工人代表团的谈话》，中国社会科学院民族研究所编：《斯大林论民族问题》，民族出版社，1990 年，第 384 页。

② 《战争与革命》，1917 年 5 月 14 日，中共中央马克思恩格斯列宁斯大林著作编译局编译：《列宁全集》第 30 卷，第 80 页。

③ ［美］阿里夫·德里克著，胡玉昆译：《殖民主义再思索：全球化、后殖民主义与民族》，《中国学术》总第 13 辑，商务印书馆，2003 年，第 136 页。

④ 《民族和殖民地问题提纲初稿（为共产国际第二次代表大会草拟的）》，1920 年 6 月，《列宁论国际政治与国际法》，世界知识出版社，1959 年，第 654—655 页。

签订的不平等条约。

　　十月革命后苏俄的兴起，世界政治格局发生了重要变化，近代中外不平等条约关系亦出现了转折。斯大林对这一变化作了深刻的阐述，他说："十月革命开辟了一个新时代，即在世界各被压迫国家中、在和无产阶级结成联盟并在无产阶级领导下进行殖民地革命的时代。"正因为民族殖民地革命是在无产阶级领导下和在国际主义旗帜下进行的，"所以向来被蔑视的民族、被奴役的民族在人类历史上第一次升到了真正自由和真正平等的民族的地位，并以自己的榜样来鼓舞全世界一切被压迫的民族"。事实表明，"用唯一正确的无产阶级国际主义的方法解放被压迫的民族，是可能的而且是适当的"；"各民族的工人和农民根据自愿原则并在国际主义基础上结成兄弟般的联盟，是可能的而且是适当的"。"安然剥削和压迫殖民地和附属国的时代已经过去了。"①

　　近代中外条约关系的建立，是西方列强对华进行殖民侵略的产物，其被废弃则是民族解放运动的结晶。民族殖民地理论是马克思主义的重要组成部分，涉及欧美殖民主义者对中国和东方国家的侵略，以及中国等反对殖民侵略的大量内容，这些是我们分析这一历史问题的重要理论指南。这一理论，不仅揭示了近代中外条约产生的原由及其本质，而且在实践中引领中国走向新的时代。就后者来看，作为帝国主义时代的马克思主义，列宁主义为被压迫民族的解放提供了强大的思想武器，亦是我们研究近代中外条约关系由不平等转向基本平等的理论指导。马克思主义中其他诸如有关国际法的学说，共同价值的思想，以及世界历史及其交往的理论，内容非常丰富，对近代中外条约研究，提供了剖析问题的依据和方法，具有直接的重要指导意义和启示意义。此外，马克思、恩格斯、列宁、斯大林、毛泽东有关中国近代史的许多精辟论述，为我们学习、研究近代史提供了范例。总之，马克思主义史学理论和方法博大精深，非常丰富，其涉及国际关系，与近代中外条约有着密切联系的论述在其著作中比比皆是。这些理论贯穿着历史唯物主义和辩证

---

　　① 斯大林：《十月革命的国际性质——为纪念十月革命十周年而作》，1927 年 11 月 6 日，张仲实、曹葆华译：《列宁斯大林论中国》，人民出版社，1965 年，第 241—242 页。

唯物主义思想，从理论和方法上对条约的各方面问题作了科学的阐析。要深入研究中外条约，客观把握其实质内涵和复杂影响，需对此作一全面深入的挖掘和探讨。除了唯物史观和民族殖民地理论，以及下面要谈的国际法和国际关系的论说之外，还有前面提到的共同价值的思想，世界历史及其交往的理论等等。诸如此类，给我们研究近代中外条约关系，深入认识其复杂影响，提供了客观的标尺，有着重要的启示意义。

其次，在马克思主义唯物史观的指导下，还必须立足于历史学的实证研究。近代中外条约通史内容丰富而具体，必须要扎实的文献基础，方能撰写出客观真实的通史。因此，在研究中须发挥各种研究优势与语言特长，充分利用各类中外文文献，广泛搜集相关史料，构建起本通史实证研究的扎实基础。根据历史学的特点，拟将传统手段与现代网络手段结合起来，通过以下几种渠道发掘文献史料：一是已经出版的中外文文献史料，如《筹办夷务始末》《清季外交史料》《中华民国时期外交文献汇编（1911—1949）》等中文文献，《日本外交文书》、*American diplomatic and public papers：the United States and China*、*British Documents on Foreign Affairs*、*Archives du Ministère Francaise des Affaires Etrangères* 等英、日、法、俄、德等国已整理出版的档案文献；二是馆藏档案，如中国第一历史档案馆藏外务部档案，中国第二历史档案馆藏国民政府外交部档案，台北"中研院"近代史研究所藏总理衙门档案、外务部档案、北洋政府外交部档案，台北"国史馆"藏国民政府外交部档案及各部档案文献等；三是电子数据库、网络资源。如民国报刊全文数据库、瀚堂近代报刊数据库、大成老旧刊全文数据库、中国国家数字图书馆"特色资源"（民国图书、民国期刊）、中国历史报刊数据库等。同时，还须注重各方面文献的关联与比较，特别注意中、外文文献的互证，纠正错误，澄清史实，从而推进研究。

第三，中外条约关系是一个涉及各个相关学科的研究领域，根据研究对象的特点，需要注重学科融合，将规范性研究与实证研究结合走来。除利用中国近代史研究的理论、方法外，还注重多学科理论与方法的介入，吸收和借鉴国际法、外交学、国际关系等学科的理论与方法。这些涉及中外条约各种具体问题的各个学科，从本学科的角度对相关概念所作界定或定义，较之历史学更具科学规范的性质。通过多学科的融合，在宏观上有助于构筑完备的理论架构，在微观上则可深化对具体问题的剖析和认识。

其中，国际法是国际关系、外交条约等学科领域的基本理论，对于近代中外条约关系的研究具有极为重要的意义。自从产生具有近代意义的国际法之后，条约成为国际法的一项重要制度，[①] 要了解和认识近代中外条约关系，就必须全面把握其理论和规则。除了最基本的国家主权原则之外，还涉及其他种种规则，尤须注意区分其中的进步性质和反动性质的不同理论和规则。同时，国际法又有一个发展过程，经历了从传统国际法到现代国际法的变化，反映不同时代的国际关系和条约关系理论。这一变化对中外条约关系亦产生了不同的影响，对其深入了解，无疑有助于认识这一关系演变的法理因素。再者，研究中需要运用国际法对近代中外条约关系做出分析，在这方面，马克思主义经典作家做了示范。马克思主义中有关国际法的学说亦非常丰富，对近代中外条约中的理论问题研究，具有直接的指导意义。一是揭露了西方国际法的狭隘和偏颇。近代国际法产生于欧洲，从一开始便局限于欧美范围，未能成为世界范围的法律。由于这一局限，在传统国际法时代，既出现了国家主权等进步原则，也有对东方弱小民族和国家实行一系列的反动理论和规则。马克思当时便敏锐地看到这一实质，他说，"外国列强干预苏丹和他的基督教臣民之间的相互关系的权利将成为欧洲国际法的一部分"。[②]他又指出，"当年神圣同盟认为它自己有义务干涉欧洲各国内政所依据的原则应用于美洲国家"，而"美利坚联邦就始终把门罗主义看作一个国际法"。[③]在谈到维也纳体系和维也纳条约与欧洲大国、强国的关系时，马克思指出，"这部欧洲 juspublicum（国际法）"，"只有在一方的利益和另一方的软弱决

---

① 王铁崖主编：《国际法》，法律出版社，1981年，第323页。

② 马克思：《四国协定——英国与战争》，1853年12月9日，中共中央马克思恩格斯列宁斯大林著作编译局编译：《马克思恩格斯全集》第9卷，第595页。

③ 马克思：《对墨西哥的干涉》，1861年11月7日，中共中央马克思恩格斯列宁斯大林著作编译局编译：《马克思恩格斯全集》第15卷，人民出版社，1985年，第385页。

定有必要时，它才被引为根据"。① 诸如此类的言论，如欧洲国际法、门罗主义国际法，说明马克思主义的经典作家没有把国际法视为普世的法律，而是具有各种地域色彩的法律。二是倡导国际道义。针对西方资产阶级政府在国际关系中唯利是图和毫无信义，马克思主义的经典作家主张将国际道义作为国家之间的准则。马克思说，在国际政治中，要"努力做到使私人关系间必须遵守的那种简单的道德和正义准则，成为各民族之间的关系中的至高无上的准则"。② 列宁亦说，"我们拒绝一切关于抢劫和暴力的条款，但是我们乐于接受一切善邻关系和经济协定的条款"。③ 这些论说阐述了对国际法基本原则的看法，既揭示了传统国际法的弊端，又倡导了国际正义。三是主张国家主权、国家平等和世界和平等国际原则。例如，马克思说，"根据国际法，任何一种条款，如果内容是规定一个独立国家授予外国政府干涉它自己在国际关系上的权利，这样的条款是无效的"。④ 恩格斯说，"排除民族压迫是一切健康和自由的发展的基本条件"，"国际合作只有在平等者之间才有可能"，"民族独立是一切国际合作的基础"。⑤ 要保障国际和平，"每个民族都必须获得独立，在自己的家里当家做主"。⑥ 列宁提出，不同社会制度的国家和平共处的原则，"这一原则在国际关系的发展中愈来愈显示出其巨大影响"。⑦ 这些论说发展了国际法的进步理论，是研究国际关系和条约问题的基本原则。

同时，他们又运用国际法对近代中外条约作了评判，如马克思揭露了英国等西方国家的强权政治，指出《南京条约》"像一切新近与中国订立的条约一样"，"也是在炮口下强加给对方的对华条约"。⑧ 针对第二次鸦片战争时

---

① 马克思：《伊奥尼亚群岛问题》，1858 年 12 月 17 日，中共中央马克思恩格斯列宁斯大林著作编译局编译：《马克思恩格斯全集》第 12 卷，第 707 页。

② 马克思：《国际工人协会成立宣言》，1964 年 10 月，中共中央马克思恩格斯列宁斯大林著作编译局编译：《马克思恩格斯选集》第 2 卷，人民出版社，1995 年，第 607 页。

③ 《关于和平问题的报告的结论》，1917 年 10 月 26 日，《列宁论国际政治与国际法》，第 377 页。

④ 马克思：《对波斯的条约》，1857 年 6 月 24 日，易廷镇等译校：《马克思恩格斯论殖民主义》，第 132 页。

⑤ 《恩格斯致卡·考茨基》，1882 年 2 月 7 日，中共中央马克思恩格斯列宁斯大林著作编译局编译：《马克思恩格斯全集》第 35 卷，人民出版社，1971 年，第 261、262 页。

⑥ 恩格斯：《暴力在历史中的作用》（遗稿），中共中央马克思恩格斯列宁斯大林著作编译局编译：《马克思恩格斯全集》第 21 卷，人民出版社，1965 年，第 463 页。

⑦ 王绳祖：《国际关系史（十七世纪中叶——一九四五年）》，法律出版社，1986 年，第 312 页。

⑧ 马克思：《英中条约》，1858 年 10 月 5 日，中共中央马克思恩格斯列宁斯大林著作编译局编：《马克思恩格斯论中国》，第 69 页。

期英国重启战火，马克思分析中国并未违约，英国发动战争的借口是虚构的。他指出，清政府"抵抗英国人的武装远征队也是有理的。中国人这样做，并不是违背条约，而是挫败入侵"。因为，"这个条约不论其本身如何，早已因英国政府及其官吏采取暴力行动而失效到这样的程度，即至少大不列颠王室得自这个条约的一切利益和特权均被剥夺"。不能说北京朝廷背信弃义，"连一点影子也没有"。[①] 在其他方面，如英国的欺诈无耻行为、西方世界的各种谎言和违背国际法的行径，以及勒订条约而产生的恶劣后果，马克思等亦充分揭露。上述分析不仅阐述了西方列强的本质和不平等条约的性质，而且给我们研究近代中外条约提供了方法上的启示，具有重要的理论指导意义。

第四，作为一个内容繁复、涉及面广的研究领域，还须注重分析研究的整体性与系统性。针对既有研究中存在的殖民话语以及先入为主的观点，本通史在研究中注重运用系统分析的理论与方法以及辩证唯物主义、历史唯物主义的理论与方法，注重中外条约与各方面的普遍联系，如中外条约关系发展演变与宏阔社会背景的关系、双边与多边关系、外交与内政的关系、中外条约与近代中国社会变迁的关系、传统与近代的关系、强权与公理的关系等。在研究中，注重在各种相互关联中全面地分析中外条约关系的历史演进与社会影响，从而做到研究的立体性、系统性、全面性与客观性。

近代中外条约通史的研究框架虽然是以纵向研究为主导的，但是本通史的研究并非完全局限于在纵向的框架内。本通史在做好纵向研究的同时，还注重在各时段的研究中分析中外条约关系与近代中国外交、经济、思想文化演变的关联，从横向联系上分析中外条约关系的历史影响；而且，这些横向上的研究在时间关联上，又构成了整个中外条约关系发展与近代中国社会发展上的纵向关系。这样本通史的研究体现了纵中有横、横中有纵，做到了纵、横研究的有机结合，从而做到了研究的整体性与系统性。

第五，本通史涉及近代中外，其内容纵横交错，还须进行多方位多角度的比较研究。近代中外条约关系发生于特殊的时代背景之下，不同时段的条约关

---

① 马克思：《新的对华战争》，1859 年 9 月，中共中央马克思恩格斯列宁斯大林著作编译局编：《马克思恩格斯论中国》，人民出版社，1997 年，第 88、89、95 页。

系、与不同国别的条约关系、不同类别的条约关系都有明显的差异；与其他国家的对外条约关系相比，也有显著的区别。因此，本通史在研究中注重开展多方位的比较研究。除进行不同时段、不同国别条约关系、不同类别条约关系的比较研究外，尤其注重与日本、朝鲜、土耳其等国对外条约关系的比较研究，在国际比较的大视野下，更进一步认识近代中外条约关系的内容与实质。这种或纵或横的比较研究，使研究的具体问题愈辨愈明，更加清楚地解决各种问题。总之，本通史拟采用的研究方法、手段与技术路线，具有较强的针对性，且拥有较好的研究条件和研究基础，具有较强的适用性与可操作性。

这一以历史唯物主义和辩证唯物主义为根本理论指导，立足和强化历史学实证研究，并与规范性研究相结合，充分吸收借鉴国际法和各相关学科的理论和方法，注重分析研究的整体性与系统性，以及进行多方位多角度比较等等综合多元研究方法，有助于纠正克服以往的某些局限，适应近代中外条约关系研究领域的需要。在既有研究中，存在着种种不足之处，或偏于实证而忽视理论，或流于空洞而缺乏扎实的佐证，或囿于局部而无宏观视野和整体观念，或失于疏阔而未有深入的研究。采用理论实证并重，征引相关学科规范，以及注重宏观整体和多方比较等方法，可最大程度改善上述缺陷，为这一领域的研究提供切合实际的最佳途径。

综上所述，近代中外条约关系通史内容繁杂，涉及广远，是一个浩大的研究工程，需要做出完整的总体规划。根据通史的性质和要求，确定了研究总体目标和具体目标，构设了实现这一目标的基本思路。条约关系是一个新的研究范畴，在中外关系领域中有着独特的学科属性和地位，既具有相应的独立性，又与中国近代通史、中外关系史，以及条约史三个研究范畴存在密切联系，由此进而确定其研究的对象内容和主要问题。为实施上述研究目标和任务，制订了通、专、全、广的编写原则，并构建了全面系统的通史框架。鉴于本通史研究对象的理论性和研究内容的复杂性等特性，为开展这一浩大研究工程，采取了以唯物史观为根本指导，多种方法相结合的综合多元的技术手段和路线。上述总体构设和基本方法，对各相关问题作了周密细致的考量，是一个适合本通史性质和特点的研究方案。

结　语

　　近代中外条约关系是一个具有重大意义的研究课题，既有学术价值，又可为现实提供历史借鉴。理论上的探讨，不仅对条约关系的概念有科学的阐释，且有助于深入认识近代中国的社会性质、社会转型、社会变迁等重大问题。作为中外关系的枢要，条约关系是中国近代主要矛盾的反映，对其作一系统探讨，可以弥补这一领域研究的空缺，深化对百年历史基本和重大问题的认识，推进中国近代史的研究。诸如中国近代史上的侵略与反侵略、民族独立与国家富强、现代化与殖民主义、中外关系与近代中国社会等问题，均可由此获得更客观合理的解析和充分详实的说明。研究中，通过与国际法等相关学科的结合，加强学科融合和相互促进，一方面可深入认识和了解近代中国与国际法的各种面相的关系，以及认识和接受国际法的历程及影响；另一方面可促进国际法学及其发展演变的研究，尤其是在近代中国的实践中产生的变化等，此外对于促进外交学、国际关系、政治学等相关学科的发展亦有一定意义。而通过理论与史事，规范研究与实证研究的结合，深化对近现代历史发展规律的认识，有助于进一步树立和阐发正确的历史观，辨谬纠错，清除这一研究领域中的新老殖民主义论调。上述问题的探讨，可对当今提供历史借鉴，有助于认识和把握当代中外关系、纷繁复杂的国际关系和国际秩序，并对国情和爱国主义教育提供丰富的素材，又具有重要的现实意义。

　　本书在理论探讨和史事论述等方面，进行了广泛深入的考析。同时，又扣紧该研究领域范畴的内涵和特点，从各个角度构设了具体的研究方案和研究方法。在理论探讨方面，运用国际法等理论对相关的基本概念和研究范畴，以及国际法、战争和外交等视野下的国际秩序作了探讨，在此基础上对条约关系问题全面系统梳理和解析，涉及条约、"准条约"、不平等条约等概念，以及条约制度、条约体系和条约关系等研究范畴。其中，对于本通史的中心概念条约关系，尤从一般意义和近代中国的特殊性质等视角，深入全面的探讨，提出了完整的界定和定义。认为这是国际法主体之间以条约这一法律形式表现出来的一种国际关系，国际法主体之间以条约这一法律形式表现出来的一种国际关系，其基本内容主要是确立当事国双方的权利义务；近代中外条约关系具有特殊的性质，是一种背离了国际法的主权原则，以不平等为主体，同时包含平等内容的畸形关系；并具有宽泛的外延，涉及整个近代各方各面的基本问题，需从广义上多视角的剖析，等等。

同时，对于近代中外条约关系在国际法、战争和外交等视野下所呈现的国际秩序及其实质，结合世界范围的变化演进，系统地剖析和论述。与世界国际秩序相同，近代中国的国际秩序也是由一系列条约构建的，由此体现为近代中外条约关系。中外条约关系与世界国际秩序有着密切的关联，较典型地体现了西方殖民主义列强与半殖民地国家的关系。前者是后者的衍生体和子体系或次秩序，其产生形成和发展演变，折射了世界国际秩序的变化，并揭示了中国被纳入其中的历程；后者是前者的前提和主导，其转换递嬗则在相当程度上影响着中外条约关系的走向和命运。而通过条约将中国纳入其中的国际秩序，包含着各种因子，既采取战争武力、恐吓威胁等强权手段，又运用交涉谈判等近代外交方式，还有包含进步理论和反动规则的国际法"公理"。霸道强权和国际法"公理"的交织，是资本主义与近代文明相结合的产物，正是这一国际秩序的显著特征。显然，近代中外条约关系自建立之后，便与世界国际秩序融为一体，且自始至终贯穿着西方国家的强权政治。

长期以来，学术界仅将这一研究领域置于中外关系之中，迄今尚无一部完整论述中外条约关系的著作。本通史通过理论解析和史实陈述，纵向梳理和横向铺展，对近代中外条约关系产生形成和发展变化的全过程，作全面系统论述，构建了一个层次分明，架构完整，内容详实的通史体系，弥补了这一延至当今的缺失。而且，对于鸦片战争以来百余年的中外条约关系，根据不同的历史背景和自身演变，作了明晰的阶段划分。清朝（主要是晚清）时期是不平等条约关系从无到有，并趋于恶化的完备时期，历经萌芽产生、形成发展、巩固强化等阶段；民国时期则是不平等条约关系走向衰落，以及基本平等关系萌发的嬗递时期，历经动摇转折、初步改善、新旧过渡等阶段，并在此基础上出现了新的历史趋向。在这一过程中，中国的国际秩序又经历了两重路径的转换，一是从中国为主导的朝贡关系到西方列强为主导的条约关系，二是条约关系从不平等到基本平等。前者发生在晚清时期，传统的朝贡关系由鸦片战争前的独领风骚，到此后与条约关系的互存并立，再经甲午战争被彼完全取代。后者则出现于民国时期，第一次世界大战之后不平等条约关系开始衰落，并遭到初步的削弱，至太平洋战争后实现了基本平等的转变。通史首次对近代中外条约关系的这一层递阶进的逻辑进程和复杂关系作了论述，并将其与国际秩序的变迁融为一体，在本卷大略概述的基础上，其他各卷作相应的阐析。

在这一构架之下，又对条约关系中的各种问题作了充分的探讨，尤其是以往研究中未曾涉及或浅尝辄止的种种新问题。除了前面论及的相关概念和理论、条约关系的演进历程、国际秩序的双重路径等等之外，还涉及它们之下，以及由此延展的诸多具体问题。诸如战争、外交与条约关系的发展历程、条约关系下的权利与义务、条约执行中的矛盾与冲突、历届政府应对条约关系的方针政策、条约关系中的边界问题、"准条约"关系的产生和发展、国际公法与条约关系的联系、参加国际公约与条约关系新走向、条约关系与内外政策的变化、条约关系观念的形成、传统对外关系及其观念与条约关系、民众和民族主义运动与条约关系、朝贡关系转向条约关系的过程及教训、条约关系由不平等走向平等的历史趋向及原因、平等形式下条约关系的局限，以及中国共产党反对不平等条约的斗争历程、新中国真正平等条约关系的建立，等等。本卷概述中对上述问题多有论及，其他各卷则在不同时期段相继接续，有更为详尽的阐析。诸如此类，在条约关系的视域下，从宏观和微观的结合上扩展了该领域各种问题的研究，由此更为完整更为深入地揭示了中国近代这一基本问题的全貌。

鉴于中外条约关系是一个关涉近代中外宏大范围的论题，且在中国近代史中具有非同一般的重要地位，本通史注重构建中国特色的话语体系，采用切实可靠的研究方法和分析工具，在这方面较以往亦取得显著的进展。话语体系方面，本卷设立专章，通过对如导言所阐述的基本思想和理念的探讨，揭示了构建近代中外条约研究话语体系的主要构想。这一构想，其要旨即在于改变单纯条约研究的思路，清理西方殖民主义的谬误，构建与国际接轨的中国话语体系。作为中国近代历史的一个基本问题，条约关系是中国走向世界的扭曲形态，其中既有古代与近代的交替，又有中国与世界的接合，同时对当今亦有着不可截断的关联。由此涵盖古今中外重要特点而构建的话语体系，扣准该领域重大问题的相关话语，将相应的理论分析贯注到中国近代历史之中。在国际秩序转换和中国社会变迁的宏观视野下，吸收反映世界潮流的进步学说，运用适合中国历史和中国国情的概念、理论和方法，形成中外条约关系通史研究的分析框架，通过科学严谨的理论导引和充分详尽的史事实证，检视梳理和剖析阐释其中的系列问题。在该领域的研究中，贯注理性批判精神而又吸纳人类先进文明，发掘传统精华而又摒弃落后糟粕，坚持民族立场而又阐发共同价值。本卷所论话语体系中的思想理念，贯注于其他各卷之中，成为近代中外条约关系通史研究的基本准则。这些准则无疑有助于本通史树立正确的方向，提高研究水平，并在某种意义上提升和推介中国学术的地位和价值。

在研究方法和分析工具方面，坚持以唯物史观为指导，将实证研究和规范性研究结合起来，以及采取多学科融合、系统分析、比较研究。以唯物史观为最基本的分析理论和工具，在此基础上，继承发扬历史学的传统研究方法，同时又广泛吸纳各人文社会科学的理论和知识。其中，马克思主义以唯物史观为内核的史学理论，有不少涉及近代中外条约关系，为这一领域的研究提供了直接的理论指导。马克思主义经典作家的民族与殖民地理论，与此更有着直接的关联，为解析整个近代中外条约关系的演变提供了一把钥匙。如果说，马克思、恩格斯说明了殖民主义与不平等条约关系的产生，那么，列宁、斯大林将这一理论发展成为完整的体系，为民族解放运动和解除不平等条约压迫，提供了思想理论武器。除外，其他还有国际法和国际关系的论说，共同价值的思想，以及世界历史及其交往的理论，等等。无疑，这些思想理论，为研究近代中外条约关系提供了直接的启示。总之，本通史力图以唯物史观为内核，以实证为基础，以各学科的理论和方法为补充，克服既往研究中的局限，探寻切合实际的和最佳的新途径。

在充分吸收和借鉴学术界已有研究成果的基础上，通过从纵向和横向的结合，对宏观和微观问题的深入研究，本通史构筑了较为完整的学术体系，对近代中外条约关系作全面系统论述。这是一个新的领域和范畴，本通史从理论和史实的结合上作了探索性研究，本卷则对其基本观点和主要内容作了概括性综览。在理论探讨上，对相关概念和范畴作了探讨，既从一般的意义上指出条约关系的涵义，又根据中国近代的实际剖析其特殊性质。同时对其所涉国际秩序，以及其他所述种种相关问题，作了理论上的论析。关于中外条约关系的发展演变历程，从国际秩序转换与历史转型的宏观视野进行全方位的立体透视，揭示其曲折复杂的两重路径。近代中国是一个过渡形态的社会，经历了从传统到近代的演变，中外条约关系是其中的重要环节。中国国家地位的改变，中国与国际社会之间关系的建立和调整，中国社会的深刻变化，中国接受和走向新的文明等，均在其中体现出来，或与此密切相关。中国为改变不平等条约关系所作努力，以及由此在政治、经济、思想等领域产生的巨大影响，导引着中国近代社会发展的趋向。条约关系从不平等到平等是一个复杂的过程，经历了国内外形势的重大变化，以及中华民族和各届政府的奋斗努力，其中，中国共产党发挥了举足轻重的作用。除了整体宏观层面，各卷又在不同时段和具体问题的研究中，挖掘了新的史实，提出了种种新见解。此外，在扎实研究的基础上，对中外某些错谬或糊涂认识和观点，进行了深入梳理和解析，从学术上更客观、更完整地阐释近代中外条约关系的概貌，充分揭示其性质和影响。

总之，作为第一部近代中外条约关系通史，全书七卷，总揽与分述联结，理论与史实并重，实证与规范结合，继承发扬，推陈出新，给这一重大的基本问题作了新的描述和解析。不仅完整揭示了条约关系在近代中国的生长路程和历史趋向，深入剖析了这一路程中的各项具体问题，而且有助于在理论和史实上丰富和完善半殖民地半封建社会形态的认知，充实对这一过渡时代的全面了解，从而推进中国近代史研究的进一步发展。

主要参考文献

一、资料丛刊、汇编、实录、史志、已刊及未刊档案等

《大清法规大全》第 6 册，台北考正出版社 1972

《格致书院课艺》，丙戌课艺，上海大文书局，光绪丁亥

《机会主义、修正主义资料选编》编译组编译：《第二国际修正主义者关于帝
　　国主义的谬论》，生活·读书·新知三联书店 1976

《明太祖实录》《明太宗实录》《明世宗实录》《明穆宗实录》《明宣宗实录》，
　　台北"中研院"历史语言研究所校印 1962

《清代外交史料·道光朝》第 4 册，故宫博物院 1932 年编印

《清光绪朝中法交涉史料》第 2 卷，北平故宫博物院编印 1932

《清会典事例》第 1220 卷，中华书局 1991

《清实录》第 3—59 册，中华书局 1985—1987

《苏州史志资料选辑》，《苏州史志资料选辑》编辑部 2003

《中共党史教学参考资料》，中国人民大学中共党史系资料室 1979 年编印

《中共党史教学参考资料·党的创立时期》，中国人民大学中共党史系资料室
　　编印 1979

《中外约章纂新》，上海时中书局，光绪丙午再版

班固：《汉书》，中华书局 1999

宝鋆纂修：《筹办夷务始末·同治朝》，故宫博物院用抄本影印 1930

北京大学历史系中国近现代史教研室编：《义和团运动史料丛编》第 1 辑，
　　中华书局 1964

北洋洋务局纂辑：《约章成案汇览》，上海点石斋，光绪三十一年

毕沅校注：《墨子》，上海古籍出版社 2014

陈才俊主编：《周易全集》，海潮出版社 2013

陈帼培主编：《中外旧约章大全》第 1 分卷，中国海关出版社 2004

陈振江等编著：《义和团文献辑注与研究》，天津人民出版社 1985

陈志奇辑编：《中华民国外交史料汇编》，台北渤海堂文化事业有限公司 1996

程道德等编：《中华民国外交史资料选编》，北京大学出版社 1988

董仲舒：《春秋繁露》，中华书局 1975

杜佑撰，王文锦等点校：《通典》第 5 册，中华书局 1988

范晔：《后汉书》，中华书局 1999

复旦大学历史系中国近代史教研组编：《中国近代对外关系史资料选辑》上
下，上海人民出版社 1977

高亨注：《诗经今注》，上海古籍出版社 1980

高长山：《荀子译注》，黑龙江人民出版社 2003

故宫博物院明清档案部等编：《清季中外使领年表》，中华书局 1985

故宫博物院编：《史料旬刊》第 1 册（1—10 期），北京图书馆出版社 2008

故宫博物院明清档案部编：《清代中俄关系档案史料选编》第 3 编，中册，
中华书局 1979

故宫博物院明清档案部编：《清末筹备立宪档案史料》上下册，中华书
局 1979

广东省文史研究馆编：《鸦片战争史料选译》，中华书局 1983

郭贵儒主编：《20 世纪中国经世文编》第 4 册，中国和平出版社、天津教育
出版社 1998

郭廷以、王聿均主编：《中法越南交涉档》（一），台北"中研院"近代史研
究所 1983

郭卫东编：《中外旧约章补编（清朝）》上册，中华书局 2018

国际问题研究所编：《国际条约集（1969—1971）》，商务印书馆 1980

《国际条约集（1960—1962）》，商务印书馆 1975

国家档案局明清档案馆编：《义和团档案史料》下册，中华书局 1959

国家图书馆分馆编：《（清末）时事采新汇选》，北京图书馆出版社 2003

河上公、杜光庭等注：《道德经集释》上，中国书店 2015

胡滨译：《英国档案有关鸦片战争的资料选译》上下册，中华书局 1993

胡滨译：《英国蓝皮书有关义和团运动资料选译》，中华书局 1980

吉林省档案馆、吉林省社会科学院历史所编：《清代吉林档案史料选编上谕奏折》，吉林省档案馆、吉林省社会科学院历史所 1981

冀昀主编：《尚书》，线装书局 2007

嘉庆敕撰：《嘉庆重修一统志》（一），上海书店 1984

贾桢等纂修：《筹办夷务始末·咸丰朝》，中华书局 1979

江灏、钱宗武译注，周秉钧审校：《今古文尚书全译》，贵州人民出版社 1990

江恒源编：《中国关税史料》第 18 编，人文编辑所 1931

金毓黻等编：《太平天国史料》，中华书局 1955

劳乃宣编：《各国约章纂要》，1891 年

黎翔凤撰，梁运华整理：《管子校注》上，中华书局 2004

李楚材辑：《帝国主义侵华教育史料——教会教育》，教育科学出版社 1987

李汝和主修：《台湾省通志·政事志外事篇》，台湾省文献委员会 1971

梁廷枏等纂：《粤海关志》，台北文海出版社 1975 年影印

林尹注译：《周礼今注今译》，书目文献出版社 1985

刘锦藻撰：《清朝续文献通考》第 2 册，商务印书馆 1936

刘昫等：《旧唐书》，中华书局 2000

刘知几：《史通》，上海古籍出版社 2008

路遥主编：《义和团运动文献资料汇编·德译文卷》，山东大学出版社 2012

美国国务院编辑：《美国与中国之关系：特别着重 1944 年至 1949 年之一时期》，中华民国外交部译 1949

朴兴镇等编著：《中国二十六史及明清实录东亚三国关系史料全辑》，延边大学出版社 2007

浦卫忠整理：《春秋公羊传注疏》，北京大学出版社 2000

戚其章主编：《中国近代史资料丛刊续编·中日战争》，中华书局 1995

齐思和等整理：《筹办夷务始末·道光朝》，中华书局 1964

祁韵士：《皇朝藩部要略》，浙江书局 1884

青岛市博物馆等编：《德国侵占胶州湾史料选编（1897—1898）》，山东人民出版社 1987

清高宗敕撰：《清朝文献通考》第 2 册，商务印书馆 1936

全国图书馆文献缩微复制中心：《总署奏底汇订》第 1 册，全国图书馆文献缩微复制中心 2003

人民出版社编：《香港问题文件选辑》，人民出版社 1985

荣孟源主编：《中国国民党历次代表大会及中央全会资料》上下册，光明日报出版社 1985

上海商务印书馆编译所编纂，李秀清等点校：《大清新法令》第 1 卷，商务印书馆 2010

上海市政协文史资料委员会等编：《列强在中国的租界》，中国文史出版社 1992

邵循正等编：《中国近代史资料丛刊·中日战争》（五），新知识出版社 1956

沈家本等编：《修正刑律案语》第 2 编，修订法律馆，宣统元年

沈之奇撰，怀效锋等点校：《大清律辑注》上，法律出版社 2000

沈志华总主编：《苏联历史档案选编》34 册，社会科学文献出版社 2002、2003

石磊：《晏子春秋译注》，黑龙江人民出版社 2003

世界知识出版社编：《国际条约集（1648—1871）》《国际条约集（1872—1916）》《国际条约集（1917—1923）》《国际条约集（1924—1933）》《国际条约集（1934—1944）》《国际条约集（1945—1947）》，世界知识出版社 1984、1986、1961、1961、1961、1959

舒新城编：《中国近代教育史资料》下册，人民教育出版社 1961

司马光：《资治通鉴》，中华书局 1956

司马迁：《史记》，中华书局 1999

苏绍柄编：《山钟集》，1906 年铅印版

孙瑞芹译：《德国外交文件有关中国交涉史料选译》第 1 卷，商务印书馆 1960

孙希旦撰，沈啸寰、王星贤点校：《礼记集解》，中华书局 1989

台北"国史馆"藏国民政府、外交部等档案

台北"中研院"近史所档案馆藏清总理衙门、外务部档案

台北"中研院"近代史研究所编印：《海防档》，1957

台北"中研院"近代史研究所编印：《矿务档》第 4 册，1960

台北"中研院"近代史研究所编印：《清季中日韩关系史料》第 2 卷，1972

台北中国国民党党史馆藏政治档案、中央政治会议速纪录

天津社会科学院历史研究所编，刘心显、刘海岩译：《1901 年美国对华外交
　　档案——有关义和团运动暨辛丑条约谈判的文件》，齐鲁书社 1984

田涛主编：《清朝条约全集》3 卷，黑龙江人民出版社 1999

王建朗主编：《中华民国时期外交文献汇编 1911—1949》，中华书局 2015

王铁崖、田如萱编：《国际法资料选编》，法律出版社 1982

王铁崖编：《中外旧约章汇编》第 1、2、3 册，生活・读书・新知三联书店
　　1957、1959、1962

王彦威、王亮辑编，李育民等点校整理：《清季外交史料》第 1、2、4、5、
　　6、7、8、9 册，湖南师范大学出版社 2015

王玉德等编：《明实录类纂・涉外史料卷》，武汉出版社 1991

王芸生：《六十年来中国与日本》第 2、4、5、7 卷，生活・读书・新知三联
　　书店 1980、1981

王正廷编：《国民政府近三年来外交经过纪要》，台北文海出版社 1987

魏收：《魏书》，中华书局 2000

吴景平译：《关于宋子文斯大林莫斯科会谈美国外交档案选译》，《民国档
　　案》，1991 年第 3、4 期

武汉大学历史系鸦片战争研究组编：《外国学者论鸦片战争与林则徐》上册，
　　福建人民出版社 1989

夏先培整理：《春秋谷梁传注疏》，北京大学出版社 1999

夏燮著，高鸿志点校：《中西纪事》，岳麓书社 1988

徐达深主编：《中华人民共和国实录》第 1 卷，吉林人民出版社 1994

徐家幹编：《教务辑要》，湖北官书局，光绪二十四年

徐绪典主编：《义和团运动时期报刊资料选编》，齐鲁书社 1990

徐宗亮编：《通商约章类纂》第 4 卷，天津官书局 1886

薛安勤、王连生注译：《国语译注》，吉林文史出版社 1991

薛典曾、郭子雄编：《中国参加之国际公约汇编》，商务印书馆 1937

薛衔天等编：《中苏国家关系史资料汇编》（3 册），中国社会科学出版社 1993、
　　1996、1997

薛允升著，胡星桥等点注：《读例存疑点注》，中国人民公安大学出版社 1994

严中平辑译：《英国鸦片贩子策划鸦片战争的幕后活动》，《近代史资料》
　　1958 年第 4 期

阎广耀、方生选译：《美国对华政策文件选编：从鸦片战争到第一次世界大
　　战（1842—1918）》，人民出版社 1990

燕京大学学生自治会研讨股编：《评中美商约》，燕京大学学生自治会 1947

杨伯峻编著：《春秋左传注》第 1、4 册，中华书局 1981

杨家骆主编：《鸦片战争文献汇编》第 2 册，台北鼎文书局 1973

杨天宇：《礼记译注》上下册，上海古籍出版社 2004

杨雄著，戴震疏证：《輶轩使者绝代语释别国方言》第 12 卷，商务印书
　　馆 1937

杨逸等：《海上墨林、广方言馆全案、粉墨丛谈》，上海古籍出版社 1989

叶惠芬编：《中华民国与联合国史料汇编·筹设篇》，台北"国史馆"2001

叶开琼编：《法政丛编》上册《平时国际公法》，湖北法政编辑社 1905

云南社会科学院历史研究所摘编：《朝鲜文献选辑清实录中朝关系史料摘
　　编》，吉林文史出版社 1986

张双棣：《淮南子校释》下册，北京大学出版社 1997

张廷玉等：《明史》，中华书局 2000

张显传：《中国近代不平等条约年表》，海豚出版社 2001

张枬、王忍之编：《辛亥革命前十年间时论选集》第 2、3 卷，上册，生活·
　　读书·新知三联书店 1978、1977

张章主编：《说文解字》（下），中国华侨出版社 2012

章伯锋、庄建平主编：《抗日战争》第 4 卷《外交》，四川大学出版社 1997

章学诚撰，李春伶校点：《文史通义》，辽宁教育出版社 1998

赵尔巽等：《清史稿》，中华书局 1977

郑洪泉、常云平总主编：《中国战时首都档案文献·战时外交》（下），西南师范大学出版社 2017

中共中央党校党史研究室编：《中共党史参考资料》第 2、5 册，人民出版社 1979

中共中央书记处编：《六大以前》，人民出版社 1980

中共中央文献研究室编：《建国以来重要文献选编》第 1、2 册，中央文献出版社 1992

中国第二历史档案馆编：《国民党政府政治制度档案史料选编》上下，安徽教育出版社 1994

中国第二历史档案馆编：《中华民国史档案资料汇编》第 3 辑、第 5 辑，江苏古籍出版社 1991、1994、1997

中国第一历史档案馆、福建师范大学历史系合编：《清末教案》第 1、6 册，中华书局 1996、2006

中国第一历史档案馆编：《鸦片战争档案史料》（六），天津古籍出版社 1992

中国第一历史档案馆等编：《清代外务部中外关系档案史料丛编》，中华书局 2004、2008

中国国民党中央委员会党史委员会编、秦孝仪主编：《中华民国重要史料初编——对日抗战时期》第三编《战时外交》，台湾"中央"文物供应社 1981

中国近代经济史资料丛刊编辑委员会主编：《辛丑和约订立以后的商约谈判》，中华书局 1994

中国科学院近代史研究所资料编译组编译：《外国资产阶级是怎样看待中国历史的》第 1、2 卷，商务印书馆 1961、1962

中国科学院历史研究所第三所近代史资料编辑组编：《五四爱国运动资料》，科学出版社 1959

中国人民大学国际关系与中国对外政策史教研室编：《外交参考资料：中外条约选辑》，中国人民大学出版社 1951

中国人民大学中共党史系等编：《中国近代政治思想史参考资料》上，1981

中国社会科学院近代史研究所、中国第二历史档案馆史料编辑部编：《五四爱国运动档案资料》，中国社会科学出版社 1980

中国社会科学院近代史研究所《近代史资料》编辑组编：《义和团史料》上下册，中国社会科学出版社 1980

中国社科院近代史研究所、《近代史资料》编辑室主编，天津市历史博物馆编辑：《秘笈录存》，中国社会科学出版社 1984

中国史学会主编：《中国近代史资料丛刊续编·鸦片战争》，上海人民出版社、上海书店 2000

中华人民共和国外交部编：《中华人民共和国条约集》第 1 集（1949—1951），法律出版社 1957

中华书局编辑部、李书源整理：《筹办夷务始末·同治朝》（五），中华书局 2008

中日条约研究会编：《中日条约全集》，中日条约研究会 1932

中央档案馆编：《中共中央文件选集》，中共中央党校出版社 1989—1992

周秉钧今译：大中华文库《尚书》，湖南人民出版社 2013

周绍良主编：《全唐文新编》第 3 部，第 3 册，吉林文史出版社 2000

周振甫译注：《诗经译注》，中华书局 2002

朱士嘉编：《十九世纪美国侵华档案史料选辑》上下，中华书局 1959

朱寿朋编，张静庐等校点：《光绪朝东华录》，中华书局 1958

朱熹集注，陈戍国标点：《四书集注》，岳麓书社 1988

朱熹集注，赵长征点校：《诗集传》，中华书局 2011

朱有瓛主编：《中国近代学制史料》第 1 辑上册，华东师范大学出版社 1983

邹念之编译：《日本外交文书选译——关于辛亥革命》，中国社会科学出版社 1980

［苏］萨纳柯耶夫、崔布列夫斯基编，北京外国语学院俄语专业、德语专业 1971 届工农兵学员译：《德黑兰、雅尔塔、波茨坦会议文件集》，三联书店 1978

佐佐木正哉编：《鸦片战争前中英交涉文书》，台北文海出版社 1967

二、 经典著作，国际法、外交学、哲学等论著

《列宁论国际政治与国际法》，世界知识出版社 1959

白桂梅等编著：《国际法》，北京大学出版社 1988

本局编辑部编：《国际法概要》，台北三民书局 1966 年初版，1975 年再版

蔡拓等：《国际关系学》，南开大学出版社 2005

常书林：《外交 ABC》，世界书局 1928

陈玉刚主编：《国际秩序与国际秩序观》，上海人民出版社 2014

陈致中编著：《国际法教程》，中山大学出版社 1989

陈钟浩：《外交本质论》，商务印书馆 1944

崔书琴：《国际法》上册，商务印书馆 1947

邓正来编：《王铁崖文选》，中国政法大学出版社 2003

窦田来编，顾葆光校订：《国际条约要义》，中华书局 1914

方新军：《权利客体论：历史和逻辑的双重视角》，中国政法大学出版社 2012

高健：《法律关系客体及其作用》，山东友谊出版社 2009

高树异主编：《国际法》，吉林大学出版社 1985

何勤华等编：《董康法学文集》，中国政法大学出版社 2005

黄嘉华：《国际法与外交》，法学教材编辑部 1983 年油印本

金正昆：《现代外交学概论》，中国人民大学出版社 1999

李达主编：《唯物辩证法大纲》，人民出版社 2014

李广民、欧斌主编：《国际法》，清华大学出版社 2006

李浩培：《国际法的概念与渊源》，贵州人民出版社 1994

李浩培：《李浩培文选》，法律出版社 2000

李浩培：《条约法》，法学教材编辑部，1983 年油印本

李浩培：《条约法概论》，法律出版社 1987

李家善：《国际法学史新论》，法律出版社 1987

李圣五：《国际公法论》，商务印书馆 1933

李伟民主编:《法学辞海》第 2 册,蓝天出版社 1998

梁淑英主编:《国际公法》,中国政法大学出版社 2003

梁西:《国际组织法》,武汉大学出版社 2000

廖德珍:《外交学概论》,上海大东书局 1930

刘达人、袁国钦:《国际法发达史》,商务印书馆 1937

刘高龙:《国际公法学》,社会科学文献出版社 2014

卢峻:《国际私法之理论与实际》,中华书局 1937

马骏等撰:《国际法知识辞典》,陕西人民出版社 1993

慕亚平、周建海、吴慧:《当代国际法论》,法律出版社 1998

饶戈平主编:《国际法》,北京大学出版社 1999

日本国际法学会编,外交学院国际法教研室总校订:《国际法辞典》,世界知
　识出版社 1985

上海社会科学院法学研究所国际法研究室编:《国际法讲义》第 3 分册,上
　海社会科学院法学研究所国际法研究室 1981

邵津主编:《国际法》,北京大学出版社 2000

邵沙平、余敏友主编:《国际法问题专论》,武汉大学出版社 2002

苏联科学院法律研究所编,国际关系学院翻译组等译:《国际法》,世界知识
　出版社 1959

苏联外交部外交学院编,徐光智等译:《国际法辞典》,新华出版社 1989

唐纪翔:《中国国际私法论》,商务印书馆 1934

万鄂湘、石磊、杨成铭、邓洪武:《国际条约法》,武汉大学出版社 1998

王庆海主编:《国际法》,吉林大学出版社 1999

王圣诵主编:《国际关系学》,中国法制出版社 2003

王铁崖:《战争与条约》,中国文化服务社 1944

王铁崖主编:《国际法》,法律出版社 1981、1995

王献枢主编:《国际法》,中国政法大学出版社 1994

吴昆吾:《条约论》,商务印书馆 1933

徐乃斌主编:《国际法学》,中国政法大学出版社 2013

杨泽伟：《宏观国际法史》，武汉大学出版社 2001

姚梅镇主编：《国际经济法概论》，武汉大学出版社 1989

易廷镇等译校：《马克思恩格斯论殖民主义》，人民出版社 1962

于能模：《国际私法大纲》，商务印书馆 1931

余先予主编：《国际法律大辞典》，湖南出版社 1995

张季良主编：《国际关系学概论》，世界知识出版社 1989

张景恩：《国际法与战争》，国防大学出版社 1999

张乃根：《国际法原理》，中国政法大学出版社 2002

张文彬：《论私法对国际法的影响》，法律出版社 2001

张文显主编：《法理学》，高等教育出版社 2003

张仲实、曹葆华译：《列宁斯大林论中国》，人民出版社 1965

中共中央马恩列斯著作编译局编：《斯大林选集》上册，人民出版社 1979

中共中央马克思恩格斯列宁斯大林著作编译局编：《列宁选集》第 2、4 卷，
　人民出版社 1995

中共中央马克思恩格斯列宁斯大林著作编译局编：《马克思恩格斯论中国》，
　人民出版社 1997

中共中央马克思恩格斯列宁斯大林著作编译局编译：《列宁全集》第 3、16、
　26、27、30、39、54 卷，人民出版社 1984、1990、1959、1985

中共中央马克思恩格斯列宁斯大林著作编译局编译：《马克思恩格斯全集》
　第 2、3、9、12、15、21、22、23、35 卷，人民出版社 1956、1960、
　1965、1971

中国国际法学会编：《中国国际法年刊》1982 年，中国对外翻译出版公
　司 1982

中国社会科学院民族研究所编：《斯大林论民族问题》，民族出版社 1990

中共中央马克思恩格斯列宁斯大林著作编译局编译：《马克思恩格斯选集》
　第 1、2、4 卷，人民出版社 1995

周鲠生：《国际法》上下册，商务印书馆 1976

周鲠生：《国际法大纲》，商务印书馆 1932

周鲠生：《现代英美国际法的思想动向》，世界知识出版社 1963

周仁主编：《国际法》，中国政法大学出版社 1988

周子亚主编：《国际公法》，知识出版社 1981

朱建民：《侵略问题之国际法的研究》，商务印书馆 1940

朱奇武：《中国国际法的理论与实践》，法律出版社 1998

朱炜、王吉文主编：《国际法》，厦门大学出版社 2013

朱炜主编：《国际法学》，厦门大学出版社 2013

朱文奇、李强主编：《国际条约法》，中国人民大学出版社 2008

〔奥〕阿·菲德罗斯等著，李浩培译：《国际法》上，商务印书馆 1981

〔德〕奥本海：《奥本海国际法》第 1 卷，第 1 分册，中国人民外交学会编译
　　委员会 1954

〔德〕奥本海著，岑德彰译：《奥本海国际法·平时》，商务印书馆 1936

〔德〕黑格尔著，范扬、张企泰译：《法哲学原理》，商务印书馆 1961

〔德〕黑格尔著，贺麟译：《小逻辑》，商务印书馆 1980

〔法〕莱昂·狄骥著，郑戈等译：《公法的变迁·法律与国家》，辽海出版
　　社 1999

〔法〕夏尔·卢梭著，张凝、辜勤华等译：《武装冲突法》，中国对外翻译出
　　版公司 1987

〔韩〕金容九著，权赫秀译：《世界观冲突的国际政治学：东洋之礼与西洋公
　　法》，中国社会科学出版社 2013

〔韩〕柳炳华著，朴国哲、朴永姬译：《国际法》上，中国政法大学出版
　　社 1997

〔荷〕格老秀斯著，岑德彰译：《国际法典》，商务印书馆 1935

〔荷〕格老秀斯著，何勤华等译：《战争与和平法》，上海人民出版社 2005

〔美〕惠顿著，丁韪良译、何勤华点校：《万国公法》，中国政法大学出版
　　社 2003

〔美〕凯尔森著，王铁崖译：《国际法原理》，华夏出版社 1989

〔日〕山本吉宣主编，王志安译：《国际政治理论》，上海三联书店 1993

［日］长冈春一著，钱承锗译：《外交通义》，日本东京译书汇编社 1902

［瑞典］宾德瑞特著，李佳译：《为何是基础规范——凯尔森学说的内涵》，知识产权出版社 2016

［苏］Г·И·童金主编，邵天任等译：《国际法》，法律出版社 1988

［苏］Д·И·费尔德曼、Ю·Я·巴斯金著，黄道秀等译：《国际法史》，法律出版社 1992

［苏］Ф·И·科热夫尼科夫主编，刘莎等译：《国际法》，商务印书馆 1985

［苏］格·伊·童金著，刘慧珊等译：《国际法理论问题》，世界知识出版社 1965

［苏］克利缅科等编，程晓霞等译：《国际法辞典》，中国人民大学出版社 1987

［苏］利索符斯基著，刘振江译：《国际经济关系的法律调整》，法律出版社 1988

［苏］罗森塔尔·尤金编，中共中央马克思恩格斯列宁斯大林著作编译局译：《简明哲学辞典》，人民出版社 1958

［希腊］尼古拉斯·波利蒂斯著，原江译：《国际法的新趋势》，云南人民出版社 2004

［印］兴戈兰尼著，陈宝林、张错、杨伟民译：《现代国际法》，重庆出版社 1987

［英］Ｍ·阿库斯特著，汪瑄等译：《现代国际法概论》，中国社会科学出版社 1982

［英］安托尼·奥斯特著，江国青译：《现代条约法与实践》，中国人民大学出版社 2005

［英］费尔萨姆著，胡其安译：《外交手册》，中国对外翻译出版公司 1984

［英］哈罗德·尼科松著，眺伟译：《外交学》，世界知识出版社 1957

［英］劳特派特修订，王铁崖、陈体强译：《奥本海国际法》上卷第 1 分册、第 2 分册，商务印书馆 1971、1972；下卷第 1 册，1972

［英］萨道义著，中国人民外交学会编译室译：《外交实践指南》，世界知识

出版社 1959

［英］斯塔克著，赵维田译：《国际法导论》，法律出版社 1984

［英］亚当・斯密著，郭大力、王亚南译：《国民财富的性质和原因的研究》
上下卷，商务印书馆 1983

［英］詹宁斯、瓦茨修订，王铁崖等译：《奥本海国际法》第 1 卷，第 2 分
册，中国大百科全书出版社 1998

三、 人物文集、传记、年谱、回忆录、日记等

《邓小平文选》第 3 卷，人民出版社 1993

《邓中夏文集》，人民出版社 1983

《毛泽东选集》合订本，人民出版社 1969

《薛暮桥文集》第 4 卷，中国金融出版社 2011

《恽代英文集》下卷，人民出版社 1984

《周恩来选集》上卷，人民出版社 1980

蔡尚思、方行编：《谭嗣同全集》上，中华书局 1981

曾景忠、梁之彦选编：《蒋经国自述》，团结出版社 2005

陈代湘等校点：《刘坤一奏疏》，岳麓书社 2013

陈独秀：《陈独秀文集》第 1 卷，人民出版社 2013

陈旭麓、郝盛潮主编，王耿雄等编：《孙中山集外集》，上海人民出版社 1990

陈义杰整理：《翁同龢日记》第 5 册，中华书局 1997

丛佩远、赵鸣岐编：《曹廷杰集》下册，中华书局 1985

丁凤麟、王欣之编：《薛福成选集》，上海人民出版社 1987

丁贤俊、喻作凤编：《伍廷芳集》，中华书局 1993

董守义：《恭亲王奕䜣大传》，辽宁人民出版社 1989

杜春和等编：《荣禄存札》，齐鲁书社 1986

方行编：《樊锥集》，中华书局 1984

冯天瑜标点：《辜鸿铭文集》，岳麓书社 1985

顾廷龙、戴逸主编：《李鸿章全集》，安徽教育出版社 2008

顾潮：《历劫终教志不灰：我的父亲顾颉刚》，华东师范大学出版社 1997

广东省社科院历史研究室、中国社会科学院近代史研究所中华民国史研究室、中山大学历史系孙中山研究室编：《孙中山全集》第 1—11 卷，中华书局 1981—1986

何明编著：《民国名人全纪录：民国名人的最后岁月纪实》第 8 册，第 4 部，华文出版社 2010

何启、胡礼垣著，郑大华点校：《新政真诠》，辽宁人民出版社 1991

湖南省哲学社会科学研究所古代近代史研究室校注：《宋教仁日记》，湖南人民出版社 1980

蒋梦麟译述：《美总统威尔逊参战演说》，商务印书馆 1918

金光耀：《顾维钧传》，河北人民出版社 1999

金光耀等选编：《顾维钧外交演讲集》，上海辞书出版社 2006

李家骥等整理：《曾国藩全集·书信》九，岳麓书社 1994

李孟符（岳瑞）：《春冰室野乘》，世界书局 1923

李元灿、李育民、迟云飞：《宋教仁传》，国际展望出版社 1992

梁启超：《李鸿章传》，百花文艺出版社 2000

梁小进主编：《郭嵩焘全集》第 14 册，岳麓书社 2012

林增平、郭汉民主编：《清代人物传稿》下编，第 6 卷，辽宁人民出版社 1990

岭南文库编辑委员会等编：《孙中山文粹》下卷，广东人民出版社 1996

刘发清、胡贯中点校：《出使美日秘日记》，黄山书社 1988

刘晴波主编：《杨度集》，湖南人民出版社 1986

饶怀民编：《杨毓麟集》，岳麓书社 2001

三联书店编：《陈独秀文章选编》中册，生活·读书·新知三联书店 1984

上海市档案馆译：《颜惠庆日记》第 1 卷，中国档案出版社 1996

盛宣怀：《愚斋存稿》，台北文海出版社 1975 年影印本

师哲回忆、李海文整理：《在历史巨人身边——师哲回忆录》，中央文献出版社 1991

石建国：《陆征祥传》，河北人民出版社 1999

石介著，陈植锷点校：《徂徕石先生文集》，中华书局 1984

汤志钧编：《康有为政论集》上册，中华书局 1981

唐文权、桑兵编：《戴季陶集（1909—1920）》，华中师范大学出版社 1990

唐兆梅等整理：《曾国藩全集·奏稿》，岳麓书社 2011

陶文钊编选，林海等译：《费正清集》，天津人民出版社 1992

王尔敏、陈善伟编：《清末议订中外商约交涉——盛宣怀往来函电稿》（上），
　香港中文大学出版社 1993

吴剑杰：《张之洞年谱长编》上卷，上海交通大学出版社 2009

吴振清、吴裕贤编校整理：《何如璋集》，天津人民出版社 2010

习近平：《论坚持推动构建人类命运共同体》，中央文献出版社 2018

夏东元编：《郑观应集》上册，上海人民出版社 1982

谢放：《张之洞传》，广东高等教育出版社 2004

徐凌霄、徐一士：《凌霄一士随笔》第 5 册，山西古籍出版社 1997

徐素华编：《筹洋刍议——薛福成集》，辽宁人民出版社 1994

杨坚校补：《郭嵩焘奏稿》，岳麓书社 1983

喻岳衡点校：《曾纪泽遗集》，岳麓书社 1983

喻岳衡校点：《曾纪泽集》，岳麓书社 2008

苑书义：《李鸿章传》，人民出版社 1991

苑书义等主编：《张之洞全集》，河北人民出版社 1998

张明林：《换一只眼睛看历史：外国人点评李鸿章》，吉林摄影出版社 2003

张品兴主编：《梁启超全集》第 2 册，北京出版社 1999

张舜徽：《清人文集别录》，中华书局 1963

赵春晨、曾主陶、岑生平校点：《王之春集》，岳麓书社 2010

赵德馨编：《张之洞全集》，武汉出版社 2008

中共唐山市委宣传部等编：《李大钊诗文选读》，红旗出版社 2004

中共中央文献研究室编：《建国以来毛泽东文稿（1949.9—1950.12）》，中
　央文献出版社 1987

中国李大钊研究会编注:《李大钊全集》第 2 卷,人民出版社 2006

中国社会科学院近代史研究所译:《顾维钧回忆录》第 1—13 册,中华书局 1983—1994

中华魂编辑部编:《忘年交书简五十封》,中央文献出版社 2007

中华人民共和国外交部、中共中央文献研究室编:《毛泽东外交文选》,中央文献出版社、世界知识出版社 1994

中华人民共和国外交部、中共中央文献研究室编:《周恩来外交文选》,中央文献出版社 1990

周振甫选注:《谭嗣同文选注》,中华书局 1981

朱家英整理:《许景澄集》第 5 册,浙江古籍出版社 2015

〔法〕施阿兰著,袁传璋等译:《使华记》,商务印书馆 1990

〔美〕哈里·杜鲁门著,李石译:《杜鲁门回忆录》第 1 卷(决定性的一年 1945),世界知识出版社 1964

〔美〕伊利奥·罗斯福著,李嘉译:《罗斯福见闻秘录》,新群出版社 1947

〔日〕陆奥宗光著,伊舍石译:《蹇蹇录》,商务印书馆 1963

〔日〕重光葵口述,天津市政协编译委员会译:《重光葵外交回忆录》,知识出版社 1982

〔英〕阿尔杰农·塞西尔著,复旦大学《梅特涅》翻译小组译:《梅特涅》,上海人民出版社 1974

〔英〕赫德著,叶凤美译:《这些从秦国来——中国问题论集》,天津古籍出版社 2005

〔英〕利玛窦著,何高济等译:《利玛窦中国札记》,中华书局 1983

四、 研究著作、论集

《钓鱼台档案》编写组编:《钓鱼台档案》第 3 卷,红旗出版社 1998

《近代湖南与近代中国》(第 1 辑),湖南师范大学出版社 2006

《义和团运动一百周年国际学术讨论会论文集》,山东大学出版 2002

《最近之五十年——〈申报〉馆五十周年纪念》,《申报》馆编印 1923

北京大学历史系编：《沙皇俄国侵略扩张史》上下，人民出版社 1979、1980

北京师范大学清史研究小组编：《1689 年的中俄尼布楚条约》，人民出版社 1977

曹英：《不平等条约与晚清中英贸易冲突》，湖南人民出版社 2010

曹英：《晚清中英内地税冲突研究》，湖南师范大学出版社 2008

陈立廷编：《增订关税问题》，青年协会书局 1926

陈荣华等：《九江通商口岸史略》，江西教育出版社 1985

陈尚胜主编：《中国传统对外关系的思想、制度与政策》，山东大学出版社 2007

陈诗启：《中国近代海关史（晚清部分）》和《中国近代海关史（民国部分）》，人民出版社 1993、1999

陈诗启：《中国近代海关问题初探》，中国展望出版社 1987

陈旭麓：《近代中国社会的新陈代谢》，上海人民出版社 1992

陈争平、兰日旭编著：《中国近现代经济史教程》，清华大学出版社 2009

陈争平、龙登高：《中国近代经济史教程》，清华大学出版社 2002

程光铭：《领事裁判权撤回之研究》，1919 年刊印。

程道德主编：《近代中国外交与国际法》，现代出版社 1993

程浩编著：《广州港史（近代部分）》，海洋出版社 1985

迟云飞：《宋教仁与中国民主宪政》，湖南师范大学出版社 1997

戴一峰：《近代中国海关与中国财政》，厦门大学出版社 1993

邓正来编：《王铁崖学术文化随笔》，中国青年出版社 1999 年再版

刁敏谦：《中国国际条约义务论》，商务印书馆 1925 年第 3 版

丁名楠等：《帝国主义侵华史》第 1 卷，科学出版社 1958

丁名楠等：《帝国主义侵华史》第 2 卷，人民出版社 1986

杜蘅之：《中外条约关系之变迁》，台北"中央"文物供应社 1981

樊百川：《中国轮船航运业的兴起》，四川人民出版社 1985

樊卫国：《激活与生长：上海现代经济兴起之若干分析 1870—1941》，上海人民出版社 2002

范文澜：《中国近代史》上册，人民出版社 1955

费成康：《中国租界史》，上海社会科学院出版社 1991

高岱、郑家馨：《殖民主义史》总论卷，北京大学出版社 2003

高建主编：《西方政治思想史》第 3 卷，天津人民出版社 2005

顾明义编著：《中国近代外交史略》，吉林文史出版社 1987

顾卫民：《基督教与近代中国社会》，上海人民出版社 1996

顾长声：《传教士与近代中国》，上海人民出版社 1981

郭卫东：《不平等条约与近代中国》，高等教育出版社 1993

郭卫东：《转折：以早期中英关系和〈南京条约〉为考察中心》，河北人民出
    版社 2003

郝立舆：《领事裁判权问题》，商务印书馆 1925

何茂春：《中国外交通史》，中国社会科学出版社 1996

何勤华：《中国法学史》第 3 卷，法律出版社 2006

何天爵著，张程等译：《中国人本色》，大众文艺出版社 2010

何瑜、华立：《国耻备忘录：中国近代史上的不平等条约》，北京教育出版
    社 1995

侯中军：《近代中国的不平等条约——关于评判标准的讨论》，上海书店出版
    社 2012

侯中军：《企业、外交与近代化——近代中国的准条约》，中国社会科学出版
    社 2016

胡国成等：《21 世纪的美国经济发展战略》，中国城市出版社 2002

胡礼忠等：《从尼布楚条约到叶利钦访华——中俄中苏关系 300 年》，福建人
    民出版社 1994

胡门祥：《晚清中英条约关系研究》，湖南人民出版社 2010

胡绳：《帝国主义与中国政治》，人民出版社 1952

黄鸿钊：《澳门史纲要》，福建人民出版社 1991

黄维民：《奥斯曼帝国》，三秦出版社 2000

季平子：《从鸦片战争到甲午战争——1839 年至 1895 年间的中国对外关系

史》，华东师范大学出版社 1998

季压西等：《来华外国人与近代不平等条约》，学苑出版社 2007

贾逸君：《甲午中日战争》，新知识出版社 1955

江西元：《中国的世界还是世界的中国：中国外交文化本原与国际体系变化趋势》，时事出版社 2009

姜念东、伊文成等：《伪满洲国史》，吉林人民出版社 1980

姜长斌编著：《中俄国界东段的演变》，中央文献出版社 2007

蒋立峰、汤重南主编：《日本军国主义论》上，河北人民出版社 2005

蒋廷黻：《中国近代史》，艺文研究会出版，商务印书馆发行 1938

交通部铁道部交通史编纂委员会编：《交通史·电政编》，交通部总务司 1936

景杉主编：《中国共产党大辞典》，中国国际广播出版社 1991

康大寿等：《近代外人在华治外法权研究》，四川人民出版社 2002

李传斌：《基督教与近代不平等条约》，湖南人民出版社 2011

李传斌：《条约特权制度下的医疗事业》，湖南人民出版社 2010

李定一：《中美早期外交史》，北京大学出版社 1997

李恩涵：《北伐前后的"革命外交"》，台北"中研院"近代史研究所 1993

李恩涵：《晚清的收回矿权运动》，台北"中研院"近代史研究所 1978 再版

李济琛、陈加林主编：《国耻录——旧中国与列强不平等条约编释》，四川人民出版社 1997

李连庆：《冷暖岁月——一波三折的中苏关系》，世界知识出版社 1999

李绍盛：《华盛顿会议之中国问题》，台北水牛出版社 1973

李世安：《太平洋战争时期的中英关系》，中国社会科学出版社 1994

李世众：《晚清士绅与地方政治 以温州为中心的考察》，上海人民出版社 2006

李铁铮著，夏敏娟译：《西藏历史上的法律地位》，湖南人民出版社 1986

李文海、匡继先主编：《近代中国不平等条约写实》上册，中国人民大学出版社 1997

李燕编著：《买办文化》，中国经济出版社 1995

李永胜：《清末中外修订商约交涉研究》，南开大学出版社 2005

李育民：《近代中国的条约制度》，湖南师范大学出版社 1995

李育民：《近代中外条约关系刍论》，湖南人民出版社 2011

李育民：《晚清中外条约关系研究》，法律出版社 2018

李育民：《中国废约史》，中华书局 2005

李云泉：《朝贡制度史论——中国古代对外关系体制研究》，新华出版社 2004

李长林：《采蜜集——李长林史学文存》，岳麓书社 2010

梁为楫、郑则民主编：《中国近代不平等条约选辑与介绍》，中国广播电视出版社 1993

林东海：《外事警察与国际关系》，商务印书馆 1937

林学忠：《从万国公法到公法外交——晚清国际法的传入诠释与应用》，上海古籍出版社 2009

凌大珽：《法帝侵华史》，上海新潮出版社 1951

刘百闵等编：《中日关系条约汇释》，商务印书馆 1940

刘大年：《美国侵华史》，人民出版社 1951

刘禾主编：《世界秩序与文明等级》，生活·读书·新知三联书店 2016

刘禾著，杨立华等译：《帝国的话语政治：从近代中西冲突看现代世界秩序的形成》，生活·读书·新知三联书店 2009

刘宏煊主编：《中国睦邻史——中国与周边国家关系》，世界知识出版社 2001

刘利民：《不平等条约与中国近代领水主权问题研究》，湖南人民出版社 2010

刘利民：《列强在华租借地特权制度研究》，湖南人民出版社 2011

刘培华编著：《近代中外关系史》上下，北京大学出版社 1986

刘彦：《被侵害之中国》，太平洋书店 1928

刘彦：《帝国主义压迫中国史》下卷，太平洋书店 1931

刘志强主编：《中国抗日战争大典》，湖南出版社 1995

柳克述：《不平等条约概论》，泰东图书局 1926

楼桐孙：《租界问题》，商务印书馆 1933 年再版。

鲁平口述，钱亦蕉整理：《鲁平口述香港回归》，中国福利会出版社 2009

鲁生琳、李柏禄等编著：《旧中国不平等条约史话》，西安交通大学出版社 1992

罗香林：《梁诚的出使美国》，台北文海出版社 1979

吕一燃主编：《中国近代边界史》上下，人民出版社 2007

马敏、朱英等：《中国经济通史》，湖南人民出版社 2002

毛履军等编著：《印度农业地理》前言，商务印书馆 1996

茅海建：《天朝的崩溃：鸦片战争再研究》，生活·读书·新知三联书店 1995

门洪华：《东亚秩序论——地区变动、力量博弈与中国战略》，上海人民出版社 2015

闵锐武：《蒲安臣使团研究》，中国文史出版社 2002

牟安世：《鸦片战争》，上海人民出版社 1982

牛创平、牛冀青编著：《近代中外条约选析》，中国法制出版社 1998

裴坚章主编：《中华人民共和国外交史（1949—1956）》，世界知识出版社 1994

戚其章：《国际法视角下的甲午战争》，人民出版社 2001

漆树芬：《经济侵略下之中国》，上海光华书局 1928

钱实甫：《清代的外交机关》，生活·读书·新知三联书店 1959

钱泰：《中国不平等条约之缘起及其废除之经过》，台北"国防"研究院 1961

乔明顺：《中美关系第一页——1844 年〈望厦条约〉签订的前前后后》，社会科学文献出版社 1991

秦晓程：《中华人民共和国缔结条约的形式研究》，北京大学 2003 年博士论文

卿汝楫：《美国侵华史》第 1、2 卷，生活·读书·新知三联书店 1952、1956

全国人大常委会办公厅研究室编写：《中国近代不平等条约汇要》，中国民主法制出版社 1996

饶戈平编：《山高水长——王铁崖先生纪念文集》，北京大学出版社 2004

沙丁等编著：《中国和拉丁美洲关系简史》，河南人民出版社 1986

上海市资料丛刊：《上海公共租界史稿》，上海人民出版社 1980

尚海等主编：《民国史大辞典》，中国广播电视出版社 1991

沈予：《日本大陆政策史（1868—1945）》，社会科学文献出版社 2005

施达青：《从〈瑷珲条约〉到〈北京条约〉——沙俄侵占我国东北领土一百
　　多万平方公里的罪证》，中华书局 1977

石源华：《中华民国外交史》，上海人民出版社 1994

石源华主编：《中华民国外交史辞典》，上海古籍出版社 1996

史谛：《中俄尼布楚条约》，中华书局 1976

舒新城：《收回教育权运动》，中华书局 1927

苏全有主编：《近代中国专题研究》下，线装书局 2008

孙宏云：《中国现代政治学的展开：清华政治学系的早期发展（1926 至
　　1937）》，生活·读书·新知三联书店 2005

孙克复编著：《甲午中日战争外交史》，辽宁大学出版社 1989

孙晓楼、赵颐年：《领事裁判权问题》，商务印书馆 1937

孙莹等：《大革命时期的中外关系》，武汉大学出版社 1997

孙祖基：《不平等条约讨论大纲》，青年协会书报部 1925

唐培吉主编：《中国近现代对外关系史》，高等教育出版社 1994

陶文钊、杨奎松、王建朗：《抗日战争时期中国对外关系》，中共党史出版
　　社 1995

田涛：《国际法输入与晚清中国》，济南出版社 2001

汪海波主编：《新中国工业经济史》，经济管理出版社 1986

王垂芳：《洋商史 上海 1843—1956》，上海社会科学院出版社 2007

王尔敏：《晚清商约外交》，香港中文大学出版社 1998；中华书局 2009

王纪元：《不平等条约史》，上海亚细亚书局 1935

王建朗、黄克武主编：《两岸新编中国近代史》，社会科学文献出版社 2016

王建朗、栾景河主编：《近代中国、东亚与世界》下卷，社会科学文献出版
　　社 2008

王建朗：《抗战初期的远东国际关系》，东大图书股份有限公司 1996

王健编：《西法东渐——外国人与中国法的近代变革》，中国政法大学出版

社 2001

王立诚：《中国近代外交制度史》，甘肃人民出版社 1991

王明星：《韩国近代外交与中国 1861—1910》，中国社会科学出版社 1998

王绍坊：《中国外交史（鸦片战争至辛亥革命时期 1840—1911）》，河南人民
　　出版社 1988

王绳祖：《国际关系史（十七世纪中叶—一九四五年）》，法律出版社 1986

王绳祖主编：《国际关系史》第 1、2、4、6、7 卷，世界知识出版社 1995

王世杰等：《中国不平等条约之废除》，台北"中央"文物供应社 1967

王涛：《中国近代法律的变迁 1689—1911》，法律出版社 1995

王瑛：《李鸿章与晚清中外条约研究》，湖南人民出版社 2011

王永康：《简明中国近代思想史》，湖南人民出版社 1986

王中江：《近代中国思维方式演变的趋势》，四川人民出版社 2008

隗瀛涛、蒋晓丽：《巨人身上的镣铐》，四川人民出版社 1985

文富德、陈继东编著：《世界贸易组织与印度经济发展》，巴蜀书社 2003

吴东之：《中国外交史（中华民国时期 1911—1949）》，河南人民出版
　　社 1990

吴福环：《清季总理衙门研究 1861—1901》，新疆大学出版社 1995

吴昆吾：《不平等条约概论》，商务印书馆 1933

吴孟雪：《美国在华领事裁判权百年史》，社会科学文献出版社 1992

吴士英：《百年中外关系史》，东北师范大学出版社 1995

吴义雄：《条约口岸体制的酝酿：19 世纪 30 年代中英关系研究》，中华书
　　局 2009

夏继果：《伊丽莎白一世时期英国外交政策研究》，商务印书馆 1999

夏良才：《近代中外关系史研究概览》，天津教育出版社 1991

夏泉：《明清基督教会教育与粤港澳社会》，广东人民出版社 2007

夏扬：《上海道契：法制变迁的另一种表现》，北京大学出版社 2006

萧一山：《清代通史》下卷，中华书局 1986

萧致治等编：《西风拂夕阳：鸦片战争前中西关系》，湖北人民出版社 2005

熊月之：《西学东渐与晚清社会》，上海人民出版社 1994

熊月之主编：《晚清新学书目提要》，上海书店出版社 2007

徐传保编著：《先秦国际法遗迹》，中国科学公司 1931

许涤新、吴承明主编：《中国资本主义发展史》第 2 卷，人民出版社 1990

阎中恒、詹开逊：《近代中国不平等条约概述 1840—1949》，江西人民出版
　　社 1985

杨大春：《晚清政府基督教政策初探》，金城出版社 2004

杨德才：《中国经济史新论：1840—1949》，经济科学出版社 2004

杨公素：《晚清外交史》，北京大学出版社 1991

杨公素：《中国西藏地方的涉外问题》，中共西藏自治区委员会党史资料征审
　　委员会 1985 年内部版

杨和平：《20 世纪中美关系与国际法》，巴蜀书社 2002

杨生茂主编：《美国外交政策史 1775—1989》，人民出版社 1991

杨天宏：《口岸开放与社会变革——近代中国自开商埠研究》，中华书局 2002

杨元华：《从黄埔条约到巴拉迪尔访华（中法关系 1844—1994）》，福建人民
　　出版社 1995

杨昭全等：《中朝边界史》，吉林文史出版社 1993

杨遵道、叶凤美编著：《清政权半殖民地化研究》，高等教育出版社 1993

姚薇元：《鸦片战争史实考》，人民出版社 1984

叶松年：《中国海关税则史》，上海三联书店 1991

叶自成主编：《地缘政治与中国外交》，北京出版社 1998

叶祖灏：《废除不平等条约》，独立出版社 1944

仪名海：《中国与国际组织》，新华出版社 2004

义和团运动史研究会编：《义和团运动史论文选》，中华书局 1984

尹新华：《晚清中国与国际公约》，湖南人民出版社 2011

袁继成：《近代中国租界史稿》，中国财政经济出版社 1988

张存武：《光绪三十一年中美工约风潮》，台北"中研院"近代史研究所 1982

张道行：《中外条约综论》，台北五洲出版社 1969

张海鹏等：《国耻百谈》，中华书局 2001

张洪祥：《近代中国通商口岸与租界》，天津人民出版社 1993

张俊义、陈红民主编：《近代中外关系研究》第 7 辑，社会科学文献出版
　　社 2017

张力等：《中国教案史》，四川省社会科学院 1987

张立华、朱以青：《当代世界经济与政治》，山东大学出版社 2008

张龙林：《美国在华治外法权的终结——1943 年中美新约研究》，中山大学出
　　版社 2012

张圻福主编：《中华民国外交史纲》，人民日报出版社 1995

张声振：《中日关系史》，吉林文史出版社 1986

张廷灏讲，高尔松笔记：《不平等条约的研究》，光华书局 1927 年第 3 版

张锡群等：《中国近代割地简史》，河南人民出版社 1998

张雁深：《美国侵略台湾史：1847 年至 1895 年》，人民出版社 1956

张仲礼主编：《近代上海城市研究》，上海文艺出版社 2008

章开沅等主编：《中国近代民族资产阶级研究 1860—1919》，华中师范大学
　　出版社 2000

章熙林：《尼泊尔新志》，商务印书馆 1947

赵炳坤：《中国外事警察》，商务印书馆 1937

赵春晨编著：《沙俄侵略我国西北边疆简史》，陕西人民出版社 1980

赵桂兰：《中国与国际组织关系简史》，中国言实出版社 2007

赵佳楹编著：《中国近代外交史（1840—1919）》，山西高校联合出版社 1994

郑公弼：《废约与修约》，励志书局 1929

郑曦原、李方慧等编译：《帝国的回忆：〈纽约时报〉晚清观察记 1854—1911》，
　　生活·读书·新知三联书店 2001

郑永年：《大格局：中国崛起应该超越情感和意识形态》，东方出版社 2014

郑友揆：《中国的对外贸易和工业发展》，上海社会科学出版社 1984

中国科学院近代史研究所编：《沙俄侵华史》第 1 卷，人民出版社 1976

中国社会科学院近代史研究所：《日本侵华七十年史》，中国社会科学出版

社 1992

中国社会科学院近代史研究所编：《沙俄侵华史》第 3 卷，人民出版社 1981

中国社会科学院历史研究所史地组编：《中俄伊犁条约》，中华书局 1978

中国孙中山研究学会编：《孙中山和他的时代——孙中山研究国际学术讨论
　　会文集》，中华书局 1989

中国义和团研究会编：《义和团运动 110 周年国际学术讨论会论文集》，山东
　　大学出版社 2012

中山大学东南亚史研究所编：《泰国史》，广东人民出版社 1987

周鲠生：《不平等条约十讲》，太平洋书店 1929

周子亚：《外交监督与外交机关》，正中书局 1944

朱骅：《美国东方主义的"中国话语"——赛珍珠中美跨国书写研究》，复旦
　　大学出版社 2012

朱寰、王恒伟主编：《中国对外条约辞典 1689—1949》，吉林教育出版社 1994

朱杰勤等主编：《中外关系史辞典》，湖北人民出版社 1992

朱杰勤译：《中外关系史译丛》，海洋出版社 1984

朱卫斌：《西奥多·罗斯福与中国——对华"门户开放"政策的困境》，天津
　　古籍出版社 2005

朱雍：《不愿打开的中国大门》，江西人民出版社 1989

朱宗玉等：《从香港割让到女王访华（中英关系 1840—1986）》，福建人民
　　出版社 1990

［德］施丢克尔著，乔松译：《十九世纪的德国与中国》，生活·读书·新知
　　三联书店 1963

［俄］伊诺泽姆采夫主编：《民主与现代化：有关 21 世纪挑战的争论》，徐向
　　梅等译，中央编译出版社 2011

［法］阿兰·佩雷菲特著，王国卿等译：《停滞的帝国——两个世界的撞击》，
　　生活·读书·新知三联书店 1995

［法］弗雷德里克·皮耶鲁齐、马修·阿伦著，法意译：《美国陷阱》，中信
　　出版社 2019

［法］罗贝尔·科纳万著，史陵山译：《刚果（金）历史》上册，商务印书馆 1974

［法］卫青心著，黄庆华译：《法国对华传教政策》上下卷，中国社会科学出版社 1991

［法］雅克·阿尔诺著，岳进译：《对殖民主义的审判》，世界知识出版社 1962

［加纳］克瓦米·恩克鲁玛著，北京编译社译：《新殖民主义帝国主义的最后阶段》，世界知识出版社 1966

［美］J. H. Latane 著，王造时译：《美国外交政策史》，商务印书馆 1936

［美］S. F. 比米斯著，叶笃义译：《美国外交史》第 1 分册，商务印书馆 1985

［美］爱德华·W·萨义德著，王宇根译：《东方学》，生活·读书·新知三联书店 1999

［美］爱德华·W·萨义德著，单德兴译：《知识分子论》，生活·读书·新知三联书店 2002

［美］巴巴拉·杰拉维奇著，福建师范大学外语系编译室译：《俄国外交政策的一世纪 1814—1914》，商务印书馆 1978

［美］波赖著，曹明道译：《最近中国外交关系》，正中书局 1935

［美］菲利浦·约瑟夫，胡滨译：《列强对华外交》，商务印书馆 1959

［美］费正清编，杜继东译：《中国的世界秩序——传统中国的对外关系》，中国社会科学出版社 2010

［美］费正清编，郭晓兵等译：《中国的思想与制度》，世界知识出版社 2008

［美］费正清编，中国社会科学院历史研究所编译室译：《剑桥中国晚清史》上下卷，中国社会科学出版社 1985

［美］费正清著，张理京译：《美国与中国》第 4 版，世界知识出版社 1999

［美］弗朗西斯·福山著，黄胜强等译：《历史的终结及最后之人》，中国社会科学出版社 2003

［美］古德诺著，蔡向阳、李茂增译：《解析中国》，国际文化出版公司 1998

〔美〕海斯、穆恩、韦兰著，中央民族学院研究室译：《世界史》下，生活·读书·新知三联书店 1975

〔美〕亨利·基辛格著，顾涉馨、林添贵译：《大外交》，海南出版社 1998

〔美〕亨廷顿著，周琪等译：《文明的冲突》，新华出版社 2013

〔美〕吉尔伯特·罗兹曼主编，国家社科基金"比较现代化"课题组译：《中国的现代化》，江苏人民出版社 1995

〔美〕孔华润主编，王琛等译：《剑桥美国对外关系史》上，新华出版社 2004

〔美〕罗伯特·吉尔平著，宋新宁、杜建平译：《世界政治中的战争与变革》，上海人民出版社 2019

〔美〕马士、宓其利著，姚曾廙等译：《远东国际关系史》下册，商务印书馆 1975

〔美〕马士著，区宗华译：《东印度公司对华贸易编年史（1635—1834）》第 1、2、3 卷，中山大学出版社 1991

〔美〕马士著，张汇文等译：《中华帝国对外关系史》第 1、2 卷，商务印书馆 1963

〔美〕马士著，张汇文等译：《中华帝国对外关系史》第 3 卷，商务印书馆 1960

〔美〕欧弗莱区著，郭家麟译：《列强对华财政控制》，上海人民出版社 1960

〔美〕泰勒·丹涅特著，姚曾廙译：《美国人在东亚——19 世纪美国对中国、日本和朝鲜政策的批判的研究》，商务印书馆 1959

〔美〕托马斯·G·帕特森等著，李庆余译：《美国外交政策》，中国社会科学出版社 1989

〔美〕威罗贝著，王绍坊译：《外人在华特权和利益》，生活·读书·新知三联书店 1957

〔美〕约翰·麦克里兰著，彭淮栋译：《西方政治思想史》，海南出版社 2003

〔美〕约瑟夫·塞比斯著，王立人译：《耶稣会士徐日升关于中俄尼布楚谈判的日记》，商务印书馆 1973

〔美〕兹比格涅夫·布热津斯基著，军事科学院外国军事研究部译：《大失

败：20 世纪共产主义的兴亡》，军事科学出版社 1989

［尼］I•R•阿里亚尔、T•P•顿格亚尔著，四川外语学院《新编尼泊尔史》
　　编译组译：《新编尼泊尔史》，四川人民出版社 1973

［日］高柳松一郎著，李达译：《中国关税制度论》第 3 编，台北文海出版社
　　1985 年影印本

［日］信夫清三郎编，天津社会科学院日本问题研究所译：《日本外交史》上
　　册，商务印书馆 1980

［日］信夫清三郎著，周启乾等译：《日本政治史》第 1、2 卷，上海译文出
　　版社 1982、1988

［日］新渡户稻造著，张俊彦译：《武士道》，商务印书馆 1993

［苏］N•A•基里林主编，邢书纲等译：《国际关系和苏联对外政策史》
　　(1917—1945)，中国社会科学出版社 1990

［苏］A•布克斯盖夫登男爵著，王瑾等译：《1860 年〈北京条约〉》，商务
　　印书馆 1975

［苏］A•普罗霍罗夫著，北京印刷三厂等译，《关于苏中边界问题》，商务印
　　书馆 1977

［苏］B•M•别列日科夫著，周梦黑等译：《我是斯大林的译员——外交史
　　的篇章》，上海译文出版社 1991

［苏］B•Π•波将金等编，史源译：《外交史》第 1 卷，下册，生活•读
　　书•新知三联书店 1979

［苏］罗曼诺夫著，民耿译：《帝俄侵略满洲史》，台北学生书局影印 1973

［意］但丁著，朱虹译：《论世界帝国》，商务印书馆 1986

［印］贾瓦哈拉尔•尼赫鲁著，齐文译：《印度的发现》，世界知识出版
　　社 1956

［印］帕尔塔•查特吉著，范慕尤等译：《民族主义思想与殖民地世界：一种
　　衍生的话语》，译林出版社 2007

［英］D•G•E•霍尔著，中山大学东南亚历史研究所译：《东南亚史》，商
　　务印书馆 1982

〔英〕爱尼斯·安德逊著，费振东译：《英使访华录》，商务印书馆 1963

〔英〕伯尔考维茨著，江载华等译：《中国通与英国外交部》，商务印书馆 1959

〔英〕格林堡著，康成译：《鸦片战争前中英通商史》，商务印书馆 1961

〔英〕怀德著，王荩孙译：《中国外交关系略史》，商务印书馆 1928

〔英〕季南著，许步曾译：《英国对华外交（1880—1885）》，商务印书馆 1984

〔英〕杰弗里·巴勒克拉夫著，杨豫译：《当代史学主要趋势》，上海译文出版社 1987

〔英〕莱特著，姚曾廙译：《中国关税沿革史》，生活·读书·新知三联书店 1958

〔英〕罗素著，秦悦译：《中国问题》，学林出版社 1996

〔英〕马戛尔尼著，刘半农译：《乾隆英使觐见记》下卷，中华书局 1916

〔英〕齐亚乌丁·萨达尔著，马雪峰等译：《东方主义》，吉林人民出版社 2005

〔英〕斯当东著，叶笃义译：《英使谒见乾隆纪实》，上海书店出版社 1997

〔英〕魏尔特著，陈敩才等译：《赫德与中国海关》上，厦门大学出版社 1993

〔英〕亚当·罗伯茨、〔新西兰〕本尼迪克特·金斯伯里主编，吴志成等译：《全球治理：分裂世界中的联合国》，中央编译出版社 2010

〔英〕杨国伦著，刘存宽等译：《英国对华政策（1895—1902）》，中国社会科学出版社 1991

〔英〕约·弗·巴德利著，吴持哲、吴有刚译：《俄国·蒙古·中国》下卷，第 2 册，商务印书馆 1981

〔英〕约翰·霍布林著，孙建党译：《西方文明的东方起源》，山东画报出版社 2009

〔英〕约翰·劳尔著，刘玉霞等译：《英国与英国外交（1815—1885）》，上海译文出版社 2003

〔英〕詹姆斯·布赖斯著，孙秉莹等译：《神圣罗马帝国》，商务印书馆 1998

五、 报刊杂志

《时报》《申报》《中央日报》《益世报》《晨报》《顺天时报》《大公报》《北益报》《国民政府公报》《外交部公报》《新华日报》《外交报》《新民丛报》《浙江潮》《民报》《经济汇报》《太平洋》《东方杂志》《国闻周报》《经济周报》《群众》《向导》《解放》《思想月刊》《战士》《新闻资料》《中国研究》《复兴月刊》《外交月报》《政府公报》《生命》《万国公报》《每周评论》《世界日报》《华北日报》《外交评论》《外交季刊》《社会科学运动》《文化》《中央日报》副刊、《北大日刊》《国际劳工通讯》《会报》《全国交通会议日刊》《金陵光》《浙江党务》《事与政治》《新中华》《观察》《东南评论》《改造杂志》《中央银行月报》《求真杂志》《新东方》《蜀青》《法政杂志》《外交公报》、汪伪《外交公报》《兴华报》《中国基督教教育季刊》《图书评论》《民族正气》《政治生活》《清议报全编》《外交报汇编》

六、 外文资料

Message of the President of the United States, and accompanying documents, to the two Houses of Congress at the commencement of the third session of the Fortieth Congress, Part I, Washington：Government Printing Office. 1869

Papers relating to foreign affairs, accompanying the annual message of the president to the second session thirty-eighth congress, part III, Washington：Government Printing office, 1865

Papers relating to the foreign relations of the United States, with the annual message of the president transmitted to Congress, Washington：Government Printing Office, 1903

British Document on Foreign Affairs, Part1, SeriesE, Vol. 20

The Chinese Repository

The Canton Register, January 14, 1834

Chinese Courier and Canton Gazette, November 17

Emmerich de Vattel, *The law of nations, or. Principles of the law of nature*, London: Printed for G. G. and J. Robissok, Paternoster-Row, 1797

Alexander Michie, *The Englishman in China during the Victorian era: as illustrated in the career of Sir Rutherford Alcock*, Vol. 2, Edinburgh and London, 1900

The Inspector General of Customs, China, *Treaties, Conventions, Etc. between China and Foreign Powers*. Vol. 1, Published by Order of the Inspector General of Customs, Shanghai: 1917. 2nd Edition

Rodney Gilbert, *The Unequal Treaties: China And The Foreigner*. London: John Murray, Albemarle Street, W, 1929

H. Hamilton Lindsay, *Letter to the Right Honorable Viscount Palmerston*, in Thomas F. Millard, *The End of Exterritoriality in China*. Shanghai: The A. B. C. Press, 1931

British Relations with China, London: Saunders and Otley, Conduit Street, 1836

Papers Relation to the ForeignReltion Of the United States, 1928, Volume II, United States Government Printing office Washington: 1943

Wesley R. Fishel, *The End of Extraterritoriality in China*. Berkeley & Los Angeles: University of California Press, 1952

The U. S. Department of State, ed.: *Foreign Relations of United States, Diplomatic Papers*, 1942, China, Washington, Government Printing Office, 1956

Tyler Dennett, *Roosevelt and the Russo-Japanese War*, Gloucester, Mass.: Peter Smith, 1959

Earl H. Pritchard, The Crucial Years of Early Anglo-Chinese Relations 1750-1800. *Britain and the China Trade 1635-1842*. Vol. VI. London, 2000

Zhang Yongjin, *China in the International System, 1918-1920, the Middle Kingdom at the Periphery*, Macmillan Academic And Professional

Ltd，1991

John K. Fairbank，*The Cambridge History of China*，Volume10：Late ch'ing，1800-1911，Part Ⅰ，Cambridge University Press，1978

日本外务省编：《日本外交文书》卷 28，日本国际连合协会，1953